高等院校经济管理类系列教材

现代采购与供应管理

申 文 著

清華大學出版社
北 京

内容简介

随着国家推行供给侧结构性改革和推进供应链创新应用等一系列政策的出台，我国采购与供应链管理领域正面临重大变革。在这样的背景下，本书在充分借鉴和吸收已有相关教材和理论研究成果的基础上，经过全新设计、缜密构思和精心编撰而成。本书涉及在供应链管理环境下从事采购和供应管理职能工作的理论和实务，全书分为4个部分共17章，其中采购范围和战略部分3章，关键变量与决策部分6章，业务流程与管理部分5章，结构和支持系统部分3章，内容涵盖领域广泛。本书注重理论性和实用性相结合，体例新颖，知识全面，重点突出，便于教学。

本书是一本富有特色和创新性的现代采购与供应管理理论教科书，同时配有线上微课讲解视频，教师用户可获赠电子课件、教学大纲、习题答案等资源，适合高等院校物流类和工商管理类专业本科生、研究生学习研修使用，也可作为企业采购管理人员的实战指导用书。

图书在版编目(CIP)数据

现代采购与供应管理/申文著. —北京：清华大学出版社，2022.9(2025.1 重印)
高等院校经济管理类系列教材
ISBN 978-7-302-60765-6

Ⅰ. ①现… Ⅱ. ①申… Ⅲ. ①采购—物资管理—高等学校—教材 ②物资供应—物资管理—高等学校—教材 Ⅳ. ①F252

中国版本图书馆 CIP 数据核字(2022)第 076090 号

责任编辑：桑任松
封面设计：李 坤
责任校对：周剑云
责任印制：曹婉颖
出版发行：清华大学出版社
网 址：https://www.tup.com.cn, https://www.wqxuetang.com
地 址：北京清华大学学研大厦 A 座　　邮 编：100084
社 总 机：010-83470000　　邮 购：010-62786544
投稿与读者服务：010-62776969, c-service@tup.tsinghua.edu.cn
质量反馈：010-62772015, zhiliang@tup.tsinghua.edu.cn
课件下载：https://www.tup.com.cn, 010-62791865
印 装 者：三河市铭诚印务有限公司
经 销：全国新华书店
开 本：185mm×260mm　　**印 张**：29.25　　**字 数**：711 千字
版 次：2022 年 9 月第 1 版　　**印 次**：2025 年 1 月第 2 次印刷
定 价：79.00 元

产品编号：095983-01

前　言

全球供应链和智能化电子商务时代，使得采购的市场范围扩大了，采购活动变得越来越复杂，这就需要对采购活动进行专业化管理和研究。不仅工业企业生产活动和经营管理中存在采购问题，而且任何一个企业、政府机构及事业单位，凡是要支出资金，获取一定的原料、产品或服务的组织，都需要关注资源获取或采购活动。

在国外，比如在英国，很早的时候，采购管理不是一门课程，而是一个专业学科，采购职业认证和职业资格考试非常盛行，比起物流师资格认证要早而且成熟得多。如今采购学在国内外都是一门既经典又热门的学术学科，它有自己的研究范畴和理论；采购学也是一门实践性很强的应用学科，需要从实践到理论、从理论到实践不断地发展，才会更加完善。本书涉及采购与供应领域几乎所有重要的业务和管理问题，作者试图从一个新的现实的角度来概括这一领域的理论和应用成果，为建设我国采购学进行有益的探索。

编写目标

采购与供应管理(Procurement and Supply Management，PSM)实际上是一个非常广泛的领域，学术界和企业界在界定这些领域时存在分歧，而传统采购发展到现代采购也有很多新的变化和进步。在一本书中既要保持足够的理论深度又要涵盖广泛的知识领域并不容易，作者试图对现代采购与供应管理的关键知识点进行全面介绍。本书的编写目标就是以一种较容易理解的方式，呈现现代采购与供应管理的概念、理论和方法，将涉及的基本主题或知识点组成合理的知识体系。这些基本主题包括：采购范围、战略采购、供应链管理、战略规划、商品分类、质量管理、库存控制、价格与成本控制、交货期管理、供应源管理、自制与外购决策、供应市场分析、需求预测和计划、供应商管理、供应商关系管理、招标采购、采购谈判、供应合同、订货流程、采购战略联盟、集中采购、道德风险、信息技术、电子采购、决策支持系统、绩效测量以及全球采购、政府采购等。所设计的教材知识体系把全部知识点归为四个部分，并且试图让这些知识点在整个教材体系中得到合理的定位和陈述，尽可能避免重复，这样做给组合知识和呈现知识带来了便利，但却在一定程度上存在割裂业务之间的联系的情况。在实际应用中，这些知识之间是紧密联系的，业务上交叉并行，可能由不同的人承担，并没有严格的先后顺序，学习时应该打破章节的界限，将这些静态知识点分解为专业所需要的动态技能点，并融入到实际的业务操作里。

内容结构

本书的主要内容是在供应链管理环境下从事采购和供应职能活动的理论和实务，涉及组织在采购领域的战略管理、经营管理和风险管理的内容。按照“战略—决策—流程—结构—绩效”的理论逻辑构思，全书分为四个部分。

(1) 采购范围与战略，包括 3 章，第 1 章采购职能与管理范围，第 2 章战略采购与供应链管理，第 3 章采购战略与规划。

(2) 关键变量与决策，包括 6 章，第 4 章采购商品决策与管理，第 5 章采购质量决策与管理，第 6 章采购数量决策与库存管理，第 7 章采购价格决策与成本管理，第 8 章交货期决策与管理，第 9 章供应源决策与管理。

(3) 业务流程与管理，包括 5 章，第 10 章采购环境与供应市场研究，第 11 章采购计划与预算管理，第 12 章供应商管理，第 13 章采购谈判与合同管理，第 14 章订货流程管理。

(4) 结构与支持系统，包括 3 章，第 15 章采购组织系统与人力资源管理，第 16 章采购信息系统与电子采购，第 17 章采购绩效评价系统与风险管理。

本书特色

本书的编写特色体现为“四个结合”。

(1) 理论性与实用性相结合。本书既有一定理论深度，体现采购管理的知识原理、科学理论和管理工程领域的最新研究成果；又联系我国企业实际，尽量运用事实和实例分析具体问题，注重对学习者的技能训练，使学习者能够掌握实用技能技巧，提高分析和解决实际问题的能力。

(2) 采购业务和管理过程相结合。本书以采购战略、关键变量、业务流程和基础支持系统为横线，以管理决策、计划、组织、控制等管理活动为纵线，构造教材知识结构。

(3) 知识全面性要求和突出重点相结合。本书全面涵盖采购管理的知识领域，但又兼顾主次分明，对重要主题进行详细阐述。

(4) 教学便利性和人才培养相结合。本书为教学便利性而设计，课程知识是实践经验的总结，具有结构化、模块化的理性认识特点，同时，为了服务于专业人才培养，从基本概念、基本理论到基本技能都力求做到表述清晰。

在全球供应链和智慧商务时代，现代采购具有生产资源获取特征。企业或组织需要的资源是多种多样的，形成多层次的资源分类系列，通常可以分为人、财、物资源，更细致的划分包括有形资产、无形资产、市场资产、知识资本、社会资本、组织资本及人力资本等(刘东，2006)。从组织职能来看，人力资源由人力资源部门负责，财务资源主要由财务部门负责，还有些资源，如信息、设施等也主要不是由采购部门负责，采购部门主要负责与组织业务开展直接相关的“生产性资源”。生产性资源是企业所具有的、能够在一定程度上可控的、投入到生产过程中的有形或无形的投入品，制造类企业的生产资源主要是原材料和零部件，零售类企业的生产资源主要是购买商品，物流类企业的生产资源是开展生产业务所需要的运输工具、装卸搬运机械、包装物资等。政府组织维持正常业务也需要大量生产性资源，如办公用品、专用物资和服务等。当然，政府采购不仅是为了维持业务运行，还有更重要的功能是作为政策工具来调节经济活动。从广义上讲，人力、财力、信息这些资源的获取也是需要“采购”才能得到，适用于采购管理的原理和技术。随着供应链管理和电子商务的普及发展，企业采购和获取资源的范围、途径、方式变得更加复杂和多样化，采购管理的职能和业务领域有许多新的扩展。本书在知识体例、学科理论和应用方法等方面提出了若干创新性思路，有助于更好地确立采购与供应管理的学术学科地位，并为发展我国采购学做出贡献。

致　谢

本书的内容和体系参考了许多已公开发表的著作和研究成果，所有参考文献集中列示在书的末尾，所有的资料引用，都尽量在正文中进行了标注，其中有些著作长期以来一直是我们从事教学的指定教材和主要参考书，在此一并致谢！

本书是作者在承担“采购管理”“采购与库存管理”“采购与供应链管理”“高级采购学”等课程教学讲义的基础上修改编撰而成，本书的原始讲义在本科生、留学生、硕士研究生教学和企业采购管理人员培训中经过多轮使用，不断地丰富、提炼和完善，应用效果良好。感谢曾接受该课程教学的同学们的大力支持和反馈！

本书由武汉理工大学交通与物流工程学院申文撰写，在本书的撰写过程中得到了武汉理工大学教务部门、交通与物流工程学院领导和同事们的大力支持，在此向各位领导和朋友们致以衷心的感谢！对清华大学出版社责任编辑老师们的大力支持和帮助表示真诚的感谢！由于采购管理学科本身在不断发展以及作者的见识和能力所限，疏漏和不足之处在所难免，欢迎广大读者批评指正。

作　者

目　录

第一部分　采购范围与战略

第二部分 关键变量与决策

第三部分 业务流程与管理

第四部分　结构与支持系统

◆ 第一部分　采购范围与战略 ◆

第一部分阐述现代采购的基本职能、范畴、理念和战略思维。

采购与供应管理的范围可以从多个角度来体现，比如下定义、分类、决策变量、业务流程、功能定位、历史演变等，多角度分析才能把握采购职能的范畴及采购管理的全貌。现代采购受到供应链管理思想和实践的影响，集中体现为战略采购等新概念和新理论。在采购管理框架中，采购战略决策是首先要明确的问题，战略规划是实施管理的起点，因此，采购战略也是本篇的重点内容之一。

本部分包括以下 3 章。

- 第 1 章 采购职能与管理范围
- 第 2 章 战略采购与供应链管理
- 第 3 章 采购战略与战略规划

第 1 章　采购职能与管理范围

学习目标

采购管理是一门重要的管理专业学科，它主要研究采购管理的基本理论和实务问题。本章对全书内容进行总体概括，让读者初步了解现代采购和供应管理的职能、概念、特征、范围、原理、过程及发展概况，理解采购管理课程知识体系的来源，为后续各章的学习奠定基础。

本章涵盖以下内容和要求。

- 采购的含义。理解采购相关概念及各概念之间的区别和联系。
- 采购的分类。从外延角度理解采购职能概念，明确采购管理的范畴。
- 采购的关键变量。理解采购决策的主要领域和采购管理的目标、原理。
- 采购工作的基本程序。理解采购流程的结构和原则，领会前期采购、后期采购、内部采购和外部采购等概念，明确采购周期和采购管理范围所涉及的主要内容。
- 采购管理在企业管理中的地位与重要作用。理解采购在供应链管理中具有的供应、质量、价值和战略地位及其重要作用。
- 采购管理的历史演变和发展趋势。理解采购管理的发展阶段，了解传统采购和现代采购的主要区别，以及现代采购管理的发展趋势。

引言

企业经营管理中供、产、销三大环节，对应着采购供应管理、生产运作管理、市场营销管理，因此，采购供应与生产运作和市场营销具有同等重要的地位。在供应链管理背景下，采购管理、供应管理延伸为供应链管理，采购管理成为供应链管理的一个主要功能领域。供应链管理是对物料采购、产品生产、物流配送等整个产品供应系统的综合管理。在实践中，供应链管理往往与企业营销管理处于对等的地位，供应链管理关注供给侧管理，市场营销关注需求侧管理。

任何一个企业不管是生产产品还是提供服务，都需要不断地输入资源才能生存和发展，采购供应就是负责企业的输入管理。这里面有很多值得关注的问题，比如，对输入资源的商品形态和要求；提供输入的供应商问题；企业内部负责输入的部门和人员效率等。输入是企业最大的购买和开支项目，采购成本占企业总支出高达 50%～70%，所以不能掉以轻心，必须慎重行事。

本章从以下几个方面展开讨论：通过理解采购领域各种专业术语，给采购下定义来理解采购基本概念，通过采购分类从外延角度进一步界定采购概念和范围；采购变量解释了采购管理的基本目标和原理，采购过程揭示了采购管理的主要业务活动；采购地位和作用显示了采购职能的重要性和职能地位提升，采购的演变和发展展示了采购的历史脉络和未来发展方向。

1.1 采购的含义

1.1.1 采购与供应职能

组织就是一个不断地输入、转换和输出的系统，就像有机体一样进行新陈代谢，不断更新。因此，所有的组织，包括企业等营利性组织，以及政府、公共部门、事业单位等非营利性组织都需要不断地输入资源，它们需要从外部的供应商(Supplier)或供货商(Vender)手中购买原料、商品或服务。采购与营销是组织与外界环境相连接的两项基本职能，营销和销售是对组织的顾客一方负责，而采购与供应就是要对组织的供应商有关的事务承担责任。

本书关注组织的采购与供应职能，如图1-1所示。

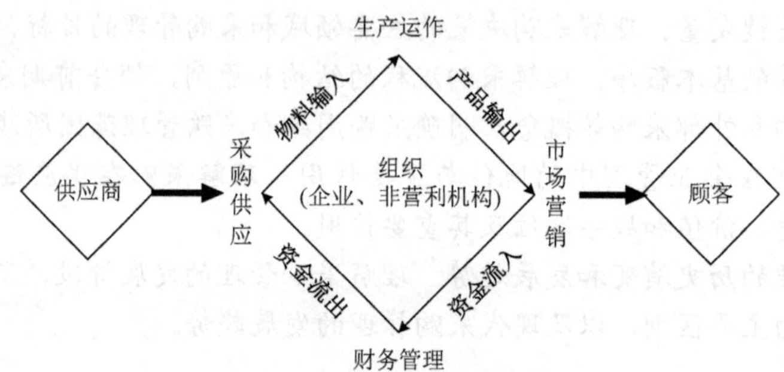

图1-1 组织的主要经营职能和业务流程

制造企业的一个共同特点就是购进原材料进行加工、生产或制造，购进配套的零部件、标准件进行组装、装配。制造业的物料采购就是企业为了维持正常的生产、运营和服务而向外界购买原材料、零配件、元器件或相关服务的过程。制造企业的成功与失败很多时候都与其供应链策略有关，具体来说，就是与物料采购管理策略有着密不可分的关系。因此，物料采购在现代制造企业运行中占据十分重要的地位。批发或零售企业的采购保证了可销售商品的连续供应，而销售的可行性在很大程度上要靠采购作业来支持，企业营销能力和市场拓展也在一定程度上受到采购工作的制约，为了实现按期交货，满足顾客和消费者的需求，首先就要保证采购作业。可见，采购和供应管理在批零企业中的地位也至关重要。

非营利性组织(如政府部门、军队、高校、公立医院、公共部门、事业单位等)同样需要采购。组织的存在和维持正常运作功能，需要场地空间、房屋设施、水电气热供应、通信、照明、办公设备、家具、文具用品以及各种其他物资。它们需要源源不断地采购物资来保证正常的业务所需，物资供应中断，组织运行就将停滞。在现代社会中，完全自给自足的组织几乎是不存在的，无论是营利性组织，还是非营利组织，每一个组织的存在和发挥功能都在不同程度上依赖其他组织提供的材料和服务。因此，采购和供应管理就成为各种组织的一项基本的、普遍的职能。对管理者而言，将这项职能进行合理的决策、计划、组织和控制以便推动组织目标的实现，是一项非常具有挑战性的工作。

1.1.2 几个相关概念

1．采购、购买、购置和订购

采购(Purchasing/Procurement)字面含义很明显，“采”就是采摘、选取、选择、获取、收集、处理；“购”是货币转化为商品的交易过程。因此，“选择”是采购的本质属性，采购就是围绕获取产品、服务或工程项目所从事的一系列相关活动。

购买、购置、订购这几个概念都与采购有关，但又稍有不同。“采购”是一个通用术语，其他几个术语也可以表示采购的含义，但在实际应用中则存在一些微小的差别。比如购买指日常购物和普通的买卖交易活动；购置通常用于设备和资本性物资的购买活动；订购是以预先下订单的形式来完成货物的购买任务。

2．采购管理与供应管理

国内一般认为，采购包含供应，采购是从下订单到货物供应前后相继的过程；供应是指供应商或卖方向买方提供产品或服务的过程，也是指企业物料采购部门向内部生产部门提供原料的过程。因此，采购是前提，供应是后续；采购是主导，供应是辅助。采购管理就是对采购和供应过程及其活动的计划、组织、协调、控制等决策行为。从管理角度出发，现代采购管理强调在供应链环境下对采购职能进行有效管理所要求的核心任务及其所面临的主要问题。

在国外，供应包含采购。供应(Supply)，在经济学中多翻译为“供给”，与需求(Demand)相对应。供应管理包括供应源搜寻、合同订货、购买、输入物流、库存管理等内容，因此，购买或采购只是供应的一项业务。供应管理不仅负责用钱交换商品和服务，还要对采供双方的关系负责，因此，人们更常使用术语“供应管理”，而不是采购。彼德·卡拉杰克(Peter Kraljic，1983)甚至认为，从采购管理转向供应管理使得企业看问题的整体视角完全发生了改变，即从一种运营功能(采购管理)转向了一种战略功能(供应管理)。

3．外部资源管理

采购与供应管理的发展过程中有几个标志性概念，比如物料管理、采购管理、供应管理、资源管理，如图 1-2 所示。外部资源管理(Sourcing)是许多大型企业现代采购中的一种典型现象。当前随着物流与供应链管理的兴起，许多跨国企业的采购职能获得了新的定位，采购部门与物流部门的职责重新进行了划分，呈现出一种新的职能分工趋势：采购部门成为企业资源的管理部门，只负责资源搜寻、供应市场分析、供应商关系管理、长期供应合同签署等战略性的问题，采购部门的职能上升为战略性的资源获取和供应管理职能。而对于具体的采购业务活动，如采购订单的发送、订货批量确定、采购物料的运输、货物接收、库存管理等，都统统转移给物流部门进行处理，这些具体的订货活动属于物流部门的职能(kraljic，1983；翟光明，2009)。

采购管理中出现的“Sourcing”这个词，代表了现代采购发展的一种新理念、新阶段，意思很明确，但翻译并不好把握，有多种不同的翻译表述，如采购、寻源、开发原料来源、资源开发、供应源搜寻、外部资源管理、战略采购、战略资源管理等。供应源搜寻不是简单地挑出供应商或承包商，还包括维持各种关系，如首选供应商的关系以及潜在供应源的关系。它还涉及有关的决策，如分配现有业务、开展业务的条件等。供应源搜寻还需要进行供应市场调查，要识别构成供应市场的实际供应源和潜在供应源，分析市场走向和长期供应前景及其原因。

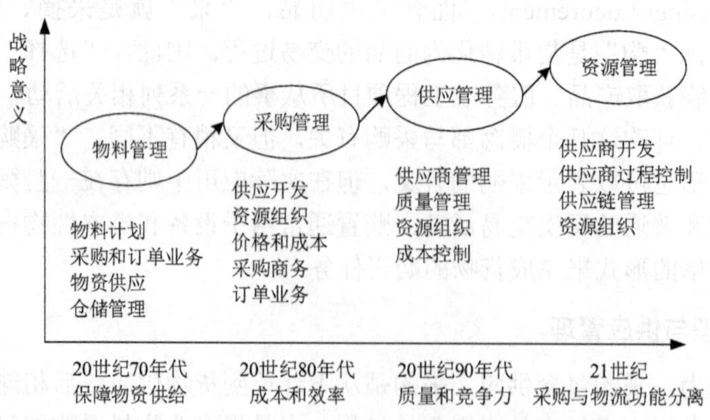

图 1-2　现代采购与供应管理的战略重心转变

4．业务外包

外包工程(Outsourcing)是获取和利用供应商资源的一种方式，理所当然属于采购管理的职能范围。业务外包已经成为与自制、外购并行的一种替代方案。比如企业产出计划拟订后，首先面对的就是自制和外包决策。如果是外包，将从业务层面都由供应商来完成；如果是自制，后续所需原材料或零部件需要从供应商那里采购来完成。早期，“业务外包”是一种被动选择行为，来源于企业专注核心竞争力和核心业务，而将非核心业务从企业中剥离出去所产生的结果，分离出去的单元成为企业的业务承包供应商，但仍然与企业保持密切的业务合作。当前，外包工程已经成为一种主动的“资源外用”，即企业有计划地寻求供应商支持，主动利用供应商的资源和能力的组织行为，不仅是非核心业务，把核心业务外包给供应商也不再是禁忌。

5．逆向营销

逆向营销(Reverse Marketing / Reverse Management)是从正向营销引申而来的概念，企业常常用逆向营销来表达一种主动性采购策略。正向营销是指企业发现或挖掘顾客需求，向顾客推广和销售产品的行为，主要是深挖产品的内涵，契合顾客的需求，让顾客深刻了解该产品进而购买的过程。逆向营销是从采购方(顾客)向供应商主动发起的采购攻势，通过与供应商的主动接触和沟通，积极帮助和扶持供应商，从而获得更好的产品和选择更好的供应商，改变采购方以往总是被动接受供应商营销策略的局面，因此，逆向营销也常常等同于“供应商开发”。站在同一个企业的角度来看，企业的正向营销是向其客户或消费者发起的产品推广和市场营销活动，逆向营销是企业向其供应商发起的主动采购和供应商开发活动。

6．融资租赁

自古以来，人们对租赁物品的做法并不陌生，像租用工具、器具、服装以及租住房屋等。但是，融资租赁与传统的生活消费类租赁(Rent/Renting)业务不同。融资租赁(Lease/Leasing)是指转移与资产所有权有关的全部或绝大部分风险和报酬的租赁行为，它主要是使用租赁方式为企业生产活动获取资产设备的商务行为。如图 1-3 所示，出租人(融资租赁公司)完全根据承租人(设备需求企业)的意愿向特定的卖方(如设备制造商)采购特定的租赁物，出租给承租人使用，出租人支付采购价款，并按照租赁合同规定，向承租人收取租金，租赁合同期满，租赁物财产权以低价或无偿转移给承租人。实际上，由于出租人充当了买卖双方的中间人角色，将买卖关系转变为租赁关系。这个过程相当于承租企业把需要一次性支付的采购成本变为分期支付，对于资金有限的企业来说这是实现设备采购的有效方式。融资租赁具有融资速度快、融资费用低、实现完全融资和优化财务结构等多方面的好处。融资租赁作为企业进行技术改造和设备投资的一种新的融资渠道，很好地解决了企业投资需求与资金不足之间的矛盾，对于缓解当前民营经济和中小企业融资难、融资贵等问题，以及银行财团扩展投资渠道、装备制造企业扩大销售、促进生产流通和国民经济繁荣发展等方面，具有非常重要的意义。据调查，美国企业管理者融资和增资扩股，倾向于首先使用融资租赁，其次是股票上市和发行企业债券，然后是向银行借款，最后使用自有资金。而我国由于融资租赁业务还不够发达，企业管理人员对于融资租赁模式及其操作流程还不太了解，在固定资产投资方面的选择与美国主流企业刚好相反。但是近几年来，融资租赁行业在我国发展很快，融资租赁业务范围涉及装备制造、采矿工具、高新技术设备、医疗卫生设备和交通运输工具等多个行业，成为流通业中颇具发展潜力的新型行业。

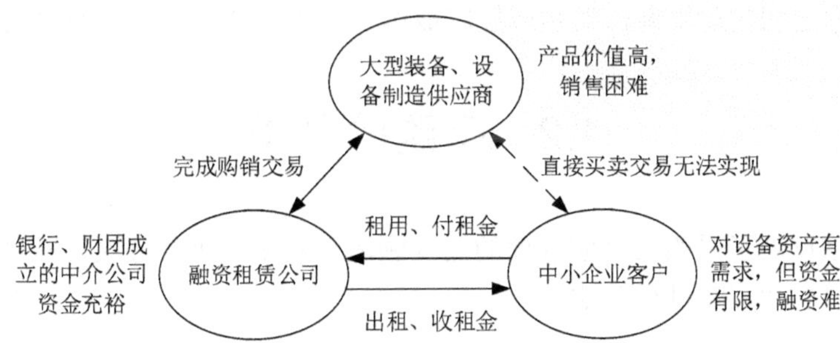

图 1-3　中小企业通过融资租赁方式实现资本融资和获取资产设备

1.1.3　采购的定义

在对上述有关概念进行比较之后，现在可以对采购下一个比较明确的定义了。

狭义的采购，简单地讲就是拿钱买东西，即以货币换取物品的交易行为。采购就是企业根据需求提出采购计划、审核计划、选好供应商、经过商务谈判确定价格和交货条件，最终签订合同并按要求订货收货和付款的过程。也可以说，商品采购是指各企事业单位及个人，为了获取商品，对获取商品的渠道、方式、质量、价格、时间等进行预测、抉择和管理，把货币资金转化为商品的交易过程。

广义的采购就是从外部环境获取所需的有形或无形的物资或资源的行为。广义的采购除了以购买的方式占有物资之外，还可以通过其他途径获得资源的所有权或使用权，来达到满足需求的目的。例如，借用、借贷、租赁、融资租赁、业务外包、交换、征收等，都是获取资源却不必花费全额成本的采购方式。广义的采购概念是随着采购职能的变化而与时俱进的产物。比如，过去，企业从供应商那里采购“商品”，然后把这些物料或产品再加工成新的产品或直接用于转售。但是现在情况变了，很多时候企业不是通过购买供应商的物料来实现供应，而是直接把自己的制造业务或物流业务外包给供应商来完成，由供应商来替代完成自己的生产或物流任务，通过利用供应商的物资、技术、资金、劳务和其他资源，同样实现了自己的供应目的。因此，现代采购的概念不仅包括物料采购行为，也包含这种资源获取行为。

全面理解采购概念应该注意下面几个含义(徐杰等，2014)。

(1) 采购是从资源市场获取资源的过程。资源市场由能够提供这些资源的供应商组成，资源形式既包括生活资料，也包括生产资料；既包括物质资源，也包括非物质资源；既包括商品资源，也包括劳动、资本、服务等要素资源。这些资源可以统称为生产资源，因为不管是制造企业、流通企业、服务企业，还是政府机构、公共部门、事业单位，它们的业务活动都可以看作是“生产经营活动”，采购物资正是为了满足生产活动的需要。

(2) 采购是商流和物流的统一。商流是“商品”或资源的所有权或使用权从供应商转移到用户手中，主要通过商品交易、等价交换以及销售渠道来实现，这是采购的商务活动；物流是资源的物质实体从供应商转移到用户手中，通过运输、仓储等物流活动或配送渠道来实现，通常称为供应物流。采购是这两方面的完整结合，缺一不可。

(3) 采购也是一种经济活动，既有经济效益，也要付出成本。科学的采购和管理就是要在效益和成本之间实现平衡，要实现控制成本、扩大效益、实现利益最大化的目的。

1.2 采购的分类

采购的范围反映了采购与供应管理的主要领域。对采购进行分类，从外延角度对采购和供应管理的概念和范畴进行概述。

1.2.1 主体范围

采购活动的主体主要有个人、企业、政府和公共部门等，因此，按采购的主体划分，采购活动可以分为以下几类。

(1) 个人采购(Individual Purchase)，即家庭采购、消费者生活用品采购。购物是人们日常生活的一部分，是家庭生活支出中的一项重要的经济决策。消费者需求是终端需求，消费者的购买决策行为是经济学的理论基础和出发点，理性的消费者行为就是要在一定资金预算的约束下获取最大的经济效用。随着网络购物的兴起，消费者的购物途径和方式发生了很大变化，大规模线上购物也促进了邮政和快递物流的蓬勃发展，但消费者采购的本质特点没有改变。

(2) 企业采购(Enterprise Purchase)，包括制造企业和流通企业等。制造企业的采购属于生产采购，既有原材料、零部件等直接生产物资的采购，也有生产设备、机器、厂房等资本货物的购置。制造企业的采购是一项复杂的管理活动，它包括从生产计划到制定物料清单、提出采购申请、发送并确认采购订单、验收入库、支付货款的整个过程，除了专门的采购部门以外，还需要其他部门的介入与配合，这些部门不仅包括企业内部的生产计划部门、制造部门、工程技术部门、品质保证部门、财务部门、存货管理部门等，还包括企业外部的供应商和物流服务提供商。在这个过程中，不同阶段的任务要由来自不同部门的人员来完成，如采购人员、技术人员、生产计划人员、品质检验人员、财务人员、仓储人员等，有了这些人员的积极配合，才能保证采购流程的顺利完成。

销售企业的采购活动称为转售采购，目的是采购产成品、商品，以供销售获利。批发商、零售商或其他分销商、经销商、销售代理商购买它们所需要的东西以供出售，因此，在考虑卖什么的时候必须要考虑买什么，经销商以消费者能够支付的价格购买想要的商品，注重改善采购商品的品种和质量，这是它们取得成功的关键。转售采购的主要工作有以下几个环节：①评选。在决定购买之前，采购员要与销售决策者密切合作进行预算和评估，决定是否销售这些商品，采购人员需要参与需求预测、销售调研，为理性决策提供依据。②采购。确定了所销售的某种商品之后，采购员就会要求供应商提供样品，以供各种技术人员进行检验、试验或测试。③销售。销售管理者将决定商店的存货水平，以及让商店承接各种商品进行销售。

资料显示，零售业目前创造的产值占整个国内生产总值(GDP)的 20%左右。在我国，限额以上零售企业承担了大多数销售活动(约 70%)，其余部分则由小型独立经销商和个体经营户组成。“采购是零售业中最具魅力的工作”，采购人员需要寻找更多的系列产品来填充不断扩大的商店规模，采购员的压力就是提供更具创新性和适应市场需求的合适产品。零售业，特别是综合零售业(如百货公司或连锁超市企业)的经营作业主要是由三个环节组成：一是采购作业，二是配送中心运作，三是门店管理。三个环节缺一不可，都非常重要。图 1-4 显示了某连锁超市公司运用供应链管理，推行采购、配送和销售三大环节的运作管理创新，取得了显著成效。

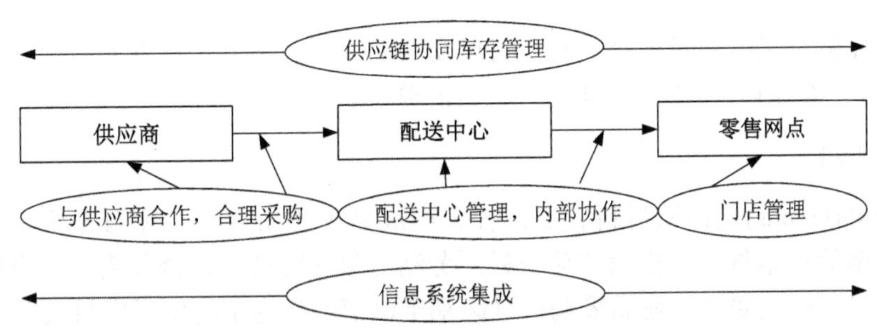

图 1-4　零售企业的采购与供应链管理

(3) 政府采购(Public Purchasing)，主要是指政府机构、军队、公共部门、事业单位等，以财政资金为主要支出来源的采购活动，不以赢利为目的，但也要考虑采购成本节约。政府采购的范围除了维持机构正常运作的业务设备、工具器材、办公用品，还包括政府投资建设的大型基础设施、发展公益事业和社会福利项目、购买公共产品等，这些政府采购行为具有国家支持的投资和发展公共福利的性质。政府采购往往具有很强的政策导向性和经济调节作用，例如政府为了扶植民族汽车工业，要求国家政府机构、公检法部门公务用车采购国产汽车，限制采购国外品牌的汽车，这种政府采购行为就具有政策导向性。

我国政府规定每年以保护价收购粮食和主要农产品，即当市场价格较低时以高于市场价的保底价收购粮食，目的也是为了支持农业，保护农民种粮的积极性。

采购管理以企业采购和政府采购等社会组织的采购为主要研究对象，称为商业性采购。商业性采购与消费者采购有很大的不同(利恩德斯等，2009)。

消费者的采购活动以消费品零售市场为主要特征，相对而言，一般的消费商品有很多供应商，而消费者则更多；每个顾客都是为了满足当前的需求而购买，并且是所购产品或服务的最终客户，消费者可以自主选择产品质量、类型和合适的供应商。产品价格可能随供应商的不同而有差别，这主要取决于供应商的营销策略；由于各个顾客的交易量占供应商销售总量的比例非常小，因此单个顾客几乎没有能力影响产品定价和营销方式。

商业性供应管理是以工业品市场为主要特征，潜在的货源很少，甚至可能在整个市场中只有几个商家能供货；大多数企业的采购需求通常是专业化需求，并且采购规模一般都很大。这样，一方面，需要有专门的采购部门和专业的采购人员来保证准确地满足需求；另一方面，为了达到连续和满意的运作效果，还需要有合适的采购程序和体制作保证。在买方市场条件下，很多采购企业的规模往往比它们的供应商更大，因此，在与供应商打交道的过程中可能会扮演多重角色。在这种情况下，给予或不给予交易确实是一项很大的权力。由于涉及大笔金额，供应商为单个顾客承担了很大风险，为了获得一笔交易，供应商通常会运用多种策略。供应商每年都会花费大量资金寻找各种方式和途径，以便说服顾客购买他们的产品。采购部门必须花费足够的精力抵御这种营销攻势，采购人员应能够在平等的基础上处理这种营销攻势。在这种情形下，仅仅对来自供应商的外部压力做出反应是不够的，长期计划和富有远见的观点至关重要。只有这样，才能在计划的基础上，确保企业现在和未来的需求能够被充分满足。

1.2.2 客体范围

采购客体就是采购的对象物，凡是可以交易的物料、商品、机器乃至服务等都可以成为采购的客体，客体具有多样化的形态。根据采购对象进行分类采购，可分为以下几种类型。

1. 货物采购

有形商品(Goods)包括原材料、零部件、产成品等商品货物，称为劳动对象；还有生产设备、设施等资本货物，称为劳动资料。劳动对象和劳动资料合称为生产资料或生产手段。生产资料采购主要是工业品采购，这区别于以消费品为主的生活资料采购。

一般的原材料商品货物在生产过程中都是被转化的对象，分为初级商品、二级商品、三级商品等。初级商品是指天然产品而不是制造产品，收获或开采出来之后经过简单加工或部分加工就进入交易过程。初级商品经过深加工转化为二级商品，二级商品经过再加工转化为三级商品，进一步影响下游的生产制造活动。具体商品分级如表 1-1 所示。

采购资本货物，如建筑物、厂房、设施、生产线、机器设备、运输工具、计算机等，与采购普通商品有很多不同。劳动资料或设施设备这些资本货物的采购不是为了满足当前需求，而是为了满足长期需要，是用来生产商品或提供服务工具；也不是短时间一次性使用，而是通过多次折旧来转移其价值，其使用寿命大于一年。资本货物一般是企业重要的固定资产，通常还包括 MRO 和 ORM 两类，这是两类典型的用途不同的资产形态。

表 1-1 商品分级

初级商品	二级商品	三级商品
铝、铜、铅、锡、镍、铁矿石、金、银、石油、煤炭、橡胶、可可、棉花、大豆、谷物、小麦、玉米等	钢材、不锈钢、合金、汽油、柴油、塑料、轮胎、电缆、电池、食品罐、布匹、纺织品、巧克力、食品、饲料、油料等	建材、通信器材、电器、零部件、塑料制品、汽车、服装等

资本货物或设备采购的商业意义与生产原材料采购的商业意义同样重要。采购资本设备时需要工程技术人员、生产操作人员和财务行政人员的参与，然而没有采购专家或商务人员参与的决策经常导致合同、资本支出决策上的问题，从而影响采购者的利益。因此，获取资本设备时采购人员的贡献主要体现在：确认资源的位置、对供应商的审查、活跃的谈判角色或顾问、投资评估、成本与效益分析、生命周期成本、有关折旧与残余价值的建议、总供应成本的计算、租用与购买比较、拟定合同、管理合同、供应材料的准备、采购队伍的协调、组织生产试验等。

2. 服务采购

服务采购(Service)是指无形商品的采购，如商务、劳务、专业技术、计算机软件等，获得服务是采购和供应工作的重要组成部分。

服务主要是完成一种任务，表现为某种技术知识或价值行为，而不是生产某种有形商品或提供原材料。购买服务的特殊性体现为：①服务无法存储和再销售。服务需求和服务供应直接同步，可以存储提供服务的资源和能力，却无法存储服务；有些服务是连续供应的，如供电、保险、公共设施服务等。②服务可变性和检测难。很难测试服务质量，在提供服务方面做到完全的规格一致是不可能的，通常的衡量方法是：提出定性条款；关注服务提供者；使用“绩效”评估；签订“服务水平协议”。③服务采购的复杂性。服务是一种无形商品，获取服务以及对服务的内容、质量、使用的评价都很困难，这就增加了购买服务的难度和复杂性。

通常对服务有三种理解。第一种理解是商品或服务都是购买的独立对象。独立的服务供应，可能涉及物质材料如递交图样、计划文档、辅助设备等承载物，企业通常需购买的纯服务有：广告、设计、维修、物流、运输、进出口、运费代理、顾问、培训、研究、银行、保险、法律咨询、仲裁、会计、医疗、安全、餐饮、清洗、装修等。第二种理解是伴随货物供应的服务，如采购货物需要运输给客户、检查所有权转移、货款支付、安装调试等关联服务。在完全产品概念中，服务是完整产品的必要构成部分，有形产品和无形服务一同被购买。第三种理解是在购买有形商品或选择供应商时，服务是同数量、质量、价格、交付一样附带的要求或条件。当采购商购买一些实际看得见的商品时，比如原材料、零部件、维修零件、包装材料、资产设备或者再销售产品等，通常会从质量、数量、价格、交付以及服务这几个方面来考虑供应商，服务会增加采购的价值。因此，将产品质量和服务分开非常有用，即产品质量并不伴随着服务。

在实际中，很多采购人员认为供应商按时交付货物就是提供了一种比较好的服务，但是这样理解服务并不准确，服务可能包括设计、保存记录、运输、储藏、处理、安装、培训、检查、维修、建议，以及其他一些有关供应商的态度和行为的评价标准，如供应商是否愿意对误解和错误文档做出令人满意的修改，是否愿意在接到临时通知时修改订单，是否会对非常特殊的要求做出报价，是否提供设备安装或操作人员的培训等。如果服务对采购的成功与否非常关键，那么在采购的时候就要对服务提出非常具体明确的要求。

3．项目采购

项目采购(Project)是单件产品、服务或工程以整体的形式被购买，如土建工程、技术承包工程等。这里所说的项目采购是指获取整个项目，比如项目需求方作为买方、发包方或招标方确立项目(立项)，向卖方、供应商、承包商或投标方“购买”该项目，而不是指承包商在项目建设过程中购买所需要投入的资源如物料、人员、机器等。项目采购越来越成为采购活动的流行方式，举例来说，开发一种新产品或服务，建造一座楼房或设施，改变一个组织的结构、人员或风格，设计一种新型运输工具，开发或获得一种更新的信息系统，修建一条道路或排水系统，为政府机构举行比赛，实施一种新的业务流程和方法，都可以以工程或项目的形式来获取和采购。

项目是通过时限性努力来创造一个独特的产品或服务。运作(Operation)和项目(Project)的主要区别在于运作是持续的和重复的过程，而项目具有时限性和唯一性。时限性意味着每个项目都有确定的开始和确定的结束；唯一性意味着这种产品或服务不同于所有其他产品或服务，是一个单件产品，具有独特性。当然，项目也有一些共同特点，比如类似的项目具有相似的研制过程等，这给从事某种项目开发和研制的企业提供了积累专业经验的机会，也给项目管理理论发展提供了共性基础。

1.2.3 市场范围

采购地理范围是分析采购市场行为和业务管理的一个重要视角，不同市场范围的采购活动存在一定的差异，从而成为采购管理关注的一个重点领域。按供应市场和地理位置分析，采购活动有以下几种。

(1) 本地采购(Local Purchasing)。本地采购或者称为区域市场采购，是指采购活动局限在当地或某个区域的局部市场范围内，采购市场的范围相对最小。有时候，本地采购是一些小企业不得不采用的措施，然而有些跨国企业也往往把本土化或本地化采购作为一种采购策略。

(2) 国内采购(National Purchasing)。国内采购也称为国内市场采购(Domestic Purchasing)，是指采购活动局限在本国范围内，以国内或全国统一市场为主。虽然大国和小国的国内市场范围差别很大，但国内市场采购和区域市场采购都属于一个国家的内部贸易范畴，尽管存在一些地方保护主义和人为设置的体制障碍，但相对来说，企业在国内市场采购遭遇的市场限制和壁垒要少很多。

(3) 跨国采购(International Purchasing)。跨国采购又称为国际市场采购，是指采购活动超出一个国家的边界，进入到其他国家的市场进行采购。全球采购(Global Purchasing)可看作是国际采购的高级形态，采购活动涉及多个国家，乃至全世界的市场范围。例如，许多跨国企业建立全球供应基地，在全球范围内展开资源争夺，来满足对稀缺资源的需求。国际采购是国际贸易的一部分，国际采购的商业流程、运输和物流、贸易术语、关税、货币与汇率、法律、语言、文化、社会环境等，比本地采购和国内采购都具有更多的复杂性问题，逆全球化和贸易保护主义的双重压力也给跨国采购带来新的障碍。

1.3 采购的变量

1.3.1 采购决策问题

在日常生活中，人们去商店购物习惯上追求“物美价廉”。物美就是质量高，价廉就是价格低。质量越高、价格越低的商品就是好商品，然而这两者之间是一对矛盾。一般来讲，质量越高价格相对更贵，质量越低价格才会更低。很显然，购买者最关心价格和质量，希望在质量和价格上做出正确决策，要买到物美价廉的商品，需要在这两者之间进行权衡，以尽可能低廉的价格买到尽可能高质量的产品。除此之外，个人购物者其实还需要关心其他的问题，这些问题对个人购买者也许不明显，并没有成为一个显而易见的需要考虑的问题，但是这些问题仍然存在。比如购买什么商品，这可能不是一个难题，需要什么就决定购买什么，购买者在去商店之前都已经想好了；如果种类比较多，有时候还需要把这些写在纸条上以免遗漏；当然有的人可能事先并没有想好要买什么，只是在逛街的过程中看到需要的东西，临时做出购买决定。确定商品或品种款式之后，就要确定每种商品一次买多少，也就是购买的数量问题，这往往也不是一个需要费脑筋做决定的事情，因为家庭购买物资通常只有一件、两件，数量很少，比如买一台电视机、一次性买两台空调、十双一包的袜子买两包、10kg 包装的大米买一袋，这些决定都不是太难的问题。还有什么时候购买，这是购买物品的时机问题。有时候我们只能在下班之后顺道到菜市场买菜，白天上班族只能等到晚上去超市购买生活用品，一些大件商品可能要等到周末有时间的时候再购买；人们往往在夏天买空调，在冬天来临的时候添置冬衣，当然也可能在淡季促销的时候购买一些便宜的反季节商品。另外，选择在哪里购买，这就是购物的地点问题。对于日常生活用品，人们愿意选择在离家不远的超市购买，但是如果是家电产品，那么尽管马路对面日用品超市里也有，人们还是宁愿跑到更远处的家电专卖店或大商场去买，因为那里有更多的品牌可以选择，产品质量也更可靠。

企业采购者同样需要关心诸如商品、质量、数量、价格、时间和地点这些关键问题，而且对企业购买者来说，这每一项都非常重要，需要做出慎重选择和决定。因为这些问题是采购活动中的关键变量，之所以称为“变量”，说明它们在采购活动中都是可变的、可选择的、非固定量，需要采供双方协商或达成一致才能确定。因此，它们是采购管理的主要“决策变量”，合理地决定和管理这些关键变量，正是采购与供应管理的主要任务。

(1) 商品(Product / Item / Commodity)。商品是指采购企业决定要购买的产品对象。商品决策包含很广泛的内容，比如原材料、零部件、产成品或服务；既包括单项物料、品种和替代品，又包括物料和服务组合。商品管理是采购管理的首要任务，在产品要素中，首先要明确需要采购哪些产品。对于技术含量低、市场成熟的产品可选择外购；对于涉及核心技术的产品，应尽量选择自制。其次要决定对采购的哪些产品实施战略管理。企业可按照供应市场的风险程度和物品的成本价值对所采购的产品进行分类，对于高风险、高成本的物品和服务进行战略管理，因为这些产品既需要花费巨额成本，又具有很高的风险性，若管理不当就会给企业带来重大损失。

(2) 质量(Quality)。质量又称为品质，能够满足指定需求的产品或服务的所有特性的集合。质量也是变量，因为同属一个种类的产品，质量有高有低，存在很大差异，需要购买者做出选择。质量是具有战略意义的问题，沃马克和琼斯(1993)说过：“完美质量是无极限的，试图达到完美实际上是不可能的，但是努力追求这种完美将是激励和指引人们前进的方向。”

(3) 数量(Quantity)。购买商品的数量是一个显而易见的变量。然而采购数量决策取决于多个方面的考虑，如生产计划对物料的需求，企业对库存管理的方式，以及其他根据市场供应情况和企业对物料采购所制定的订货政策。数量涉及几个相关概念：需求量是企业在一定时期内对物料需求的数量；订货量是通过购买或生产用于补充库存的单位产品数量，可以表示为订货总量和订货批量；批量就是在一次订货或一次生产中产生的一种产品的单位或数量。

(4) 价格(Price)。价格变量过去是现在仍然是一种重要的采购竞争力因素。然而，如今人们已不是单纯地考虑购买价格，追求“物美价廉”，也懂得“便宜无好货”。价格决策需要与质量、成本等联系起来进行综合考虑。采购商品面临的主要问题是价格在短期内经常大幅波动，这对任何需要购买大量商品以维持工厂生产的采购人员来说都是真正的挑战，因为工厂生产出来的产品不能以同样变动的价格销售，这是价格管理需要面对的问题。

(5) 时间(Time)。采购物品的交付时间变量取决于采购商的订货提前期和供应商的响应速度。确定交货期是采购管理的重要问题，特别是在基于时间的竞争环境下，时间是继成本、质量之后最重要的竞争因素。缩短交付时间和按时交付货物已经成为供求双方需要慎重协商解决的重要决策事项。

(6) 地点(Place / Source)。采购地点即供应源变量。供应来源可以有多种可选择的供应市场、多个可选择的供应商。企业进行不同性质物料采购的供应源决策，包括确定供应商类型、确定最佳供应商数量和建立与供应商的合作关系等级，这些都是供应源决策和供应系统设计的重要内容。通过与现有供应源保持有效联系，发展其他供应源以代替现有供应商，或者满足紧急要求和计划来确保供应的连续性，这些决策与管理在组织中越来越具有战略意义。

1.3.2 采购管理原则

整个采购工作的基本原理和管理目标就在于在上述六个方面做到“正确”“恰当”(Right)。所谓“六个合适(6R)”，就是在合适的时间，从合适的供应源那里，以合适的价格，购买到合适数量、合适质量的合适商品(彼得·贝利等，2006)。

(1) 合适的商品。企业采购的商品种类是很复杂的问题，包括材料、资本性商品和服务采购，每一类商品都有更多的品种、型号、款式、功能上可替代产品和其他附加条件选择，如何向组织提供稳定的材料和服务以满足需求，这是企业需要做出慎重决策的问题。而且成千上万、数量众多的品类管理也给企业带来了很大的挑战，需要有一些科学合理的分类管理方法，使得在管理上的付出与取得的价值和行政效率相符。

(2) 合适的质量。虽然客户希望完美质量，但是企业不可能提供 100%的高质量。一是技术上可能达不到，任何产品质量能达到的高度必然受到现有技术条件的局限。二是经济上不可行，即使现有技术条件能满足质量要求，企业从经济可行性上考虑，经济上合理的最佳质量水平不一定是最高质量水平，因为获得最高质量所获得的利益不足以弥补可能付出的高昂代价。因此，最重要的是要保持合适的质量/价值平衡。

(3) 合适的数量。采购是为了满足物料需求，采购的数量与需求量直接相关，企业生产计划或库存状态提出的物料需求数量触动采购或直接转化为采购量。采购批量与订单交付之间的联系非常紧密，订货少，交付就频繁；订货多，交付就不频繁。为了确保及时交付，就需要采取小批量多批次的交付方式。对供应管理来说，采购数量决策不一定是实际需求多少就购买多少，许多因素都对决策有重要影响。

(4) 合适的价格。企业有效率而明智的采购，是通过符合规定的方法使每一笔开支都能获得最好的价值。企业为了保护产品的合理成本结构和市场的价格竞争力，要求降低物料采购价格和追求合理采购价格都是合乎情理的要求。采购方要改变在采购定价上的被动地位，赋予采购人员很重要的责任，同时也要求采购人员掌握定价技能，具备价格谈判能力。

(5) 合适的交货期。交货期是一个必要的合同条款，近年来，对时间这个关键变量的认识，以及要将供应链中的时间浪费降至最低点的要求，导致人们对时间和响应速度的关心程度与日俱增。很显然，能迅速准时地对客户需求做出反应的供应商比那些不能这样做的公司更容易获得客户订单。因此，压缩时间、做出快速响应以及缩短产品上市时间等观念是21世纪商业竞争的主要因素，基于时间的竞争所带来的利益正在引起人们的关注。

(6) 合适的供应源。合适的供应源意味着选择正确的供应模式、供应地点以及供应商。合适的供应模式有自制模式、采购模式、外包模式等，企业可以根据自己的实际情况做出决策和选择。合适的供应地点包括本地供应、国内供应、国际供应和全球供应等，企业需要检测供应市场的趋势。合适的供应商是指选择供应商的数量、供应商类型、供应商结构等，供应商数量有单源、双源和多源之分；供应商类型有大型、中型和小型之分；供应商结构形成了企业的供应基础库。研究认为，采购战略的核心问题就是确定供应源战略，即选择什么样的供应源，选择多少个供应源(张旭凤，2005)。目前很多企业实践趋势都认为要选择市场中最好的供应商，尽量减少供应商数量，从而节约供应商管理成本。

1.4 采购的过程

1.4.1 业务流程

经济学把企业当作一个“黑箱”，关注投入和产出，而不关心企业内部转化过程。管理学则把企业看作一个“白箱”，要探讨企业内部详细的转化过程，并且管理就是要科学安排、组织好企业内部的业务活动。过去，组织内部通常将具有专业知识、技能和能力的人才集中到某个部门，从而形成职能部门化，并建立某种职能组织或机构。传统组织是按功能部门来对大部分工作任务进行分配、组织和管理，这必然形成条块分割式管理。随着流程管理和业务流程再造(Business Process Reengineering, BPR)的发展，组织更加强调职能的流程化趋势，更加关注实现某种职能的业务流程结构，以及流程分解、流程优化、流程协调、流程创新等一系列流程再造行动。开发或改善一个采购/供应流程的关键问题是流程如何对组织的目标和战略做出贡献，一旦基本的流程确定，就可以找到运用技术的机会，通过协调流程来提高效率和改善效益。流程管理的新观念更多地按照业务过程的方式来组织各项活动，它意味着更多的以团队方式来解决问题，进而形成更加整体化的业务管理方案。

现代管理中的业务流程观点越来越盛行。流程是一系列活动按照一定的顺序发生、有开始有结束、有投入有产出的结构化过程。企业业务流程包括采购流程、制造流程、营销流程、账款支付流程以及研究开发流程等。不管有多少不同的部门参与到一个流程中，关注流程的人考虑的是整个流程的物料流、信息流和资金流。例如采购/供应流程被定义为从识别需求开始到满足需求结束的一个周期性的过程。在一个以职能部门为导向的组织中，人们仅关注本部门负责的那部分流程或者整体业务流程的局部。例如在这样的组织中，供应部门的人员往往只关注采购部门的工作内容，而不会积极参与到整个流程的其他环节，供应人员可能会忽视供应部门和供应商在识别和描述需求阶段增加附加价值的可能性。这样的工作方式必然会产生浪费，如花费不必要的成本、周转时间延长、错失机会等。

业务流程分解和进一步细化的合适程度，并没有一个统一的标准。在很多公司中，供应管理流程被分解成更小的子流程，组织中不同的职能部门负责并管理这些子流程。供应管理流程要求大量标准化的子流程和运作程序来处理日常事务，开发一套严格的流程主要出于下列五个原因：大量的条款、大数额的货物、需要跟踪审计、绩效差别所带来的严重影响以及对组织职能部门有效运作的贡献。采购过程无论是与企业中其他职能部门，还是与外部环境都有紧密的联系，这就要求与其他部门密切协作并要有完备的信息系统。

优化供应流程就是在组织内部就增加组织价值方面所存在的机会达成一致，换句话说，就是要求横向和纵向的目标和战略达成一致。每一个利益相关者都有与采购相关的目的或目标，当它们相互冲突的时候，可能就会导致不必要地增加采购、使用以及处理的总成本。很多职能部门及其人员对一个成功的供应流程会起到很有价值的作用。例如货物和服务的使用者——经常是采购商内部的顾客，他们在识别和描述需求方面会起到直接作用，他们通常提供有关技术性能、产量、质量、运输、服务目标以及预算的基础信息。而在需求识别和描述阶段，采购人员也会引入一些市场资讯，如供应的可行性、价格趋势、新技术等。在这种情况下，内部的顾客和供应商应该尽可能早地整合在一起，组建跨职能部门的供应团队。然而，在分析和选择供应商阶段，采购部门应该占据主导地位，并决定价格和条款，如支付、运输、质量、服务条款等。其他的职能部门也经常参与其中，例如运输、收货、法律、营销、信息系统、工程、账款支付等都在采购流程中有非常重要的作用。因此，许多企业的高层经理人员致力于以流程为导向，而不是以职能部门为导向的工作方式。

在许多企业里，协调供应流程、确保内部流程顺畅是一个持续不断的挑战。流程的协调性受到组织结构的影响，如果组织结构高度分散化，即业务单位、工厂或者分公司分权决策，流程也应该和这种结构相匹配。例如，由公司领导组成的供应委员会就是适宜于这种环境，供应委员会致力于各种工厂的产品、服务、流程的协调。而在高度集中化的企业里，也经常存在采购的意见不一致，供应团队可以增加流程的协调性，并不断地将结果传递给内部的业务伙伴。信息技术工具有助于实现流程的协调，企业文化也会影响流程的协调性。

采购流程可用一些流程图来表示，如图 1-5 所示。采购—供应—付款流程的逻辑图表明采购订单触发采购流程，采购流程触发付款流程和供应流程，这些流程具有内在的驱动力和运行逻辑，并与其他的生产流程、财务流程相关联(Gelinas 等，2006)。

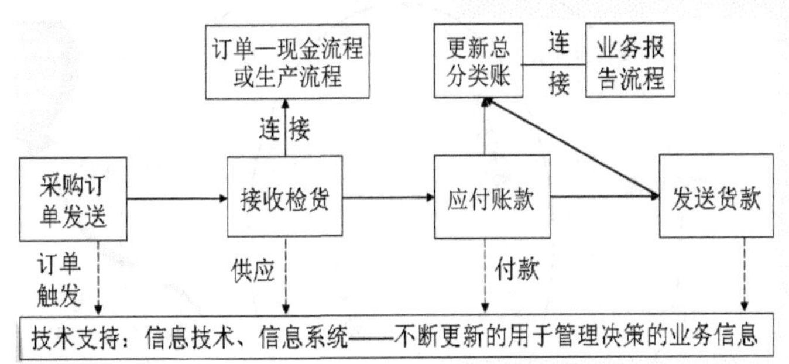

图 1-5　采购—付款流程逻辑图

采购过程的水平视图如图 1-6 所示，它表示了企业实战模拟演练中简化的采购程序。实践中的采购流程大致有这样几个步骤：①库存或生产部门将购货请求发到采购部；②采购部向供应商发出采购订单；③将采购通知发给收货部门；④将采购通知发给应付款处理部门；⑤供应商将货物发给收货部门；⑥收到发票；⑦将收货通知发给付款部门；⑧通知出纳付款；⑨出纳将支票发给供应商。

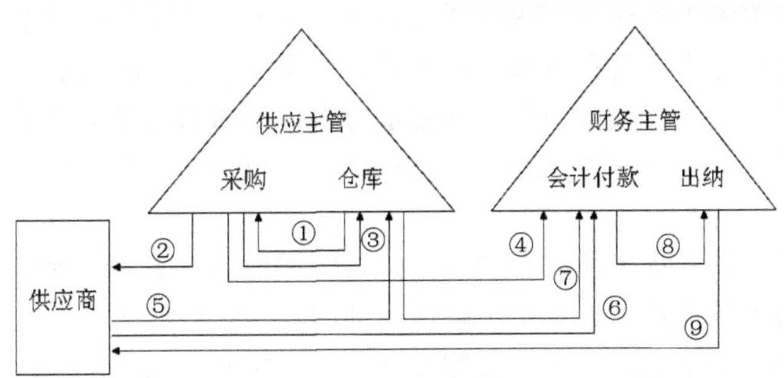

图 1-6　采购—付款流程水平视图

关于采购流程的研究有下面两种代表性观点。第一，采购周期基于采购人员的工作过程，描述了采购的业务过程，适用于采购业务人员的工作程序要求。第二，管理范围基于采购管理人员的工作过程，描述了采购与供应管理的内外部业务过程，适用于采购管理人员的工作过程需求。

1.4.2　采购周期

采购周期(Purchasing Cycle)表明了采购过程的主要阶段。采购周期概念常用来指明采购过程涉及的主要活动和步骤，围绕订单和获取产品来开展工作，反映采购的交易顺序和沟通过程，决定需要沟通的内容、对象、形式和时间表是其核心内容。采购周期的一些具体活动，包括识别需求、描述需求、自制与外购决策、分析供应市场、识别潜在的供应商、选择合适的供应商、签订合同、履行合同、发出采购订单、订单跟踪和催货、货物接收与检验、不符和退货处理、结算发票和支付、记录和档案维护等，这些步骤从识别需求开始到满足需求为止，形成一个循环过程，因此称为采购周期，如图 1-7 所示。

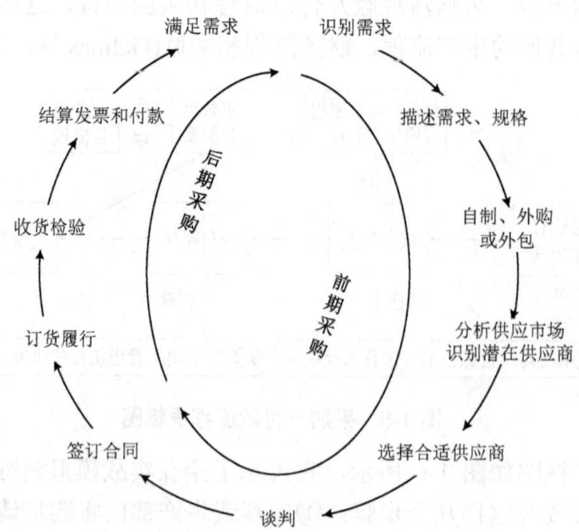

图 1-7　采购周期——采购业务过程的主要步骤

(1) 识别用户需求。采购往往是由于下游部门或用户对某种物资的独特需求而引起的：需求什么，需求多少，何时需求。所需的物料如果能从现有库存中得到满足，就不需要采购；如果现有库存中没有存货或存货不足，就需要发起新的采购。下游客户，比如生产部门、库存部门，乃至行政部门等，通常都要将自己的需求提交给采购供应部门，比如生产部门往往以请购单、物料需求计划的形式表明自己的具体需求。用户需求一旦被确认，可以说采购过程就开始了。

(2) 描述需求。需求描述的内容主要是确定所需物品或服务的规格、数量、质量、交货期、大部分的成本等信息。如果不了解使用部门到底需要什么，采购部门就不可能进行采购；如果供应商不清楚采购企业到底需要什么，供应商也无法进行供应。因此就必然要对所申请采购的物品或服务有一个准确的描述。准确地描述需求是采购部门、使用者或跨职能团队共同的责任。采购部门还要对各个部门或工厂提出的物资需求进行分类集中汇总，有些情况下，需求可能发生了变化，需要重新做出评估。更重要的是要对采购物料进行详细的描述，制定详细的规格。描述规格就是以某种可以衡量的标准形式加以表述，对于常规性商品，标准可以很简单，而对于比较复杂的高技术产品，标准就很复杂，需要从多个角度来描述商品规格。这些标准或规格是未来购买合同中的重要条款，也是采购人员向供应商传递用户需求的基本形式。

(3) 自制与外购决策。过去的企业在确认用户的需求之后，往往由企业内部的相关工厂或公司来提供。而现在的企业越来越关注自己的核心业务，把非核心业务全部或部分外包出去，当需要某种商品或服务时就需要从外部公司购买。因此，自制和外购决策这一步目前在企业中变得越来越重要，已成为企业中具有战略影响的一项决策活动。

(4) 分析供应市场。供应市场也称为要素市场、资源市场。根据供应商数量和供需双方市场力量对比情况，供应市场结构可以有多种形式。完全竞争性市场有数量众多的供应商，每个供应商都无法对市场定价有决定性影响；垄断竞争性市场上供应商数量较少，主要的供应商控制市场的大部分份额，其产品具有一定的差异化竞争优势；寡头垄断市场的供应商数目很少，且大多数为资源性市场，各供应商提供的产品并无差异；而完全垄断性市场上只有唯一的供应商，对所提供的资源或服务具有相当大的控制力。了解供应市场有助于采购人员分析供应市场上资源供应的状况、市场势力等，以确定不同的采购方式，如投标、谈判等。有关市场类型的信息有时并不是很明显，需要做一些调查和专门性研究，掌握必要的情报。

(5) 确定所有可能的供应商。所有能满足用户需求的供应商都是企业潜在的供应商。潜在的备选供应商的范围越宽广，从中选择合适的供应商的余地就越大。当然，在全球化背景下，找出所有的供应商具有一定难度，需要进行一定的研究和筛选。对于中小型企业来说，备选供应商的范围也不必太宽泛，依据历史经验、常规判断和本地市场信息确定供应商的范围即可。

(6) 供应商的评价和选择。对所有的供应源进行初步筛选后，可以淘汰一些明显不合适的供应商，将供应商减少到可以满足需求的少数几家，缩小供应商的选择范围。对备选供应商进行再评估，需要建立一定的评价标准和方法，力求使评价过程科学合理且有效。借助于评价的结果，确定最终被选定的供应商。

(7) 确定合适的价格及签订合同。确定了最终的供货企业，接着就要与供应商就采购活动的一些具体细节进行谈判协商，包括协商价格和其他采购条件。只有合约条款达成一致，并完成正式的合同法律手续，双方的供求关系才算正式建立。

(8) 合同履行。合同履行环节就是具体的采购业务实施控制阶段，一般包括订单处理、货物运输和接收，以及购买之后的绩效评价和资料归档。在具体执行过程中，如果供应商的工作不能满足客户需求，或违背合同的规定，必须对发生这些偏差的原因进行分析，采取必要的预防措施和纠正补偿机制。

采购周期可以分为两个阶段：前期采购和后期采购。前期采购是指采购过程中签订合同之前或下订单之前的相关工作，包括预测需求，制订订单计划、选择供应商、价格谈判和签订合同等订单计划过程。后期采购是指采购过程中合同签订之后或下订单之后的相关工作，包括发送订单、订单跟踪、催货和物流过程控制、产品接收检验以及产品不符合要求和退货处理等订单履行过程。

采购周期只反映了采购的交易活动，有很多采购和供应管理的内容没有显示出来，如战略制定、供应商等级评定和供应源开发、组织设计等并没有包含在内。采购人员的主要贡献在采购周期的中间阶段。在采购周期的早期和后期阶段，专业采购人员并不一定参与。采购周期概念的局限性还在于它没有认识到当代采购的战略贡献，即在很多情况下采购的作用已经远不止单纯的购买活动，而是具有战略性的资源搜寻作用。

1.4.3 管理范围

采购管理的范围不仅限于采购周期的几个环节，而且包括了更全面的采购业务及管理内容。例如，分析供应市场状况和机会、评价潜在的供应商、签订长期商务合同、评估和改进供应商绩效、计算总购置成本、负责与用户共同确定规格、开发供应源战略、发展供应商关系、供应商评级排序、供应商培训开发、识别供应源问题和确保供应连续性、质量保证、参与新产品开发、衔接公司战略、需求合并、标杆管理、组织结构、人员素质和人员结构、目标设置、采购控制、信息情报系统、沟通通信系统等，这些都是采购管理关注的必要内容。可以说，更完整的采购流程实际上是围绕供应商和供应合同开展工作，围绕资源获取所进行的采购业务和采购管理的融合，涉及业务、管理和决策层面的所有活动。

用一个“房屋”模型可把采购管理涉及的主要业务领域画出来，并且表示出它们之间的关系，其他有关采购与供应管理职能涉及的重要概念或主题都要在这座房子中体现出来。图 1-8 展示了采购管理的范围和战略、关键决策、业务流程和基础支持系统。

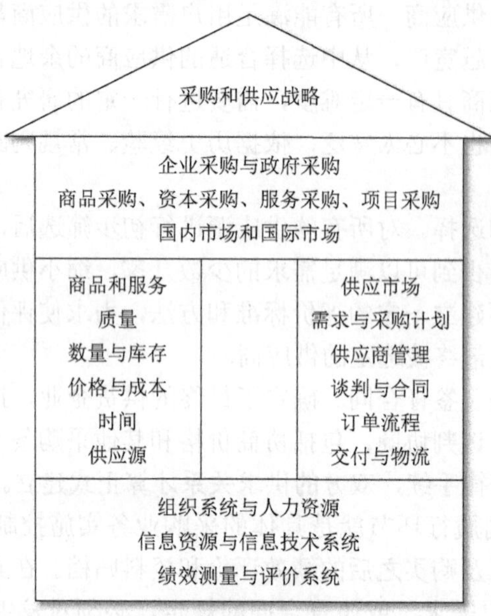

图 1-8　采购与供应管理范围“房形图”

采购管理包括管理获取商品、服务和工程项目所从事的一系列相关活动，也包括管理供应商关系所必需的相关活动。因此，采购管理范围有内部采购管理和外部采购管理两个方面，如表 1-2 所示。

表 1-2　采购与供应管理范围的主要内容

采购周期	管理范围	
	内部采购	外部采购
前期采购	· 开发采购战略 · 计算总采购成本 · 确定采购方式 · 编制采购计划和预算 · 进行采购决策 · 编制采购任务实施方案 · 组织系统建设和人力资源管理 · 信息系统建设	· 分析供应市场和机会 · 负责与客户共同确定规格 · 评价潜在的供应商 · 供货企业的选择 · 识别供应源和确保供应连续性 · 签订长期商业合同 · 开发供应源战略 · 发展与供应商的关系
后期采购	· 协议履行，重复订货接收 · 检查合同执行情况，经济效益评价	· 评估和改进供应商绩效 · 供应源改进

内部采购是指围绕商品采购业务，需要在企业内部完成的采购职能，比如说开发采购战略、计算采购总成本、确定采购方式、编制采购计划和预算、制订采购任务实施方案、制订和发送采购订单、评价采购绩效以及建立采购职能部门和采购信息系统。

外部采购是指围绕供应商管理的相关事务，涉及企业外部的采购职能。例如分析供应市场、评价和选择供应商、签订长期供应合同、发展与供应商的关系、评价供应商绩效、供应商开发和优化供应库。

1.5 采购的地位和作用

1.5.1 采购的供应地位和作用

采购是整体供应链管理中“上游控制”的主导力量和源头地位，采购部门是连接内部运作系统和供应商的纽带，如图 1-9 所示。制造商根据自己的客户订单制订出生产计划，然后根据生产计划制订物料需求计划，再根据物料需求计划制订采购计划。采购部门根据这些计划，开始一系列的准备报价单、选择供应商、订货、接受等活动，实现对物料需求的满足。这些活动将供应商行为与制造商需求紧密联系起来，沟通生产需求与物资供应的联系，在供应链成员之间的生产合作交流方面架起一座桥梁。因此，采购管理被称为供应链的流入管理(马士华等，2006)。

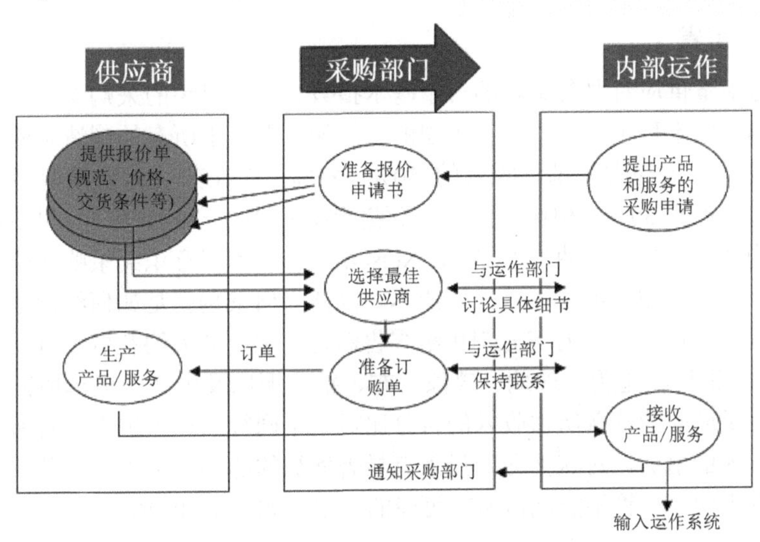

图 1-9 采购活动连接制造商和供应商(马士华等，2006)

有效的货物或服务的采购和供应，对维持企业持续性生产和运营具有极大的促进作用。

(1) 采购是企业生产经营活动的首要环节，是企业生产经营的先决条件。因此，为使供应链系统实现无缝连接，并提高供应链企业的同步化运作效率，就必须加强对采购的管理。

(2) 资源保障、供货交货期保证。采购管理作为供应链流入物流的起始点，是保证生产物流和客户订单交货期的关键环节。

(3) 采购是贯穿企业生产经营全过程的因素。从企业生产过程观察，采购不仅提供生产过程需要的原材料和辅助材料，而且还提供半成品、零部件以及成品组装的各种协作件，以及其他各种不同的投入物。可以说，采购在保证物资供应、防止生产中断、维护供应链整体运营方面承担着重要责任。

(4) 采购是产品更新换代的媒介。采购在引导供应商早期参与产品开发(Early Supplier Involvement, ESI)、利用供应商的技术和能力来实现创新，从而保证企业产品创新、价值链创新和持续成长方面越来越具有战略意义。

(5) 采购管理还包括对新的供应商的资质认定、对现有供应商的表现进行监督等责任，因为采购在维护供应链成员绩效和供应链关系中起着决定性的作用，所以就不难理解为什么采购管理越来越受到重视。

1.5.2 采购的价值地位和作用

采购供应职能的作用就是对组织目标的影响和增加贡献，包括对组织目标的现实影响和潜在影响、直接贡献和间接贡献。供应的财务影响是主要贡献，采购成本的节省、库存投资的减少、利润杠杆效应以及资产收益率效应都可以证明采购与供应部门对公司财务报表的直接贡献，这些都是可以衡量、可以看见的供应贡献的指标。供应部门对经营和战略也有很多方面的贡献，有些影响可能是间接的、相关性的作用。

1. 采购成本节省

采购成本是衡量供应对财务影响的一个基本指数。一个组织的采购支出或在供应商身上所花费的金额虽然不稳定，但总是很可观的。例如，在几乎所有的制造企业中，供应成本涵盖很多种花费，大约占到销售收入的 50%～85%。而在劳动力密集型的服务类组织中，这一比例大约占到 30%。相比而言，工资花费仅占 10%~20%左右。本田(美国)汽车公司的前任采购副总裁戴夫·纳尔逊(Dave Nelson)说：“本田意识到采购职能重要性的原因之一，就是一辆汽车 80%的成本是采购成本，因此如何采购就是如何经营本田。”当一家汽车生产商以每辆新车 1.8 万美元销售给零售商时，生产商大约花费了 1.08 万美元(大约 60%)用来购买钢材、轮胎、玻璃、喷漆、布、铝、铜以及生产一辆车所需要的电子配件。很显然，对供应商的花费所占收入的百分比对于不同行业和组织而言有所不同，但是随着业务外包行为的增加，对这部分的投入有显著增加的趋势。用“层次分析法”考察采购的目标是很有用的，尽管不能涵盖所有可能的观点，如图 1-10 所示。

2. 库存投资减少

减少存货投资使采购与供应管理更具吸引力。很显然，供应的财务影响既体现在损益表上，也体现在资产负债表上。例如，存货占用大量资金，而且发生库存费用。努力减少存货投资，不仅要通过降低采购价格，而且要采取必要的科学的采购策略，让供应商肩负库存管理的一定责任和义务。对于采购方来说，会计人员将存货物品记录为库存成本(包括运费)；但是对于供应商来说，存货则是生产成本。同样的货物存储在供应商那里，存货和运输成本就会更低。因此，供应部门的基本职责之一就是在存货成本最低的情况下管理供应流程。存货周转率和库存水平是衡量供应链库存绩效的两个主要指标，公司经理、财务机构以及投资者常用这两大关键指标来衡量企业财务的健康状况。

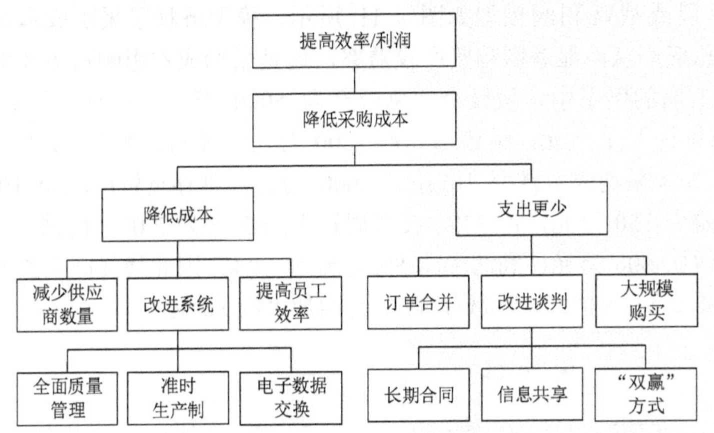

图 1-10　成本降低的"层次分析法"(彼得·贝利等，2005)

3．利润杠杆效应

采购管理具有节省成本、增加利润的经济职能和作用，这种地位通过采购的经济杠杆效应体现出来。这种经济杠杆作用体现在：①实际成本的节约，可以通过减少购买成本而增加的利润来衡量。采购成本是企业产品成本的主要组成部分，通过直接成本的节约可以显著提高营业利润。②通过合理管理质量和物流，能够为更高的资本周转率做出贡献。③通过产品标准化、质量成本降低和产品交货时间的缩短等间接方式对公司竞争地位的提高做出贡献。

利润杠杆效应是采购供应带来的非常显著的财务影响。所谓利润杠杆效应，是指采购成本的节约可以直接转化为利润，而且采购成本较小比例的减少可以带来利润更大比例的增加，也称为供应节约对利润增长的乘数效应。例如，对于一个年销售收入达 1 亿元的企业而言，采购花费 6000 万元，工资 2000 万元，管理费用 500 万元，税务等开支 900 万元，因此，利润为 600 万元。如果采购成本降低 10%将导致利润增加 100%，利润杠杆率是 10 倍。如果通过其他途径如增加销售收入而使利润增加同样的百分比，则需要销售量增加 1 亿元，意味着生产规模要扩大 1 倍或再建一个新工厂。这两种选择——销售量增加 100%和采购成本减少 10%，后者更容易实现。正是由于采购可以给企业带来很大的节约，它的经济杠杆作用才十分显著。

4．资产收益率效应

资产收益率效应扩大了采购成本对财务目标的影响效果。资产收益率(Return on Assets, ROA)是企业净利润与平均资产总额的百分比，也叫资产回报率，它是用来衡量每单位资产创造多少净利润的指标。其计算公式为

$$资产收益率=净利润/平均资产总额\times 100\%$$

也可以表示为

$$资产收益率=(净利润/净销售额)\times(净销售额/平均资产总额)=净利润率\times资产周转率$$

该指标越高，表明企业资产利用效果越好，说明企业在增加收入和节约资金使用等方

面取得了良好的效果，否则相反。

资产收益率作为衡量公司业绩的一种方式，在财务分析中越来越重要。一个标准的资产收益率模型或战略利润模型如图 1-11 所示，模型解释了采购成本减少如何通过增加利润和减少总资产从而显著影响资产收益率，这是采购成本影响财务绩效的又一理论证据。例如，在上面的例子中，假设企业总资产为 5000 万元，存货占总资产的 30%，即 1500 万元，销售收入 1 亿元，销售总成本 9200 万元，采购成本 6000 万元，因此税前利润 800 万元。如果采购成本减少 10%，即 600 万元，则存货资产减少 10%，为 150 万元，总资产也减少 150 万元，占 3%。投资周转率由 2 变为 2.06；而销售总成本减少 600 万元，净利润增加 600 万元，利润率由 8%提高到 14%，因此最终产生的效果是资产收益率变动由 16%提高到 28.8%，或者资产收益率增加大约 80%。

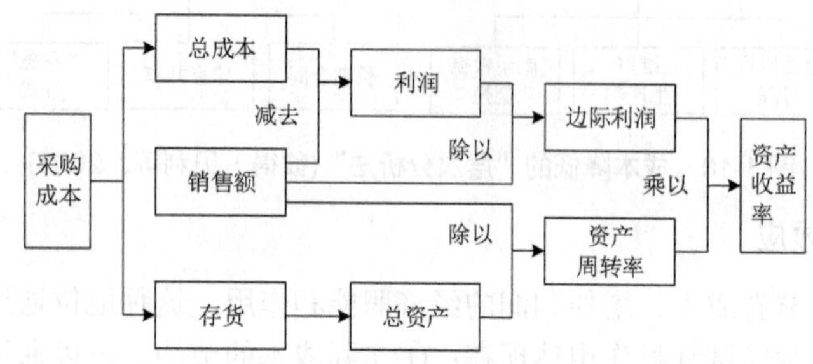

图 1-11　采购成本对资产收益率从而对财务目标的影响

5. 采购是“第四利润源”

现代采购已成为企业的第四利润源，这种观点也日益得到了人们的普遍认可。日本学者西泽修关于物流为第三利润源的论断，引发了人们对第一利润源、第二利润源，甚至第四利润源的广泛探讨，产生了很多种不同的说法。虽然这些说法也不无道理，但是总的来看，有些说法在理论上缺乏合理依据，在实践上也站不住脚。利润源问题应与企业管理理论的发展线索相对应，也要与企业实践逻辑相对应。

从理论依据来看，企业管理理论先后经历了四次重要的变革阶段，即生产管理阶段、市场营销管理阶段、物流管理的兴起，直到现在的采购与供应链管理阶段，企业管理理论的每一次进步都伴随着产生新的利润增长点。

从企业实践来看，能够带来价值增值的几项基本活动分别是生产、营销、物流和供应，这些构成了企业创利的基本价值链活动。因此，第一利润源来源于企业内部的生产活动和生产管理，主要通过生产物料的节约、提高生产效率和规模经济效益、提高劳动生产率和开发人力资本、研发新产品和技术进步等途径来实现。第二利润源来源于营销管理或客户需求，通过市场营销活动、挖掘客户和消费者需求、扩大销售量、改善售后服务、增加销售收入来实现。第三利润源来源于物流活动和物流管理，通过挖掘物流领域的利润源泉，充分发掘“物流冰山”的利润潜力，降低物流成本、提升物流服务来实现。第四利润源就是采购和供应链管理领域，通过战略采购和供应链管理、充分挖掘供应商的潜力、与供应商紧密协作、节约资源投入等途径来实现。采购管理理论和实践的发展为企业获得了新的利润增长点，理所当然成为企业的第四利润源，如图 1-12 所示。

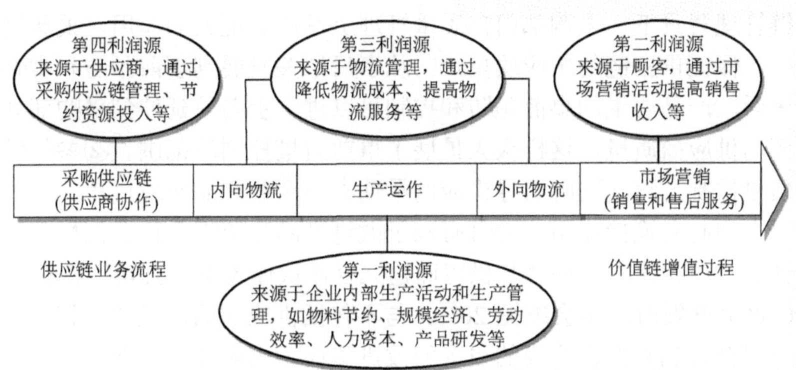

图 1-12　战略采购与供应链管理成为“第四利润源”

6．采购的间接贡献

通过提高企业其他部门和个人的绩效，采购与供应管理职能可以间接地为企业做出贡献。供应职能的间接贡献来源于很多方面：供应部门提供的信息源；供应商参与和建议可以改进产品设计，降低制造成本，加快产品上市时间；供应对效率、竞争力和企业形象的影响；供应领域提供的管理培训；供应在制定战略和社会政策中的作用等，这些提高或改进都会增加企业的竞争力。供应部门的间接贡献可能会大大超过其直接贡献。但是衡量间接贡献非常困难，因为它涉及很多软性的或无形的改进，而这种改进是很难量化的。企业参与到如社区教育、市场研究、创新服务等采购流程中，对企业的信誉和隐形价值是无法估量的(蒙茨卡等，2008)。

1.5.3　采购的质量地位和作用

采购对产品质量具有重要影响，所购材料的质量直接关系到最终产品的质量。①采购不只是价格问题，更多的是体现质量管理水平、质量保证能力、售后服务、服务水平、综合实力等。在许多行业中，原材料投入成本不仅占总成本的比例很大，投入原材料的质量更是直接影响着产品质量，并由此影响顾客满意度和企业收益。调查显示，至少50%的企业产品质量问题是由供应商提供的物料和服务造成的，而且，新的管理工具如制造资源计划、准时生产方式和无库存采购等，都要求供应商提供的物料符合规格，质量非常可靠。另外，除了要求供应商提供优质产品之外，采购企业也应保证自身的质量表现无可挑剔，不能只要求别人而放松自己，采购企业对自己的采购政策、体制、程序和员工都要有质量要求。质量改进对买卖双方来说都是一个不断的挑战。而且，买卖双方的紧密合作是取得显著改进所必需的。②采购管理是全面质量控制(TQM)的重要环节。全面采购质量管理从产品质量控制(Statistical Quality Control, SQC)，到过程质量控制(Statistical Process Control, SPC)，再到采购品质量控制(Incoming Quality Control, IQC)的几个发展阶段来看，将采购质量管理纳入到全面质量管理过程，扩展了全面质量管理的内容，在理论和实践上都是很重要的进步。③采购环节的质量保证体现在：制定规格、供应商参与、协同设计、标准化质量认证(ISO 9000)、价值工程。很多在产品质量管理上有效运用的质量管理方法都被引入到采购质量管理中，取得了很好的效果。

在供应链管理背景下，采购部门在质量管理上发挥着更大的作用。采购过程把供应链成员连接起来，保证供应链的供应质量。①从事后把关发展到事前预防和实时控制。从供应链的角度来看，产品质量的事前预防和控制可以进一步向前延伸到采购部分、供应商质量甚至供应商的供应商质量，这样极大扩展了事前质量控制的范围。②参与供应商的产品设计和产品质量控制过程，同时引导供应商早期参与企业产品研发过程。采购部门在供应商和工程设计之间起着连接作用，并且有利于改进产品和流程设计。例如，与没有引进供应商参与设计的公司相比，早期就与供应商建立合作伙伴关系的公司，物料质量会有 20%的改进，同时产品开发时间也会缩短 20%。与不包括供应商的研发团队相比，包括供应商在内的研发小组会得到来自供应商的更多的改进建议。供应商的早期参与意味着采购从那时起就开始创造新价值。③通过提供信息反馈和教育培训支持，在供应商之间促进质量改善和质量保证。供应链管理背景下，企业通过逆向营销行动开发供应商，帮助供应商改进质量，真正实现了采供双方的互利双赢。④与供应商建立一种长期的、互惠互利的合作关系，这种合作关系保证了双方能够有合作的诚意和参与双方共同解决问题的积极性。在很多情况下，公司想集中精力专攻所擅长或占优势的领域，就会提高外包零部件、配件和服务的比例，于是，采购、外部供应商和质量之间的关系就变得越发重要(蒙茨卡等，2008)。

1.5.4 采购的战略地位和作用

从采购发展史来看，人们对采购持有两种观点：运营性观点和战略性观点。运营性观点认为采购职能是一种功能性角色，完成物料供货，为生产服务，只看到采购对运作的贡献，而看不到采购的战略贡献，因此在价值链中属于辅助性活动。战略性观点认为要重新审视采购职能的角色定位，现代采购具有战略作用，支持公司的核心业务，不应把采购看作价值链的辅助活动，而应该把采购提升为主要功能。在供应链管理中采购是供应链的上游主导环节，负责物资供应、资源搜寻和供应商管理等重要任务，因此，是实现供应链管理的核心职能，如表 1-3 所示。

表 1-3 采购的运营观点和战略观点

	运营的观点	战略的观点
功能作用	• 保障生产物资供应 • 生产经营活动	• 可持续发展 • 供应链竞争力
价值增值	• 降低价格 • 节约开支 • 减少成本	• 改善质量 • 增加收入 • 长期价值
管理重点	• 成本 • 效率	• 效益 • 有效性
职能地位	• 辅助部门 • 从属于生产、物流或财务	• 独立性部门 • 与生产、物流、财务平等

采购职能的重要性增强受到多种因素的影响，比如物料成本极大地影响利润，企业销售额的 50%～70%可能都用来抵销支付的物料采购成本；对供应的更高要求，货物交付在时间、质量、数量上都必须做到准确无误，否则供货中断带来的损失很高；日益增加的全

球竞争，使得地理上分散的供应链运作更加复杂，对稀缺资源的过渡争夺更加激烈。因此，可以毫不夸张地说，今天的采购职能地位和作用已经从战术层面的生产运作功能上升为战略层面的供应链功能。

利恩德斯等(2009)在讨论采购的贡献时指出，虽然供应的财务贡献是重要方面，但是供应部门对组织目标和战略有很多方面的贡献。可以用两个标准来衡量采购绩效和贡献。一种是运营的标准，它以避免故障或预防问题为特征。采购/供应的运营方面是与传统采购有关的日常交易运作，强调执行目前的采购任务。通过对很多交易的规范化和自动化，可以协调组织运作。另一种是战略的标准，它以利用机会或机会最大化为特征。采购/供应的战略方面就是要进一步寻找和创造提供竞争优势的机会，强调更好地解决组织和供应所面临的新挑战。

西尼尔·乔普拉等(2013)也认为，现代采购正日益从战术角色上升到战略地位。①采购不只是减少成本、节约开支，而且对增加收入、长期价值都有重要影响。采购不仅是购买货物和服务，对其他职能活动也具有重要影响；②从价值管理角度，理解采购职能日益重要的战略地位，理解采购与供应管理对现代企业竞争成功及盈利性的影响。采购数量、质量、价格、成本、运送、服务、连续性以及改进等方面都可以给企业创造价值，带来竞争优势。③对经营活动、可持续发展、供应链竞争力具有重要影响。与供应商结成战略联盟的关系，共同开发新材料，强化供应链管理，降低库存，保证到货的及时性，从而可以获得竞争对手不能获得的竞争优势。

例如，美国科尔尼公司是一家管理咨询公司，曾为世界 500 强企业中 2/3 的企业进行过采购战略设计，比如把某种零部件供应商数目从 34 个减少到 5 个；采购管理费用占采购成本的百分比从 3.3%降低到 0.8%；交货时间从 15 周降低到只有 8 周；处理一份订单所花的时间从 42 分钟减少到 15 分钟；送货延误的比例从 33%降低到 2%；废弃材料的比例从 1.5%大幅度降低到 0.01‰；每年物料短缺的数目从 400 种下降到只有 4 种。将采购战略集成到供应链管理的解决方案效果更加显著，一般可以把采购成本降低 10%～15%。科尔尼公司曾经通过综合性的采购管理改进和战略性的采购策略制定，使濒临倒闭的西尔斯公司起死回生。

许多组织所面临的主要问题之一是不能很好地发挥主动采购和供应活动的战略作用(彼得贝利，2006)。自 20 世纪 80 年代以来，组织开始意识到采购活动应具备的作用，尤其是它的适当发展能给组织带来战略性优势。采购战略决策得以发展的主要原因在于：①采购被视为增加价值的领域，而不仅是降低开支；②迅速变化的产品革新需要更加整体化的、涉及所有功能的管理团队，需要采取过程性而非功能性的管理手段；③近年来随着供应链概念、价值流和渠道管理，以及集成信息系统的出现导致趋向一体化转变，包括内部和外部的物流与信息流的一体化；④认识到供应商的积极参与可以极大地提高效率、提升产品竞争力；⑤更加关注供应的战略性开支，而非短期价格；⑥越来越多的公司认识到，外部采购物资的开支不断增长，采购潜在的利润空间更大。因此，采购职能能够发挥多大作用，也就是说，它是事务性的还是战略意义上的，是主动的还是被动的，在很大程度上取决于其发展的程度。不完善的、被动的事务性功能则不可能做出实际的战略贡献。因此，判断采购活动达到的实际发展阶段并且采取一定策略推动采购职能的恰当发展，就非常重要。

1.6 采购的演进和发展

1.6.1 采购管理发展阶段论

采购发展的阶段理论为我们把握采购的演进过程提供了一个很好的观察视角。很多学者研究和提出了自己的看法，如拉塞尔·赛森斯(Russell Sysons，1992)认为采购发展经过了交易—商业性—能动性三个重要焦点领域，采购活动发展越完善，采购对商业性和战略性活动的参与程度就越深。琼斯(Jones，1997)提出了采购发展的五阶段模型：初期—觉醒—发展—成熟—高级，并通过 18 个变量特征来衡量这些阶段。雷克(Reck)和朗(Long，1998)提出了采购发展的四阶段模型：被动—独立—支持—集成阶段。现代采购属于当今供应链集成管理的重要环节。

罗伯特·蒙茨卡等(2010)提出采购实践发展的五个关键阶段。①初期(1850—1900年)：采购职能受到关注。②采购基本原理的发展(1900—1960 年)：基本的采购程序和观念得到发展；在战争中得到重视和应用；采购是花钱的负面职能，为了作出采购决策需要重视采购价值和成本分析。③物料管理的成长期：在物资短缺时代，采购关注的重点是物料管理。④全球化阶段(1980—1999 年)：全球化竞争、互联网、内部供应链管理。⑤整合供应链管理(Integrated SCM)(2000 年以来)：供应商重要性和供应商关系管理，互联网和电子商务。

著名的西门子公司从跨国企业的视角提出了采购发展的四个阶段，可以看作是采购职能在跨国企业(集团)内部的发展过程，如表 1-4 所示。

表 1-4　普通企业与世界级企业的采购活动比较

阶　段	作　用	职　能	战　略
①为工厂服务	·出订单	·关注交易	·流程，控制
②降低单位成本	·谈判降价	·商务型采购	·团队，区域谈判，集中采购，成本管理
③内部统一/协调	·总成本核算	·综合协调采购	·供应商及采购的早期参与，采购战略
④外部统一/协调	·支持公司核心业务	·战略采购	·集成采购战略、供应链管理解决方案

(1) 为工厂服务。为工厂生产服务是采购的“基本业务”，必须“严防死守”。这个阶段企业采购活动的主要特点是寻找合适的供应商，保证生产的持续进行；采购工作由工厂的某一部门，甚至由工厂的所有人进行操作；采购向厂长或生产部经理汇报，如订货超过一定额度，必须由总经理签字，但往往没有解决采购中的实际问题。

(2) 降低单位成本。采购管理要为节约成本开支做出主要贡献，体现了采购在价格谈判和成本管理方面“责任增大”。这个阶段的主要特点是：需要一名采购经理，他可以很好地与供应商谈判，降低采购价格，确保交货期；采购部门担负一定的责任，即不断降低原材料的单位采购成本；采购主管汇报对象为生产部或商务部经理。但是追求低价，往往会带来其他成本的升高。

(3) 内部统一/协调。企业内部采购与其他职能之间的统一和协调行动，标志着采购的“战略开端”。这就要求：建立总成本观念，以总成本核算来综合协调采购业务；集团内部建立中央采购部门，负责协调各个分部或分公司的采购活动，制定统一的策略和目标；加强不同地区或国家的采购部门之间的沟通，分享最佳供应商及服务协议；主导供应商和采购部门早期参与产品设计，采购经理需要较强的内部协调和沟通的能力；采购经理向公司高级管理层汇报，并且也是公司决策层的一员，参与制定和实施采购战略决策。

(4) 外部统一/协调。企业内部和外部供应链整合协调阶段称为“世界级采购”(World Class Purchasing)。世界级采购要求采购能够支持公司核心业务，积极参与公司的产品研发、市场销售等相关业务流程；紧密联系战略供应商，使它们融入公司的发展计划；将采购战略与公司的发展战略紧密结合，建立战略采购与供应链管理集成解决方案。

实现世界级采购的方法和工具主要有下面几点：对采购相关的各个环节和采购活动进行评估；在集团公司内部将各个企业进行比较；找到最佳实践做法，然后在公司内部进行最佳做法分享；制订改进计划，并付诸实施，如图 1-13 所示。

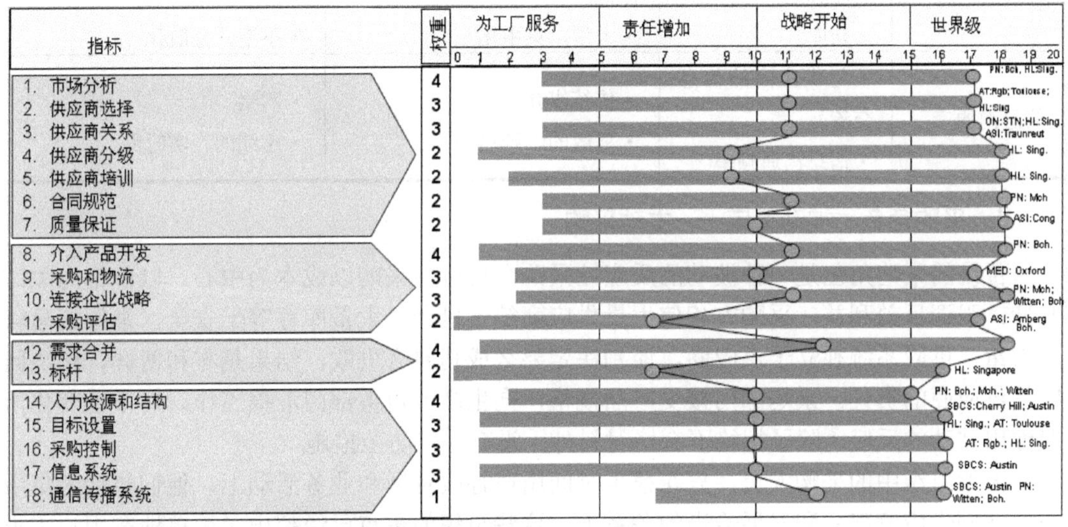

图 1-13 世界级采购的平均水平和最佳实践案例(来源：西门子采购培训手册)

1.6.2 传统采购与现代采购比较

传统企业采购的主要特点：①信息不能共享；②采供双方未建立稳定的合作关系；③事后把关，质量控制难度大；④对客户需求的反应迟钝。总之，信息不畅和采购管理模式落后是传统企业采购中存在的根本问题(马士华等，2006)。

通过比较研究出现，传统采购与现代采购管理在供应商管理、采购业务、生产、物流和信息沟通等方面具有较大差异，甚至具有相反的理念和做法，如表 1-5 所示。因此，传统采购向现代采购的发展也体现在采购角色、关系、地位的变化等方面。

表 1-5　传统采购与现代采购管理的主要区别

比较领域	特　征	传统采购	现代采购
供应商	•供应商数量 •供应商地理分布	•多，越多越好 •很大的区域范围	•少，甚至一个 •尽可能靠近制造工厂
供求关系	•供应/买方关系 •竞争/合作关系 •合同期限	•利益对立 •可变、竞争性 •临时、短期合同	•合作伙伴 •长期性、合作 •中、长期合同
采购变量	•采购数量 •质量问题 •交货安排	•大批量采购 •入库检验/再检验 •每月交付	•小批量、多批次 •无须入库检验/免检 •每周/每天交货
产品生产	•产品设计流程 •产量	•先设计产品，后询价采购 •大批量生产，标准化产品	•供应商早期参与产品设计 •小批量、定制化
物流	•运输策略 •库存观 •仓库	•单一品种，整车发送 •资产 •大型，集中化	•多品种，整车运送 •浪费，损失 •小型，分散化
信息沟通	•与供应商的信息交流 •信息沟通频率	•传统媒介 •离散的、延迟的	•网络 •连续的、实时的

1．采购角色：被动反应——主动采购

传统的采购角色是一种被动的反应性采购。反应性采购以成本为中心，以价格为关键变量，强调目前利益；采购方相信大量供应商等于机会，大量库存等于安全，掌握信息就是力量，供应系统独立于供应商，谈判决定要么成功要么失败，结果是零和博弈，解决问题是供应商的责任；采购部门接受产品规格，向生产或财务部门汇报工作，对市场变化情况做出被动的反应，除了拒绝不合格材料外，没有任何防范措施。

大型组织中的采购人员，只花很少时间用在行政管理和业务活动上，他们将精力集中在如何同供应商建立和发展恰当的关系上。这些组织的重点已经超出了简单地在用户需求出现时才对需求做出反应，而是发展成为一种前瞻性的主动采购方法。主动性采购以增加价值为核心，总成本和价值是关键变量，强调战略性利益；采购方相信大量供应商机会造成机会损失，大量存货相当于浪费，分享信息更有价值，供应系统与供应商的系统进行集成，谈判的结果是双赢或更好，解决问题是双方共同的责任；采购部门具有独立的管理职能，与供应商共同制定产品规格，买方对市场形成有影响力，对市场变化情况具有防范措施，从而避免了不合格材料的产生。

2．业务关系：交易关系——合作关系

旧的采购模式以临时的或短期的合作机制为主，造成了竞争多于合作，进而导致了采购过程的不确定性。这种不稳定的合作关系会给企业的经营带来不利影响。

“交易”的采购观点认为采购就是单纯地购买；在这种简单的采购活动中，买方的根本利益是用尽可能少的钱获取尽可能多的资源，买卖双方保持一定的距离，相互影响。

“关系”的采购观点强调多维的互动的关系和合作。近年来，大多数组织对买卖双方相互关系的发展给予了更多关注。在相互关系中，分享和交换的理念使双方在共同交易的过程中都得到好处，取得了共同满意的结果。

3．采购地位：战术地位——战略地位

自 20 世纪 80 年代以来，组织意识到采购的适当发展能够带来战略性优势。它是事务性的还是战略意义上的，是主动的还是被动的，在很大程度上取决于其发展程度。

当今成功的组织把采购看作一种具有重大战略意义的活动。很多大型组织都在利用专业采购供应团队所提供的专业化服务。在人们关注的许多主要商业问题中，采购供应的战略性作用和贡献已经得到充分的认识，“战略性”采购决策可能由董事会级别做出。采购供应的战略性不再将关注的重点放在订货以及补货的日常事务上，而是更多关注通过协商建立长期关系、开发供货商、降低总成本等活动。

1.6.3 现代采购管理发展趋势

罗伯特·蒙茨卡等(2010)根据采购与供应链经理调查、高级采购研究中心(CAPS)的研究数据，总结了未来采购与供应链管理的变化和发展趋势。这里归纳整理出八个方面的问题，可以视为采购供应管理领域发展的主要倾向和未来焦点。

1．采购职责发生转变

采购职能的重要性不断提升，与采购部门的工作职责发生转变有直接关系。从 20 世纪 90 年代开始，企业采购和供应链活动发生了巨大转变。

(1) 外部采购活动日益增加。采购职能与物流部门进行新的责任分工，原属于采购部门的具体订单处理和货物接收等购买业务都转移给物流部门来处理，而采购部门更多地实施外部的高水平的采购活动，比如：以领先企业为标杆；选择提供全方位服务的供应商；合资及供应商伙伴管理；设立供应商技术展示日；价值分析和价值工程；全球采购；与供应商选择和管理相关的所有权总成本；成立跨职能采购团队；供应商通过奖励得到认可；与供应商连接使用计算机辅助设计；实施系统采购。这些活动被越来越多的企业重视，这表明在绝大多数企业中，积极的采购和供应链管理活动已经变得十分重要。

(2) 全球性采购和供应链活动增加。采购企业逐渐开始从全球化的角度考虑问题，这也成为采购领域的一种趋势。据观察发现，目前将采购活动参与到国际供应链管理中的企业数目有明显增加，对采购数量合并的关注遍布世界各地的采购单位。此外，全球数据库的发展将成为系统发展的主要领域，推动了世界性采购的不断增长。尽管世界性采购活动需要面临许多新的挑战，需要管理汇率风险、增加原材料运输管道、处理全球数据库以及文化语言差异等问题，都使国际采购变得复杂，但仍然无法阻挡企业实施全球采购和转向新型市场的总体趋势。

(3) 非核心业务和非核心能力实行外包。传统上，企业通过纵向一体化来有效控制其供应链上的绝大部分活动，特别是那些需求复杂且要求快速响应的行业，通过垂直整合来扩大企业规模，实现内部控制和管理的高效率。但是目前，在绝大多数企业中，关注核心竞争力和核心能力已经影响到整个企业的战略制定过程。虽然哪些生产活动需要由企业内部完成，哪些需要外包出去的问题，在企业内部仍然存在争议，但是业务外包趋势已经势不可当。除了使企业能专注于核心竞争力和核心业务之外，外包也有利于企业有效地利用其生产资源和控制成本，使企业集中投资于某个产品、加工流程或技术方面以提高专业化水平，缩短商业活动的周期时间，从而快速响应市场需求。财务压力迫使企业依靠外部资产(如投资更高回报的企业)而不是内部资产(如固定资产和持续增长的人力资本)，从而避免产生更多的固定成本。总之，外包改变了企业获取和利用供应商资源的方式，因此，也在很大程度上重塑了企业采购部门的职能和供应模式。由于采购部门可以广泛地与外包供应源接触，因此在企业外包决策中发挥着至关重要的作用。

2．供应商的重要性

采购管理层对供应商的重视取决于企业产品和加工技术对外部供应商和供应商提供的资源的依赖。因此，强调与供应商整合、发展与供应商的联盟与伙伴关系、建立与供应商的长期合作等就理所当然成为采购供应链的一种趋势。采购学专家布罗斯·亨德森认为，在 20 世纪 60 年代以前，由于企业经理们认为采购对企业所要面临的主要问题并不重要，因此采购在绝大多数企业中的地位很低。许多经理认为采购部门是产生负效用的职能部门，如果做不好，它将阻碍企业的发展；如果做得好，也并不会给企业带来积极的贡献。但是，自 20 世纪 90 年代以来，出现了与上述情况截然相反的现象，即供应商和采购部门得到了企业高层的高度重视。事实上，企业确实努力从其他职能部门，如研发部门、营销部门、财务部门及生产制造部门获得竞争优势，然而采购部门和供应商也能从全局的角度给企业发展带来竞争优势。

有关调查数据可以很好地反映这种状况的转变。①管理层对供应商及采购部门的重视程度持续提升。从 1990 年的均值 3.1 上升到 2013 年的 4.56(根据李克特 5 级量表，其中 1 表示不重要，5 表示相当重要)；此外，有 98%的企业认为供应商的价值非常重要或相当重要。②管理层对供应商支持产品开发所起的作用的认识程度逐步上升。从 1990 年的 4.5 上升到 2013 年的 6.2(根据李克特 7 级量表，其中，1 表示认为不重要，7 表示认为相当重要)。管理层认识到，优秀的供应商会为产品开发做出卓越贡献，为产品零部件和装配组件提供设计和技术支持，甚至，有一些知名企业在产品开发过程中让供应商早期参与进来。③采购管理人员直接向最高管理层做战略演示是显示采购与供应链重要性的主要标志。1990 年，只有 18%的企业允许相关人员直接对董事会做战略演示，如今已有 50%的企业都能够这样做；1990 年只有 50%的企业允许采购人员向执行经理层做战略演示，如今已上升到 86%。这种增长显示了采购部门的日益成熟，采购部门已经处于同其他职能部门相同的地位。研究显示，有 2/3 的企业 CEO 或总裁认为，采购职能对企业全面成功具有至关重要的作用；将近 90%的 CEO 或总裁对检验采购绩效的标准和方法表现出浓厚的兴趣。④在产品和加工技术方面对供应商的依赖程度继续加深。从 1990 年开始，企业在产品技术方面对外部供应源的依赖程度从 37%上升到 44%；在加工技术方面的依赖程度仍保持在 40%以上。如今，客户希望企业能够在产品设计中使用最新技术，保持技术先进性和提高产品差异化，要求企业关注核心竞争力和核心技术，同时更强调非核心技术和要求的外包活动，使供应商对整个产品生产过程的贡献显得尤其重要，促使企业对外部供应商的依赖持续增长。

3. 供应基础管理

以前，很多公司坚信，如何管理供应商对企业整体绩效几乎没有任何影响。采购企业的一般做法是让供应商之间产生激烈的互相竞争，而自己坐收渔翁之利。企业与供应商之间只签订短期合同，而且频繁地从一个供应商转向另一个供应商。采供双方的这种对抗性模式，虽然不是一种理想状态，但是当整个行业中的所有企业都采取这种形式的供应管理时，仍然很奏效，尤其在买方市场条件下采购企业可以获得更大利益。但是这种一方占便宜另一方吃亏的零和博弈，不可能维持长久，尤其是利益受损的一方没有动力长期维持这种交易关系。随着全球化商务活动的进展，全球采购者逐渐认识到，与供应商合作可以带来更具竞争力的市场优势，这时一种新的采供关系和商务管理模式就产生了，而且企业处理和控制其供应库的方法也随之发生改变。

(1) 供给库规模缩小，特别是直接供应商数目减少。大多数企业都希望缩减其供应商数量，进一步缩小供应库规模，这是目前的总体趋势。尤其是第一级供应商数量被大幅度消减，例如在汽车、电子产品行业，OEM 制造商都依赖能够提供全方位服务的大型供应商来帮其设计、制造和建立整个供应系统，这些大型供应商也需要依靠那些小型供应商为其提供子系统组件。也就是说，采购企业只选择一个大型供应商，原先的一些直接供应商就转变为第二级供应商、第三级供应商，从而使得采购管理者能够维持和关注少数第一级供应商，而对第二级供应商、第三级供应商采取间接的适度关注，整个供应链管理形成分级管理体制。通过这样的最优化操作，采购企业只面对小规模供应库，采购企业与单个供应商之间能够保持紧密联系，从而采取先进采购战略、向世界级供应库发展就有可行性。

(2) 长期合同数目稳步增加。长期合同占所有合同数量的百分比从 1990 年的 24%上升到 2013 年的 44%，而且，长期合同的采购金额占所有采购合同金额的百分比也从 34%上升到 54%。预计今后长期采购合同数目将会超过一半，意味着长期合同的采购金额将占到总金额的 2/3 以上。现在，大多数企业已经不再采取以频繁的竞争性报价为特征的短期合同了，采购企业将它们的工作重心放在价值增值活动上，采购企业不断扩大它们对需要紧密合作的活动范围，如让供应商提前参与产品设计等。对于那些需要采购企业与供应商之间紧密合作的活动项目，建立长期采购协议是前提条件。所以，长期合同将会得到广泛应用。反过来，许多长期协议又增进了采购企业与供应商之间发展密切合作或联盟关系。

(3) 采购数量累计和合并将增多。市场竞争迫使企业寻找新的途径来降低总成本。在 20 世纪 80 年代以前，企业对于合并采购不够重视。从 20 世纪 90 年代以后，这种创新途径为企业创造了大量的成本节约。企业将所要采购的一般商品或系列产品的数量进行合并、联合、集中采购，从而得到更优惠的价格和更优质的服务。经过十几年的实践，企业合并采购的成效在逐渐显现，但在绝大多数企业中，合并采购仍然有很大的发展空间。企业通过合并集中采购并关注合并成效，涉及选择合适的供应商，特别是集产品设计、生产及技术支持能力于一身的全球性供应商企业，更有能力提供富有成效的合并采购机会。世界范围的合并采购也需要企业拥有全球数据库及商品编码系统来辅助协调合并采购工作。过去几十年，很多企业都在致力于获取和改善全球采购数据库。

(4) 供应商开发力度加大。过去，企业在发展供应商能力方面投入很少。因为传统的交易关系通常双方信任度较低，双方不存在相互合作相互支持的基础。但是如今，供应库缩减要求企业不再一遇到问题就更换供应商，而是需要采购企业给予供应商一定的赞助、支持和投资，开展直接的、富有进取意义的供应商发展项目。比如，联合进行供应商发展活动，开展教育培训项目，提供技术支持，提供人员，提供设备，允许暂时负债，允许交货前预付款，提供固定资本等。供应商开发活动将那些践行前沿供应链管理的企业与那些仍然维持传统采购关系的企业区分开，有越来越多的采购企业愿意向供应库中的关键供应商提供开发支持。

4．组织结构和人力资源

合理的采购组织结构和人力资源技能对有效的采购与供应链管理非常重要。今天，合理的组织意味着要利用高层次、高水平团队来评估、选择、管理和发展供应商，将供应商作为企业组织的一部分和跨职能团队的正式成员。

(1) 采购部门和供应链组织结构转型。企业需要支持产品开发和其他跨企业任务，要求采购部门着重关注最终产品而不是一般性商品。虽然绝大多数企业仍然采购商品，但是已经有很多组织开始转向采购产成品、加工技术或其他合成系统等，这种采购标准的转变要求采购部门迫切需要与企业其他部门融为一体。例如，采购部门参与产品开发小组，就需要采购人员从产品角度而不是商品角度来考虑问题。企业组织结构将从垂直结构转向水平结构，职能部门化将向供应链流程整合转型。

(2) 依靠跨职能采购团队。近年来，采购领域的一个重要转变是利用跨职能团队来支持采购决策制定。1990 年低于 50%的企业在这样做，2013 年这个数字已经上升到 86%。跨职能采购团队在采购管理和供应商管理中承担着更大的责任，这些跨职能团队具体形式和任务可能不同，比如商品团队、供应商团队、战略委员会等。这些团队成员的专业背景各不相同，在整个团队中可能只有一个成员拥有正规的采购或供应管理经验，或者直接来自采购部门。采购团队的任务通常是非全职性质，成员们都在双重汇报体系中工作，他们不仅向团队领导汇报，还要向他们所在的职能部门经理汇报。因此，对于跨职能团队来说，所面临的最大挑战就是如何有效地利用非采购或非供应链管理成员及职能部门来完成团队任务，团队任务往往是一种独特的新任务，也可能是传统职能部门的部分职责。如果要继续利用跨职能采购团队，就需要对团队工作过程中可能遇到的问题进行全面仔细考查。在某些企业中，跨职能团队的决策地位已经超过了职能部门，例如，评估、选择及管理供应商的工作专属于供应商管理委员会的职责范围，一旦团队选择了一个供应商，整个企业的各个部门都要按规定向该供应商进行订货。

(3) 战略职责和战术职责明确分工。目前，大多数企业在采取措施减轻下订单的负担，努力减少一些零散的、日常的战术任务。例如，许多企业将修订及下订单的工作转交给内部用户，如向选定的用户发行信用卡或采购卡，这种采购信用卡允许持有者向已批准的供应商直接购买想要的产品或原料。对信息技术的扩展利用将会降低采购和供应链专家们的操作负担，通过以互联网为基础的系统授权用户，用户依靠信息系统，可以通过网络直接向已获批准的供应商系统下达订单，或者根据物料使用计划表自动生成采购订单，这种标准控制系统大大降低了对人员的需求。利用第三方供应商管理库存是另一种减少采购部门所承担的行政工作的有效方法，供应商会把办事人员安排在采购企业的所在地，方便地管理仓库、库存及确保供应。采购企业不再为此类事务承担主要责任，而将这些操作性的任务转变为供应商或第三方的责任，采购部门和供应链专家们就能够有更多机会专心于去完成更加重要的战略任务。这些新的角色定位及责任包括：建立低价位的因特网系统；

与供应商一起研究新技术和创新活动；开发与采购标准相匹配的采购战略；制定统一的长期合作且方便管理的合作伙伴关系。

(4) 新型的采购和供应链技能。采购职能的转型对未来的采购与供应链管理提出了一系列新型的技术要求，要求采购部门和采购人员具备更广泛的技术、能力和专业知识。企业需要那些更懂得战略采购与供应链管理的人员，要求采购人员精通更多不同的知识领域和新型技能，比如注重战略，而不是具体操作或交易；了解全球商业模型；能够在非传统领域工作；了解和掌握电子商务；了解流程管理知识；能够理解数据分析和基于事实的决策。对于那些缺乏必要技术和能力的员工，企业将安排进一步的教育和技能培训，从而重构企业采购及供应链人事结构。

5. 信息系统发展

由于企业需要从全局而不是职能部门的角度协调供应链活动，而且要合理安排职能部门和员工的战略职责变得更加复杂，因此，绝大多数企业非常重视采购供应链信息系统的发展状况和应用。在现代企业中，信息系统日渐复杂和重要，信息技术专家的责任加重，从而大大减轻了其他职能部门的责任负担。

在采购管理领域，信息系统软件的发展应用主要有两个方面。一是基于互联网的采购系统平台。利用互联网系统将企业内部和企业之间的采购、生产和供应链活动进行整合，包括企业内部局域网和因特网主页，与供应商共享计算机辅助设计系统、共享生产控制和进度计划系统以及双方之间传递数据和信息的电子数据交换系统等。二是供应链计划和执行软件。整合供应链管理推动了对供应链计划和执行软件的应用。诸如 SAP、i2 科技公司在开发和安装供应链管理系统软件方面已经非常成功，这些软件对企业更好地协调整个供应链上物料、信息和资金的双向流动提供了极大的帮助。供应链计划软件被用来提高预测准确率、优化生产进度、降低库存成本、缩短订货周期、减少运输成本和提高客户服务水平。软件应用的主要目标就是通过采用最佳运送方法，引导和管理产品从供应商向分销渠道的流动过程，并确保将产品准确地送到指定地点和客户手中。

6. 重视采购绩效评估

采购绩效评估对于判断整体有效性来说非常重要。通过绩效评估可以让采购与供应链经理明确采购绩效的变动趋势，了解供应商绩效及改进机会，既能够遵循日常采购要求，又能维护长期采购协议，提供能够获利的关键供应商信息，合理安排有限的供应商开发资源，完善整体供应链的有效性。因此，采购绩效评估将成为采购管理的诸多趋势之一。

一是对采购绩效和供应链作用评估将会越来越多。由于采购部门的工作重心从实际操作转向更多的战略活动，采购绩效评估项目也要有针对性地改变。新的评估项目包括采购部门在缩短新产品从概念到现实产品的周期时间方面所做的贡献；采购部门引入供应商新技术的能力；采购过程的周期时间；降低所有权总成本的能力；采购与供应链经理对企业关键绩效指标的影响力，如投资回报率、经济增加值等。新的评估项目不仅考虑采购效率，更强调采购对利润增长的作用和效果。进入 21 世纪，企业更加关注采购结果与其作用效果之间的关系，包括对成本消减、资产管理、利润所得及整个企业战略所发挥的作用，如表 1-6 所示。利用经济增加值(EVA)作为绩效评估标准之一是 21 世纪发展起来的，以前采购部门都是依据价格和成本缩减对经济增加值进行估算，不过现在由于电子商务的发展，收集 EVA 的计算数据变得容易得多，企业利用商务系统能够很容易地判定外包、供应商管理库存等方式导致的成本消减及产品或加工技术创新导致的利润增加等，从而准确判断和计算对 EVA 产生的影响，而这将变得越来越重要。

表 1-6　采购部门与供应链管理层对财务绩效所发挥的支持作用

对成本管理的责任和影响	对资产管理的责任和影响	对利润增长的责任和影响
·通过网络管理采购成本，包括拍卖和以产业为基础的互联网 ·创建新系统消除交易成本 ·利用最先进的采购方法来管理价格和成本	·参与外包或内包决策以及资本收购决策 ·强调库存资产投资的有效管理	·供应商及早参与新技术和新产品开发，保证了产品差异化，同时提高了产品市场份额 ·与研发部门、生产部门、营销部门的协调性增强

二是评估供应商绩效的正式系统迅猛发展。对供应商绩效进行持续评估是一个通常容易忽略的项目。许多企业过去都无法意识到供应商评估的重要性，1990 年以前，大多数企业根本不评定供应商的表现，少数企业仅对供应商表现欠佳所产生的总成本进行粗略核算。在供应商评估体系的质量和容量方面存在较大差异，一些企业每月对供应商绩效进行质量评定，而其他企业按照严格的日常指标对供应商绩效进行评估。正式的供应商测评系统可以提供一种有效的方式，来明确整个供应链的绩效标准。1990 年，只有 47%的企业有正式的系统持续评估供应商绩效，而且只有 36%拥有可接受的特定供应商绩效最低水平。到 2013 年，78%的企业声称拥有一套正式系统，其中 64%的企业拥有明确的可接受的最低绩效水平，而且这个比例还在持续增长。

7．持续改进要求

在采购管理的关键驱动因素方面都是不断变化的，采购部门已经认识到持续改进(Continuous Improvement)的必要性。严格的客户要求和激烈的市场竞争都要求企业在经济价值增长以及实现缩短时间的目标等主要绩效方面不断完善，持续改善要求已经成为创新采购执行和供应链实践的主要驱动因素。

(1)　在成本、质量和配送服务绩效等方面将会进一步改进。企业持续改进计划流程将包括以下改良目标：企业期望能够将原材料成本平均每年降低 3%～5%，并且能够提高降低频率；企业希望平均每年能将产品质量提高 10%～13%，且检验者采取的质量检验标准也会不断提高。企业期望配送服务效能达到平均每年提升 7%～10%。采购部门及供应链经理必须探求各种与业务改进目标相关的做法和途径，支持持续改进的期望目标的实现，这是采购部门可以为企业长远成功做出非常关键的贡献。

(2)　缩短内部与外部周期时间，尤其是缩短产品及工艺技术的开发过程，将会变得越来越重要。缩短时间的能力同高质量、低成本一样，已经成为客户眼中另一个重要的制胜法宝。尤其是，以最短的时间将新产品从概念变为现实产品，缩短产品上市和送达客户手中的时间，以较短的提前期提供产品支持和最优客户服务。如今，由于生产计划的时间不断缩短和不确定性不断增强，市场竞争不仅是大企业与小企业之间的竞争，而且是反应快速的企业与反应迟缓的企业之间的竞争，较短的周期时间对于成功夺取市场非常重要。一般来讲，整个产品供应链的周期时间是由研发时间、原料采购供应时间、制造时间和销售物流时间几部分构成。由于采购对加工技术和生产活动时间的影响，使其在基于时间竞争中起到了重要作用。首先是原料订单周期直接受到供应链策略的影响。订单时间由四部分构成：将原料要求传达给供应商；供应商的订单处理和生产制造时间；供应商配送时间；接受货物及检验。其次采购部门追寻缩短时间的方法也会缩短其他阶段的周期时间。例如，与供应商协商缩短原料配送周期时间同样可以缩短企业内部生产制造的周期时间；供应商的快速响应可以使企业有能力满足客户所要求的快速响应。企业致力于缩短时间所产生最明显效果的领域是产品开发阶段，近年来，开发产品和加工技术的方法大大缩短了产品研发的周期时间。比如，利用产品开发小组、样品技术及与供应商分享计算机辅助设计系统，企业的平均产品开发周期从 1990 年的 3.2 年缩短为 2013 年不到 1.7 年。缩短产品研发周期对实现竞争目标的重要度也从 1990 年的平均 4.7，达到将近 5.9(李克特 7 级量表值)。绝大多数企业还希望在接下来的几年，将现有的产品开发周期水平继续缩短 40%～45%。采购部门将在这个过程中继续发挥关键作用。例如让供应商参与早期产品开发、与供应商共享计算机辅助设计系统等，都是能够缩短产品开发周期时间的有效方法。

8．绿色采购与可持续供应

(1) 环境问题。现代社会对自然生态与社会之间的矛盾日益关注，强调建设资源节约型和环境友好型“两型社会”，采取对环境负责任的供应管理是现代采购日益关切的问题。绿色采购是指企业在采购活动中，推广绿色低碳理念，充分考虑环境保护、资源节约、安全健康、循环低碳和回收再用，优先采购和使用节能、节水、节材等有利于环境保护的原材料、产品和服务的行为。近年来，越来越多的企业积极践行绿色采购，在绿色生产和绿色消费之间架起了一座桥梁。

(2) 采购的社会责任(Purchasing Social Responsibility, PSR)。采购的社会责任是企业社会责任(Corporate Social Responsibility, CSR)在供应链管理中的应用。所谓负责任的采购(Responsible Purchasing)是指将履行社会责任的理念和要求全面融入企业的采购全过程中，以保证企业所采购的产品和服务是包含“责任意识”和“责任行为”，同时也确保企业的采购交易行为是对企业、消费者和社会负责任的交易。从企业角度而言，负责任采购的目的是要保证企业提供的产品和服务是“负责任”的，避免供应链的责任风险；而从整个社会来说，负责任采购的目的是试图提高所有企业的责任意识，促进所有企业提升履行社会责任的水平，共同提高整个社会的福利。因此，采购的社会责任包括两方面内容：一是供应链责任，即企业对处于供应链上的所有供应商，要求其履行社会责任。二是责任交易，企业在采购交易过程中自身也要按照履行社会责任的要求开展各项活动，将社会责任的理念全面融入采购的准备、决策、执行过程中。其中，最重要的就是按照公平、公正和公开的原则进行采购，并依据诚实守信的基本原则与供应商进行签约和履约，必须遵守国家的相关法律法规(Carter，2004)。

(3) 可持续供应(Sustainable Supply)。可持续性是全人类共同面对的一个问题，它决定着我们未来的生活。可持续性是指一种可以长久维持的过程或状态，人类社会的可持续性由生态可持续性、经济可持续性和社会可持续性三个相互联系不可分割的部分组成。可持续发展突出强调的是发展，发展是人类共同的和普遍的权利，发达国家和发展中国家都应享有平等的、不容剥夺的发展权。事实上，可持续发展对发展中国家更加重要，发展中国家正经受来自贫穷和生态恶化的双重压力，贫穷导致生态恶化，生态恶化又加剧了贫穷，形成了一种恶性循环。为了实现可持续发展理念，从政府到企业开始强调可持续生产、可持续营销、可持续消费、可持续供应管理方案，建立基于绿色供应链、再制造供应链为基础的可持续供应链管理思想(张曙红，2012)。

要点总结

采购是组织的一项基本职能，准确地理解采购与供应概念应把握它的内涵和外延领域。采购的内涵包括采购的定义、相关概念、属性、特征等，外延领域涉及采购的类型、形式以及采购管理的范围、方式和方法。

采购职能和采购管理的范围还包括把握采购和供应管理的决策变量和业务流程。正确地确定采购商品、质量、数量、价格、时间和地点，是建立采购基本原理和管理目标的核心。采购周期，内部采购和外部采购等概念表述了采购工作的基本步骤和关键业务流程。通过流程结构分析和流程再造工程，有利于建立以流程为导向的工作方式。

有效的采购与供应管理可以为大多数现代企业的成功做出显著贡献。在过去的几十年里，越来越多的人认识到供应职能部门和供应商对一个组织的成功、竞争优势和顾客满意度所具有的关键作用和影响。采购与供应管理的贡献不仅在于降低成本，而且也能有效地增加收入。通过供应职能和供应商来增加收入和降低成本，这是企业负责供应的管理人员需要关注的问题。现代采购供应职能作为工业工程领域的一种技术不断发展，并随着全球化和供应链竞争环境的变化而不断创新，传统采购的许多观念正在经受挑战。

思考与练习

(1) 什么是采购与供应？你对采购工作是如何理解的？

(2) 采购与供应管理之间的区别是什么？原料管理、采购管理、物流管理、供应管理以及供应链管理有什么不同？

(3) 如何理解逆向营销、业务外包、融资租赁几个概念？

(4) 制造企业的采购工作和零售企业的采购工作有哪些不同？

(5) 消费者采购与商业性采购存在哪些差异？

(6) 企业采购的关键变量有哪些？为什么要研究这些关键变量？

(7) 什么是采购周期？企业的采购工作应把握好哪几个关键环节？

(8) 为什么说采购在企业中具有重要地位和作用？

(9) 什么是采购的利润杠杆效应？它在所有的企业中都一样吗？

(10) 为什么说采购是“第四利润源”？其理论依据和实践依据是什么？

(11) 传统采购管理与现代采购管理有哪些区别？

(12) 目前国内企业的采购工作中存在的主要问题在哪里？问题的根源是什么？

第2章 战略采购与供应链管理

学习目标

本章关注战略采购的新观念和新理论。要求学习理解战略采购和供应链管理的基本思想，领会和掌握战略采购所强调的管理内容和能力要素。

本章涵盖以下内容和要求。

- 战略采购思想的产生和发展。理解业务流程再造对采购管理职能的影响；理解物流与采购的职能分工；理解业务外包对采购管理的影响；理解供应链管理对采购职能地位的影响。
- 战略采购管理的概念和原理。熟悉战略采购相关概念及各概念之间的区别和联系；理解经营性采购和战略性采购的异同；理解战略采购、战略供应、战略资源管理的异同。
- 战略采购管理的框架内容和组织能力。明确战略采购管理的内容范畴，掌握战略采购管理的核心能力。

引言

采购管理经过了几次理论发展上的重要转变或者说理论“飞跃”和“质变”。第一次是彼得·卡拉杰克(Peter Kraljic，1983)强调要把采购上升到供应管理，提出采购组合决策模型，以及四种对应的采购和供应管理模式，奠定了采购管理学的理论基础。第二次是普拉哈拉德(C. K. Prahalad)和哈默(G. Hamel，1990)提出核心竞争力和业务外包思想，为采购管理学科带来深刻影响，外包工程或资源外用成为采购管理领域除自制、采购之外的第三种供应模式。第三次是随着物流和供应链管理思想的兴起，重新定位并且提升了采购职能的角色，这种新的采购职能定位和角色主要体现为战略采购管理理论。可以说，自20世纪90年代以来，采购与供应管理理论和实践的发展出现了两个方向：采购管理向纵深发展产生了“战略采购管理”；供应管理沿横向发展出现了“供应链管理”。由此可见，当前流行的战略采购管理与供应链管理都与采购供应职能的发展有很直接的理论渊源。

战略采购是采购管理实践发展到一个新阶段的产物，人们用这个概念来表示这个阶段的采购管理特征。特别是物流管理和供应链管理兴起之后，现代采购职能及其管理内容发生了很大变化，这种变化和影响是对传统采购职能的根本性变革，以至于人们不得不需要一个新名词、新术语来表示采购职能的这种革命性的转变，最后人们就选定了“战略采购”这个概念来表述。

供应链管理与供应管理也只有一字之差，可以说，供应链管理是供应管理的一种理论延伸，而供应管理是供应链管理的理论来源之一。正是由于供应管理领域出现了战略采购、外部资源管理(Sourcing)、业务外包(Outsourcing)、供应商关系管理(SRM)等新的理论，人们认识到供应管理不只是企业内部采购部门的单一职能。供应流程是一个多主体协作完成的连续过程，其上游连接供应商，下游连接制造和分销活动，整个供应系统形成了一个完整的供应“链”。当然，今天的供应链管理已经成为一门新的理论学科和学术研究范式，采购和供应管理是包含在供应链管理中的一个组成部分，是供应链业务流程管理的输入管理，供应链管理范畴远远超过了供应管理所关注的领域。

2.1 战略采购理念发展背景

2.1.1 采购与物流业务流程再造

采购职能和采购管理是商流和物流的统一过程。随着物流管理的兴起，物流将分销物流、生产物流和供应物流统一成综合物流和物流供应链。整合物流管理不仅承担了传统的仓储和运输职能，还把分销配送、生产库存、物料管理、原料库存、处理订单、接收订货等一系列任务承担下来。很多原属于采购职能的任务被转移给物流职能来完成，物流和采购重新进行了分工，采购中具体的物流业务都转移给物流部门，采购职能和采购部门更多地承担商流任务，整个采购职能的工作重心有了很大的转移，采购部门被赋予新的角色和定位，承担了新的更重要的职责和任务。

近 30 年来，采购职能发生了一系列变化，一些更具战略性的决策，如设计供应商群体结构、自制—外购决策、发展长期合作关系和买方企业—供应商整合等新的功能和任务，出现在采购领域。但采购职能发生的这些转变，是不是就上升到了战略采购的高度？学术理论界仍然在围绕“怎样的采购是战略职能”进行论证。这种争论或论证在两种观点指导下进行：第一种观点从采购行为出发，认为与企业战略管理高度整合的采购是战略采购；第二种观点从采购效果出发，认为对企业持续竞争优势有贡献的采购是战略采购。通过对战略采购相关研究的回顾，发现现有研究存在以下盲点：现有研究虽然论证了采购战略地位提升的必要性，但对于战略采购自身概念框架的构建尚不完善，甚至连基本的定义和构成也没有达成共识；在一些研究中，战略采购和采购战略两个概念被混淆。有学者指出战略采购是一种双赢采购，是一种新兴的在合作和竞争之间寻求平衡的采购模式。战略采购还包括与供应商建立战略合作关系，形成互利互惠的共赢局面。双赢是以双方都放弃一部分利益为代价，而实现整体利益和个体利益的更大提升，是采购方与供应商之间合作博弈的结果(徐杰等，2014)。

战略采购也是在供应链管理环境下企业业务流程再造的结果。业务流程是一组共同为顾客创造价值而又相互关联的系列活动，20 世纪 90 年代，迈克尔·哈默(Michael Hammer)和詹姆斯·钱皮(James Champy)提出业务流程重组(Business Process Reengineering, BPR)的管理思想。BPR 是通过对企业战略、增值运营流程以及支撑它们的系统、政策、组织和结构的重组与优化，达到工作流程和生产力布局最优化的目的。以业务流程为改造对象和重点，以关心客户的需求和满意度为目标，对现有的业务流程进行根本的再思考和再设计，利用先进的制造技术、信息技术以及现代的管理手段，最大限度地实现技术上的功能集成和管理上的职能集成，以打破传统的职能部门型组织结构，建立全新的过程型组织结构，从而实现企业经营在成本、质量、服务和速度等方面的突破性改善。因此，企业内部的采购和物流的职能再分工，跨企业的供应链流程再造都是业务流程重组和业务流程管理的结果，如图 2-1 所示。

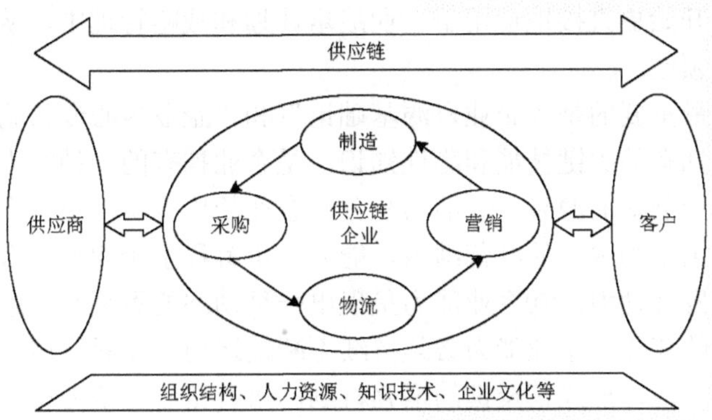

图 2-1　基于供应链管理的业务流程重组

现代采购职能越来越具有战略性角色，战略采购(Strategic Sourcing/Purchasing)就是用来表述现代采购管理思想的一个新概念。从业务流程再造和流程管理的角度来看，战略采购流程不同于传统的采购流程，它纳入了新的要素并进行了流程重组，从而形成了战略采购管理的新的业务流程和内容，比如强调采购战略地位，采购职能从运营角色提升到战略角色；要求制定采购战略，并将采购战略与企业竞争战略和供应链战略相匹配；强调供应源搜寻和战略供应源管理；优化供应基础，打造战略联盟和战略供应商合作伙伴关系；在产品设计上供应商及早介入；建立总成本概念，实行战略成本管理；采购与其他功能更好的跨功能集成，形成整合的供应链管理；发展全球采购和全球供应基地。这些新的理念和方法使得战略采购管理真正成为供应链管理环境下采购管理的新模式。

2.1.2　核心竞争力与业务外包

20 世纪 80 年代以来，企业战略研究的重心从以外部环境、市场分析为主转向更注重企业内在资源基础和能力分析为主题，紧扣企业竞争这一核心问题进行企业战略研究。企业资源基础观和核心能力理论都表明，获得竞争优势依赖于将关键的业务处理过程转化成能为用户提供超值服务的能力。企业的经营能否成功已经不再取决于企业产品或市场的结构，一个公司战略成功的关键基础是资源和业务处理能力。企业要获得和保持持续的竞争优势，就必须在核心能力、核心产品、最终产品三个层面上参与竞争。查尔斯·萨维奇在《第五代管理》中指出：“拥有优秀的产品或服务，可以给予我们一些优势，但别人可以复制或仿造出相似的东西；设计良好的工艺流程能增加我们的竞争力，并使竞争对手要模仿也更困难一些；先进的组织原则给予我们与供应商和顾客接触和工作的独特方式；最后如果我们具有创新的企业价值观和文化，那么我们就有了最难于模仿的、最强的竞争力。”

1982 年，纳尔逊和温特在《经济变革成长论》中借鉴企业的能力理论，以企业拥有的智力资本对企业进行分类。同年，里普曼和卢曼特在《不确定模仿力：竞争条件下企业运行效率的差异分析》中推断，如果企业无法有效地仿制或复制优势企业的产生核心专长的资源，那么企业间业已存在的效率差异将无法消除，该论断被称为“能力制胜论”。1984 年沃纳非特发表了《企业资源基础论》一文，这是 20 世纪 80 年代最具影响的有关企业资源的学术论文。1988 年登姆塞茨又提出了“企业知识基础论”。1990 年普拉哈拉德和哈默在《哈佛商业评论》上发表《企业核心专长论》一文，这使得能力理论作为快速发展的企业理论，开始更直接地运用于企业战略计划和战略管理中，从纯粹的理论研究进入到应用和实践的领域。

企业能力理论最重要的是“企业资源基础论”和“企业核心专长论”。其主要观点如下：①能力是企业拥有的关键技能和隐性知识，是企业拥有的一种智力资本，是企业创造顾客价值和企业决策创新的源泉。②能力是分析企业的恰当切入点。企业能力最终决定企业的竞争优势和超出平均水平的经营绩效，能力理论解释了企业为什么和怎样能够长期保持竞争优势和持续发展动力。③企业能力呈现出一种动态的不平衡状态。随着外部经营环境和企业内部目标的变化，企业能力必须持续不断地运用、积累、培养、开发、维护、扬弃，如此循环永无止境，形成正反馈的增强机制。培育核心竞争力有两条途径：一是推行内部管理战略，实现企业内部各种资源的积累、持续创新和优化配置；二是实施外部交易战略，进行以资本运营为主要内容的企业重组，主要是置换、兼并、收购、分拆、剥离、上市和联营等方式。④企业能力理论是一种战略管理方法，是对传统计划方法和定位方法的补充和替代。以资源为基础的企业理论和核心能力概念的提出，使人们对企业竞争优势的来源、企业战略目标的确定、企业战略模式等都有了新的认识，核心能力理论成为企业战略管理的焦点，企业战略管理的关键就在于培育和发展能使企业在未来市场竞争中居于有利地位的核心能力。

核心能力理论提出企业战略应专注于内部资源基础和核心能力专长，注重发展核心业务，而把非核心业务外包给外部供应商。企业注重“核心专长”和“业务外包”两个方面是相辅相成、彼此成就、共同发挥作用的重要思想。正是“业务外包”思想的提出改变了企业传统全部产品和供应链活动都由企业内部自制完成的倾向，发展出了一种新的获取资源、完成供应链功能的新途径。业务外包思想导致对合作供应商的高度关注，提出了一种新的供应模式，对提升采购和供应管理的地位、扩张采购管理理论和实践应用都带来了巨大影响。

业务外包思想作为一种新的经营战略，其实质是企业重新定位、重新配置企业的各种资源，将资源集中于最能反映企业相对优势的核心业务领域，而把内部业务的非核心部分承包给外部专门机构，两条途径共同构筑企业的竞争优势，通过内外优势资源整合获取企业持续发展能力。

因此，业务外包能给企业带来多方面的显著优势：第一，业务外包能够使企业专注核心业务，增强整体竞争力。企业实施业务外包，可以将非核心业务转移出去，借助外部资源的优势来弥补和改善自己的弱势，把主要精力放在企业的核心业务上，从而形成自己的核心竞争力。第二，业务外包使企业提高内外部资源利用率，打造更强的竞争优势。实施业务外包，企业将集中资源到核心业务上，最大限度地发挥了企业有限资源的作用，而外包专业公司拥有比本企业更有效、更经济地完成某项业务的技术和知识，强化了组织的柔性和敏捷性，有效地增强了企业的竞争优势。第三，业务外包可降低企业风险。外包不仅转移部分风险给外部供应商，还可以节省资金和降低风险，而且通过与供应商建立合作伙伴，打造企业强有力的供应链，增强了单个企业抗风险的能力。

2.1.3 价值链和供应链

战略管理学者迈克尔·波特认为："企业竞争优势归根结底产生于企业为顾客所能创造的价值。"因此，企业竞争最终的目的是为顾客创造价值，从而去创造和赢取顾客，竞争的焦点在于如何获取和突出企业的竞争优势，以更有效率和效益的方式满足社会和用户的需求。迈克尔·波特将企业的业务流程描绘为一个价值链，竞争不是发生在企业与企业之间，而是发生在企业各自的价值链之间，只有对价值链的各个环节——业务流程进行有效管理的企业，才有可能真正获得市场上的竞争优势。

任何一个企业都是其产品在设计、生产、销售、交货和售后服务等方面所进行的各项活动的聚合体。每一项经营管理活动都是这一价值链条上的一个环节。企业的价值链及其进行单个活动的方式，反映了该企业的历史、战略、实施战略的方式以及活动自身的主要经济状况。

价值链的增值活动可以分为基本增值活动和辅助性增值活动两大部分。企业的基本增值活动，即一般意义上的"生产经营环节"，如材料供应、生产运行、成品储运、销售和售后服务，这些活动都与商品实体的加工流转直接相关，如图 2-2 所示。

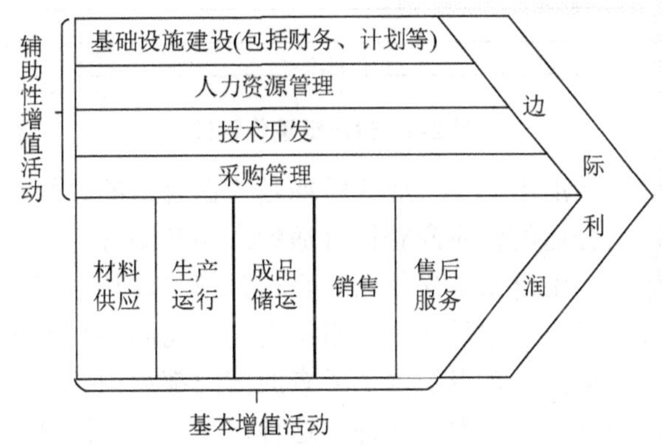

图 2-2 迈克尔·波特价值链

企业的辅助性增值活动，包括基础设施建设、人力资源管理、技术开发和采购管理。这里的技术和采购管理都是广义的理解，技术既可以包括生产性技术，也包括非生产性的开发管理，例如，决策技术、信息技术、计划技术；采购管理既包括生产原材料，也包括其他资源投入管理，例如，聘请有关咨询公司为企业进行广告策划、市场预测、法律咨询、信息系统设计和长期战略计划等。

价值链理论的基本观点是，在一个企业内部的众多的"价值活动"中，并不是每一个环节都创造价值。企业所创造的价值，实际上来自企业价值链上的某些特定的价值活动；这些真正创造价值的经营活动，就是企业价值链的"战略环节"。企业在竞争中的优势，尤其是能够长期保持的优势，说到底，是企业在价值链某些特定的战略价值环节上的优势。而行业的垄断优势来自该行业的某些特定环节的垄断优势，抓住了这些关键环节，也就抓住了整个价值链。

在迈克尔·波特提出的企业内部价值链时代，采购职能属于辅助性活动。然而在关注企业之间关系的供应链时代，采购职能被提升到更加重要的地位，采购职能被认为是连接上游环节、连接供应商的战略环节，可以说没有采购管理、供应商的参与，供应链就不可能成功。

供应管理已经扩展到供应链管理，两者虽然只有一字之差，但是供应链管理代表了一种新的管理理念和企业战略，供应管理与供应链管理联系密切。供应链意味着除了企业内部的采购、生产和销售等运作流程需要很好地衔接之外，还需要建立上游的供应商关系管理和下游的客户关系管理。同时物流、资金流和信息流沿着供应链要形成顺畅流通，如图 2-3 所示。

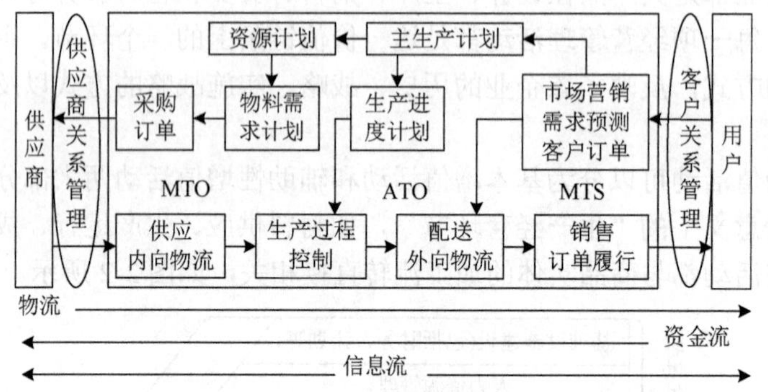

图 2-3　供应链运作管理

长期以来，人们对采购沿用的一个经典解释是“在合适的时候，以合适的质量、合适的数量、合适的价格，从合适的供应商获得合适的产品和服务等”。这个概念确实不错，但是存在四个疑问：第一，由谁来定义什么是合适？第二，从组织战略层次看，这个概念太具体，似乎并不准确。第三，它是从属于组织内部采购部门和需求部门之间的概念，可能存在太多的不同解释。第四，在组织内部所有的部门都意识到外部客户服务的重要性的今天，这个概念没有体现这种重要性。此外，这种定义不太好衡量和测评，所谓的合适暗示采购职能只是一种被动的职能(鲍盛祥，2006)。

2002 年，美国“全国采购管理联合会”正式更名为“供应管理协会”(ISM)。ISM 公布了它对供应的定义，所谓供应是指“组织为了追求和实现它的战略目标而识别、采办、定位、获取与管理它所需求或潜在需求的所有资源”。这一定义显然将采购包括在供应过程中，而且要注意到供应管理强调的是“价值贡献职能”。

2.2　战略采购和战略资源管理

2.2.1　战略采购的概念

战略采购(Strategic Purchasing)、战略获取(Strategic Procurement)、战略资源管理(Strategic Sourcing)、战略外包(Strategic Outsourcing)、战略供应管理(Strategic Supply Management)这几个概念几乎没有本质区别，很多时候都被看作是“战略采购”的同义语

(Chan 和 Chin，2007；保罗·卡曾斯等，2009)。事实上，最早用来表达战略采购管理的术语是 Strategic Sourcing，后来才发展出 Strategic Purchasing 或 Strategic Supply Management 等术语。但是从战略采购这一概念的发展和应用过程来看，主要还是不同的学者根据自己的习惯和观念使用不同的术语，并不能很好地判断这些学者在应用战略采购概念的时候，在学术意义上有什么明显的差别。

下面以“战略资源管理”和“战略采购管理”两个术语为例，回顾讨论战略采购管理相关概念的发展演变情况。

1. 战略资源管理

20 世纪 70 年代，少数学者意识到采购作为企业入口和成本中心，在企业中的作用被明显地低估了。当时，日本汽车制造企业率先在采购领域进行了一系列理念和方法的创新，帮助日本汽车产品在欧美市场上取得了巨大的成功。20 世纪 80 年代，美国著名的管理咨询机构科尔尼公司在总结日本制造业成功经验的基础上最早提出了“战略资源管理”这一名词，被学术界称为采购管理的一场管理思想革命(Monczka 等，2008)。随着采购在企业中的战略地位逐渐提升，采购管理已从传统的运营职能演变为一项战略职能，通过实施一系列战略性采购决策，极大地提升了企业持续竞争优势。在过去几十年里，科尔尼公司已为全球 500 强企业中的 2/3 的企业定制过战略采购方案，帮助这些企业改善绩效。如今，日本、北美和欧洲企业已将战略采购作为一项新兴又基本的采购理念来贯彻。在新的竞争环境下，采购的战略地位被提高到一个新的高度，采购不再是游离于战略管理过程之外的管理职能，而是与战略管理紧密结合并对战略目标实现有显著贡献的战略职能。但是，采购的战略性不等于战略采购，现有研究虽然论证了采购战略地位提升的必要性，但对于战略采购自身概念框架的构建尚不完善，甚至连基本的定义和构成都没有达成共识；在某些研究中，战略采购和采购战略两个概念也常常被混淆使用(Carr & Ellrma，1999)。

从采购(Purchasing)转向战略资源管理是在 20 世纪 80 年代市场发生深远变化情况下发展起来的。基于准时交货(JIT)和全面质量管理的新生产模式，以及外包(Outsourcing)、商品化和全球化，对商品的采购方式以及供应商与客户之间的关系产生了深远影响。希望保持竞争力的公司不得不将重点从基于交易的狭隘的采购观转向更广泛、更具战略性的采购观，即如何配置供应链以实现更广泛的企业目标。从传统的采购方法向战略资源管理焦点转变需要三个基本理念，这些基本理念推动了支持采购过程所需的战略要素和基础设施，包括：①关注总交付价值，而不是购买价格；②与供应商打交道的协作方法，而不是监督；③专注于改善盈利能力，而不是节约成本。上述基本理念往往导致供应源减少，这创造了规模经济，并创造了与供应商的长期稳定关系。供应商和购买者都获得了优势：它们可以利用核心竞争力专注于提高市场份额和提高市场地位。

外部资源管理(Sourcing)是一个复杂的过程，极大地促进了组织的竞争优势。在过去几十年中，采购职能从发挥辅助作用变成了战略活动，为组织的竞争优势做出了重大贡献。战略资源管理对于公司通过供应链使用战略工具来管理供应商和实现公司长期目标取得成功至关重要。战略资源管理是一个系统、全面的流程，为公司增加价值，进而有助于实现公司的长期目标。它包括公司为实现长期目标而规划、评估、实施和控制所有采购活动的战略流程。它强调整合业务实践，如早期供应商参与、供应商开发、供应商评估、供应商认证和衡量。战略资源管理已日益被公认为业务战略和实践的重要组成部分，公司应将有限的人力和货币资源，分配给战略采购流程的关键领域，制造商可以通过关注这些关键因素来提高其采购性能(Chan 和 Chin，2007)。

战略资源管理对于实施供应链管理原则的企业来说至关重要。它具体涉及有效管理供应基础，通过识别和选择供应商以建立战略性长期伙伴关系，参与供应商开发举措，通过有效分配资源来提高供应商绩效，向供应商提供基准和持续反馈，在某些情况下还涉及供应商消减活动。战略资源管理不仅基于成本、质量、交货等运作指标进行决策，还将供应商的战略维度和能力纳入决策过程，如强调质量管理实践、过程能力、管理举措、设计和开发能力以及降低成本的能力等。这些供应商属性为企业的管理者提供了关于供应商所采用的基础设施和实践的信息，这是长期战略关系的关键要素。为了建立长期关系，对供应商的战略评估需要考虑供应商的能力和实践。这一点很重要，因为随着公司产品的发展，与供应商建立关系至关重要，从新产品开发、设计、制造流程和制造能力的角度来看，这样做能够以更低的成本有效地满足不断变化的需求。从长远来看，这类供应商更有可能拥有基础设施和组织能力，以有效地满足采购公司不断变化的需求(Srinivas 和 Ram，2004)。

近几十年来，学者和从业者越来越清楚地认识到战略资源管理具有竞争优势，战略资源管理被定义为根据运营和组织绩效目标设计和管理供应网络的过程。研究人员同意战略资源管理的重要性，但很少有人提出这一重要构造的整体观点。先前关于战略资源管理的研究分为三个流派。第一派研究的重点是自制—外购决策的驱动因素，即内部生产是否为组织提供了竞争优势，组织是否拥有内部生产的资源或获得这些资源的机会。第二派研究侧重于战略资源管理对采购过程和买方/供应商关系的长期影响。第三派研究侧重于战略资源管理的维度(Dimensions)，研究集中在战略资源管理的不同维度上，因此未能完成一个整体图景(Picture)。此外，这些战略资源管理研究方法没有提供任何基于确凿事实的实证研究。许多历史实例说明，供应管理领域的许多领先公司转变了战略资源管理思想和实践方向(Mindset)，及其主导逻辑(Dominant Logic)。例如，哈雷·戴维森公司已经转向更简单的合同，而更注重与供应商建立信任和关系。本田汽车公司则强调持续改进、供应商开发以及与供应商基地一起工作的专门团队，以降低成本。这些做法都体现了以战略资源管理的核心逻辑为指导，这就是侧重于无形资源、共同创造价值以及与供应商和内外部客户的关系(Reham 和 Larry，2013)。

Sathit(2016)认为，战略资源管理不是以最低的采购价格获取当前所需物资的简单交易，而是以最低的总成本建立企业供应渠道的过程。它扩展了传统的采购活动，以包括采购周期内的所有活动，从规格到货物和服务的收货和付款。虽然战略资源管理主要侧重于降低成本，但其基础是与主要供应商建立长期、双赢的关系，为买家提供竞争优势。这种关系的性质凸显了买方和供应商必须共同努力并共享信息，以确定能够随着时间的推移增加节约的机会。

2. 战略采购管理

1997 年，Carr 和 Smeltzer 试图从学术上严格地界定战略采购(Strategic Purchasing)，战略采购被定义为“对战略性和运作性的采购决策进行计划、实施、控制和评估的过程，目的是使所有的采购功能活动指向与企业实现其长期目标的能力相一致的机会”。Carr 和 Smeltzer(1999)指出了战略采购与采购战略的区别，战略采购从属于公司和事业单位战略管理范畴，而采购战略是职能战略，两者发生在不同的层面上。战略采购是根据竞争战略确定供应商管理目标，与供应商协作发展有助于创造竞争优势的交易关系，并在供应商、采购部门、其他职能部门之间进行战略目标和活动的整合。而采购战略是在战略采购指导下制定实施的具体的采购目标和行动。传统的采购职能在组织中的角色定位是服务内部顾客，其目标是“在适当的时间、适当的地点以适当的价格获得适当质量、适当数量的适当商品和服务”。

Stannack 和 Jones(1996)经过论证认为，对采购的定义，即“决定购买什么，什么时候购买，购买多少的系统过程；确保按时、按规定的数量收到所需要的东西的购买过程和行为”，这种意义上的采购正在消亡，取而代之的是“对供应商行为评估、管理和监督，以实现组织投入最优化”，一种战略采购(Strategic Purchasing)的兴起。Evans(1996)则报告了这样一个实例，有一个组织，通过改善与供应商的衔接关系，并使这种关系达到很高的水平，以至于它拥有一个由很重视该组织的供应商组成的核心群体，进而核心供应商与公司结成联盟，从战略高度一起工作。在这个组织中，供应商的搜寻、评估工作已经不必要，与供应商的谈判也用不着，日常的调拨、订货确认和付款都通过电子手段进行。质量问题通过质量部门解决，涉及价格问题则由会计与供应商的同行一起合作解决。原有的采购职能似乎变得无关紧要了，专门的采购部门被取消，其人员被重新安排。当然，采购工作的改进并不意味着被人们视为采购角色的职能活动已经过时，而是说这些职能活动被重新定位于组织中更适当的地方，定位在组织与供应商的交界面上，在适当的层面上形成直接的供应商/客户关系。实际上，这个案例说明采购管理职能的必要性并没有消失，而是从某种意义上来说是对采购职能进行内部的重新安排和定位，这就是采购职能发展和变革出现的新现象(彼得·贝利等，2006)。

从历史上看，采购(Purchasing)被认为在商业组织中具有被动作用。20 世纪 80 年代，采购开始参与到公司的战略规划过程。到 20 世纪 90 年代，学者和管理人员对战略采购(Strategic Purchasing)给予了前所未有的关注。由于竞争环境迅速变化，一些公司具有了影响战略规划的采购能力，有证据表明，采购日益被视为建立合作供应商关系的战略武器，以提高公司的竞争地位(Carr 和 Smeltzer，1999)。作为一项战略功能，采购与供应管理(PSM)必须使采购活动与实现公司整体长期目标相匹配。建立和维护供应商联盟对 PSM 来说是一项战略性活动，因为它将供应商战略与采购企业战略整合起来，当 PSM 参与到战略活动中时，由于在关系中获得同步性的潜在利益，它也同样在更大程度上甚至最终在遍布整个供应链范围内参与供应商联盟(Zsidisin 和 Ellram，2001)。因此，当代采购现在被公认为供应链管理的一个基本单位，战略采购的理论结构被概念化为长期地和积极主动性地关注对公司成功的贡献，以及战略性管理供应商关系。战略采购不是一个以最低采购价格获取当前所需材料的简单交易，而是一个以最低总成本建立业务供应渠道的过程。因此，战略采购是一种以采购战略管理、供应商管理、供应链管理(SCM)、战略成本管理、全球采购为关键概念的采购新模式。在采购成本管理方面，战略采购强调总成本管理，通过充分平衡企业的内部优势和外部优势，降低整个供应链成本，并涵盖从物料描述到付款管理的整个采购过程(Chen 和 Paulraj，2004)。

2.2.2 战略采购的原理

战略采购的总体目标就是支持实现和维持公司竞争优势的最终目标。因此，任何采购战略举措都必须旨在支持利润增长目标。这意味着公司必须设法最大限度地提高采购物料的总交付价值回报率，这不同于确保所需材料以尽可能低的采购价格获得。制定和实施战略采购的三大原则如下。

1．支出类别战略制定

产品或服务的战略重要性取决于它是否对公司的核心业务和未来竞争力产生影响。各种支出类别对公司的成功具有不同的贡献，因此应根据采购的商品或服务部署不同的战略。制定支出类别战略需要公司评估资源对公司竞争地位的重要地位。一方面，关键资源对公司运营可能并不起很大作用。它们可能是必要的，但它们在市场上没有提供竞争优势，并且可能与公司的目标或使命关系不大。一个很好的例子是办公用品。企业每天需要复印纸张、钢笔和文件夹，但采购它们不太可能影响公司的竞争地位。另一方面，重要产品的战略采购将影响公司在市场上的地位。例如，硅晶是微芯片制造商的关键产品，因为它增加了价值，使产品与竞争对手的产品有了区别。因此，购买硅晶对整体产品价值和公司未来至关重要。如果硅晶供应出现问题，例如可用性差或价格上涨，则从微芯片制造商到电子产品制造商，整个供应链都将受到影响。因此，硅晶对微芯片制造商具有重要的战略意义，采购过程应该反映这一点，如图 2-4 所示。

图 2-4 支出类别战略方法

除了了解购买关键产品的战略重要性外，公司还必须注意供应方面。这将作为要使用的具体策略以及购买任何特定项目所花费的时间和努力的指导原则。具有简单供应市场的项目易于购买，这些项目具有高可得性、大量供应商和大量替代可能性的特点。因此，公司应该用最少的时间和精力来购买它们。具有高市场复杂性的商品最有可能是高价值商品或经常性需求项目。由于长期花费的金额可能很大，因此公司应该花费必要的时间来降低这些采购的总成本。

供应市场的复杂性取决于购买某一商品的困难程度。当少数供应商占主导地位且竞争很少时，购买就变得困难很多；由于购买量小，买家遭遇转换成本高、谈判能力不足的情况；供应商拥有更多的权力，因为它们有能力提供对行业重要的投入；供应市场具有很高的进入壁垒，比如一个初创公司因为主要资本需求问题。每个支出类别的战略制定取决于其重要性和复杂性，因此，必须为每个类别的采购项目分配适当的采购安排或选择采购技巧，如图 2-5 所示。

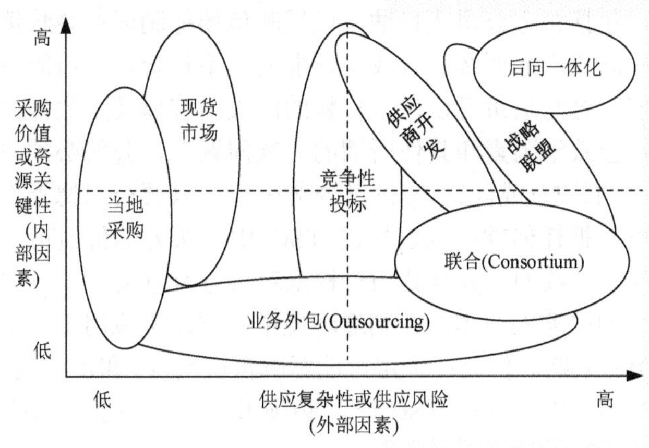

图 2-5 采购方式选择

2. 总供应成本管理

战略采购概念考虑总供应成本(Total Supply Cost, TSC)。这一概念将揭示买方在购买材料和服务时产生的总成本。总供应成本是评估产品生命周期中与项目有关的所有成本(包括直接成本和间接成本)。直接成本是指在采购产品时的直接支出，如支付采购产品的价格、储存费用等；间接成本是指在采购过程中的间接支出，如支出的管理费用、业务费用、花费的时间等。对于直接成本，可通过引入竞争、采用经济订货批量等方式来降低；对于间接成本，可通过优化采购流程、实施电子采购、减少人力消耗等方式来控制。最常见的是，TSC 用于购买过程中，以确定最具成本一效益的选择。当在做出采购决策计算 TSC 时，许多包含的成本是估计的，因为它们是将来发生的。计算 TSC 可以向买家提供更详细的信息，来做出有关供应商和采购的决策。更重要的是要知道，询价时的采购价格不是获得和使用项目所涉及的唯一成本。

成本最优往往被许多企业的管理者误解为价格最低，只要购买价格低就好，很少考虑使用成本、管理成本和其他无形资本。采购决策依据就是单次购置价格，例如购买一台复印机，采购的决策者如果忽略了采购过程中发生的电话费、交通费、日后维护保养费用、硒鼓纸张等消耗品、产品更新淘汰因素等而只考虑价格，采购的总体成本实际上是没有得到控制的。采购决策影响着后续的运输、调配、维护、调换乃至产品的更新换代，因此必须有总体成本考虑的远见，必须对整个采购流程中所涉及的关键成本环节和其他相关的长期潜在成本进行评估(宋华，2003)。

将所有其他已知的成本因素都纳入其中，可以更全面地了解情况。要计算 TSC，必须建立一个框架和假设来指导工作。这包括对所需物料或服务进行界定，并确定谁将使用它、估计项目将被使用多长时间，计算其数量和使用率，并确定使用物料将产生成本的流程范围和领域。在流程的早期，应定义公司使用相对成本数据与绝对成本数据的程度。一般来说，计算 TSC 涉及以下三个成本类别。

- 已发生成本(Incurred Cost)：这些成本要么已知，要么可以合理的准确程度进行估计。产生的成本包括报价、运输成本、备件和供应用品、经纪费和关税。
- 绩效因素：包括交付性能、质量和服务或维护要求等领域。性能因素是相对数据，只要数据相对有效，就不需要是绝对成本数据。
- 政策因素：包括买方公司选择纳入以反映市场体制或社会政策指令的所有问题。通常，供应商或产品要么符合政策标准要么不符合，公司的政策决策者必须确定其金额价值。这些政策可以包括材料的回收内容以及少数群体和妇女拥有的供应商。对于社会政策因素和其他所谓的“软问题”，公司必须问自己：“我们愿意为正在考虑的特权(或问题)支付多少费用？”只要公司愿意对 TSC 进行价值计算，买方可以把任何软问题包括进 TSC 中。买方的价值可以是任意的，只要在供应商之间是一致的，并且其相对权重对买方有意义。

TSC 可应用于任何采购的成本。在制造环境中，它最常应用于存货、服务和维护、维修和运营材料(MRO)的采购。但是在确定可能影响供应商 A 和供应商 B 之间的绝对成本比较以及项目 X 和物料 Y 之间的 TSC 时，必须考虑其他因素。这些其他因素包括以下几个。

- 绩效属性：要选择能够对买方业务做出战略贡献的供应商，买方需要厘清绩效变量。但是，购买者还应关注供应商对回收、处理危险材料、安全和人口统计的重视程度。例如，买方可能承诺与少数族裔和女性拥有的企业开展业务，必须将这些人口统计因素纳入供应商的业绩。
- 总加工成本：从历史上看，购买价格可能很好地为买方服务。但是，TSC 考虑到了许多其他因素，这些要素可能需要更详细的成本计算方法。例如，从供应商到供应商，订单处理成本不一样。进出口成本和纠正失误成本也可能有所不同。库存成本取决于供应商是否承担成本，或者买方是否拥有货物的所有权。
- 权重和方法：在确定绩效属性和成本所有权属性后，买方需要创建一个加权系统，将所有供应商数据转换为结构，以便做出更丰富、更明智的决策。

3. 基于事实的谈判哲学

成功地实施战略采购在很大程度上取决于采取基于事实的谈判理念和能力(Negotiating Philosophy)。基于事实的谈判使用严格分析的结构化分析框架，以降低系统总成本。这种方法运用总拥有成本(或 TSC)方法来选择供应商，而不是只关注采购价格。该技术适用于高需求、高价值关系，属于战略采购模式的战略伙伴区域。

传统的谈判过程和结果往往取决于一对一的个人动态和风格，相比而言，基于事实的谈判依赖于全面的方法。为了进行基于事实的谈判，要建立一支具有一系列业务职能经验的高管团队。采购商和供应商与包括来自采购、工程和财务，以及维护和研发各方面的专家一起来到谈判桌前。谈判的目标是依靠数据和事实的分析支持来解决多个问题，这些问题将在买方和供应商之间形成长期和持久的关系。如果执行得当，基于事实的谈判过程应为买方和供应商带来双赢的结果，能够导致最终与较少供应商建立更牢固的关系。

战略采购代表着从有赢有输的“零和”到“双赢”的谈判理念的重大转变。双方本着双赢的理念进行谈判这一点很重要，这种理念将成功地形成长期关系的基础。这种方法表明，公司可以降低采购成本，而无须损害供应商的利益。

总之，战略采购过程不是对手间的谈判，而应该是一个在事实和数据信息基础上进行协商的过程，协商的目的不是一味地比价压价，而是基于对市场的充分了解和企业自身长远规划的双赢沟通。在这个过程中需要通过总体成本分析、供应商评估、供应市场调研等为协商提供有力的事实和数据信息，帮助企业认识自身的议价优势，从而掌握整个协商的进程和主动权(宋华，2003)。

2.2.3 战略采购方法论

在传统的采购方法下，采购部门采用类似的方法购买各种产品和服务，主要关注点是以尽可能低的价格购买商品。例如，当公司购买大型资本项目时，具有技术专长(如工程或信息技术)的管理人员通常会处理决策和采购流程。管理者摒弃购买者的谈判和购买技巧，转而使用所谓的产品功能上的专业知识。相比之下，战略采购认识到，采购专业人员的技能不仅对于采购是必要的，而且对于其他领域的决策(如产品设计、研发方向和技术吸收)也是必要的。所有这些职能都受到采购的影响，并且都影响公司的整体盈利能力。战略采购不是采取“一刀切”的方法确保产品和服务的安全，而是区分项目，使具有最高优先级的产品能够占用最多的时间和精力。

战略采购方法包括以下四个不同的阶段。

(1) 内部分析。内部分析包括供应市场分析、供应商分析和支出类别分析等。通过分析来了解每个购买的类别在实现战略业务目标方面发挥的作用。如果处理得当，内部分析应直接为买家带来节省短期成本的利益。

(2) 支出类别战略。此阶段涉及确定每个购买类别的战略方法、购买选项组合和不同的采购策略。

(3) 供应商战略。独特的类别特征和市场条件将推动对采购进行一种特定支出类别的不同方法和对供应商的战略定位。供应商战略决定了与供应商打交道的总体方法，这包括供应商数量、招标书(Request for Proposal, RFP)和谈判的重点等。

(4) 基于事实的谈判战略和执行。一个结构化的分析框架，使谈判小组拥有达成预期结果所需的所有事实。这些阶段包括以下几个。

- 谈判策略和案例构建：确定买家和供应商的杠杆点，并制定策略来应对供应商的杠杆点。
- 供应商响应和定位：包括预测供应商响应，并制定应对供应商反应的谈判策略。
- 谈判规划、讨论和解决：此过程通过规划参与的物流，为公司的实际谈判做好准备。
- 招标(Request for Proposal, RFP)/询价(Request for Quotation, RFQ)准备工作：RFP/RFQ提供了一种格式化工具，用于从供应商那里收集竞争信息，以帮助谈判。
- 供应商选择和评估：此阶段涉及制定评估单个供应商的流程和标准。这需要全面了解从采购中获得的价值。

总体来讲，战略采购的最优方法是建立双赢的战略合作伙伴关系。战略采购过程不应当是零和博弈，即一方获利一方失利，战略采购的谈判应该是一个商业协商的过程，而不是利用采购杠杆，压制供应商进行价格妥协；应当是基于对原材料市场的充分了解和企业自身长远规划的双赢沟通。双方合作的基础是权衡(Trade-off)，企业和供应商本身存在一个相互比较、相互选择的过程，双方都有其议价优势，如果对供应商所处行业、业务战略、运作模式、竞争优势、稳定长期经营状况等有充分的了解和认识，就可以帮助企业本身发现机会，在互利共赢的合作中找到平衡(Equilibrium)。现在，越来越多的企业不仅关注自身所在行业的发展，同时开始关注供应商相关行业的发展，考虑如何利用供应商的技能来降低成本、增强自己的市场竞争力和更好地满足客户需求(宋华，2003)。

2.3 战略采购的核心能力

建立双赢采购的关键不完全是一套采购的技能，而是范围更广泛的一套组织能力。企业可以通过如下途径构建基本的核心能力：重视总成本建模，它为整个采购流程提供了基础；创建采购战略推动了从战术的采购观点向战略观点的重要转换；建立并维持供应商关系注重的是双赢采购模式的合作部分(宋华，2003)。

企业战略采购观念的兴起赋予了采购职能部门更多的责任，即必须有战略目标及实现这个目标的路径。许多企业跃跃欲试地搞战略联盟、双赢采购、供应商参与研发等战略采购行为。但是，在实现战略目标的道路上，采购部门如果不具备战略采购需要的组织能力、总成本建模能力、整合供应商能力，甚至是发展全球供应基地的能力，要实现战略采购目标和实践策略将很难取得成功。因此，将战略采购的原理和方法转化为战略采购和供应链管理能力非常关键(Chan 和 Chin，2007)。

2.3.1 富有远见的采购领导和战略

1. 富有远见的领导和组织

有远见的领导被定义为能够创造一个现实和可实现的愿景，据此可以改善公司目前的表现。该愿景包括通过分配资源来实现预期结果和期望而采取的价值观和战略行动。

第一，在战略采购规划中的领导地位不仅在确定和传达明确的理念和目标方面至关重要，而且在激励和奖励员工以提高采购绩效方面也很重要。

第二，将采购战略与公司战略联系起来，对于提高高级管理层的认识、对采购职能和人员执行最高管理能力和分配的资源数额以支持采购部非常重要。买方—供应商的长期合作关系也被应用来支持公司战略。

第三，竞争性分析，对于高级管理层制定未来战略以提高采购业绩至关重要。

第四，在战略采购方面取得成功，要考虑核心活动和采购能力。核心活动和能力对于业务绩效、创造竞争优势和推动公司增长和创新至关重要。

第五，采购不只强调价格，采购业绩提高要以生命周期成本为重。生命周期成本关注从产品概念设计到与客户使用的产品相关的任何成本。

第六，采购战略应被最高管理层界定为战略问题，针对不同的产品、服务和技术水平确定不同的采购战略。采购人员的知识和技能对于应用采购战略至关重要。

在战略采购方面具有远见卓识的领导要求高级管理层制定明确的采购目标和绩效期

望，并传达给所有相关员工。鼓励文化变革，激励和奖励组织中的员工，促进组织内部协作，从而帮助提高采购绩效。高级管理层有必要将采购作为公司战略的一部分，并提供足够的资源来支持采购职能，从而鼓励发展长期的买方和供应商关系。此外，有必要利用部门专业知识组成跨职能团队进行竞争分析。通过解释分析的信息，可以制订行动计划，以加强采购的长处和避免采购的短处。

2. 建立双赢的采购与供应战略

供应战略本质上比制造战略更广泛，因为它包含了不同供应链成员之间的相互作用。每个协调组织都有自己独特的网络，其中包括一套独特的行动者、资源和活动。与其他组织和网络相比，公司的立场反映了公司向他人提供价值的能力和创新性。

根据文献，竞争优先这一术语用于描述制造商对制造任务或关键竞争能力的选择，这些任务大致用低成本、灵活性、质量和交付来表示。此后，随着创新性、时间、交货速度和交付可靠性的加入，该名单不断增长。这些清单与商业战略文献中通用战略的想法密切相关。因此，现有的研究指出，供应链战略不应仅仅基于成本，还应基于质量、灵活性、创新、速度、时间、可靠性等问题。这种竞争优先权的理论结构是根据这些倡议得出的，并据此制定采购战略目标和具体指标(Chen 和 Paulraj，2004)。

制定明确的采购战略毫无疑问是实行战略采购的关键要素，包括为关键的商品、供应商和采购流程开发合适的战略。采购战略必须基于双赢理念和结果，体现与供应商之间的利益分担和利益最大化；同时要使采购战略支持公司整体战略，并使产品和服务战略实现跨业务单位协同，这是制定采购与供应战略的基本原则。

2.3.2 构建完善的供应商管理系统

1. 完善供应商管理系统

供应商管理是战略采购的核心内容，采购活动涉及与现有供应商和新供应商的许多互动，重要的是要有效区分那些最符合公司要求和长期需求的供应商。完整的供应商管理系统涉及以下几个因素。

首先，供应商管理涉及供应商的实际选择，包括根据选择标准评估供应商的特点，并选择最符合项目/产品需要的供应商。对这些评价标准要进行综合权衡，因为任何单一供应商难以在业绩的所有方面都取得优异成绩。供应商必须通过基于多个选择标准的评估，选择得分最高的供应商建立长期关系。

其次，要对供应商持续进行检测。利用业绩评估方案，监控供应商质量，跟踪供应商绩效。必要时使用评估结果采取纠正措施，向供应商提供反馈改进，最终提高战略采购绩效。

再次，对表现不佳的供应商可以从供应库中进行裁减。对于表现不佳但对公司仍有帮助的供应商，需要进行开发，通过买方和供应商的共同努力提高供应商的绩效和能力。可进一步发展较好的和最好的供应商，并可以实施伙伴关系战略。通过教育和培训，供应商之间交换最佳做法，可以发展具有平均绩效的供应商，通过提高供应商能力来提高竞争优势。通过提供更多信息与供应商协作，从而使供应商能够尽早参与新产品开发，从而提高采购管理绩效。

最后，供应商协作是与供应商建立合作伙伴或战略联盟的第一步，合作伙伴愿意分享有关未来计划、设计和研发的信息。近年来，许多公司改变了供应商管理做法，如签署长期合同和加强与供应商的合作。

2. 利用供应商创新

对企业而言，新产品开发(New Product Development, NPD)是其竞争优势的关键来源。从历史上看，许多企业都曾进行过内部新产品开发。然而，当今的经营环境表明，单个企业难以独自实施新产品开发计划，因而把目光转向了供应链上的其他实体。变革和挑战是推动企业创新的动力，逐步升级的研发费用、日益复杂化的产品、缩短的产品生命周期、管理技术变革中的困难，以及创新所需要的大量的资源和知识是主要的驱动力量。因此，作为供应链中的主要参与者，供应商通常是寻求改善 NPD 成果的首选对象之一。

供应商早期参与(Early Supplier Involvement, ESI)到 NPD 过程中的现象日益普遍。这个概念也称为产品设计协作，就是在产品设计初期，选择让具有伙伴关系的供应商参与新产品开发小组。经由早期供应商参与的方式，新产品开发小组对供应商提出性能规格上的要求，借助供应商的专业知识达到降低成本的目的。在供应商选择标准方面，从以价格作为选择供应商的主要标准转化为“前采购”式的供应商选择。“前采购”是指将选择供应商的流程提早至新产品开发中的产品概念发展阶段，并尽量将特定零件或系统的设计责任交给供应商，生产商与供应商之间的关系从交易导向转变为关系导向。供应商的选择标准也要反映这些方面的要求，至少以下几方面的要求至关重要：①设计和工程能力；②参与设计的意愿；③与买方企业文化的兼容性；④满足开发进度的能力；⑤与设计和工程人员合作的意愿；⑥共同承担费用和共享产品信息的意愿。

供应商在产品设计阶段的积极参与非常关键。有关研究表明，产品成本的 80%是在设计阶段确定的。供应商参与产品设计和协作使供应商与制造商进行有效的交流，共同设计最终产品或零部件，使产品的生产和零部件供应都更有保障。当产品设计好后，物料的采购就是供应商根据购买方所下订单发货的过程。采购的目标就是以最低的总成本按时下订单并交付产品。

在创新中要真正实现企业与供应商的一体化，有三个关键的概念，即范围限制、技术规划、目标成本，这三个方面做好了能带来非常好的协同设计的结果(彼得·贝利等，2006)。

为了尽可能提高经营的业绩，选择的创新项目应是需要做进一步功能调整以满足市场需求的项目。调整的程度必须足够大，并且新设计需要从根本上进行重新思考。选择的创新产品也应是一个大产品系列中的基本设计。对这种基本设计进行创新，会使得组织对标准化和调整进行长期思考，也会鼓励潜在供应商加入。公司必须把终端产品分解为部件或功能模块，然后决定如何给供应基地下达某些部件或功能模块的供应任务。有的供应商分配到的任务可能是单一部件或很小的部件，有的分配到的任务可能是一大堆零件。这种分给指定供应商的责任大小称为范围边界。范围边界的界定是相当复杂的，由于终端产品经常要加入新功能或新技术，因此范围边界总是在变化。

共享技术规划对利用供应商创新提出了另一种挑战。一般而言，供需双方都会注意产品的技术信息：客户害怕供应商将信息透露给竞争对手，而供应商害怕客户将自己最好的构思和设计转售给那些不投资进行创新的低成本制造商。目前有两种共享技术的方法很流行：供应商技术论坛和技术路径图。

目标成本也是协作创新中的一个重要概念，现在有三种不同的方法，但在运用过程中往往没有严格的差别：①基于价格的目标；②基于成本的目标；③基于价值的目标。不论直接用户反馈信息的程度如何，重新设计产品开发过程需要一个有高度积极性的团队，团队必须把消费者需求转换为产品规格，在此过程中，团队成员也必须心胸开阔，能够接受各个方面的建议，可以运用质量功能展开和竞争力分析等技术，为终端产品设计一个合适的成本目标。

2.3.3 持续改善的整合供应链管理

1. 整合供应链流程

采购职能应积极参与供应链投入部分的发展和提高，采购供应部门需要自身发展良好和增强主动性，通过整合协调实现费用最低前提下的快速响应。战略采购作为整合公司和供应商战略目标和经营活动的纽带，包括四方面内容：供应商评价和选择、供应商发展、买方—卖方长期交易关系的建立和采购整合。前三个方面发生在采购部门和外部供应商之间，统称采购实践；第四个方面发生在企业内部。采购整合包括：采购部门参与战略计划过程，战略选择时贯穿采购和供应链管理的思想，采购部门有获取战略信息的渠道，重要的采购决策与公司的其他战略决策相协调(宋华，2003)。

整合供应链日益增加的错综复杂性使它获得了一个新的更加贴切的称呼，即供应网。整合供应链网络包括内部整合和外部整合，内部整合是采购与其他功能更好地跨功能集成；外部整合是企业与供应商、客户更好地跨组织集成。

自从供应链管理开始受到关注以来，采购一直是学术研究和从业者关注的重点领域。20 世纪 80 年代初，学术讨论从物流/运营管理的方向，转向库存控制系统、运输、转运和配送问题，重点是供应本身的战略性质。例如，卡拉杰克(Kraljic，1983)开始转移辩论焦点，从审查购买的实际技术问题到考虑将采购作为一个更加具有战略性的商业问题，将相关概念和策略如类别管理、杠杆采购和关系管理等引入到共同的采购商业活动。供应链管理通常是指公司的整个供应活动，供应链管理在学术界的名声日益提高，与公司内部采购形象的提升相得益彰。通过运营管理工具和技术，如精益制造和供应技术，标杆管理和业务流程再造，内部流程的优化得到了全新改变，例如精益供应技术包括供应商层、协作、联合设计和开发以及供应商协会，精益制造不仅考虑了生产过程如何优化，而且还有如何受供应链活动的制约。

最近的运营管理和创新管理研究突出了供应商整合在加快上市时间方面的重要性。产品上市时间(Time to Market)是可持续竞争优势的重要驱动力，缩短上市时间使公司能够通过提高市场份额、提高资源效率、溢价和更高的客户忠诚度，获得竞争优势。供应商整合是指供应商参与组织的创新过程，以及执行整体创新任务，如组件或子组件的开发。组织可以整合供应商，以获得各种优势，如资源和能力，以加快上市时间，提高创新性，降低生产成本，提高质量。供应商整合也与合同、监测和执行等交易成本，以及协调费用等其他费用有关。因此，供应商整合包括潜在成本和收益，共同决定了对上市时间的总体影响(Johan Perols 等，2012)。

供应链整合过程，首先，选择试验中心区域。通常可以是一个单一的部门比如一个制造厂或一个地区配送中心。其次，进行基准诊断为改进工作提供基础。没有一个基准，就很难判断整合成功与否。该基准应该包括许多性能指标，如订货提前期、库存周转期、网络覆盖程度以及交付可靠性。选择一流的公司或竞争对手作为标杆是有很用的。最后，根据诊断结果设置合适的目标。该目标要反映供应网的战略优势。这些目标应该主要集中在反应灵敏性或效率方面。诊断可以揭示按这个目标改进成功的概率，但是要瞄准重点。例如，一个电脑公司的供应网试验应该关注提高反应灵敏性，还有可能关注提前期缩短和交付可靠性。而传统制造商，比如一家食品公司，可以将选择重点放在效率上，设定诸如降低配送成本及提高库存周转期之类的目标。最后，要对实验的经验教训进行记录并共享这些经验和教训。

2. 供应链持续改善

持续改善(Continuous Improvement, CI)在战略采购和供应链管理方面至关重要。持续改善意味着供应链重构和供应链创新，这是一项战略活动，源于商业环境中的竞争压力，旨在降低成本和时间尺度，提高标准和生产率。战略采购与供应链管理中有关 CI 的研究主要表现在以下四个领域。

第一，鼓励员工实施持续改善。高级管理层应设定改进任务，分配资源，提供全面的组织文化教育和员工培训，通过奖励和表彰激励员工，以促进持续改进。

第二，应进行采购系统改进，以补充员工改进。应制定出一种解决问题的方法，引用如质量管理等其他学科的建议；应采用科学和系统的方法解决问题，如计划—执行—检查—行动(PDCA)循环，以不断改进该系统。

第三，采购流程的改进，实现应以具有竞争力的成本货物的采购。最流行的工艺改进工具是七种原始的和七种新的质量控制工具。这些工具和技术可以通过检测异常情况的发生、诊断特殊原因并消除它们来帮助提高采购过程的效能。

第四，创建学习型组织。公司让每个人参与探索、利用和传授知识，以增加集体学习，这反过来又促进了整个组织的持续改进。公司应该通过人际交流加强隐性知识的共享，通过将公司内部现有的和新知识转让，并通过从以往的失败中吸取的教训，将这些知识整合到流程、产品或服务中，从而发展成为学习型组织。

要点总结

战略采购(Strategic Purchasing)是从宏观范围内确定采购资源战略，建立最优的供应商体系及战略伙伴关系。目前来看，战略采购包括了战略资源管理(Strategic Sourcing)的内容，而战略资源管理体现了战略采购的最核心的实质内涵，因此，很多时候将战略资源管理理解或翻译为战略采购也并无不妥。

供应链管理(SCM)则强调从供应商到客户以及企业内部供产销环节(内部供应链)的集

成一体化协同管理过程。可以这样说，战略采购和供应系统是供应链管理思想在采购与供应管理领域的体现，而战略采购管理是供应链管理背景下当代采购管理的新模式。

战略采购管理还是一个有待继续探索的新领域，目前从概念术语到理论构建，虽然有很多文献论述，然而依然没有达成理论共识。但在实践中，战略采购管理正在得到越来越多的企业重视，有很多领先的公司已经通过应用战略采购管理模式极大地提升了组织的采购管理能力，获得了巨大的经济利益。

思考与练习

(1) 采购管理经过了哪几次理论上的飞跃？

(2) 为什么很多行政管理者开始认为采购管理日益具有战略重要性？

(3) 采购与供应管理之间的区别是什么？

(4) 采购供应与供应链管理的区别是什么？

(5) 供应链和价值链之间的区别是什么？

(6) 价值链模型将采购识别为一种支持活动，这意味着什么？

(7) “供应链”概念的历史来源是什么？供应链导向和供应链管理之间的区别是什么？

(8) 什么是战略采购？战略采购与一般意义上的采购的主要区别是什么？

(9) 供应链管理的特征是什么？供应经理怎样有效管理供应链？

(10) 供应商早期参与的目的是什么？怎样将其与跨部门团队协调使用？

(11) 什么是利用供应商创新？企业应该如何利用供应商创新？

(12) 你认为企业应如何整合供应网络？

(13) 哪些因素可以促使人们关注战略采购和战略策划工作？

第3章　采购战略与战略规划

学习目标

本章关注采购战略管理的相关问题。采购战略是关于采购职能发展的长期性、全局性的谋划。要求理解采购战略及其在组织战略体系中的职能地位，理解采购战略与组织战略匹配的基本思想和整合管理原则，领会和掌握采购战略计划的制订和实施过程。

本章涵盖以下内容和要求。

- 采购战略定位。理解采购战略在企业战略层级中的地位，理解采购战略管理的过程和方法。
- 采购战略整合。合理制定采购战略的关键点就是要坚持采购战略与企业整体战略相匹配的原则。理解整合采购战略开发的过程和方法。
- 采购战略规划。理解采购战略规划和实施过程方法，了解实践中制定采购战略的规则和工作内容。

引言

高层管理者应该将主要精力和大部分时间用于战略性问题，而非战术性或技术操作性问题。现代采购管理的战略问题就是做出采购战略决策、制订采购与供应战略计划，这是采购与供应管理的重要工作之一。

所有的组织都有一个决策基础，当这个基础是主动谋划而不是被动涉及的时候，我们称其为战略(Wallace，2008)。说起战略，很多人就会觉得，这样的问题很空泛，所以不愿意去思考。实际上这是一种误解，战略是很实在的东西，而且是有意义的问题。采购战略管理是一项重要的业务工作内容，需要高层管理者关注。

战略采购与采购战略是两个不同的概念。战略采购是采购与供应管理发展的一个新阶段，而采购战略或战略管理则是探讨采购与供应职能的战略性问题，包括采购战略在企业整体战略中的地位、采购战略如何与组织的其他战略协调和匹配，以及定期制定采购战略规划并加以实施等内容。

本章从三个方面来讨论采购战略问题。从结构主义战略观和战略方法论视角，理解采购战略定位及采购战略管理；从设计主义战略观和战略方法论出发，理解采购战略整合开发流程；根据规划主义战略观和战略方法论，理解采购战略规划过程、技术和方法。

3.1　采购战略定位

3.1.1　理解采购战略

1．目标与战略

目标与战略是常常相关联的两个概念，在战略管理中对二者的关系有不同的理解。

(1) 战略包含目标。例如，战略是目标以及达到这些目标的主要政策和计划的构成模式(哈佛商学院，1986)；战略是将组织的主要目标、政策和行动结合成一个有机整体的模式或计划(Quinn，1993)。企业的战略是指企业的长期目标和宗旨，广泛约束经营活动的策略或政策，有助于实现企业目标的一系列行动计划和近期任务(Monczka 等，2008)。因此，战略是通过审视组织与其环境的关系确立长期目标，并通过对资源有效地配置来达成预期目标的过程。

(2) 战略是实现目标的手段。比如，战略可以描述为组织对其目的的感知和策略(Lynch，2007)；战略是为实现长期的具体目标而制订的一种行动计划(利恩德斯等，2009)。因此，战略关注的重点是为实现目标所必需的关键因素，或为了确保未来成功现在应该采取的主要行动，如图 3-1 所示。

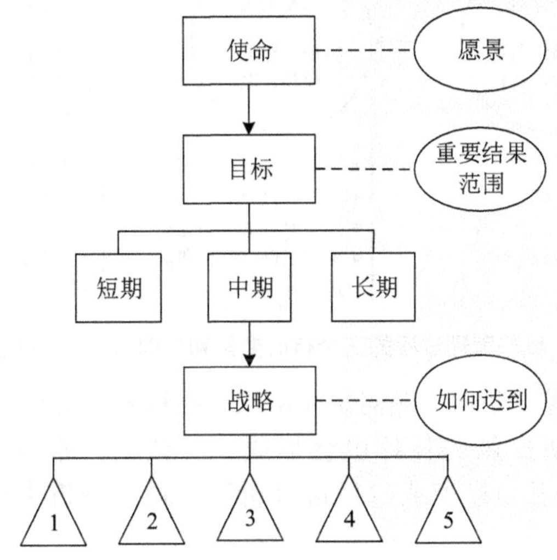

图 3-1 使命、目标和战略之间的关系(Lynch，2007)

组织的使命陈述指明组织想做什么，这涉及管理层对公司业务是什么或应该是什么的看法。它的作用就是：形成组织应遵循的方向；建立稳固的组织形象；认清核心业务。使命陈述的核心包括回答如下问题：现在和将来的客户是谁？主要的产品或服务是什么？企业的主要市场在哪儿？对经济目标的态度是生存、发展、盈利还是其他？优先考虑的经营哲学、价值观或基本信仰是什么？公司对待质量的态度是什么？公司的主要实力和竞争优势是什么？使命陈述能否起到激励、促进和鼓舞士气的作用？利益相关者是否同意这样的使命？使命能否提供公司所需要的灵活性？因此，使命陈述包括确定企业主营业务范围和企业理念，使组织在制定其战略之前就明确其意图和目的，而正是组织的战略将这些设想转化为行动。

组织在使命或理念陈述中给出一个一般性的方向，组织从这些一般使命陈述中确定概括性目标。例如，一般性目标可能涉及以下主题：全面质量，持续改进；让客户满意或取悦客户；组织灵活性；追求最好或唯一性；世界级水平；全员参与，团队合作；繁荣，扩张；技术领先等。

许多组织在使命陈述中，还可能表明了它们可能遵循的战略，或者对组织主导战略的表达。从本质上讲，战略是一个组织关于未来的“策略”，即目的和方向，它所关注的主要是为组织描绘未来的蓝图。但在形成战略的时候需要考虑以下情况：针对的目标是什么？确定的目标如何达到？公司战略可以用不同方式描述，例如，战略可能包括：正在进行的步骤或方式；正在设计过程中的新行动；选择可替代性方案；强调在适当的时候做适当的事；革新和冒险。

2. 战略管理过程

战略管理通常被看作是一种高度系统化的结构形式，这称为理性模型。一个结构化的战略管理过程可分为三个部分，如图 3-2 所示。在相对确定的条件下，制定战略可能需要这种结构化的方法，这种理论范式(Paradigm)对战略管理产生了很大的影响。

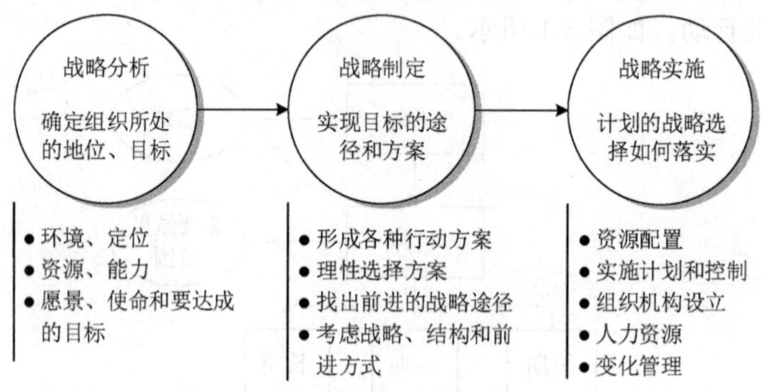

图 3-2　战略管理过程的三个核心要素和习惯方法(Lynch，2007)

(1) 战略分析。战略分析阶段是对影响组织现在和未来发展的各种因素进行识别，对外部环境和内部能力所提供的各种机会形成一种认识。常用的分析方法有 PEST、SWOT、迈克尔·波特五力模型或价值链分析等，通过分析来把握组织的竞争地位和目标。

(2) 战略制定。战略制定阶段所要考察的问题包括使命陈述、利益相关者的期望、产品或服务的业务范围，市场竞争程度等，所有这些因素都会影响战略选择。企业应审视各种行动方案，评估或测试最为合适的战略，从而找到实现目标的正确途径。

(3) 战略实施。战略实施阶段是考虑如何将战略转化为行动，要制订行动计划并执行计划。这个阶段需要使用资源和配置预算，也可能涉及组织重构、人力资源方面的问题，还要制订时间进度和行动计划，监控绩效以及变化管理。

然而，由于组织经常受到快速变化的情境影响，有人提出战略不应当太结构化的观点。这就导致一种观点认为战略应当是权变的方法(Emergent Approach)，也就是说，在快速变化的情况下，成功的战略是通过一个反复试验的过程而产生的应变策略，应更多地体现“因人而异”“随机应变”。这样的战略制定常常受到流行的“公司思维”方式、先前经验或管理秘诀的很大影响。成功的管理秘诀包括：面对不确定性，管理者试图寻求将这些情形与过去获得的知识或经验相联系；采用行业内通用的秘诀或应对特定商业环境变化的普遍做法；以不变应万变，试图以保持商业秘诀不变的方式来应对变化的情形。但是，随着时间的推移，如果秘诀不正确，那么组织可能会改变战略。战略变动的典型征兆是：绩效不佳；过于拘泥于当前的文化出现了明显的不适应；抵制变化或以不变应万变的失败；针对外部环境的主攻方向模糊或重点不明朗(彼得·贝利等，2006)。

3．采购战略管理

采购战略在组织战略层级中处在功能层战略地位，然而采购为组织在各个层次上成功地进行战略整合提供了一个很好的机会。传统上，生产、市场营销和财务等职能常常支配着组织，而采购趋向于被认为是日常经营活动，并未发展出对组织应有的贡献。然而当今在成功的企业中，采购已经参与到战略和战术决策过程中，从价值链的辅助功能转变为企业供应链的主导性力量，那些没有将采购成功纳入战略的公司有可能使其战略发展受到阻碍。

遵循一般战略管理的理性方法。

采购战略管理的第一步也应该从分析内外部影响因素开始。通过对供应链进行分析，以便找到竞争优势的关键点和存在的不利因素。①供应市场和供应商因素，包括：经济环境和政府对市场的干预程度；供应市场的规模和竞争水平；公司的供应市场中有效供应源的数量；供应市场和终端市场中的技术发展速度和变动性；对特定供应商需要考虑的因素；考虑企业在其供应链和终端市场中的地位等。②企业内部的资源和条件。例如，原材料和零部件水平，生产技术和管理水平，库存和物流，支付政策和现金流，管理信息的准确性和时效性，采购人员的素质、人数及其在业务和战略管理中的影响力。

采购战略管理的第二步是斟酌各种可能性和制定战略，包括供应市场战略、供应商战略、资源供应战略、管理流程战略等。理解特定战略干预对供应市场的潜在影响，以及竞争者可能会有的反应，还要以合理的精确度预测这种干预所造成的后果，使公司及商业伙伴相信这样的干预所能带来的利益，以此来确定商业范围内的有利条件，充分思考各种可选途径，选择出可能最有利的方案。

采购战略管理的第三步就是详细计划实施步骤。需要考虑的问题是：通过哪种方式能够更有效地组织起来？怎样让供应投入随公司计划得以改进？供应领域的信息系统是否足够灵活适用？采购人员需要获得什么样的培训？对采购绩效测量和开发有没有进一步的计划？对内部和外部客户的满足水平有没有考虑？总之，公司的产品战略是所有重要的商业决策和整个战略计划的核心，一个高效的战略计划系统不能忽略输入管理，采购战略将有助于公司战略计划体系的成功。

3.1.2 关键采购战略

采购与供应战略是对企业采购领域重大事项的决策活动。通行的采购和供应战略主要包括：供应市场数量、供应商数量、与供应商的关系、采购合同的类型以及考虑采购风险。其中，采购战略的核心问题就是确定供应源战略，即选择什么样的供应源，选择多少供应源，定性分析讨论单源/多源供应的优点和风险、直接和间接成本对供应源战略的影响、平行采购策略、调整采购比例策略以及与供应商的关系(Eric 等，2001；Crouch 等，2002)。

采购战略是利用所有可得到的资源和信息来实现某一特定目的，制定良好的战略是企业在外部环境中赢得主动的保证。利恩德斯等(2009)将综合采购战略分为六大类。

(1) 保证供应战略。该战略主要用于保证将来的物料需求，重点在于满足质量、数量和时间要求，因此，必须同时考虑供应和需求的变化。

(2) 供应支持战略。采购组织要尽可能地了解供应商的生产能力和其他情况，需要一些支持条件和战略。比如采供双方可能需要建立良好的信息交流系统，及时沟通，保证供应商生产和库存与采购组织的需求一致。采购组织还需要与供应商建立良好的关系，通过关系管理促进信息交流，确保质量和提高设计水平。

(3) 降低成本战略。其目的是降低采购成本，包括采购价格、总拥有成本和生命周期成本。通常降低采购成本的方式可通过改变物料、货源、采购流程和建立与供应商的合作关系来实现。

(4) 竞争优势战略。采购组织积极利用市场机会和自身实力获得明显的领先于竞争对手的竞争优势。营利性组织的竞争优势体现为市场势力或市场份额，公共部门的竞争优势通常指实现规划目标的强大实力。

(5) 环境变化战略。该战略要求准确把握整个环境(经济、社会、自然)的转变，使环境因素转化为采购组织的商业机遇和长期优势。特别是对自然资源和环境保护的关切、社会责任目标的日益强调，已经成为采购组织制定可持续采购战略的重要考量。

(6) 风险管理战略。风险管理是整体采购战略的一个重要内容。供应风险是组织面临的众多风险之一。比如，由于担心供应中断问题，供应经理决定不向政局动荡的国家采购，但这样做可能会失去低价采购物料的机会。从组织的角度来看，高价采购和供应中断风险之间的权衡结果，可能会使组织仍然倾向于选择低价而高风险的采购。此外，收购、兼并、外包、寻求第三方服务支持都充满了机遇和风险，增加供应投入可以有效解决风险，组织的风险偏好和风险承受水平，都会影响组织的风险决策。总之，风险管理将成为供应经理关注的焦点之一。

采购不同的商品需要不同的采购战略或战略组合。采购战略计划的选择范围一般包括资源、管理流程、供应商、供应市场和应急计划等。下面选择几个最重要的采购战略加以评估。

1. 商品、资源和流程战略

(1) 商品战略。例如，使用标准化的和通用化的部件，而不是采购专用或专门设计的定制化部件。标准化采购往往由于大规模生产的单位成本更低，能够提供被一致认可的稳定的更高的质量，而且标准化产品比特殊产品的市场供应更容易获得。鉴于标准化采购有多方面的优势，因此尽可能选择标准化采购被很多企业作为重要的商品战略。

(2) 数量和库存战略。比如，采购供应商一定比例的产品，这样的合同为供应商规定了基本的供应量，购买者可以得到价格折扣和稳定的供应。而供应商乐于获得更长期的业务，因此这样的合同对供应商也有吸引力，采购者和供应商通过紧密合作和沟通可以达到双赢。

(3) 时间战略。如准时制采购(JIT)。准时制生产方法预示着买方需要更加依赖符合规格的外购商品，更进一步说还意味着它对供应商的依赖，需要供应商的工厂或仓库和制造工厂的距离适度接近。如果供应商达不到采购者的要求，采购者就会寻找更高级别的供应商，以满足准时制生产的要求。为了保证准时制战略的成功，采购企业在工作中不得不采取大量措施，如统计过程控制、全面质量管理、供应商持续参与，以及计算机辅助制造、计算机辅助设计和电子数据交换等，保证 JIT 制造活动在企业自身和供应商的应用。

(4) 价格和成本战略。例如所有权总成本(Total Cost of Ownership, TCO)就是识别单位价格、运输和加工成本之外的成本的过程。这项战略要求业务单元明确界定并考核与所采购产品相关的可变成本构成，这些成本包括延期交付货物、质量不合格或其他供应商表现不佳等原因形成的成本。所有权总成本战略涉及所有有关采购决定的成本以及供应商表现不佳的成本，通过对成本变量进行分析，以确定变化的原因和结果，及时采取纠正行为以避免进一步出现问题，可以帮助企业做出更好的采购决定。

(5) 地点和供应源。例如选择自制、外购决策或外包战略是一个值得用战略眼光去考虑的问题。有一家汽车公司仍然秉承传统的思路，购买原材料和部件，制造最终产品，包揽从设计到出厂的全过程。它的业务范围很广，包括钣金件制造、喷漆、电子产品生产、装配和检验等多种活动。公司管理层对自身业务进行了彻底反思，他们认为通过关闭基础性的活动，可以节省 30%的人力成本。经过同相关各方协商之后，决定只保留设计和最终装配和检验方面的工作。此后经过一年多的战略转型，公司不仅减少了财政损失实现了盈利，而且组织变得比以前更加灵活。采购在公司内部职能中占有最主要的地位，采购部门提供了有关供应市场中合适供应源的基本情况、价格和产品开发等相关信息。采购部门还负责开发一个新的供应源，并促进新供应源与其他供应源一起投入运行。在经过初期阶段的磨合之后，这个新供应源有效地融入公司的供应系统，取得了令人满意的效果。

(6) 采购流程与方式。例如，在线逆向拍卖(Online Reverse Auction)是一项实时的动态的在线拍卖。它发生在一个采购组织和一组预选的供应商之间，并明确规定了采购产品或服务的设计规格、数量、质量、配送和其他相关的条件。这些供应商通过在线报价来相互竞争，以赢得为买方提供产品或服务的业务。基于因特网的应用系统软件的发展，使得买方和供应商可以在全球范围内通过网络实时交流；供应商在产品和服务质量上以及周期时间缩短方面都能很好地保证满足采购企业的要求，使得采购方把低价格作为决策的重要变量，这些都有力地推动了在线逆向拍卖的发展。

2．供应商和供应市场战略

(1) 供应库战略。比如使采购组织持续获利的一种方法是谨慎确立唯一供货商，这种单源供应放弃市场竞争利益转而建立“合作生产关系”，与供应商共同维持，确保这种战略成功。然而，另外一些采购者在权衡单源战略可能的供货失败和合作收益之后，避免所有的采购业务只有一个供应源，转而选择一个市场上拥有两个或两个以上的供应源，以此来刺激竞争，并防止供应失败。还有的公司成功地从供应库中鉴别出“战略性的供应商”，这些供应商具有多方面的优势：技术领先，产品质量水平最高，新产品开发的早期设计影响，成本竞争性，对供应/市场的响应能力，管理有效和完全客户导向。供应库优化策略是指保持合适的供应商数目以及与供应商相结合的过程。适当规模和最优化就是要求对采购项目所需的供应商数量进行分析，根据业务单位的需求持续不断地优化供应商数量，而那些不够优秀或达不到世界级水平的供应商可能会从候选供应库中被淘汰。

(2) 供应商质量。供应商全面质量管理(TQM)要求供应商了解 6σ、统计过程控制(SPC)、实验设计、制程能力研究和质量审计，提高对即时问题的识别能力，消除流程变动，以及纠正错误行为的能力，从而形成持续改善和零缺陷理念。此外，全面质量管理还强调供应商满足甚至超越客户需求。采购方必须与供应商交流提出对质量的客户期望，严格评估和挑选供应商，在有些情况下，可能来自采购企业的团队要与供应商一起评估质量宗旨和管理能力，推荐使用具体的质量控制技术。

(3) 发展长期供应关系。长期供应关系是指在未来较长一段时期内(如 3 年以上)，选择供应商并与供应商保持合作关系。从总体上讲，利用长期供应关系已经越来越重要，一些企业正从传统的短期方式向长期供应合作转变。很多企业努力寻找拥有杰出业绩或具备独特技术的供应商企业，通过与供应商签订长期合同以建设和延续长期的合作关系。除了商品供应更有保障之外，长期合作关系还可能获得共同开发产品、共同分担开发成本和共享知识专利，以及其他情况下的好处和特惠待遇。

(4) 供应商早期参与设计(ESI)。这项战略要求主要的供应商在新产品开发的概念化提出阶段，或者前期设计阶段就参与相关的事项中，通过这种方式，采购者紧密地与特定的供应商一起工作，让供应商加入跨职能的产品开发团队中，采购公司把供应商的新部件或新技术整合到自己的产品开发中。这一策略认为，供应商所作出的贡献，远远不只是提供满足设计规格的产品，供应商参与设计是一项发生在买卖双方之间的技术同步化方式，通过利用供应商设计能力和创新优势，实现双方利益最大化。

(5) 供应商发展(Supplier Development)。在很多时候，采购方可能发现供应商的能力没有达到满足现有的或预期将来的采购要求，可是替换供应商的成本可能会很高，或者供应商有改善的潜力，它们不愿意将这些供应商从供应库中删除。解决这个问题的办法就是直接参与供应商的工作，推动供应商在选定活动区域或整体功能上有所改进。实行这一战略的根本动力，就是供应商的改善可以为买卖双方带来长期利益，而双方合作可能会使供应商的全面改进速度比供应商单独承担更快、更有针对性，使供应商在产品和流程技术的新领域方面更加完善。

(6) 全球采购。全球采购战略要求将整个世界看成是零部件、最终产品和服务的潜在来源。这种方法可以用于企业期望获得供应商的帮助进入国际新市场，或使全球企业更具竞争力。当前越来越多的企业开始认可整个世界既是一个大市场，也是一个供应源，但是真正的全球采购只出现在某些产业，如汽车行业、电子产品等。成功的全球采购可以提供即时的显著的成本和质量改善，也可以获得开发产品和加工技术、增加可获得资源的数量、满足对外贸易的需求以及在国际市场树立企业形象的机会。

3. 风险决策和应急计划

应急计划(预警系统)是为了应对企业得不到能够满足数量、质量或价格需求的产品或服务时，如何选择替代品或替代方案来满足顾客需求的问题。根据供应市场的稳定性、与采购相关的风险，以及对实现组织战略目标的重要程度不同，应急计划在企业中对各种产品的作用不同(徐杰等，2014)。

3.1.3 发展采购战略

组织战略管理的每个层次、每个阶段都涉及采购活动，如果不能认识到这一点，战略实施就会遇到困难。管理者应该明白，供应市场能够提供获取优势和威胁竞争对手的机会。因此，无论何时何地，只要组织战略中采购部分发展不足，就会丧失许多机会。在这种情况下，采购只能在操作层面上应付物料供应，像救火员一样进行危机管理。这种运作方式导致组织在供应市场失去许多战略机遇，而在市场竞争中失去市场、落得失败的命运。

有些采购战略举措使用更频繁，这取决于企业在采购战略发展中所处的阶段，如表 3-1 所示。企业采购按照四个发展阶段来划分，在不同的阶段可行的战略有一个清楚的执行顺序，有些复杂的难执行的战略只有在高级阶段才会发展得成熟和富有经验。

表 3-1 采购战略发展阶段(蒙茨卡等，2008)

初始阶段	中期发展阶段	有限整合	完全整合的供应链
• 质量团队	• 跨功能采购团队	• 战略供应商联盟	• 跨企业决策
• 成本团队	• 跨区域供应团队	• 供应商全面质量管理	• 完全服务供应商
• 更长期合同	• 供应基础优化	• 总拥有成本	• 供应商开发
• 数量杠杆	• 国际采购	• 全球采购	• 自制/外包决策
• 供应基础巩固 • 供应商质量中心	• 电子化逆向拍卖 • 专业供应商联盟	• 零件/服务标准化 • 早期供应商参与 • 长期供应商关系	• 电子系统 • 以外部客户为中心的全球供应链

(1) 初始阶段。采购组织处在初始发展阶段，采购通常被看作是低层次的支持职能。在战略选择上可能偏向于简单易行、相对成熟的战略措施，如成立质量管理团队或成本管理团队，设置专门的供应质量中心来负责采购质量管理；采用数量杠杆获取价格折扣和优惠；与供应商签订更长期的供货合同，保障供应不中断；对现有供应基础进行巩固，稳定供应商队伍。

(2) 中期发展阶段。采购组织处在中期发展阶段，在战略上有能力采取一些更先进更多样化的战略举措。如成立跨功能的采购团队或跨区域的供应团队，这比单纯的质量团队或成本团队负责的内容更广泛。对供应基础不是简单地巩固，而是进一步优化，这意味着要对供应商数量和结构重新配置，可能要淘汰一些表现不佳的供应商。采用国际化采购战略，扩大寻源范围。利用电子化采购技术，实行网上竞价或逆向拍卖等新的采购方式。

(3) 有限整合。公司内部的功能整合阶段，采购职能具有更重要的战略角色。企业采购战略可能需要采取一些更具有集成性的战略举措。例如，需要与关键供应商建立战略联盟；引导有技术优势的供应商参与企业的产品开发过程；保持与多数合作稳定的供应商维护长期供应关系；强化对供应商质量和资质认证管理。从内部管理来说，要从总拥有成本角度考虑成本决策；尽可能扩大零件标准化，减少采购品种以节约开支；企业可实现全球化资源搜寻策略，乃至建立全球性采购基地。

(4) 供应链整合。公司与上下游伙伴企业协同整合，采购职能将在供应链中承担资源管理和供应商管理的战略重任。随着完整的采购供应链联盟的构建和实行，采购战略更倾向于为整体供应链管理服务。

3.2 采购战略整合

采购战略使得组织通过减少价值链中的浪费来体现竞争优势，但是采购战略不能孤立发展，它们需要与公司战略进行整合才能成功(彼得・贝利等，2006)。采购战略管理要处理的核心问题就是采购与供应如何有效地服务于组织的目标和战略，或者说，组织的目标和战略如何才能真正有效地发挥采购供应的作用和提供的机遇。战略决策的过程也就是战略匹配的过程，所谓战略匹配，就是将采购战略与组织战略进行整合，寻求共同方向，达成一致目标。

将采购战略与组织战略相匹配是制定采购职能战略的基本原则。研究证实，将企业的供应战略与公司战略进行连接和匹配非常重要，虽然在这一点上很多企业已经达成共识，但是仍然缺乏将这两项战略连接起来的有效机制。原因在于确定有效的供应战略要克服许多困难，供应经理常常面临一些挑战。第一个挑战是目标层面的协调，即如何做到供应目标和公司目标的协调一致，也就是如何很好地将组织目标落实到供应目标上。通常情况下，组织的目标可以分为四类：生存目标、发展目标、财务目标和环境目标。比如财务目标可能包括总预算、总收益、净利润、投资收益率、资产收益率、股票价值及其增长率。然而，典型的供应目标与组织目标的表述差异很大，如质量、数量、交货期、价格、服务条款等方面。因此要实现组织目标与供应目标之间的协调并不容易，例如，组织目标是希望迅速扩大规模，那么，供应目标是应该采取保障供给，还是低价采购？哪个更有效、更重要？第二个挑战是战略与目标之间的协调，即如何选择合适的战略以达到预期的目标，包括组织战略与组织目标、供应战略与供应目标之间的协调。例如，如果供应目标是保证供给，那么采购战略可有多种选择：自制或外购；单源、双源或多源供应等。具体如何选择，这是战略制定者常常会遇到的问题。第三个挑战是战略层面的协调。制定组织战略时要考虑对供应战略的确定，以及供应战略的反馈问题。例如，组织想要获得新技术，可以通过兼并收购企业来得到，也可以通过购买技术或专利来得到。

战略设计是一种协调和整合的战略制定方法。罗伯特·蒙茨卡等(2008)开发了一个整合战略开发流程框架，将供应战略决策、匹配和规划过程集合起来，以针对性解决供应经理可能在战略整合中面临的几大挑战。它包括以下几个工作步骤和决策任务。

(1) 考察外部环境与内部资源制定企业目标和战略。

(2) 把企业目标转化为采购目标。

(3) 企业目标战略与采购目标战略的匹配。

(4) 建立采购战略与企业战略之间的连接。

(5) 将采购战略目标转化为阶段性目标和任务。

3.2.1 目标整合

战略整合的第一步是通过考察外部竞争环境要求和企业内部的资源能力条件，确立企业一定时期的总目标和竞争战略，如图 3-3 所示。其中，企业内外部条件也包括企业的供应商情况和所能提供的条件，以及企业内部采购部门的资源和能力条件，这意味着在制定企业总体目标和战略时考虑到采购功能的影响，或者说采购部门参与到企业总体目标战略的制定之中，并发挥了一定的积极作用。

战略整合的第二步是要把企业目标、跨部门业务单位目标转化为采购与供应链目标，如图 3-4 所示。

传统上，采购部门的主要责任在于通过购买相应的商品和服务来满足内部需求。但是，世界级企业的采购目标已经远远超出这种传统观点，现代采购的目标和责任有更多方面的内容(罗伯特·蒙茨卡等，2010)。

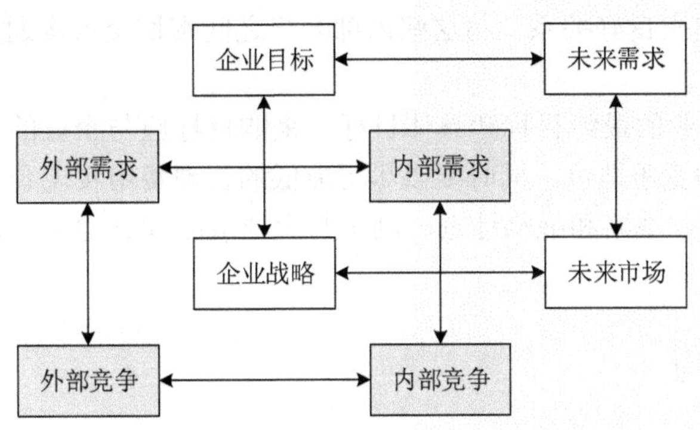

图 3-3 考察内外部环境制定企业目标和战略

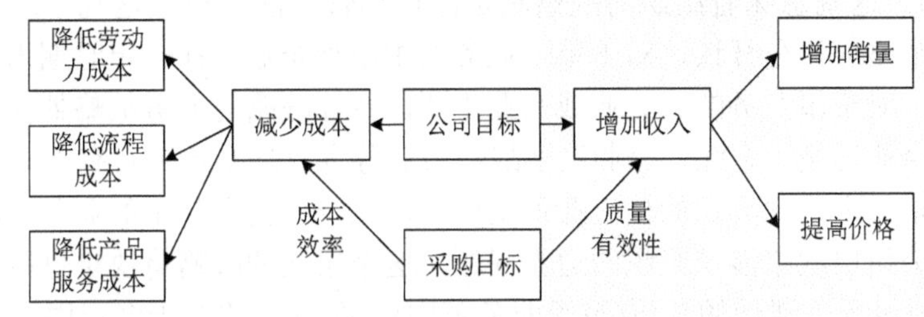

图 3-4 采购目标必须支持和匹配企业目标

目标 1：支持运作需求。采购部门必须完成一系列活动来满足公司内部客户的运营需求，这是采购职能最基本的功能和目标任务。采购部门通常通过购买原材料、零部件和服务来支持和满足生产需求；通过购买零配件、维修项目和服务为工程技术部门和产品研发部门提供支持；通过购买更新零配件和产品供应给销售部门和物流配送部门为最终消费者提供存储、配送和售后服务支持。

采购部门支持运作需求的目标就是要做到“6R”：以合理的价格和成本，从正规合法的渠道购买合乎规格或符合客户要求的商品或服务，并确保在规定的时间内将准确数量的产品交付到内部客户手中。对于内部客户对物料和相关服务支持的需求，采购部门必须快速及时地做出反应。

目标 2：支持外包战略。随着业务外包的急剧发展，企业越来越依赖外部供应商所提供的物料、产品支持及信息技术、财务服务、设计策划、法律援助等商务服务支持。当企业需要将大部分关键性业务流程外包给供应商时，采购部门需要承担寻找合适的外包供应商、同供应商进行磋商谈判的任务。

目标 3：快速有效地管理采购流程。实现最优化采购流程需要充分利用有限的资源，管理采购部门内部运作，包括确定人员数目、提供职业培训和发展机会，制定行政资金预算，引进更好的采购信息系统。通过内部资源和流程管理，提高采购部门处理所遇到的各项任务的能力。

目标 4：供应基础管理。采购部门的一个重要目标是对供应源进行选择、开发和维持，并能够与外部供应商建立更好的合作关系，这一过程称为供应库管理。采购部门必须了解供应市场的最新发展状况，识别优质供应商，发现或发展有竞争力的供应商；与外部供应商建立更好的合作关系，开发供应商能力。

目标 5：与其他职能部门建立合作关系。采购部门必须与营销、生产制造、工程、技术开发和财务部门建立良好关系，与这些内部客户之间密切交流沟通；建立企业内部和谐而高效的工作关系。

目标 6：支持企业的最终目标和具体目标。采购目标应与企业的各级目标协调一致，才有利于提高公司的竞争地位。同时要以尽可能低的管理费用实现企业的供应目标。

目标 7：支持企业战略和战略计划。制定与企业战略和其他部门计划相一致的采购战略和计划。

3.2.2 战略协调

组织的战略层级通常有三个层次：公司层战略、业务层战略和职能层战略(保罗·卡曾斯等，2009)。这就意味着组织的战略制定流程和管理活动也在这几个层面上发生。企业战略与业务战略应该分开谈，对于单一业务的中小型企业，在一定时期内企业战略可能就是业务战略；对于多业务的大企业或企业集团，企业战略与业务战略处在不同的层面。但是不管是小企业还是大企业，企业发展战略与业务竞争战略还是具有不同的意义。

公司层战略要求明确组织的核心业务是什么，以及如何在从事的业务之间配置资源。从本质上看，公司层战略涉及组织的边界问题。这个层次的战略将决定供应链整合的程度(组织规模)和公司竞争活动的范围(组织业务范围)。在过去的三十多年中，很多公司更加着眼于核心竞争力，而把次要业务外包，很多组织都在缩小企业规模和业务范围，这种趋势增加了供应链管理的重要性。

业务层战略要求明确在所在的市场中如何竞争，这属于公司内业务单位或事业部层次的战略计划。战略管理大师迈克尔·波特(1980)指出，每个市场可能有所不同，主要表现在竞争水平、变化程度、进入壁垒和议价能力。因此，每个市场都需要不同的战略，基本的竞争战略如低成本、差异化和集中化。业务层战略直接处理一定市场条件下的单个产品决策，制定业务单元战略涉及对内部因素的评估和对外部因素的评估。内部因素包括产品生命周期、现有技术创新和产品创新、研发支出、资产设备和设施、广告等；外部因素如竞争对手分析、技术变革和顾客需求的变化等。因此，业务层战略应支持公司层战略，以确保组织的产品和市场开发方向与公司整体战略保持协调一致。

职能层战略要明确如何做才能支持公司层战略和业务层战略。组织的主要职能领域都需要战略，如财务、营销、运作、采购与供应链管理、人力资源、信息技术等。职能层战略要参与到业务战略和公司战略规划过程中，以便把职能性技能、能力、顾客和竞争等优势知识整合到高层战略中，如表 3-2 所示。

表 3-2 组织的目标、战略和计划层级

层 级	目 标	战 略	规 划
企业级	公司目标	公司战略：包含连接所有业务的整体问题	公司战略规划
业务级	经营目标	业务战略：涉及在不同市场、如何竞争等广泛的问题	业务战略规划
职能级	职能目标	职能战略：涉及功能性活动领域，如市场营销、研发、生产、采购、财务、人力资源等	职能战略计划，如采购战略计划

战略整合的第三步是连接采购战略与企业战略，如图 3-5 所示。采购战略决策和计划的根本原则就是必须支持企业战略和业务战略。采购战略不能孤立存在，它要与公司战略进行整合才能成功。但是很多公司仍然缺乏将这两项战略连接起来的有效机制。

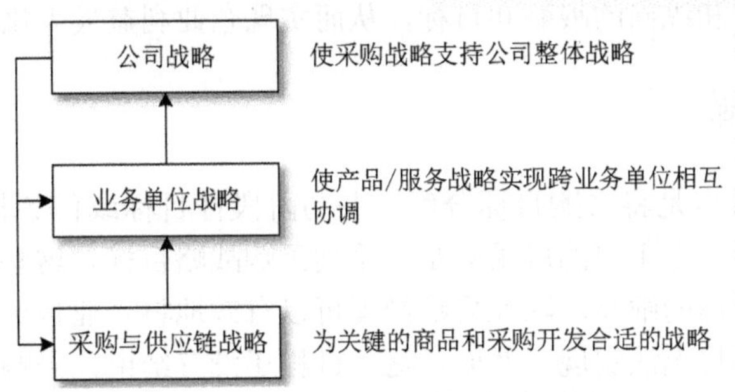

图 3-5　采购战略跨业务单位与组织战略相匹配

公司战略涉及企业业务界定、合并资源并在各业务单位之间分配，包含连接所有业务的整体问题。业务单位战略涉及各业务单位的范围界定，及其与企业战略的联系，它是业务单位目标和在行业内维持竞争优势的基础，包含在不同市场、如何竞争等广泛的问题。采购与供应链战略涉及功能活动领域，包含采购如何支持业务单位战略，执行运营、营销等其他部门战略。采购战略还包含为所采购的某一类特殊商品制定的采购目标和商品战略。商品战略支持采购职能战略、业务单位战略，并最终支持企业战略。

战略整合的第四步是将目标与战略进行匹配，如图 3-6 所示。总体检查各级目标与战略的整合与协调情况，这里有四个维度：组织目标与组织战略协调；组织目标与供应目标协调；组织战略与供应战略协调；供应目标与供应战略协调。这意味着组织目标与供应战略进行协调是一个复杂的过程，其中经过了几次中间层面的转换。

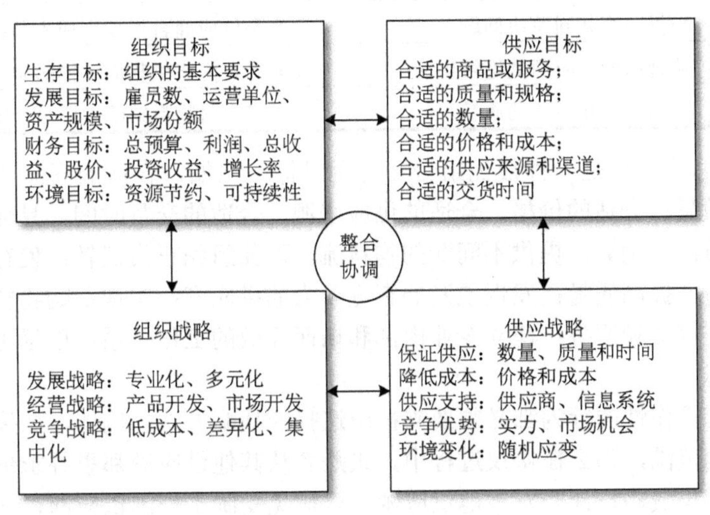

图 3-6　目标与战略的匹配

这就要求横向和纵向的目标和战略相一致，例如如果业务单位的战略与企业战略不一致，业务单位所做出的决定就有可能只让业务单位受益，而损害组织整体的战略和目标。

而平行职能部门之间相互协调也很重要，例如为了实现利润目标，财务部门可能会建议与现金流相关的目标，并制定相应的支付政策。供应部门的目标就是建立与关键供应商的长期合作，而支付条件是双方讨论的重点之一。因此，在一个企业中，各个层次的人员必须尽量理解并协调横向和纵向的战略和目标，从而实现企业利益最大化。

3.2.3 任务分解

战略整合的第五步是将采购目标分解，并与阶段性目标或任务相联系，如表 3-3 所示。采购战略开发中一个主要的成果就是一系列采购战略目标，这些战略目标有可能提供一些关于如何达到目标的细节。除非采购经理可以有效地将企业目标转化为特定的采购目标，否则，这些战略将无法实现。然而，这一过程还没有结束，采购必须将每个目标同一个特定的可以用来评定和付诸实践的任务结合起来。这些特定目标就变成了一个个具体的商品战略，并在商品采购业务中得到落实。

表 3-3 将采购目标演绎为采购任务

采购目标	阶段性目标	采购任务
降低价格	通过重新计划降低采购价格	在 1 年内，发展低成本生产流程以实现价格下降 25%
降低成本	成为行业中成本最低的供应商	在 1 年内，降低物料成本 15%
	按照内部客户需求降低库存	降低原材料库存至 20 天的供应量
技术或新产品开发	将非核心业务外包	在财年末，开发两家供应商提供主要服务
	缩短产品开发时间	在财年末，编制出正式的供应商调整流程
消减供应库	消减供应商数量	在 6 个月内消减 30%的供应商
	与供应商共同解决问题	同两个供应商合作识别成本节约机会
供应保证	从合适的供应商处连续供应	在 6 个月内将供货周期缩短至 1 周或更短
质量目标	提高产品和服务的质量	在 1 年内将物料缺陷率降至 200 件/百万件

采购/供应总体目标是一种最优组合和协调目标，比如，合适的商品或服务、合适的质量、合适的数量、合适的价格、合适的供应来源、合适的交货时间。具体的阶段目标则强调某个单一方面，例如，提供不间断的物料流，以使组织正常运转；使存货投资和损失保持最小；保持并提高质量；发现或发展有竞争力的供应商；实现所购物料标准化；以最低成本获取所需物资和服务；建立企业内部和谐而高效的工作关系；以尽可能低的管理费用实现供应目标。

战术任务和操作性的行为都必须要支持所选择的战略方法。例如，如果战略目标是确定专门供应商的范围，那么在协议过程中，采购者从其他供应商那里寻求价格信息就是不合理的行为。如果战略设计开发本地供应源，以避免受制于外国供应商，那么即使短期内的开发成本昂贵，也应该支持本地化供应商战略。

3.3 采购战略规划

3.3.1 采购战略规划过程

前面着重于采购战略决策过程，本节强调战略规划。规划主义的战略制定思路注重计划过程和方法。所有的组织都需要对未来进行计划，组织一旦确立战略目标，就可以着手明确战略，并制订和实施计划(彼得·贝利等，2006)。当前，企业面临在激烈的国内国际市场上竞争的挑战，企业要发展就必须有效地联系政治、经济、社会和技术进步等外部环境，能够预测未来的变化，并针对变化做出调整，才能够抓住长期机遇和充分利用机遇，这些会影响企业的盈利能力乃至生存发展，因此供应必须具有前瞻性。

采购战略规划是对采购的战略性问题进行计划，它有以下几个特点。

(1) 采购战略规划是长期性计划：3～5年以上时间跨度范围进行计划。

(2) 采购战略规划是全局性计划：对关系采购总揽全局的问题进行计划。

(3) 采购战略规划的根本原则就是必须支持企业战略和业务单位战略：采购战略不能孤立存在，它要与公司战略进行整合才能成功。

采购战略规划过程包括两个基本阶段，即战略制定与实施，也可以细化为战略决策、计划和执行等更小的工作步骤，如图3-7所示。

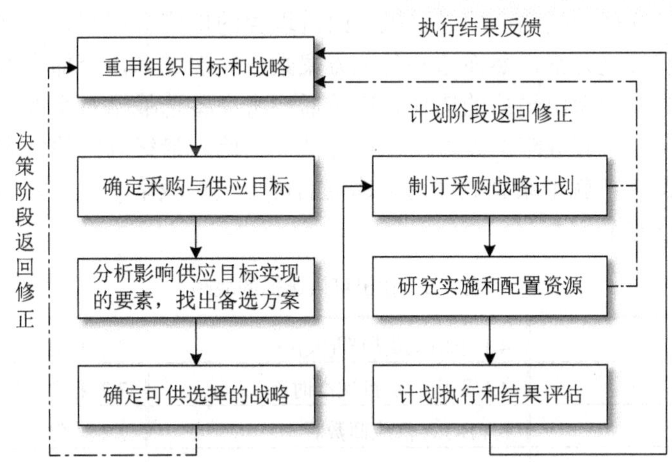

图3-7 采购供应战略规划的基本步骤(利恩德斯等，2009)

(1) 重申组织目标，仔细研究公司或业务层次战略。在制订采购战略计划之前，要重新审视和表述组织的目标和战略，这可以看作是供应战略制定的起点。其目的是使采购目标战略能够与组织目标战略相匹配。

(2) 确定采购目标，分析对公司战略有影响的采购管理功能。根据组织目标战略确定供应领域可以达成的目标，这个目标要通过提出的采购战略来实现。因此，供应目标具有承上启下的连接作用。

(3) 分析影响采购目标的要素，确定采购管理功能怎样才能对更高一级的战略做出贡献。这一步就是要运用发散性思维，从众多的战略机遇中选择可行要素，作为备选战略方案。一般来讲，可以通过对下列问题的回答中找到战略思路，因为任何选定的供应战略都不外乎是对什么产品、什么质量、多少数量、什么价格、何时采购、从哪里采购、谁来采购、如何采购和为什么采购等问题的回答，如表 3-4 所示。

表 3-4　从战略问题中分离出影响采购目标的战略要素

1.产品？	5.1 高价/额外费用	6.7 供应商关系	8.6 总括订单/预定单
1.1 自制或外购	5.2 标准价	6.8 供应商认证	8.7 系统合同
1.2 标准化或定制化	5.3 低价格	6.9 供应商所有权	8.8 长期合同
2.质量？	5.4 成本价	7.谁采购？	8.9 现金/支票
2.1 质量或成本	5.5 市场价	7.1 集中/分权	8.10 团队/团购
2.2 供应商参与程度	5.6 租赁/自制/外购价	7.2 员工素质	8.11 物料需求计划
3.数量？	6.供应源？	7.3 高层管理者介入	8.12 采购调查
3.1 大批量或小批量	6.1 城市/本地/区域	8.如何采购？	8.13 价值分析
3.2 高库存或低库存	6.2 国内/国际/全球	8.1 系统性与程序性	8.14 主动/被动
4.时间？	6.3 大型/小型供应商	8.2 计算机化	9.为什么采购？
4.1 现在或以后	6.4 单源/多源	8.3 谈判	9.1 目标一致性
4.2 提前购买	6.5 订货比例高/低	8.4 竞标	9.2 市场原因
5.价格？	6.6 内部/外部供应	8.5 固定招标	9.3 内部原因

(4)　找出可供选择的战略，即寻找机会改进现存的供应管理和采购过程。发散性思考提供了一些机遇和备选方案，然而这些备选方案数目显然过多，全部作为最终选定的战略不现实。从备选方案中做出最后的选择和决策需要考虑备选战略对实现目标的有效性、针对性，还要考虑当前实施战略的紧迫性和可行性。因此，最终确定的供应战略可能只有几项，甚至一项。表 3-5 就是某企业理论上选定的可行采购战略举措，它们是从备选方案中优选出的部分战略方案。

表 3-5　找出可供选择的战略

1.1 BOM 外购	4.1 平均交货周期(天)	7.2 采购人员本科以上学历
1.2　标准件	4.1 平均交货批次准时率	7.2 采购人员轮岗
2.1 来料免检比例	6.4 BOM 供应商数目	7.2 采购人员年培训
2.1 年供应成本降低	6.7 JIT 供应商数目	8.2 管理现代化程度
2.2 供应商早期参入	6.8 ISO 9000 认证供应商	8.2 网上采购
3.2 BOM 库存减少	6.9 供应链管理	8.4　招投标采购
3.2 废弃材料处理	7.1　集中采购	9.2 绿色采购

(5)　确定采购战略计划，安排计划期和实施进度。战略计划最重要的是安排计划期和工作进度，使计划能在一定期限内通过连续的改变达到期望的结果，如表 3-6 所示。

表 3-6 确定采购战略计划

规划内容	2021 年	2022 年	2023 年	2024 年	2025 年
BOM 外购比例	60%	65%	70%	80%	90%
标准件比例	30%	35%	40%	50%	70%
年供应成本减少幅度	20%	20%	20%	15%	15%
供应商早期参与比例	5%	10%	15%	20%	25%
BOM 库存(天)	45	40	35	25	20
集中采购比例	40%	50%	60%	70%	75%
招标采购比例	50%	70%	80%	75%	60%
网上采购比例	10%	30%	40%	50%	60%
绿色采购比例	2%	5%	8%	10%	15%
采购员本科以上比例	40%	50%	70%	80%	90%
采购人员年培训小时	30	40	50	55	60
采购人员轮岗比例	10%	12%	15%	15%	12%
BOM 供应商数目	400	300	250	200	150
ISO 9000 认证供应商	40%	60%	70%	80%	85%
JIT 供应商比例	10%	15%	25%	40%	60%
供应链管理比例	2%	5%	20%	25%	40%
管理技术现代化	MRP	MRPⅡ	ERP	ERP	ERP
平均交货周期(天)	20	15	12	8	5
平均交货批次准时率	85%	90%	95%	97%	98%
来料免检比例	50%	60%	70%	80%	85%
废弃物料比例	4%	3.5%	2.8%	2.5%	1.5%

(6) 研究实施要素，配置资源和获取授权。制订战略计划不仅是安排战略的时间进度和预计达成的步骤，还要考虑和安排计划实施的必要条件，指定领导者及授权，建立组织机构，配置人、财、物等资源，这也是战略实施计划需要考虑的内容。

(7) 执行战略计划、评估过程和结果。采购战略是采购管理全局性、长期性的行动计划，而执行战略计划是最关键的步骤。没有很好地落实、严格地执行过程，计划就成了“一纸空文”。因此，企业在任何时候都要十分强调战略执行力。通过战略执行将对采购商品质量带来进一步提升，从而推动采购业务和管理工作不断进步。在计划执行过程中不排除要适当调整，处理例外情况和变化管理。通过战略计划实行，是否达成预期目标和取得相应的效果，需要对实施结果进行评估。战略评估的结果可以作为信息反馈给下一阶段战略规划过程，对新的战略过程起到反馈调整或指导的作用。表 3-7 显示了某制造企业采购部门制订的战略规划的一个案例。

表 3-7 某制造企业采购部门的方针、战略及规划实例

采购方针	采购部门将从最低的成本、最好的质量方面不断优化供应体系，持续改进采购过程，为公司的产品开发与生产做出贡献					
战略目标	·将采购方针、战略落实到所有相关人员及供应商； ·开发世界级的供应商并优化供应体系； ·以最低的成本采购最优质的产品； ·充分利用供应商的能力，缩短产品开发与生产周期； ·建立并维持高水平的采购专业队伍					
战略规划	战略选择	五年规划				
		2021 年	2022 年	2023 年	2024 年	2025 年
	1 供应商优化 1.1 BOM 供应商数目减少	163	150	130	110	100
	2 供应商质量改进 2.1 ISO 9000 认证供应商数目 2.2 来料免检比例	45% 60%	60% 70%	75% 80%	85% 90%	95% 95%
	3 供应商交货改善 3.1 平均交货批次准时率 3.2 平均交货周期/天 3.3“准时供应”(直送生产线)供应商比例	85% 15 10%	90% 11 25%	95% 8 40%	97% 5 50%	99% 3 60%
	4 早期参与产品开发供应商比例	2%	5%	8%	10%	12%
	5 供应商综合考评(月平均分数)	70	75	80	85	90
	6 本地化采购比例(价值百分比)	40%	50%	60%	65%	70%
	7 原材料库存/天	30	20	15	10	7
	8 年采购成本降低幅度	10%	9.5%	9%	8.5%	8%
	9 采购队伍建设/年 9.1 人员平均工龄 9.2 平均采购业务经验	6 2	8 3	9 5	10 6	11 7

3.3.2 实践中的采购战略

实战中的供应战略及其计划是经过非常慎重考虑的项目决策，在一定时期内企业可能只能制定和实行少数几项甚至一项战略。然而要确保战略落到实处，每一项战略的最终实现都将给企业采购业务带来全面而重大的影响。

组织的战略支配其政策、活动和优先考虑的事项，一个组织发生战略转型，将无法避免会对采购职能产生战略方向上的根本改变(Wallace，2008)。比如 20 世纪 90 年代，国际商用机器公司(IBM)当时在葛斯纳(Louis V. Gerstner)领导下，将其战略从一个突出计算机硬件的公司转向专注信息服务的公司。这次转型导致其大多数制造功能的外包，并最终将

个人计算机(PC)业务剥离出售给中国联想。战略与运作之间的联系取决于组织的价值观(Value Proposition)，给顾客提供产品或服务的公司是基于下列几个目标的组合来实现竞争性：成本、质量、速度、服务、品种多样化(Variety)。客户和竞争性的企业对这些指标的权重看法不同，但是企业根据其业务战略有不同的权衡(Trade-offs)，例如成本—质量、成本—速度、成本—服务、成本—多样性。根据这些权衡来思考供应链设计，可为企业提供战略和运作两个层面的决策：战略问题决定效率边界(Efficient Frontiers)的位置；运作问题决定在效率边界处获得绩效的系统。

企业赚钱的方式可以是提供低成本/低质量产品或高成本/高质量产品，企业如何在竞争市场中做出定位(如低端市场或高端市场)，每个企业都必须做出这样的决策，这些决策是其战略计划流程的一部分。战略定位的评判一般是中立的，但是对于运作问题不能保持中立的态度，企业不能靠提供高成本/低质量的产品来赚钱，而是要靠提供低成本/高质量的产品来赚钱。一般来讲，一个企业的绩效不是处在效率边界上，它是没有竞争性的，因此它们在面对竞争的时候就很脆弱。优秀企业关注怎样在所选择的指标上获取世界级效率。企业获得这种效率的一种通用方法是标杆(Benchmarking)，这意味着复制其他企业的最佳实践。但是这种方法只能部分地确保一个系统获取其战略目标，因为标杆系统是通过自然模仿，只能大致模仿所参考的系统。另外，标杆不能提供一个方法使转移的效率超越历史水平，因为效率边界不是静态的，因此获得世界级效率需要一些超越标杆的东西。

实践中的采购战略计划与理论研究中探讨的采购战略计划可能存在一定的差异。试举几例来加深对这个问题的理解。

(1) 标致雪铁龙全球采购战略计划。雪铁龙集团已经计划建立一个全球范围的采购网点，并将在世界各地设置采购办事处。2004 年中国上海采购办事处成立，目前该办事处已经与国内铝车轮、扬声器厂家签订了采购协议，与排气管、活塞、活塞环、气门、玻璃、刮水器系统、雾灯生产商的合作正在洽谈。中国供应市场将成为未来几年标致雪铁龙公司全球采购战略的重点，越来越多的中国零部件企业加入标致雪铁龙的全球采购网络中。在华采购汽车零部件没有一定的范围，只要质量有保证的前提下价格有竞争力的中国产品都有机会进入雪铁龙的全球采购体系。目前在中国采购的零部件既有用于主机配套市场，也有用于售后备件。对供应商的要求是有较高的质量水平，对工艺能进行控制，有足够的产能，有足够的竞争力，有一定的发展规划，能够应对来自全球的竞争考验。雪铁龙在中国的采购是长期的，公司有耐心培养中国的供应商。上海采购办事处承担着寻找和培养中国供应商的职责，办事处日常工作 40%的工作量用来帮助潜在供应商在质量和技术方面持续改进。

(2) 打造新包钢的原料采购战略计划。包钢公司曾采取了几项战略举措，来改善企业原料采购业务：一是提高原料的自给能力，也就是矿石的自给能力。这一举措可化解或降低由于原料涨价带给钢材成本增加的压力。以国际矿价上涨 7.15%计算，将增加包钢钢铁成本 397 亿元，相当于包钢钢铁利润的 46%。因此，拥有和保护性提高自产矿石的供给能力是打造新包钢的根本出路。二是立足国内采购，适当增加进口。包钢是基于资源丰富的白云鄂博矿山而建设的。但由于种种原因，每年仍需外购精矿粉数百万吨，占总需量的 50%左右。国内采购是主要渠道，区内又重于区外。三是建立战略联盟，稳定原料来源。在原料不再是买方市场的时候，过去那种比质比价的招标采购形式已不再适用。包钢从以往合作过的原料供应商中挑选了一些基础条件好、质量稳定、运输能力强的单位，主动与其建立紧密的合作关系，这也是供应链管理思想的核心。四是扩大资源占有量，保证企业发展后劲。作为钢铁企业，没有自己的原料基地就要受治于人，为此将开发原料来源作为重要战略举措。五是解放思想，多用废钢。包钢现有的流程是高炉—转炉，走的是以铁定钢的路子，回收利用废钢是一条经济实惠的途径。

(3) 德国铁路股份公司(DBAG)铁路机车车辆采购战略大转移。联邦铁路公司专家W. Krotz 专文披露，德国联邦铁路将从现在到未来 10 年的期间内，计划实行机车车辆采购战略的大转移。此前，它们进行了一个规模庞大的“战略管理工程”项目的研究，对机车车辆制造工业及机车车辆产品提出了许多新的更高的要求。新的采购战略主要是围绕降低机车车辆整个寿命期费用(LCC)提出的各种优化要求。此外，对德国现有型号众多的机车车辆车队，提出了进行简化和统一化要求，计划从现有的 77 种型号机车和动车减少到 7 个系族，12 种型号。公司的长期目标是，以最高的运输能力和最低的成本，实现铁路系统的总体优化。包括所有简统化(Simplify and Unify)、模块化(Modularization)及标准化(Standardization)的最终目的，就是要降低 LCC。战略研究项目的具体目标是，对于未来机车车辆的采购办法，规定了有关高安全性、高完好率及最低成本的技术框架条件，提出在以下三个级别上实施战略转移。①短期战略。针对已购置的机车车辆，其主要部件在铁路上已经有应用的，目前的机车车辆不再增加。②中期战略。针对制造厂家菜单(型谱)中的机车车辆，它们必须达到标准化。③长期战略。针对各种接口，必须使它们实现模块化和“制造厂家交叉标准化”。

要 点 总 结

采购与供应战略属于组织及其供应链的功能性战略之一。随着供应链管理的发展，采购供应职能地位得到重新确认和提升，采购与供应战略对组织的目标和战略具有更大的潜在作用，这也是供应管理重大发展的标志。

战略管理有结构主义战略观、设计主义战略观、规划主义战略观。采购战略可以从一般战略制定规则中获得启示，从这三类战略技术中得到借鉴：一是结构主义的战略管理方法，包括理性模型和权变模型；二是基于设计思路的战略整合方法，它是从公司目标到采购战略，直到分解成任务和操作的一套整合的战略开发流程；三是战略规划方法，它提出了从战略规划制订到执行评估的流程性技术。这些方法有共性的地方，但各自强调的重点会有所差别。

采购主管或供应经理在制定采购战略时会有多种选择，要求管理人员具有全局观和战略预见性。与整个组织战略相协调来制定供应战略可能会存在很多困难，而面对未来如何实现采购战略在促进组织目标成功的潜能方面也存在巨大挑战。只有敢于直面这些困难和挑战，切实制订和实施采购战略计划的企业，才能够获得更大的回报和持续的领先优势。

思考与练习

(1) 什么是采购和供应战略？为什么需要采购战略？

(2) 什么是战略匹配？它存在什么难点和挑战？如何达到战略匹配？

(3) 在当今社会问题及全球化或逆全球化趋势下，采购职能对企业战略的制定能够或应该起什么作用？

(4) 采购主管如何选择降低成本战略？

(5) 在公共采购中可以采用什么供应战略？为什么？

(6) 供应在促进组织战略发展时需要哪种类型的数据？如何获得此类数据？

(7) 供应如何在组织内部进行有效的战略定位和价值推广？

(8) 在提高供应职能的战略性方面，最大的障碍是什么？

(9) 比较结构方法、设计方法和规划方法这几种战略制定方式有什么不同。

(10) 企业在实战中制定采购战略有何特点？

◆ 第二部分　关键变量与决策 ◆

第二部分阐述采购的关键变量和基本原理。

采购的关键变量包括商品项目、质量、数量、价格、时间、地点等。之所以把这些方面称为“变量”，是因为它们在采购活动中具有可变性、可选择性，需要采供双方协同决策才能确定。采购与供应管理的决策变量很多，最关键的决策目标就是“6R”，即合适的商品、合适的质量、合适的数量、合适的价格、合适的时间和合适的来源。这些决策活动构成了采购管理最重要的基本原理。因此，正确的决策和管理这些关键要素，是采购与供应管理的主要任务。

本部分包括六章。

- 第 4 章 采购商品决策与管理
- 第 5 章 采购质量决策与管理
- 第 6 章 采购数量决策与库存管理
- 第 7 章 采购价格决策与成本管理
- 第 8 章 交货期决策与管理
- 第 9 章 供应源决策与管理

第 4 章 采购商品决策与管理

学习目标

本章关注商品战略，了解采购商品决策和商品管理策略。要求学习了解商品战略开发过程，理解商品分类的基本方法和采购策略，领会和掌握商品规格及规格描述的方法。

本章涵盖以下内容和要求。

- 商品战略开发过程。商品战略是采购战略中的资源战略，理解商品战略开发过程，理解商品战略决策阶段的主要内容。
- 需求与商品决策。明确采购需求的产生及其传递过程；理解商品决策内容，明确采购的客体问题。
- 商品分类管理和采购策略。理解和掌握 ABC 分类法、商品组合分类等商品管理方法，理解生产企业的物料分类管理和零售企业的商品分类管理方法。
- 商品规格及其描述方法。理解商品规格及规格描述方式，理解服务说明书及服务水平协议。

引言

采购“商品”是一个笼统的称谓，实际上商品有多种具体形式。商品涵盖了所有形式的可以交易的采购物资，包括有形的物资、无形的服务以及工程项目，总之，它是采购的对象或客体。然而“商品”也通常从一个比较狭义的角度来理解，如批发和零售企业采购“产成品”直接用于转售或销售，一般称为商品。这种理解是与制造企业采购原材料、零部件等物资形式相对而言的，但是制造企业采购物料也是“商品”交易行为。

商品是采购管理的重要变量，采购什么“商品”需要管理者做出慎重决策。企业采购的商品种类繁多，有时多达成千上万种。例如，沃尔玛采购的商品就达到两万多个品类和单品，超过 100 万种以上的具体商品；像海尔这样的制造企业需采购的物资也达到 15 万种以上。因此采购哪些商品品种，或不采购哪些商品品种，采购者可选择的余地往往很大，很多时候面临多样化的选项。同时，即使是同一种商品，其等级、规格、款式也很不一样。功能相似的商品还具有可替代性，市面上能提供的商品或类似商品也很多。因此，商品既然是一个可变量，那么采购者就需要做出适当的选择和决策。

采购就是获取各种商品资源的活动，商品战略是采购职能战略的重要内容。本章内容主要包括商品战略、商品决策、商品分类管理和商品规格管理。

4.1 商品战略开发过程

4.1.1 商品战略

采购活动依据企业目标和业务单位战略确定其战略方向。业务单位战略是跨企业采购战略的直接驱动因素。一旦采购部门确认了要实现的企业目标和业务单位目标，这又会转化为采购目标和战略。同时，另一套更加详细的战略就会在所采购的商品、服务或产品层面上体现出来，也就是说，采购战略需要进一步转化为商品或产品层面的战略。

从广义上讲，商品战略也可以包含商品的质量战略、数量战略、成本战略、时间战略和来源战略。但是从狭义上理解，商品战略主要是指企业对不同的商品项目采用不同的战略和采购策略(蒙茨卡等，2009)，这些采购策略也会影响商品采购在质量、数量、价格、时间和来源等方面的要求。这里从商品品类角度来讨论商品战略，而商品质量、数量等战略将在后面有关章节论述。

商品战略主要说明供应部门如何为所采购的特殊商品制定采购战略，作为采购职能战略的下位战略，商品战略应支持采购职能战略、供应链战略、业务单位战略，并最终支持企业战略。采购是为企业或业务单位获取商品，基于对“商品”是采购的实物对象或客体这样一个界定，商品战略是采购战略的核心内容之一。因此，商品战略作为采购战略的基本面，在采购战略中占有极其重要的地位。

4.1.2 商品战略开发流程

罗伯特·蒙茨卡等(2010)提出了一个采购战略——用于商品层面的战略开发过程框架，以这个框架为参考基础，来讨论商品采购策略的决策流程。这里的商品是指一般商品种类或者各系列采购产品，例如，按不同行业分类的主要商品包括：零部件和实体模型(汽车)、微处理器(计算机)、钢铁材料(金属加工)、棉花(服装)、木材(家具、造纸)、石油产品(化工)，以及办公用品(各行业)。商品战略开发过程包含战略的决策、计划制订和实施等主要环节，还可以分为更小的工作步骤，如图 4-1 所示。

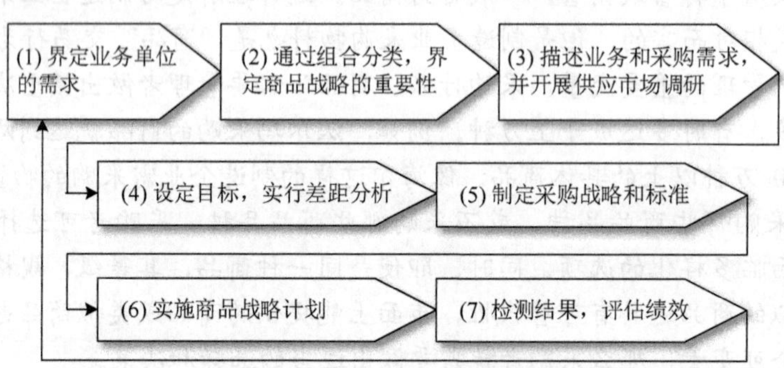

图 4-1 商品战略开发流程(Robert Monzka 等，2010)

企业通常由商品团队来负责制定商品采购战略。一个商品团队是由来自采购、制造、产品设计、工程、营销、财务等部门的人员以及供应商和客户代表组成，这些人员对评估的商品应该非常熟悉。一般来说，商品越重要，就需要越多的跨职能部门成员和用户参与到商品团队中来。商品团队将会共同制定一项商品战略，并在商品管理方面，提出一些具体的实施大纲和技术细节。

第一步：界定业务单位的需求。企业业务单位的产品和服务需求直接导致跨企业采购活动。识别业务单位或内部客户的需求是商品采购的起点，原则上讲，需求什么就应该采购什么，即明确采购的实物对象，采购部门应该基于此做出商品采购决策。

第二步：界定采购商品的战略意义。清楚理解内部客户的需求之后，就可以在采购层面对商品需求进行定位。所谓商品定位，就是根据采购商品的重要性对其进行归类，这可以通过一些组合分类方法或战略分析工具来实现。商品分类或定位的直接目的就是可以对不同的商品类别采取不同的采购策略和方法。

第三步：描述采购需求并且引导供给市场。更准确地描述需求也就是明确采购商品的具体规格要求。精确地制定商品的规格参数，才能够把要采购的商品信息准确地传递给供应市场。此外，还必须对供应市场中某些重要特征进行评估，比如关于产品的未来供应、价格及所得利润贡献等信息，为管理人员制定合理的采购决策提供依据。这一步进行全面的商品调查分析，对于了解需求情况和供应情况来说都至关重要。

第四步：设定目标，实行差距分析。设定目标就是建立具体的采购目标来评估整个战略的发展，采购团队依然要注意将企业目标、业务单元目标(产品目标)、采购目标、商品目标(组件、流程或系统目标)相结合。差距分析是将目标与现有状况进行对比，从而识别战略计划中将要解决的具体细节问题。这一步是在前面有关商品的战略决策分析之后进行战略计划，可以说，确立目标是正式战略计划的开始。

第五步：制定采购战略及标准。提议的战略必须考虑到先前的供求调查中所包含的相关标准，如规格参数、最佳供应商标准、可能的风险、不同战略选择的潜在利润等。向管理层提交的战略应该提供明确细节，如供应商数量、每个供应商分配业务量、供应商的位置、合同类型及时限、合作关系类型、供应商研发活动、供应商参与产品设计的情况等，并且必须说明所选择的战略为什么是最佳的。

第六步：实施商品战略计划。战略实施计划的关键要素包括：向内部客户、利益相关者、供应商和所有的使用者解释战略，制定任务完成的时间表，责任和流程划分，充足的资源保证，拟定参与人员，制定紧急预案等。执行战略的责任人或团队将继续协商合同，注重沟通交流，并始终贯彻实施计划。

第七步：检测结果，评估绩效。战略开发的最后一步就是核实战略的执行结果是否达成预期目标。评估战略是否成功，评估战略对客户需求的满足、对供应商的影响，以及战略是否需要修改。这些绩效评估都可以作为反馈信息加以利用。

在这个框架中，前三个步骤简单地说就是识别需求和商品决策、确定商品分类和采购策略、准确地描述需求和制定规格，可以看作是商品战略的决策阶段；后几个步骤就是在做出决策之后怎样将决策落实和付诸实施的过程，也就是商品战略的计划和实施阶段。这个阶段遵循一般的计划开发和管理的过程，包括供应市场调研、设置目标并与实际进行差距对比分析，制定具体的任务目标和策略，实施策略以及检验结果等。

本章将重点讨论商品战略决策阶段的三个步骤，并与后面几节相对应。第二节讨论需求识别及供需匹配和商品决策问题，第三节讨论商品分类管理及采购策略，第四节讨论详细的需求描述和商品规格制定。

4.2 需求识别与商品决策

4.2.1 需求识别

采购就是要满足组织内部对不能够或不愿意由内部提供(即自制)的产品或服务的需求。为了满足公司内部客户的需求，采购人员应该识别需求，理解内部客户真实的需求意图。也就是要决定采购物品的类型或种类，以及所购物品应满足的功能要求。

确定对特定产品和服务的需求是采购供应管理活动的起点，企业的采购工作从明确需求开始，如图 4-2 所示。①需求部门通过请购程序提出需求(A)，但是采购人员正确理解的部分只有(a)；②采购人员通过使用说明向供应商表达需求(B)，然而供应商正确识别或接收的部分只有(b)；③供应商根据说明向企业供货(C)，最后供应商能满足客户需求的部分只有(c)。可见，需求在传递和供应过程中都有可能出现变异和偏差，最理想的采购过程是图 4-2 中三个圆圈完全重合，也就是说图中的区域 E 实现了最大化。当然，做到完全的供求匹配并不现实，只能是尽可能做到供求匹配。实际上，在满足客户需求过程中，供应商并不是完全被动地满足需求，更重要的是要实现客户真正想要的功能，使客户满意和帮助客户成功。

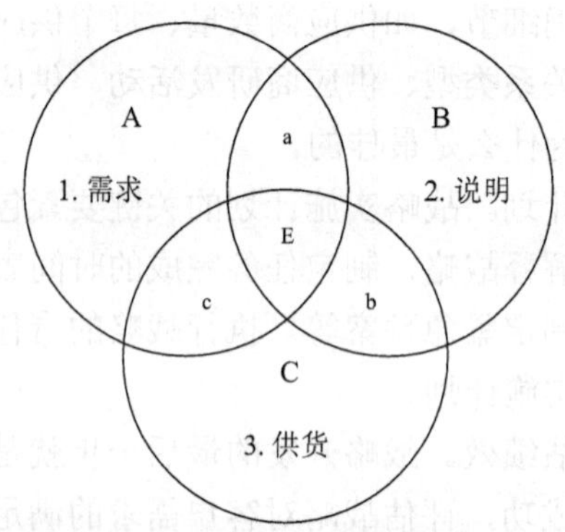

图 4-2 需求满足偏差图(宋玉卿，2008)

采购管理的实质就是满足企业的需求。任何采购的发生都是首先由企业中的某个业务单位或某个系统发现或提出了一项具体的需求，负责这项业务活动的人员应该清楚地知道这个独特的需求：需求什么，需求多少，何时需求。需求是一个内容丰富的概念，明确需求首先就是要明确需求什么(商品及其品种)，需要的商品具体是什么样(具体规格和功能要求)，其次才是需要多少(数量)，什么时候需要(交货期)，如图 4-3 所示。

内部客户的需求通常以物料需求单的形式发送到库存部门，或者由其他部门的富裕物料来加以满足，但是库存物料消耗到一定程度就需要补货，公司迟早要进行新的物料采购。有些物料的采购申请来自生产或使用部门，有些采购申请由营销、销售或工程部门提出，各种各样的办公设备的采购要求由办公室的负责人或公司主管提出。通常不同的部门会使用不同的请购单，但是供应决策者要求需求部门填写请购单时尽可能地采用标准化的格式，以便采购部门电子化处理和统计汇总。供应部门还应协助使用部门进行物料需求预测，督促需求部门尽早地预测需求，以免出现太多的紧急订单、特殊订单。为了避免供应中断或应对价格上涨，供应部门也会根据了解的商品价格趋势和总的市场情况，发出一些期货订单。这主要是针对标准化的采购项目，供应部门要比正常供货期提前订货。在发现需求的阶段(产品概念和设计阶段)，通过跨职能团队的形式，将不同的职能部门和供应商引入供应流程中，会带来许多有价值的信息，从而可以减少成本或避免延期。在早期阶段把握住机会，供应决策者和供应商做出的贡献会比后续的采购阶段做出的贡献大。

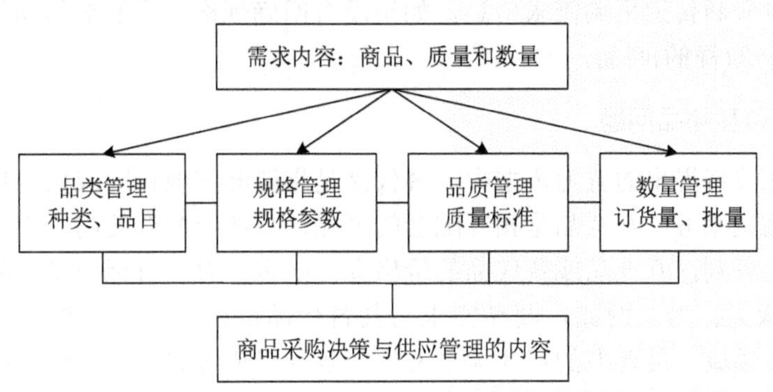

图 4-3　需求内容与供应管理的对应关系

4.2.2　商品决策

单纯从采购“什么商品”角度来看，采购商品决策的内容涉及以下几方面。

1．商品分类

一般商品学按照商品的共性特征对商品进行分类，是为了认识经济活动中的商品种类和便于编目管理，从而使所有商品得以明确区分与体系化，属于一种社会经济现象。比如一般的商品分类方法将商品分为大类、中类、小类、细类，直至品种、细目等。

典型的采购商品有众多不同的类型，如消费品供应、生产物料或元件、设备资产采购、软件知识产权、项目分包、服务等。在采购管理学中对商品分类决策的目的是为了确定商品在企业采购中的地位或重要性，从而制定不同的商品战略、采购策略和有针对性的采购管理方式。比如，采购活动中同属于 A 类物资，可能是性质完全不同的商品，在一般商品学分类中不是属性相同的产品。但是它们在企业中都是具有战略影响性的重要物资，因此采购学将它们划归 A 类，以便给予极大的重视和采购管理。

2．品种结构

品种结构即商品品种构成比例，是指同一种商品的品目、细目多少，及其在总的采购中所占的比例关系。由于企业采购商品的种类、品种繁多，这必然形成一种比例关系或结构关系，这种比例关系体现了商品构成情况，与同一种商品采购的批量或数量不是一个问题。

例如，采购商品中，有些商品比例小，价值大，这类商品称为 A 类物品或战略采购品；有些商品种类多，但价值却不大，这类商品属于 C 类物品或一般采购品。

3．商品规格

规格是一种要求、一种标准，对需求做出详细描述的一种方式。规格也是采购质量评价的一个基础标准：质量合格的基本含义就是合乎规格。规格虽然可以作为判断质量高低的一个标准，但是规格问题主要是一个商品管理问题，而不是一个质量管理问题。因为采购商品是通过规格来加以界定，内部用户通过规格向采购部门提供商品需求信息，采购部门通过规格向供应商传递采购需求信息。如果没有明确规格，采购部门和供应商就不知道客户究竟需要什么(样的)商品。

4．替代品和互补品问题

在迈克尔·波特提出的五力模型中，替代品是指能够实现相同或相似功能、具有相互可替代性的产品或服务；互补品是相互配套的产品，功能上配合使用、相互促进的产品或服务。经济学上讲到，互补品或替代品的价格会影响客户对“目标商品”的需求，也就是对真实商品的购买行为。例如，商品需求与其替代品价格正相关，与其互补品价格负相关。在物流服务领域，最典型的替代关系发生在各种运输方式之间、运输和库存之间、运输和仓储之间。如公路、铁路、航空、水运等不同的运输方式可以相互替代；采用小批量运输和快速运输工具，可以压缩流通中的库存，减少仓库和仓储活动；如果运用慢速运输，就要增加运输批量，流通中的库存自然增大。同时，物流活动是一个复杂的系统性服务活动，由多种功能活动的有机结合才能完成，缺少任何一项必要的功能，物流功能就无法实现。各种物流构成要素之间还具有相互促进的作用。比如，合理的包装和装卸技术手段，对高质量高效率的运输提供了保证；现代自动化搬运机械和工具的使用也极大地提高了仓储活动的效率；信息在现代物流活动中的运用，促进了物流系统更好地协调。(马士华等，2005)。新技术或突破性技术可以创造替代品，例如，开发出新材料就意味着买方将会从一种生产方式转换成另一种生产方式。新产品或服务进入市场并替换现有技术和服务，将会对行业的竞争结构产生显著影响，进而影响买方的供应风险(保罗·卡曾斯，2009)。

根据产品研发和设计理论，实现某种技术、功能或价值是商品的内涵，商品实体只不过是商品的外在形式，是商品价值的载体。这就意味着，同样的技术功能或价值可以有不同的形式设计和不同的载体呈现。购买或生产商品，重要的是商品的价值和功能，这就为替代品采购提供了很大的存在空间。在商品采购中，当不能获得想要的产品或服务时，或者由于时空、资金约束无法采购到期望的产品或服务时，就需要考虑采购替代性产品或服务。由于需求和供应之间难免存在偏差，采购替代品、半替代品或不完全替代品都是很常见的现象，替代品采购决策就成为一个普遍性问题。

4.3　商品定位及采购策略

在采购管理中，对商品进行定位就是确定某类商品在采购决策中的地位和重要度，这常常通过商品分类管理来实现。商品分类管理又称为支出类别管理，在实践中简称为品类管理，特别是在零售企业按品类进行商品采购、存储、配送、分配货架空间和销售的商业活动中，品类管理是一种常见的管理方式。在企业中商品采购不仅是按批量采购，而且首是按照分类采购、实行分类管理。下面从采购管理的角度，介绍几种对商品或服务进行分类管理的主要方法：ABC 商品分类、采购商品组合分类、生产性商品分类管理。

4.3.1 ABC 商品分类法

1. 采购物品的 80/20 法则

19 世纪末意大利经济学家帕累托发现，现实中存在的不平衡现象呈现出一个有趣的规律，即“80/20 法则”，或称为“重要的少数与琐碎的多数”原理。它的大意是：在任何特定群体中，重要的因子通常只占少数，而不重要的因子占多数，因此，只要能控制具有重要性的少数因子即能控制全局。这个原理经过多年的演化，已变成当今管理学界所熟知的“二八定律”，即 80%的价值是来自 20%的因子，其余的 20%的价值则来自 80%的因子。例如，在企业中，通常认为 80%的利润来自 20%的项目；80%的销售额由 20%的产品创造；80%的收益来自 20%的客户；80%的成就源于 20%的工作；80%的回报、产出和结果，总是来自 20%的努力、投入和原因。

后来人们发现，这种经济趋势存在普遍性。在社会生活中有许多事情的发展，都迈向了这一轨道。目前，世界上有很多专家正在运用这一原理来研究、解释相关课题。“80/20”法则告诉人们一个重要启示：避免将时间花在琐碎的多数问题上，因为就算花 80%的时间，也只能取得 20%的成效；应该将时间花在重要的少数问题上，因为掌握了这些重要的少数问题，只花 20%的时间，即可取得 80%的成效。因此，重新认识“80/20”法则的价值，专注于重要的“关键少数”，就能找到“以少胜多”的秘诀(理查德·科克，2008)。

很多企业正是由于未能把握“80/20”法则这一精髓，在复杂化的道路上越走越远——无论是规模扩张还是业务范围扩大，结果往往在并购或多元化经营的道路上遭遇挫折。相反，那些能够始终保持专业化发展的公司，能够做到精益求精、持续创新、长盛不衰，成为“隐形冠军”。在企业管理和商业领域普遍运用“80/20”法则，已经成为企业战略的重要组成部分，通过向能够带来最多利润的客户配置更多资源，大幅提高了企业盈利水平。从统计学上讲，精确的 80%和 20%出现的概率很小。但是不管结果是不是恰好为 80%和 20%，习惯上，“二八定律”讨论的是顶端的 20%，而非底部的 80%。人们所采用的“二八定律”，是一种量化的实证方法，用以计量投入和产出之间可能存在的不平衡关系。

2. 采购物品 ABC 分类

为管理的方便，企业经常将采购物品进行 ABC 分类。根据采购物品价值“80/20”法则，数量或种类 20%的物品则占有 80%的价值；剩下 80%的采购物品只占 20%的价值，其中 50%的物品的价值总量不足 2%～10%，据此可将采购物品进行 ABC 分类管理，如图 4-4 所示。

A 类物品品种数只占 20%而价值占 80%，这些物品通常是战略性物资，是采购工作和管理的重点。

B 类物品数量大约占 30%，而其价值达 15%左右，也应给予适当的重视。

C 类物品数量占 50%以上，而价值不足 10%，它们对成本和生产的影响甚微，可以给予较少的重视或不予重视。

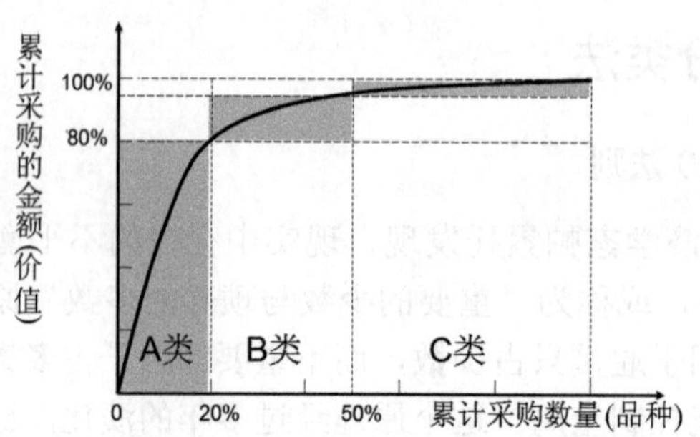

图 4-4 采购物品的 ABC 分类管理

例如，某公司每年的采购总额 254725 万元，以下是详细支出，对其主要商品类型进行 ABC 分析和分类采购管理，结果如表 4-1 和表 4-2 所示。

表 4-1 公司采购支出明细

产品编号	每年使用量/件	单位成本/(万元/件)	采购额/万元	占采购总额比重
1	5000	1.5	7500	2.9%
2	1500	8.0	12000	4.7%
3	10000	10.5	105000	41.2%
4	6000	2.0	12000	4.7%
5	7500	0.5	3750	1.5%
6	6000	13.6	81600	32.0%
7	7500	0.5	3750	1.5%
8	4500	1.25	5625	2.2%
9	7000	2.5	17500	6.9%
10	30000	0.2	6000	2.4%

该公司的 ABC 细分如表 4-2 所示。对于项目 3 和项目 6 两种物资，占到采购总额的 73.2%，归于 A 类物资进行采购管理；对于项目 2、项目 4 和项目 9 三种商品，占到采购总额的 16.3%，可以划归 B 类项目进行管理；对于剩余 5 种商品，累计占到采购总额的 10.5%，可以划归 C 类物资进行管理。

表 4-2 采购商品 ABC 分类

等 级	项目编号	品种占比	采购金额占比
A 类	3，6	20%	73.2%
B 类	2，4，9	30%	16.3%
C 类	1，5，7，8，10	50%	10.5%

ABC 分类法具有一些优点：ABC 分类管理法应用广泛，因为其思路简单、易于操

作，在很多商品分类管理中应用 ABC 方法已经取得了较好的效果。

ABC 方法在管理采购物品时存在明显局限性。ABC 分类法只根据一种标准把采购项目划分为 A、B、C 三类，明显地忽视了其他的重要标准；运用 ABC 分类法只能了解某一商品对财务状况的相对重要性程度，并不能真正了解该商品对企业的重要性程度。有一些非常关键的采购商品，可能因为本身价值在采购支出中占比不大，而被归于 C 类物资，但是忽略对这类物资的采购管理可能会给企业带来严重后果。

4.3.2 采购商品组合分类

采购商品组合分类法，又称为采购物品模块分类管理，最早是由 Kraljic(1983)研究提出的，后来经过演变，扩展应用到采购商品决策、分类管理、库存分类管理、供应商管理等领域，对采购管理理论的形成和发展影响很大。

1. 分类依据

商品组合分类的依据有两个维度。一是内部因素，即采购品对本公司的重要性或潜在价值，比如总项目价值，对企业生产、质量、成本、产成品和服务的影响，对业务增长的影响，对质量因素的影响(例如安全、环境等)，可以集中体现为该商品在采购资金总支出中的占比。二是外部因素，即市场供应的复杂性和供应风险，如产品可得性，提前期风险、供应商数量、供应保障能力、供应竞争激烈程度、供应困难程度、替代品可能性、自制可能性、易变质/持有风险等。不同的商品其供应风险有差异。

2. 采购物品分类

依据采购价值重要度和供应风险程度两个维度可以构建一个商品组合矩阵(Portfolio Matrix)，将所采购的商品分为四个象限，即四种商品支出类别，如图 4-5 所示。

图 4-5 基于风险—价值的商品分类(Kraljic，1983)

(1) 战略采购品(Strategic Items)，是指价值比例高、产品要求高，同时又只能靠个别供应商供应，或者供应难以保障或供应风险大的物品。例如，汽车和航空发动机、计算机的 CUP、新型医药制剂、新化学制品等对相关行业来说都是战略性采购品。

(2) 瓶颈采购品(Bottleneck Items)，又称为问题性商品，是指价值比例虽然不高，但供应保障不力容易出问题的物品。它表现为专利产品、知识产权、专业化咨询需求等，如食品厂的某种添加剂、汽车的某种专用零配件、专业性信息系统、法律或财务咨询服务等。

(3) 杠杆采购品(Leverage Items)，也称为集中采购品，是指价值比例较高，但产品差异化程度小，很容易从不同的供应商处购得的物品。如基本的原材料、制成品、紧固件和涂料、普通化学用品、通用零部件、标准件等。这类商品由于占采购支出的比例大，价格和成本节约潜力巨大，具有明显的经济杠杆效应。

(4) 正常采购品(Noncritical Items)，又称为价格交易性商品、非关键性采购项目，是指在采购支出中所占价值低，有大量供应商的物品，如一般日用品、办公用品、文具、维修备件，以及其他偶然使用的产品等。这就是在企业中称为运营(ORM)、维护(MRO)性质的大部分采购物品。

3. 供应定位与采购策略

针对四种商品的类型特征，对其供应市场和供应商应该有不同的定位，因而采取的采购策略也不同，如表 4-3 所示。

表 4-3 供应定位和采购策略

商品分类	战略采购品	瓶颈采购品	杠杆采购品	正常采购品
供应商地位	建立长期的合作伙伴关系	确保供应，维持生产连续性	集中竞价，获取最低价格	交易式关系，减少供应商
采购策略	准确预测需求； 供应风险分析； 谨慎选择供应商； 分析综合成本； 滚动采购订单； 有效控制采购订单变化； 对供应商考评； 严格合同采购	准确预测需求； 供应商风险分析； 供应商优先级排序； 准备应急措施与方案； 寻找备选产品和供应商； 建立适当库存	提高对商品、供应市场的认识； 寻找备选产品或供应商； 在供应商间调整订货量； 设定目标价格； 开展联合、集中采购	开展联合集中采购； 按产品大类采购； 产品标准化； 制定有效的作业程序； 系统化采购，采用计算机系统； 网上采购； 现货采购

(1) 战略采购品。由于这类产品或服务对企业具有决定性作用，而且市场上能够提供这些产品或服务的关键供应商极少，因此转换供应商的可能性很小或非常困难。这些商品对采购方来说不仅代表高价值，也可能是为了满足独特的需求，或客户定制化产品，或采用了最新的高技术产品。对于这类商品的采购，建立与供应商的合作关系非常重要，应找到可靠的供应商并发展同它们的伙伴关系，组织供应商早期参与本公司的产品开发，通过双方的共同努力改进产品质量，降低采购成本，提高交货可靠性。

(2) 瓶颈采购品。这类商品之所以供应风险高，通常是因为供应商是唯一来源，或供应商拥有专业性的竞争优势，所需产品的规格也无法被替代，产品可获得性和可选供应商都很有限。对采购方来说，这些商品采购虽然价值并不大，却非常重要，不可或缺，采购方对外部供应商有很强的依赖性。这类商品的采购策略就是要让供应商能确保产品供应，必要的时候可提高一些价格或增加成本；同时注意改善与供应商的关系，增加新的供应商或加强供应商开发；通过适当的标准化和规格变换，通过风险分析制订应急计划等方式加以防范。

(3) 杠杆采购品。杠杆采购通过大批量采购的规模优势，获取利润杠杆效应。这类商品拥有大量的有能力的供应商，供应市场风险有限。企业对这类商品的总用量很大，每年花在这类商品上的费用相对很高，由于采购批量大，采购方在与供应商的谈判中有很强的市场势力。对这类商品的采购策略就是追求最低价格，降低采购成本。可采取以下几种方法：一是将不同部门的需求合并，进行集中采购，二是采购部门应消减供应库，集中与少数精选的供应商合作，统一同供应商谈判，签订长期合同、“更有利的合同”。三是采用询价甚至招标的方式竞价采购，通过价格折扣降低采购总成本。

(4) 正常采购品。这类商品品种多、价值低，大多数都是标准化产品，一般拥有通用性的质量和技术要求，产品的单位成本和总成本都相对较低，选择或转换供应商的“转换成本”也较低。采购决策主要是基于价格，当获取这类商品时，应重点考虑不要在这些商品上花费过多的精力和费用。因此，公司希望采用程序化、规范化、系统化的工作方式，提高行政效率，减少不必要的时间精力耗费，以最低价格和交易成本来完成采购。其主要措施包括：提高物品标准化、通用化，减少物品种类；减少供应商数量，采取现货采购；构建计算机交易系统，如采购卡、商品目录、网上直接订货系统或其他自动化系统；采用程序化作业，减少行政工作时间，提高工作的准确性和效率。另外，采购这些商品也不是采购专家们关注的领域。

商品组合分类也就是前面商品战略开发流程中的第二个关键步骤的内容，目的是确定商品定位和采取有针对性的采购策略。通过将采购的产品或服务准确地划分到各个相位，管理人员可以从中领略到商品对企业战略的重要性，采购任务的内涵也因此变得明朗起来。战略物资和杠杆物资可能为企业绩效改善提供重要机会，采购人员应该将主要精力和资源投入到这类商品的采购和管理。而对于企业仍然需要的一些低价值、非关键性的商品，在确保供应的同时要采取更务实有效的程序和措施来完成任务。

4.3.3 生产性商品分类管理

1. 有形商品和无形商品

有形商品采购的内容包括原材料、辅助材料、零部件、半成品、成品、资本品或固定资产，以及维护修理运营用品。

无形产品采购是指服务和技术采购，或采购设备时附带的技术支持和服务，主要形式有服务、技术和工程发包等。

2. 直接材料和间接材料

直接材料是与最终产品生产直接相关的材料，通常是大宗物资采购。其在采购交易量中所占比例小(20%)，在采购总支出中所占比例大(80%)，如表 4-4 所示。

间接材料主要是指 MRO 类商品。MRO(Maintenance Repair and Operations)是指非生产原料性质的工业用品，常指在实际的生产过程不直接构成产品，用于维护、维修、运行设备的物料和服务，如维修机械、备品备件、润滑油等。MRO 采购量平均占总采购量的 20%。

表 4-4　直接生产材料和间接材料(MRO)的主要区别

主要区别	直接生产材料	间接材料(MRO)
数据来源	MRP	商品目录
订货形式	数字传输	电话、传真或低介质
订货频率	有规律，再订货点或定期	无规律
平均单价	高	低
供应商数目	少	多
占交易量的百分比	<20%	>80%
占采购支出的百分比	>80%	<20%
管理成本占材料成本的百分比	<0.5%	>25%

在企业采购中，MRO 包含的典型材料和服务是：电器和机械的维修零件、仪器设备、电子材料(零件、设备、计算机)、专业设备(包括实验室设备和用品)、工业用品(一般维修用品)、安全和保健设备、机器加工车间用品(工业机器、设备和工具)、化工用品和设备、车辆船舶用品和设备、办公用品和设备等。

传统上，一般企业将 MRO 采购放在极其次要的位置，几乎任何一个采购人员都可以从他们选定的任何供应商那里购买 MRO，对此几乎没有任何的管理。然而，今天的企业 MRO 采购的特点决定了对 MRO 项目进行管理的必要性。美国的一项调查表明：对于许多 MRO 采购，每笔交易的平均支出为 50 美元左右，而购买和管理成本却超过 65 美元，购买成本比所采购项目本身的成本还要高。

因为购买 MRO 产品付出过高的购买和管理成本，MRO 采购趋向于联合、标准化或外包。MRO 的采购外包日益受到关注，大部分公司已经接受了这种观点：第三方可以更加有效地提供采购服务；第三方采购实践成功地降低了 MRO 采购成本；MRO 联合外包采购能分散采购成本，使企业更加集中于核心业务；新技术的飞速发展，信息系统的完善管理分工更加细化，为采购外包提供了可能。

3．生产性和非生产性采购品

(1) BOM(Bill of Material)：直接进入产品的生产用原材料、零部件以及半成品。由于具体的生产性物料往往与一些独特的战略业务单位(SBU)相联系，因此管理这部分开支常常通过集中的商业团队来完成，同时由专业采购职能部门或在 SBU 内进行采购决策和管理。企业中管理良好的采购团队在降低和控制生产性物料投入价格上已经取得了很大进步。

(2) NON-BOM：非生产性材料，如资本设备、固定资产、工具、一般用品等。

(3) 转卖品(Resale)：不在本企业生产制造，从供应商处采购的用于转售的成品。

(4) 服务采购：服务的特征是无法存储，要求所提供的服务与服务采购者的需求时间一致等；服务质量要有保证：服务质量分有形和无形的评价指标。因此在制定服务采购方案时应考虑的因素有服务的价值、重复性、确定性、服务对象、服务的提供、需求的特性、交货特征、按需要定制的程度、提供服务所需要的技术等。

美国的高级采购研究中心开展的一项调研显示：现代企业采购费用中有超过一半

(54%)的金额是用于服务的采购，如表 4-5 所示。

表 4-5 服务采购占总采购额的明细表

服务费用总额占前十位的服务项目	服务采购费用占采购费用总额的百分比	单项费用占服务费用总额的百分比	采购部门经手的费用占服务费用总额的百分比
1. 公用事业	4.8%	9.0%	26%
2. 保险	4.4%	8.2%	6%
3. 促销	3.9%	7.2%	48%
4. 医疗	3.3%	6.1%	5%
5. 差旅	3.1%	5.8%	12%
6. 建筑施工	2.6%	4.9%	42%
7. 咨询	2.6%	4.8%	55%
8. 货物运输	25%	4.7%	33%
9. 银行	2.2%	4.2%	0%
10. 复制	2%	3.6%	19%
服务业务总体	54%	100%	27%

调研得出了两个结论：服务采购费用不容忽视，国外的公司管理者已经开始重视服务采购这块富饶的新大陆；采购部门在服务采购中发挥的作用还远远不够。过去许多服务只能是由政府提供，如公共事业、水、电、保险、医疗、航空客运、铁路运输等，作为采购方往往没有选择余地。

4.4 需求描述与商品规格

4.4.1 需求描述

买方的每一次采购都是为了满足企业内的某种需求。有效的采购要求采购人员充分理解所购物品将要实现的功能，理解怎样描述需求，怎样决定和检测质量。通俗地讲，这些活动就是要决定采购什么物品，买入的产品是否能够满足既定的要求。因此在采购过程中，采购人员首先必须清楚怎样定义需求，以及应该采取什么样的行动来确保获取质量合格的产品。

采购周期的第一个阶段就是在获得投入之前，必须先准确探明企业需要的是什么和为什么需要它。实际上，这个过程包含三个步骤：首先，企业的采购需要是紧紧围绕顾客的需要而产生的；其次，决定哪个市场能提供这种产品；最后，就什么是产品的最优价值做出结论。这三个步骤很可能是同步完成的，但是匆忙完成这三个步骤，可能会造成一定的风险，因为这样做可能会丢失重要的信息。显然，在复杂的采购过程中，可能会重复地经历这些步骤，直到最后做出决定。

企业的采购需求都是为了顾客而产生的，并且与企业的目标和战略一致。企业的需求可分为一系列种类。传统的分类标准是：原材料、采购件、维修和运行物品、包装、服务、工具、装备以及转售产品。另一种分类方式是把企业的需求分为两部分：一是将要融入产品或服务中去，并最终提供给用户的需求；二是用来维持企业运转的需求。可以简单地归结为生产需求和非生产需求。

通过检查和识别顾客在当前和未来的需求，就会发现企业在当前和未来应该服务的需求领域。而且人们已经普遍认识到，提高价值的 70%的机会存在于采购周期的前两个阶段：发现需求和制定规格。因此，应该充分重视这两个阶段，以保证不漏掉增加价值的机会。如果这种认识是正确的话，那么在这两个阶段采购部门的决策考虑就至关重要。采购部门前期参与和供应商早期参与有助于确定能够采购到什么规格的货物和描述产品的价值。

对所需产品或服务加以准确描述，才能进一步确定数量、质量和大部分的成本等信息。如果不了解使用部门到底需要什么，采购部门就不可能进行采购；如果供应商不清楚采购企业到底需要什么，供应商也无法进行供应。因此就必然要对所申请采购的物品或服务有一个准确的描述。准确地描述需求是采购部门、使用者或跨职能团队共同的责任。例如，内部的使用者可以确定并描述需求，他们在完成这样一个子流程之后，便与采购人员沟通和确定规格。需求描述的内容主要是确定所需物品或服务的规格、数量、质量、交货期等。

企业在说明和描述需求时，主要有两类方法，包括选用企业内部的规格和使用外部标准(宋玉卿，2008)：①企业内部选定的规格。企业可以用自己的方法来描述产品，有六种规格，包括品牌及商标名称、行业代码、样品、技术规格、构成规格及功能和性能规格。以上六种规格各有自己适用的场合，也可以组合使用。其中技术规格和构成规格是相对详细的规格，用于企业比较重要的采购项目，以确保质量符合企业的技术要求，但缺点是要自己承担设计风险并会限制供应商能力的发挥；功能和性能规格比较粗略，有利于供应商发挥积极性，减少企业制定规格的难度。②外部标准。企业也可以使用外部标准来描述需求。外部标准通常有四种：行业标准、国家标准、地区标准及国际标准。外部标准或许也有冲突，要确定所使用的到底是哪一种标准。外部标准有的时候并不代表最先进的水平，而是比较好的水平。有的外部标准是强制性的，企业必须遵守。

4.4.2 商品规格

商品规格(Specification)就是对所购商品的一种“设定”，实践中简称规格管理。在采购周期概念中，对需求的详细确认和描述通过商品规格来表达，也称为规格描述。商品规格是对原材料、产成品或服务的技术要求的描述，如产品必须满足的性能参数、要实现的技术要求和设计方案等。在商品采购中，设定有误差会很糟糕，它会严重地影响采购工作的有效性。

商品规格在采购中的必要性和重要性体现在：①商品规格是用户将需求传递给可能的供应商的主要方式。对采购商品或服务的规格定义不当或根本不定义将导致一系列问题的产生。②规格说明是采购合同和采购订单的核心内容。规格确定对获得优秀的产品品质起着非常重要的作用，同时规格也是供应商报价或谈判的基础，有助于供应商决定它们是否提供这种产品或服务，以及以什么价格提供。

规格表述有两种方式：一致性规格与性能规格。

(1) 一致性规格(Conformance Specification)。所谓一致性规格，就是买方提出清楚明确的且必须达到的“产品”要求规格。供应商提供的产品或服务必须与事前规定的主观要求相一致。有时制定一致性规格并不容易，而且“规格限制创新”。

(2) 性能规格(Performance Specification)。所谓性能规格就是买方对目的、作用、“应用”等做出清楚表述，要求所购买的商品或服务具备必要的性能，从而达到所需要的客观结果。特别是需求或购买某些服务时，规定一致性规格经常是不可能的，需要使用性能规格。

4.4.3 规格描述方式

使用部门、提出请求和制定规格的部门必须能准确合理地描述出需求是什么，以便能准确地得到想要的物料或部件。一般来说，在决定需要什么产品时，主要是由使用部门和制定规格的部门负责。但是在检查所做的产品描述时，供应部门也负有直接责任。

产品描述意味着通过某种或几种方式，买方可以向卖方清楚准确地传送所需产品的特性。某一件产品的描述可以采用多种形式，实际上，它可能是几种形式的组合。其中，规格用于一种更狭窄的意义上，它是指某种专门的描述形式。规格是所有描述方法中最著名最典型的一种。此外，还有品牌描述、工程制图描述、市场等级描述、样本描述等多种描述方法。

商品规格是指一些足以反映商品品质的主要指标，如化学成分、含量、纯度、性能、容量、长短、粗细等。不同品类或型号的商品规格不同，例如，衣服的商品规格指的是尺寸大小，一般的衣服分大、中、小号；有的版型分类较细，上衣依据衣长、胸围、领长分大小，裤子依据裤长、腰围分大小等。顾客和消费者了解规格后，才能确定商品是否满足自己的需要。规格还允许有一定的公差范围，即产品的重要特征如大小、重量等在规定的范围内可以有一些变化。规定公差简化了装配、提升了互换性，也会影响到生产、检验和采购成本。如表4-6所示，复印纸每平方米重量为80g，允许公差精度为1g，如果将公差调整为0.5g，则制作成本就相应增加30%，检验成本增加100%。因此，制定过高的规格，或将公差设定得过于严格，需要采取更严格的材料、工艺或检验来确保质量，相关的成本也会大大增加。

表4-6 复印纸(A4)的基本规格

特　性	检测方法	标　准	公　差
规格(Size)	ISO 536	$80g/m^2$	± 0.5g
厚度	ISO 534	104μm	±3μm
表面粗糙度	ISO 8791-2	233ml/最小	±2ml/最小
白度	ISO 11475	142	±4
不透明性	ISO 2471	90%	±2%

商品的规格和描述方法可以采取多种形式，需要结合商品本身的特殊性，实现准确的表述和传递商品规格信息。最合适的描述方法可以选择不同的途径和使用多种方法的

组合。

1. 物理和化学特性

物理和化学特性是指一般工业产品的物理参数和化学属性，一般包括体积、长度、形状、重量、化学成分、含量、纯度、浓度、酸碱性、稳定性等，这是构成产品规格的基本技术参数。通过物理和化学特性制定规格，能够对买方所需要的物料属性做出限定。产品规格中所界定的这些属性，是产品能够满足购买者使用要求的基本条件，并且能够保证最低成本的质量。

为了使通过规格购买成为可能，人们花费大量的时间和精力处理相关的工作，包括产品规格的标准化，产品型号、尺寸等参数的简化等。标准化意味着对相关产品的尺寸、设计、质量以及类似规格所达成的统一协议。产品规格标准化的来源主要有三种类型的标准：一是由买方制定的个别标准；二是由非营利性机构或技术协会制定的标准；三是政府标准。简化是减少尺寸、设计等规格要素的数量，它试图确定一种产品最重要的基本规格。

在生产产品日益标准化的今天，产品的规格制定越来越严格和规范。通常一种产品采用一种规格衡量标准，主要是为了区分类似产品。比如钢筋，通常用直径的大小来区分，买房子通常用面积来衡量，买饮料用大瓶装和小瓶装表示容量不同。由于规格的衡量标准不同，所以规格的表达方式也不同，主要有数字和单位两部分组成，比如一瓶易拉罐可乐的规格通常是 355 ml。即使衡量标准相同，表达方式也可能不一样。比如一块土地，如果是方形，通常要写成长乘以宽的形式以表达其大体形状，如果是圆形，则需要表达为直径或半径的形式。也就是说，面积或体积规格描述通常以间接的形式表达。

2. 原材料和制造方式或工艺

当对所有物料或工艺存在特殊要求或买方愿意承担后果责任时，一般将购买产品的规格描述向前延伸到物料和生产工艺层面。即对购买产品的生产所需要的物料做出规定，或者对生产产品所采用的制造方式和工艺技术等做出规定。特别是对一些特殊性商品，比如炼油、化工、酿酒等，用料和工艺过程对产品质量起决定性作用，通过规定用料和设定工艺是保证产品质量合乎规格的重要保证。

在有些情况下，技术含量相同的最终产品可以使用不同的配料、使用不同的配方进行加工。例如家畜饲料可以用 70 种不同的配料制成，采用不同的工艺方式合成，但最终产品却含有基本相同的成分和营养价值。可用配料的大部分是初级商品，大批量购买时价格相差很多。选用哪一种配料或采用哪一种配方，很多时候不是一个技术问题，而是一个商业决策问题，由采购人员对经济性估算之后再做出决定。

3. 性能或功能规格

当从物理化学属性和技术参数上无法充分描述产品的规格时，采购者可能只提出性能规格。性能或功能规格是指使用中的表现和结果，性能规格的核心就是理解所需要的性能。然而，要找出产品应具备的基本功能并不容易，当买方制定性能规格时，卖方要对这一性能负责。也就是说，买方把决策权留给了供应商，让供应商去考虑怎样生产最合适的产品。因此，能否满意地使用性能规格，完全取决于能够获得合适的供应商。

4．工程制图、设计图和样图

在工程项目采购或订单装配采购中，普遍使用图样作为描述产品规格的形式。工程制图、设计图和样图是工程界用来准确表达物体形状、大小和有关技术要求的技术文件或图样。在工程技术中，把表达机器及其零件的机械图和表达房屋建筑的土建图统称为工程图样。近代一切机器、仪器、工程建筑等产品和设备的设计、制造与施工、使用与维护等都是通过图样来实现的，图样是产品设计、生产、采购、使用全过程信息的集合。设计者通过图样表达设计意图和要求，制造者通过图样了解设计要求、组织生产加工，使用者根据图样了解产品构造和性能、正确的使用方法和维护方法。因此，图样与文字、数字一样是表达设计意图、记录创新构思灵感、交流技术思想的重要工具之一。当今，随着计算机科学和技术的发展，计算机绘图技术推动了工程设计方法和工程绘图工具的发展，改变着工程师和科学家的思维方式和工作程序。

5．产品型号

现实生活中，提到一些简单字母和数字的组合，如 A6、S80、X40 等，就会在特定的消费者中引起共鸣。一些有影响力的公司长期以特定字母加带数字编号的方式显示产品序列并经过长期大量的宣传使用，使得这一类产品型号具有一定的知名度，在特定行业和特定的消费人群中确实可以在一定程度上起到区分产品来源的作用。比如，提到 A4、A6、Q5，懂车的人就会自然联想到奥迪；提到 S80、S90，大家就会想到沃尔沃；而 Mate30、Iphone12 总会在手机消费者中找到知音；IT 爱好者也决不会不知道 X40 这款 IBM 历史上最轻薄的笔记本电脑。

6．品牌和商标

品牌和商标是一种简单的描述形式，因为如果一个品牌经过检验能够满足要求，或者同时存在其他一些未经测试的品牌也能满足要求，只需指定“×品牌或等同效果的品牌”，而不需要详细列明规格。品牌或商标描述意味着对供应商产品和声誉的信赖。使用品牌产品主要有两个问题要解决：一是使用品牌描述的可行性；二是如何选择某种品牌的问题。

在有些情况下，使用品牌描述不仅是可行的，而且是必需的。

- 当生产过程是保密的或者产品受专利权保护时，得不到产品的详细规格参数。
- 供应商的生产过程可能需要某种无形的高质量的人力投入或者称为专长。由于它无法准确定义，采购者就无法准确地制定规格。
- 当采购的数量很小时，买方制定规格的成本太高。
- 使用者对某种品牌具有真正的或潜在的偏好，采购者几乎不可能改变。

也有人反对购买品牌产品，原因之一是出于成本考虑。由于整个品牌产品的价格太高，采购者会寻找非品牌的替代品。供应商有时会变换规格却不改变品牌名称，这可能给采购者带来麻烦。此外，使用品牌产品会造成对品牌的过度依赖，这会减少潜在供应商的数量，也会使采购者丧失竞争带来的价格降低或质量改进的机会。

7．设计规格

采购方提出设计规格通常适用于购买建筑、道桥，设备部件、锻件、铸件以及其他冲压件，适用于购买那些在生产中需要高度完美和精密偏差的专用产品。用设计规格来描述的产品，往往使供应商感到非常特殊，供应商提供的产品或物料必须达到采购方所提出的设计要求，需要花费更昂贵的代价才能生产。

8．商业应用规格

从根本上讲，规格是一种技术行为而不是商业行为。然而，所提供的商品在相关的价格趋势信息、材料可得性、产品创新和发展、准备与潜在客户的合同、在明确规格上获得供应商的帮助等商业要求方面，都对技术人员提供了很重要的支持作用。

制定规格时的一个重要阶段是重新审视可满足要求的多种方法，不仅要考虑技术规格，而且商业上的考虑也影响着最终的规格选择。例如金、银比铜有更高的传导性，但是价格昂贵，因此铜而不是金、银被广泛地用作传导体，这不是基于技术原因而是基于商业价值考虑。同时铝的导电性不及铜，但是铝价格更便宜且重量轻，因此对重量要求高的高压电缆电线，使用重量较轻而且价格便宜的铝比使用铜更好。

9．市场等级

根据市场等级进行采购适用于大宗商品或物料，如小麦、棉花、木材、钢材、水泥等就属于这类商品。通过市场等级来达成购买非常方便，它的应用取决于市场等级的准确程度以及检验判断物料等级的难易程度，因此商品的评级必须由专业技术性和权威性的评级机构来完成，采购方才能对评级结果产生信任。

企业或行业对一种产品进行的质量等级划分也可能是企业正常的生产或营销策略。工业产品质量通常划分为三个等级：优等品、一等品和合格品。优等品的质量标准必须达到国际先进水平，且实物质量水平与国外同类产品相比达到 5 年内的先进水平。一等品的质量标准必须达到国家一般水平，且实物质量水平达到国外同类产品的一般水平。合格品按我国现行的一般水平标准(国家标准、行业标准、地方标准或企业标准)组织生产，实物质量水平必须达到相应标准的要求。

10．样本或样品

样本(Sample)是从产品总体中抽取的一些代表性个体，这些个体可以作为产品基础范本或模板，代表了产品的基本样式。呈送一件欲购产品的样本几乎是所有采购者都会使用的描述方法，采购商要求使用样本可能是因为该种商品占采购金额的比例很小，或者没有其他的方法可用。样本通过视觉来判断产品是否能接受，比如木材的品种、颜色、外观等，就是较好地应用这种方法的例子。而样品是能够代表商品品质的少量实物。它是从整批商品中抽取出来作为对外展示模型和产品质量检测所需的实物；或者在大批量生产前根据商品设计而先行由生产者制作、加工而成，并将生产出的样品标准作为买卖交易中商品的交付标准。供应商使用样品来解释、描述或说明产品所认可的整体式样，用作广告宣传、展览展示或征求意见。样品作为商品品质的展示时，代表同类商品的普遍特征，包括商品的物理特性、化学组成、机械性能、外观造型、结构特征等。

下面列举几种产品规格的表述方式，如表 4-7～表 4-10 所示。

表 4-7 某化工厂生产产品规格表

序 号	商品名称	规格描述	月供应量/t	包 装
1	溴乙烷	99%	300	铁桶
2	1,2-二溴乙烷	99%	200	铁桶
3	四溴乙烷	98%	100	铁桶
4	1-溴-2-氯乙烷	98%	10	铁桶
5	溴丙烷	99%	300	铁桶
6	2-溴丙烷	99%	300	铁桶
7	1,2-二溴丙烷	98%	100	铁桶
8	1,3-二溴丙烷	98%	10	铁桶
9	1,2,3-三溴丙烷	98%	10	铁桶
10	3-溴丙烯	99%	100	铁桶
11	3-溴丙炔	98%	10	铁桶
12	溴丁烷	99%	200	铁桶
13	2-溴丁烷	98%	100	铁桶
14	1,3-二溴丁烷	99%	100	铁桶

表 4-8 某钢铁公司炼钢厂产品规格简表(单位：mm)

钢 类	轧材(直径)	锻材(直径)	板材(厚×宽×长)	扁材(厚×宽×长)	锻 件
碳素结构钢	Ø60～130	Ø180～400			
碳素工具钢	Ø60～130	Ø180～400			
合金结构钢	Ø60～130	Ø180～450			
合金工具钢	Ø35～75 Ø80～130	Ø140～450	6～12×200～1000×1500	模具扁钢 5～50×50～305×1500	锻柄 直径<1500 单重<3600kg
轴承钢	Ø60～130	Ø160～400			
弹簧钢	Ø60～130	Ø180～400			
高速工具钢		Ø125		16～50×200～300	
不锈钢	Ø20～75 Ø80～130	Ø180～300	冷轧薄板 0.84×1000×2000 热轧中板 4.5～10×1000×2000		锻环 直径<2100 单重<3600kg
耐热钢	Ø38～75 Ø80～130	Ø180～300	冷轧薄板 0.84×1000×2000 热轧中板 4.5～10×1000×2000		轴类 直径<600 单重<2500kg
高温合金钢	Ø25～130	Ø160～400	冷轧薄板 0.54×1000×2000 热轧中板 4.1～14×1000×2000		模块 直径<600 单重<2500kg

表 4-9　五种数码相机技术规格对照表

产品型号	佳能 S—20	佳能 1XVS	卡西欧 QV—3000ExlV	奥林巴斯 C—3030ZOOM	索尼 DSC—S70
CCD 像素数	334 万	211 万	334 万	334 万	334 万
ISO 感光度值	100/200/400	100	100/300/500	100/200/400	Auto
镜头(片/组)	8/7	7/5	7/7	8/7	(不详)
光学变焦倍数	2	2	3	3	3
焦距/mm	32～64	35～70	33～100	32～96	34～102
最大/最小光圈	F2.9/F4.0	F2.8/F4.0	F2.0/F8.0	F2.8/F11	F2.0/F8.9
快门速度/s	2～1/1000	1～1/1500	2～1/1000	1/30～1/10000	8～1/1000
主要手控功能	手动白平衡，曝光补偿	手控白平衡，曝光补偿	快门优先，光圈优先，手控白平衡，曝光补偿	快门优先，光圈优先，手动白平衡，曝光补偿	快门优先，光圈优先，手动白平衡，曝光补偿
闪光灯工作方式	自动/强制/禁止/防红眼	自动/强制/禁止/防红眼	自动/强制/禁止/防红眼	自动/强制/禁止/防红眼/慢同步	自动/强制/禁止/防红眼/慢同步
闪光灯类型	内置	内置	内置	内置，设外置端	内置，设外置端
存储介质及容量	CF 卡，16M	CF 卡，8M	CF 卡，8M	SM 卡，16M	Memory stick，8M
图像大小控制	9 种选择	6 种选择	6 种选择	10 种选项	10 种选项
重量/g	273	190	320	300	310
体积/mm^3	105×69×33.8	87×57×27	134×80.5×57.5	109.5×76×66.4	117×70×65
电池	Ni—MH 充电电池	镍氢电池/锂离子可充电池	4 节五号电池/镍氢充电电池	4 节 5 号干电池	锂离子可充电电池
参考价/元	7600	6600	6900	8800	7800

表 4-10　美国吉尼公司(部分)产品规格参数表(来源：网络资源整理)

产　品	型　号	工作高度/m	平台高度/m	水平延伸/m	承载能力/kg	动力来源
自行式直臂高空作业车	S40	14.0	12.2	9.7	227	汽油/液化气/柴油
	S60	20.1	18.3	15.6	227～272	汽油/液化气/柴油
	S65	20.6	19.8	17.2	227	汽油/液化气/柴油
	S80	26.2	24.4	21.9	227～272	汽油/液化气/柴油
	S85	27.7	25.9	23.4	227	汽油/液化气/柴油
自行式曲臂高空作业车	Z20/8	7.9	6.1	2.3～2.6	181～227	直流
	Z25/8	9.4	7.6	2.4	227	直流
	Z30/20	11～11.3	9.2～9.5	6.1～6.4	227	直流
	Z34/22	12.3～12.4	10.5～10.6	6.8	227	直流/汽油/柴油

续表

产 品	型 号	工作高度/m	平台高度/m	水平延伸/m	承载能力/kg	动力来源
自行式曲臂高空作业车	Z45/22MP	15.5	13.7	7	227	直流/汽油/柴油
	Z45/22IC	15.5	13.7	7	227	汽油/液化气/柴油
	Z60/34	20.1	18.3	10.4	227	汽油/液化气/柴油
自行式剪型高空作业车	GS1530	6.4	4.6	1	227	直流
	GS1930	7.6	5.8	1	227	直流
	GS2032	7.9	6.1	1	363	直流
	GS2046	7.9	6.1	1	545	直流
	GS2646	9.8	7.9	1	454	直流
	GS3246	11.6	9.8	1	318	直流
	GS2668	9.8	7.9	1	545	直流
	GS2668RT	9.8	7.9	1.5	567	汽油/液化气/柴油
	GS3268RT	11.46	9.8	1.5	454	汽油/液化气/柴油
拖车式曲臂高空作业车	TMZ34/19	12.4	10.4	5.8	227	直流/汽油/柴油
	TMZ50/32	16.8	14.9	9.8	227	直流/汽油/柴油
移动式高空作业平台	AWP	6.5～14.1	4.7～12.3		136～159	交流/直流/气动
	IWP	8.1～10.8	6.2～9.0	0.66	129	交流/直流
	CWP	4.2～6.3	2.4～4.5	0.66	159～227	交流/直流
	DPL	9.5～12.4	7.7～10.6		272～340	交流/直流/气动

4.4.4 服务工作说明

由于采购“服务”的特殊性，服务的“规格”很难像实体商品规格那样进行准确描述。服务的一致性规格可以列出几条服务标准，从服务人员、服务技术、服务时间等方面来界定采购服务的要求。但是，描述服务更多的时候使用性能规格，指明服务结果应达到的效果和水平。

采购服务通常以工作说明书(Statement of Work, SOW)或服务水平协议(Service Level Agreement, SLA)来定义规格。SOW 向服务提供商描述了将要完成的工作内容、质量、技术支持、文档化、维护维修、将要取得的成果和其他要求。SOW 可以分割为若干部分进行描述，每个部分可以当作一个独立的子项目——工作细目分类进行报价和管理。

SOW 是对服务项目所要提供的产品或服务的叙述性的描述。对内部项目而言，项目发起者或投资人基于业务需求或产品或服务的需求提出工作说明书。对外部项目而言，工作说明书作为招投标文件的一部分从客户那里得到，或作为合同的一部分双方协商确定。

SLA 又称服务级别协议，是指提供服务的企业与客户之间就服务的品质、水准、性能等方面所达成的双方共同认可的协议或契约，由客户与服务提供商就服务应达到的服务水平进行协商并以协议的形式加以确定。服务水平不像工作说明书那样详细和复杂，服务水平仅涵盖简单而笼统的关键指标，并且往往是可量化的参数来表明对客户的满足水平，因此，提出服务水平是客户和服务提供商之间需要慎重协议的条件。

下面以采购物流服务和采购 IT 服务为例，来说明服务工作说明和服务水平协议的相关应用。

从客观上看，物流服务水平是对物流服务人员、物流服务质量、物流服务品牌战略、物流服务流程、物流服务时效、物流服务态度等的综合评判。从主观上看，物流服务水平是物流活动的结果，表现为物流客户的实际感受与其心理预期之间的差距。

通常衡量物流服务的指标有以下几个。

(1) 存货可得性。存货可得性是指当顾客下订单时所拥有的库存能力。可得性的衡量指标主要表现在缺货率、供应比率等。①缺货率是指缺货发生的概率。将全部产品所发生的缺货次数汇总起来，就可以反映一个厂商实现其基本服务承诺的状况。②供应比率衡量需求被满足的程度。有时我们不仅要了解需求获得满足的次数，而且还要了解有多少需求量得到了满足，而供应比率就是衡量需求量满足的概率。如一个顾客订货 50 单位的货物，而只能得到 47 个单位，那么订货的供应比率为 94%。

(2) 物流服务履行。即物流任务的完成情况，可以通过以下指标来衡量：①完成周期和速度。完成周期是指从订货起到货物实际抵达时的这段时间。订货周期可以短至几个小时，也可以长达几个星期。总的来说，随着物流效率的提高，完成周期和速度正在不断地加快。②一致性。一致性是指厂商面对众多的完成周期而能按时递送、履行递送承诺的能力。虽然服务速度至关重要，但大多数物流经理更强调一致性。厂商履行订单如果缺乏一致性，并经常发生波动的话，那就会使客户摸不着头脑，使其在制订计划时发生困难。③灵活性。作业灵活性是指处理异常顾客服务需求的物流能力。厂商需要灵活作业的典型事件有：修改基本服务安排计划；支持独特的销售和营销方案；新产品引入；产品衰退；供给中断；产品回收；特殊市场的定制或顾客的服务层次；在物流系统中履行产品的修订或定制，诸如定价、组合或包装等。在许多情况下物流优势的精髓就存在于作业灵活性中。④故障与修复。故障与修复能力是指厂商有能力预测服务过程中可能会发生的故障或服务中断，并有适当的应急计划来完成恢复任务。在物流作业中发生故障是在所难免的，因此故障的及时修复也很重要。

(3) 服务可靠性。物流质量与物流服务可靠性密切相关。物流活动中最基本的质量问题就是实现已计划的可得性、作业完成能力以及对物流活动准确性和绩效稳定性的评价。

采购 IT 服务是另一项常规性业务，服务水平协议是 IT 服务单位与客户就服务提供与支持过程中，对关键服务目标及双方责任等问题协商一致后所达成的协议。典型的 IT 服务水平协议包括下列内容：①参与各方对所提供服务及协议有效期限的规定；②服务提供期间的时间规定，包括测试、维护和升级；③对用户数量、地点以及提供的相应硬件的服务的规定；④对故障报告流程的说明，包括故障升级到更高水平支持的条件，对故障报告期望的应答时间的规定；⑤对变更请求流程的说明，可能包括完成例行的变更请求的期望时间；⑥对服务水平目标的规定；⑦与服务相关的收费规定；⑧用户责任的规定，如用户培训、确保正确的桌面配置、没有不必要的软件、没有妨碍变更管理流程等；⑨对解决与服务相关的不同意见的流程说明。

构建和制定 IT 服务 SLA 的方法通常有三种：①基于服务。每一项服务水平协议针对一个服务项目，除非不同的用户对同一个服务有不同的特殊要求。在这种情况下，同一个服务水平协议下可以设立不同的指标体系和指标等级。签署服务水平协议的时候，需要考虑到用户范围，让不同范围的用户代表签署确认，或者可以采取分开签署不同的协议来避免一些不必要的分歧。针对某个特殊用户群体，以及与这个用户群体相关的某个特殊服务，也要另外作出规定。②基于客户。一个服务水平协议只针对一个单独的用户群后，那么这个协议将包括所有的用户和用户使用的所有服务。从用户的角度来说，可能会倾向这种协议，其所有的需求都被包含在同一份文件里，只要一次签字就可以了，这种操作比较简单，但是对服务水平管理项目小组来说，可能会增加工作量。③基于服务提供商。它包含适合所有用户的大类服务水平管理，适用于比较稳定的服务，系统不会频繁更迭和升级。为了明确用户业务部门和 IT 服务部门各自的责任，服务水平管理人员需要针对双方已达成共识的服务水平需求，签订服务水平协议。服务水平协议应当使用业务部门和 IT 服务部门都理解的语言，而不宜采用技术化的语言，这样便于业务部门和 IT 服务部门之间的沟通，减少双方之间的摩擦，同时也有利于后期的评审与修改。

最后，总结一下不同商品和服务采购的规格表述方式，如表 4-11 所示。

表 4-11　不同商品和服务的规格表述

序号	商品类别	规格描述	举例说明
1	资源性商品	化学物理特性：原料成分、构成配比、加工工艺	矿石、石油化工、化肥、酿酒
2	标准化商品	物理性质：尺寸、形状、型号、等级	纸张、钢材、通用机械零件
3	技术性产品	性能、品牌、商标	机器、仪器
4	创新性产品	样本、样品、模型、设计图	船舶、飞机、新技术产品
5	工程性项目	设计规格、工程制图、样图	房屋、路桥
6	服务性项目	性能、工作说明书、服务水平协议	商务、劳务、技术、艺术、软件

要点总结

采购商品战略是采购战略的重要内容。商品战略开发流程，特别是识别需求和商品决策阶段展示了商品战略管理的主要工作内容。

采购商品细分是采购管理工作的基础，也是采购支出决策和供应商定位的基础。采购商品细分可有多种方法，比如 ABC 分类法、商品组合分类法、生产性商品分类法等，不同的企业可根据自己的情况选择运用。

采购物品规格是对采购商品技术要求的描述，也是向供应商提出采购要约的重要信息。商品规格有多种表述方法，实践中运用多种方法的组合来传递需求信息。服务采购通常用服务工作说明书和服务水平协议来表达规格。

思考与练习

(1) 简述商品战略的地位，以及商品战略开发的基本步骤。
(2) 商品决策包括哪几方面内容？
(3) 简述商品 ABC 分类的原理和采购策略。
(4) 深入理解采购商品组合分类法的依据及其意义。
(5) 论述采购商品组合分类决策法及其采购管理策略。
(6) 生产性商品分类管理有哪些方法？
(7) 描述采购怎样识别到采购需求。
(8) 简述商品规格及其描述方式。确定或描述商品规格的具体方法有哪些？
(9) 使用功能规格有什么优点？品牌描述的优势有哪些？缺点有哪些？
(10) 采购服务有什么特殊性？服务工作规格如何描述？

第 5 章　采购质量决策与管理

学习目标

本章关注采购质量、质量决策和质量管理。要求学习了解企业采购商品和服务的质量对企业产品质量的影响；了解质量变量和质量决策与质量观的关系；理解和掌握全面采购质量管理的原理、体系和方法。

本章涵盖以下内容和要求。

- 采购质量和质量决策。理解采购质量的概念和测量标准、采购质量观与质量决策的产生和发展。
- 全面采购质量管理。建立全面采购质量管理的框架，明确全面采购质量管理的内容和管理范畴。
- 采购质量管理体系。理解产品检验系统、质量控制系统、质量保证系统和供应商认证系统。
- 采购质量管理技术和工具。了解质量功能展开、PDCA 循环，以及各种采购质量控制图、控制表等工具。

引言

制造企业一般都有质量管理部门或品管部，其主要职责是对企业生产的产品质量进行检测把关。对于企业从供应商处购买的原料或物料的质量，则主要是由采购部门负责，有时候可能需要质量部门协助监控或提供必要的人员和技术支持。

关于采购质量管理有两种解释，第一种解释：质量管理通常是指管理企业产品的质量，它是质量部门的主要责任，这里有比较成熟的质量管理哲学、质量管理系统、技术和工具。在企业普遍实施全面质量管理的背景下，采购质量管理被纳入到企业全面质量管理体系之中，成为企业质量管理体系的一部分。第二种解释：采购与供应管理中的质量管理主要是指采购原料和服务的质量，它主要是采购部门以及供应商的独立责任。大多数采购管理关注的质量主要是采购原材料和零部件质量，以及在这个过程中，采购部门和供应商以及质量部门如何贯彻全面质量管理原理来协调管理采购质量。

企业要提供优质的产品和良好的服务来满足顾客的需求，质量管理成为企业管理的重要内容，而采购质量管理又是整个企业的质量管理体系中的重要一环。企业所提供的产品质量在很大程度上取决于采购的原材料和生产设备的质量，因此采购质量管理的目的就是保证采购的原材料和生产设备的质量可靠。采购质量管理有利于提高企业产品质量；有利于保证生产连续性；有利于保证产品生产和使用的安全可靠性。如果所采购的原材料的质量有问题，将会直接影响到产品的质量。同时，采购材料的成本是直接成本，而质量成本是间接成本，所以就容易被许多公司忽略，“物美价廉”才是最佳选择，偏重任何一头都会造成最终产品成本的增加。

采购质量管理是质量管理和采购管理的一个交叉领域。本章首先论述了质量概念和三种采购质量观，提出了不同的采购决策模式；其次，研究采购和供应质量管理中如何运用全面质量管理原理；最后，考虑了采购质量管理体系的四个开发阶段和技术工具，这些讨论和成果表现出一定的创新思路，有助于消除这些领域的误解和含混之处。

5.1 采购质量与质量观

质量管理是采购和供应链管理的一个关键领域，因为采购材料、组件和服务的质量将在很大程度上影响成品的质量和业务绩效(Sanchez 等，2005；David 等，2008)。

采购质量管理是公司整个供应链质量管理体系的一部分，但相对而言，它与公司的产品或生产质量管理在范围、重点和应用上有所不同。Perkins 和 James(1992)讨论了将质量因素纳入采购决策和材料管理从而建立质量管理体系的选择方案。对产出质量的重视促进了对生产和经营过程的所有方面的重视。在全面质量管理安排下，采购管理所倡导的更密切的供应商关系是企业对提高生产投入的积极响应。麻书城等人(2001)认为，供应链质量管理已经从单个企业扩展到所有供应链企业，强调成员企业之间质量体系的协作与包容性。然而，采购质量管理理论研究总是充满了散乱和模糊的观点，甚至逻辑混乱，这种情况不利于采购质量管理理论的发展和应用。

5.1.1 质量的含义

质量(Quality)又称为品质。“品质”在企业实践中常用，是中文语境中偏口语化的一种说法，而“质量”更具学术性和理论色彩，但两者在意义上没有任何差别。需要说明的是，在物理学中，质量(Mass)是物体所含物质的多少，物理学术语的“质量”没有高低优差之分，与这里所强调的产品“质量”不是同一个概念。

英国标准协会(British Standards Institution, BSI)对质量进行了定义，质量是能够满足指定需求的产品或服务的所有属性、特点的集合。如图 5-1 所示，商品管理和商品质量管理表示不同的内容，商品管理涉及多种商品或一类商品的“品种集”，而每一种商品的质量指这种商品的各种“特征集”，这些特征代表了该种商品的物理的、化学的、技术的、经济的固有属性或使用价值。从这方面讲，质量具有客观性。但是，商品质量又强调能够满足客户需求的那些属性，能够适应人们需要的那些属性更重要、更有价值，更能凸显商品质量的高低。因此，商品质量常常指商品满足客户需求的程度，具有客户适宜性、主观性、价值性。

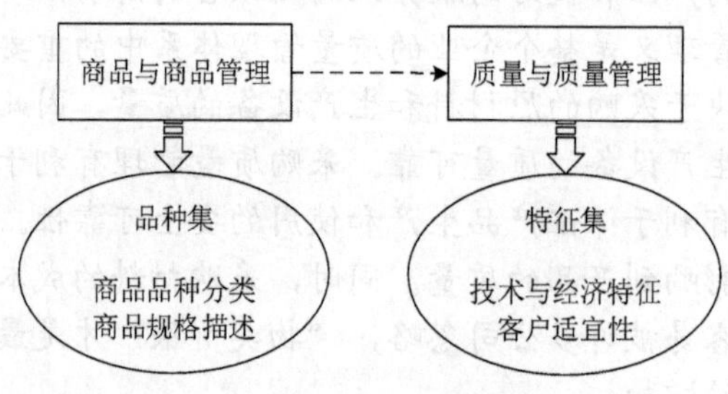

图 5-1　商品管理与质量管理

质量一直是采购与供应管理的一个关键问题。在传统质量管理意义上，质量意味着满足产品规格。在全面质量管理的意义上，质量的含义已经扩展到企业内部和外部所有与供应商有关的活动。在采购供应链管理的意义上，质量还包括满足最终用户的需求，并且将质量定义拓展到了供应链的起点和终点。在最广泛的战略意义上，质量可能决定一个公司的生存和未来发展的能力。越来越多的企业喜欢把质量作为竞争工具，并重新认识质量对一个企业的发展所能做的贡献。在采购方面，供应商的运作效果可能会成为一个关键要素，它决定采购企业能否成功地向客户提供优质的产品和服务。

在准时生产制(JIT)和物料需求计划(MRP)这些概念出现以后，质量已经被赋予了新的含义。它们不仅使物料管理在数量、运送和库存方面发生了革命性的变化，而且也要求人们对质量持有一种全新的态度。准时化采购要求部件刚好在使用之前到达，它们的质量必须是完全可靠的或可接受的产品。这种保证高质量的迫切要求和额外压力，促使买方努力从供应商那里寻求质量保证。在这种情况下，这些努力已经涉及了供应商资格认证以及合作伙伴关系的发展。具体而言，涉及的业务包括：与供应商建立必要的质量控制程序；对供应商进行合理化变革；买卖双方的合作得到加强；长期契约关系得到巩固；在采购决策中重新考虑价格和质量的协调也变得日益重要；在采购过程中更多地使用团队采购方式。

从供应链的角度来说，每个企业都可以看作是供应链或产业链的一部分，供应链的起点是供应商，终点是顾客。在供应链中，每个企业都按照定义履行着三种职能或角色：顾客、转换者和供应商。作为一个转换者，每个企业都应该为供应链上属于自己的那部分创造价值。同样，在供应链企业内部，企业的每个职能或部门都是企业内部价值链的一部分，并且履行着三种角色：顾客、转换者和企业内部其他职能部门的供应商。每个职能部门必须在与企业目标战略一致的前提下，通过过程控制和不断改进，为企业创造和增加价值，并且尽可能减少发生的单位成本。

彼得·贝利等(2006)指出，质量具有多重内涵和属性。质量既然是表现商品的特征集，它必然具有多维性。多维质量分析从不同的角度来分解产品的质量特征，它表明质量的高低表现在多个方面，每个方面都体现了质量的一种属性，产品的整体质量是多个质量特征要素的集合体。

5.1.2 质量测量

1. 属性和变量

质量既然是变量，就可以对它进行量度或测量。属性测量即定性检验质量特性有或无。通俗地讲，就是判断商品是否具有某种质量特征。属性检测相对简单，因为它是定性判断，是产品质量最直观、最基础的判断。

变量测量即定量衡量质量水平高低，体现的是质量特征满足需求的程度，通俗地讲，质量特征水平的高与低，要用数量指标来评定和计算，如成分百分比，酒精含乙醇的百分比是评价一种酒精原料质量的一个关键指标。如“通过/通不过”量表，某种工件要求精度误差不超过 2mm，超过 2mm 就不能通过，意味着质量不达标。这种量化标准或量表使质量测试变得简单，因为它相当于使变量按照属性的评定方法进行测试：确定质量是否达到要求等价于属性是否通过测试标准。

2. 性能与一致性

通常所说的产品质量好包含两层意思：一是达到预期技术指标或标准；二是要在使用中不出问题或少出问题(孙红梅，2007)。这实际上表达了质量评估的两个特点：一致性质量和性能质量。

一致性质量(Conformance Quality)：与事前规定的要求相一致。买方提出清楚、明确且必须达到的“产品”要求，如规格、测量标准。供应商提供的原材料是否符合规格，是衡量质量的常用方式。采购方一般要通过一致性检验才能得出结论。

设计或性能质量(Design or Performance Quality)：具备必要的性能，从而达到所需要的实际结果，如硬度、黏性、浓度、成分构成比例等。设计质量或性能质量是对目的、作用、“应用”的一个清楚表述，如使用的原材料是否满足设计规定的要求？是否与供应商对其要达到的要求进行了明确的交流？

3. 优良质量的基本特征

对采购商品质量的评判在实践中也存在一般性标准或共识，如良好的采购质量可以用很多词来形容：合乎规格、对性能或实效的满意、功能适用性、可靠性、最佳采购等，如表 5-1 所示。

表 5-1　优良品质应具备的基本特性和要求

特　性	说　明
合格性	规格一致性质量标准，满足规格要求或技术特征
性能或实效	性能质量，应用效果上满足要求
适用性	产品或服务的既定功能和主要用途满足使用目的
附加功能	附属的、点缀的特性
符合设计要求	设计质量，把产品企划的目标品质实现出来
品质稳定性	各批成品的品质差距小、变动不大
性能可靠性	在一定时期内正常工作的可能性、易操作性，并能发挥预期效果
耐久性	预期寿命长
可维护性	若有故障，能迅速修复
服务性	零配件补给容易，技术支持服务良好
安全性	使用时或故障时无危险性
制品责任性	对使用的人及其周围的其他人不会增加困扰或伤害
美学性	外观、色彩、气味、声音和感觉
印象质量	顾客眼中的形象或主观印象
节省性	不会耗用大量的资源和能源
环境非破坏性	不影响现在及将来的人类生存的自然环境和社会环境
经济性	产品从制成到使用后废弃，其成本符合经济效益

在采购周期概念中，规格是对需求的描述。按道理讲，规格是属于质量的范畴，因为它代表采购商品的一系列特征或参数。但是在采购或提供产品时，规格描述实际上代表了

对采购商品的一种规定，是向供应商传递商品信息的一种表达方式，通过规格描述使采供双方对采购商品的具体要求等达成一致。也就是说，规格是在采购商品时提出的要求，侧重于从采购商品的技术特征方面表达需求，是在商品战略决策中需要考虑的问题。质量是对是否满足要求的商品特征的一个衡量。商品质量与商品规格不是同样的概念，然而它们有一定关联性，质量的最低判断标准就是要合乎规格，即合格性。规格是前提，是质量评价的一个标准；而质量是结果，质量除了合格、满足技术特征外，商品的经济特征和客户适应性特征也是质量的内容。

从最简单的意义上讲，质量是指供应商能够按照规格提供产品和服务的能力。但是假如所制定的规格有差错，即使不合乎规格，也不能说质量一定有问题。质量也可能是指在实际使用中，产品能按原来购买者的期望运行，而不管它是否符合规格。当一件产品不能使用时，尽管它符合最初的要求或规格，人们照样会说这件产品“不好”或“质量差”。

适用性(Applicability)是指一种材料、产品或服务能够达到既定功能和用途的能力。纯粹而言，适用性仅指适合使用，而忽略了商业考虑，但这实际上是不可能做到的。金、银比铜更适合做电导体，但是金、银太昂贵，一般场合下不会用金、银做导体，这正是芯片用金而房屋用铜做导线的原因。

可靠性(Reliability)是产品质量的一个重要方面，可靠性是指产品在规定的时间内和规定的条件下，完成规定功能的能力(Lesser，1953；陈宁宁，2006)。可靠性是一种数学概率，它是指一种产品在指定的期限内正常工作的可能性。复杂性是可靠性的敌人，产品越复杂，零部件失灵的概率就越大。从采购的角度看，了解所采购的部件和产品的可靠性及其变动是很有用的。根据可靠性的期望效果，可以对偏离设计标准的程度进行评估，为制定改进和奖惩措施提供依据。

“最佳采购(Best Buy)”是一个广泛应用的质量概念，它假设产品已经具有某些必要的属性和功能，并且具备适用性，但还要考虑顾客的需求、成本、可获得性、运输和处置等许多因素。最佳购买决策所涉及的不仅是权衡各种技术因素，还包括商务可行性要素。如果由于成本太高而不能购买最好的产品，那就只能接受一件差不多的产品；或者，技术完美的产品只有一家供应商可以提供，如果该供应商不能提供，那么无论怎样付出采购努力，就只能选择其他的产品。所以，最佳采购就是多种因素综合考虑的结果，而且，它几乎总是一种妥协的结果。因为在具体的场合下，考虑某个质量方面往往取决于具体的情形。例如在有些场合可能需要考虑可靠性，而成本、安装设施和运输的难易都是次要的；在另一些场合，可能产品服务的生命周期不重要，关键是能否保证有效的运作。对某些特殊的需求来说，采购决策还受市场、采购条件和技术因素的影响(利恩德斯等，2009)。

5.1.3 质量观与质量决策

所购商品和服务的质量是这样一个决策变量：它不是一个固定量或绝对量，人们必须选择不同的质量水平，必须做出不同的质量决策。由于人们对商品质量有不同的观点和要求，所以在选择质量水平时有不同的目标和方法。总之，大致有三种商品质量观念和三种质量决策风格。

1．完美主义质量观和无缺陷质量决策

质量是具有战略意义的问题。沃马克和琼斯(1993)提倡追求完美质量，避免一切缺陷，并声称“完美质量是无极限的，试图达到完美实际上是不可能的，但是努力追求这种完美将是激励和指引人们前进的方向”。

由于质量是一个如此重要的问题，因而对材料采购具有战略意义。购买者或客户对采购材料的质量始终抱有很高的期望和要求，他们希望在采购质量决策中，质量越高越好，甚至达到完美无缺100%的满意度。

这种质量观秉持在质量上做到持续改进。持续改进是指通过一系列有目的的步骤不断地追求实现产品质量和流程改进，通常和准时生产制与全面质量管理联系在一起。持续改进应该按照有明确的定义和结构的方法进行，并且结合使用解决问题的工具，例如，帕累托分析、戴明环、柱状图、散点图、检查表、鱼骨图、控制图、运行图以及流程图。日本本田公司的最佳实践计划(Best Practice, BP)就是在供应商质量管理方面体现持续改进思想的例子，BP 项目实际上包括了最佳定位、最佳产品、最高生产率、最低价格和最佳伙伴五个方面的战略性目标，并使用了戴明博士提出的计划—执行—检查—行动循环理论进行落实(尼尔森等，2002)。

2．经济实用主义质量观和质量经济学决策

供应商对采购质量的看法与采购方不同。虽然供应商有时也强调质量越高、效益越好，但它们实际上不得不采取务实的态度和经济上的考虑，因为较高的质量需要支付更高的成本。因此，正确的质量应该控制在最经济的质量水平上，即质量总成本最低点。

根据质量经济学的观点，质量成本包括两部分：①预防和检验成本；②故障费用和失效成本。随着质量水平变动，这两种成本随质量变动的方向相反。事先付出的预防检验成本越高，商品质量越好；而商品质量越差，引起的故障费用和失销成本就越高。质量控制的经济水平取决于整体质量成本最小化。

传统的质量经济学家认为，缺陷水平(次品率、不合格品率)的适当提高是可以接受的，因为缺陷太少时总成本反而增加。对大多数供应商来说，虽然缺陷货物流入运营系统会导致高额费用，但是要检测所有商品也非常昂贵。因此，供应商只能选择一些较为适宜的检测手段和适当的质量水平。如图 5-2 所示，用次品率代表质量水平，次品率越高质量越低，次品率越低质量越高。最佳质量水平位于质量总成本最低点。

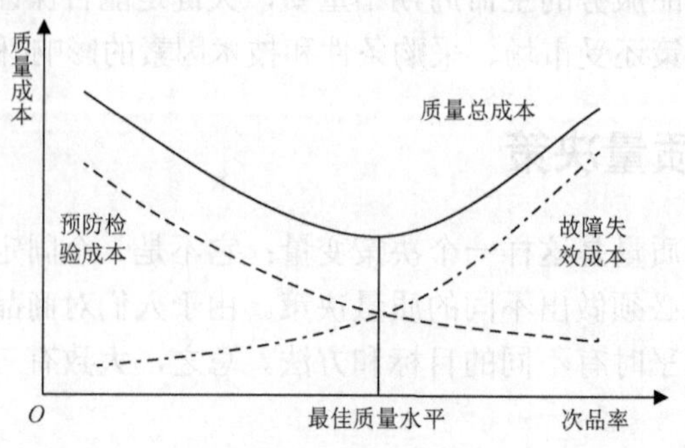

图 5-2　传统的质量控制观和质量经济学决策

现代“质量权威”(如戴明(W. Edward Deming)、朱兰(Josephm Juran)以及克劳斯比(P. B. Crosby)等对质量成本曲线提出了新的不同的观点。他们认为，产品缺陷的代价非常昂贵；花费较少的预防成本，能大幅度提高质量；减少和避免缺陷，会使质量总成本大大降低。因为预防和发现缺陷的费用并不是沉没成本而是投资，经过反馈功能，减少对缺陷的重复工作，缺陷货物的发生率就会大大减少，用于质量的费用也会更少。修改后的采购质量决策模型可以描述为图 5-3 所示。

当然，也有人认为这两种观点适用于不同的情形：传统观点适用于功能性产品的质量控制；现代观点适用于创新性产品的质量控制。

实用主义的质量观意味着，采购的产品若不能达到企业所需的质量要求，当然会影响到企业的正常运行，甚至会影响到整条供应链的表现；但如果采购产品的质量远远超过了实际需要，又会造成浪费，导致企业经济效率下降。

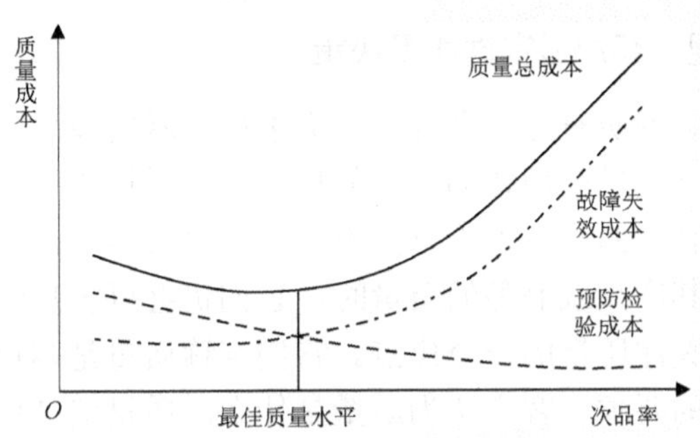

图 5-3　现代的质量控制水平和决策

对于有些成长性商品，例如动植物和生鲜商品，其质量可能是随时间而变化的动态质量，最佳质量水平可能在于某个恰当的时间段。例如，有经验的养鸡场基于鸡肉质量和其他指标综合权衡来确定肉鸡的最佳出栏期，如图 5-4 所示。

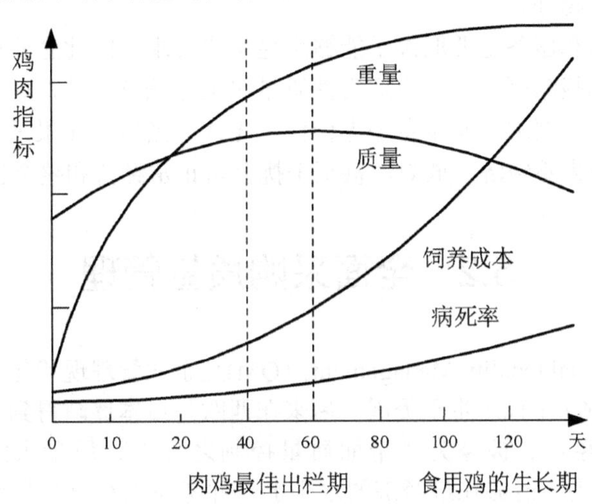

图 5-4　食用鸡养殖最佳出栏期多指标综合评判

鸡的品种不同，饲养方式不同，养殖周期和出栏时间会有很大变化。一只鸡的平均寿命是 6～7 年，一般最长存活 14 年。成年鸡能活 8～10 年，但 3 岁后代谢机能下降意味着生长、产蛋和孵育能力基本停止。一般土鸡养殖散养 5 个月即可出栏，由于不讲究方法，不考虑成本效益，养殖周期比较长。现在专业饲养肉鸡科学养殖法可以做到 50 天左右是最佳出栏期。黄羽肉鸡生长较慢，是我国自有的品种，因为肉质好、风味好，在我国南方养殖较多，孵化期 21 天，生长期有 60 天、90 天、120 天。生长期 120 天的肉块更大，肉质也更美味，当然生产成本也更高。白羽肉鸡是引进的品种，我国的北方省份主要养殖白羽肉鸡，一般孵化期 21 天，生长期 42 天，基本上 42 天就能上市，为了分割更大的胸肌等，也有养殖到 60 天出栏。专业养鸡场对养鸡出栏时间决定要综合多方面考虑。一般小鸡孵化后长 2 个月左右即可达 2.4kg，再养 2 个月也能增长到 3.2kg，再养下去生长就很缓慢，继续饲养重量就不会有太多的增加了。一般肉鸡在养殖 2 个月左右相当于鸡正值壮年，肉质也最好。长期饲养的鸡会日趋老化，肉质反而下降，鸡的病虫害、病死率也会增加，当然所需饲料和饲养成本也会急剧上升，反而不经济了。

3. 相对主义质量观和客户适宜性质量决策

如今，企业越来越强调质量是一个与客户需求相关联的概念，这种采购质量观得到了广泛支持。质量好不好不是供应商认为绝对的投入或材料性质，而是客户的相对性评价和态度，同样的商品不同客户的质量评价可能不一样。尽管客户评判质量带有个体色彩和主观性，但当供应商确定其产品或服务的质量时，它们仍会以客户的标准作为自己的标准，这也越来越成为供应商关注质量的一个焦点。它们声称质量是客户的认可，一个广泛支持的质量观点是适应顾客的要求，客户认为质量是什么，质量就是什么。简言之，质量就是“满足客户要求”或“客户适宜性(Customer Suitability)”，即材料、商品或服务能够满足客户确定的功能和适用目的。

适宜性是指一种材料、商品或服务能够达到顾客所要求的既定功能和用途。选择“适用”作为采购质量的战略要素，是因为只有满足客户需要的物品和服务才是最好的，而并非质量客观属性越高越好。

由于最好的商品和服务主要取决于能够满足客户要求，因此企业选择将适宜性作为购买质量决策最重要的战略因素。客户适宜性质量决策方法意味着，如果采购的商品不能满足或达不到公司的质量要求，质量将毫无价值、无效；当然，如果采购商品的质量远远超出实际需求，就会带来不经济、低效，甚至干扰公司正常经营和整个供应链的绩效。

5.2 全面采购质量管理

全面质量管理(Total Quality Management, TQM)是企业管理现代化、科学化的一项重要内容。它于 20 世纪 60 年代产生于美国，后来在西欧与日本逐渐得到推广与发展。美国通用电气公司质量总经理、被誉为“全面质量控制之父”、质量大师费根堡姆(1983)对 TQM 的定义是：“为了能够在最经济的水平上，并考虑到充分满足顾客要求的条件下进行市场研究、设计、制造和售后服务，把企业内各部门的研制质量、维持质量和提高质量的活动整合一体的一种有效系统。”具体来说，TQM 蕴含如下含义。

(1) 强烈地关注顾客。这里的顾客可以是企业内部顾客，也可以是企业外部顾客。从现在和未来的角度来看，“以顾客为中心”的管理模式正逐渐受到企业的高度重视。全面质量管理注重顾客价值，其主导思想就是“顾客的满意和认同是长期赢得市场、创造价值的关键”。因此，全面质量管理要求必须把以顾客为中心的思想贯穿到企业业务流程的管理中，即从市场调查、产品设计、试制、生产、检验、仓储、销售到售后服务的各个环节都应该牢固树立“顾客第一”的思想，不但要生产物美价廉的产品，而且要为顾客做好服务工作，最终让顾客放心满意。

(2) 坚持持续改进。TQM 是一种永远不能满足的承诺，“非常好”还不够，质量总能得到改进，“没有最好，只有更好”。在这种观念的指导下，企业持续不断地改进产品或服务的质量和可靠性，确保企业获取对手难以模仿的竞争优势。

(3) 改进组织中每项工作的质量。TQM 采用广义的质量定义。它不仅与最终产品有关，并且还与组织如何交货、如何迅速地响应顾客的投诉、如何为客户提供更好的售后服务等都有关系。

(4) 精确地度量。TQM 采用统计方法度量组织作业中的每一个关键变量，然后与标准或基准进行比较以发现问题，追踪问题的根源，从而达到消除问题、提高品质的目的。

(5) 向员工授权。TQM 吸收生产线上的工人加入改进过程，广泛地采用团队形式作为授权的载体，依靠团队发现和解决问题。

如何将现代质量管理技术和方法，特别是全面质量管理原理，应用于物资采购质量管理领域？彼德・贝利等(2006)概述了全面采购质量管理的要点：第一，所有有关人员的积极参与和团队合作。供应链中的所有成员，包括供应商、员工和客户，都应参与到与质量决策相关的环节。如供应商早期介入和协同设计，特别是供应商作为“同盟者”，与买方一样有热情，有义务对待质量管理，而不再是由买方审查供应商；与客户共同制定规格；成立质量研讨小组等。第二，重点放在预防而不是发现和纠正缺陷。管理重点不放在供应商提供的产品和服务上，而是侧重于提供这些产品的系统性程序和流程。第三，强调不是找出故障，而是通过系统程序和流程防止故障；检验和对供应商的评定被共同消除缺陷的方法所取代。第四，把持续改进和客户满意度作为采购质量管理的最终目标。

利恩德斯等人(2009)指出，采购质量管理应该融入企业全面质量管理中来，将达到品质的持续改善、满足客户的需求作为采购质量管理的最终目标。全面质量管理的四个重要特征是：①质量管理必须与整个企业的业务活动融合在一起；②全体员工都要为质量的不断改进做出努力；③顾客的满意度及其有关的研究过程是全面质量管理系统的推动力；④供应商是全面质量管理的合作方。

全面质量管理是一种关注顾客满意度的管理哲学和管理体系，它是整个质量管理的综合理论和指导思想。因此，采购质量管理应纳入 TQM 理论体系，并应用全面质量管理思想来开展采购质量管理工作。但是，全面采购质量管理有一些特殊范围、特点和要求，至少应包含以下三个方面的内容。

5.2.1 全方位质量管理

全面采购质量管理所涉及的管理范围，不仅应指采购商品的质量，如材料、设备、设施和服务，而且应涉及采购工作的质量和供应商的质量。后两者往往容易被人们所遗忘，但这是“大质量”管理思想和管理方法所必不可少的内容。

1. 采购商品和服务质量

采购商品质量是采购质量管理的核心，采购产品质量包括原材料、零部件和生产设备以及服务质量。然而要搞好采购产品质量，也离不开其他方面的工作。

2. 采购工作质量

采购工作的质量要素包括组织设计、人力资源、采购流程和程序、实物分配和物流、信息技术、政策、标准和条例、效率和绩效衡量、方法和工具运用。

3. 供应商质量

供应商质量是供应商管理和采购质量管理的一个交叉领域。供应商的质量当然是指供应商提供的商品和服务的质量，例如，准确的交货期是供应商服务的质量要求之一。此外，供应商质量还包括供应商的设计流程和制造能力。正如罗伯特·蒙茨卡等人(2008)所说，高质量的供应商必须是有能力的供应商。

5.2.2 全过程质量管理

全面质量管理的流程始终以事先、事中和事后管理为规范，如表 5-2 所示。事后质量管理是一种易于使用的模式，即生产完成后检验或检测产品质量，从而找出故障。事中管理在于通过控制方法使过程在正确的范围内，从而实时发现产品质量问题，降低质量缺陷。它应用数理统计方法进行质量控制，使质量管理实现定量化，变产品质量的事后检验为生产过程中的质量控制。事前质量管理是通过改进流程和预警机制，在质量问题出现前进行预测和预防，避免故障和损失。

表 5-2 采购质量管理过程工作要点

质量过程 / 质量内容	事前规划	事中执行	事后考核
采购商品质量	决定品质标准并开列公平的规格； 买卖双方确认规格及图样； 买卖双方确认验收标准	提供试制品以供品质检测	解决买卖双方有关品质的分歧； 严格执行验收标准； 提供品质异常报告
采购工作质量	准备核正检验工具或仪器	派驻检验员抽查在制品的品质； 品管措施是否落实	工作绩效评价
供应商的质量	了解供应商的承制能力，要求供应商实施品管制度，如品管认证等级	检视供应商是否按照规范施工	要求卖方承担保证责任； 淘汰不合格供应商

关于质量管理过程的另一个陈述是计划—执行—检查—行动，即 PDCA 循环，这是休哈特和戴明博士(Walter A. Shewhart and Edwards Deming)最初建议的质量管理的一般模式。PDCA 循环是全面质量管理的科学过程，通过它，产品质量可以达到持续改进(刘书

庆等，2007)。

另外，朱兰(Joseph H.Juran，1986)提出了“质量管理三部曲”，即质量计划、质量控制和质量改进三个过程组成的质量管理，每个过程都由一套固定的执行程序来实现。

质量计划从认知质量差距开始。第一类差距是理解差距；第二类差距是设计差距；第三类差距是过程差距。朱兰列出六个计划步骤：①设立项目；②确定顾客；③发现顾客的需要；④根据顾客的要求开发产品；⑤设计该产品的生产流程；⑥根据工作运行情况制订控制计划及调控过程。

质量控制是制定和运用一定的操作方法，确保各项工作过程按原计划方案进行并最终达到目标。质量控制有七个步骤：①选定控制对象，即控制什么；②配置测量设备；③确定测量方法；④建立作业标准；⑤判断操作的正确性；⑥分析与现行标准的差距；⑦对差距采取行动。

质量改进是指管理者通过打破旧的平稳状态而达到新的管理水平。质量改进的步骤如下：①证实改进的必要性；②确立专门的改进项目，即设立项目组；③对项目组织指导，强调领导人的参与；④组织诊断，确认质量问题产生的原因；⑤采取补救措施；⑥在操作条件下验证补救措施的有效性；⑦在新水平上控制，保持已取得的成绩。

5.2.3 全成员质量管理

全面质量管理发起于高层管理者，目的是为了在企业中形成一种对全面质量的远大理想，并为实现这个设想提供必要的投入、支持和努力。

全成员质量管理责任意味着采购质量是每个人的责任。每个部门以及组织内的每个人都应承诺并积极参与所有质量管理相关的活动。特别是以下部门和专业人员在采购质量管理方面要担负更直接、更大的职责，如图5-5、表5-3所示。

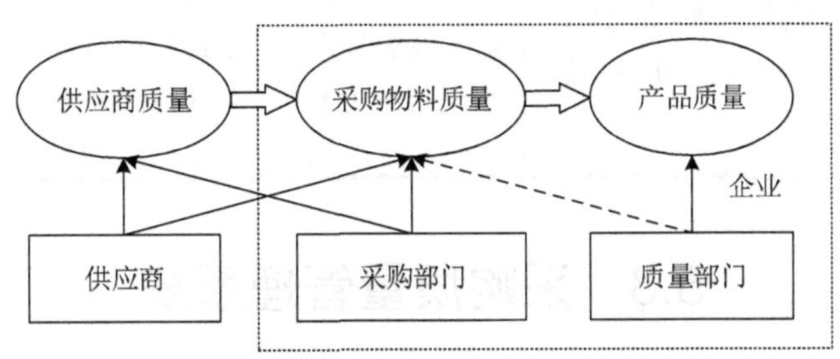

图 5-5 采购部门的主要质量责任

在现代企业中，传统的采购、生产和营销职能已经被团队所取代，而且职能界限已经模糊或消失，但它对质量的要求依然存在，而且团队必须为质量集体负责。

- 首席行政官(CEO)：负责质量战略决策。
- 首席采购官(CPO)：将参与制定采购质量战略与规划，对采购质量具有直接领导责任。
- 质量控制团队：由公司相关高层管理者组成的集体领导小组是采购质量管理的常用模式。内部采购团队或供应商参与的团队已经成为采购质量管理的主要组织方式。在实践中，还出现了一些特定类型，如早期供应商参与(ESI)、与客户协作的质量研究团队、质量功能布置团队(QFD)、价值分析和工程团队(VA/VE)等一起制定规范。

- 采购部门：关注产品质量，在采购质量上承担更多责任。采购部门及其员工不仅关注采购商品的质量，而且代表公司拟定采购质量的政策和建议。他们承担着与公司内部相关部门和公司外部供应商保持联系的主要职责。
- 质量部门：传统上质量部门对公司的产品质量进行检查和管理，还负责监督和检查所采购原材料和商品的质量。然而，管理采购和供应商质量的职责现在已转向战略采购部门，质量部门对采购质量提供适当的监督和技术支持。
- 其他部门：关联部门对采购质量提供必要的建议和意见。比如生产用料部门作为企业内部客户十分关注采购质量，对物料质量有强烈的意愿和监督责任。
- 供应商：供应商是供应链中合作质量管理的重要成员，对采购商品的质量责任越来越大。

表 5-3　质量部门、采购部门、供应商的质量责任

质量责任 质量内容	质量部门	采购部门	供应商
采购商品质量	质量检验、不合格品退货处理	确定原材料品质规格；提出正确的技术指标、设计、图样；向合格的供应商采购	产品质量检验、控制、保证、质量认证
采购工作质量	传统上对采购工作直接领导，参加采购工作质量评定	采购业务工作质量；组织、协调和控制工作的质量	与供应商有关的采购工作和关系管理
供应商质量	参与供应商质量考核、质量认证、供应商选择等	要求供应商提供品质的有关资料、统计图表报告等；协助供应商达到要求的品质水平；供应商早期介入和供应商评定；供应商关系管理	质量责任主体

5.3　采购质量管理系统

质量控制理论的发展可以概括为五个阶段。

(1) 20 世纪 30 年代以前为质量检验阶段，仅能对产品的质量实行事后把关。但质量并不是检验出来的，所以，质量检验并不能提高产品质量，只能剔除次品和废品。

(2) 质量控制从检验阶段发展到统计过程控制阶段。1924 年，休哈特利用工序质量控制图进行质量控制。休哈特理论认为，产品质量不是检验出来的，而是生产制造出来的，质量控制的重点应放在制造阶段，从而将质量控制从事后把关提前到制造阶段。

(3) 1961 年费根堡姆提出全面质量管理(TQM)，将质量控制扩展到产品寿命周期的全过程，强调全体员工都参与质量控制。

(4) 20 世纪 70 年代，田口玄一博士提出离线质量工程学和在线质量工程学(作业线工

况检测和反馈控制)。该理论认为，产品质量首先是设计出来的，其次才是制造出来的。因此，质量控制的重点应放在设计阶段，从而将质量控制从制造阶段进一步提前到设计阶段。

(5) 20 世纪 80 年代，利用计算机进行质量管理(CAQ)，出现了质量信息系统(QIS)。借助于先进的信息技术，可以实现以往无法实现的很多质量控制与管理功能，质量控制与管理又上了一个新台阶。

质量管理体系是指为实施质量管理所需的组织结构、过程程序和资源。企业为实现其所规定的质量方针和质量目标，就需要分解其产品质量形成过程，设置必要的组织机构，明确责任制度，配备必要的设备和人员，并采取适当的控制办法，使影响产品质量的技术、管理和人员的各项因素都得到控制，以减少、清除特别是预防质量缺陷的产生，所有这些项目的总和就是质量管理体系。企业要建立良好的质量体系，首先，必须保证质量体系建立过程的完善，其步骤通常包括：分析质量、研究具体组织结构、形成文件、全员培训、质量体系审核、质量体系复审等。其次，企业要抓住质量体系的特征，保证质量体系设立的合理性，使全面质量管理有效地发挥作用。最后，要保证质量体系在实际生产中得到有效的实施。

毫无疑问，建立有效的质量管理体系是全面质量管理的核心任务，离开质量管理体系，全面质量管理就成了“空中楼阁”。全面采购质量管理应建立系统化管理模式，但存在不同的情况，因为企业的规模、性质、条件和能力在现实中存在很大差异。根据历史和现实，采购质量管理体系的制定水平大致分为质量检验、质量控制、质量保证和质量认证体系四个层级，如图 5-6 所示。

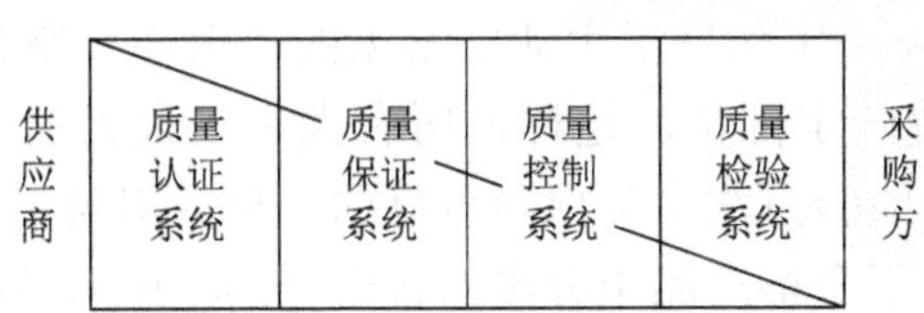

图 5-6　采购与供应双方的质量责任和任务

5.3.1　质量检验系统

质量检验系统(Quality Inspection System, QIS)，或者称为不良品检验系统(Defect Detection System)，被定义为事后质量监测系统，如图 5-7 所示。采购质量经理和员工检查或检测购买的商品，以便对货物的质量情况进行监督和检验。

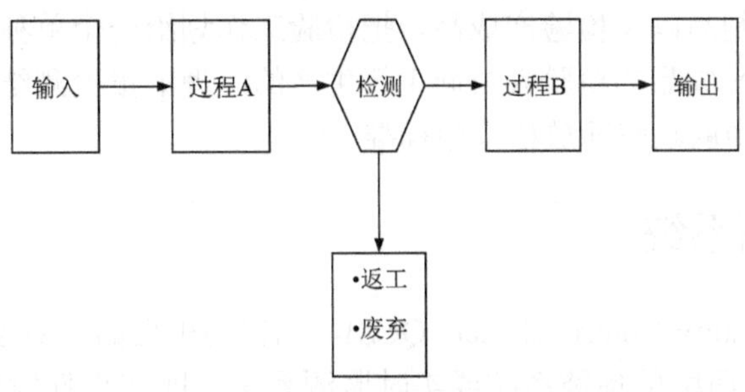

图 5-7　质量检验过程和保证体系

因此，产品检验通过事后质量监督，摸清进货质量状况，严把进货质量关。品质检验系统重点在于事后检测，会产生一些重复性的检验；检验样品的数量一般都很大；不良品只能在检验后被发现。

建立品质检验系统应至少具备以下条件和要求。

- 接收与退货的记录。
- 检测能力/作业人员/机器设备。
- 品质管理部门与组织。
- 品质管理文件与程序。

试验和检验是品质检测系统的常规方式，可以在采购过程的两个阶段进行，在做出购买承诺之前，有必要对样品进行试验以检查它们是否满足期望的用途。当有多个不同的产品来源时，可以通过试验比较哪个产品更好。在做出购买承诺之后，还需要对运送的产品是否满足初始的规格条件进行检验。

(1) 试验。在购买之前，对商品进行试验是很必要的。采购方最初选定一个产品，可能就是基于某次试验的结果或只是经过初步的试用。

(2) 检验。检验的目的是为了使买方确信卖方运送的商品满足所描述的产品特性。由于种种原因，供应商的生产方式和技能不断改变，操作工人漫不经心导致错误经常发生，卖方还时常试图减少成本以至于产品质量受损，因此对于买方而言，忽视检验手段和程序是很糟糕的。

检验产品质量基本上有两种方法：一种方法是检查生产的每件产品；另一种方法是抽样。100%检验又称为筛选，比如日常生活中常见的“风箱”就是一种防范差错的简单装置，将它安装在传送装置一定部位，这样，所有太小或太大的零件都会自动被发现和排除。传统上认为这是已知检验方法中最保险可靠的一种，但是这并不是最令人满意的一种方法。经验表明，要想从不合格产品中分离出合格产品，或者要准确测量某个变量方面并不容易，出错的频率和出错的严重性都很大。有些产品全部检验是不可能的，使用这种极端的检验方式可能会极大地增加成本，替代逐个检验的另一种方式就是抽样。抽样的目的就是为了获得一个样本，用它来代表被试验的总体。如何抽样取决于具体的产品和工序。统计学认为，随机抽样是一种最常用的技术：所有被检验的产品中，每件产品都应该享有均等的被抽中的机会。有些产品的特性决定了它们很难彻底混合在一起，那么，可以先为每件产品连续编号通过随机选号来决定抽取的随机样本。

大多数情况下，检验工作由一个单独的部门来履行，它的工作可以分为三个部分：检验购入材料、检验在制品以及检验产成品。把检验工作划给一个单独的部门负责，部分原因是：如果在制品和产成品的检验人员向主管生产的经理汇报检测结果，那么难免有时生产经理为了掩饰生产中的缺陷而放松检验标准。

5.3.2 质量控制系统

质量控制系统(Quality Control Systen, QCS)，也称为不良品预防系统(Defect Prevention System)，被定义为早期质量预警系统或实时监测系统，即在事件发生期间对采购质量和质量过程进行控制，以防止出现质量问题。品质控制系统重点在于事中控制，因为一个企业的产品质量或服务质量与生产它们的工序是密不可分的，仅仅关注产品或服务，而不检查生产它们的工序，就会丧失不断改进的关键机会。如果工序不能处于统计上的可控状态，或者没有把不断改进作为工作目标，那么产品或服务的质量就必然受损。因此，预防系统可以在适当的时候纠正质量或过程的偏差，当然，困难和工作量比 QIS 多。

质量控制系统主要有以下特点。

- 事先质量预警。
- 利用统计过程控制(SPC)、统计质量控制(SQC)和 6σ方法。
- 过程可通过反馈方式进行自我校正。

质量控制系统主要有以下方法。

(1) 统计过程控制。

统计过程控制(SPC)强调质量过程管理，通过计算过程能力指数(CP)或能力指标(CPK)来监督评估质量过程是否偏离正常范围，通过反馈机制可以自我校正过程，如图 5-8 所示。

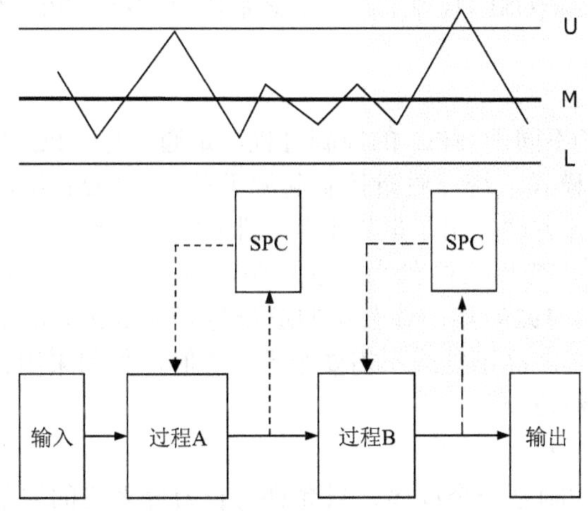

图 5-8　质量过程控制和系统

20 世纪 50 年代初，美国著名的质量控制专家戴明博士帮助日本生产企业实施了统计质量控制。戴明博士认为，多数机器的运行表现倾向于统计分布的方式，在实施控制之前，必须先了解机器在无人干预情形下的运行表现。使用统计质量控制技术来管理质量首先要设定控制上限和下限，只有当生产过程或机器运行处于正常运行范围之外时，才需要操作人员来干预。而设定合理的控制范围要求抽样流程、使用数据来建立数据绩效标准并控制工序。

统计过程控制是为了检测流程中是否有非随机变化而对流程进行随机检测样本的一种技术。首先要确定供应商的工序能力以及买方质量范围的大小。如果供应商某一工序的自然能力超出卖方规定的质量范围，买方就需要与供应商协商，并通过改进生产过程，如改良机器、培训员工等，缩小质量波动的自然范围。

工序能力是指生产工序能够连续地达到质量要求的能力。任何工序都不可能每天运行时生产出完全相同的产品，如果工序变化没有超出允许的范围，则不需干预；但是如果工序变化超出可控范围，首先要找出工序能力发生变化的类型，并采取必要措施尽可能地消除这种变化。研究发现，工序能力变化及其成因可大致分为两种：①一般原因或随机变化；②特殊成因或非随机变化。一般成因可能是机器、人或者与生产有关的因素。比如机器润滑、工具磨损以及操作人员的技能等。一般成因通常是生产系统的一部分，并且不会上下波动。减少一般成因的唯一办法就是改变生产工序。在一般成因作用下，产品围绕着平均质量水平的分布状态，就是某一特定工序的自然加工能力。特殊成因则是外部的、非随机的因素，包括机器磨损老化、材料差异以及人员过失等。这些因素如果不及时发现和消除，产品质量就可能落在可接受的范围之外。统计工序控制主要关注于发现和消除特殊成因。

工序能力指数 CP 用于衡量过程能力质量的一个参数，就是将规格上下限的差异(规格上限 USL-规格下限 LSL)与制程变异(6σ)作比较，计算公式为 CP = (USL-LSL)/6σ。这个指标只考虑到工序变异的范围是否落在规格公差之内，一般要求为 1.0 以上。工序能力品质测量指数 CPK - 除了考虑了工序变异之外还考虑到工序中心是否偏移。一般要求为 1.33 以上，计算方式为 CPK 就是取 CPU 与 CPL 的最小值，亦即 CPK=min(CPU, CPL)。其中，CPU 为将规格上限(USL)减掉工序均值之后除以 3σ；CPL 为将工序平均减掉规格下限(LSL)之后除以 3σ。

(2) 统计质量控制。

统计质量控制(SQC)不同于 SPC 的控制过程，是通过与 SPC 具有相同原则的统计方法控制质量本身的直接模式。统计质量控制起源于美国。1924 年，美国贝尔电话公司的休哈特博士运用数理统计方法提出了世界上第一张质量控制图，其主要思想是在生产过程中预防不合格品的产生，变事后检验为事前预防，从而保证了产品质量，降低了生产成本，大大提高了生产率。1929 年，该公司的道奇与罗米格又提出了改变传统的全数检验的做法，目的在于解决当产品不能或不需要全数检查时，如何采用抽样检查的方法来保证产品的质量，并使检验费减少。

(3) 六西格玛质量控制。

六西格玛(6σ)质量控制是一个程序，只允许每百万分之三的缺陷，并反映了一个突出的质量承诺，这实际上是一个更严格的目标。

6σ管理最核心的思想是设置了生产次品率严格的控制目标，即每百万个机会中只有 3.4 个错误或故障，意味着对品质至高的计划和承诺，这在很多行业的产品质量控制上都是极其严苛的质量标准。目前，6σ管理法已经从一个单一的控制标准演变为一整套绩效评价和管理的制度方法，如图 5-9 所示。

6σ项目管理沿着 DMAIC 过程开展，其中，D 是界定(Define)，即确定主要问题。根据业务的需要，从中选择必要的项目进行 6σ管理，并投入必要的资金，建立相应的管理机制。M 是测量(Measure)，即度量现有水平。根据对采购业绩相关数据的分析，并预测将来可能的变化过程，识别和记录那些对采购业绩有重要影响的数据。A 是分析(Analysis)，即分析测量阶段所获得的数据，找出采购绩效控制中的关键问题，理解并验证其中可能存在的因果关系。I 是改进(Improve)，即优化解决方案，这是管理的核心阶段。从已找出的因果关系中重点筛选“关键的少数因素”，针对这些因素建立具有创造性的改进方案，从而提高采购绩效控制能力。C 是控制(Control)，确保过程改进得到落实和保持。设置必要的控制来保证 6σ改进的过程业绩，保持所带来的成果。在控制阶段，

6σ管理通过实施计划、标准操作程序、作业指导文件、监督和定期审核等，建立稳定的6σ管理体系，保证项目成果得以维持。

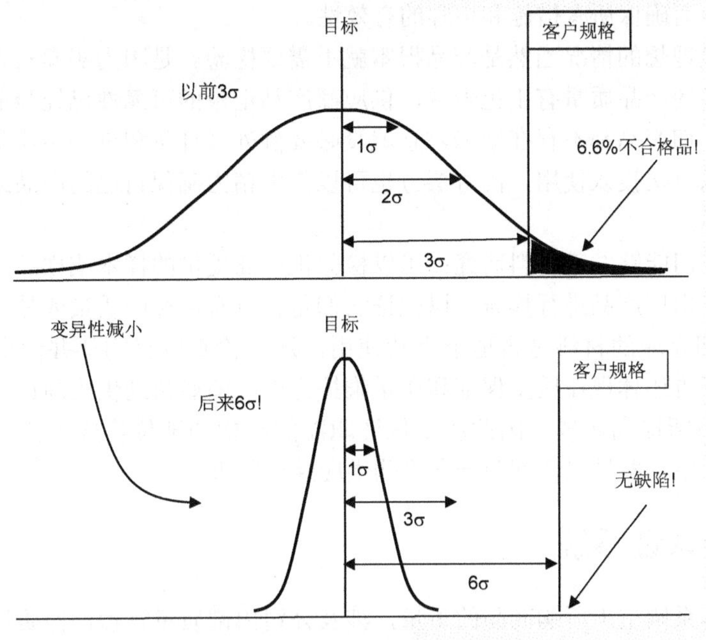

图 5-9　六西格玛(6σ)概念示意图

6σ管理方法适合对采购绩效评价实施的监督和控制。6σ管理法作为一种统计评估方法，核心是追求零缺陷生产，防范产品责任风险，降低失误和不合格成本，着眼于产品、服务质量，还包括过程的改进。特别是企业为市场和顾客提供价值的核心过程，用 6σ目标来度量，就是要求过程的波动越小，企业以最低成本损失、最短时间周期、满足顾客要求的过程能力就越强。因此，在供应商质量管理、采购商品管理、采购工作过程管理中建立6σ标准和管理方法具有现实意义。

5.3.3　质量保证系统

从理论上讲，所有确保发现缺陷或潜在缺陷的质量检查和监督活动都可以归于质量控制体系，如质量检验技术、统计过程控制和离线质量控制等。但质量控制向质量保证的转化是整体采购质量管理体系的演进。彼得 • 贝利等人(2006)指出，在商业和商务活动中，从质量控制向质量保证的转变，反映了人们对采购和供应商所采用的质量管理体系的重视程度，超过了对采购产品和服务的质量衡量和评估。

质量保证系统(Quality Assurance System, QAS)，是一项事前预防系统。质量保证体系包括与采购和供应流程相关的所有质量活动。相比质量检测系统和质量控制系统，它的管理范围更全面，质量控制更严格。例如：

(1) 产品设计与测试。

(2) 清楚制定规格。

(3) 评估和选择正确的供应商并保证其完成任务。

(4) 激励所有相关人员。

(5) 教育和培训供货人员。

(6) 质量检验和测试。

(7) 反馈从而确保所有措施和步骤的有效性。

质量管理最理想的情况当然是产品根本就不需要检验。是因为买卖双方合作实施的质量保证措施已经使产品质量有出色表现，供应商产品记录的可靠性已经验证。如果买方能够确信供方的一切产品都不存在缺陷，它就没必要额外多订货和进一步检验，供方的物料或零部件就可以直接投入使用，同时买方也可以集中精力确保自己的产品或服务能满足所需要的质量目标。

质量保证部门能够发起材料研究；可以检验供应商提供的样本或样品；它还必须对进厂部件以及完工出厂产品进行检查，以验证它们是否具有声称的质量或是否存在缺陷；它还可能检验返回仓库的材料是否适于重新使用，还要检查废弃物料并做出如何处置的建议；它的其他职责还体现在质量保证和质量维护方面，即要帮助供应商设计实施和监控质量改进项目以不断提高质量。因此质量保证职能的结构和地位构成了公司管理的一个方面。在有些企业中，质量保证部门会向采购供应经理汇报。

5.3.4 质量认证系统

质量保证体系侧重于所购商品的质量，涉及公司内部质量管理，但质量标准化和认证系统(Quality Standardization & Certification System, QSCS)涉及外部供应商和供应商的整体能力。通过为供应商完成质量认证评估，QSCS 可以初步保证采购和供应链的质量。

质量认证可由客户企业提供，如福特汽车、海尔电子、联想公司等由企业自己对其供应商进行认证；也可以由第三方机构或社会组织等提供认证，如著名的 ISO 9000 质量认证体系是由国际标准化组织(ISO)面对所有企业提供的质量认证。

ISO 9000 质量认证系列和其他质量验证或流程认证体系一般贯穿供应商的整个质量流程和体系。参照 ISO 9000 标准或其他质量标准对供应商的整个质量体系或过程进行审核，审核认证的内容主要包括但不限于以下内容。

(1) 管理职责，包括总则、顾客需求、法规要求、质量方针和政策、质量目标与规划、质量管理体系和管理评审。

(2) 资源管理，包括总则、人力资源、信息、基础设施、工作环境和其他资源。

(3) 过程管理，包括总则、与客户相关的流程、设计与开发、采购、生产与服务运作、不合格品的控制、售后服务。

(4) 监督、分析和改进，包括总则、监测和调查、数据分析、持续改进。

质量保证机构的责任并不限于检验购入物料，控制车间生产这些技术性的工作，它在供应商资格认证方面也起着关键作用。显然决定是否从通过认证的供应商那里采购时，考虑的不仅是质量因素，在与供应商寻求合作伙伴关系中，质量资格通常是企业间合作的首要因素。

尽管对采购需求进行详细描述一定程度上可以预防质量问题，但是采购者依然会担心供货方是否能提供他所需要的商品。通常，在给供应商发出采购订单之前，甚至在供应商报价签订协议之前，买方会根据供应商的声明，对它进行质量水平和质量保证方面的调查，目的是为了确保供应商的产品能够满足要求的具体规格和质量标准。这种审查通常是由工程、生产、采购以及质量控制人员一起进行的。他们不仅检查供应商的设施、设备和人员，也要检查相应的质量保证程序、试验和检验、质量控制和质量改进体系，同时还要检查供应商寻求合作和遵守质量标准方面的情况以及供应商为持续改进质量所做的努力。

5.4 采购质量管理工具

质量管理的技术和工具有很多，在产品质量管理中普遍运用的一些方法也可以在采购质量管理和供应商质量管理中运用。这里按照以下几个方面对这些方法进行归类和组织，但这种分类不是绝对合理的做法，只是为了更好地理解和抓住要点，如图 5-10 所示。尤其是要注意把这些方法结合到质量管理系统中去，一个完整的质量管理系统就是由理念、过程、方法、技术构成的整体业务模式。

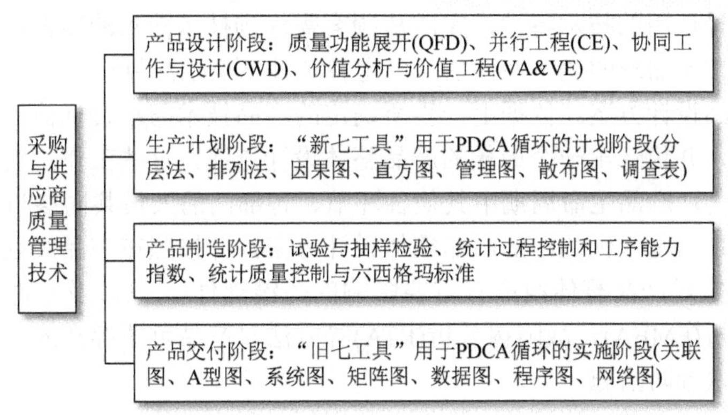

图 5-10 采购与供应商质量管理技术工具分类法

1. 质量功能展开

质量功能展开(Quality Function Deployment, QFD)，也称质量功能配置、“质量屋”。QFD 法是一种在产品设计阶段应用的系统方法，它是采用一定的方法保证将来自顾客或市场的需求精确无误地转移到产品寿命周期每个阶段的有关技术和措施，其核心特征在于倾听和理解顾客的要求。它是一种顾客驱动的产品开发方法，从质量保证的角度出发，通过一定的市场调查方法获取顾客需求，并采用矩阵图解法将顾客需求分解到产品开发的各个阶段和各职能部门，通过协调各部门的工作以保证最终产品质量，使得设计和制造的产品能真正地满足顾客的需求。

QFD 起源于 20 世纪 70 年代初日本的三菱重工，进入 20 世纪 80 年代以后逐步得到各发达国家的重视及广泛应用。目前 QFD 已成为先进生产模式及并行工程(Concurrent Engineering, CE)环境下质量保证最热门的研究领域。它强调从产品设计开始就同时考虑质量保证的要求及实施质量保证的措施，是 CE 环境下面向质量设计(Design for Quality, DFQ)的最有力工具，对企业提高产品质量、缩短开发周期、降低生产成本、增大顾客的满意度有很大帮助。例如丰田公司于 20 世纪 70 年代采用 QFD 以后取得了巨大的经济效益，其新产品开发成本下降了 61%，开发周期缩短了 1/3，产品质量得到了相应改进。世界著名的公司如福特、通用汽车、克莱斯勒、惠普、麦道、施乐、美国电报电话公司都相继采用了 QFD。其应用领域涉及汽车、家用电器、服装、集成电路、合成橡胶、建筑设备、农业机械、船舶、自动购货系统、软件开发、教育、医疗等各个领域，平均开发周期下降30%～60%，成本缩减 20%～40%，设计更改变动次数下降 40%～60%。

QFD 是一种立足于在产品开发过程中最大限度地满足顾客需求的系统化、用户驱动式质量保证方法。它包括以下几个工作步骤。

(1) 确定顾客的需求。顾客需求是 QFD 最基本的输入，顾客需求的获取是 QFD 实施中最关键也是最困难的工作。要通过各种先进的方法、手段和渠道搜集、分析和整理顾客的各种需求，并采用数学的方式加以描述。首先由市场研究人员选择合理的顾客对象，利用各种方法和手段，通过市场调查，全面收集顾客对产品的种种需求，然后将其总结、整理并分类，得到正确、全面的顾客需求以及各种需求的权重。在确定顾客需求时应避免主观想象，注意全面性和真实性。

(2) 产品规划。产品规划矩阵的构造在 QFD 中非常重要。产品规划的主要任务是将顾客需求转换成设计用的技术特性，完成从顾客需求到技术需求的转换；并根据顾客需求的竞争性评估和技术需求的竞争性评估，确定各个技术需求的目标值。

(3) 确定产品设计方案。依据上一步所确定的产品技术需求目标值，进行产品的概念设计和初步设计，并优选出一个最佳的产品整体设计方案。这些工作主要由产品设计部门及其工作人员负责，产品生命周期中其他各环节、各部门的人员共同参与，协同工作。

(4) 零件规划。基于优选出的产品整体设计方案，并按照在产品规划矩阵所确定的产品技术需求，确定对产品整体组成有重要影响的关键部件/子系统及零件的特性，利用失效模型及效应分析(FMEA)、故障树分析(FTA)等方法对产品可能存在的故障及质量问题进行分析，以便采取预防措施。

(5) 零件设计及工艺过程设计。根据零件规划中所确定的关键零件的特性及已完成的产品初步设计结果等，进行产品的详细设计，完成产品各部件/子系统及零件的设计工作，选择好工艺实施方案，完成产品工艺过程设计，包括制造工艺和装配工艺。

(6) 工艺规划。通过工艺规划矩阵，确定为保证实现关键产品特征和零部件特征所必须给以保证的关键工艺步骤及其特征，即从产品及其零部件的全部工序中选择和确定出对实现零部件特征具有重要影响的关键工序，确定其关键程度。

(7) 工艺/质量控制。通过工艺/质量控制矩阵，将关键零件特性所对应的关键工序及工艺参数转换为具体的工艺/质量控制方法，包括控制参数、控制点、样本容量及检验方法等。

质量功能展开(QFD)，亦称“质量屋”(House of Quality, HOQ)，这一概念是由美国学者 J. R. Hauser 和 Don Clausing 在 1988 年提出的。质量屋为将顾客需求转换为产品技术需求以及进一步将产品技术需求转换为关键零件特性、将关键零件特性转换为关键工艺步骤和将关键工艺步骤转换为关键工艺/质量控制参数等 QFD 的一系列瀑布式的展开、分解、转换提供了一个基本工具，如图 5-11 所示。

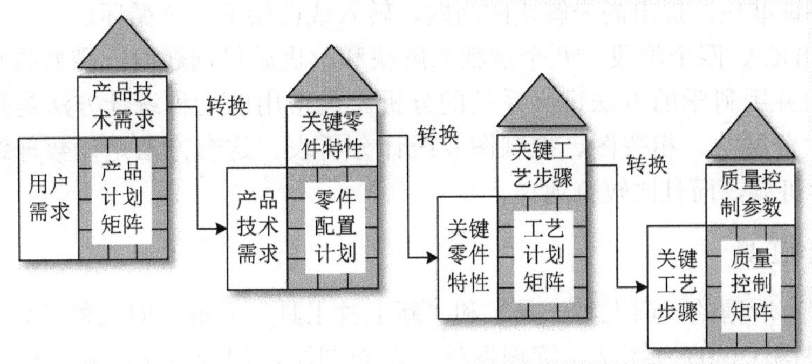

图 5-11 典型的 QFD 展开步骤："质量屋"分解模型和关系矩阵示意图

2. PDCA 循环

PDCA 循环亦称戴明环，如图 5-12 所示。它是一种科学的工作程序，通过 PDCA 循环提高产品、服务或工作质量。戴明环的研究起源于 20 世纪 20 年代，先是有着"统计质量控制之父"之称的著名的统计学家沃特·阿曼德·休哈特(Walter A. Shewhart)在当时引入了"计划—执行—检查(Plan-Do-See)"的雏形，后来由戴明博士(W.Edwards Deming)将休哈特的 PDS 循环进一步完善，发展成为 PDCA 循环这样一个质量持续改进模型。它包括持续改进与不断学习的四个循环反复的步骤，即计划(Plan)、执行(Do)、检查(Check)和处理(Act)。戴明环有时也被称为戴明轮(Deming Wheel)或持续改进螺旋(Continuous Improvement Spiral)。戴明环与生产管理中的"即时生产""持续改善"紧密相关。用中国话来概括，就是循序渐进，循环往复，持续创新，滚动发展的意思。

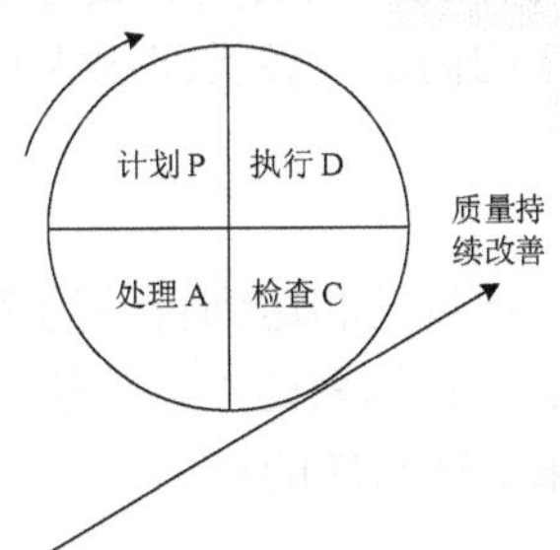

图 5-12 PDCA 循环图和质量持续改善

第一个阶段称为计划阶段(P)。这个阶段的主要内容是通过市场调查、用户访问、国家计划指示等，搞清楚用户对产品质量的要求，确定质量政策、质量目标和质量计划等。第二个阶段为执行阶段(D)。这个阶段是实施 P 阶段所规定的内容，如根据质量标准进行产品设计、试制、试验，其中包括计划执行前的人员培训。第三个阶段为检查阶段(C)。这个阶段主要是在计划执行过程中或执行之后，检查执行情况是否符合计划的预期结果。第四阶段为处理阶段(A)。这个阶段主要是根据检查结果，采取相应的改善措施。

在全面质量管理中，通常还可以把 PDCA 循环进一步细化为八个步骤。①计划阶段：分析现状，找出存在的质量问题；分析产生质量问题的各种原因或影响因素；找出影响质量的主要因素；针对影响质量的主要因素，提出计划，制定措施。②执行阶段：执行计划，落实措施。③检查阶段：检查计划的实施情况。④处理阶段：总结经验，巩固成绩，工作结果标准化；提出尚未解决的问题，转入或衔接下一个循环。

在应用 PDCA 四个阶段、八个步骤来解决和改进质量问题时，需要收集和整理大量的数据资料，并用科学的方法进行系统的分析。最常用的七种统计方法是排列图、因果图、直方图、分层法、相关图、控制图及统计分析表。这套方法是以数理统计为理论基础，不仅科学可靠，而且比较直观。

3．新七种工具

质量管理有所谓的“旧七种工具”和“新七种工具”之说。旧七种工具是分层法、排列图法、因果图法、直方图法、管理图法、散布图法、调查表法；新七种工具是关联图法、KJ 法、系统图法、矩阵图法、矩阵数据分析法、过程决策程序图法、网络图法。

1) 关联图法

关联图法是为了谋求解决那些有着原因与结果、目的与手段等关系复杂而互相纠缠的问题，并将各因素的因果关系逻辑地连接起来而绘制成关联图的方法。这种方法适用于有几个人的工作场所，经过多次修改绘制关联图，使有关人员澄清思路，认清问题，促进构想不断转换，最终找出以至解决质量关键问题。

关联图法与因果关系图最大的不同之处在于，关联图说明了六大因素(人、机、料、法、环、则)之间的横向联系。同时，关联图法对于那些因果关系复杂的问题，可以采用自由表达形式，显示出它们的整体关系。

2) KJ 法

KJ 法又称亲和法，就是从未知、未经历的领域或将来的问题等杂乱无章的状态中，把与之有关的事实或意见、构思等作为原始资料收集起来，根据亲和性(亲缘关系)加以整理，绘制成图，然后找出所要解决的问题及各类问题相互关系的一种方法。该方法主要用于制定质量管理方针、计划等。

3) 系统图法

系统图法即运用系统的观点，把目的和达到目的的手段依次展开绘制成系统图，以寻求质量问题的重点和最佳解决方法。具体来说，它是从基本目的出发，采取自上而下层层展开和自下而上层层保证的方法来实现系统的目标。

4) 矩阵图法

矩阵图法，即把各个质量问题的问题因素按矩阵的行和列进行排列，找出问题症结所在。这是一种多维思考的模式。

5) 矩阵数据分析法

矩阵数据分析法，即对于矩阵中相互关系能够定量化的各因素进行数据分析的方法。该方法主要用于市场调查、新产品设计与开发、复杂工程分析和复杂的质量评价等。

6) 过程决策程序图法

该方法是对事态可能的发展变化做出充分的设想，并拟订出不同的方案，以增加计划的应变能力和适应能力。它主要用于制定目标管理、技术开发的执行计划等。

7) 网络图法

网络图法即运用网络对有关质量问题进行计算、分析与处理的综合方法。它是选择最佳工期和实施有效进度管理的一种方法。

4. 旧七种工具

1) 分层法

分层法又叫分类法，是整理质量数据的一种重要方法。它是把所收集起来的数据按不同的目的加以分类，将性质相同、生产条件相同的数据归为一组，使之系统化，便于找出影响产品质量的具体因素。

2) 排列图法

排列图也叫巴雷特图(柏拉图)、主次因素分析图，排列图法又称 ABC 法，它是用来找出影响质量主要因素的一种方法。它一般由两个纵坐标、一个横坐标、几个长方形和一条折线组成。左边的纵坐标表示频数(如件数、金额、时间等)；右边的纵坐标表示频率；横坐标表示影响质量的各种因素，按频数大小自左至右排列；长方形的高度表示因素频数的大小；折线表示各因素的累计频率。

3) 因果图法

因果图是整理和分析影响产品(工程、工作)质量的各因素之间的关系，即表示质量特性与原因之间的关系的一种工作图。它又被称为因果分析图、树枝图或鱼刺图。

4) 直方图法

直方图又称质量分布图和质量散布图。它是将数据按大小顺序分成若干间隔相等的组，以组距为底边，以落入各组的频数为高所构成的矩形图。直方图是用来整理质量数据，从中找出规律，用以判断和预测生产过程中质量好坏的一种常用统计工具。

5) 管理图法

管理图又称控制图。它是用于分析和判断工序是否处于稳定状态，带有管理上下界限的图。有分析用管理图和控制用管理图两类。前者专用于分析和判断工序是否处于稳定状态，并且用来分析产生异常波动的原因；后者专用于控制工序的质量状态，及时发现并消除工艺过程的失调现象。

6) 散布图法

散布图又称相关图。散布图法是在处理计量数据时，分析、判断、研究两个相对应的变量之间是否存在相关关系，并明确相关程度的一种方法。

7) 调查表法

调查表又称检查表、核查表、统计分析表，它是为分层收集数据而设计的图表，用来进行数据整理和粗略的原因分析。可根据不同的目的要求，设计多种多样的调查表。

要 点 总 结

目前物资采购和供应管理十分注重质量管理，在 TQM 和 SCM 下采购和供应质量管理是一个值得研究的问题。本章讨论了采购质量管理的一些重要问题，企业应正确理解在采购实践中始终面临的这些问题。

首先，采购质量观是人们对采购物品的质量所持有的目标追求和看法，不同的质量观会影响企业对质量的决策和管理行为。本章总结了采购质量管理的三种不同观念和质量决策模式。在实践中，这些观念和决策在某种角度上都存在合理性，因此在做出决策时可以考虑将这些理念和决策结合起来。

其次，探讨在采购质量管理中运用全面质量管理原理。全方位、全流程和全成员管理为采购质量管理提供了一些线索，管理者不仅应切实涵盖各个方面，还应从各个方面得到详细理解。

再次，探索了采购质量管理体系从低层到高级、从简单到复杂的四个层次，即检验系统、控制系统、保证体系和认证体系。企业采购质量管理中至少应有检验体系，进一步发展更高水平的质量体系。当然，这些系统是相互关联的，它们之间的关系不应该被严格分解。

最后，讨论了采购质量管理中的一些基本工具。根据产品设计、计划、制造和销售阶段进行了归类，主要方法有质量功能展开、PDCA 循环、新七工具、旧七工具等，这些工具有助于解决质量管理领域的一些问题。

思考与练习

(1) 怎样理解采购质量？什么是一致性质量和性能质量？

(2) 采购品质的内涵是什么？如何提高采购商品的品质？

(3) 采购质量观有哪几种代表性观点？

(4) 与质量有关的成本有哪些？为什么很难确定这些成本的大小？

(5) 全面采购质量管理原理包括哪几方面内容？采购部门应该怎样应用全面质量管理思想？

(6) 简述质量检验系统。

(7) 什么是统计过程控制和统计质量控制？

(8) 简述在线质量控制和离线质量控制。百分之百检验和抽样有哪些优缺点？

(9) 简述质量保证系统。

(10) 简述质量认证系统。为什么要使用供应商资格证书？如果供应商获得了 ISO 9000:2000 认证，这意味着什么？

(11) 服务采购中质量控制的主要困难是什么？

(12) 质量管理的旧七种工具是什么？

(13) 质量管理的新七种工具是什么？

第 6 章　采购数量决策与库存管理

学习目标

本章关注采购数量决策和库存控制的理论和方法。要求学习理解采购数量及其决策的基本思想；认识库存及库存观，领会和掌握库存管理的基本原理和主要模型。

本章涵盖以下内容和要求。

- 采购数量的概念与决策。理解采购数量相关概念，以及采购数量决策思想和影响因素。
- 理解库存概念和库存观。准确领会库存概念；理解会计学和管理学的库存分类；了解库存观及库存管理思想的发展，认识库存的功能和弊端。
- 理解库存管理的基本原理。领会库存管理的内容，熟悉库存管理的基本问题和科学的库存管理过程；领会库存决策的要点、影响因素和基本的库存策略等方面的知识和技能。
- 理解确定性和随机性需求库存模型的建模原理和数学处理方法。如基本经济订货批量模型及其扩展模型；报童模型和安全库存模型等。

引言

采购商品的数量是一个关键变量，这比其他几个变量容易理解一些。在家庭采购中采购数量一般是单件，或数量很少。但是商业性采购活动中，一般是成批量、大批量采购，而且采购数量决策并不是一个简单的过程，它不仅受到企业生产计划、库存管理、订货政策的影响，也要考虑价格、折扣、竞争、市场动态等多因素的影响。

采购商品的库存问题在采购管理中是一个十分重要的核心问题。现代库存从概念到理念都有新的发展，但目前在库存基本概念认识上仍然存在很大的模糊和谬误。比如，有人认为库存是仓库中处于暂时停滞状态的物资，主要是指原材料、半成品和产成品等，而物资所停滞的位置是在仓库中，而不是在生产线上、车间里，也不是在非仓库中的任何位置，如汽车站等类型的流通节点上。还有人认为库存主要是指暂时处于闲置状态的资源的数量特征，因此，库存管理就是确定合适的库存量，这些理解应该说是不准确、不全面的。虽然，库存决策中的库存数量是一个主要的决策变量，但库存并不就是库存量，将库存管理与采购数量放在一章讨论，要注意不要发生“库存的数量特征就是库存本身”这种误解。

有效的订货量决策和库存管理是实现成本管理、运营资产管理和增加股东价值等目标的主要方法。本章首先介绍采购数量变量及其决策，然后着重讨论库存理论以及库存管理模型和方法。

6.1 采购数量与决策

6.1.1 需求量

需求量(通知到采购部门的需求数量)与订货量(采购部门从供应商处订购的数量)存在对应关系。如图6-1所示，通常订货数量受到需求预测、生产计划或库存控制的影响。

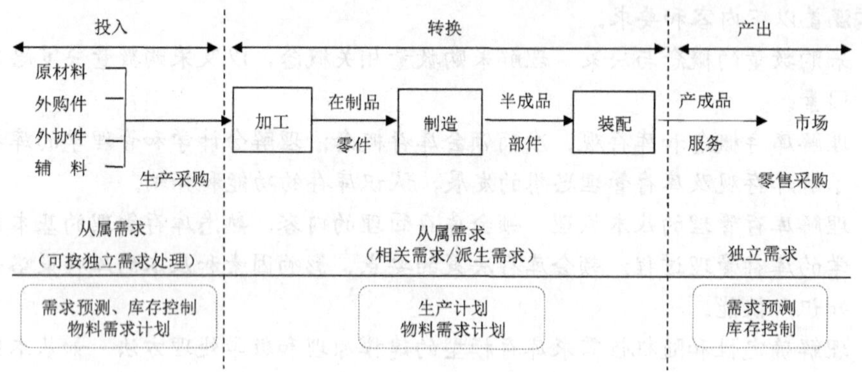

图6-1 供应链运作过程中的需求分析

合适的订货数量并不总是需求的数量。对于满足单个需求的采购，订购量可能等于需求量；但是企业的大多数采购是为了满足定期的经常性需求(Cycle Demand)，通常是按照多批次、成批量的形式来完成订货以满足这种计划期的需求。当然从长期来看，采购总量与需求总量也应该是相同的，这体现了一种供求对等关系。

6.1.2 订货量

订货量(Order Quantity)是指通过购买或生产用于补充库存的单位产品数量，可以表示为订货总量和订货批量。

批量(Lot size；Batch size)是在一次订货或一次生产中所产生的一种产品的单位或数量，通称为订货批量，一次生产的产出批量也称为生产批量。典型的按批量订货有三种形式：①单件订货，②小批量订货，③大批量采购，如表6-1所示。

表6-1 几种典型的订货批量模式

	批量模式	特 征	采购适应性
1	单件	一次一件、定制化	建筑设施、工程项目，按订单装配(Assemble-to-Order, ATO)
2	小批量	多件量小，小批量多批次，低库存高响应性	JIT采购，按订单生产(Make-to-Order, MTO)
3	大批量	多件量大，批量折扣，规模经济，高库存	MRP采购，按库存生产(Make-to-Stock, MTS)

6.1.3 订货政策

企业在反复性订购中，常常要应用一些订货政策(Order Policy)，这些不同的订货政策导致不同的订货数量，这些订货政策是企业采购政策的重要内容。

采购部门的数量决策取决于订货政策，而订货政策涉及供求预测、订单、合同、生产计划、库存控制等多方面的考虑。采购部门常用的订货政策如下。

(1) 需求合并和订单汇总。为了签约目的，将许多小的需求量汇总成大的订单。

(2) 预订单和预定系统。向供应商提前下订单，预定供应商不同零件的生产量，这是采购中的常规性做法。很多采购都需要预定来完成，企业为此要建立专门的预定系统。零售领域的库存管理者经常采用“提前预定”系统和“开放性购买”(Open to Buy, OTB)。OTB 是指预算与实际购买之间的差额。

(3) 期限合同结合“整订零取”订单。期限合同表明在一定时间内按协商的价格所估计的总需求量；“整订零取”是指订购一定时间的需求量，但分解为不同的交货期和数量。

(4) 合同组合。例如现货合同与期货合同的不同组合。

(5) 生产计划。生产控制者钟爱与物料需求计划(MRP)或看板系统相结合的短期平衡法、批量采购法。

(6) 库存控制。经济订货批量(EOQ)、数量折扣等库存方法影响订货量。

6.1.4 采购与供应计划系统

对定期需求进行采购有两个用途：或者在生产和运作中直接应用，或者为了保持库存以备将来使用。这就决定了采购供应的计划系统或者具有生产计划和控制系统的部分功能，或者使用库存计划和控制系统的部分功能，根据生产计划或库存计划来计算需要多大的数量以及何时需要以满足生产或库存的目的和要求。

生产计划和控制系统决定生产所需材料和零件的需求量的政策和程序，包括：①需求项目决策，即确定计划期内需求量的大小、订购的时间和订购的数量。②订货数量与生产控制方式。它主要有两种方式：a. 物料需求计划法，如 MRP MRPⅡ、DRP ERP 等；b. JIT 方式，即准时生产、准时采购、准时供应。准时制订货法又称为批对批订货(Lot for Lot, LFL)。

库存计划和控制系统决定和规划需要库存的商品和库存数量的政策和程序，包括：①库存项目决策。确定一定时期内需求量的大小、补货的订购时间和应该订购的数量。②订货数量与库存控制方式。适当的订货量取决于不同的库存补货方式，如经济批量法(EOQ)、固定批量法(FOQ)、固定期法(Fixed Period Requirement, FPR)。

6.2 库存理论

6.2.1 库存的概念

通常以下定义的方式来揭示库存的内涵。库存(Inventory)也称为存储、存货等，有狭义和广义之分，从过去到现在人们对库存概念的认识和理解也在发生一定的变化。传统意义上的库存概念正如其字面意义所展现的一样，是指处于存储状态的物品或商品，尤其是指在仓库中存放的物资。现代意义上的库存是指企业为了将来的使用或销售而持有的货物储备(Stock)。这两种定义都是比较狭义的理解，主要是企业生产和销售的实体产品库存。

库存在生产、采购、营销、物流等环节都是一个核心问题，这是因为库存就是制造过程和物流过程的对象。以汽车制造企业为例，在生产中涉及库存管理，在采购中也涉及库存管理，在物流仓储和运输活动中都要涉及库存。但是库存管理是一个独立的管理问题，与采购管理、生产管理、仓储管理和运输管理有密切联系，却也有本质上不同。通过对这些职能管理进行简单的“两分法”，来进一步分解和理解库存的概念。比如运输管理，运输是依靠运输车辆使装载的货物发生空间位移的过程，其中，车辆是载体、工具，车辆上装载的货物是运输作业的客体、对象，这个客体部分就是运输中的库存，称为“转运库存”“在途库存”，运输管理包括对车辆的组织管理，也包括对库存的装载调配管理。再如仓储管理，仓储过程是利用仓库设施对物资进行存储保管的过程，在创造时间价值的仓储活动中，仓库或堆场等设施是载体，而里面存放的货物是客体，是仓储活动的对象，这个客体部分就是仓储活动中的库存。还如生产管理，生产过程是将原材料加工成零件、将零部件装配成产品的制造转换过程。其中，厂房设施、生产线、加工机械设备是生产手段，而在工厂或生产线上正在被加工转换的原材料、零部件、半成品和产成品是生产过程的对象，这些被加工的客体对象就是生产过程中的库存，称为在制品库存和产成品库存。将以上的“两分法”概括起来就是产能管理和库存管理。产能管理是对加工设备、手段的管理，库存管理是对加工对象、客体的管理。因此，库存之所以重要、之所以是核心问题，就是因为它是企业从事各种加工、作业的“对象”，库存作为加工的“对象”，应该与加工的“手段”相区别。所谓“巧妇难为无米之炊”，没有库存，这些运作或管理活动将无法开展。

汽车行业是典型的实体产品制造行业，汽车供应链上以各种形式存在的物资都是制造过程和物流过程中被加工的“对象”，因此，正确地理解库存应注意以下几点。

(1) 物资的闲置就是库存，与这种物资的存放位置和存在状态没有关系。堆放在仓库中处于静止状态的物资是库存，装载在车辆上处于运动过程中的货物也是库存；处在工厂或生产线上正在被加工的物品是库存(在制品库存)，而放在零售店货架上等待销售的商品也是库存(商品库存)。

(2) 库存与货物存在形式无关。库存可以不同的形式存在，在供应链中的所有以原材料(RM)、零部件、在制品(WIP)、半成品、产成品(FG)和销售过程中的商品、返修品(RG)等形式，在未实现销售前存在的有价实物或有效订单都是库存。

(3) 企业的库存与企业的边界有关联。货物只要不超出主体的边界范畴仍然属于其库存，超出边界就不属于该主体的库存。比如企业的库存货物一旦超出了企业范围内就不再属于企业的库存范围；供应链的库存一旦超出供应链的边界范围也不再属于供应链的库存。因此，库存作为客体对象，应该与其主体范畴相对应。

库存的概念还可以从更一般意义上来理解。广义的库存概念是指一切暂时闲置的、供未来使用的有经济价值的资源，这个定义可延伸到不生产产品的服务业或其他行业。这是对库存的适应性、涵盖性最强的一般性定义，不仅表达了实体性的具体物资库存，也涵盖了范围广泛的抽象库存概念。库存的定义表述是严密的、精确的，定义本身无懈可击，但“暂时闲置”这样的术语对人们造成一定的误解，好像放在仓库里就是“暂时闲置”，而正在生产线上加工、装到汽车上转运、放在货架上待售就不是“暂时闲置”，这样理解就不正确了。这里，库存作为一种有价资产或资源，不仅包括工厂里的各种原材料、毛坯、工具、半成品和成品，而且包括银行里的现金，医院的药品和床位，运输部门的车辆等。甚至人、财、物、信息各方面的资源都存在库存问题，例如，专门人才储备就是人力资源库存；计算机硬盘中储存的大量信息就是信息库存。“离散事件系统仿真的一类研究对象是库存系统，不仅包括一般的物品库存、资源库存，还包括人才储备及信息管理这样广义的库存系统”(张庆英，2011)。因此，各种主体单位不同，其库存存在很大的差别，但是显然也有共同的特点、共同的本质，这就是作为工作的“对象”而不是“手段”而存在。虽然不同的组织库存内容不同，但是针对具体的企业、组织实体或供应链系统来说，其库存所指相对来说是十分确定的，什么是库存，什么不是库存，其概念和范畴应该确有所指，库存内涵和外延并不能无限扩展或随意缩小。总之，任何主体从事各项工作的对象就是它的库存，把握住这个度，就是对库存最一般性、最本质抽象、最通俗直观的理解！

6.2.2 库存的分类

库存分类是从外延角度来理解库存概念的有用方法。通过对库存分类，更容易把握库存，也可以与前述对库存的内涵界定相印证。各部门或管理者在供应链中所处的不同位置决定了对库存问题的重视程度，如财务计划者以“货币数”来看待库存，而供应链计划者一般以“单位数”来看待库存。事实上，从不同角度来讨论库存是很有用的方法。

1. 会计学角度的库存分类

会计学的库存也就是存货，存货是企业一项重要的流动性资产。表 6-2 是一个简单的资产负债表及其统计项目，在该表中，左栏记录了企业拥有的资产(Asset)，右栏记录了企业的资本(Capital)来源。资产所有权和使用权都属于企业法人，而资本所有权属于债权人或股东，企业仅拥有对资本的使用权。当然，企业对自有资本(如资产、利润留成转化为累积资本)拥有所有权和使用权。由于资本和资产之间的相互转化，价值量不发生改变，当资本都转化为同等价值的某种形式的资产的时候，或者资产被变卖补偿投资者资本的时候，表现为同时增加或减少的关系。因此，在资产负债表中“资产总额恒等于资本总额”，这是资产负债表记账和统计的一个基本原则。

表 6-2 认识财务报表中的库存形态及其资产价值

流动资产	负　债
现金	长期负债
应收账款	短期负债
存货资产	股东权益

续表

固定资产	实收资本
土地 厂房、建筑 机器设备 在建工程	(资本准备金) 剩余资金 (留存收益) (利润)
资产(Asset)合计	资本(Capital)合计

其中，公司所持有的资产，按照不同目的和性质，进一步分为流动资产、固定资产、长期投资等。所谓流动资产，是指预定一年内可现金化的资产，或者因销售目的而拥有的资产。流动资产可进一步分为活期资产(现金、存款、应收账款、赊欠款、短期拥有的具有市场性的有价证券等)、存货资产、其他流动资产(短期贷款、前期支付费用、返纳金等)。在流动资产项目下的“存货资产”统计核算了企业所有的以原材料、零部件、在制品、半成品、产成品、易耗品等形式存在的全部库存的价值。这种存货资产的价值一般称为“库存”“库存形态”。一般来说，零售业和批发商的存货大体上只有称为商品的项目；产品、半成品、原材料、在制品等项目是制造业的库存形式。虽然由于公司不同，其表现形式也有所不同，但是以商品、产品、半成品、原材料、购入零部件、在制品、消耗品、储备品等名目被记录在流动资产中，这些项目也就是会计学角度的“库存”。从会计科目上统计的库存项目和价值内容来看，与前面讨论的库存的内涵界定完全一致。

对大多数制造商、批发商和零售商而言，库存意味着一大笔资产投资(蒙茨卡等，2008)。会计报表中的库存资产的实物形态可以归纳为以下五种类别。

(1) 原材料、零部件和半成品。原材料(Raw Material)包括原料和材料，原料是指那些以大宗商品形式采购的原始货物或初级商品。材料是指从供应商处采购或内部生产的对生产需求提供直接支持的物料或产品。制成产品的原料(主要原料和辅助原料)和构成产品的材料(钢等材料)，通常合并，统一叫作原材料。零部件包括零件和部件，指那些以非成品状态采购的零散器件或组装件。半成品(Semi-finished Item)指那些在最终产品生产中作为投入要素的整型组装件或毛坯产品。半成品可以以此状态作为产品销售，但也可以从此状态进一步加工成为成品。在流动资产中不常见半成品这个项目，但大多包含在产品的项目里表示。

(2) 在制品(Work-In-Process, WIP)。在制品是指在任何时点上，处在加工中心或被加工状态的未完工产品。生产过程中的在制品有三种状态：正在某个车间工位上加工；即将进入下一道工序；因为加工能力瓶颈或机器故障等在工作中心排队等候处理。这些物料可能也是以原材料、零部件、半成品或成品的形式存在，例如没完成的处在加工中的原材料叫作在制品，建筑业中完成了一半的工程也是在制品，但在本质上在制品是指还没有转化为可销售的商品。

(3) 产成品(Finished Goods)。产成品是指以销售为目的在自己公司生产的成品。成品库存包括所有已完工产品，可以直接装运或交付订单。成品库存超出预期可能意味着客户需求量正在下降；而成品量低于预期可能说明客户需求正在增加。这两种情况都说明对客户需求预测与现有产出水平不相符。在“按库存生产”环境下，企业期望按照对未来客户的需求预测进行生产和持有成品库存，这种情况下，企业更应该严密地控制其产成品库存状态；而在“按订单生产”环境下，企业根据实际客户订单进行生产，成品库存不会出现过多或过少的情况。

(4) 维护、维修和运营物料(MRO)。MRO 物料是指用于支持生产和运营的备品备件，包括备件、消耗品、消耗工具、器具、备用品、工作用品、包装材料办公室器材和计算机等。这些产品并不属于企业的产成品，但对维持工厂、设备、企业的持续运营至关重要。大多数 MRO 储备品耐用年限不足一年，并且不足一定价格(比如低于 1 万元)。原本在购入时已经作为费用被消费，但到年末没有使用而剩下来的物品必须作为储备品记录在册。

(5) 商品(Commodity)。商品是指以销售为目的从其他公司采购来，又照样卖出的东西。即使在自己的公司进行检查、分类、包装等，如果没有对物品本身进行加工的话就叫商品。商品还包括带销售目的的所有土地、建筑物及其他不动产。所以，商品是指产品转化为可销售交易状态，商品是批发零售企业的主要库存形态。

“库存”概念与“商品”概念不相同，但内容上有交叉。例如，正在生产线上加工的在制品属于库存的范畴，但“在制品”不能交易买卖，不属于商品；而生产设施和机器生产线等设备资产，是可以由购买获得的商品，但却不属于企业“库存资产”的范畴，这是因为它们是加工手段、是产能，而不是被加工的对象。设施设备不是一次性使用转化到产品中去，而是多次重复使用，以价值折旧的形式逐渐转移到产品中去，因此是固定资产，不是库存资产。在采购活动中，物料订单已经发送并已得到供应商签认，这种订单称为有效订单，即使所购买的实物尚未到达，其价值应计入物料存货资产；而在营销活动中，企业接收了顾客的产品订单，并可能已收到货款，即使这些产品实物尚未发货，但也视为产品已售出，其价值和所有权已发生转移，这称为有效销售，不再计入产品库存资产。一般情况下，汽车行业库存资产大约占企业总资产的 5%～30%(Wisner 等，2010)，如表 6-3 所示。

表 6-3 汽车企业年末库存投资总额及其占年收入和总资产的比例 单位：百万美元

企业名称	核算时间	年末库存	年总收益	占 比	总资产	占 比
福特公司	2006/12/31	11578	160123	7.23%	278554	4.16%
丰田公司	2007/3/31	15281	202864	7.53%	275941	5.54%
通用汽车公司	2006/12/31	20046	207349	9.67%	186192	10.77%

2. 管理学角度的库存分类

管理学角度库存分类的目的是为了对不同类型的库存实施不同的管理策略，不同的分类标准是为了管理方式的需要。企业库存管理和利用情况如何，直接关系到企业资金占用水平以及资产的运作效率。在不同的库存管理水平下，企业的平均资金占用水平差别较大，因此，合理的库存管理对企业的经营管理和发展起着非常重要的影响(Rogers 等，1991)。

管理学的库存分类标准很多，一般按库存的功能和作用将库存分为周期库存、安全库存、在途库存和调节库存。

(1) 周期库存(Cycle Stock)，又称为周转库存、循环库存、批量库存。周期库存是批量造成，批量采购造成原材料、零部件周期库存，批量生产造成产成品周期库存，零售企业按批量采购商品造成周期性商品库存。当生产或订货是以每次一定批量而不是以单件次的方式进行时，这种由批量周期性地形成的库存就称为周期库存。按批量进行生产或订货的主要原因如下。一是为了获得规模经济性。由于设置成本(在生产中是机器或生产装置的调整成本，在订货过程中为处理订单的订货成本)较高，按批量生产或采购可以分摊固定成本，具有明显的规模效益。二是为了享受数量折扣，比如在价格方面或运费方面的数量折扣。周期库存的大小与订货的频率有关，如何在订货成本和库存成本之间作出权衡，是决策时要考虑的因素。

(2) 安全库存(Safety Stock)，又称为缓冲库存。安全库存是生产者为了应付需求的不确定性和供应的不确定性，防止缺货造成的损失而设置的一定数量的弹性存货。如果生产者能够预先知道未来的需求变化或者可以确定供应的交货日期和数量，则无设立安全库存的必要。安全库存的数量除受需求和供应的不确定性影响外，还与企业希望达到的顾客服务水平有关，这些是安全库存决策要考虑的因素。

(3) 在途库存(In-transit Inventory)，又称为运输库存。它是处于相邻两个工作地之间或是相邻两级销售组织之间的库存，包括处在运输过程中的库存，以及停放在两地之间的库存，或位于配送渠道各个阶段的库存。许多消费品的库存要么在运输途中，要么在分销商的仓库里，要么在零售店的货架上。运输库存取决于输送时间和在此期间的需求率。

(4) 调节库存(Adjust Inventory)，又称为预期库存。调节库存是为了应付未来需求的预期增长而准备的调节性库存，包括季节性预期和投机性预期等。季节性库存由于需求的季节性或是采购的季节性特点，必须在淡季为旺季的销售，或是在收获季节为全年储备存货。投机性库存(Speculative Stock)又称屏障库存，是指为了避免因物价上涨造成的损失而建立的库存，或者为了从商品价格上涨中获利而暂时保持的库存，具有投机或投资性质，如一些矿产品或农牧产品等。预期库存的设立除了季节性原因、投资性原因之外，还出于使生产保持均衡的考虑。因此，预期库存的决定因素除了脱销的机会成本外，还应考虑生产不均衡的额外成本，如生产设备和工人闲置时必须支出的固定成本以及加班的额外支出费用等。

此外，按用户对库存的需求特性将库存分为单周期需求库存(一次性)和多周期需求库存(重复性)、独立需求库存和相关需求库存、确定需求库存和随机需求库存等不同的类型。根据库存产品特点可将库存分为稳定性产品库存和易变质产品库存、单一产品库存和多产品库存。这在库存管理和建模中也是通常要考虑的库存特性。

6.2.3 库存的观念

1. 两种对立的库存观

库存观体现了人们对库存的不同看法。在库存管理思想发展史上出现过两种绝然相反的库存管理理念，这也推动了人们对库存认识上的发展和进步。

早期的观点认为库存是必要的储备和重要资产，库存是企业生产运作和供应链管理全过程的“无缝连接器”。从财务会计角度来看，库存是一种流动资产，它与现金、应收账款、有价证券位于流动资产栏目，这会让人们不由自主地认为拥有库存是有好处的，多年来企业管理者都是从这种角度来看待库存这种特殊资产，但是这正是导致库存管理发展缓慢的原因之一。

在资源短缺、产品匮乏的时代，拥有较充足的库存资产是企业的宝贵财富，有利于保证企业的生产经营活动。这种库存观导致企业在行为上以尽可能多地占有资源，甚至囤积大量的储备物资作为一种优先手段，企业不论规模大小，库存现象十分普遍，而全然没有认识到库存有什么害处、会带来什么不利。在资源短缺时代，这种行为是可以理解的，一方面，资源稀缺始终是存在的，企业拥有再多的资源都不显得过剩，因为库存资源过多而在企业中造成停滞、沉没、积压等现象，基本上不可能发生；另一方面，拥有库存资源可以给企业带来多方面的好处，相对而言库存占用资金、占用空间等消极因素显得微不足道。

日本丰田汽车公司提出 JIT 生产方式之后，提出产品零缺陷、零库存和持续改善等目标，认为库存是巨大浪费，“库存乃万恶之首”。由于库存占用了大量流动资金，影响了企业宝贵的现金流和资金周转效率，把企业存在的隐患和管理不善等弊病都掩盖了起来，一旦库存水平下降，被掩盖的潜藏问题便开始显露。不合理的库存管理使企业包括许多国际大公司都陷入过困境，例如诺基亚(NOKIA)、戴尔电脑(DELL)、国际商用机器(IBM)、思科(CISCO)、爱立信(ERICSSON)等都有过库存管理不善带来的惨痛教训。

丰田汽车公司对库存的新看法打破了人们对库存的固有观念，具有颠覆性的影响，意义重大。管理者开始认识到库存投资对现金流、运营资本和利润率的影响，将库存作为资产来进行管理，还是作为负债来进行管理引起了人们的争议(蒙茨卡等，2008)。

2. 库存管理思想的发展

库存管理思想的发展是随着经济发展趋势和企业管理思想以及信息技术进步而不断演变的。经典库存管理理论早在 20 世纪 30 年代就已形成，五种基本库存管理模型和 ABC 分类法已在企业中得到了广泛应用。随后系统化的生产库存管理经历了从 MRP、MRPII 到 ERP 的发展过程，基于 ERP 系统下的库存管理将是库存管理技术的发展方向。供应链环境下出现的新的库存管理方法，则代表了现代库存管理理论的发展趋势。

(1) 传统的库存资源观。传统的库存观认为库存是企业的资源或资产，所以储备越多越好；只有保有更多的原料库存和产品库存，才能保证企业生产经营工作的稳定性和连续性。在实践中，企业普遍存在的是对库存的正面看法。例如，20 世纪初，福特汽车公司通过发明流水生产线以大批量生产方式生产 T 型汽车，企业总体上是一种“为库存而生产”(Make to Stock, MTS)的运作方式，企业对于原材料、零部件和产品库存基本上是一种多多益善的态度，根本不存在“库存过剩”“库存过多是浪费”这样的看法。20 世纪 30 年代，流水线生产方式已经成为汽车生产的一种主导生产方式，这种高效率的大规模生产造成企业所需原材料和零部件成倍增长，汽车产量和规模也成倍增长，从而也引起人们开始关注库存，出现了对库存的新看法和优化库存管理的理论研究。

(2) JIT 的零库存观。在 20 世纪后半期，汽车行业进入一个市场需求多样化的新阶段，而且对质量的要求也越来越高，汽车制造业如何减少生产过剩带来的库存浪费，如何有效地组织多品种小批量生产成为面临的新课题。在这种历史背景下，1953 年，日本丰田汽车公司综合了单件生产和批量生产的特点和优点，创造了一种在多品种小批量混合生产条件下高质量、低消耗的生产方式即准时生产制(Just in Time, JIT)。丰田公司从运作和管理的角度考虑，认为库存掩盖了管理中的问题，过多库存是不必要的浪费，所以要求尽量减少库存，甚至追求零库存，这是丰田公司 JIT 生产方式的基本目标和重要内容，从此也颠覆了人们对库存的固有观念。零库存概念的出现，是近数十年间，库存管理领域所发生的重要的哲学理念上的根本转变(Rogers 等，1991)。对零库存观需要作出几点说明：一是 JIT 对库存概念的理解是相对狭义的，所以才有“零库存”的说法；二是零库存只是一种目标极限，作为一种持续追求的目标设定，强调库存降得越低越好。零库存概念与最小化库存概念一样吸引人，但是，在实际应用中这并不现实(Rogers 等，1991)；三是现实中，零库存在供应链的某个环节是可以存在的，但是在整体供应链中库存不可能为零，在一个节点不存在，必然会在另一个节点存在。

(3) MRP 的适当库存观。不同于上面两种极端观点，现在通行的库存观一般认为库存有利有弊，有时候保留一定的库存是必要的，完全消除库存也是不可能的，关键是怎样趋利避害，保持适当的库存水平，这就是以 MRP 生产方式为代表的现代库存观。这种库存观对库存的作用和弊端有比较全面的看法，一方面，库存具有协调、稳定、连接和缓冲作用，能防止生产中断、防止销售短缺、节省订货费用、改善服务质量等；另一方面，库存又会带来一定弊端，如占用大量资金，产生一定的库存成本，掩盖了企业生产经营中存在的问题。在目前条件下，库存过大或过小对企业来说都是不现实的，而保持合理有效的库存才是可行的、符合实际的(保罗·齐金斯，2013)。

(4) 供应链环境下的协同库存观。在供应链管理背景下，又提出了一些新的库存管理方式或模式，如供应商管理库存(VMI)，联合库存管理(JMI)，协同规划、预测和补给技术(CPFR)，多级库存优化和控制，战略库存控制等，代表了现代供应链库存管理理论的发展趋势。这些库存方法的核心思想就是按照供应链管理的逻辑原则，上下游企业或部门协同、合作，共同定位、处理和管理库存问题，其实质仍然是强调在保证运作顺利进行、满足服务水平的前提下，尽量减少供应链中的整体库存及库存成本。

6.2.4 库存的功能

1. 库存对供应链的影响

(1) 库存直接影响到成本和服务。在供应链的某些地方不可避免地需要一定数量的库存来为最终顾客提供足够的服务，然而持有库存也会使企业产生成本。增加库存，通常会提高客户服务水平，但是伴随而来的是更高的库存成本。

(2) 库存具有整合需求和供给、维持各项活动顺畅进行的功能。一般来说，企业在采购生产阶段，为了保证生产过程的平稳化和连续性，需要有一定的原材料、零部件的库存。而库存商品需要占用资金，发生库存维持费用，并存在库存积压而产生损失的可能。因此库存管理既要防止缺货，避免库存不足；又要防止库存过量，产生不必要的库存费用。

(3) 库存的存在有利有弊。一般认为，库存几乎是每一个生产产品和提供服务的企业或组织生产管理的重要内容，尤其对制造企业和商业企业来说更是如此。它一方面能有效地缓解供需矛盾，使生产尽可能均匀，有时甚至还有“奇货可居”的投机功能，为企业盈利；另一方面它占用大量资金，减少了企业的利润，掩盖了企业管理不善的各种矛盾，使企业效益低下甚至导致企业亏损。

2．维持库存的作用

(1) 缓冲作用(Buffer)：库存设置在各生产活动之间，它使得前后的生产活动分隔开来，使一个生产活动的变化不会影响到其前后的生产活动，成为化解波动的缓冲器或冲击吸收器。这种功能叫作库存的“分离功能”。

(2) 连接作用(Link)：从经营整体的立场考虑，需求、生产、订货等活动群，或者生产活动中的材料加工、零部件制造、产品组装等活动具有不同的活动特性，有必要将各单位活动群统一起来，并且作为整体的高效系统进行重构。可以认为，通过库存将各单位的活动有机地连结了起来，这种功能叫作库存的“统一功能”。

库存的缓冲和连接作用构成矛盾统一体，库存的这种双重特性对于顾客营销、生产运作、采购供应和物流都有积极的功用，这是导致有必要持有一定实物库存的原因。但无论持有库存的原因是什么，企业管理者都必须关注库存总成本，在满足竞争和客户需求的同时尽可能最小化库存投资和总成本。

3．库存带来的问题

企业常常以持有过量库存来应对供应链中出现的失误或波动，并常常以安全库存和安全提前期的形式出现。尽管持有实物库存是生产运营和物流过程的必然要求，但并不能因此而持有过多库存。

库存过大会带来多方面的问题：①占用大量资金，影响现金流，资金周转困难；导致利息、利润损失；引起变质和贬值及减价出售损失。②增加库存成本和费用，如存储成本、搬运成本、管理费用；产品更新难，生产效率低。③掩盖了生产经营和管理上的问题，如掩盖低劣的质量；掩盖拙劣的计划；掩盖不良的供应。大多数库存浪费来源于管理中的问题没有得到纠正，持有库存掩盖了运营效率低下的事实。如果无法解决这些潜在的低效问题，都依靠库存来掩盖这些问题，那么低效率的生产商肯定无法与高效的生产商展开竞争，因此经验丰富的管理者更愿意把库存看成需要控制和消除的不良资产项目。

相反，库存过小也有不可取的缺点。例如，产品脱销，机会损失和信用降低；对订货、生产、销售的应急降低；交货延期、高价采购、人员增加、波动加剧。

6.3 库存管理

库存管理又称存货管理，就是对库存的作业与控制。库存管理不仅是对库存量、库存水平的管理，实际上对整个库存物资的保管和控制都是库存管理的内容。库存管理是企业管理活动的核心内容，也是一项独立的企业管理活动，其目标就是要搞好存货的科学管理，保证企业生产或经营活动能够正常进行；同时加强库存控制，使库存量维持在合理水平上，以高物流系统的效率，降低库存成本，提高企业的经济效益和竞争力。

在采购与供应链管理中，库存管理要解决四大关键问题，如图 6-2 所示。一是库存质量维护。考虑存货的储藏与保管以及如何运输、装卸、搬运作业等，重点是维护库存质量、库存物资作业管理及各种单据的管理。二是库存水平控制。管理补充库存的行为，并对这种行为进行控制。三是库存定位决策。在供应链管理环境下如何确定合理的库存存放位置，将是现代库存管理的新问题。四是库存资产管理。从库存资产价值的角度来看，库存资产是企业流动资产、运营资产的集中体现。库存不足将直接影响企业止常运作和经营活动，但是库存过多不仅占用大量运营资金，也会直接影响企业现金流和资金周转。

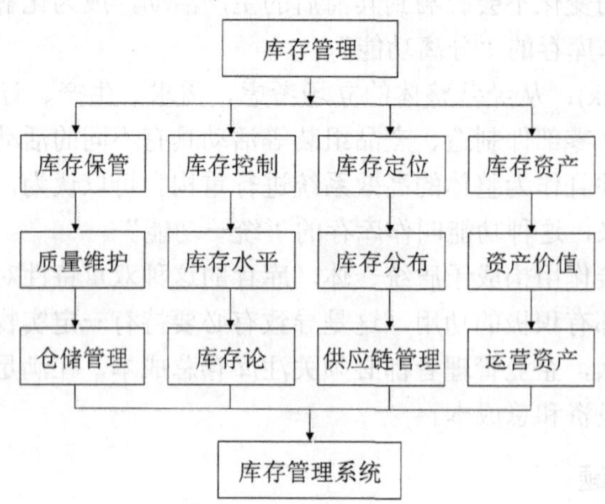

图 6-2　采购供应链中库存管理的四大关键问题

6.3.1　库存质量维护

库存质量维护主要发生在仓库设施和存储地点对存货进行保管作业活动，考虑存货的储藏与保管以及如何运输、装卸、搬运、配送作业等，重点是库存物资作业管理，如处理物资入库、盘存、出库等具体业务，以及各种库存信息单据的处理，如入库单、领料单、外拨单、退料单、盘点单等，目的是有效管理物资，随时掌握库存物资的动态，以便查询和制作各种报表。

存货保管的业务内容和主要活动包括：①入库货物的数量清点和验收；②库存物资的保管维护和明细记录；③库存货物的盘存、统计分析；④入库、出库时，货物的配载配送；⑤积压物资的处理与回收再利用。

库存保管和质量维护通常是日常的管理任务，强调日常工作的技术和作业效率。它主要是从技术上、作业上对库存进行管理。对库存质量的维护体现为以下十大评价指标：库存周转率、及时发货率、账卡物相符率、平均库存量、库存物料数量完好率、库存物料质量完好率、仓库面积利用率、仓库容积利用率、运输质量保证率和配送质量保证率等。

(1)　库存周转率(Inventory Turnover Rate, ITO；Stock Rate of Turnover, SRT) =年总销售库存/年平均库存。

(2)　及时发货率=(实际及时出库的数量/要求及时出库的数量)×100%。

(3)　账卡物相符率=[1-(账卡物不符项数/库存物品总项数)]×100%。

(4)　月均库存量=(月初库存量+月末库存量)/2　年均库存量=各月平均库存量之和/12。

(5)　库存物料数量完好率=(计划期内数量完好物品总量/计划期内入库物品总量)×

100%。

(6) 库存物料质量完好率=(计划期内质量完好物品总量/计划期内入库物品总量)×100%。

(7) 仓库面容积利用率=(仓库内实际使用面容积/仓库内有效面容积)×100%。

(8) 运输质量保证率=(无质量事故的运输量/总运输量)×100%。

(9) 配送质量保证率=(无质量事故的配送量/总配送量)×100%。

库存控制绩效的两个常用测评方法是服务水平和库存周转率且二者之间存在一定的悖反关系。服务水平衡量满足货架需求的成功程度，它反映库存在满足需求方面的有效性(Effectiveness)。库存周转率与库存方面的资金投入有关，可以用一段时期的总使用量除以同一时期的平均库存量，它用来测量企业经营方面的运作效率(Efficiency)。服务水平和库存周转率存在一定的悖反关系。

企业管理者习惯从库存对财务指标影响的角度解释库存管理的必要性。然而高层管理者(如 CEO)与业务管理者(如供应链经理)所考虑的绩效标准不同，对库存管理的重要性的认识可能会有偏差。供应链经理关心库存周转率，企业 CEO 和财务经理更关心投资收益、经济增加值、资产回报率、运营成本、现金流和边际利润，供应链经理只有向企业的 CEO 清楚解释库存周转率对财务指标的影响，才能使管理层认识到库存管理的重要性。

例如，表 6-4 说明了有效的库存管理对投资回报率等财务指标产生的影响。库存周转率每提高一倍，都极大地降低了库存开支。较低的库存开支有利于降低库存投资，增加现金流，获得更高的利润率。同时，更大的好处是使得投资回报率从 7.26%提高到 12.64%，意味着投资回报率提高了 74%。

表 6-4　库存管理与财务绩效的联系　　单位：百万美元

公司 A	2010 年	2012 年	2013 年
总产值	200	200	200
销售额	170	180	190
资产			
现金	10	10	10
应收账款	10	10	10
有价证券	15	15	15
存货	30	20	10
厂房与设备	75	75	75
总资产	140	130	120
相关财务计算			
库存周转率=销售额/库存	170/30=5.67(次/年)	180/20=9(次/年)	190/10=19(次/年)
资产周转率=销售额/总资产	170/140=1.21(次/年)	180/130=1.38(次/年)	190/120=1.58(次/年)
投资回报率=利润率×资产周转率	6%×1.21=7.26%	7%×1.38=9.66%	8%×1.58=12.64%

6.3.2 库存水平控制

1. 库存决策目标

库存的物资控制就是从管理角度、决策角度，考虑库存管理的合理性、经济性与最优性，重点是根据外界对库存的要求和企业订货的特点，预测、计划和执行一种补充库存的行为，并对这种行为进行控制。库存控制主要是与库存物料的计划有关的业务，内容包括需求预测，确定物资的订货量和订货时间，给库存物资合理分类以便于管理人员抓住重点，区别对待各种物资。通过对制造业或服务业生产经营全过程的各种库存物品、产成品及其他资源进行管理和控制，掌握库存动态，适时适量地提出订货，避免超储或缺货；减少库存空间占用，降低库存的总费用；控制库存资金占用，加速资金周转；支持生产经营活动，即在保证企业生产和经营需求的前提下，使库存量保持在经济合理的水平。为了使库存控制科学、准确，常常需要建立一些能反映实际商业运作的数学模型，然后利用计算机进行辅助决策，从而得到一个合理的库存量。

库存水平即库存量，一旦回答了按库存生产或按订单生产的问题，那么这些设施中需要维持的库存水平就必须确定(Kaminsky 等，2008)。库存水平决策与控制理论是传统库存管理最重视的领域，涌现了许多理论模型，奠定了经典库存论的理论基础，目前仍然有大量的研究文献和新模型出现。库存控制模型从经典库存论发展到今天供应链库存决策模型，已经成为十分丰富多彩的库存管理体系，然而对库存决策和控制的研究仍然没有停止，新的问题、建模和算法不断涌现，对许多研究者具有吸引力。

企业库存物料的库存数量是经常变动的，为了使库存量保持在合理的水平上，就要进行合理的、科学的库存控制。当库存物料的储备数量过少时，则不能满足企业生产或经营的需要；而储备数量过多时，不仅要占用大量资金，影响流动资金的周转，而且要占用大量的生产面积和仓库面积，还可能由于长期积压而使存货损坏变质，造成浪费。因此，合理的库存量基于两点考虑：一个是用户服务水平，即在正确的地点、正确的时间，有足够数量的合适商品满足生产或经营的需要；另一个则是订货成本与库存持有成本。

库存管理的总目标就是要加强库存控制，搞好存货的科学管理。设置库存控制的目标通常有以下两种方式。

(1) 成本最小化：在既定服务水平下的最低库存储备即各项存储活动的总费用最少。成本最小化为目标的管理重点是：基于运作、成本导向、效率为中心。

(2) 服务最大化：在库存成本的合理范围内达到满意的顾客服务水平。即在一定成本条件下，满足需求率(工厂一般要求不缺货)的最高服务水平。服务最大化或者企业收益最大化为目标的管理重点是：基于客户、需求导向、服务为中心。

为了实现库存管理目标，应尽量使库存平衡，库存管理人员须作出正确的库存决策。库存控制政策(Inventory Policy)的重点在于确定如何订货，何时订货，订购多少。具体来说，库存决策有以下几方面的内容和任务。

(1) 确定库存控制程度，即满足用户需求的服务水平。

(2) 确定两次订货之间的间隔时间。何时检查库存？有两种库存检查或盘存方式：连续检查、永续盘存库存系统(Continuous Review)和周期检查、定期盘存库存系统(Periodic

Review)。

(3) 确定每次订货的提前期(Lead Time)。何时补充库存？即确定订货时间。下订单时的库存水平叫再订货点(Reorder Point)。

(4) 确定每次订货的订货量。补充多少库存？即确定订货数量(如订货批量)。

2. 影响库存决策的因素

在作出库存控制决策和建立库存政策的过程中，特别是建立库存控制的模型时需要考虑多方面的影响因素，例如，要考虑库存不同的需求特征、产品类型、订货策略、交付方式、客户服务水平和库存成本等。

1) 需求特征

对库存产品的需求(Demand)是指在一定时期内从库存中取出以响应某种用途(如生产或销售)的产品数量(希利尔等，2003)。库存的需求特性体现在以下几方面。

(1) 单周期需求和多周期需求。单周期需求是发生在比较短的时间内，或库存时间不能太长的需求，称为一次性订货问题。它主要有两种情况：偶尔发生的某种物品的需求，如奥运会纪念章、新年贺卡等；经常发生的生命周期很短的易变质、易贬值物品的需求，如生鲜、报纸等。多周期需求体现为在长时间内需求反复发生，要重复订货以补充库存。

(2) 独立需求和相关需求。独立需求(Independent Demand)是指对一种物料的需求，在数量上和时间上与对其他物料的需求无关，只取决于市场和顾客的需求。独立需求是一种外生变量(Exogenous Variable)，如企业的产品需求，取决于市场和消费者需求。相关需求(Dependent Demand)是一种从属需求、非独立需求，是指对一种物料的需求，在数量上和时间上直接依赖于对其他物料的需求。相关需求是一种内生变量(Endogenous Variable)，如生产过程中的原材料、在制品需求等，可以通过产品结构关系和上下游的生产比例关系推算确定。

(3) 确定需求和不确定需求。如果对未来一定时期内的库存需求能够在一个相当高的精度内进行预测，则需求是确定性的。现实中研究的确定需求体现为产品需求在每一相同的时间段内基本都相同，即产品以一个固定速率从库存中取出的情形。相反，不确定需求指需求不能完全准确地预测，也不是固定需求率。现实研究中考虑的不确定需求大多是随机性需求，这种需求有一定规律，可以通过统计方法来估计。

2) 产品类型

产品(Product/Item)特征是影响库存决策的因素之一，不同类型的产品或品目，其库存控制方法不同。库存的产品特性主要体现为以下几个方面。

(1) 单一产品和多种产品：经典库存模型都是关于单一产品在单一地点的库存问题。而实践中许多库存系统必须同时处理很多种产品，有时甚至是成百上千种产品。对于多产品库存可以分别对每一种产品使用单一产品建模，但实践中流行的最简单的方法是 ABC 分类控制法。

(2) 稳定性产品(Stable Product)和易变质产品(Perishable Product)：稳定性产品指能无限期保持可出售状态的产品。易变质产品是在出售之前仅能在库存中保持非常有限时间的产品。

(3) 自制与外购(Make or Buy)：自制产品类似于生产库存；外购产品类似于采购

库存。

3) 订货策略

订货策略(Order Strategy)或订货方式要考虑几个要素：订货间隔期；订货提前期；订货的数量。

(1) 定量订货系统和定期订货系统。固定量订货方式是指库存消耗达到某一预先确定的量(称为订货点)，根据经济订购量(或经济生产量)进行订货(或生产)的方式。定量订货系统连续不断地监视库存余量的变化，当库存余量下降到某个预定订货点时，就向供应商发出固定批量的订货请求，经过一段时间(称为提前期)，订货到达补充库存。定量订货每次的订货批量都相同，由于消耗速度的变化，其结果是订货时间没有一定的间隔，订货期不固定。定量订货系统要发现现有库存量是否到达订货点，就必须随时检查库存量，这样就增加了管理工作量，但它使库存量得到严密的监控。因此，定量订货系统适用于重要物资的库存控制。固定期订货方式是指订货周期固定为每季、每月、每周的某一日，时间间隔固定的订货方式。定期订货系统按照固定周期进行将来的预测并制订计划，只按需求量进行订货。每经过一个固定的时间间隔，发出一次订货，将现有库存补充到一定水平，所以每次的订货期间稳定而订货量不一样。其优点是不需要随时检查库存，简化了管理，也节省了订货费用；缺点是不论库存水平降得多还是少，都要按期发出订货，当剩余库存很高时，订货量是很少的。因此，定期订货法适用于相对不重要的物资的采购和库存管理。

(2) 连续检查和周期检查(Continuous Review & Periodic Review)。现有库存水平被连续监控的库存系统称为连续盘存系统或实时检查系统。库存水平被定期检查的库存系统称为周期盘存系统或定期检查系统。

(3) 订货提前期。确定性提前期一般是订货提前期已知且固定；随机性提前期是指提前期变动的情况，可以通过统计方法估计得到提前期分布和统计量。

4) 交付方式

交付(Delivery)涉及交货时间、到货延时、缺货补充等问题。

(1) 瞬时到货和延迟到货：瞬时到货指为补充库存而订购的货物在需要时能立即到达。而延时到货体现为库存补充过程有一定时间的延续性。

(2) 允许缺货和不允许缺货：缺货(Shortage/Stockout)是库存彻底耗尽，再出现需求时不能立即满足的情况。缺货量/缺货订单(Backorder)指因为库存耗尽而无法满足的产品需求的数量。

(3) 缺货补货和缺货不补货：补充缺货(Backlogging)指当发生缺货时持有缺货订单并在得到货物时予以补充。

5) 客户服务

客户服务水平(Service Level, SL)也称为服务级别、服务目标，即供应对客户需求的满足程度。服务水平的高低对库存控制决策将产生重要的影响，如要 100%满足顾客需求即服务水平为 100%，则需要设置高库存水平。设置正确的服务目标是一个重要的战略性决策，也是确定合理的库存水平的关键驱动因素。

(1) 对最终顾客的服务才是关键。顾客关心的是他们接受到的服务，而不是供应链内部提供的服务，供应链可以通过不同的设计达到相同的最终顾客服务目标，如设置较低的内部服务水平，追求内部低成本。而以较高的成品库存缓冲来提供较高的最终顾客服务水平也是有意义的，而在其他时候，这样做可能是错误的。

(2) 对供应链中所有产品不必设置相同的服务目标，针对不同的顾客服务目标也可以不同。

(3) 了解你的顾客是如何衡量服务的也很重要。

(4) 客户服务水平取决于对顾客需求的预测和把握。

(5) 库存与服务水平(Service Level)的关系。库存直接影响到产品可获性、产品供应到市场的速度，这些都是良好客户服务的关键要素。服务几乎总是与企业在一定时间内满足客户需求的能力有关。库存位置和库存数量决定了组织提供较短的客户响应时间的能力和满足不确定的客户需求的能力。较差的客户服务水平导致的结果包括销售机会的损失以及某些情况下供应链合作伙伴提出的财务惩罚。如图 6-3 所示，A^*点是当前的绩效；A 点是当前的效率边界；B^*点代表改善后的绩效；B 点表示改善后的效率边界。库存和服务水平关系曲线意味着，随着库存水平的提高，服务水平也得以提升，但是提升的速度会变慢；库存水平提高到效率边界处，再增加库存水平，服务水平不升反降。但是随着企业库存和服务水平的关系得到改善，二者的关系曲线向右移动，意味着同样的库存水平获得的服务水平和效率边界都得到了提升。

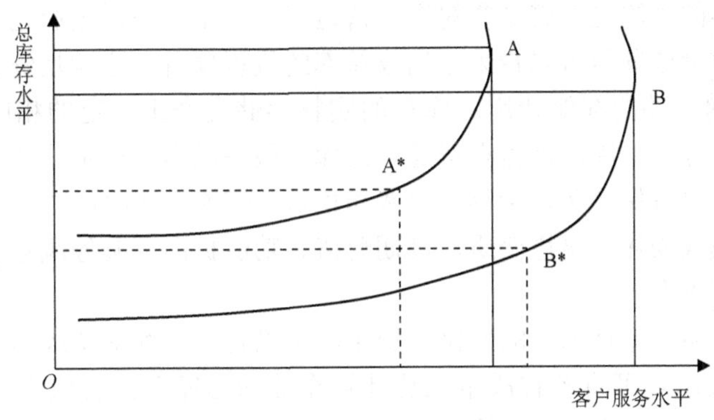

图 6-3 库存与服务水平

6) 库存成本

订货和持有实际货物库存都会产生多种成本，比如固定成本和变动成本。固定成本(Fixed Cost)是指不论决策如何都保持不变的成本；变动成本(Variable Cost)是指随决策的不同而有所变化的成本。比如，随库存量增加而增加的费用有：①资金成本；②仓储空间费用；③物品变质和陈旧；④税收和保险。随库存量增加而减少的费用有：①订货费；②调整准备费；③生产管理费；④购买费和加工费；⑤缺货损失费。

再如，显性成本和隐性成本。显性成本包括库存本身价值、物料采购费用、库存管理费用(如存储费、人员工资、保险费等)。隐性成本是指物料贬值风险、损坏和失窃风险、缺料风险(如停线损失、紧急补料费等)和失销损失。

总库存成本一般以年为时间单位。不管是零售商和批发商通过采购产品来补充库存，还是制造商通过生产产品来补充成品库存以应付客户的购买，以及制造商通过采购原材料和零部件来补充原料库存等，在库存模型中都倾向于使用相同的术语来描述库存成本。库存模型中涉及以下四类成本。

(1) 获取成本(Acquisition Cost)：是指通过采购或者自行生产而补充库存的直接成本。如果是采购，获取成本相当于购买价格；如果是生产，获取成本相当于直接生产成本。通常情况下，单位获取成本表现为一个固定的单位成本，但是，这种单位成本与库存物料价格和批量存在一定关系。当大批量采购时可能有数量折扣，从而降低采购价格；大批量生产活动也会降低产品生产的单位成本，这主要是由于对生产中固定成本的分摊费用降低了。单位成本是最基本的、最容易量化和跟踪监测的库存相关成本，成本会计主要负责识别单位成本并对其进行归类。

(2) 准备成本(Setup Cost)：是指初始化补货程序而带来的库存相关成本。如果补充库存是通过采购来完成，准备成本就是订货成本，包括所有与物料订单核发相关的成本总和，如准备和处理订单、运输成本、接货验货、处理付款手续、其他与获取货物相关的订货费用和管理费用。如果补充库存是通过制造商自己生产零部件或产品来完成，那么准备成本就是生产启动成本，包括机器设备的安装调试成本、调整生产工艺的生产启动费用。因此，准备成本是每次订货或生产的固定成本，它与批次有关，而与批量无关。

(3) 持有成本(Holding Cost)：是指将货物放置到库存中直到另有用途时的存储费用，包括资金成本、仓库成本、折旧、损坏、保险等。它一般分为四项：①库存占用资金的资本成本。持有库存的缺陷之一就是会对企业营运资金产生影响，企业无法将这些资金或资源用于其他经济用途或其他可以带来更高收益率的投资项目，这就是资金被占用的机会成本。②与存储空间有关的存储费用。库存的实物存储会产生一定的相应成本，如空间占用、仓库租金折旧分摊、周期性盘存费等。③库存服务成本，指企业或社会组织为库存提供服务的支出，主要有保管费，货物保险费和税费。④库存风险成本。由于持有库存可能会增加被盗、破损或损坏、腐烂变质、过期贬值、功能折旧等财务风险，这些风险成本也是持有库存的重要成本。

库存持有成本随着库存水平的变化而变化，所以它是一种变动成本，通常用每单位货物的年持有成本表示。可将各种成本汇总计算企业的总库存持有成本，对大多数企业而言，库存持有成本率约占库存价值的 15%～25%，具体取决于企业的资本成本价值。库存持有成本的计算可用下面几个等价公式表示：

年库存持有成本=平均库存水平×单位价格×库存的年持有成本率
=平均库存水平×单位库存的年持有成本
=库存价值×库存的年持有成本率

例如，某企业平均库存水平为 1000 单位，单位存货价值(市场价格)是 100 元，每年的持有成本率为 20%，那么每年的库存持有成本为 1000×100×20%=20 000(元)。同时，单位库存的年持有成本为 100×20%=20(元)；库存价值为 1000×100=10 000(元)。如果库存年周转率为 2 次，那么库存占用的资金价值为 10 000×1/2=5000(元)，意味着企业需要准备 5000 元资金用于库存周转。

(4) 缺货成本(Shortage Cost or Penalty)：指需要从库存中取货而库存中已无货时发生的成本，包括失去销售机会带来的损失、信誉损失以及影响生产造成的损失。失去销售机会带来的损失通常是指不能满足客户订单可能导致的机会成本、缺货损失、惩罚成本等。信誉损失是一种无形损失，直接表现就是后续客户订货减少；影响生产造成的损失是指被迫停产导致的耽搁以及后续延误。缺货成本通常用每单位货物的年缺货成本表示，然而缺货成本的估算是最难的，因为它主要是一种机会成本、隐性成本。

3．库存补充策略

对于任何一个库存系统，首先要综合考虑上述各种因素的影响，找到其最优的库存补充策略。最基本的库存补给策略或库存政策有以下四种。

(1) (R, Q)策略。其基本思想：订货点控制，对库存进行连续性检查，当库存降低到订货点水平 *R* 时，即发出一次订货，每次订货量不变，都为固定批量 *Q*。该策略适用于需求量大，缺货成本高，需求波动大的情形。

(2) (R, S)策略。其基本思想：订货点控制，连续性检查库存状态，当库存水平降低到订货点 *R* 时，开始订货，订货后使最大库存量达到目标水平 *S*。实际上每次订货量为 *S*−*R*。*S* 通常被设定为仓库的容量，也就是再次补货要把仓库装满。

(3) (T, S)策略。其基本思想：固定间隔期，每隔一定时期检查库存状态，并发出一次订货，把现有库存补充到最大库存水平 *S*。如果发出订单时实际库存量为 *I*，则订货量为 *S*−*I*，因而订货量是可变的。该策略不设订货点，只设固定检查周期和最大库存量，适用于不太重要的，或用量不大的物资。

(4) (T, R, S)策略。其基本思想：定期、定点控制，将(R, S)策略和(T, S)策略综合，当经过一定的检查周期 *T* 后，若库存低于订货点就发出订货，否则不订货，每次订货量等于最大库存量减去检查时库存量，因而订货量也是可变的。该策略设置固定检查周期 *T*，固定订货点 *R*，目标库存水平 *S*，实现周期性库存补充。

6.3.3 库存定位决策

库存定位(Inventory Positioning)是一项重要的库存管理决策，在企业范围内管理单一设施的库存，库存定位问题还显得不十分突出，但是在供应链管理环境下涉及多级库存，库存定位问题即将库存放置在供应链的什么位置就成为一项重要的决策活动。库存定位还有另一个含义就是指库存在供应链管理中处于什么角色和地位，这里的“定位”不是空间定位，而是指对库存重要性的战略认识。此外，库存定位与库存状态(Inventory Position)是不同的概念，任何时刻的库存状态是仓库的实际库存加上分销商未到的订货减去缺货量(大卫・辛奇・利维等，2010)。库存定位作为一般性的库存分布问题很早就得到人们的关注和研究(罗纳德・H. 巴罗等，2006)，但是在供应链管理中，定位问题的重要性显得更加突出。图 6-4 所示为汽车供应链联合库存管理(JMI)方式下的一个库存定位模型。

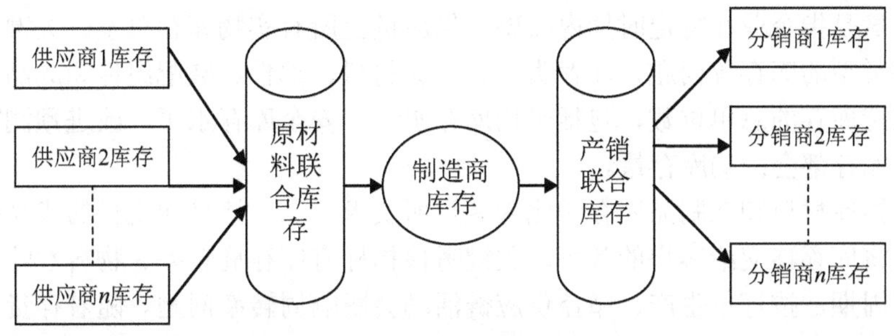

图 6-4 汽车制造供应链库存定位模型

在供应链环境下需要对库存进行协调处理，在保证供应链的正常运行和满足服务水平的前提下，有些环节的库存可以完全消除或减小库存量，把库存安放在必要的位置，从而实现供应链中整体库存量和库存持有成本的下降。Whybark(1996)认为，定位库存实际上是所有公司的配送管理者在面临要求高水平的客户服务时所面对的一个问题。对这个问题的现实解决在实践上很少有共识，一个极端情况是，沃尔玛使用“越库”概念来减少在仓库中的库存。学术性库存研究已经有一个很长的变动历史，数学模型在定量研究范式中扮演着重要角色。然而，因为数学的复杂性，这些研究很少能应用到有现实结构的配送系统中。结果，研究者们开始转向模拟仿真来获得对这些问题的洞察，并已经是观察库存定位问题的主要方法论。Rogers(1991)研究认为，多级或多层库存问题是涉及在两个或更多相关的供应或生产设施中的库存问题。比较普遍的多级库存问题之一就是库存分配(Partitioning)，即将产成品从一个大型区域仓库向每个零售目的地运送，也就是在一个等级性的配送系统中，几个零售商从一个共同的仓库接收货物，所关心的问题就是决定每个地点的存储水平。另一个相似的、非常普遍的多级库存问题就是库存定位(Positioning)，就是将一个共同的零部件向几个单独的产品生产点分别进行转移，这涉及在一个分级生产系统中使用共同的零部件制造几种产品的最佳生产组合决策。不失一般性，两个不同类型的系统实质上都是要求对每个需求点的存储水平作出决策，不管这种需求是在每个零售点还是来自对每个通用零部件的需求，这些存储水平应该在预算约束系统中总的期望缺货惩罚成本最小化的条件下得到维持。总之，关于供应系统中的库存定位的学术研究可以追溯到 30 多年前，对这个问题的一些解法得到开发，但是在学术共同体中关于库存定位问题还没有完全达成共识。

6.3.4 库存资产管理

高效的库存管理对资产管理和成本控制非常重要，企业管理者应该重视库存管理对更高的绩效指标的影响。

营运资本是保证一个企业业务运营的资金，其中主要是采购和持有库存所需要的资金。过多库存会占用和消耗运营资金，使资金周转和调动变得困难。在会计科目中，库存是重要的资产项目。实际上，库存资产是企业运营资产的主要内容。企业在讨论运营资产管理目标的时候，通常只讨论库存资产管理的效率。

库存管理的“3V 模型”阐述库存管理的数量(Volume)、周转率(Velocity)和价值(Value)及其相互关联性(蒙茨卡等，2008)。

库存数量是指企业在特定时期内在整个供应链上所有实物库存总量。关键是了解拥有多少和哪些类型的库存等问题，库存类型包括原材料、部件、装配组件和成品。考核指标主要涉及在持库存的总单位数，包括平均库存水平、安全库存水平。改进预测方法、供应商提供寄售库存都会影响库存量。

周转率指原材料和在制品库存转化为客户所要求、愿意接受和支付的成品的速度。关注的问题是将库存移交给客户的效率。关键考核指标有库存周转率、物料吞吐率、订单到现金的循环周期。按订单生产、精益供应链活动会影响周转率问题。随着存货从供应商向客户的转移速度加快，特定时期内在持库存的平均水平也随着减少。同时更快的周转率可以降低对运营资本的要求，加快资金流动。

价值指库存的单位成本和总体价值。关键问题是了解拥有不同类型库存的单位成本和总价值是多少。从考核来看主要总体货币价值、总体资金占用、库存的标准成本、单位价值的变化、销售额与周转资本比率等。影响库存价值的活动，例如产品简化和标准化、杠杆采购协议。

对库存三个变量(3V)的管理造成的绩效后果可能是周转资本减少、资金回报增加和客户满意度提升。在库存投资管理中，要注意这些变量的相关关联性，尤其是要选择那些对供应链中的库存数量、价值和周转率产生积极影响的业务。

(1) 实现最佳记录一致性。库存投资管理首选需要做的是确定实际库存与电子库存的一致性，即保持在持实物物料(Physical Material on Hand, POH)与计算机化的在持物料记录(Record of Material on Hand, ROH)账目一致。因此，获得一致性记录必须成为库存管理的一个重要目标。供应链运营记录的不能做到一致性会造成严重影响，当实物库存超过电子记录总量时，实物库存将无法销售或用来满足客户需求；当在持记录大于食物库存时，这将使无法获得的产品被列于生产计划表或将出售给客户，不可避免地出现欠交订单情况并使客户不满意。当记录缺乏一致性时，必须采取措施来识别出现误差的原因并进行预期的纠正行为。造成记录不一致可能是多项活动或一系列程序共同造成的结果，比如错误记录是随机误差还是系统误差，误差程度有多大？货物接收、保管和提取程序、系统是否到位？供应商的装货数量与单据要求是否一致？是否采取了有效的周期性盘点程序？是否存在失窃？库存废弃或过期能够有合理解释？员工是否以合理方式对物料进行转移、处理和分配？记录的一致性非常重要，但在库存管理中常常被忽视。只有实现库存记录的一致性后才可能更加关注实际库存量、价值和周转率管理。

(2) 改进生产预测精度。对最终客户需求的预测可能是贯穿整个供应链的最重要信息，但是许多企业没有认识到不准确预测对库存数量和周转率的影响，比如较高的库存和库存持有成本，选址错误和产品失误造成的较差客户服务和过高安全库存水平等。因此，提高产品预测的精确性同改善记录一致性一样，都是库存管理的良好的开端。

(3) 产品设计简化和标准化。简化的产品设计通常可以减少零部件需求数量，进而减少供应商数量和为维持库存所进行的交易。通过消除不必要的部件可降低所持有的库存价值，同时降低库存成本和生产成本。许多企业在产品设计期间应用价值工程技术来减少支出和降低成本，包括：在不削弱产品效用和功能的前提下去掉原设计中的某些部分；通过简化和成本较低的生产方法来改变设计；使用价格较低但拥有同样效用的材料；使用标准化的零部件代替复杂的定制化的零部件。研究表明，简化和标准化的产品设计能够减少支持新产品库存所需要的周转库存，这是持续改进思路的一种很好的体现。

6.4 库存管理模型

管理者应用管理科学来改进其库存政策(Inventory Policy)，即什么时候补充库存和补充多少的问题(希利尔等，2003)。科学的库存管理应是一个数量化、系统化的管理模式，它涉及以下几个步骤。

(1) 建立一个描述库存系统行为的数学模型。

(2) 通过求解这一模型，找到一个最优的库存政策。

(3) 利用计算机信息处理系统建立和维护当前库存水平记录。

(4) 比较当前库存水平记录，应用最优库存政策指出应补充库存的时间和数量。

6.4.1 确定性需求库存模型

经典库存论是运筹学和管理科学的基本理论问题之一。早在 1913 年，西屋电气公司的年轻工程师福特・W. 哈里斯(Ford.W.Harris)承续 Lord Kelvin 等人通过权衡两种成本决定订货量的关键思想，针对批量问题(Lot Size Problem)进行了更深入研究，建立了一个稳定性的存储费用模型，求得了经典的最佳批量公式。1934 年 R. H. Wilson 在《哈佛商业评论》上发表论文研究制造业的产品库存问题，重新得出了这个公式，后来人们称这个公式为经济订货批量公式(简称为 EOQ 模型)，这是早期存贮论建立的重要理论突破。1950 年库存管理迎来了又一次新的进展高峰期，主要是随机库存模型和数学规划方法在生产和库存问题上得到广泛应用。1958 年，T. M. Whitin 发表了《存贮管理的理论》，随后 K. J. Arrow 等发表了《存贮和生产的数学理论研究》，1959 年 P. A. Moran 等发表了《存贮理论》，至此，库存论作为一门管理科学理论真正建立起来，成为运筹学和管理科学的独立分支(Erlenkotter，1990；Scarf，2002；保罗・齐普金，2013)。

1. 经济订货批量模型

经济订货批量(Economic Order Quantity, EOQ)模型是库存管理的基石。其他的一些库存模型大多是以此模型为基础，或者说在 EOQ 模型的基础上演变而来。

EOQ 模型是一个高度理想化的理论模型，因为它通过一些假设条件使模型适应的情景更加纯化。模型的基本假设如下。

(1) 库存需求稳定。固定需求率指货物以一个固定速度连续不断地从库存中被取出。

(2) 单一产品；稳定性产品。

(3) 连续检查库存。当前库存水平已知，必须连续地检视现有库存水平以准确地得出何时到达再订货点。再订货点是下订单时的库存水平，它是一个用库存数量来表示时间起点的概念。

(4) 固定提前期。从下订单到收到货物之间的一段时间叫作提前期。

(5) 瞬时到货。为补充库存而订购的货物在需要时立即到达，即每次订货都是一次性全部送达，没有时间延迟。

(6) 不允许缺货。在计划期内不能发生缺货，所订货物刚好在缺货之前送到。也就是说，库存不可能降到 0 以下，成为负值；不发生缺货，还意味着没有缺货成本，服务水平为 100%。

这些假设条件所呈现的库存动态可用图 6-5 来展示。

经济订货批量模型虽然是一个非常理论化的模型，在现实中严格符合 EOQ 模型假设条件的情形基本上不会有，但是大致符合这种模型的现实情景则非常多，因此运用 EOQ 模型进行库存计划仍然有效。如图 6-5 所示，实际的库存变化曲线近似于 EOQ 模型描述的趋势，那么运用 EOQ 模型来制订库存计划就有很强的实用价值。比如在实际生活中，某社区超市主要是为半径在 2 千米范围内的居民提供生活服务。在相当长时期内这个区域范围内的居民数量基本上保持稳定，超市每个月销售的日用商品比如说大米基本上也保持在一个稳定的数量，因为大米是一种生活必需品，居民家庭一年四季每个月份消费的大米数量没有太大变化，那么方圆 12 平方千米范围内居民对大米的消费总需求基本上是很稳定的，该超市在制订最佳的大米订购量和库存计划的时候，就可以参考 EOQ 模型的方法来做出决策。

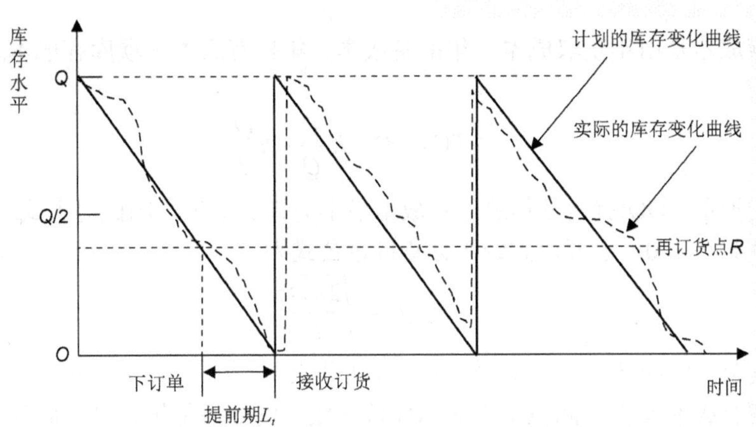

图 6-5 EOQ 模型假设下的库存水平—时间变化路线

EOQ 模型还有一个重要的特点是它可以通过精确的数学模型方法来处理，正因为如此 EOQ 模型的建立成为库存管理走向科学管理的标志。

(1) 主要自变量。

D=年需求率

c=单位产品获取成本 (购入价格)

K=每次下订单的准备成本(订货成本)

h=单位库存的年持有成本

(2) 决策变量。

这个模型只有一个决策变量，这个量就是库存每次要补充的货物数量，即 Q=订购批量，EOQ 模型要找出最经济的订购批量，可用 EOQ 或 Q^*表示。

(3) 目标函数。

决策目标就是最小化年总库存成本。其中获取成本或采购总价格为固定成本；准备成本和持有成本为变动成本。它不包括缺货成本，因为模型假设不发生缺货。因此，有下面几个公式。

年总库存成本=年获取成本+年准备成本+年持有成本

年获取成本=单位获取成本×年需求量

年准备成本=每次订货的准备成本×每年订货次数

年持有成本=单位货物年持有成本×每年平均库存水平

可用数学公式来表达 EOQ 模型的一些变量关系。

年订货次数等于年需求率除以订货量，即

$$n=\frac{D}{Q}$$

平均库存水平即周期库存，等于最大库存水平加上最小库存水平，再除以 2。在这个模型中，每次订货都是当库存降到 0 点时新的一次补充订货正好到达。因此，最大库存等于订货批量，最小库存为 0，则平均库存量为

$$A=\frac{Q}{2}$$

年总库存成本是由年获取成本、年准备成本、年持有成本三项库存成本之和构成，用公式表示为

$$\mathrm{TC}=cD+K\frac{D}{Q}+h\frac{Q}{2}$$

经济订货批量(EOQ)就是使年总库存成本最小的订货批量，因此对上式求关于 Q 的一阶导数，并令其等于 0，求解得到经济订货批量公式为

$$Q^{*}=\sqrt{\frac{2KD}{h}}$$

上式就是著名的经济订货批量的经典“平方根公式”(Square Formula)，其中需求量 D 和单位库存持有成本 h 在时间范围上应当保持一致，例如都是年、月、周等，只要时间一致，就不影响计算结果。

设置再订货点的实质是确保在提前期内不发生缺货，因此，再订货点就是提前期内的需求量，它等于提前期与平均需求率的乘积。

$$R=L_{t}\times d$$

从库存成本和经济订货批量公式来分析 EOQ 模型的决策结果，库存总成本可分解为固定成本和变动成本两部分。获取总成本是固定成本，与订货批量没有关系。年准备成本和年持有成本合起来是总变动成本，它们随订货量 Q 的变化而变化，但变化的趋势相反：年准备成本随 Q 的升高而降低；年持有成本随 Q 的升高而成比例升高。

总变动成本(TVC)随 Q 的变化曲线有如下特征：TVC 是其下两条曲线之和，最小 TVC 的 Q 值称为最优订货批量 Q^{*}，即所求的经济订货批量 EOQ。在这个模型中这个总变动成本最低点正是其下两条曲线的交点，表明在交叉点年持有成本与年订货成本相等，意味着经济订货批量实质上是平衡准备成本和持有成本之间取得平衡(Balance)的结果，最佳批量反映了两种变动成本之间的基本权衡(Tradeoff)关系，如图 6-6 所示。

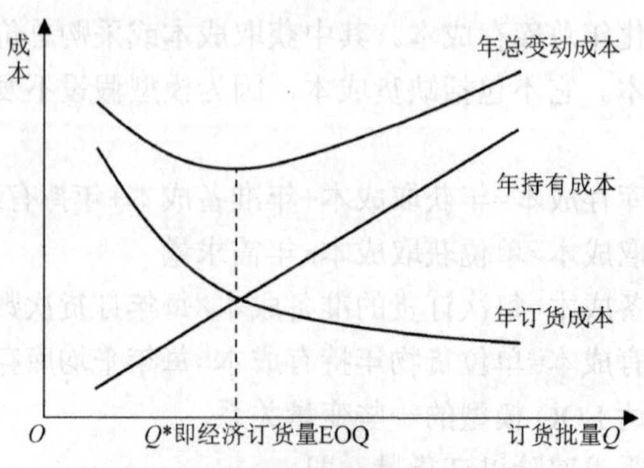

图 6-6　订购批量与库存成本之间的关系

【例 6-1】某公司以单价 10 元每年购入 8000 单位的某种物品，订货成本为每次 30 元，每单位储存成本为 3 元/年。若订货前置期为 2 周，则经济批量、年总成本、年订购次数和订货点各为多少？(每年按 50 个有效工作周计算)

解答：经济订货批量，$Q^*=\sqrt{\dfrac{2KD}{h}}=\sqrt{\dfrac{2\times30\times8000}{3}}=400(\text{单位})$

年总库存成本，$\mathrm{TC}=\mathrm{TFC}+\mathrm{TVC}=10\times8000+30\dfrac{8000}{400}+3\dfrac{400}{2}=81\,200(\text{元})$

年订货次数，$n=\dfrac{8000}{400}=20(\text{次})$

再订货点，$R=L_t\times d=2\times\dfrac{8000}{50}=320(\text{单位})$。

2．逐渐补货的 EOQ 模型

逐渐补货的 EOQ 模型是 EOQ 模型的扩展模型，与基本 EOQ 模型的不同之处在于一个关键假设条件的改变：瞬时到货变为逐渐补货。通过批量生产来补充产品库存的情形正是这种情况，因此，这个模型常称为经济生产批量模型(Economic Production Quantity, EPQ)。如图 6-7 所示，在产品生产阶段，库存以生产速度在补充，同时也以需求速度在消耗；完成产品的生产批量之后，工厂处于停机或者转产状态，在生产批次停止的时间段，库存仅以需求速度下降；当库存降至 0 之前，生产设备开始准备又一轮生产，保证不发生缺货。

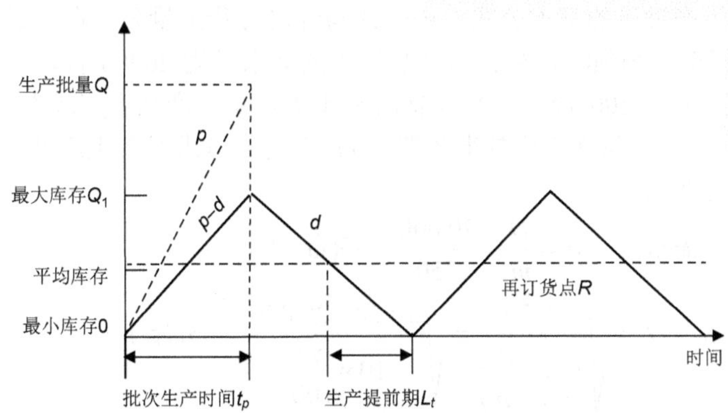

图 6-7　逐渐补货假设下的库存水平随时间变化路线

经济生产批量模型的数学处理过程如下。

(1) 主要自变量：

D=年需求率；d=日需求率($d<p$)

P=连续生产时年生产量；p=日生产率

K=每次启动生产的准备成本

h=单位库存的年持有成本

c=单位产品的生产成本

(2) 决策变量：订购量就是在一个生产批次中生产的产品数量，称为生产批量 Q。

(3) 目标函数：决策目标就是最小化年总库存成本。它包括年准备成本、年持有成本、年生产成本。

年总可变成本=年生产成本+年准备成本+年持有成本

年生产成本=单位产品生产成本×年需求量

年准备成本=每次生产准备成本×年生产批次

年持有成本=单位产品年持有成本×平均库存量

经济批次生产时间(即库存补充时间)等于生产批量除以生产速率，即

$$t_p = \frac{Q}{p}$$

最大库存水平等于库存补充速度乘以库存补充时间，即

$$Q_1 = (p-d) \times t_p = Q\left(1-\frac{d}{p}\right)$$

年总库存成本等于年生产成本、年生产准备成本、年库存持有成本三项之和，即

$$\text{TC} = cD + K\frac{D}{Q} + h\frac{Q}{2}\left(1-\frac{d}{p}\right)$$

经济生产批量是使年总库存成本最小的生产批量，因此对上式求一阶导数，并令其等于 0，可求得经济生产批量 EPQ。

$$Q^* = \sqrt{\frac{2KD}{h\left(1-\frac{d}{p}\right)}}$$

这就是经济生产批量的基本公式，该公式与经济订货批量公式在形式上类似。

【例 6-2】根据市场预测，A 公司产品每年的需求量为 20000 台，一年按 250 个工作日计算，生产率为每天 100 台，生产提前期为 4 天。单位产品生产成本为 50 元，单位产品年库存维持费 10 元，每次生产的准备费用为 20 元。试求经济生产批量、年生产批次、订货点和最低年总费用。

解答：计算日需求量，$d = \frac{D}{m} = \frac{20\,000}{250} = 80(\text{台/天})$

经济生产批量，$Q^* = \sqrt{\frac{2KD}{h\left(1-\frac{d}{p}\right)}} = \sqrt{\frac{2\times 20\times 20\,000}{10\times\frac{80}{100}}} = 632(\text{台})$

每年生产批次，$n = \frac{D}{Q^*} = \frac{20\,000}{632} = 31.6 \approx 32(\text{次})$

再订货点，$R = d \times L_t = 80 \times 4 = 320(\text{台})$

最低年总库存费用，$\text{TC} = \text{TFC} + \text{TVC} = cD + K\frac{D}{Q} + h\frac{Q}{2}\left(1-\frac{d}{p}\right) = 1\,001\,265(\text{元})$

3. 有数量折扣的 EOQ 模型

有数量折扣的 EOQ 模型是 EOQ 模型的一种扩展，简称数量折扣模型。它与基本 EOQ 模型的不同点是：当每次订货量有变化时，可以得到不同的产品获取价格，通常的情况是订货量越大，供应商提供的价格越优惠。因此，在库存总成本中获取成本也是变动成本，要考虑将不同的获取成本纳入到库存模型和采购批量决策。如表 6-5 所示是基于数量的价格折扣定价的一种情形。

表 6-5 一种数量折扣的定价情形

折扣区间类型	订货量区间	价格折扣率	单位价格/元	单位持有成本(21%)/元
1	$0 \leqslant Q < 750$	0	20	4.20
2	$750 \leqslant Q < 2000$	1%	19.80	4.158
3	$2000 \leqslant Q$	2%	19.60	4.116

同样，用数学方法来处理数量折扣模型，结果如下。

(1) 主要自变量：

D=年需求率

K=每次下订单的准备成本(订货成本)

h_n=单位库存的年持有成本

C_n=单位库存的年获取成本(采购价格)

(2) 决策变量：最优订购量 Q^*。

(3) 目标函数：决策目标就是最小化年总可变库存成本。它包括年总准备成本、年总持有成本和年总获取成本。

年总可变成本=年准备成本+年持有成本+年总获取成本

年准备成本=每次订货成本×年订货次数

年持有成本=单位持有成本×平均库存水平

年获取成本=单位货物获取成本×年需求量

数量折扣模型的决策结果如图 6-8 所示。实线是有数量折扣的库存模型的曲线图，它由三个分段曲线合成。实际上，数量折扣模型可以分解为多个 EOQ 模型来处理，因为每个价格折扣区间就是一个 EOQ 模型，数量折扣模型正是由这些 EOQ 模型各取一定区间叠合而成。因此，价格折扣模型的决策思路是：先计算每个区间的 EOQ，确定每个区间的最优订货量；以区间最优订货量为决策量，计算每个区间的最小总库存成本，比较选择区间总成本最小的那个区间的最优订货量为最终确定的订货量。

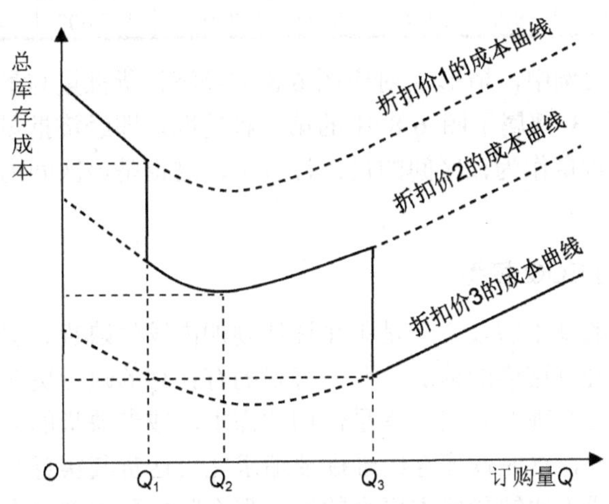

图 6-8 数量折扣模型总库存成本曲线

数量折扣模型的具体决策步骤如下。

(1) 计算每个折扣类型的年总库存成本。该项为年获取成本、年准备成本和年持有成本三项之和，即

$$TC_n = c_n D + K\frac{D}{Q} + h_n\frac{Q}{2}$$

(2) 计算每一折扣类型的经济订货批量。每一折扣类型的经济订货批量为

$$EOQ_n = \sqrt{\frac{2KD}{h_n}}$$

(3) 确定每一折扣区间的最优订货量。这里有三种情况：在数量折扣区间 1 内，最大订购量(成本最低的有效订货量)小于该区间的经济订货批量，则最大订购量是该区间的最优订货量；在折扣区间 2 内，最小订购量(成本最低的有效订货量)等于该区间的经济订货批量，则经济订货量为该区间的最优订货量；在折扣区间 3 内，最小订购量(成本最低的有效订货量)大于该区间的经济订货量，则最小订购量是该区间的最优订货量。

(4) 确定最终选择的最优订货量。确定三个区间的最优订货量后，计算各区间的最小库存成本，比较选择总库存成本最小的折扣区间的最优订货量为最终选项。

【例 6-3】某种物品的年需求量为 6000 件，库存持有成本率=0.21，订货成本每次 115 元，数量折扣情况如本节前的例表 6-5 所示。确定最优订货批量。

解答：计算过程和结果如表 6-6 所示。最终选定的最优订货量应为 750 单位，最小成本为 121 279 元。

表 6-6 例题计算步骤和结果

情形	订货量	折扣率	单价	单位持有成本	经济批量 EOQ	最优订货量 Q^*	年获取总价	年订货成本	年持有成本	年总库存成本
1	$0 \leqslant Q < 750$	0	20	4.2	573.2	573.2	120 000	1204	1204	122 407
2	$750 \leqslant Q < 2000$	1%	19.8	4.158	576.1	750	118 800	920	1559	121 279
3	$2000 \leqslant Q$	2%	19.6	4.116	579.0	2000	117 600	345	4116	12 2061

注意到，在这个案例中，情形 1 对应图 6-8 中经济订货批量与最优订货批量相同的情况；而情形 2 和情形 3 都属于图 6-8 中的第三种情况，即经济批量小于有效的最小订货量。因此选择最小订货量作为该区间的最优订货量，这也是该区间内总成本最低的有效订货量。

4. 有计划缺货的 EOQ 模型

基本 EOQ 模型的基本假设之一是不允许计划期内发生缺货。但是，从一个库存管理者的角度看，有时候会有这样的情况，允许有限的有计划的缺货更明智。比如，客户可以有限度容忍或愿意承受合理的延误以满足他们的需求，或者缺货的后果不严重，包括失去现有和未来的部分客户，这时候库存经理硬要追求完美送货其实意义不大。从成本角度考虑，如果持有库存的成本比缺货成本更高的话，那么降低平均库存水平，允许发生不经常的短暂的缺货就是一个合理的决定。有计划缺货的 EOQ 模型也是基本 EOQ 模型的一个变种，其不同之处在于：允许计划期内发生缺货。当缺货发生时，受影响的客户需要等待下

一次订货，它们的缺货量将在下一次订购的货物到达时立即得到补充。

在这样的假设条件下，有计划缺货的库存模型的动态变化曲线与基本 EOQ 模型基本相似，唯一不同之处是库存水平降低到负值，表示存在产品的缺货量，如图 6-9 所示。

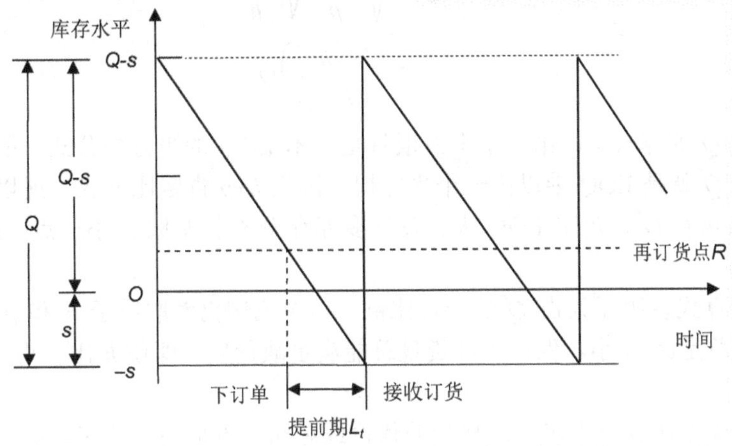

图 6-9　有计划缺货假设下的 EOQ 模型的库存变化曲线

有计划缺货的库存模型的数学处理过程类似于 EOQ 模型。设单位货物的最大缺货量 s；库存水平可以降低到$-s$，这时新的订货批量 Q 到达。将 Q 中的 s 单位用来补充缺货量，因此最大库存水平是 $Q-s$。这个模型有两个决策变量，即最优订货批量 Q 和最大缺货量 s。目标是找到这样的 Q 和 s 使每年库存的总可变成本最小化。这个总库存变动成本除了基本 EOQ 模型中所考虑的成本外，还应包括缺货引起的成本。因此

TVC=年准备成本+年持有成本+年缺货成本

同样设 D 是一年的总需求，K 是每一次订货的准备成本，则有

$$年准备成本=K\frac{D}{Q}$$

设 h 是每单位货物的年持有成本，由于单位持有成本仅发生在库存水平为正的货物上面，因此

年库存持有成本=h×库存水平为正的平均库存水平×正库存水平所占的时间比例

$$=h\left(\frac{Q-s}{2}\right)\left(\frac{Q-s}{Q}\right)=h\frac{(Q-s)^2}{2Q}$$

设 p 是每单位货物的年缺货成本，表示每单位的短缺货物所支付的罚款或造成的损失。缺货成本也只发生在每年的缺货时间内，因此

年缺货成本=p×当出现缺货时的平均缺货水平×缺货所占的时间比例

$$=p\left(\frac{s}{2}\right)\left(\frac{s}{Q}\right)=p\frac{s^2}{2Q}$$

合并以上各表达式得到

$$\text{TVC}=K\frac{D}{Q}+h\frac{(Q-s)^2}{2Q}+p\frac{s^2}{2Q}$$

利用微积分，求 TVC 对 Q 和 s 两个变量的偏导数。令这两个偏微分等于 0，建立这

两个变量的联立方程组，即可求得使 TVC 最小化的 Q 和 s 的值，这两个最优值 Q 和 s 可表示为如下算式：

$$Q^* = \sqrt{\frac{h+p}{p}}\sqrt{\frac{2KD}{h}}$$

$$s^* = \left(\frac{h}{h+p}\right)Q^*$$

注意到在 Q^*的算式中，第二个平方根就是基本 EOQ 的平方根公式，所以有计划缺货的最优订货量 Q^*就是 EOQ 乘以第一个平方根。因为 $h+p$ 肯定比 p 大，所以第一个平方根比 1 大，这意味着 Q^*肯定比 EOQ 大。在许多库存系统中 h 比 p 小一点，所以 Q^*不会比 EOQ 大很多。

求解 s^*的算式表明 s^*只占 Q^*的一定比例，这个比例仍然取决于 h 和 p 的对比。但可以肯定的是 s^*总是比 Q^*小，保证了订货量总能满足缺货量。即使 h 比 p 小一点，s^*也会比 Q^*小很多。

当然，如果 h 比 p 小很多，即缺货的代价或惩罚成本很高，就应该尽可能减少缺货，合理的结果就是 s^*占 Q^*很小比例，而 Q^*接近 EOQ，各种成本因素之间的权衡将会得到与基本 EOQ 模型差不多的最优订货政策。相反，如果 h 比 p 大很多，理性的考虑将是保持高库存不划算，允许一定的缺货更可取，公式计算的结果是 s^*占 Q^*很大比例，Q^*比 EOQ 大很多，在这种情况下，允许有计划缺货的库存模型和政策比基本 EOQ 模型能更有效地降低成本。

6.4.2 随机性需求库存模型

需求不确定性普遍存在，但是对预期需求及其变动作出某种预测仍然很有必要。例如，可以通过大量的过往经验和数据对需求作出估计，然后将这些估计转换为概率分布，无论如何，不确定需求预测应以某种概率描述的形式出现。本节的库存模型都是基于这样一个假设：对一段给定时间内需求的概率分布的估计已知。需求不确定性还有一个重要后果是给库存管理带来风险：如果库存管理不善，将会发生缺货。由于完成订货需要一定的时间，必须在库存还没有消耗完之前下达补货订单，然而，如果库存补充太多太快，又要为持有巨大库存支付高额的费用。如何在库存过多和库存过少这两个结果之间找到平衡点，是贯穿本节的一个主题。除了需求不确定性之外，本节分别讨论了两类产品的库存管理，一是易变质产品，这类产品在库存中持有非常有限的时间；另一类是稳定性产品，能无限期地保持库存。这两类产品的处理有很大差异：前者称为一次性订货问题；后者需要额外设置安全库存。

1. 易变质产品的随机需求库存模型

易变质产品或易贬值产品是指在没有被售出之前只能在库存中持有非常有限的时间。日常生活中各种不同类型的易变质产品很多，例如：

(1) 期刊比如报纸、杂志。

(2) 季节性贺卡、日历、挂历。

(3) 花店里卖的鲜花、圣诞树。

(4) 餐馆里的新鲜食物，超市里的农产品，包括新鲜蔬菜、水果。

(5) 季节性服饰、流行性商品、即将过时的时尚产品。

(6) 飞机航班上预留的座位、住宿酒店的客房等。

这些产品在一个很短的时间段后不能再销售，或者过期作废，没有销售机会，所以称为一次性订货问题、单周期库存问题。显然，如果一次订货过少，白白浪费了可以销售更多产品的赚钱机会；如果订货过多，卖不出去也会造成损失。这类模型在传统上通称为报童模型(Newsboy Model)，因为该模型同样适合于报纸以外的其他易变质产品的决策过程。最后这一种类型比较特别，它是从服务公司(供应商)角度考虑超订货和预留之间的权衡以获得最大化销售收益。

易变质产品库存模型的假设如下。

(1) 单一产品，易变质(易贬值)产品。

(2) 每次只涉及单一周期、一次性订货，产品在此后不能再被出售；但是能够在期末处理剩余产品，从而得到一定的残值(Salvage Value)。

(3) 随机需求：产品需求不确定，但需求的概率分布已知，或者至少可以预测估计。

(4) 唯一决策变量是期初订购多少产品，即订货量(Order Quantity)。

(5) 如果订货量小于实际需求导致订货不足成本(Cost of Underordering)，它是期间内订货不足所减少的收益。具体而言，每单位缺货成本 C_u=单位订货不足的机会损失=单位销售价-单位购买成本。

如果订购量超过实际需求则导致订货过剩成本(Cost of Overordering)，这是期间内订货过多不能售出而减少的收益。具体而言，单位订货过剩成本 C_o=单位过量产品的机会损失=单位购买价格-单位残余价值。

易变质产品的库存研究来源于福瑞迪报童问题的著名案例(Mieghem，2002；希利尔等，2003)。这个案例讲述的是一个关于报亭的故事，这个报亭处在都市街区很多年，经营这个报亭的是一个叫作福瑞迪的人，人们亲切地称呼他报童福瑞迪，尽管他现在的年龄比很多人都要大。福瑞迪售卖很多种报纸和杂志，最贵的一份是全国性的大型日报《金融日报》(这实际上是一种易贬值商品)。每天清晨，配送员将当天的《金融日报》送到报亭。当天未售完的报纸第二天早上还给配送员。但是为了鼓励报亭多订多销报纸，对未售出的报纸配送员会付少量的退款。

福瑞迪经营报纸的成本数据有这么几项：福瑞迪为每份送来的报纸支付 1.5 美元；出售报纸的价格是每份 2.5 美元；未售出的报纸可获得每份 0.5 美元的退款。由于未售出的报纸有一定的退款作为补偿，福瑞迪总是保持充足的供应。然而，他也很心疼为没有售出的报纸所支付的冤枉钱，尤其是每天都有卖不完的报纸，有时候退回的数量还挺多。他开始考虑也许该少订一些报纸以减小额外开支。福瑞迪对一段时期内每天销售的报纸作了记录，经过进一步的考察，福瑞迪有了一些新的发现：福瑞迪在大约 30%的日子里售出 9 份报纸，在大约 40%的日子里售出 10 份报纸，在大约 30%的日子里售出 11 份报纸。有了这些信息福瑞迪就能够很好地确定每天应该从配送员那里订购多少份报纸了。

下面就来看看解决报童问题的两种方法和步骤。

第一种方法是运用贝叶斯决策准则(Bayes Decision Rule)，以期望损益(Expected Payoff, EP)为决策目标。其中一种方法是以期望收益最大化的形式描述损益；另一种等价的方法是以期望成本最小化的形式描述损益。

这个问题的贝叶斯决策准则的具体框架和步骤描述如下。

福瑞迪有三种可考虑的决策方案，即每天从配送员处订购 9、10 或 11 份报纸。对于每一种选择，福瑞迪的特定一天的收益取决于当天发生的对《金融日报》的销售(客户购买需求)是多少，这些购买需求的可能数量称为可能的自然状态(States of Nature)，每种自然状态发生的先验概率(Prior Probabilities)，即购买需求量的相对可能性通过统计估计获得。

在给定的自然状态下，福瑞迪决策的损益就是他当天的收益，这个收益为

收益=销售收入−采购成本+退款

例如，如果福瑞迪从配送员处订购 11 份报纸，而当天的自然状态是 9(售出 9 份报纸)，那么他的收益就是：收益=9×2.5−11×1.5+2×0.5=7.0(美元)。

按照这种方法计算每一种决策方案与自然状态的组合所获得的收益如表 6-7 所示。运用贝叶斯决策准则，计算每一种决策方案的期望损益，即计算方案损益的统计平均值，然后选择预期收益最大的方案。结果显示，福瑞迪长期盈利最多的方案是每天订 10 份报纸，因为这将带来平均每天 9.4 美元收益，高于其他两种方案的收益。

表 6-7　福瑞迪报童每天订报的期望收益

	采购需求(销售的自然状态)			期望损益
订货量选项	9 份	10 份	11 份	(期望收益)
9 份	9 美元	9 美元	9 美元	9.0 美元
10 份	8 美元	10 美元	10 美元	9.4 美元(最大值)
11 份	7 美元	9 美元	11 美元	9.0 美元
自然状态的先验概率	0.3	0.4	0.3	

在模型的假设(5)作为前提条件的情况下，运用贝叶斯准则处理福瑞迪报童模型的另一种完全等效而且更直接的方式是用期望成本最小化表示期望损益。只关注订货不足成本和订货过剩成本，解决福瑞迪报童问题可以得到相同的结果，期望成本最小的方案仍然是每天订购 10 份报纸，如表 6-8 所示。

表 6-8　福瑞迪报童每天订货的期望订货不足成本或期望订货过剩成本

	采购需求(销售的自然状态)			期望损益
订货量选项	9 份	10 份	11 份	(期望成本)
9 份	0 美元	1 美元	2 美元	1.0 美元
10 份	1 美元	0 美元	1 美元	0.6 美元(最小值)
11 份	2 美元	1 美元	0 美元	1.0 美元
自然状态的先验概率	0.3	0.4	0.3	

在给定每天售出报纸的先验概率的情况下，福瑞迪决策的损益就是他的收益的减少或可能的成本。两个单位成本可表示如下。

C_u=单位售价−单位采购成本=2.5−1.5=1.0(美元)

$$C_o=\text{单位采购成本}-\text{单位残余价值}=1.5-0.5=1.0(\text{美元})$$

C_u 和 C_o 的表达式适用于任何类似的问题，只要影响成本的因素是单位售价、单位采购成本和单位残余价值。然而，在处理类似于航空公司的座位超定、住宿酒店的客房预售等问题时，可以将 C_u 和 C_o 看作是服务公司的损失或收益减少，同样可以运用贝叶斯决策规则和方法来处理。

第二种更快捷的方法要用到服务水平，且以期望成本最小化为决策目标。

实际上运用贝叶斯决策准则来解决报童模型存在一个困难：大多数问题所包含的备选方案和自然状态要比福瑞迪订购《金融日报》的问题复杂，用贝叶斯决策准则来解决这些大型问题将会非常不方便。例如福瑞迪订购的另一份报纸《纽约时报》每天的销售量在100～200 份之间，这意味着他将有 101 种备选方案和 101 种自然状态需要考虑。而其他问题则可能有成千上万种，运用贝叶斯规则来处理就只能借助计算才能够完成。幸运的是，一种能解决任何规模问题的方法被发现了，其中用到了服务水平(Mieghem，2002)。

当一种产品的需求超过库存数量时就发生缺货，于是一个或多个顾客将不能马上得到他们需要的产品，因此，避免缺货是衡量提供给客户的服务水平的关键。

客户服务水平=不出现缺货的概率(或满足需求的概率)=P_r(订购量≥需求)

例如，福瑞迪三种备选订购量满足需求对应的满足概率，即服务水平分别为：P_r(需求≤9)=0.3；P_r(需求≤10)=0.7；P_r(需求≤11)=1。

易变质产品模型的订货规则如下。

(1) 首先求出最优服务水平。

$$\text{最优服务水平}=\frac{C_u}{C_u+C_o}$$

(2) 选择至少能提供这一服务水平的最小订货量。

再看福瑞迪报童问题。在福瑞迪报童模型中，C_u=1.0 美元；C_o=1.0 美元。因此：

最优服务水平=1/(1+1)=0.5。

对于福瑞迪三种备选订购方案的服务水平而言，满足最优服务水平的最优订货量是10 份报纸，这一结果与贝叶斯决策所得到的答案相同。图 6-10 显示了福瑞迪报童问题订货规则的图解应用，因为需求是随机变量，图中折线是需求的累积分布函数 P_r(需求≤Q)，最优服务水平与累积分布函数相交的点即为最优订货量。这张图也称为报童问题的图解法，相比列举所有备选方案的服务水平的方法，图解法能更快速直观地找到最优服务水平。

再以福瑞迪报童问题的变形情况为例讨论图解法。福瑞迪想找出另一份更流行的报纸《纽约时报》的最优订货量。这份报纸每天的销量在 100～200 份之间，这个范围内的概率大致相同。有关的成本是 C_u=0.75 美元，C_o=0.25 美元。因此，在给定的单位成本下，根据订货规则，有

$$\text{最优服务水平}=\frac{C_u}{C_u+C_o}=\frac{0.75}{0.75+0.25}=0.75$$

由于在 100～200 之间的需求的概率分布大致相等，所以需求概率分布函数的良好估计是在区间 100～200 之间的均匀分布。图 6-11 画出了这种分布的累积分布函数，图中相

交的虚线显示最优服务水平对应的最优订货量是 175 份。

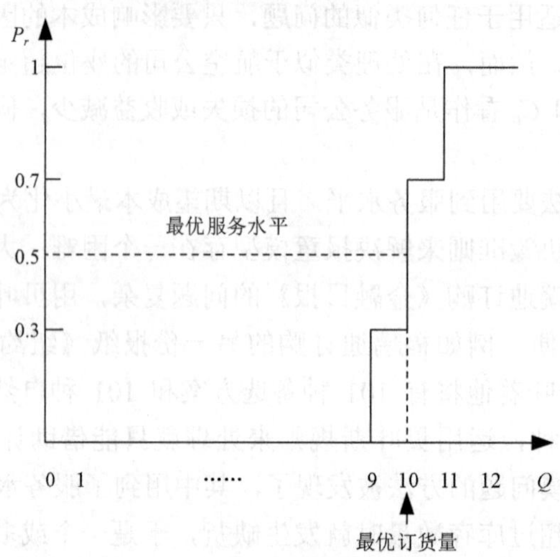

图 6-10　福瑞迪报童问题订货原则的图解应用(希利尔等，2003)

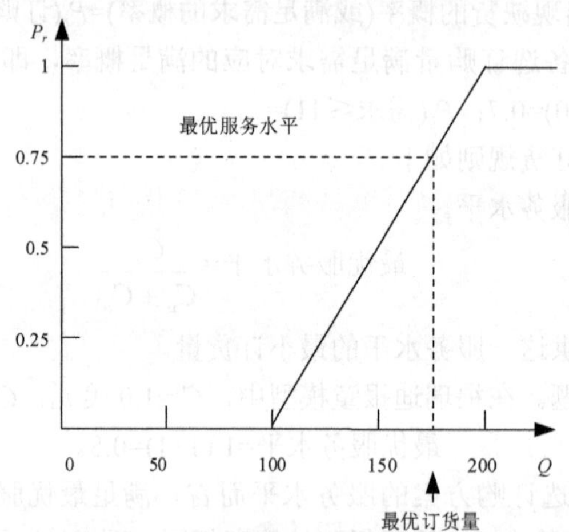

图 6-11　福瑞迪报童变形问题的订货规则和图解应用(希利尔等，2003)

航空公司超售现象是处理服务库存的典型形式，也可以应用类似于报童模型的方法来解决。一架大型客机有 120 个经济舱座位，在一次执飞航班中却卖出了 125 张经济舱机票，多卖出了 5 张机票，这就是传说中的机票超售现象。具体做法就是在机票开售时，以超过飞机运载能力(座位)的方式去多卖票，就像上面的例子。航空公司超售机票这种做法不仅合情合理，还很合法，我国民航机构对机票超售也有明确的规定，而且机票超售在国际上已经成为一种惯例。其实机票超售是航空公司一个非常常见的营销手段，由于总有些乘客在购买机票后，因为特殊情况或个人原因，在非常临近起飞的时候，退掉了机票或者改签了机票，那飞机上的这个座位就空出来了，而且因为非常临近起飞的时间，这个座位再卖出去的可能性很小。航空座位非常宝贵，没人坐就造成航空座位的浪费和虚耗，这是航空公司最不愿意看到的情况。那么通过超售，就可以填补上这些退票或改签乘客空出来的座位，避免了航空公司运力白白浪费掉，所以机票的超售对航空公司来说有一定好处。同时机票超售对航空公司也会带来不确定性风险，万一乘客到了机场，飞机却满员了乘客坐不上飞机怎么办？其实这种情况每家航空公司都会有具体的安排，一般会帮乘客改签最近的班次，或者还会给一些合理的赔偿，或者运气比较好的话，虽然经济舱满了，但是商务舱还有空位，有些航空公司就会直接给旅客转舱或升舱，而且不用加价，这反而让顾客感到十分惊喜。总之，让顾客不吃亏，还会有补偿，何乐而不为。机票超售这件事，虽然看上去是航空公司为了实现经济利益最大化，但它确实能最大化地利用飞机运力，也能带来一定的节约、改善服务等社会效益。

2. 稳定性产品的随机需求库存模型

稳定性产品的随机需求库存模型，是一个多周期需求库存、重复订货问题。这个模型与 EOQ 模型相比的主要不同之处在于：固定需求变为随机需求，因此有可能发生缺货，即库存可能降到 0 点以下、出现负值的情况。这也意味着存在缺货成本，服务水平也不能达到 100%。为了应对这种不确定缺货的损失，需要在正常周期库存之外，设置安全库存来缓冲。安全库存是为了防止送货延迟而增加的额外库存，然而，设置多大的安全库存才合理呢？因为安全库存设置过小，不足以防范缺货损失；而安全库存设置过大，增加不必要的库存和持有成本；而且对于需求不确定的情形来说，即使设置很大的安全库存，也不能保证 100%完全不缺货。因此，安全库存也有一个合理水平，这需要在库存过大的持有成本和库存过小的缺货成本之间作出权衡。

模型的假设如下。

(1) 不确定性需求。变化需求率，即货物以一个波动的速度连续不断地从库存中被取出。特别是提前期内需求的不确定性，即提前期内从库存中提取产品以供销售或其他用途的需求存在不确定性，但需求的概率分布已知，或至少可以估计出来。正是因为不确定需求有随机性规律，使得一个合理的安全库存水平存在且可以确定。否则，如果库存动态不具有随机性特征，理论上就不存在也无法求得一个合理的安全库存。

(2) 单一产品；稳定性产品。模型中只包括一种稳定性产品。

(3) 连续检查库存。永续盘存(Continuous Review)方式下，当前库存水平已知时，可以准确地得出何时到达再订货点。不过，在随机库存情况下，为了在送货延迟时有更大的回旋余地，库存经理一般会提高再订货点，将再订货点设置为计划提前期内的预计需求与安全库存两项之和。

(4) 固定或可变提前期。固定提前期表明供应商供货很稳定，变动提前期表示供货不稳定。

(5) 瞬时到货。为补充库存而订购的货物在需要时立即达到，即每次订货都是一次性全部送达。

(6) 允许发生缺货。客户的超额需求就是待补充的缺货。如果在订货达到之前出现缺货，客户将要等待再次补充库存的货物，缺货量将在下一次订货抵达时立即得到补充。随机库存模型中，不仅在计划期内可能发生缺货，当需求和货物的送达并不完全符合计划时，计划外的缺货也将出现。

稳定性产品的永续盘存库存系统通常以两个数值为基础，即订货量 Q 和再订货点 R。建立在这两个关键数值基础上的库存政策可简单地表述为：只要产品的库存水平降低到 R 单位，就启动批量订货 Q 以补充库存，这一政策常被称为(R, Q)政策。运用(Q, R)政策，要做的决策就是选择 Q 和 R 的值。

订货批量 Q 可以表示制造商进行产成品库存管理的生产批量，也可以表示批发商或零售商补充商品或制造商补充原材料的采购批量。执行永续盘存库存管理的传统方法称为双堆系统(Two-bin System)，即在传统仓库中将某一特定产品库存的所有单件分两堆存放，第一堆是超过再订货点的部分，第二堆的容量与再订货点相等。产品先从第一堆提取，第一堆清空便触发新的订货。在新的订货到货之前的提前期内，产品从第二堆提取。近年来，计算机化的库存系统逐渐取代了实体的双堆系统，通过电子化的库存数据和记录，每一次库存的增加、每一次销售对库存的提取、当前的库存水平都能够从计算机中得到，因此计算机控制下，当库存水平降低到再订货点时就立即触发新的订货。

从假设条件可知，有计划缺货的 EOQ 模型假设有固定速率的已知需求，随机需求库存模型是面向随机性或不确定需求。有计划缺货的 EOQ 模型只允许计划期内发生的缺货，随机需求库存模型既有计划内也有计划外的缺货。如图 6-12 所示，即使已经提供安全库存，还是会发生偶尔的短期缺货，但是安全库存将在数量上和时间上大大减少满足顾客订单时的延迟，从而显著地改善对客户的服务水平。

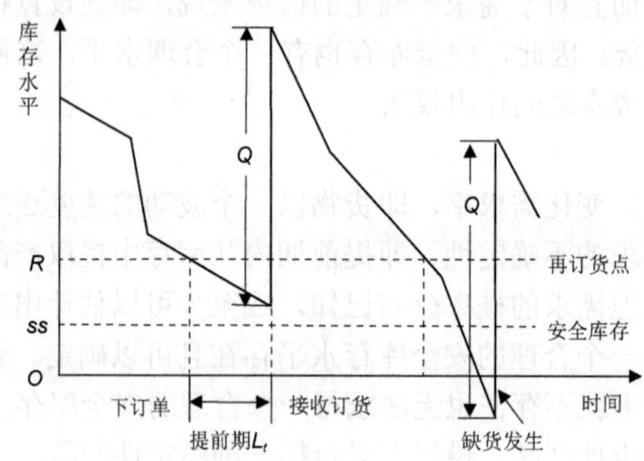

图 6-12　随机需求库存变化曲线及其再订货点和安全库存设置

稳定性产品随机库存模型的数学处理过程如下。

(1)　主要自变量：

D=年需求率。在不确定环境下，这个 D 可以看作是单位时间内(年)的平均需求。

K=每次下订单的准备成本或订货成本。

h=单位库存的年持有成本。

p=单位库存的年缺货成本。缺货成本出现在缺货时间段，直到缺货得到补充为止。

(2)　目标函数：决策目标就是最小化年总可变库存成本。

年总可变成本=年准备成本+年持有成本+年缺货成本

(3)　决策变量：两个决策变量——订购量 Q 和安全库存量 ss。

下面具体来看对稳定性产品的不确定需求库存的处理方式。

(1)　选择最优订货量。对于当前模型中 Q 值的确定最直接的方法是简单地利用有计划缺货的 EOQ 模型的公式来求得：

$$Q=\sqrt{\frac{h+p}{p}}\sqrt{\frac{2KD}{h}}$$

这个 Q 仅是当前模型中的最优订货量的近似值。对于需求变动的库存情形，没有公式能计算出最优订购量的确切值，利用有计划缺货的 EOQ 模型得到的最优订购量是一个相当好的近似值。

(2) 选择再订货点 R。选择再订货点时，必须在提前期内的平均销量之外附加一个缓冲的额外库存，这个额外库存就是安全库存(Safety Stock)。

再订货点 R=提前期内的平均库存+安全库存量

选择再订货点的方法是以管理者期望的对顾客的服务水平为基础，因此，首先要确定服务水平的管理决策。服务水平的度量标准有很多，比如以数量标准的有：提前期内不发生缺货的概率；每年的平均缺货量；平均年需求中不发生缺货的百分比。以时间标准的有：缺货发生时补充缺货的平均延迟时间；满足订单的总的平均延迟。

其中，在提前期内满足需求的概率或不发生缺货的概率，即提前期内的需求不大于订货点的概率是最便捷的常用标准。用 SL 表示服务水平，则有

$$\mathrm{SL}=P_r(\text{需求}\leqslant R)$$

在给定服务水平度量标准前提下，通过选择 SL，利用上面的公式即可解出 R。

使用这个标准评价服务水平涉及满足订单的提前期内需求估计的概率分布。假设 SL 的分布是在区间$[a,b]$之间的均匀分布，选择再订货点的公式很简单。如图 6-13 所示，设：

$$R=a+\mathrm{SL}(b-a)$$

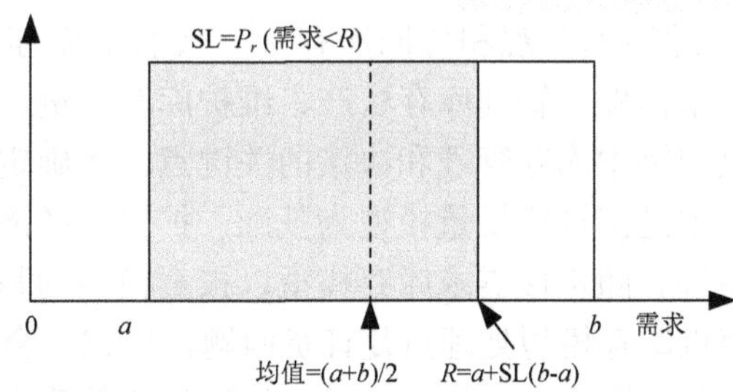

图 6-13　提前期内需求的概率分布为均匀分布时再订货点 R 的计算结果

由于这一分布的均值是：

$$\text{均值}=\frac{a+b}{2}$$

再订货点为 R 时的安全库存数量为

$$ss=R-\text{均值}=a+\mathrm{SL}(b-a)-\frac{a+b}{2}=\left(\mathrm{SL}-\frac{1}{2}\right)(b-a)$$

如果提前期内需求的概率分布是正态分布，确定再订货点的程序和方法也类似。如图 6-14 所示，假设需求的分布是正态分布，均值为 μ，标准差为σ。给出 SL 的值就可以利用正态分布的标准表来确定 R 的值。有如下表达式，其中 K_L 是 SL 对应的标准差系数。

$$R=\mu+K_L\sigma$$

同样，安全库存是提前期内的平均需求之外附加的缓冲库存。由上式得到安全库存数量的结果是：

$$ss=R-\text{均值}=K_L\mu$$

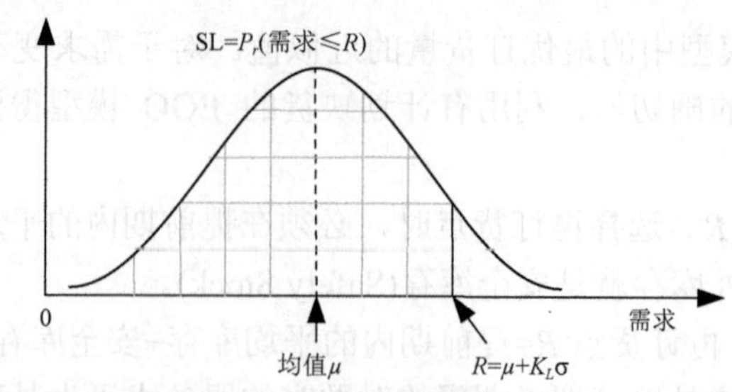

图 6-14　提前期内需求的概率分布为正态分布(μ, σ)时，再订货点的计算结果

要点总结

采购数量是采购管理中的重要决策变量，采购数量主要体现为需求量和订货量。订货量主要有单件、小批量和大批量几种形式。采购批量取决于企业的生产系统、库存系统以及企业订货政策的影响。

库存和库存管理具有整合需求和供给、维持各项活动顺畅进行的功能。库存管理既要防止缺货，避免库存不足，又要防止库存过量，避免发生不必要的库存费用。①准确理解库存概念。库存概念所指的范畴十分明确，但人们对它的理解并不明确，时常存在模棱两可和认知分歧。②树立正确的库存观。不同的库存观决定了不同的库存决策和管理方式，库存资源观、零库存观、适当库存观和协同库存观，代表了库存管理思想发展的基本模式。③掌握库存管理的基本问题。管理库存资产、维护库存质量、控制库存水平和合理的库存定位是现代采购与供应链中库存管理和决策的关键点。④确定性需求库存模型主要处理周期性库存问题，以基本经济订货批量模型为基础，扩展为经济生产批量模型、数量折扣模型和允许缺货的模型等。随机性需求库存模型以报童模型为基础处理各种一次性订货问题，而稳定性产品的随机库存模型处理重复订货问题，以建立合理的安全库存为特征。

实践中的大型库存系统不限于单一产品、单一地理场所的库存管理。一种流行的方法是 ABC 控制方法。另一种情况是处理多设施、多节点、供应链多级库存系统。对于任何处在不同层级的特殊产品，它们的库存需要进行协调管理。

思考与练习

(1) 什么是订货批量？它如何受到订货政策的影响？
(2) 什么是库存？采购与库存有什么关系？
(3) 会计学和管理学对库存分类有什么不同？
(4) 简述库存管理思想发展过程中的几种代表性观念。
(5) 库存的作用和弊端有哪些？
(6) 按库存的作用分类，主要有哪些库存？
(7) 库存过大有什么缺点？库存过小带来什么问题？
(8) 库存控制决策的主要内容包括哪些？科学的库存管理的过程是什么？

(9) 影响库存控制决策的因素有哪些？

(10) 比较定期订货系统和定量订货系统的异同。

(11) 库存补充策略有哪几种？

(12) 采购怎样直接或间接与企业的库存投资管理相关联？采取系统性方法来控制库存投资的优势是什么？

(13) 简述经济订货批量模型的建模原理和方法。为什么经济批量模型的总库存成本最低点恰好在总准备成本和总持有成本的相等点？

(14) 简述经济生产批量模型的建模原理和方法，比较该模型与经济订货批量模型的区别？

(15) 简述数量折扣模型的原理和判别步骤。

(16) 简述安全库存模型的建模思想和处理过程。

(17) 简述报童模型的建模思想和分析方法。

第7章　采购价格决策与成本管理

学习目标

本章关注采购价格决策和成本管理的有关理论和方法。要求学习理解采购价格概念，掌握采购价格分析方法；理解质量成本、总购置成本、总拥有成本、生命周期成本的概念，掌握采购成本分析技能和管理策略。

本章涵盖以下内容和要求。

- 采购价格决策。理解影响采购价格的结构因素和市场因素，理解采购定价的方法，掌握采购价格分析技术和方法。
- 采购价格管理。理解采购价格竞争力管理的内涵，理解采购价格变化管理的策略和方法，理解询价采购和议价采购模式。
- 采购总成本模型。理解采购质量成本、总采购成本、总拥有成本和生命周期成本等总供应成本决策思想和建模方法。
- 采购成本管理。理解采购成本避免、成本消减和成本控制方法，了解战略采购成本管理理论和战略成本控制技术。

引言

采购价格、成本和价值这几个概念在企业中是相关联的概念。一般来讲，采购价格是企业支出成本的一部分，采购成本除了支付的采购价格外，还有其他方面的成本。企业通过采购活动可以获得价值和价值增值，这种价值增加的途径一方面是靠采购成本支出上的节约；另一方面是靠采购带来的质量和服务提升增加的收益。所以，企业价值包含成本，包含价格，也包含收入和利润这些内容。当然，价值分析和价值工程作为一种采购成本控制方法，又属于成本管理的范畴。

采购价格作为一项重要的决策变量相对容易理解，也容易接受。在很多时候采供双方都追求“物美价廉”，供应商期望提供给客户“物美价廉”的产品，目的是希望产品能得到客户的认可，增加产品销路，占有更大的市场，但同时供应商更希望自己的好产品能够卖个好价钱。不管在任何情况下，采供双方最后交易的达成，必须在商品定价上能够得到双方的确认，而这都是采供双方经过讨价还价、博弈或协商才最终达成的结果。即使在供应商先出价的情形下，采购商仍然有自己的选项。如果采购方不接受供应商提出或明示的价格，它可以选择放弃交易，那么这个定价就没有成立；如果采购方接受供应商提出的价格，就意味着双方达成定价协议。

在现代采购买方市场背景下，按理讲采购方在采购中应该更具有市场势力和主动权，但是实践中却是“买家没有卖家精”。供应商在自己的商品定价中由于掌握更全面的信息，更具有主动性；采购方在商品定价中往往处于被动接受的地位，这增加了采购方的工作难度和挑战，采购人员不得不想方设法企图掌握定价技巧，争取主动权。

本章关注供应商成本——供应价格——采购商成本几个概念之间的关系。首先讨论了供应商价格决策影响因素、定价方法和价格分析技术，讨论采购价格管理和询价采购模式；接着提出了采购管理实践中几种总成本概念和决策模型；提出了成本规避、成本降低和成本控制三个层次的成本管理方法；最后，以战略采购和供应链管理为基础，探讨了战略成本管理方法在采购成本决策和管理中的应用，试图找出采购成本决策与管理的关键领域，并建立一个整体的成本管理体系框架。

7.1 采购价格决策

所谓供应价格，是指供应商对自己的产品提出的销售价格，供应商的商品销售价格与采购商购买商品的采购价格在价值上相等，但是商品价格对供应商和采购商却具有完全不同的意义。如图 7-1 所示，商品价格是供应商销售商品获取收入的唯一来源，所以供应商希望这个价格越高越好。而商品价格对采购方来说是购买商品所支付的采购成本的一部分，所以采购商希望这个价格越低越好。这就是商品价格的“二重性”。商品价格的“二重性”反映了同样一个商品的价格对采供双方具有不同的意义，体现了采供双方在商品价格上具有完全相反的利益追求或者价值取向。

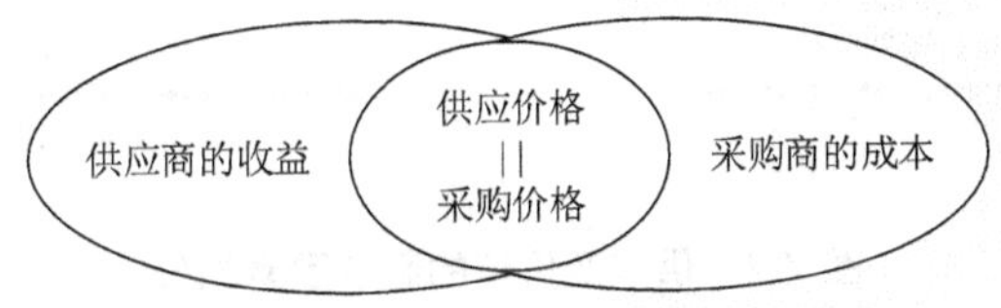

图 7-1 商品价格的“双重属性”

商品价格决策或者说“定价”归根结底是采供双方协商的结果，但是由于采供双方存在价格信息不对称，供应商对自己的产品质量和定价信息了解得更全面、更清楚，采购方对价格信息掌握得往往没有供应商多，所以商品价格对于采购方来说往往笼罩着一层神秘的面纱，充满“价格之谜”。在采购中，供应商都倾向于尽可能隐瞒自己的成本结构与定价方法，而采购人员的一个基本任务就是揭开供应商定价方法及其成本结构的神秘面纱。采购方要想破除在定价上的信息弱势，就需要采购方和采购人员分析定价的影响因素，掌握供应商定价的技术和方法，从而改变在定价上的被动地位，避免采购方的利益受损。

7.1.1 采购定价的影响因素

商品定价受到多方面因素的影响，彼得·贝利等(2006)认为有四大因素影响了大多数的定价决策，这四个因素从不同侧面影响定价，而且在特定情况下每个因素都可能成为定价决策中的主要因素。①市场竞争和其他市场因素。经济学家提出的供求理论认为，几乎所有类型的商业定价都会受到价格机制的影响。②生产成本。供应商的生产成本是定价的基础，以成本为基础来制定价格也被广泛地采用。③消费者认同的价值。客户对商品价值的评估除了产品本身的功能以外，还包括可靠性、耐用性、良好的服务和及时运货等因素，因此供应商在决定市场定价时是根据客户对相对价值的认识而不是成本。对于某一特定商品，不同的客户有不同的价值认定，某些客户愿意支付更多的价钱来获得优先的订货。④战略性因素。企业竞争战略影响定价，以差异化竞争的企业可能会努力提高价格来增加收入，以低成本竞争的企业可能会尽可能地降低价格来扩大销售量占领市场和增加市场份额。

通过深入分析影响价格决策的内在机制，大致可以把影响商品价格的因素归纳为成本结构因素和市场结构因素两个方面。供应商的成本结构是影响供应商定价的内因，市场结构对供应价格的影响主要表现为外部的供求关系、竞争和客户需求等，如图 7-2 所示。

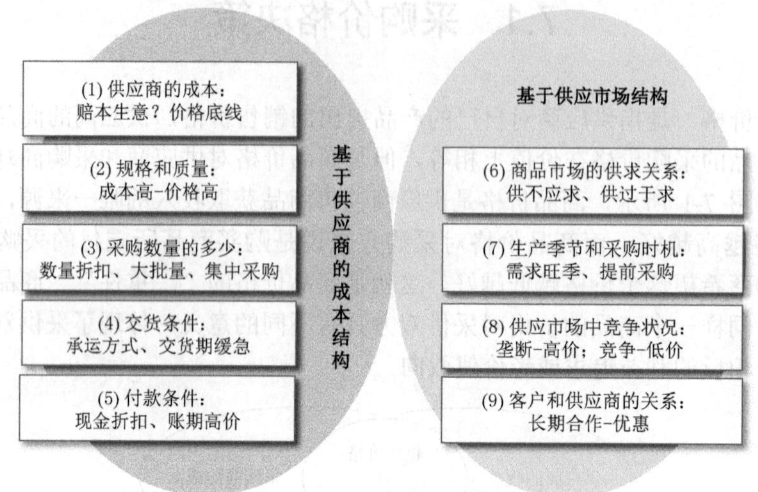

图 7-2　供应商价格的影响因素细分

通过影响供应商成本结构从而影响供应商定价的因素主要有下面几方面。

(1) 供应商的成本。一般来讲，供应商不会赔本做生意，保本是商品定价的底线。供应商的成本是供应商制定商品价格的最重要的基础。这也是经济学上所讲的价值决定价格的一种反映，商品价格总是围绕价值上下波动，价格不可能长期偏离价值基础。

(2) 规格和质量。制定的规格高或要求的产品质量高，增加了供应商生产和物流的难度，意味着供应商需要付出更大的质量成本，因此高规格和高质量必然要求更高的价格。

(3) 采购数量的多少。采购数量越多，价格越低，因为供应商会对大批量的买家提供价格折扣和优惠。供应商之所以愿意给予买家低价或利益让渡，是因为大批量采购给供应商安排生产带来便利，促成了供应商生产上更大的规模经济性，节约了生产成本，因此供应商愿意将这部分成本上的节约所带来的利益通过价格方式让渡一部分给采购方。

(4) 交货条件。交货条件主要体现为货物的承运方式和交货期的缓急，显然要求低成本的运输方式，或较长的交货提前期，都会减少供应商生产和物流成本，从而会影响供应商相对较低的定价决策。当然如果相反的话，要求更严格运输条件和交货时间，则定价更高。

(5) 付款条件。买方以现金支付，意味着供应商付出更少的资金时间成本，能够获得更多的价格折扣。如果使用账期或延期支付，供应商将会索要更高的价格。

通过影响供应市场结构从而影响供应价格的因素主要有以下一些。

(6) 商品市场的供求关系。按照一般的市场规律，供不应求的商品，价格会上涨；供过于求的商品，价格会下降。市场供求关系是影响商品定价的最基本的市场结构因素。

(7) 生产季节和采购时机。一般的商品生产和销售具有季节性特征，需求旺季，价格上涨；需求淡季，价格下跌。同样地，采购商在不同的时间进行采购，可获取不同的价格，比如提前预订，往往能得到供应商更大的价格优惠。

(8) 供应市场中竞争状况。在垄断性供应市场上，一个或少数供应商具有很强的市场势力，倾向于制定更高的商品价格。在竞争性供应市场上，由于有众多的供应商，每个供应商都无法影响价格，商品价格由市场竞争决定。

(9) 客户和供应商的关系。买卖双方良好的合作关系，有利于交易更好地达成。供应商愿意给予长期合作的客户更大的价格优惠，如今关系管理是影响交易和价格的一般性规则和市场因素。

采购价格还在很大程度上取决于采购商品的类别和性质，如表 7-1 所示。

表 7-1 不同产品的供应价格影响因素构成

产品类别	成本结构为主	侧重于成本结构	50%成本结构 50%市场结构	侧重于市场结构	市场结构为主
原材料				√	√
工业半成品			√	√	
标准零部件		√	√	√	
非标准零部件	√	√	√		
产成品	√	√			
服务	√	√	√	√	√

(1) 原材料。大多数资源类商品通常属于大宗商品、价格敏感性商品，比如铁矿石、铜、黄金、原油、水泥、小麦等，这类商品的定价主要受市场因素的影响。原因在于资源类商品的开采、冶炼或种植所耗费的成本远远低于其本身的价值，因此不能基于成本来定价，只能基于其价值来定价，而其价值及价格深受市场供求因素的影响。大宗资源商品的买卖通常都有固定的交易市场，其市场价格每天都会发生很大变化，其价格信息会定期被公布在各种商业贸易期刊、互联网出版物或媒体上供人们随时查阅。采购者可以通过这些公布的市场价格，建立价格支付评价系统和用于制定价格条款的参考依据。

(2) 工业半成品。经过初步加工成型的各种工业半成品材料，如钢材、合金材料、塑料管材等，其定价更接近于原材料，受市场影响更大一些，成本结构因素影响小一些。但是，总体上看，这类商品的市场价格相对稳定，从各种公开的价格表、文件报告以及其他各种渠道很容易获得。当然，价格上的缓慢变化也是存在的，但是远不如原材料的价格变化那样频繁、波动。

(3) 标准零部件。这类商品包括螺钉、螺母、工业电子管等，很多低值易耗品、MRO 商品都属于标准零部件商品。标准零部件商品的采购十分重要，企业每年用于采购标准化商品的金额可能十分惊人。由于标准零部件商品经过了较复杂的加工过程，同时产品同质度高、差异化不显著，其价格既取决于成本因素，也很容易受到市场供求的影响。但是从总体上看，这类商品价格也相对稳定。查阅供应商的文件、相关的价目表、互联网以及其他资料来源大致可以掌握这些产品的基本价格信息。采购方可以通过征集报价单来选定新的供应商，必要的时候可以向供应商的销售代表了解价格信息和获得折扣交易。对于低值易耗品和 MRO 商品采购，由于其价值相对较低，没有必要具体分析它们的价格，采取更经济有效的方式来完成采购，如采购卡、电话采购、线上采购和现货采购等，尽量简化采购程序。

(4) 非标准零部件和特殊商品。非标准零部件和特殊商品指为公司产品线专门需求的商品、零部件或材料。这些商品对公司的产成品生产和服务有特殊的作用和用途，供应商也需要为此专门化定制，需要付出额外的制造技术和成本。由于这类商品的特殊性，往往没有现成的价格单，这类商品的价格通常是利用报价单来确定。供应商根据自己的成本、利润和市场竞争程度提出报价，不同的供应商要求的价格也会相应地变化。采购商要对这类商品加以特殊关注，通过对供应商满足需求的愿望和能力进行详细调查，常常能够带来一个满意的价格。

(5) 产成品。这里所谓的产成品是指通过零部件组装、装配、合成而形成的结构复杂的整体性产品，例如组装的汽车整车、电器、家具产品等。装配产品的复杂的成本结构是产品定价的基础，可以说产品成本在很大程度上制约了产品的价格，不同的厂商的同类产品如果存在差异化，可能价格上会有很大的差异，但是产品成本结构仍然是定价基准和价格底线。

(6) 服务。服务的范畴非常广泛，包括许多种服务，如广告、财务审计、建筑设计、法律、保险、旅行、会务代理、复印、安全防卫、清洁卫生、废弃物处理等。每种服务的劳动复杂性和专业技术含量不同，服务采购的定价呈现非常复杂的情况，有的服务可能倾向于受成本结构的影响，而有的服务更偏重于受市场因素的影响，只能视具体情况而定。

7.1.2 采购定价方法

虽然大多数供应商企业不愿意透露它们确定价格的方法，但是，从影响供应商定价的两方面因素可以了解到两种传统的定价方法论趋势，即基于成本的定价法和基于市场的定价法。基于成本法确定价格是考虑在直接成本加上间接成本的基础上再加上一定的利润。采购商可以从成本定价法中得到一些重要的定价信息和改善机会，比如采购商可以寻求成本较低的供应商或替代品供应商，对于价格高于直接成本的情形进行细致分析，或者基于成本分析进行谈判也是非常有用的方法。基于市场的定价法表明价格主要取决于市场因素，如客户需求因素或市场竞争因素等，这种定价可能不与供应商成本直接相关，甚至与供应商成本有较大的偏离，例如在供不应求或客户需求旺盛的情况下，商品价格可能会上涨。在寡头垄断或不完全竞争的供应市场上，供应商对市场有很强的控制能力，包括制定更高的价格来获取额外的经济利润。即使在市场供过于求的情况下，价格也可能不会下跌。对采购商来说，要么接受市场上的现行价格，要么找到办法避开这些过高的价格。比如选择替代品供应商是应对市场垄断行为的有效方法。与关键供应商签订长期合同的激励办法也可以在一定程度上约束和影响供应商随市场情况涨价的行为。如果获取原材料、人工和技术工艺并不太难，将外购变为自制也可以作为降低价格的一个备选方案。如果不能直接影响价格，可以通过谈判让供应商提供一些非价格激励方案，比如供应商管理库存、运输优惠、确保供货质量和及时交付、提供设计和技术服务、对产品和价格变动的预警等，作为价格之外的补偿措施。

供应商的定价方法可以大致分成三类，如图 7-3 所示。成本导向定价法(Cost-Based

Pricing)是供给侧的定价策略；需求导向定价法(Market-Based Pricing)基于客户需求状况来制定价格；竞争导向定价法(Competitive Bidding)是从市场竞争角度考虑竞争对手的定价策略，也属于供给侧定价策略。每一类定价方法又可以细分为更具体的方法(Corey，1978)。

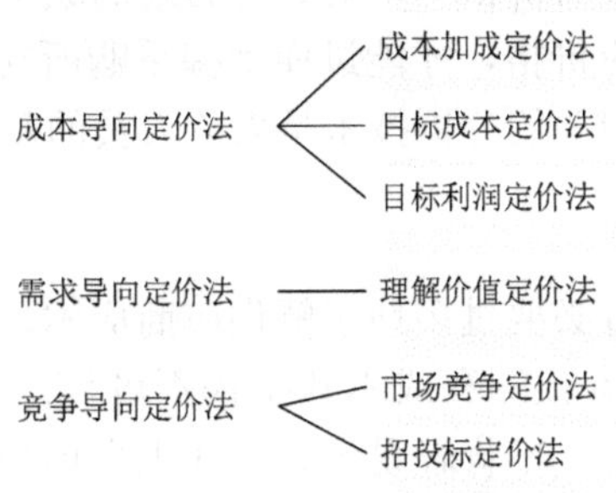

图 7-3 供应商的定价方法

(1) 成本加成定价法(Cost Plus/Makeup Pricing)。以供应商成本为依据，在产品的单位成本的基础上加上一定比例的利润，形成商品的基础价格。这种定价方法只能适用于卖方市场或供不应求的情况。这种定价方法既不利于形成市场价格竞争优势，又不利于企业内部的成本控制。在零售贸易中广泛采用成本加成定价法，将采购成本加上一定百分比的利润率来确定商品的出售价格。不同产品的利润率会有差别，蔬菜、水果等流动性快的零售物品一般具有较低的边际利润，而珠宝、家电等流动性慢的物品一般具有较高的边际利润。

(2) 目标成本定价法(Target Cost Pricing)。确定目标成本一般包括三个步骤：制定目标售价、确定目标利润和确定目标成本。在产品设计阶段先做市场调查制定出可行的目标售价，即最可能被消费者接受的售价，这也是具有竞争力的售价；然后根据企业中长期计划制定出经营活动的目标利润；最后以目标售价减去目标利润就是产品的目标成本。目标成本是企业成本控制的基准，通过对目标成本的确定、分解和具体落实，从而实现对成本更有效的控制。因此，目标成本定价法不仅是一种定价方法，更是一种成本管理方法。

(3) 目标利润定价法(Target Profit Pricing)。有一些高资本投入类产品，其价值不取决于成本结构，而主要的生产成本是生产投资成本，产品价格受市场供求的影响很大。对于这类产品的定价通常考虑投资报酬率，以利润为依据制订销售价格，即按目标利润测算销售价格及销售数量。这种方法适合于垄断性行业，如电力等。

(4) 理解价值定价法(Pricing Based on Values Perceived by Buyer)。以市场的承受力及购买者对产品价值的理解程度作为定价的依据。很多出现在消费品市场上，比如奢侈品、高价值品牌产品，由于客户群的认同度高，会比同类的普通产品定价高出很多。这个事实在产品生命周期的不同阶段也经常可以看到。

(5) 市场竞争定价法(Pricing Based on Competitors Prices)。资源类产品的定价更多地受到市场供求的影响，价格根据市场的供求关系而定。如国际原油价格，每桶原油的售价高至 40 美元，低至 10 美元，这么大的波动都是市场上的动荡和竞争造成的结果。

(6) 招投标定价法(Tender Based Pricing)。在招投标采购中，供应商根据竞争对手可能提出的价格以及自身所期望的利润而提出报价，通常中标者是报价最低的供应商。

7.1.3 采购价格分析技术

供应商的成本——商品采购价格——采购商的采购成本之间具有内在的逻辑关系，从分析供应商的成本来分析供应价格，才能进而把握采购所支付的成本。掌握供应商成本分析、价格分析和其他与价格相关的分析技术是采购人员的基本任务。

1．供应商成本结构分析

有些采购决策者认为没有必要过多地了解供应商成本，因为在很多情况下，供应商并不清楚自己的成本结构，成本预测和成本数据也不可靠；有些供应商不愿意泄露成本信息，把成本信息视为商业秘密，不肯轻易示人。在很多场合，供应商的成本并不能用来确定市场价格，采购者只关心如何以最低价格获得一定质量的商品和服务，而对供应商成本不感兴趣。但是，基于成本的定价方法被广泛地使用，采购者对供应商成本至少应有一定的了解，否则采购者很难对供应商出价或报价的合理性作出判断。因此，采购商仍然有必要了解供应商的“成本结构”，也有很多途径来获得供应商的成本信息。

- 采购方要求供应商报价时，提供成本结构的分析说明，否则不予考虑。在项目申报、招投标或询价采购中通常要求供应商提供估算的成本支出明细。采购商可向其主管要求；告知其他供应商已经提供成本结构；如果要不到全部资料，至少要知道直接物料与直接人工费用的比例。如果供应商没有什么可隐瞒的信息，那么一般情况下应该愿意提供这种成本估算数据。
- 如果采购者不能从供应商那里得到其成本的分析数据，就需要花费更多的时间进行有关成本资料的收集，比如从同行业中探听；从公开资料中获取供应商成本数据。当然，这比得到现成的成本数据要困难得多。
- 采购者使用成本模拟系统或成本模型估算。对于一种成熟的结构化商品生产活动，其成本结构的形成有规律可循，如图 7-4 所示。供应商的成本结构由一系列的直接费用和间接费用组成，通过估算能够大致了解供应商的成本信息。直接材料费(Direct Material)、直接人工费(Direct Labor)和其他直接成本，是生产的最初成本，这些成本是随着生产数量成比例变化的可变成本。最初成本加上工厂管理费或间接制造费用，形成销货成本(Cost of Goods Sold)，或者称为工作成本或制造成本。这里面有些是变动成本，有些是固定成本。

第一步，直接材料费用。

材料成本可以通过物料清单、产品结构树或样品进行估计，可以用材料的单价乘以单位产品所需材料的数量来计算材料成本。产品成本中直接原材料的价格一般可以得到，所需原材料的数量也能准确掌握，这样材料成本就很容易计算出来。

材料成本=材料单价×材料总消耗量

材料总消耗量=成品净重+损耗量-回收使用量

要完成以上估算，采购者应该知道：材料的规格与特征；材料市场供需状况与一般价格；材料用量，包括毛重(Gross Weight)与净重(Net Weight)；报废与可回收的材料重量/比例。

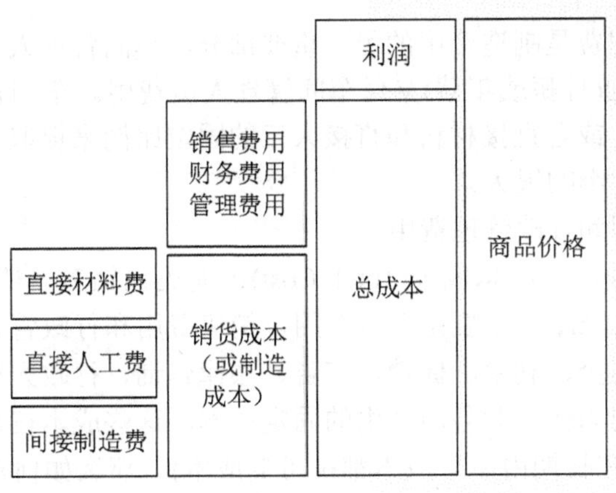

图 7-4　供应商的生产成本及商品价格形成

第二步，直接人工成本。

直接人工成本指机器操作工人和装配线工人的成本，一般认为人工成本是变动成本，按工时或计件来发放工资，并经常采用加班加点和增加库存来应对需求的波动。但实际上大多数公司面临劳动保障法和工会组织的压力不会轻易解雇工人，或者为了保持直接劳动力的相对稳定不愿意解雇工人，这导致人工成本很多时候更接近固定成本。

直接人工成本的预计不像材料成本计算那样容易估算，只能通过综合的成本因素分析来预计供应商实际的人工成本。供应商的产品组合越多，生产的批量越少，直接人工成本越高。工人流动率也在很大程度上影响人工成本，工人流动越频繁，直接人工成本就越高。供应商的地理位置也会影响人工成本，因为工人工资水平存在明显的地区差异。随着时间的推移，工人的工资普遍在上涨，这推高了人工成本迅速增长的趋势。

第三步，加工成本(Machining Cost)。

加工成本=每小时机台加工成本(Hourly Rate)×单位加工时间

单位加工时间=单次作业时间(Cycle Time)/单次作业产出数量

采购应该掌握的信息包括：加工机具的型式与特征；加工时间与市场一般的加工成本(Hourly Rate)；厂商加工机具的利用率与市场一般(平均)的利用率；直接人工成本(含生产线品控人员)。

第四步，组装成本(Assembly Cost)。

装配成本=组装总工时×组装直接人工成本

采购应了解的信息包括：组装工具/机具与特征；组装工具/机具市价；组装直接人工成本(含生产检验与生产线质检人员)。

影响直接成本的因素：对材料耗损率、利用率及不良率的估算；部分材料委外加工处理的费用；对制程中不良品返工(Rework)的估算；是否依生产所在地的工资计算；作业人员的技术水平。

第五步，间接制造费用。

间接制造费用(Indirect Manufacturing Expenses)可以近似地估计，而且工业机械化和资本密集型发展的趋势导致间接制造费用在产品成本中所占比例增加。设备折旧费是总间接制造费用中比较典型且金额较大的项目。制造设备成本取决于制造设备的数量、设备所有权、使用年限、设备利用效率以及设备的资产专用性，采购者掌握这些信息，才能准确估计设备费用。车间管理费是制造费用的另一重要部分，车间管理人员的工资相对固定，通常以一定的时间为基础(月薪或年薪)支付车间管理人员费用。车间管理费用如果按照直接人工成本的一定比例，或者直接材料和直接人工的固定比例来提取，比率设置和基数的变化对费用估计的准确性影响很大。

第六步，一般费用和行政管理费用。

除了上述各项之外，生产总成本(Total Cost)可能还包括对一般管理费用(General and Administrative Costs, G&A)，主要是财务费用、销售费用和行政管理费等所谓的“三项费用”进行分摊，比如租金、利率、促销、广告、法律咨询、行政人员工资、资深管理人员的年薪等，这些是公司为保持业务而产生的固定成本，这些成本在短期内不会随产量的变化而发生变化(当然，在长期内所有成本都是可变成本)。那么如何对一般费用进行产品成本分摊，特别是当产量不确定时，不同的公司可能有不同的做法。比如某制造厂商生产单一产品，预计下一年度将销售 10 万件产品，固定成本是 20 万元，单位产品成本中合理的一般管理费用的分摊数额应该是 2 元。但是如果实际销售量比预期目标销售量减少 2 万件，那么固定成本并不会减少，单位产品成本分摊费用就应该是 2.5 元。如果销售量比目标销售增加 2 万件，单位产品的一般管理费分摊应降低到 1.67 元。当企业生产多种产品时，要将固定成本合理地分摊到不同的产品中去，就需要考虑产品的不同成本结构。比如公司生产 X 和 Y 两种产品，都以 100 元价格销售，但是根据活动成本法计算，产品 X 分摊的固定成本占产品成本的 90%；产品 Y 分摊的固定成本只占 10%，两种产品对固定成本的消耗和分摊差别很大。

通常情况后，供应商在其产品成本中不包括一般管理费用，也没有理由要求采购商在支付的产品价格中包括这样一些费用。在会计处理中，期间费用(Period Cost)的结转有规范的处理方式。企业本期发生的期间费用不能直接或间接归入营业成本，而是直接计入当期损益。因此，期间费用不能直接归属于某个特定产品成本，它与当期产品的管理和产品销售直接相关，而与产品的产量、产品的制造过程无直接关系，即容易确定其发生的期间，而难以判别其所应归属的产品，因而不能列入产品制造成本，而在发生的当期从损益中扣除。

第七步，利润(Profit)。

供应商的报价中必须要有足够的利润，才能促使其乐于配合供应。利润是供应商对风险(Risk)承担及生产效率(Productivity)的基本报酬。利润通常以总成本固定百分比的方式计算，按这种方法可能并不恰当，生产效率好的供应商应享有较高的利润率。

2．价格比较分析

比价分析(Price Comparison Analysis)，通俗地讲就是“货比三家”，为检验供应商所提供的报价与合理的基准作比较，而不检验及评估个别成本结构及利润构成要素。比价分析适用于下面这些场合和时机。

- 主要适用于低单价，一般标准产品及简单制程产品的采购作业。
- 方法简单，采购人员需要较少的专业财务训练。
- 不允许深入了解成本构成要素。
- 规格非常清楚不会产生误解，并可以准确地估算成本。

- 供应商有充足的时间准备报价。
- 有足够数量的供应商。
- 供应商需要具备技术上的承制能力，并要有承制的意愿。
- 采购金额足够大，足以吸引供应商报价。
- 模具(Tooling)或整备(Setup)费用占供应商总成本不高。

常言道：“不怕不识货，就怕货比货。”比较是了解商品价格信息的简单而又有效的分析方法。可以从以下几方面开展比价分析。

- 比较分析各供应商竞标的价格(Competitive Bidding)。
- 比较市场价格或目录价格(Published Price)。
- 比较之前的合约价。
- 比较供应商之前的报价。
- 比较类似产品的价格。
- 进行初步成本估算。
- 价值分析(Value Analysis)。
- 目视分析(Visual Analysis)。

3．供应商盈亏平衡分析

变动成本随着产量而增加，固定成本则不会，当公司的营业收入等于总成本时，就产生损益平衡的现象，这一平衡点称为损益平衡点(Break-Even Point)，只有超过这一点后公司才会有利润产生，如图 7-5 所示。

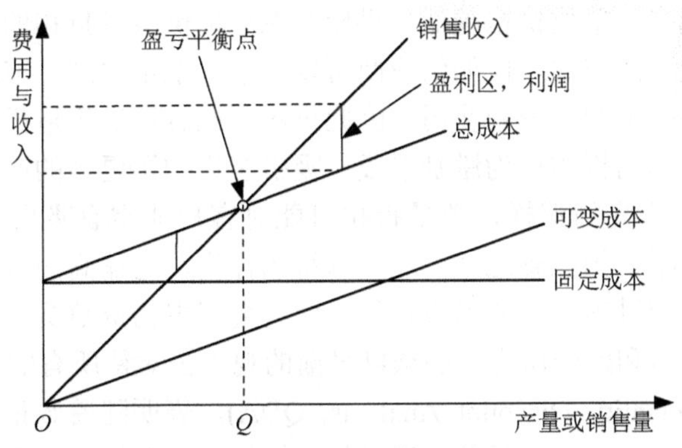

图 7-5　产品的成本与盈亏平衡

例如：某公司向供应商订购一种零件，每生产一批此零件所需要的整备(Setup)费用为 20 000 元，零件的单位成本为 0.050 元，而供应商所报的单价为 0.090 元。请问供应商需要生产或销售多少数量才能达到盈亏平衡？

解答：假设达到盈亏平衡点的保本数量为 Y。

营业收入=总成本

$$0.090\times Y=20\ 000+(0.050\times Y)$$

$$0.040Y=20\ 000$$

$$Y=500\ 000$$

因此，供应商必须生产或销售 500 000 件零件才能达到损益平衡。

4．价格折扣分析

供应商实行价格折扣是合法有效地降低价格的方法。折扣可能是供应商主动提供的订货激励措施，也可能是采购商通过谈判能力讨价还价争取的结果。常见的价格折扣形式有付款折扣、数量折扣、地理折扣以及其他特殊情况下的折扣形式。

(1) 付款折扣。不同的付款方式下供应商的报价不同。例如即时折扣，如果客户能够即时支付供应商货款的话，许多供应商愿意提供折扣。这些折扣可以是现金折扣、订单支票折扣，或者某一特定时期内的提前支付折扣。即时折扣在大规模零售中使用比较普遍。

为了鼓励采购者尽快支付货款，现金付款比账期付款通常价格低；坚挺货币支付比其他货币付款价格优惠。供应商给予采购者现金折扣，实际上意味着对那些没有在规定期限内付款或延期付款的采购者一定的“惩罚”。而从采购者来看，现金折扣使得固定价格变成一种变动价格，或者实际上是商品降价的另一种说法。

例如，现金价与期票价(账期)的比较如下。

现金价格：686 美元/吨

30 天期票价：694 美元/吨

60 天期票价：701 美元/吨

90 天期票价：708 美元/吨

120 天期票价：716 美元/吨

(2) 数量折扣。价格折扣的典型形式就是“数量折扣”。不同采购数量下供应商的报价不同。订购数量越多，单位价格越低。供应商愿意提供数量折扣的理由在于更大的采购数量导致了供应商成本的节约，比如供应商可以采取大批量生产，节约生产成本，大批量销售减少了销售次数，节约了分销费用，因此供应商愿意通过价格折扣与采购商分享节约的利益。很多供应商利用折扣作为激励手段，吸引客户购买更多的产品数量。正如在数量折扣库存模型里面所研究的那样，数量折扣可能对客户非常有吸引力，但也需要慎重考虑。客户除了获得价格折扣优惠之外，还可以得到订货、运输商的规模经济利益。然而，在短期内购买的物资超过需求量会形成存货，而且会产生物资浪费的风险。暂时存储过量也会产生库存持有成本和融资压力，必须以平衡的观点去对待所有的折扣。

数量折扣分析(Quantity Discount Analysis, QDA)，表明随着数量的增加，单位价格实际“减少”或“增加”的程度，目前有现成的分析软件。例如，某企业给予客户不同的数量折扣，一次订货数量 50 个，价格 8.88 美元；一次订货 1000 个，单价为 8.13 美元。如表 7-2、图 7-6 所示，单单从数量折扣来看，订货 100 个价格折扣幅度最大。订货 1000 个与订货 50 个结果一样，相当于没有折扣。而订货 250 个价格并没有降低反而升高了，这就是说，折扣幅度的减少实际上意味着价格上涨。不过考虑其他经济效益，并结合库存成本增加幅度等因素考虑，并不意味着折扣低的选项不是更好的选择。

通过数量折扣分析可以为采购商提供有用的信息，这些信息使得买卖双方对报价和折扣都有更清晰的理解，帮助双方发现和协商折扣表中可能出现的改进机会。对采购商来说，如果随着采购数量的增加，增量成本反而呈现上升趋势，这就需要供应商有一个合理的解释，否则采购商不应该接受这样的价格。

表 7-2 供应商提供的不同采购数量下的价格折扣

数量	50 个	100 个	250 个	500 个	1000 个
报价/美元	8.88	8.38	8.28	8.18	8.13
每单位价格差异/美元	8.88	7.88	8.21	8.08	8.08
拐点上每单位价格下降		1.00	-0.33	0.13	0.00
价格降低的程度(百分比)		11.26%	-4.23%	1.62%	0.00%

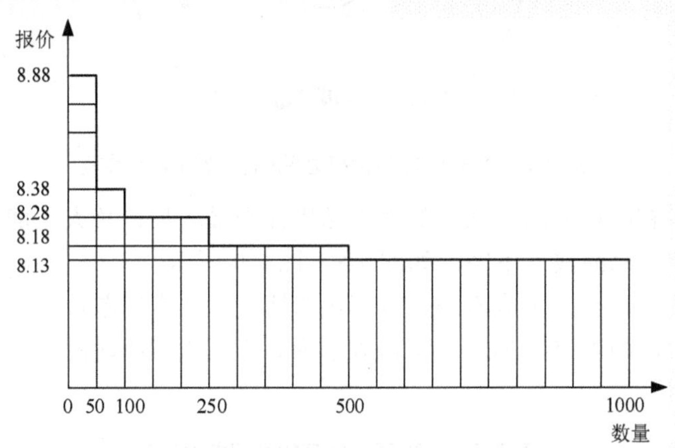

图 7-6 不同采购数量的价格折扣幅度的比较

(3) 地理折扣。供应商的销售价格实行不同地区不同价格。比如，同样的商品在城市销售，价格可能更高，在农村地区销售价格更便宜，这主要是根据城乡收入水平和消费水平作出的价格决策。事实上，在农村地区销售的商品需要付出更多的运输成本、推广成本和其他销售成本，因此农村销售商品的盈利一般更低一些。

(4) 特殊折扣。还有其他方面的一些价格折扣，如季节折扣，淡季价格相对较低；推广折扣，供应商为了推广促销主动降低价格；破损折扣，对于稍有破损或出现瑕疵的商品进行打折或降价销售。

5. 学习曲线分析

供应商的成本分析和价格分析不是一个简单的过程，因为生产成本会随着生产数量而发生变化；生产数量反过来取决于受价格影响的销售额，如图 7-7 所示，几个变量之间形成动态的因果关系链。其中存在着不同的作用机制和效应，比如价格对销售量的影响体现为市场机制，生产量对成本的影响存在规模效应、学习效应等，了解这些有利于采购人员对供应商成本和价格进行更好的分析和把握。

随着经验的积累，人们的工作技能会越来越熟练，在许多行业都存在这种普遍现象，学习曲线提供了对这个原理的定量化分析框架。在企业管理中，学习曲线(Learning Curve)有时也称为经验曲线、改善曲线，是指随着产品的累计产量增加，单位产品的成本会以一定的比例下降。

学习效益是由于产品在投产初期经验不足，产品的质量保证、生产维护等需要较多的精力投入以致带来了较高的成本，随着累计产量的增加，生产技术和管理渐趋成熟，所需的人、财、物力逐渐减少，工人越来越熟练，质量越来越稳定，前期生产学习期间的各种改进逐步见效，因而成本不断降低。

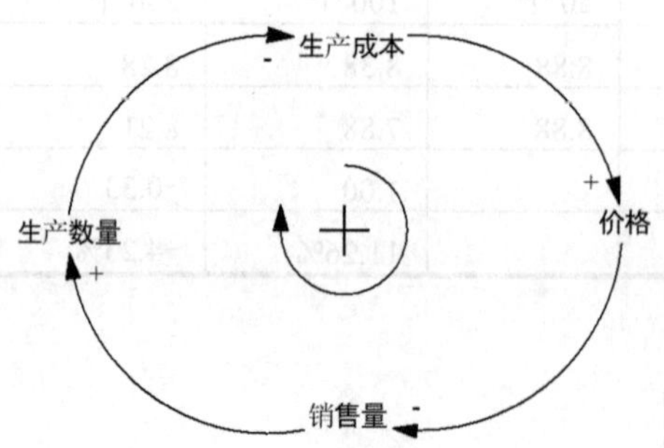

图 7-7 产品成本与价格之间的复杂因果关系链

通常学习曲线有两种表示方法，随着产品累计产量增加，总人工成本递减；或者随着累计产品增加，单位产品成本下降，如图 7-8、图 7-9 所示。

学习曲线表明了直接人工成本随产量变化的情况。通常用单位产品所需加工工时的下降来表示学习效应，如表 7-3 所示。也可表示为总直接人工小时随累计产量增加而递减，如图 7-8 所示。

表 7-3 某种产品生产的学习曲线效应

累计产出量	1000	2000	4000	8000	16000
单位产品所需生产时间	20	16	12.8	10.24	8.2

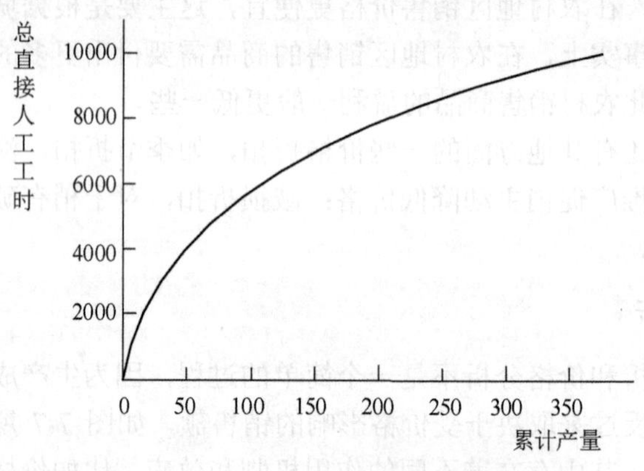

图 7-8 学习曲线的一种模型(徐杰等，2014)

许多研究认为，学习曲线实际上是多种因素的综合作用效应，它暗示着无论产量增加到多么大，进步都不会停止，因此通常用单位平均成本随累计产量的增加而递减来表示学习曲线效应，如图 7-9 所示。

学习曲线对于确定成本、目标定价管理和价格谈判都有很大的启示作用。采购人员可利用学习曲线来分析学习对每单位成本的影响；生产部门经理也可以利用它来调配人员和排程。学习曲线的应用范围如下。

(1) 生产过程中确实存在着“学习曲线”。

(2) 学习曲线可用于预测生产和成本趋势。

(3) 一般它只适合于大批量生产企业的长期战略决策：大量人工的使用；连续的生产流程；工序复杂的组装；长时间的生产等。

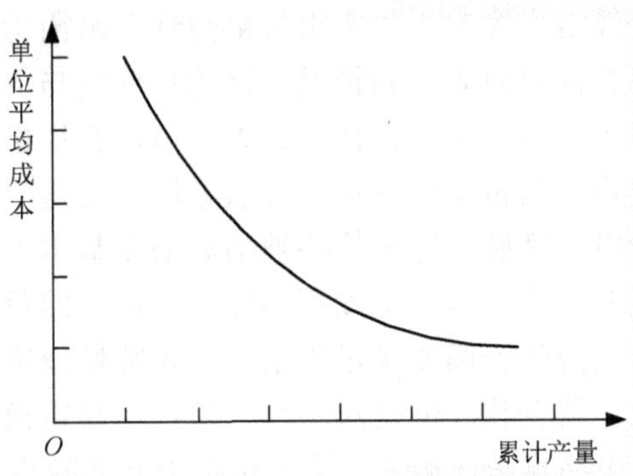

图 7-9 学习曲线的另一种通用模型

(4) 学习曲线可能影响成本。当人们反复从事一项相同的工作时，随着工作次数的增加，由于生产工具和工程的协调改善，生产工具的调整更有效率，每一次所需花费的时间就会减少。采购商如果能够正确地估计随产量增加将会带来的学习效应，那么它将会得到更低的采购价格。

6. 产品生命周期分析

产品生命周期如图 7-10 所示。所有产品都要经过五个阶段的发展时期：开发期、引进期、成长期、饱和期和衰退期。产品生命周期的不同阶段定价政策也会发生很大的变化。

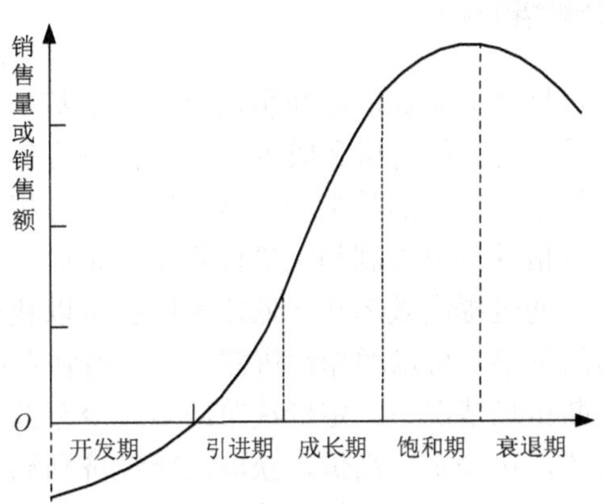

图 7-10 产品生命周期价值或成本变化及其对定价的影响

早期阶段由于产量有限，可以在有限的时期内采用高价，当产量有所增长或其他供应商能够提供相似产品的时候，逐渐转向较低的渗透价格来增加市场份额，这样，产品价格在整个生命周期中表现出很大的差异。对于创新性产品也采用差异化定价(撇脂定价法)，最开始采用高价格是为了弥补开发成本，并在竞争中获得最大收益，自生命周期的后续各阶段撇除市场油脂后，价格逐渐下降，以便获得越来越大的市场份额。另一个完全相反的定价策略是从一开始定低价来达到最大的市场渗透，通过规模经济来保持低的生产成本，并建立起竞争对手难以攻破的市场主导地位。给新产品定价的方法不止一种，一些工业企业更愿意长时期维持稳定价格，即使产品在不断更新，也不轻易改变价格，这样企业能够在长期内获得所要求的较高利润，而其大部分顾客也乐意见到这种做法。还有一种情形是价格的变化影响销售量，经济学家常用“需求价格弹性”来衡量销售量对价格变化的敏感性。更精确的定义是价格弹性可以表示为销量变化的百分数与价格变化的百分数之间的比率，简单来说，这个比率小于 1，无价格弹性；大于 1，有价格弹性。日常生活中许多消费品具有价格弹性，即销售量对价格的变化具有敏感性。但是一些日用必需品，如食盐、米面、香烟、汽油等对价格不敏感，即使价格被抬高很多基本上也不会影响销量。而生产企业对工业品、生产物料的需求一般来讲没有弹性，在很广的范围内工业品的销量对产品的价格不敏感，至少在短期内生产商要满足规定的销售数量或生产计划，物料需求不会随着商品价格的变化而发生显著变化。但是对于一些客户容易转换使用的可替代产品，以及一些工业产品生产中的衍生品需求，可能会因为价格上升而减少采购量。

7.2 采购价格管理

价格是采购中一个非常重要的因素，采购价格往往占到采购成本的较大比重，采购人员应予重视。价格固然是非常重要的，但不能过分重视。价格被视为是最后一项考虑因素：采购物资应在满足适当的品质、数量、交货和其他条件下，追求价格最低。严格来讲，降低采购价格是采购工作的永恒主题，但采购价格决策的实质是追求合适价格(Right Price)，而不是最低价格。

7.2.1 价格竞争力管理

获取有竞争性的采购价格就为企业产品在市场上奠定了基本的竞争优势，采购价格决策的主要目标在于确保所采购物资的价格和成本能树立有利的竞争地位。

在自由竞争的市场条件下，需求的数量和供给的数量正好相等的地方确定了商品的均衡价格或市场价格，均衡价格的形成机制和定价过程帮助企业决定生产活动和最佳的均衡产量。在平均价格条件下，通过提高效率和降低成本同样可以获得更高的经济利润。同时低成本可以带来有竞争力的价格，可以增加销售额，从而增强企业的竞争优势。

在厂商垄断和寡头垄断市场情况下，定价决策或多或少会偏离价格机制，厂商凭借市场势力和产品差异化等优势，可以制定高价，获取高额经济利润。传统的采购观点认为竞争对客户是有利的，而垄断对客户是不利的，政府立法机构也通过各种法案或采取政策来降低和限制垄断，打击不利于竞争的行为。然而相反的观点认为保持规模经济更加重要，而且大型组织更有力量投资创新和保持持续改善能力。今天许多采购者认为，如果买方和供应商能够合作的话，贯穿整个供应链的不必要成本可以从价格中剔除，大多数有影响的采购组织越来越注重挑选能够持续改进的供应商，更关心消除不必要的成本，而不是注重产品和服务的原始价格。通过与合适的供应商伙伴紧密合作和一起工作，可以减少没有效率的行为和消除不必要的成本，从而获得更大的降低价格的潜力。

供应价格对采购企业的竞争力有重要影响，获取一个有竞争力的采购价格是采购管理者追求的结果，也是采购方价格管理的主要责任。为达此目的可用的方法有很多：①采购价格调查，包括调查的主要范围；信息搜集方式；信息搜集渠道；调查资料的处理方式。②采购价格确定方式，如询价采购；招标采购；谈判采购等。③管理间接性开支，例如收集数据和整合、重组以确定责任、请购或采购流程自动化、实施标准化采购、逆向拍卖、联盟采购、采购外包等，这些都是管理间接性开支的内部方法。

议价采购和询价采购都是基于价格的采购模式，也是《中华人民共和国政府采购法》规定的两种基本的采购方式，但其本质上还是为了选择合适的供应商的方法，如图7-11所示。

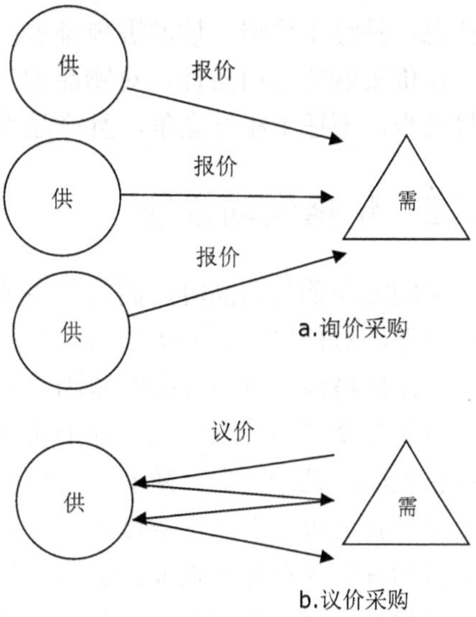

图 7-11 询价采购和议价采购

1．询价采购

询价即要求报价。询价采购(Request for Quotation, RFQ)是对几个供货商(通常至少三家)的报价进行比较以确保价格具有竞争性的一种采购方式，常用于对合同价值较低的标准化货物或服务的采购。

询价采购的特点：邀请报价的供应商数量至少为三个，只允许供应商提供一个报价，采购合同一般应授予符合采购实体需求的最低报价的供应商或承包商。

询价采购的适用条件：采购现成的并非按采购实体的特定规格特别制造或提供的货物或服务；采购合同的估计价值低于采购条例规定的数额。

询价采购的实施步骤：①供应商的调查与选择，掌握供应商的基本情况；②编制及发出询价函，询价邀请函比招标邀请函简单；③供应商报价及评审，供应商在报价截止日期前递交报价单，采购机关在规定时间内对报价进行分析评审；④合同签订和履约保证金；⑤履行合同和验收付款。

询价采购同样会面临一些风险：①价格风险。供应商通过不正当手段，如价格垄断、合谋报价、低价陷阱等，给采购方带来价格风险。②道德风险。采购机构也可能存在同样的道德问题，如采购信息的不公开、保护主义引发的对供应商的歧视政策、确定询价供应商过程中的暗箱操作等，损害供应商的利益或公平性竞争。

2．议价采购

议价采购(Negotiated Price)即竞争性谈判采购。议价与询价相比有显著的差异：议价只向预定的供应商个别谈判议价，可私下秘密进行；询价要有三家以上供应商参与，且须公开进行。

议价的程序有两种：①就可能的供应商，要求对方报价，然后对各报价单排定优先次序，个别进行讨价还价，直至获得最低价格。②先有价格预算，经供应商报价后，达到预期价格者，立即订购，不再进行谈判。

议价采购的优点和缺点如下。①优点：比招标方式节省费用；节省时间，比较公平；

减少失误，增加弹性；可发展互惠关系。②缺点：价格没有竞争，容易偏高；无法取得最新信息；易滋生弊端；技术进步难求；违反公平竞争原则。

议价采购的适用条件：对物品的需求具有连续性，必须请特定的厂商供货；同类厂商数目较少，不适于相互竞争，且产品性能有所差异。

7.2.2 价格变动管理

采购方在购买商品时，面临的主要问题是价格经常在短期内发生大幅波动。处理价格变动问题，对任何需要购买大量商品以维持工厂生产的企业来说，都是一种真正的挑战。

商品价格波动有多方面的原因，但其背后都离不开供应与需求之间的波动平衡关系。

首先是季节性，很多农产品的价格在一年内都在变动。比如，每年春天最新上市的土豆价格很高，几个月后，随着生产区的土豆大批供应，土豆价格不断下降，到了秋天，大批土豆收获上市，土豆价格可能会降到不到春天价格的 1/10。由于天气或水灾、旱灾、植物病害和种植失败等其他原因会造成农产品的供应短缺，导致供应量大幅下降，这些年份里土豆价格可能全年都很高。相反，遇到异常好的收成则会造成市场供应过剩，这种情况下的自然结果都是价格大幅下跌，甚至增产不增收。

还有另外的情况值得思考。这些市场的参与者除了生产者和消费者之外，还有交易者、投机者和批发商。人们对有关现时和未来的供应量、需求量的预期和库存形势的反应，也会极大地影响价格。比如，很多初级商品都是国际化的大宗商品，这些大宗商品具有世界性及全世界范围的交易市场，大型国际商品市场有组织地为商品交易提供便利，这种市场还提供通过期货合同进行套期保值的便利，但同时它们也时常操控着商品价格，或者影响着市场价格，其价格被作为世界参考价，很多生产商和消费者以这些市场的交易价格作为签订合同的直接参考依据。比如伦敦金属交易市场(LME)是最重要的铜、铝、镍、白银等金属交易市场。伦敦黄金期货市场是国际上黄金价格的主要市场。纽约商品交易市场在铜、白银等交易方面也占据着关键位置。其他还有纽约矿物交易市场、伦敦国际石油交易市场是世界上最大的石油衍生品交易市场，马来西亚科伦坡橡胶交易市场是世界上最重要的橡胶交易市场。小麦、大麦、玉米是重要的谷类，这些商品的交易由北美主导，而棉花作为世界纺织原材料，提供了一半以上的行业需求，重要市场在伦敦、纽约和香港。

所有这些材料都是在有组织的大宗商品交易市场中进行交易，在这种商品交易中有很多是投机行为，或者说是一种投资手段。初级商品是二级商品生产商的主要原料或材料，大宗初级商品的价格波动势必影响二级产品的材料成本，这有几种后果：二级产品生产商生产出来的产品，不能以同样变动的价格销售，影响生产商的利益；或者导致二级产品的市场价格也跟随波动，加剧了后续市场的不稳定。

从很多商品的实际情况来看，供求方面的任何变化对价格的影响，都会因为人们调整供给以适应需求真正发挥作用需要更长的时间而使得波动加剧。采购人员需要了解商品价格为什么波动，并需要对价格变动情况下可以采取的购买战略进行恰当评估，提出和制定稳定价格的方案(彼得・贝利等，2008)。

1. 稳定价格方案

价格稳定是生产者和消费者所希望的状态，如果价格频繁波动对买卖双方都十分不利。如果买卖双方都希望稳定价格，他们可以通过谈判达成一个固定价格的协议。大型生产商在大多数情况下利用与供应商、服务提供商或销售代理商直接签订合同的方法来稳定价格。然而在实践中，如果合同价格与市场价格相差太大，要维持不变的价格几乎不可能。生产商与用户之间签订的直接合同规定的支付价格，通常要参考合同拟定季节世界商品市场确定的基本价格。一般来说，只有在世界市场价格比较稳定的情况下，个别签订的大额合同价格才能稳定。

在抑制价格波动方面，有一些成功的方案可供选择。短期价格波动通常围绕某个平均水平波动，价格升高或下降是由供求比例的变化所引起的。短期的价格稳定方案可以通过调整缓冲库存来实现，当价格趋于升高时，管理者买入存货；当价格趋于下降时，便卖出存货。这种市场操作在可以预计的短期内能够很好地发挥作用。然而，长期的价格几乎注定会变动，这是经济学的一个基本假定。长期的价格稳定方案要取得成功，需要保持市场供求的一致。管理者需要检测世界市场的供求状况并适当地调整产量，这要比缓冲库存操作难得多，因为无法准确预测长期价格是上升还是下降，在很多情况下产量计划会受到环境变动或意外事件的影响，无法很快很好地实施。

2．利用期货合同进行套期保值

世界商品交易市场虽然只处理世界贸易量的一部分，但却为全世界形成了一种看待市场状况、市场价格的一种共识。商品市场为套期和投机提供了一种手段，即通过买卖商品获得期货(Future)或期权(Option)利益。

由于难以预测的价格变动，无论是供应商还是消费者都发现自己面临遭受损失的严重风险。价格变动影响到所有交易者，价格变动风险对有些人产生不利影响，而对另一些人产生有利影响，有获得意外利润的可能。例如，商品价格上升，消费者肯定会受损，而供应商肯定会受益；但是价格上升时受益的供应商，在价格下降时就会遭受损失的风险。但是无论发生哪一种情况，都可以通过套期保值来降低风险。所谓套期保值，就是利用期货合同进行补偿性交易以平衡某种贸易损失。期货合同是一种特殊的商品合同，这些合同表明了一定数量的货物的销售或购买协议，并且有着确定的未来交易日期和价格，可以按照正常合同一样执行和进行实物交易。同时这些合同还代表着一种实物价值或对实物的所有权或其他权利，可以直接在期货市场上交易。这些合同为交易商提供了某种便利，他们能以此减少交易损失的风险。在正常情况下，期货合同并不导致实际货物的交付，也就是说，期货合同是一种非执行合同，而变成了一种纯粹的交易合同。但是在早期期货市场上是以交易实际货物为准则，称为“期货”“实物”“现货”“即期”等，现代期货市场交易的则是商品的所有权或其他权利，称为“期权”。

制造商套期的目的就是为了保值，而不是为了赚钱。但是对于从制造商手中接手购买期货合同的投机商来说情况就不一样了。投机商可能在合同期内将合同适时地转售以获利；期货合同经过多次转手，其价格也会被炒高；或者投机商在合同期满仍继续持有合同，直到有利可图的时机再出手。

所有期货市场都为投机提供了机会。投机是一种风险极大的活动，作出买卖决定的人进行投机性活动，曾经带来可观的暴利，也曾造成未预料到的损失。在正常情况下，投机不是由商品生产商和消费者参与，大多数制造商和服务业组织都声称禁止投机。然而，专业的投机商或投资机构完全有资本和能力来承担风险，以期获得高额回报。投机行为有助于保持市场的流动性，为套期保值者承担了一定风险，对于商品市场的平稳运行来说至关重要，这是投机者起到的积极作用和贡献。

3．采取一定的购买策略和技巧

(1) 补偿措施。采购管理者应该与供应商合作，使用其他的补偿措施以抵消价格上涨带来的影响，这些补偿措施包括：减少送货提前期、提供优质的服务或其他优惠条件。为了限制价格上涨，采购管理过程中需要价格保护条款，或要求提前 30 天、60 天或 90 天接到上涨通知。作为价格变动管理程序的一部分，在采购管理人员同意涨价之前，一定要确知本次价格上涨会对产品成本造成的影响。

(2) 提前购买。在供应条件有限或者通货膨胀等市场条件下，采购人员通常会一次性购买高于本企业需求的商品。这种活动可称为“提前购买”，主要是为了防止商品短缺或价格上涨给本企业带来的影响。“提前购买”也会增加企业的库存持有成本。如果使用这种战略，采购人员必须综合权衡库存持有成本增加与商品短缺或价格上涨的影响大小。

(3) 无差异价格或歧视定价。在合同采购中，采供双方可以制定无差异价格，就是不管市场价格如何变化，双方都按合同价执行交易。当未来价格上涨时，采购方可以避免涨价风险，但当未来价格下降时，采购方仍然要按更高的合同价支付。现实中，供应商更多地采取差异化定价或歧视性定价，这有利于采供双方更好地规避风险，调整利益。

(4) 买卖交易选择权。交易选择权是一种合约，它是指持有人在指定时期内，有权以特定价格买卖一定数量的资产，但却没有必须行使这种权利的义务。如果价格对它有利，便行使权利；否则，可以任其合约自动失效。例如黄金选择权，根据资产的不同性质可分为三类：现货金条金块选择权、金矿股票选择权和黄金期货契约选择权。就选择权本身而言，可以分为“买进选择权”和“卖出选择权”两种，买卖交易选择权是采购方应对价格变化的一种管理策略。

4．处理涨价的系统方法

尤其是要正确处理原材料和初级商品的价格上涨，采购管理者必须对供应商所提出的涨价问题提出异议，而不能仅仅看成是既有成本。与供应商一起协商，将价格上涨限定在一个合理的、公正的范围内就显得非常重要。进一步讲，采购人员应该建立一套处理供应商涨价问题的系统方法。这个系统至少要能做到以下几点：①确定价格上涨的原因；②确定价格上涨对公司总成本的影响；③确定合理的价格上涨幅度；④回顾价格上涨情况；⑤制定处理价格上涨的战略；⑥采取其他降低价格的方法或提高供货效率，以抵消价格上涨带来的影响。

例如，Ethyl 公司的价格指示系统就是一个很典型的案例。Ethyl 公司是一家经营石化和医药行业的公司，它的采购部门经常预测未来的原材料需求和价格水平。Ethyl 公司的一名经济学家创建了一套辅助采购决策的全年的价格指示系统，这套系统的价格指示是基于主要经济指标变动作出的。Ethyl 公司在海湾战争爆发前期，看到石油原材料价格上涨较快，因此及时预测到这种价格上涨，并采取提前大量购买的方式从中获利，而且避免了风险。

7.3 总成本建模

采购与供应部门要加强对内部和外部采购相关成本的管理，充分利用一切机会来控制、降低或避免不良成本的发生，从而使采购总成本降低，使企业成为能够以最低成本提供优质商品和服务的制造商。从长期看，供应商给企业带来的不一定是最低供应价格，但必须能够提供最低总成本。因此，企业所关注的是采购总成本，而不是采购价格。高效的采购者需要掌握与供应商的谈判过程中使用信息的时机和方法，并根据可靠信息作出决策，并从整个采购供应链中寻找减少浪费的机会。

供应价格是采购成本的一部分。除了价格之外，还有许多与购买有关的其他成本。采购和供应管理是组织供应商成本管理努力的逻辑领导者(Zsidisin 等，2003)。总成本归属、定价决策、价格和成本分析，是供应价格和成本管理的主要内容(彼得・贝利等，2009)。战略成本管理是战略采购流程之一(Monczka 等，2008)。供应商价格决策和自有总成本优化在供应商管理领域具有重要地位(Leenders 等，2009)。但上述研究大多侧重于供应商成本管理，而不是站在整个采购成本管理的立场上。

采购总成本模型不仅涉及简单的价格，还承担将采购功能提升到总成本管理(Total Cost Management, TCM)的责任。因为较低的商品价格可能会导致高昂的购买成本，这种情况更容易被忽视。在许多公司中，总成本优化被管理者误解为最低价格，他们认为价格越低就越好，很少考虑使用成本、管理成本和其他无形成本。然而，由于采购决策影响到后续的运输、交付、维护、替换和旧产品升级等功能，因此，总成本建模是公认的重要技术之一，其意义对所有产品都很重要。企业必须有远见地考虑总成本，评估整个采购流程中涉及的所有关键成本和其他长期潜在成本。总成本结构及模型如图 7-12 所示。

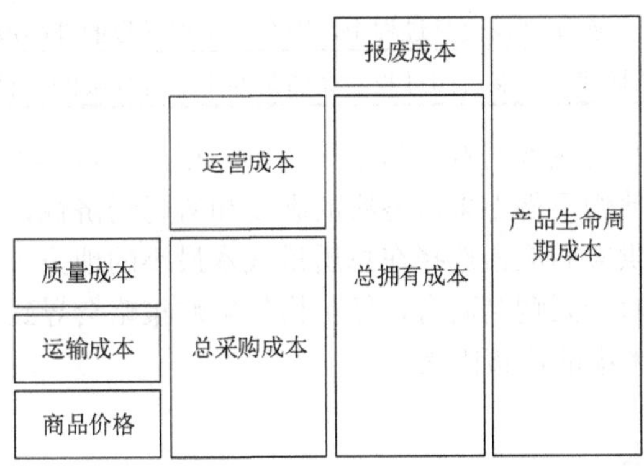

图 7-12 采购成本结构与总成本建模

7.3.1 总质量成本

总质量成本(Totol Cost of Quality)是在采购管理领域总成本概念的重要组成部分，它是指某种商品或产品、服务或工程的质量不符合规范、不满足要求而导致的成本增加。根据质量经济学原理，总质量成本包括两部分：预防检验成本和质量失效成本。随着预防成本的增加，故障会减少；而随着故障的增加，质量故障成本会增加，因此供应商只能通过权衡两个成本来选择合适的质量。

工业企业将某项产品或某类产品因产品质量、服务质量或工作质量不符合要求而导致的成本增加称为质量成本。一般来讲，预防、检测和发现成本越高，质量越高；失效成本是质量问题发生后带来的实质损失或机会损失，包括退货成本、返工成本、停机成本、维修服务成本、延误成本、仓储报废成本等，如表 7-4 所示。其中，质量失效成本是不合格产品发生后付出的成本，包括所有与不合格零部件或不合格产品有关的成本。由于不合格品或次品库存产生的额外成本包括故障费用、返工成本、低质量产出的损失、货物遗失成本及保修成本。库存涉及的总成本包含了质量成本，将劣质成本进行量化有助于识别产生问题的原因。

表 7-4 采购质量带来的失效成本

成本项目	解释
退货成本	在整体供应链(包括采购、生产、仓储、运输各销售过程)中任何环节出现的不合格退货所发生的成本
返工成本	在采购、生产仓储、运输和销售过程中由于产品或工作不符合要求而需要进行返工维修或检验所带来的成本增加，包括人工、材料、运输等费用
停机成本	因任何原因而导致的设备停机、生产线停工所造成的损失，包括设备因维护不善出现故障停机；因原材料供应不上导致停产；生产安排不合理导致生产线闲置
维修服务成本	在产品卖出以后，由于产品质量、服务质量问题导致的在维修期内所发生的所有费用，如处理顾客投诉、维修产品、更换零部件等成本
延误成本	产品开发及交货延误导致的成本增加或损失。在产品开发过程中，因设计错误或设计延误导致人工损失、设备设施报废、产品进入市场时间推迟而造成的直接经济损失。在生产及交货过程中，因交货延误导致的理赔或失去市场等损失
仓储报废成本	因产品换代、仓储时间过长、仓储条件不好等导致的原材料、零部件或成品报废

供应商对采购质量及其成本的看法与采购商不尽相同。虽然供应商有时也强调质量越高效益越好，但实际上他们不得不采取务实的态度和考虑经济性，因为较高的质量需要付出更高的成本。因此，供应商应该选择在总质量成本最小的地方，在最经济的质量水平上作出正确的质量决策。对于采购商而言，低价格的采购策略会导致质量问题，价格和质量成本之间的权衡是需要考虑的决策因素。

7.3.2 总采购成本

采购管理领域另一个经常使用的总成本概念是总采购成本(Total Cost of Purchasing)，这是指完成商品采购的整个过程所需要付出的全面、综合成本。总采购成本包括采购价格，还包括其他成本，如交货和运输成本、日常佣金、税金、库存费、质量检验和管理、返工、维护、恢复、调整、安装和后续调试，以及完成采购活动的其他相关成本，这些费用应计入公司为采购材料和服务支付的实际“总价”(彼得·贝利等，2006)。

在采购过程中，原材料或零部件的采购价格固然是很重要的财务指标，然而，不只是价格和质量成本问题，作为采购人员本身不只要看到采购价格本身，还要将采购价格与交货、运输、包装、服务、付款等相关因素结合起来考虑，衡量完成采购的实际成本(蒙茨卡等，2008)。

总采购成本就是完成全部采购任务所需要付出的各种成本之和。在采购领域中，总采购成本有时也称为“总购置成本”“综合采购成本”(All-in Costs)。

总采购成本主要应用在资产设备类采购中，例如公司车辆，复印机，生产设备如注塑机、冲床等。除了设备本身的采购价格外，了解每一供应商所提供的整体采购成本，可以发现有时 A 厂商的价格虽然比较便宜，但是购置 B 厂商的设备其整体采购成本反而更划算。

例如，柯达公司是一家老牌的全球影像工业的领先企业，在一种可编程的逻辑控制器(以下简称 PLCs)的采购管理中，面临着艰难的境地。PLCs 在生产企业中相当于一个控制设备、材料流动和其他相关过程的“大脑”。柯达公司在全公司范围内没有统一的 PLCs 的标准要求，因此在各国的每个分厂都是根据自己的技术需要进行采购，采购的标准通常是价格最低。

后来柯达公司组成了一个由采购师和其他工程师组成的工作组，专门研究柯达公司的成本降低问题。这个小组研究发现，往往采购价格只占企业成本的一小部分，同时通过对 PLCs 进行总成本分析证实了这一点，如表 7-5 所示。

表 7-5　柯达公司对总采购成本的分解

成本项目	占采购价格的百分比/%	成本项目	占采购价格的百分比/%
采购价格	100	服务成本	15
工程成本	75	维护成本	50
安装成本	100	培训成本	5
代理成本	12	撤退成本	10
占目前采购价格的总百分比			367%

基于这些数据分析，柯达公司开始着手改变对 PLCs 的购买方式。在新的工作方式下，寻求这样的供应商：①提供全世界范围内的产品或服务；②最大限度地节约非价格部分的成本，或者说使产品价值最大化；③针对每年度的采购项目进行价格谈判，而不是对每个项目进行价格谈判；④理解合作伙伴的意义并愿意建立合作伙伴；⑤使供应商所提供的产品或服务与柯达现有的安装设备配套。

柯达公司从关心采购价格到关心综合采购成本，这样做的结果比预期的还要好：在相关的产品类型(包括 PLCs、驱动器、发动机和控制器等)中，从全世界范围内采购的比例从 54%(1993 年)大幅提升到 74%(1994 年)；供应商数量也已大幅度下降，各分厂下降幅度在 20%～59%之间；在前六个月中价格表 7-5 所列的其他成本项目降低 25%，远远超过预期指标。

7.3.3　总拥有成本

总拥有成本或整体拥有成本(Total Cost of Ownership, TCO)是采购管理领域中一个非常重要的总成本概念。从广义来讲，总拥有成本包括所有的采购过程中的相关成本和使用过程中的相关成本。具体而言，总拥有成本的成本内容由采购价格加上所有内部成本构成，通常包括购进货物的价格，运输和交付成本，搬运、检验、品质、重(返)工、维修成本以及其他与采购过程相关的成本，还包括生产操作、存储、维修等运营过程中的有关成本。

总拥有成本概念认为采购价格只是获取货物和服务的整体成本的一部分，而且在很多采购项目中获取货物的外部采购成本只占较小的比例，更大的成本是商品使用过程中造成的内部成本。使用总拥有成本模型有多方面原因和其他用途：①全面完整地掌握影响采购决策的真实成本；②从更大的范围寻找降低成本的机会；③有助于评估和选择正确的供应商；④提供采购谈判所需要的更全面的成本数据；⑤促使供应商更关注成本降低的机会；⑥强调高价格和高质量商品可能具有更显著的成本优势；⑦为建立长期的供应关系愿景提供依据；⑧合理地预测供应商的绩效；⑨更准确有效地预测企业未来的经营绩效。

采购人员在选择供应商之前应该预测总拥有成本。总拥有成本模型试图确定全面性的成本内容，从而揭示每一种成本要素降低或避免其发生的机会，而不是仅仅分析和比较价格。确认和跟踪这些成本要素可能会有一些困难，然而采购人员花费时间尽可能掌握一些采购项目的总拥有成本仍然十分值得。总拥有成本的估算方法有很多种，所有的企业都应该建立和采用最符合自身需要的成本模型，比如标准化总拥有成本模型或独特性总拥有成本模型，前者适用于很多种采购情况；后者仅用于某些特殊的采购项目。不管采用哪种成本模型，都应该合理涵盖总拥有成本的结构和构成要素。

整体拥有成本模型主要应用于战略物资、关键材料和资产、设施等资本设备类采购(Capital Procurements)，并且有后续使用和维护保养服务的项目上，如企业的车辆、生产设备和机器等。通过比较供应商提供的设备的采购价格与 TCO，企业可以发现，虽然供应商 A 有时提供的价格相对较低，但从供应商 B 处购买的设备的 TCO 可能要便宜得多，因此供应商 B 是更好的选择。

举例来说，这里是一个大型复印机采购的总拥有成本，如表 7-6 所示。所选择的成本要素包括支付结构、折扣、运输、安装、操作培训、服务维修、供应物和零件。这台复印机将服务一个大企业的行政中心，预计有 50 万美元复印量，估计使用寿命是 5 年。该复印机的采购价格为 10 万美元，但是经过计算，其总拥有成本却高达 47.4 万美元，平均复印一张纸的成本为 1.682 美分。

表 7-6　资产设备与总拥有成本

费用项目	成本总计/美元
财务：	
目录价(List Price)	100 000
折扣返利(Trade-in Value)	-20 000
结构性支付(利息-折旧；折旧=5 年平均)	17 500
一次性费用：	
运输(700 lbs.)	450
装配和安装($10k/yr)	300
操作工培训($150/hr.)	750

续表

费用项目	成本总计/美元
运营费用：	
服务和维修	45 000
供应物(纸、色彩等)	280 000
配备件(卷轴、滚筒等)	50 000
总拥有成本(TCO)：	474 000
单次复印成本(Cost Per Copy)	1.682(美分)

7.3.4 全寿命周期成本

生命周期成本(Life Cycle Cost, LCC)是一种总成本分析工具，它包含购买价格和产品项目生命周期内的所有相关成本。一般来说，LCC 包括设计、制造、销售和使用、维护和回收废旧产品的成本(Kuprenas 等，2007)。

任何产品或系统都有生命周期。系统的生命周期是从设计开始，到最终处置结束的时间为止。系统生命周期有几个时间阶段，每个阶段都有相关类型的成本。①设计时间是设计系统所必需的时间。设计系统所花费的时间应与系统的价值相称。在设计阶段花费更多时间通常存在质量效益下降的问题。军事规划的一个共同原则是，今天制订一个好的计划胜过明天的更完美计划。设计成本由所有设计系统的成本组成，但不包括实施系统。②生产、施工或实施时间是建立系统所需的时间。大型系统，如供应链系统，涉及资本资产(如制造工厂)，以及物流基础设施(如铁路和港口)，可能需要数年甚至数十年的时间才能建成。即使重新配置供应链中的仓库也可能需要 3～6 个月的时间。生产、建造或实施成本是创建或构建系统的成本，而不是系统运行的成本。③运行寿命时间是系统运行的时间。对于供应链和物流中的大多数系统来说，这一时期在其整个生命周期中持续时间最长。系统运营成本包括操作系统的固定成本和可变成本。④处置时间是关闭和拆除系统所必需的时间。同样，大型系统可能需要大量时间才能有序关闭。美国军队在 20 世纪末从西欧撤出、关闭基地需要十多年。系统处置成本包括关闭和拆除系统的所有成本(Goetschakckx，2011)。

生命周期总成本是产品总生命周期中累积的总成本，这种成本有时也包括所有权或 TCO 的所有总成本。LCC 是设备费用方面的最高层次的综合成本指标，LCC 与 TCO 很多时候没有区别，但两种总成本概念适用于不同性质的产品或项目。

LCC 是从采购品的整个生命周期时间上来考虑成本的一种分析工具，不但分析公司设备的采购价格，也分析其使用年限期间运作及相关成本，包括维修、停机时间、能源成本等，以及残余价值。生命周期成本法运用于资产设备类和工程项目类采购，属于 TCO 的扩展延伸概念。因为由运作、维护和设备故障所导致的成本可能比初始购买成本高几倍，LCC 建模提出了这样一种分析概念和决策方法，它全面考虑设备、项目或系统的整个生命周期过程，目的是实现长期经济效益，使生命周期成本最小化。表 7-7 显示了两种机器设备采购价格和生命周期成本的计算比较。

表 7-7　比较分析机器 A 和机器 B 的生命周期成本

机器A：生命期 5 年，4%时间停产						
成本/年	0	1	2	3	4	5
采购	80 000					
工程	10 000					
安装	10 000					
培训	4 500					
劳动(每年+5%)		40 000	42 000	44 100	46 305	48 620
能源(每年+10%)		50 000	55 000	60 500	66 550	73 205
停产(每年+8%)		12 000	12 960	13 997	15 117	16 326
总计	104 500	102 000	109 960	118 597	127 972	138 151
贴现率(PVF)(−12%)	1.000	0.893	0.797	0.712	0.636	0.567
现值	104 500	91 086	87 638	84 441	81 390	78 332
总现值	527 387					
机器 B：生命期 5 年，2%时间停产						
成本/年	0	1	2	3	4	5
采购	100 000					
工程	10 000					
安装	10 000					
培训	5 000					
劳动(每年+5%)		50 000	52 500	55 125	57 881	60 775
能源(每年+10%)		40 000	44 000	48 400	53 240	58 564
停产(每年+8%)		5 000	5 400	5 832	6 299	6 802
总计	125 000	95 000	101 900	109 357	117 420	126 141
贴现率(PVF)(−12%)	1.000	0.893	0.797	0.712	0.636	0.567
现值	125 000	84 835	81 214	77 862	74 679	71 522
总现值	515 112					

7.4　采购成本管理

由于简单地降低成本会给企业带来很多潜在的风险，采购成本管理不应该仅仅是降低成本，而应是一项控制成本的系统工程。企业必须系统地研究和管理采购成本，根据企业的实际情况设计成本模型结构，从而找出最适合自己的采购策略。

根据统计和调查研究，企业内部最有效的采购成本管理方法如图 7-13 所示。根据实施阶段和结果，可以准确地分为三个层次。

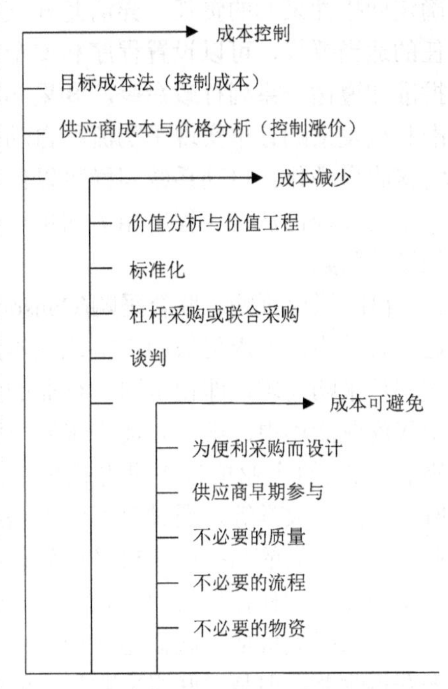

图 7-13　采购成本控制和消减技术

7.4.1　采购成本避免

可避免成本是指一些不需要的材料、不需要的质量、不需要的工艺和其他不需要的工程上所花费的那些不重要的成本。如果能够消除这些问题，就可以避免花费在这些环节上的成本。以下几种方法可以达到这样的目的和效果。

(1) 供应商早期参与。供应商早期参与(Early Supplier Involvement, ESI)是在产品设计初期，选择一些具有合作伙伴关系的供应商加入新产品开发团队的一种方法。通过 ESI，新产品开发团队对供应商提出性能规格的要求，并借助供应商的专业知识，达到降低一些不必要的成本的目标。

(2) 为便利采购而设计。为便利采购而设计(Design for Purchase, DFP)是一种“外购战略”，它是在产品研发阶段，利用外包供应商的标准化的工艺和技术，以及使用工业标准化零部件，为材料获取提供便利，以降低“自制战略”所需的技术需求，同时也降低生产所需的成本。

7.4.2　采购成本消减

如果采购商品的成本不可避免，应该考虑尽可能降低成本。企业常用的最有效的降低采购成本的方法如下。

(1) 谈判。谈判(Negotiation)是买卖双方为了实现各自目标、达成相互协议而进行的沟通过程，也是采购人员应该具备的基本能力。谈判不仅局限于价格领域，也适用于其他有特殊要求的成本领域。一般来说，讨价还价是不容忽视的策略，通过谈判，预计降价幅度约为 3%～5%，这样的效果要超过很多价格技术方法。

(2) 杠杆采购。杠杆采购(Leveraging Purchases)将每个单位或不同部门的采购量集中在一起，以扩大采购总量，增强议价空间和议价能力，从而通过大规模集中采购，创造节省采购成本的机会。这样做，可以避免各自采购，造成组织内不同事业单位，向同一个供应商采购相同零件，价格却不同，但彼此并不知情的情况。执行杠杆采购需要明确以下几个要点：①全面收集和分析数据。很多时候，企业内部不同部门从不同供应商处采购相同货物或服务，或者从同一供应商处以不同价格进行采购，就失去了进行杠杆采购的机会，遭受不应该发生的损失。采购部门必须清楚每个战略业务单位(SBU)所采购的货物和服务，特别是一些功能相似的货物和服务，可以通过标准化或批量汇总以实现杠杆采购，最大限度地对支出特别是间接性开支进行调控。②重组以明确责任。供应链管理结构重组以确定间接性采购的责任，弄清楚开支的执行者、执行时间、地点和内容，构建成本节约责任的适当授权，可以设置程序和安全保护来制止和控制单独开支。非生产性货物必须获得批准和遵循一系列行政命令。③采购流程自动化。企业可以通过电子请购、路径选择、批准和核发采购订单实现采购流程自动化；通过自动核实收据和发票及采购单的内容进行货物接收自动化；自动系统同样可以保证电子支付的实现，以节约时间和资金。流程自动化使采购经理们从购买程序相关的单调任务中解脱出来，而拥有更多的时间来关注采购战略领域的问题。

(3) 联合采购。联合采购(Consortium Purchasing)是多个单位或公司的联盟采购行为，通过合并需求追求更低的价格或成本，在效果上类似于杠杆购买。有很多公司拥有共同的零部件采购需求，即使是同一行业的竞争性企业，也可以合并采购或建立联盟。特别是在现代商业活动中，第三方采购作为一种新兴的产业，它们为少数需求 MRO 产品(维护、维修和操作)的企业单位提供专门的服务。联合采购也在非营利性组织采购中实施，如政府、医院、大学等，通过对不同采购组织的需求集中，获得更好的数量折扣价格。有些企业已经将它们的间接性物料采购外包出去，对管理间接性开支采取外部性方法。①联盟采购是提高采购杠杆作用的方式之一。联盟使得从事各种各样业务的采购方能够联合它们的购买力来降低价格。联盟建立和管理一般由大企业主导，小企业向联盟缴纳一定的服务费来获得收益。但是，联盟采购最大的问题之一是每个成员对将要集中采购的产品或服务达成一致。②第三方运营的采购外包模式。联盟采购通常由独立的第三方进行运营，第三方掌握所有不同的产品规格，最后得到一份能最好地满足所有成员要求的产品名单。由精心挑选出来的第三方供应商负责保证所有的间接性采购需求都能得到满足，这样做不仅使采购部门减轻了负担，还能更好地管理间接性开支，实现在间接开支上的资金节约。③基于网络的逆向拍卖。网上逆向采购的范围正在逐年提高，对间接性采购领域的影响也越来越大。逆向拍卖使得采购方和供应商能够在世界范围内通过网络以低成本进行实时沟通，采购方认为，在平均采购价格方面可以实现 10%～20%的节约。然而，大多数采购者对这样的节约能否持续仍然持怀疑态度。

(4) 标准化。标准化(Standardization)是指在定义产品规格时，将通用的设计或规格用于不同的产品、夹具或零件，以减少采购项目的数量，或获得一定的规模经济，达到降低制造成本的目的。尽可能采购标准化货物和服务，限制请购者采购货物和服务种类，减少与供应商协议中包括的货物和服务种类，可以实现对采购数量承诺并减少单独支出。但这只是标准化的其中一环，组织应扩大标准化的范围至作业程序。很多企业现在已经将标准化的范围扩大到运营和制造流程，以获得更大的利润。

(5) 价值分析和价值工程。价值分析(Value Analysis, VA)和价值工程(Value Engineering, VE)是针对产品或服务的功能加以研究，以最低的生命周期成本目标，通过剔除、简化、变更、替代等方法，来达成降低成本的目的。价值分析适用于新产品设计工程阶段；而价值工程则是针对现有产品的功能和成本，做系统化的研究与分析。有些人认为 VA 是用来分析问题，VE 是用来解决问题，但如今价值分析与价值工程已被视为同一概念使用。

价值就是产品满足用户要求的功能与寿命周期费用之间的比值，即“性价比”。其公式为

$$价值=功能/费用(V = F / C)$$

价值分析的目的或结果之一就是计算价值系数。价值系数的计算方法有两种，适合两种不同的情形。

① 标准计算法。适用于具体产品对应标准产品(如将具体课时量折算成标准课时量)。价值系数是指将具体产品价格转化为标准产品价值的转换系数。

$$价值系数=\frac{具体价值}{标准价值}=\frac{\dfrac{具体产品性能}{具体产品价格}}{\dfrac{标准产品性能}{标准产品价格}}=\left(\frac{具体性价比}{标准性价比}\right)$$

② 系统计算法。适用于局部产品对整体产品(如扬声器对收音机)。价值系数反映局部零件价值与整体产品价值匹配度。

$$价值系数=\frac{功能系数}{价格系数}=\frac{\dfrac{局部功能}{系统整体功能}}{\dfrac{局部价格}{系统整体价格}}$$

功能系数的计算所需要的数据信息获取也可以采取一些必要的方法，如强制对比法、直接打分法、逻辑判断法、调查评价法等。例如，热水瓶单价 11 元，其中瓶胆占 6 元，木塞占 0.5 元，外壳占 4 元，把手占 0.5 元。各部分的功能对比(0-1 强制评分)及价值系数计算如表 7-8 所示。

表 7-8 热水瓶各功能价值分析和价值系数计算

	瓶胆	木塞	外壳	把手	总分	功能系数	价格系数	价值系数
瓶胆	*	1	1	1	3	3/6	6/11	0.91
木塞	0	*	1	1	2	2/6	0.5/11	7.33
外壳	0	0	*	1	1	1/6	4/11	0.458
把手	0	0	0	*	0	0/6	0.5/11	0

价值分析和价值工程方法是通过各相关领域的协作，对所研究的对象的功能与费用进行系统分析，不断创新，旨在提高对象价值的思想方法或管理技术。表 7-9 表述了价值工程的一般工作步骤。

表 7-9 价值工程的工作步骤

工作阶段	工作步骤	要回答的主要问题
分析	1. 对象选择	VE 对象是哪一个项目？
	2. 收集有关资料	与该对象有关的资料有哪些内容？
	3. 功能定义	它的目的是什么？
	4. 功能整理	用什么手段来实现这个目的？
	5. 功能的成本分析	分摊给各功能的目前成本是多少？
	6. 功能评价	各功能应有的目前成本是多少？
	7. 选定 VE 对象	有哪些可改进或替代对象？
综合	8. 创造	怎样改进或替代？
	9. 初步评价	它的成本将是多少？

续表

工作阶段	工作步骤	要回答的主要问题
评价	10．具体化和调整	能可靠地实现必要的功能吗？
	11．详细评价	技术效益、经济效益和社会效益怎样？
	12．制定改进方案	怎样实现？

价值分析和价值工程的应用体现了功能与费用的直接结合、技术与经济的直接结合、企业与用户的直接结合等特点。其应用范围起源于材料代用问题，在应用中得到发展，应用范围逐渐扩大化，新产品设计、旧产品改造、房屋建筑、物资管理等都可以应用价值方法。在生产中，以最少的消耗来实现用户的必要功能；在采购中，用最少的花费实现必要的功能都是价值分析方法的传统应用领域。表 7-10 给出了提高价值的分析方法和实现途径。

表 7-10　提高价值的基本途径

提高 V 的模式	一般应用场合	
	功　能	费　用
F→/C↓	必要功能恰当	费用可能过高
F↓/C↓↓	功能过剩	费用明显过高
F↑/C→	功能不足	费用恰当
F↑/C↓	功能不足	费用可能过高
F↑↑/C↑↑	功能明显不足	费用有必要增加

价值系数的计算在于分析同一产品内部不同零部件所实现的功能是否与费用相匹配的问题。在采购管理工作中，价值分析和价值工程方法的核心思想：以最低的费用获取所需要的功能。该方法本身并没有错误，只是付诸实现相对困难。但是价值分析方法相对一般降低成本方法的优势非常显著，如表 7-11 所示。

表 7-11　价值工程分析与一般降低采购成本方法的对比

VE/VA 方法	一般降低成本的方法
以功能为中心	以采购品或材料为中心
以功能性研究/设计构想	以成本分析为中心，节约采购成本
以团队组织共同努力、共同设计	以采购本位为主，情报及创意不定
通过团队任务编组与分工发挥整体的配合与默契	因本位观念特重，造成力不从心
可以获得明确成本降低	降低成本目标不易明确

7.4.3　采购成本控制

当与采购有关的成本不容易降低时，应尽可能在一定范围内监督和控制成本。一旦费用超出了事先设定的标准，就要采取一些措施纠正。

(1) 供应商成本和价格分析法(Cost and Price Analysis)是专业针对采购价格的分析方法，即控制价格的方法。当商品的成本主要体现为价格的时候，应用价格分析很有用。分析供应商的成本和价格，了解其成本构成的主要因素对采购商来说非常重要。如果采购商不了解所采购商品的成本结构，就无法判断所采购商品的价格是否公平合理，同时也可能失去许多降低采购成本的机会。因此，供应商成本与价格分析的目的有助于购买者掌握供货定价策略，应对价格波动。

(2) 目标成本分析法(Target Costing)是一种专门针对采购成本的分析方法，即控制成本的方法，其决策思想与成本加成定价(Cost-makeup Pricing)有很大的不同，即前者是价格驱动的成本方法，后者是成本驱动的定价方法。传统的成本加成定价方法采用成本加利润来定价。但是，采用目标成本方法，产品的允许成本严格来说是该细分市场愿意为产品支付的价格减去目标利润的函数，即合适的销售价格-目标利润=目标成本。因此，目标成本定价法与其说是一种定价方法，不如说是一种成本控制方法。

美国管理学大师彼得·德鲁克(Peter F.Drucker)在企业的《五大致命过失》一文中提到，企业的第三个致命过失是，定价受成本的驱动(Cost-driven Pricing)。过去，大多数美国公司，以及几乎所有的欧洲公司，都是以成本加上利润率来制定产品的价格。然而，它们刚把产品推向市场，便不得不开始削减价格，重新设计那些花费太大的产品，并承担损失，而且，它们常常因为价格不正确，而不得不放弃一种很好的产品。产品的研发应以市场乐意支付的价格为前提，因此必须假设竞争者产品的上市价，然后再来制定公司产品的价格。丰田和日产把德国的豪华型轿车挤出了美国市场，便是采用价格引导成本(Price-driven Costing)的结果。

7.4.4 战略成本管理

在采购成本管理方面，战略采购强调总成本管理(Total Cost Management)，充分平衡企业的内外部优势，降低整个供应链成本，覆盖从物料描述到付款管理的整个采购过程。

供应链管理强调采购与其他职能更好地跨职能整合，更好地协调采购与供应商和客户的关系，从而优化供应基础，管理供应商关系和战略联盟，使供应商尽早参与产品设计等。因此，管理者越来越多地从整个供应链的角度考虑降低成本的机会。

采购实践中的战略成本管理是一种旨在降低整个供应链成本的结构化方法和系统，如图 7-14 所示。建立战略采购成本管理体系，需要从多方面进行全局性思考和规划，设计供应链组织，改进采购流程和方法。

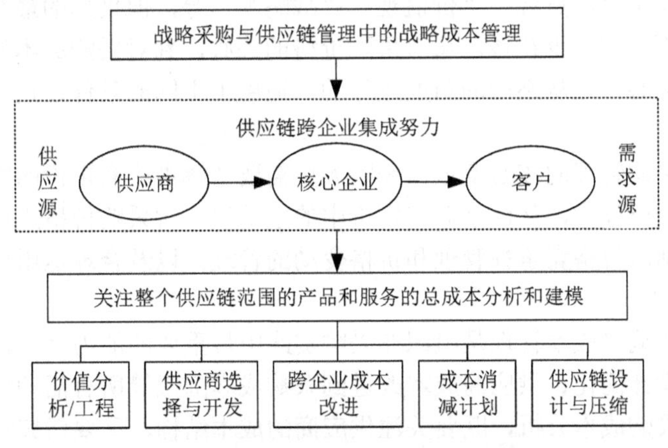

图 7-14 采购成本管理的战略方法系统

(1) 跨企业的供应链集成努力。传统上，许多公司的成本管理集中于单个企业的内部努力，这些方法包括价值分析或工程、流程改进、标准化、利用高效技术、供应商成本或价格分析，以及前面讨论过的其他方法。虽然这些方法仍然有意义，但它们对主要成本的影响已不像过去那么大。因此，随着全球化企业和供应链中外包和战略采购数量的增加，采购商品的成本由供应商驱动。在这种环境下，企业要想充分获取成本削减的好处，必须将思维焦点转向供应链，并实施包括供应链上游和下游成员的系统方法。

(2) 考虑整个供应链的产品或服务的总成本分析方法。采购工程师和供应链专家必须理解价格和成本分析及建模原理。供应商成本分析是对商品的每个成本要素进行分析的过程，这些成本要素合起来形成最终的产品价格。这种分析识别生产某一产品的实际成本，以便双方能够确定一个合理的价格，并制订降低未来成本的计划。采购价格分析是指在无法获取供应商成本的直接知识或者在不直接了解供应商成本的情况下，将供应商的价格与外部价格基准进行比较的过程。价格分析只关注于卖方的价格，很少考虑生产的实际成本。采购总成本分析和建模，比如质量成本、总采购成本、TCO、LCC 等，是在跨越供应链的两个或多个组织的多个流程中应用成本或价格等式。基于战略的采购成本管理，采购决策者必须有远见地考虑总成本，即评估整个采购流程中涉及的关键成本部分和其他相关的长期的基础成本，这些成本将高于支付给供应商的实际价格。

(3) 适用于采购成本管理的协作方法。战略成本管理通常涉及至少两个或更多的供应链合作伙伴共同工作，以识别能够降低整个供应链成本的流程和改进方法。这种新的成本管理方法要求采购和供应主管采取一系列新举措，能够把结果传递到末端。例如基于团队的价值工程、战略供应商开发、跨公司的成本消减项目、供应商建议计划和供应链重新设计(Ozener 等，2008)。因此，进取型采购部门已经认识到，降低成本最有效的方法不是通过价格谈判(Price Bargaining)，而是通过供应链的有效协调与协作。

要 点 总 结

采购是关系到“花钱”的工作，所以“成本观”是采购学中的主要观念。围绕着成本观念，目前又出现了“质量观”“价值观”“战略观”等，但采购的最终目的，还是“聪明”地花钱，并不一定是少花钱。从对采购价格的关心，到对采购成本的关心，到对采购商品“价值”的关心，是从不同的角度进行的，适用于不同的条件，这是一种观念的更新和进步。

采购价格是采购管理的核心变量。采购人员需要了解供应商定价的影响因素、定价的方法，掌握价格分析技术，从而掌握在定价中的主动权。对采购价格进行管理是采购人员的重要任务，包括对价格竞争性管理和价格变动的管理，以及合理运用议价采购和询价采购的方法。

总成本建模和战略成本管理是组织在采购实践中最重要的能力之一，它将为采购过程中从战略制定、设计简化、供应商成本改进到采购成本降低等所有活动奠定基础。从战略的观点看，进行采购成本分析，既要关注供应商的成本结构，又要研究竞争对手的成本结构，越是重要的材料越需要进行细致的成本分解和分析。

思考与练习

(1) 什么是采购价格？采购价格受哪些因素的影响？

(2) 价格对于买卖双方有什么不同的意义？购买价格与购买方的成本是一种简单的关系吗？

(3) 供应商的价格与其成本的关系是什么？

(4) 确定价格的方法是什么？

(5) 什么是基于成本的定价法？为什么使用这种方法？如何使用？

(6) 简述目标成本定价法的原理和优势？如何确定目标定价法？

(7) 什么是学习曲线？怎样应用学习曲线？

(8) 什么是询价采购、议价采购，它们的主要区别是什么？

(9) 价格为什么波动？如何管理价格波动？

(10) 采购者希望对商品采购进行套期保值的原因是什么？怎样进行套期保值？

(11) 什么是采购成本？采购相关成本包含哪些因素？

(12) 简述采购质量成本。与质量有关的成本有哪些？为什么这些成本很难确定大小？

(13) 简述总购置成本及其管理思想。

(14) 简述总拥有成本的概念及适用性。

(15) 降低采购成本的方法有哪些？

(16) 管理成本和管理价格之间有什么差别？

(17) 什么是价值分析？价值分析的基本思想是什么？

(18) 直接成本和间接成本的区别是什么？采购者怎样分析这些成本？

第 8 章　交货期决策与管理

学习目标

本章关注采购交货期和时间管理的知识和技能。要求学习理解基于时间的竞争战略理念，理解采购交货期概念和时间构成；理解采购交货期协调决策方法；理解按时交货和提高交货速度的整合管理方法；理解战略采购提前期管理的重要性。

本章涵盖以下内容和要求。

- 基于时间的竞争战略。理解时间的影响及其带来的竞争优势。基于时间的竞争策略包括准时制(JIT)和快速响应(QR)。
- 采购交货期的概念和重要意义。理解基于时间竞争背景下采购交货期管理的重要意义。准时制(JIT)在采购供应环节体现为按时交付(On Time Delivery)，即要保持交货时间的可靠性(Reliability)、一致性、稳定性，减少交货时间上的波动。快速响应(QR)在采购供应职能上表现为交货速度快或提前期缩短。
- 采购交货期决策。考虑交货可靠性和交货速度协调优化的最佳交货时间，实现准时交货和缩短提前期同步协调决策。
- 采购交货期管理。交货期管理的第一项要求是按时交货，第二项要求是交货快速。理解采购交货期整合管理的思想；理解供应链的时间价值和战略提前期管理。

引言

近年来，人们对商业活动中“时间”的影响日益重视，快速、准确地对客户需求作出响应、压缩前置时间、把握进入市场的时机以及在供应链中减少时间浪费的工作进度计划方法等要求，导致对时间和响应性更加关注。例如产品上市时间(Time to Market)是可持续竞争优势的重要驱动力，缩短上市时间使公司能够通过提高市场份额、提高资源效率、溢价和更高的客户忠诚度获得竞争优势。

交货期是采购与供应链管理中的一个重要决策变量。本章主要讨论两大问题：①交货期整合管理。提出了以协同性、系统性和全面性为特征的交货期整合管理理论架构。②交货期协调决策。提出了交货期协调决策的一个概念性框架模型，通过同步化确定交货期长度和波动性，实现基于时间竞争的供应链整体时间绩效。

8.1　采购交货期与时间绩效

8.1.1　基于时间的竞争

21 世纪的市场竞争特点出现了一些新变化，技术进步和顾客需求的个性化使得产品生命周期日渐缩短，产品品种数量飞速膨胀，多变的市场使预测更加不可靠，许多因素正在导致时间敏感性市场的成长。目前，客户对产品需求除了多样化和个性化之外，还日益对供应链在产品供应和交付上的及时性和敏捷性提出要求，顾客对订货的响应时间要求越来越短，而对产品和服务的期望却越来越高。因此，企业面临着不断缩短交货期的巨大压力，竞争力的决定因素最终转移到时间上来(彼得·贝利等，2009)。

自从 Stalk 和 Hout(1990)提出基于时间的竞争(Time-based Competition, TBC)概念以来，基于时间的竞争已经成为一个学术研究的热点和企业关注的焦点。基于时间的竞争战略表明供应链时间的价值和对企业竞争的影响越来越大，直接结果就是时间已经成为最重要的竞争要素之一，企业的竞争基础已经从成本、质量向敏捷、柔性转移，如图 8-1 所示。

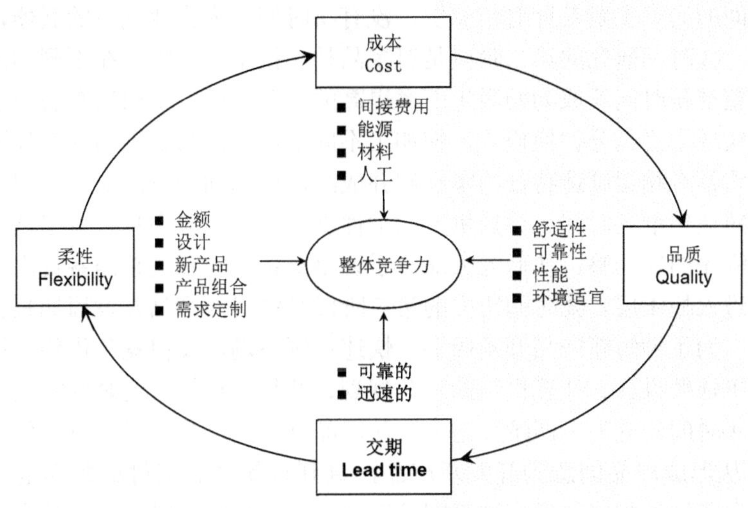

图 8-1 供应链的竞争基础及企业竞争战略转变

著名管理思想家彼得·德鲁克指出：提高服务工作效率是目前最紧迫的社会挑战，这个挑战不仅针对企业，而且针对社会。传统的组织结构建立在职能和等级的基础上，面对当今竞争环境的要求，它的反应已显得缓慢和笨拙。在当前市场竞争不确定和顾客需求不断变化的经济环境下，要求对顾客的需求作出快速响应。当企业产品和服务在价格、质量、品种等方面普遍达到较高水平而差别又不大时，谁能够最快地向顾客提供产品和服务，谁能够最快地推出新产品和新服务，谁就受到顾客的欢迎。因此，企业竞争优势在很大程度上取决于企业的行为反应能力，即对市场趋势的预测和顾客需求变化的快速响应。

在产品开发、生产、交付及行政管理等业务流程中的快速反应取决于对时间的管理和控制。未来学家阿尔文·托夫勒在《力量转移》一书中写道：“时间本身便是最重要的经济资源之一。实际上时间乃是一项隐藏的投入。尤其在变化加速度发生时，缩短时间的能力如通过迅速传递信息或通过迅速把新产品投入市场，可能成为决定性的因素。”因此，时间是评价企业经营管理效率的重要参数。在顾客对企业服务活动的质量期望中，时间是一个决定性的因素，长时间的等待和迟缓的交付会使顾客失去对企业的耐心和信任。

要对流程进行限时并竭力缩短时间，从而提高企业流程的响应速度。响应速度主要取决于新产品开发时间和产品交货时间。开发时间指一种新产品或服务从策划、设计、产出到投入市场所需时间；交货时间指从接受订单到送货于顾客手中的时间。一般来说，价格、质量、交货期是订货成交的决定因素。在当今的竞争中，产品质量正从一种竞争“获胜标准”演变成竞争的“资格标准”，而快速交货正日益成为赢得订货的标准和企业的优势功能。传统管理认为质量、成本、交货期之间存在一种内在的制约，就是一个因素的改善导致其他因素的劣化，这种现象称为“功能悖论”。现代企业管理要克服这种现象，要求最大限度地“同步满足”顾客对产品质量、价格、交货期的不断变化和日益增长的要求。

事实上，时间始终是企业管理研究和实践中重视的因素。①时间研究的第一阶段是以泰勒为代表的时间研究和动作研究，其实质就是通过缩短加工时间，来提高工作效率和降低成本。福特汽车公司通过劳动分工和流水生产线从生产过程总体上缩短产品生产周期，这个时期对时间的研究主要是针对作业层，没有将时间作为企业竞争的武器，还谈不上基于时间的竞争。②时间研究的第二阶段是对多品种小批量生产需要在不同的产品加工之间进行转换，调整准备时间就成为妨碍生产率提高的主要问题。丰田汽车公司通过技术方法和组织措施，实现了“三分钟换模”，使加工不同零件达到与加工相同零件同样的效率。运用成组技术将具有相似制造特征的零件归并成组，用相同的方法加工相似的零件，实际上也是为了缩短调整准备时间。数控机床和柔性制造系统的应用从改变工艺装备的硬调整到改变计算机程序的软调整，从而大大缩短了调整准备时间和调整准备费用。这可以说时间的研究已经进入战术层。③时间研究的第三阶段是针对新产品开发周期长直接影响企业竞争力的问题。为了缩短新产品开发周期，快速占领市场，赢得竞争优势，提出了种种新方法，如计算机辅助设计、计算机辅助工艺规划、并行工程等。这时候时间研究已经进入企业战略层。④时间研究的第四阶段是缩短从产品创意到产品交付的总体供应链时间。根据用户需求，从形成产品创意到开发新产品，直到将新产品交付给顾客是一个完整的过程，因此，提出了敏捷制造、供应链管理等新概念，这可以说时间研究从企业内部扩展到了企业外部，真正实现了基于时间竞争的敏捷供应链管理。

基于时间的竞争表现为两个方面的时间战略，即快速响应(Quick Response, QR)和准时制(Just in Time, JIT)，要求在供应链环境下将JIT和QR结合起来以更好地实现供应链的时间绩效(Iyer 和 Bergen，1997)。供应链中产品对最终用户的响应周期应是全过程的累计效应，也就是多级响应周期，供应链周期时间减少(Cycle Time Reduction)或提前期压缩(Lead Time Depression)是基于时间竞争的核心(Hariharan和Zipkin，1995)。快速响应时间从最一般形式上来看是指使事情完成的进展更快，而基于时间的递送绩效被定义为企业能够满足订货周期中更确切的时间标准，这要比快速订货周期更宽泛一些。基于时间的递送绩效还应该包括向客户的准时交货，在有些情况下，这可能是比订货时间长短更重要的事情，比如在期望提供准时化(JIT)类型的服务时就是这种情形(Iyer，Germain 和 Frankwick，2004)。

从供应链角度讲，JIT 体现了精细供应链的必然要求，QR 体现了敏捷供应链的实质内容。我国学者林勇和马士华(2003)提出供应链中产品对最终用户的响应时间是一种累积效应，整体供应链提前期是各节点提前期的累加。换句话说，它是一种多阶响应周期，而不是指某个单元的时间。基于多阶响应时间压缩的供应链运作过程强调要把准时制和快速响应结合起来，其中在供应链上游和内部应用准时化理念，而在供应链下游或者供应链与市场需求之间采取快速响应策略，以便更好地实现供应链效率目标和满足客户需求。

时间之所以在获取竞争优势上能成为一个新的关键要素，是因为时间不管是对库存和成本相关的领域，还是敏捷性和服务水平的有关方面都有重要影响。供应链提前期减小能够实现更低的供应链成本和更高的服务水平目标，此外，还可以减少非增值流程、改善供应链需求预测、消减牛鞭效应(Bull-whip Effect)，以及预防供应链中的机会损失，从而影响企业的竞争力和竞争优势(刘永胜和赵瑞芬，2005)。

管理者往往追求在不影响服务水平的前提下来降低库存和成本，其中一个特别受关注的方式就是压缩提前期和减少提前期波动性(刘蕾，2006)。从文献来看，有些文献侧重于提前期压缩对库存的影响(Li，1992；Gerchak 和 Mossman，1992)，另外一些文献则更关注提前期不确定性对库存的影响(Song，1994；Song 和 Zipkin，1996)，但是，近年来有一些研究则将上述两方面整合起来以探讨提前期长度和波动对库存及其成本的影响程度(Chen 和 Song，2001；Song 和 Yao，2002)。例如，在库存决策研究中，一个需要重点考虑的问题就是提前期需求(Lead Time Demand, LTD)。提前期内的需求由两个因素决定：提前期和单位时间的需求率。在有关库存决策的早期研究中，研究者将更多的注意力集中在需求不确定性上，而不是供应不确定性上，因此往往将提前期假设为固定的已知参数。但是在实践中，提前期总是会随着环境和条件的改变而改变，因而，库存决策研究开始越来越多地考虑到提前期对库存决策的影响。在这些可变提前期的研究文献中，提前期被假设为有一定均值和偏差的随机变量。这样，提前期内需求的不确定性就可以被模型化为是由需求变动和提前期变动(供应变动)共同决定。

8.1.2 采购交货期的概念

采购交货期就是采购管理中所谓的“时间”变量，交货期是采供双方协商的主要条款之一。有两个术语可以用来表达采购时间问题：①交货日期(Due Date)。采购实践中习惯使用交货日期，这是一个“点时间”。②交货期(Delivery Time)。学术理论研究中常用交货期，它是一个“段时间”。采购交货期既可以是一个“点时间”，也可以是一个“段时间”，两种表述没有实质性区别。但是企业实践中更常使用具体的点时间来表述交货期，因为只有确定具体的交货日期才能使交货期更明确，从而便于执行；而在学术研究中习惯使用段时间，因为只有将交货期设定为一段期间，才能够在理论上进行建模和处理。

交货期通常也称为整体采购提前期或前置期(Lead Time)。提前期是指从订单发送到货物接收之间的时间间隔。从客户的角度来看，提前期是采购者从下订单(订货)到订货到达(交货)所经历的时间。从供应商的角度来看，交货期是供应商从接受订货到完成订货交付的整个运作周期时间(Cycle Time)。交货期由完成采购过程的六项前置期构成，包括采购订单准备时间、供应商接收订单时间、供应商采购原材料、生产制造和装配、运输以及采购方接收货物时间。在供应链中，这些环节的活动可能是由不同的单位或企业完成，因而这些前置时间形成了整体供应链提前期，如图 8-2 所示。

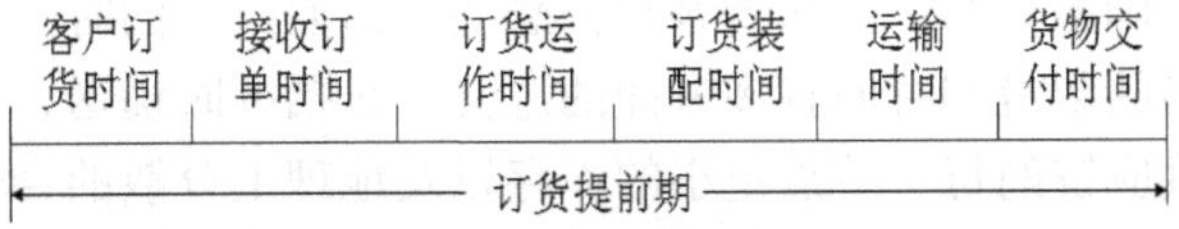

图 8-2 订货总提前期构成

采购交货期管理体现为两个方面的含义：一是按时交货，做到交货准时可靠；二是缩短提前期，加快交货速度。采购提前期可以是固定的，也可以是变化的，采购提前期的变化常常导致库存过多或发生缺货，因此固定的已知的提前期比变化的提前期要好一些。此外提前期长短与流通渠道的长度、货物滞留时间与渠道中的存货量有直接关系，产品在管道里的每一天都发生库存持有成本，较长的提前期意味着增加管道库存和库存成本；同时，提前期较长意味着对客户的服务水平降低，对客户需求的反应速度较慢，无论是工业客户还是消费者对于时间的敏感度越来越高，因此尽可能压缩提前期也是提前期管理的基本要求。对交货期的控制和管理可以从两个方面考虑：一是从交货期的组成部分中寻求空间，通过有效地控制交货期的各组成要素的时间从而达到控制交货期的目的；二是从交货期的执行过程来控制，比如订购信息的正确处理、加强收货验货管理等。

供应链时间管理是基于时间的竞争战略中的一个基本问题，采购交货期是时间竞争战略的重要组成部分。基于时间竞争中的准时制(JIT)时间概念，在采购供应环节体现为交货可靠性(Reliability)或按时交付，即要减少交货时间上的波动，保持交货时间的一致性、稳定性。基于时间竞争中的快速响应概念，在采购供应职能上表现为快速交货或提前期缩短。在传统的研究文献中，大多数研究者仅关注按时交货或提前期压缩单一方面的管理和决策。然而，在现实中，很多企业要求同时关注提前期的稳定性、一致性和缩短提前期的问题，因此对提前期的协调决策和集成管理就变得很有必要。

8.2 交货期协调决策

8.2.1 准时交货决策

从本质上来讲，单一性的准时交货决策和建模过程，可以考虑将采购提前期偏差或标准差作为决策变量，从而达到减小提前期波动的绩效目标，或者实现 JIT 采购、JIT 生产、JIT 交货等与 JIT 相关的采购供应链绩效。

一般而言，在满足一定服务水平的前提条件下，只需关注供应链的相关成本。一个最优的 JIT 采购提前期或者说可允许的最佳交货期偏差，其决策目标应该是使得整体供应链相关成本最小化。

从根本上讲 JIT 是基于时间的物流战略与总流程成本减少的结合。为了获得在供应链中 JIT 的完全利益，JIT 哲学应该贯穿于整个供应链配送渠道的所有阶段。管理者不仅要关注供应链上游和生产过程的 JIT，而且也要考虑交货过程中与客户的 JIT，与客户的 JIT 被定义为应用 JIT 哲学集成解决问题，强调在供应和配送外部客户的过程中改善质量和促进及时性。其基本目标是非常简单和直接的：通过在正确的时间以正确的数量递送正确的货物或服务来满足客户需求，同时通过消除供应链中的各种浪费以最小化总流程成本。“以正确的数量和正确的时间”意味着客户在想要或需要产品的时间确实得到了它们想要或需要的东西。精确的数量和时间有多方面的意义，包括准时递送、更小的批量、可变数量的更频繁运输、供应链的每一节点更小的库存以及地理上分散的合作伙伴的复杂性，应用和实现 JIT 成为供应链的一个竞争性优势(Claycomb, Droge 和 Germain，1999)。

8.2.2 周期时间压缩决策

在压缩周期时间决策中，实质上是将提前期均值作为决策变量，目标是达到提前期压缩优化，更好地实现QR采购、QR供应等与QR供应链相关的绩效目标。

在一个包含不同产品和生产模式的QR供应链中，减少供应链交货期将对供应链绩效和下游买方(如企业或消费者)造成不同的影响。因此，提前期压缩决策需要根据下游买方不同的生产模式分析不同的状况。

例如，在供应商“面向库存生产”(Make to Stock, MTS)的生产模式中，采购提前期对买方的库存水平和成本是一个重要的影响因素。在建立提前期决策和控制模型时，可以将供应链总提前期分为 N 个单一阶段，每个阶段都包含若干个标准时间单位。每单位时间压缩所需的可变成本假设为已知，决策变量可定义为优化采购提前期，也就是最佳提前期压缩量(阶段数)，而目标函数确定为全部采购成本、库存持有成本和提前期压缩的变动成本等成本总和最优化，即保证一定服务水平前提下的总成本最小化。

而在供应商“面向订货生产”(Make to Order, MTO)比如买方为消费者的采购方式下，尽管下游没有库存，提前期的变化不会影响库存成本，但是提前期长短和稳定性却能影响下游客户的供应商选择和购买决策，从而影响供应链的客户需求。对上游供应商来说，缩短交货时间往往要求企业在产能方面增加投入，由交货期缩短而增长的需求也可能导致服务的拥挤或者生产的紧张，这种拥挤或者紧张反过来又会导致在制品库存成本的增加和顾客等待时间的延长，因此更短的提前期要求支付更高的价格(刘蕾，2006)。

在供应商拥有MTS的供应链情形中，因为制造商生产产品先于所接受的分销商的订货，因此供应商承担所有风险而买方不承担任何风险，双方应采取合适的协调机制促成风险分担，从而减少供应商或制造商的资本成本和财务风险，激励制造商提高生产能力，进而增加整体供应链和供需双方的利益。而在供应商具有MTO供应链的情形中，意味着供应商不承担风险而买方承担所有风险，双方应该通过必要的协调机制将一部分风险从买方转移给供应商。因此，通过建立协调机制实现风险分担和利益共享，可使供应链的整体利益获得价值增值，也给供求双方带来更大利益。

8.2.3 交货期协调决策方法

交货提前期协调决策必须考虑这样几个问题：一是提前期长度和波动性对供应链绩效的重要度差异；二是提前期长度和波动性之间的利益互换性及其测量；三是提前期长度和波动性之间的交叉影响或相互作用。

采购提前期协调决策模型强调应该将提前期均值和标准差同时作为决策变量，从而同步达到提前期压缩和波动性减小的目标绩效，换句话说，也就是达到JIT采购和QR采购的同步化的供应链要求，从而实现基于时间竞争的整体供应链竞争优势和绩效。图8-3展示了这样的交货期协调决策的一个框架模型。

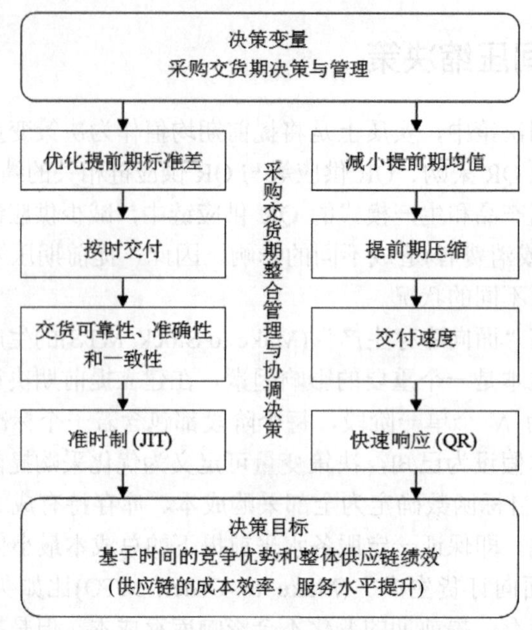

图 8-3　采购供应链交货期协调决策：一个框架模型

在基于时间竞争的供应链中，管理者必须在所期望的客户服务水平和相关成本之间进行利益权衡。当然通常情况下，假设服务水平已经给定，而仅关注和分析供应链成本。例如渠道库存成本，往往与供应链的平均提前期成一定比例，而安全库存则依赖于分销商期末净库存和提前期偏差。还有一些相关成本包括单位零部件成本、单位运输成本、单位制造流程成本，这些成本是相关成本，因为每单位零部件和产成品都必须通过供应链每个周期环节而被制造或运输。更重要的是，这些单位成本及其相应的提前期参数之间常常存在利益悖反关系。例如，航空货运成本肯定比卡车运输更昂贵，但是航空运输能够大大减少运输提前期的均值和偏差。同样，一个要求更高价的零部件供应商可以在减少提前期均值和偏差方面更有保证。因此，制造商通过改进自身的流程技术或管理系统，应该能够很好地改善其提前期参数。

供应链设计首先应该看作是在期望的服务水平及其与服务水平相关的最小可能的供应链总成本之间进行利益权衡，这种最小可能总成本来源于一种优化问题的解析，其目标函数就是包含上面所述的所有成本，而约束条件就是具体的既定服务水平，决策变量是供应链中所有环节的提前期参数，包括均值和标准差两种参数，且提前期均值和偏差与引起的成本变动之间具有不同的关系，如图 8-4 所示。这种优化问题在一般情况下可以实现模型化，其中主要的挑战是识别每个供应链环节的提前期参数，以及确定与提前期参数改变相关的成本。

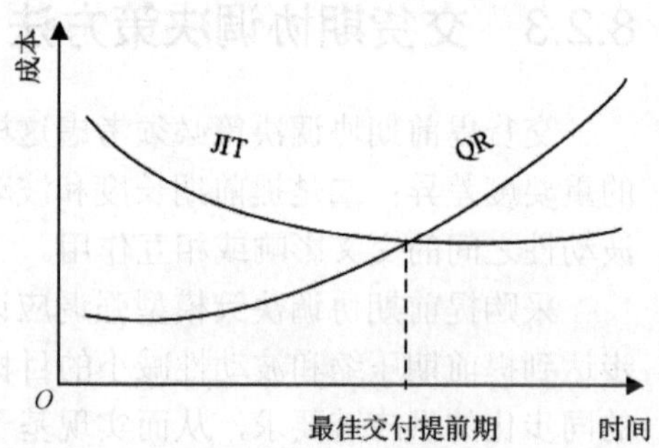

图 8-4　准时交货与提前期压缩的协调决策

8.3 交货期整合管理

8.3.1 按时交货与准时制

交货期管理的第一项要求就是实现按时交货，在有些文献中也称为采购提前期的稳定性、可靠性、准确性或一致性问题。采购管理的基本目标就是要做到按时交付所采购的物资，以更小的交货时间波动来达成准时制的目的。

按时交货的主要目标就是实现 JIT 采购和供应绩效。采购交货期可能是固定的也可以是变化的，但是不稳定的交货时间总是会造成要么发生缺货，要么库存过剩，因此稳定的提前期要好于波动的提前期。调查显示，在许多制造企业供应链中保持交货期一致性、稳定性比压缩提前期更重要。按时交货要求意味着在预定的交货日期之前交货或超过预定日期延迟交货都不可取或不允许，不能按时交货将给企业带来多方面的损失。

物料采购的交货控制至关重要，交货期提前不见得是好事：采购方可能没有做好接货准备，或者未能清空库房安排存放位置；因交货期太早，必然会增加仓库租金、管理费用、损耗浪费，占用资金而负担利息，因而会减损企业利润。

交货期延迟更不允许，交货期耽搁对供应商和采购商都将带来损失。①延期损失。供应商未能按期交付因而违反采购合同，将不得不对造成的损失向采购方支付一定的损害赔偿或特殊补偿。②缺货损失。对于采购方来说，被延误的交货将导致缺货、停产、失销或其他潜在损失，缺货还会带来采购方其他方面的机会损失。例如，会造成停工待料，机器及工人闲置，更会影响企业信誉或受合约限制，导致逾期罚款或赔偿损失。总之，交货迟延一旦发生，后续的一连串计划(生产计划、出货、输送、销售计划等)都会发生异常，从而影响到公司内外的各种事务，甚至造成顾客抱怨，进而使生产成本增加、流程混乱，不断地丧失应得的利润。

时限要求是一种重要的采购或物流风险。现代物流将物流系统从材料采购，到生产制造、储存配送、送达客户的全过程看成一条完整的供应链。供应链管理要求在链上物资除送达外始终不能脱链。现代物流的适时管理(JIT)要求货物送达既不拖后也不提前，物流服务要做到“6R”，即正确的商品、质量、数量、价格、时间和地点。传统货运险的保险期限多以约定的航程或路程为准，其保险责任的起讫以运输的起讫为准，仅侧重于货物的安全送到，一般没有严格的时间限制。现代物流企业在某种意义上已成为客户企业的原料仓库和配送中心，能否确保数量、质量、价格等完全相符的原材料或货物在指定的时间送达指定的地点，将决定客户企业能否维持正常的生产经营，也将决定物流企业竞争的成败。物流事故将影响客户企业供应链的稳定性，破坏物流企业的适时配送能力，可能导致客户企业停工待料、丧失商机和利润，失去商业信誉和客户，造成严重的经济后果。

在管理交货期的过程中，供应商不能在合同规定的时间按时交货，企业要分析造成这种结果的原因，才能找到针对性的解决办法。如图 8-5 所示，交货期不稳定的原因可能来自以下几方面。

(1) 供应商的原因。例如供应商产能不足或订货超过产能；供应商没能成功转包给下级供应商；制造过程或质量出现问题；材料欠缺导致耽搁；报价出错影响交付；供应商缺乏责任心和契约精神不能按时履行交付合约。

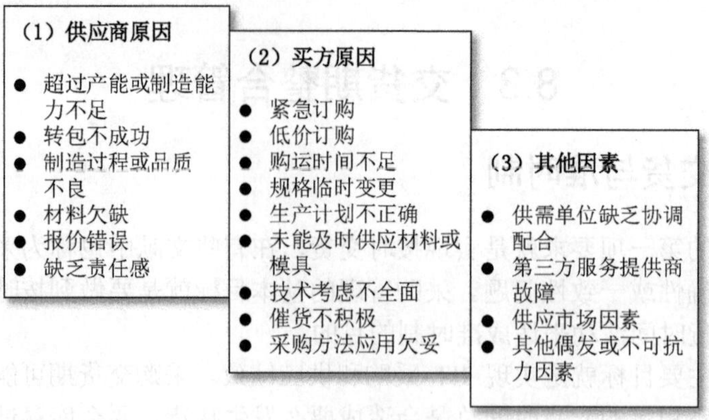

(1) 供应商原因
- 超过产能或制造能力不足
- 转包不成功
- 制造过程或品质不良
- 材料欠缺
- 报价错误
- 缺乏责任感

(2) 买方原因
- 紧急订购
- 低价订购
- 购运时间不足
- 规格临时变更
- 生产计划不正确
- 未能及时供应材料或模具
- 技术考虑不全面
- 催货不积极
- 采购方法应用欠妥

(3) 其他因素
- 供需单位缺乏协调配合
- 第三方服务提供商故障
- 供应市场因素
- 其他偶发或不可抗力因素

图 8-5 不能按时交货的原因分析

(2) 买方原因。采购方可能提出一些新的要求导致供应商不能按时交货，例如增加紧急订货，采购和运输时间收紧，提出降价要求，临时变更规格，生产计划更改，原料或模具未及时供应到位，技术考虑不全面，或者采购方没有及时催货。

(3) 市场或其他原因。双方缺乏积极的信息沟通和协调配合，第三方物流服务提供商出现故障，市场上出现偶发情况，或者其他不可抗力原因。因此，提前期管理应该从这些方面查找原因，采取相应的策略和措施。

企业可以设置一些标准来检测交货期管理的绩效。例如一些常用于衡量 JIT 采购或准时交货的常规指标有：准时交货率(On-time Delivery, OTD)、延迟交付率(Delay in Delivery, DBL)、延迟时间率、延迟产品数、延迟日数等。在交货期决策中，这些指标常用来作为交货期管理的一些衡量指标或决策变量。企业可以设定指标借以考核交货期管理的绩效，下边是几种常见的交货延迟指标的计算方法。

$$\text{延迟交付率}(\%)=\frac{\text{每月延迟总批数}}{\text{每月交货总批数}}\times 100\%$$

$$\text{延迟件数率}(\%)=\frac{\text{每月交期延迟件数}}{\text{每月订单数}}\times 100\%$$

$$\text{延迟日数率}(\%)=\frac{\text{实际交货期日数}-\text{计划交货期日数}}{\text{计划交货期日数}}\times 100\%$$

8.3.2 提前期压缩与快速反应

交货期管理的第二项要求就是压缩采购提前期或缩短供货周期。提前期已经成为采购与供应链竞争的一个重要因素，其内在机理和原因在于较长的提前期对成本和服务水平都有不良影响。提前期长度直接反映流通渠道的速度和效率，提前期的长短与流通渠道的长度、货物滞留时间以及渠道中的库存量有直接关系，货物在渠道中的每一天都会发生库存持有成本，因此较长的提前期意味着增加了库存及其相应成本。同时，较长的提前期也意味着对客户需求的反应速度慢，对客户的服务水平降低。不管是工业客户还是最终消费者，都对交货时间日益敏感，因此，尽可能压缩提前期已经成为交货期管理的基本要求之一。

交货期压缩的主要目标就是实现快速反应性采购和供应链绩效。换句话说，QR 的核心思想就是减少对客户需求的交货响应时间。随着市场竞争从传统的成本优先模式向时间优先模式的战略转变，QR 已经成为供应链竞争的焦点和基于时间竞争的必然要求。

控制和缩减交货期可以从两个方面考虑：第一，从交货期的时间构成上寻求缩减空间，也就是说，通过有效地控制各个组成部分的时间来达到整体交货期压缩。有一些具体的方法可以采用，如识别供应商的提前期构成，要求供应商持续地缩短前置时间，持续改善采购流程，缩短与供应商之间的连接，实现与供应商的无缝连接。第二，从交货期的执行过程来控制交货期，比如将供应商视为“在外的工厂”，利用“总括性订单”(Blanket Order)提供未来采购数量的准确预测，利用供应商排程(Vendor Scheduling)做好近期交货计划，正确处理订购信息，加强收货验货等。

8.3.3 采购交货期整合管理

在采购与供应链实际运作中，交货提前期长且波动大的现象普遍存在。这种情况大大增加了供应链的运作成本，加剧了牛鞭效应，降低了对客户的服务水平。因此，通过各种方法压缩提前期已成为改善供应链运作绩效的重要途径。近年来，学术界和企业界都在关注影响交货提前期长度和波动性的各种因素，期望找到行之有效的方法来压缩提前期和保持提前期稳定。

提出交货期整合管理体现了交货期管理的一种新理念，这一理念至少包含以下三个方面的管理思想：①同步化控制交货期长度和波动性。在企业采购活动或供应链运作中，提前期压缩和波动性减小都是很重要的问题。总的提前期绩效理应取决于提前期均值和偏差同步减小的总体效果。②系统性管理整体供应链提前期。企业的交货期体现为供应链的多阶响应周期，可以大致分为两个部分：外部提前期和内部提前期。企业内部提前期的影响因素主要是生产过程、仓储和运输等环节的无效操作，这些是相对容易控制的部分。然而企业总是缺乏对外部提前期的有效控制手段，不具备有关提前期的谈判和协调能力，以及对提前期检查的间隔时间很长从而造成外部提前期过长且波动大。③全面时间管理的过程和方法。将现代企业“全面管理思想”应用于交货期管理过程，对采购交货期实施全过程、全方位、全成员管理与监控，从而使采购交货期管理形成集成化管理系统。经常所说的全面时间管理过程可以表述为事前管理、事中管理和事后管理几个基本阶段，如表 8-1所示。事前时间管理代表在时间问题发生之前进行预测和采取必要的预防措施，例如通过改善流程和建立预警机制以便避免疏漏和损失。事中时间管理是对交货期发生过程进行实时监控，保证交货时间过程处在正常的范围内，从而减少时间误差和时间波动。事后时间管理意味着检查和检测已执行的交货期情况，对交货期结果和绩效作出判断评估，从而发现交货期执行偏差，采取必要的措施纠正失误，并为后续的交货期管理提供参考借鉴。

表 8-1　交货期全过程整合管理的主要措施

事前计划	事中执行	事后考核
· 确定交货日期及数量 · 了解供应商生产设备利用率 · 卖方提供生产计划表或交货日程表 · 给予供应商合理交货时间 · 了解供应商物流、生产能力及管理水平 · 准备替代来源	· 了解供应商备料情形 · 买方提供必要的材料、模具或技术支援 · 了解供应商的生产效率 · 买方加强交货前跟催工作 · 交期及数量变更的通知 · 买方尽量减少规格变更	· 对交货延迟的原因分析 · 检查是否必须移转订单 · 执行供应商的奖惩办法 · 完成交易后剩料、模具等的收回 · 选择优良供应商签订长期合约

8.4 战略提前期管理

采购与供应链中时间的价值越来越重要，促使企业将时间作为一个战略性竞争要素来管理，时间作为竞争优势的关键资源和重要来源得到人们的日益重视，这就是“基于时间的竞争”概念。Alberto 和 Antonella(2000)描述了基于时间的竞争与基于成本的竞争的市场敏感性矩阵，指出内部时间变量包括采购、制造、分销等环节的前置期，而外部时间变量包括新产品推出频率、交付时间，以及产品上市时间，即市场响应时间。

战略提前期管理(Strategic Lead Time Management)是实现基于时间竞争的物流与供应链管理方法(陈云萍，2007)。①时间的价值。企业物流主管如果能够加快物流活动的运作，就可以降低资产占用的水平，快速的物流运作能压缩及控制从收到订单到发出货物的时间，从而加速库存周转，预测错误率和配送不确定性减少，也能减少库存水平。在互联网时代，速度和效率成为企业新的生存法则，库存时间的减少就意味着整个生产过程的缩短和劳动效率的提高。②即时制战略。企业即时制(JIT)管理是将即时生产和即时物流综合考虑，形成一个决策系统来提高企业的经营效率。即时制物流战略通过即时采购和即时销售两个方面表现出来，充分展示了经营管理的精细化、柔性化的发展趋势。即时采购是一种先进的采购模式，其基本思想是在恰当的时间、恰当的地点，以恰当的数量、恰当的质量从上游厂商向企业提供恰当的产品。即时销售就是让企业改变销售渠道的多级化，缩短企业销售渠道的长度，集中进行企业产品的销售。③企业战略中的时间管理。在现代商业竞争中，时间已成为企业间竞争的重要因素之一，其中物流时间占 50%，加工时间占 20%，研发时间占 30%。基于时间的战略目标是以减少完成各项活动所需要的时间为中心，这些活动包括开发新产品或劳务、对顾客需求变化的反应、交付产品或完成一项服务等。通过时间战略的实施，企业可提高对顾客的服务水平，并在战略上取得优势。时间控制的重点在于减少完成各项活动的时间，其理论依据是：通过减少花在活动上的时间，通常使成本下降、生产率增大、质量趋于提高、产品创新加快和对顾客服务得到改进。因此，时间控制已成为现代管理理论的一个基础考虑因素(龚国华等，2006)。

现代物流与供应链管理理论说明，更短的提前期与高度精确的客户服务和低水平库存具有一致性。然而，全球化或基于场景(Theatre Based)的制造战略正在拉长提前期，扩张供应链，并增加过剩库存和糟糕的客户服务的风险。检查驱动物流和供应链运作的关键流程可知，这些流程都是以时间为基础。然而，物流战略在管理制造、营销和配送之间的利益冲突上被证明难以取得进展。

传统上控制商业活动的周期时间是获得客户服务、库存投资回报率和更低的单位成本等目标的关键，假设一个公司提前期为零，那么它将能够交付 100%的客户服务，且不必持有任何库存。这看起来不合理，但确实有公司通过重组其制造和供应链，最小化时间以响应真实需求，直接结果是实现了库存最小化。很多商业人士认为为了获取提前期的这种改善而不得不付出更多的运作成本，这是一种惩罚成本。其他研究表明这种情况并非必然，将供应链看作是一种集成流程，评估供应链中各个提前期构成，并通过组织重构减少周期时间和改善市场重点可以获得实质性优势，这被看作是战略提前期管理(Christopher

和 Braithwaite，1989)。战略提前期管理是用来管理供应链总提前期的一种战略性方法，因为这种方法不仅对总体运作的商业经济性，而且对市场柔性和渗透性、对组织面对新挑战时所需要的员工品德和能力都能够造成惊人的影响。

这种方法可以让流程再次移动起来，并稳定地提高性能，其目的是以有序、合理和渐进的方式压缩供应链，以减少停留时间，提高价值增加值占成本增加值的比率，如图 8-6 所示。只有将业务视为一个整体系统，才能对其进行分析。供应链运作的“驱动因素”是一系列管理和控制过程，通过这些过程，客户服务得以实现，库存得以获取和分配。

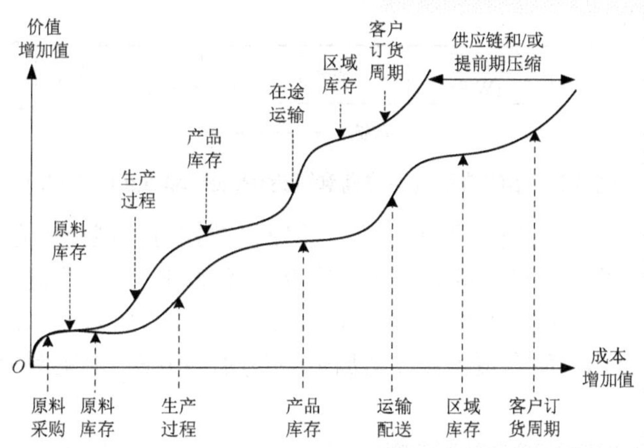

图 8-6　通过压缩供应链改善价值—成本增长比率(来源：Peter 和 Alan，1990)

要对这些流程有一个清晰的“从前到后”的认识，需要很多人参与；评估和预测流程重构对客户服务绩效和资产管理的影响可能会引起争议。许多大型计算机系统的一个共同缺点是，企业运作所依赖的一些参数已经消失在其系统的核心部分，从业务控制的角度来看，这可能会产生严重的后果。管理者很难发现这个系统对他们的客户服务或库存水平可能产生的影响。举例来说，如果系统是根据货运量而非需求量作出预测，供求突变的影响可能会对客户服务绩效带来长期而昂贵的代价。

战略提前期管理的基本原理是组织的流程创造覆盖和延迟(Cover and Delay)，如图 8-7 所示。提前期的各个要素以及它们在供应链中不同流程阶段内部和之间相互作用的方式，会对业务绩效产生实质性影响。Peter 和 Alan(1990)运用计算机技术构建基于时间的供应链模拟模型，设计业务“工程仿真”流程以满足对这个真实问题的研究需要。它是基于组织流程和程序以及供应链中的库存流之间的模拟关系，专门为识别供应链中的价值增加值和成本增加值而设计的研究方法。这是一个两阶段的方法论，首先，利用大规模分析技术进行数据建模，这样就可以突出真正潜在价值改进的领域，从而可以调查组织流程和前置时间，特别关注交易的机会。然后，当这个模型被构建以反映当前的绩效时，可以应用详细的“假设”(what if)分析法对供应链的设计、过程和交货时间进行分析。使用基于时间的模拟，能够将一个复杂的供应链的组织过程和物理运作同步化。它本质上是一个专家系统方法，具有充分地对库存水平和客户服务绩效进行预测的潜力。

供应链绩效的评价标准有三个方面。①稳定性。希望看到供应链模型能以多快的速度从高峰和低谷中恢复过来，实现对客户服务的一致衡量，以及相当稳定的库存水平。②客户服务。通过微调的过程，任何可行设计必须能够提高稳定性，同时推动客户服务实现

(Customer Service Achievement)超过 98%。③库存。供应链为提供所需的客户服务水平而需要的库存覆盖天数或周数，显然这是供应链组织整体生存能力的一个关键因素。因此，根据这三个指标评估任何供应链或提前期模拟系统，并在这个层面上比较不同的供应链设计方法。

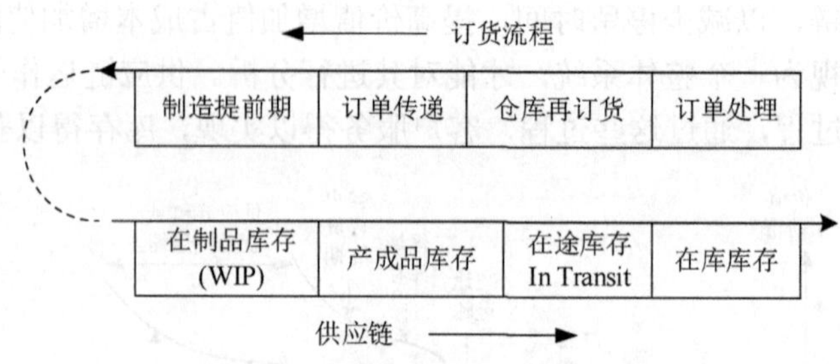

图 8-7　组织流程创造覆盖和延迟(Peter 和 Alan，1990)

提前期的影响与传统的物流思想一致，缩短提前期可以减少库存覆盖范围并改善服务，仿真模型测试了将整个供应链的提前期从 9 周增加到 36 周的效果，即提前期增加了 4 倍。然而，为了适应提前期的变化并保持相同的服务能力所需的库存水平并没有同步增加到 4 倍。图 8-8 显示，库存覆盖预计增加是必要的，但在当前案例中，它代表了只增加了 33%。

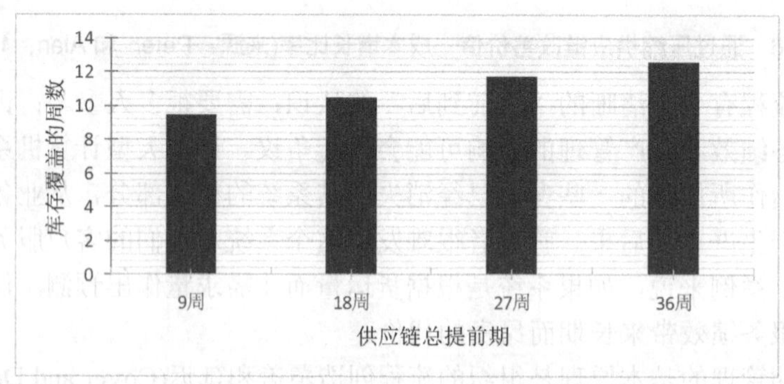

图 8-8　与提前期有关的库存覆盖范围(库存水平)

系统稳定性的问题强调在各种总提前期水平上供应链从需求波动或极端需求中恢复的能力。图 8-9 显示，向系统注入相同需求冲击时每个总提前期时间情景的客户服务绩效。结果证实，更短的提前期能造成更大的稳定性和更低的库存。然而，这种建模方法在实际案例中的真正优势在于它能够对降低单个提前期组件进行管理，而不会在供应链中引起意外的争端和随之而来的客户服务失败。

经验表明，实际提前期和计划提前期之间的任何不匹配都会对库存产生严重影响。模型测试了低估和高估实际提前期的影响，例如适用于批发商层面，这一变动分别为正负 5 天。

模拟分析的结果显示：当提前期被低估时，客户服务下降；整个系统提前期越长，下降幅度就越大。客户服务的下降是灾难性的，在较长的提前期情形下，服务绩效下降到低至 80%，如图 8-10 所示。提前期被低估时库存水平下降，但通常总体下降不到 10%，如

图 8-11 所示。当提前期被高估时，客户服务通常达到 100%，然而，对库存的影响可能相当大，库存覆盖范围(库存水平)增加了，增加多达 20%，如图 8-12 所示。

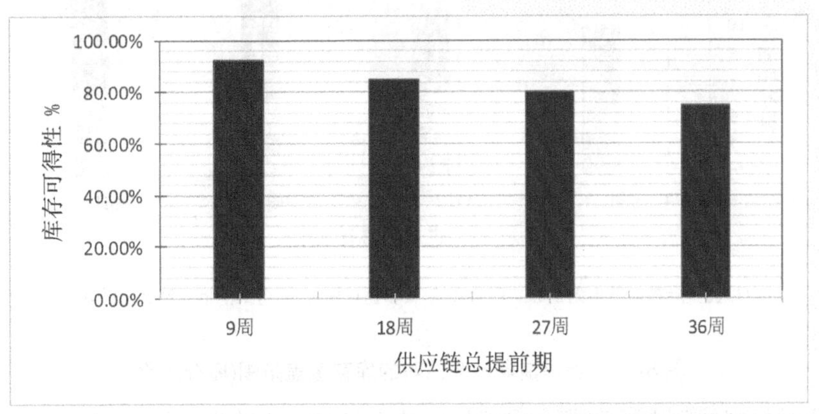

图 8-9 受到需求冲击后的总提前期和客户服务绩效(存货可得性)

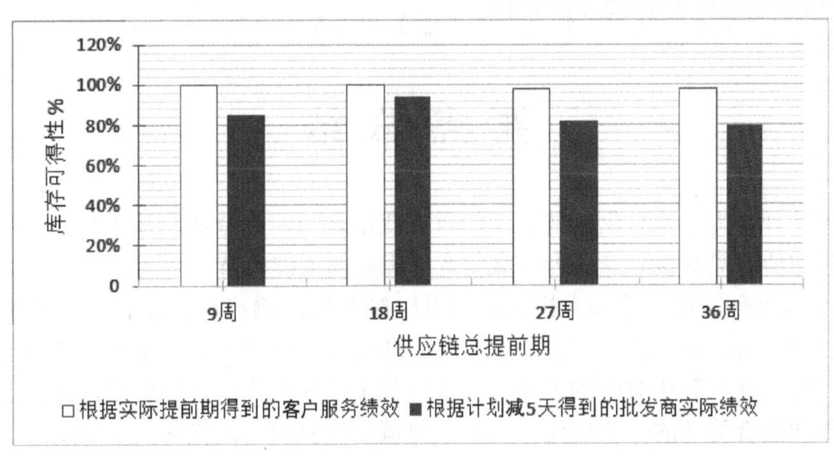

图 8-10 当提前期被低估时的客户服务绩效(存货可得性)

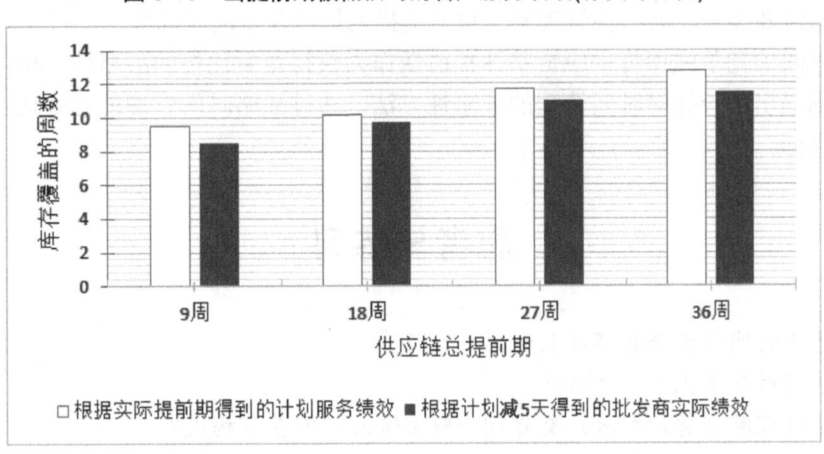

图 8-11 当提前期被低估时的库存覆盖范围(库存水平)

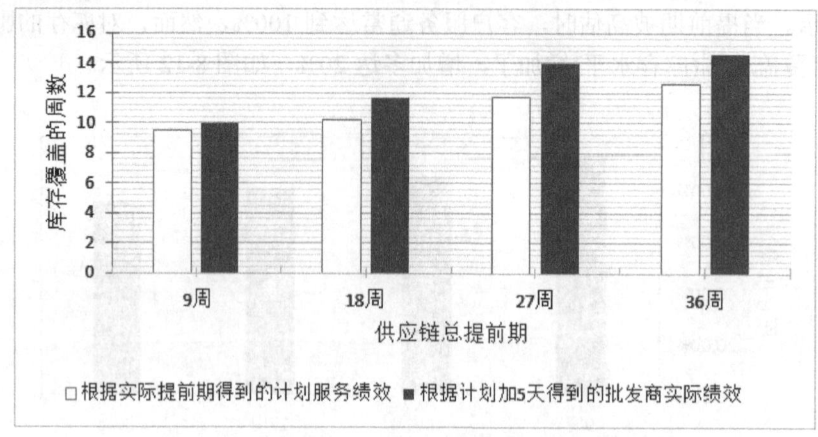

图 8-12　当提前期被高估时的库存覆盖范围(库存水平)

这一分析得到的基本认识是，确保供应链中任何阶段的供应提前期的价值都要得到系统监控和管理。拥有 10 000 种商品目录，一个企业可能会非常尴尬。即使只有其中 200～300 种重要物品脱离正常轨道，那么在客户服务和库存方面就会出现严重问题。

要 点 总 结

交货期管理作为采购与供应链管理的重要变量之一，是企业在基于时间的供应链竞争中实现价值增值，提升核心竞争力和赢得竞争优势的关键环节。

基于时间的竞争有两种基本模式，即准时制和快速响应。而改善交货期也有两个方面：缩短提前期长度和减少提前期不确定性。通过研究可以看到，采购交货期与时间竞争战略之间实际上存在着相对应的关系。基于现代采购和供应链管理背景，提出了采购交货期协调决策和整合管理的一个理论性架构。协调决策要求协同优化提前期均值和偏差以获取整个供应链的基于时间竞争的绩效；而整合管理模式涉及三个方面的内容，即同步化控制提前期均值和偏差、系统性管理整个供应链提前期以及全面时间管理的过程和方法。

基于时间的竞争强调将供应链整体提前期作为获得竞争优势的战略性目标，而战略提前期管理则提出了一种对时间管理的战略性方法，通过战略时间管理能更好地实现基于时间竞争的目标。

思考与练习

(1) 基于时间的竞争有哪些表现形式？
(2) 时间对竞争优势有什么样的影响？
(3) 怎样理解交货期概念？交货期一般由哪几项前置期构成？
(4) 采购提前期管理有哪些要求？为什么要压缩和管理采购提前期？
(5) 减少周期时间的需求是重要的，采购在这个过程中有什么帮助？

(6) 简述交货期协调决策的机制和建模原理。
(7) 怎样理解按时交货与准时制之间的关系？
(8) 怎样理解提前期压缩与快速响应之间的关系？
(9) 如何理解交货期整合管理？它包括哪几方面思想？
(10) 如何理解战略提前期管理的含义和意义？

第 9 章　供应源决策与管理

学习目标

本章关注供应源搜寻决策和采购供应源管理。要求学习理解自制与外购决策、业务外包、单源或多源供应、本地供应和全球供应等问题。

本章涵盖以下内容和要求。

- 自制与外购决策。理解自制与外购决策的重要意义、自制与外购决策的三个层次；由自制和外购决策导致的供应商分层管理。
- 业务外包与核心竞争力战略。理解内包、外包和分包的概念；了解业务外包的发展及其决策过程的三个步骤。
- 单源与多源决策。理解单源和多源供应决策因果模型、可靠性机理以及供应基础优化。
- 本地供应与全球供应。理解供应源地点和市场范围、本地采购优势、全球采购的优势。

引言

供应源决策(Supply Source)与供应商管理既有联系又有区别。很多书籍将供应源管理等同于供应商管理，严格地讲，两者是有区别的。因为供应商只有被选择认可后才成为企业的供应源；供应商管理关注供应商个体特征，而供应源管理是从供应商群体的角度来讨论问题，因此供应源决策和供应商管理关注的是不同的工作内容，两者应该分开来讲。

大多数重要的采购决策都与选择正确的供应源有关(彼得 • 贝利等，2006)。在特定情况下，如果供应源决策正确，那么买方公司的需求就会完全得到满足，也就是说，该公司会获得所需要的货物和服务。但是，供应源决策包含着复杂的内容，是一个复杂的过程，要想作出正确有效的供应源决策，必须考虑到众多因素，并对相关的风险和机遇进行详细的权衡。因此，供应源搜寻不仅包括为某项采购简单地挑选一位独立的供应商或供货商，还需要进行供应市场调查。特别是对于能主导市场需求的重要采购需要花费大量的时间和精力去寻求最适宜的供应市场结构，有时还要采取直接措施来开发新的供应商或支持不占优势的供应商。为了维护自己的长期利益，买方公司还需要发展和维持各种关系，例如首选供应源、伙伴供应源或共同制造关系，以及目前尚未提供货物和服务的潜在供应源关系。它还涉及有关方面的决策，如分配现有业务、确定开展业务的条件等。

在做关键供应源决策时，要识别供应源决策者，了解谁是真正的责任人。如今采购职能的作用已经超越了简单的“购买”，采购职能在供应源决策中发挥着主导作用。一般来讲，在进行“新采购”决策时，高层领导、设计者、生产人员和供应商团队发挥的作用很大。随着“新采购”决策转向“再采购”决策，专业采购业务人员和执行日常的重复订货工作的人员开始承担主要的任务。

供应源决策包括了供应模式选择、供应源搜寻、供应商数量和结构决策、伙伴供应源以及供应市场调查等非常广泛的内容。为了避免重复，将在其他章节讨论供应商选择和供应市场问题。本章关注供应源决策有关的几个重要问题：自制与外购；内包与外包；单源与多源；本地供应和全球供应等。

9.1 自制与外购决策

9.1.1 自制与外购决策的重要性

自制与外购决策(Make/do or Buy Decisions)是指所需的资源或某种供应链功能是由企业内部还是外部来完成的问题。自制是指由内部生产材料和物品(Make)或提供服务(Do)；外购则是指材料、物品或服务从组织之外的某个来源获得(Buy)。自制和外购决策确立了企业将要运营竞争的领域和将要放弃的领域，任何组织很少拥有整个产品设计和制造所需的全部技能和资源，选择自制还是外购就成为一项重要的决策事项。

任何组织的关键战略决策几乎都集中在自制还是外购决策上(Ketchen 和 Hult，2007)。传统上，许多大企业都倾向于选择自制，形成一个反向联合或纵向一体化的、包括很多制造与装配分厂的大型组织，大额采购仅限于进行内部加工所需要的原材料。然而过去几年，企业关注核心竞争力的压力日渐增大，企业不太可能在所有制造和服务领域都具备超乎寻常的竞争能力，企业向具备相应优势的外部供应商购买自己不具备制造或服务优势的物品，就可以集中精力更好地管理自己的主要业务。这种管理哲学导致组织规模的收缩，同时拓宽了采购职能的范围。时至今日，过去由组织内部供应的产品和服务已经越来越趋向于外购或向外部供应商寻求合作。

自制与外购决策涉及范围很广，几乎每个组织都会面临这个问题。制造企业的自制和外购决策可能是选择自然外延的现有活动或者进行多样化经营。非制造企业往往涉及的是服务而非产品，比如一所医院是应该拥有自己的洗衣房、厨房、保安、自营车队、维修部门，还是应该将这些服务外包？每一种可选方案在组织的采购决策中均占有很重要的地位。政府和公共部门为了改进公共服务的经济性，也在竭力推动公共服务领域的私有化或社会化。例如，政府机关、学校和其他公共机构被要求将它们的保洁、餐饮服务开放，进行严格的竞争性招标，结果很多服务被承包给社会化的私人公司。尽管这些决策对公共部门来说是新生事物，但是它们与制造业公司所做出的类似决策几乎没有差别。

近年来，人们日益认识到从专业供应商那里购买服务的好处，而且可以对外发包的服务范围也有相当大的扩展(彼得·贝利等，2006)。从发展趋势来看，传统意义上的内部服务也倾向于由外部提供，包括安全、餐饮、维修、培训、工程、会计、法律、调研、人事、信息系统、物流和采购。例如，20 世纪八九十年代以来，物流配送服务的发展吸引了很多制造商的注意力，物流成为企业需要作出“自营还是购买”决策的新领域。很多制造商都将其运输业务或整个配送体系外包给专业化公司。很多企业在作出这些储运决策时也有不同的层次，选择范围并不是百分之百的完全自制或百分之百的完全外购，而是存在很多中间形态的组合区域。比如，一家公司可能利用自营仓库、卡车和相关设备，由自己的人员承担所有相关的配送工作。另一种不同的安排是，租用第三方公司的运输工具进行配送，同时买方公司拥有自己经营管理的仓储设施。还可以有另外一种选择，就是第三方公司拥有物流配送系统的所有设施，并代替买方公司负责全部运作管理。面对自制或外购问题时，组织需要收集有效会计数据进行经济技术分析来支持此类决策，中间形态的组合区域可能会为采供双方带来有价值增长的机会或更好的选择，表 9-1 展示了选择自制或外购的各种考虑因素。

表 9-1　选择自制或外购的原因分析(利恩德斯等，2009)

组织选择自制而不外购的原因	组织选择外购产品或服务的原因
采购数量少，或没有供应商提供该产品	组织缺乏生产能力
质量要求极高，或独特性需要特殊的加工过程，供应商无法达到	组织缺乏技术或管理经验，无法自制产品或提供服务
为了使供应更有保证，供求更协调	固定供应商都已建立了足够的信誉
保守技术秘密	长期维持非核心活动，技术和经济上不合算
成本更低	确保成本的准确性
利用自有设备，避免设备与人力的闲置	选择供应源和替代品比较灵活
确保公司自有设备的稳定运行，由供应商承担因需求波动造成的额外负担	外购可以提供更大的灵活性，面临的工会压力和管理惯性都很小
避免对单一供应商的依赖	需求量较小，不值得在内部组织生产
竞争、政治、社会或环境因素迫使组织自制，尽管它更愿意外购	预测未来有较大的需求或技术不确定性，企业无法或不愿意承担制造风险
外购价格非常高	可以提高供应链管理技能
供应商距离非常远	附近的供应商生产能力很强
重要客户的要求	重要客户的要求
产品或服务的未来市场发展很快	外部采购将为企业产品或服务打开新市场
预测会出现市场缺货或价格提高	帮助组织提高快速提供产品或服务的能力
管理层以组织规模庞大而感到自豪	组织希望保持现有规模

9.1.2　自制与外购决策的层次

自制与外购决策的重要性取决于作出决策的层次及其对组织的影响(彼得・贝利等，2006)。最重要的决策会从根本上影响到企业的性质、边界、规模、雇员数量和技能、管理风格和组织的竞争地位，最高层次的自制和外购决策通常由战略利益驱动。不太重要的决策可能涉及从外部采购的日常决策，这些决策是从战术层面或操作层次上作出的，这些决策通常由环境变动引起或由操作需求驱动，可以很容易地加以扭转，如表 9-2 所示。

表 9-2　自制与外购决策的层次

决策层次	决 策 者	原因和驱动力	结果及影响
战略层	董事会或高层经理	组织的战略利益驱动	兼并收购供应商、纵向一体化；关闭或变卖重要的内部设施
战术层	中高层决策者	环境变化或紧急情况，如预警或备选	获取更多设备、人员或其他资源，不涉及基本资产的变化
操作层	有权作出采购决策的低层管理者	操作层的需求所驱动，如成本比较	给定资源或供应商、能力限制、经济性考虑

1. 战略层自制与外购决策

经济学家大卫·李嘉图提出的比较优势原理(Law of Comparative Advantage)表明，自由贸易将使两国都受益，即使一国在特定商品生产上有绝对优势，两国进行分工和专业化也有利可图。李嘉图法则揭示了这样一个惊人的事实：两国间的贸易能够提高总产出，即便其中一国可能拥有对另一国的天然优势。这一法则不仅应用在国与国之间，也可以应用在一国内部企业层面和个人层面，比较优势原理在任何一项交换或是任何一个生产过程中都发生作用。比如一个医学博士可能无论是当医生还是做秘书都有绝对优势，但是如果这位博士想要使自己的收入最大化，那么他专门从事医疗事业，而雇用别人做秘书更有益。

交易成本经济学与供应链管理研究在理论上有相通之处，因为它们都以“制造或购买”决策为中心，即公司是否应在其组织边界范围内制造产品或从外部提供商处购买产品。交易成本经济学理论(Transaction Cost Economics, TCE)认为企业和市场都是配置资源的不同方式。市场是通过市场竞争和价格机制配置资源，资源总是从价格低的地方流向价格高的地方。企业内部实行的是科层制管理体制，通过行政命令和管理活动来实现资源调配。企业是通过内部管理还是通过市场交易来配置资源取决于内部行政管理费用与市场交易费用的对比。当内部管理费用大于市场交易成本时，表明外部市场化配置资源的效率更高，企业倾向于缩减规模、剥离内部单元，向市场交易方式转变，体现为产品外购和供应链功能的外包。当市场交易成本大于内部管理成本时，表明内部化配置资源效率更高，企业倾向于纳入更多的市场单元，扩大规模和边界，实行行政方式配置资源，体现为产品自制或供应链功能的内包趋势。

20 世纪 90 年代，C. R. 普拉哈拉德和 G. 哈默提出核心竞争力和业务外包的思想，认为企业的发展取决于公司确立、培育和运用其核心竞争力和核心业务。没有任何商业或公共部门能够提供该行业必需的所有物品或服务，一个企业的管理者必须清楚地理解以下几个问题：我们正在做什么生意？我们能够、应该或想做什么生意？我们组织的关键优势是什么？如何最好地保护和发展这种优势？哪些物品或服务需要外包，实行外包的比例应为多大？这些问题，实质上就是重大的自制和外购决策。这种决策实际上是对企业作出了规模和边界界定，涉及公司关键性、核心性、根本性的问题，涉及公司战略的根源、核心能力和外包战略，涉及投资、地点、计划和方向等重大问题。

战略层自制与外购决策称为企业级或工厂级自制或外购决策，通常是最高级管理层或董事会层面作出的决策，如纵向一体化、兼并或合并、收购重要部件和材料的供应商，使之成为自己公司的一部分，这种趋势就体现为自制。自制趋势使企业的边界扩大化，即将原来属于市场的部分纳入到企业内部范畴，因此称为内部化过程。如果一个企业关闭或卖掉重要的内部设施，以便买进而不是内部制造，则属于外购决策。外购决策使得企业的边界缩小，即将原来属于企业内部的单元剥离出去，使之成为市场的一部分，被剥离出去的单元变成了原企业的供应商、分销商或合作伙伴，形成市场交易关系，因此称为外部化过程。

2. 战术性自制或外购决策

战术性自制与外购决策需要随环境变化而加以审视，发生紧急情况是需要这种审视的常见原因。比如以下原因常常会导致战术性自制或外购决策：现有供应商的质量状况恶化；现有供货来源未能按时交货或服务很差；价格大幅度提高；相关物品的数量要求大增或大减；面对消减成本的压力；期望将内部资源集中于有竞争力的特定领域；需要保守设计秘密；替代进口等。

企业总会遇到各种紧急情况的发生，为了尽可能避免危急关头的匆忙决策或被动反应型的管理模式，需要采取一种更积极主动的预防性管理方法。如应当对组织要采购的各种原材料、零件或服务进行检查以评估供应出现问题的可能性；如果发生了问题，从哪里获得这些货物，是否考虑必要的备选资源，其中内部资源和外部资源都要考虑。还应当研究供应市场，考虑版权、专利保护和知识产权等问题，以及评估成本和其他与决策相关的因素。

战术性自制外购决策涉及设备级或能力级自制或外购决策，可能需要获得更多的设备、人员或其他资源，而不涉及基本资产的变化。这样公司就可以在内部制造某些物品，如果不这样的话，就不得不买进这种商品；或者采取另一种选择，放弃少量的资源，改为从外部购买以往在内部制造的物品。

3．操作层自制或外购决策

操作层自制与外购决策涉及产品级或资源级自制与外购决策。如果资源是给定的，是否由内部制造或采购特定物品的决策就是一种操作性决策。作出操作层自制和外购决策要遵循以下几条原则。

(1) 能力原则。对于任何一种物品的需求来说，由于技术或能力限制而无法在自己的工厂里用现有技能制造出来，那么内部制造就被排除；如果通过内部制造能力和现有技能可以很经济地制造出的物品，外部采购选项就被排除。

(2) 成本原则。在作出自制或外购决策之前，应先将自制(或服务自己“做”)的成本与购买的成本进行比较，如果自制更便宜，就自制；如果购买更便宜，就购买。

(3) 供应原则。所需物资或服务是自制还是外购需要考虑供应资源或供应商的情况，例如重要原料或零部件短缺；原有的供应源不复存在或不再提供相关的产品或服务，这些情况迫使企业选择自制。

(4) 绩效原则。一些非价格因素，可能也需要加以考虑，如效率或效果影响；较高的质量；批量效益；准时交付；较低的风险或提高企业的竞争优势和客户满意度等。采购人员常常能意识到，组织的成功可能很大程度上取决于所购买的产品或服务得到的改进或附加价值的增加，因此，专业化供应商实现产品或服务创新的能力，以及找到改进产品或服务方法的能力，是影响外购决策的重要因素。

9.1.3 供应商分层管理

自制与外购决策实际上体现了现代制造业中供应模式的转变，即从过去的自制模式趋向于更多地、更频繁地应用外购模式。这就是说，企业不再大包大揽，从原料到零部件再到整体产品的生产制造都由自己承担，而是只负责制造很少的一部分，大量的原料和零件更多地依赖供应商来提供。比如，福特汽车在发明流水生产线以后，生产效率大增，为了普及生产大量的单一的标准车型，曾经包揽了从上游的橡胶种植园、铁矿石原材料供应、零部件制造，到整车制造装配的全产业链业务。在初期供应商能力不强的情况下，福特的这种全方位控制模式保证了汽车生产的需要，但是随着时代的发展，福特这种大包大揽的生产方式就成为企业沉重的负担，而且单一的车型不能适应客户的需求，显露出了很多弊端。如图 9-1(a)所示是传统生产方式下的供应模式和供应商关系管理。

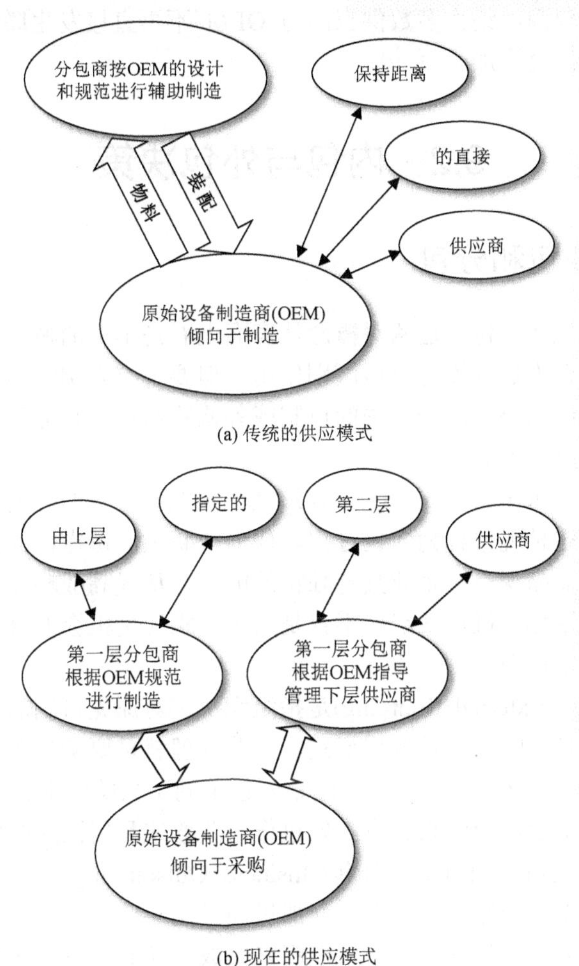

图 9-1 大批量生产制造业供应模式和供应结构的转变(彼得·贝利等，2006)

原始设备制造商(Original Equipment Maker, OEM)作为最终产品的制造商，常常通过外包制造的方式将产品整体制造任务外包给合同承包商或代工制造商。供应商分层指通过不同“层次”的供应商来组织供应，由直接供应向结构化的分层供应转变。在制造供应链中，以最终制造商(OEM)为中心，与 OEM 即时或直接关联的供应商称为第一层供应商，而第二层供应商及后向的多层供应商处在与主要制造商关系中更低级别的层次。如图 9-1(b)所示为现在的供应模式，最核心层是最终制造商，第一层供应商是提供关键设备或整体系统的分包商，而第二层供应商通常提供元件或零部件，由第一层供应商来管理和控制它们。

供应商分层管理的一个直接结果就是减少直接供应商基数。第一层供应商作为主要的卖主或承包商，他们与原始设备制造商有十分紧密的合作，并且在 OEM 业务中逐渐变成共负盈亏的商业伙伴，这使得他们在 OEM 业务中处于利益相关者的地位。双方共同投资开发活动，建立了更加紧密的相互制约和双向的依赖关系，不仅分包商依赖 OEM 的产品和业务发展，而且 OEM 也严重依赖第一层供应商提供的产品和服务。

从供应链的角度来看，供应商分层管理是一个更加复杂的过程。尽管直接供应商基数减少为只有少数的承包商，绝大多数供应商与 OEM 不再直接发生联系，但是，实际供应链中的供应商数量可能会增加。

9.2 内包与外包决策

9.2.1 内包、外包和分包

自制和外购，内包和外包，这两对概念从表面上看是不同的概念，但是实际上没有太大的区别，在很多场合人们并没有严格区别使用。但要说有差别的话，体现为两个方面：一是内包和外包涉及组织决定改变过去的自制或外购决策；二是业务外包被认为是自制和采购之外获取资源的第三条道路。

内包(Insourcing，Internal Sourcing)主要涉及已经发生改变的外购决策，即从过去的外购转变为内部自制，这种现象称为内包过程。任何威胁供应可靠性的问题都可能是引起内包的原因，这称为必需品观点；企业具备独特的能力，从提高战略竞争优势出发，愿意内部生产产品或服务，这称为机遇观点。不管是出于需求还是机会的缘故，企业从外购转变为自制的策略都是内包行为。

外包(Outsourcing，External Sourcing)是指组织决定对原先自制的物品或服务改为由外部购进，外包可看作是外购的一种典型形式。采购管理就是要满足企业对不能够或不愿意内部提供(即自制)的产品或服务的需求。但是外包不同于采购物料再进行加工的过程，而是直接把供应链业务交给供应商来完成。外包作为获取或利用供应商资源的一种新模式，自然属于采购管理的范畴。而且业务外包(Business Outsourcing)作为获取和利用供应商资源的一种新模式，它不同于原有的从供应商那里通过购买获取物料的采购模式，而是将整个供应链功能、业务或工作任务都交给供应商来完成。随着业务外包方式的运用越来越普遍，这种新方式对企业具有重要的战略意义，也极大地提升了采购管理职能在供应链中的地位。

分包(Sub-contractor)涉及自制与外购决策中的一个特殊区域，分包通常在两个意义上使用。一是在制造业特别是大批量生产或其他种类的制造活动中，某一项或几项制造工作任务原则上本来可以由内部承担，但由于制造能力短缺或缺乏合适的设施，在实际操作中要从外部“买入”这部分工作。在分包中，买入的东西并不是标准的商品或物品，而是从事某项工作的制造能力、专门知识和时间。从由外部加工这个意义上讲，利用分包的短期目的通常是由于制造能力短缺而又必须完成订单，才把一部分业务分包或转包给外部的加工厂商来完成。但是从长期来看，如果企业把分包看作是一种长期性策略或政策，就需要制定一种经过充分考虑的制造战略，确保对制造资源能做到效率和费用之比的优化利用。二是在项目采购或建筑行业的工程采购活动中，从事项目工程的主承包商(直接供应商)就合同中的部分工作向其他承包商进行分派、转包或招标采购，称为“分包”。组织将工作任务进行转包或分包通常被视为一种手段，它一方面扩大了有限的资源和技能；另一方面使主承包商能将精力集中于他们擅长的领域。从法律上讲，这些分包商对主承包商负责，而不是对客户负责，即使分包商是由客户指定的情况下也是如此。

9.2.2 业务外包的发展

业务外包模式是企业获取或利用外部资源的一种新模式。这一概念现在几乎涉及企业传统流程中的每个环节，甚至还跨越了包括技术开发、设计、采购、生产、组装、仓储、配送、运输、销售、人力资源和其他流程在内的广泛领域，主要业务和职能部门的外包也逐渐被企业接受和实施。近年来，企业开始增加外包业务，企业不是关注自制或采购商品问题，而是将整个业务都外包给国内或国际的供应商，这些供应商更准确的说法是合同承包商、分包商或代工制造商。

其实讨论内包和外包的问题，侧重点就在于讨论业务外包这种新的供应模式。简单而言，业务外包这种商业模式的出现，实际上是在原有的制造和采购之外建立了第三条道路。目前，外包与自制、采购，三条供应渠道或供应模式并驾齐驱，这就是重视和讨论业务外包模式的重要意义所在。

传统上业务外包思想来源于企业将非核心业务实行剥离或转移过程中产生的组织行为，现阶段，外包已经演变为一种主动利用外部优势资源的新的运作策略，称为“资源外用”。也有人把这个阶段、这种情形的业务外包称为战略外包(Strategic Outsourcing)。将整个业务流程或供应链功能外包给外部供应商来承担，这不仅利用了外部供应商的资源，而且企业获取资源的方式都发生了改变。外包属于采购管理的范畴，但是与自制和采购相比，外包是一种新的业务模式或供应模式，它对企业的组织结构和经营方式都带来了巨大的影响。比如当前很多企业将物流、制造和采购职能都进行外包，这就是合同物流(第三方物流)、合同制造(代工制造)和合同采购等新的商业模式，普遍的外包已经成为很多企业绕不开的选项，强化了企业供应链管理的重要性。

成功的业务外包可以帮助企业降低成本，改善质量，提高业务能力，获得高效率和高利润率，但是同时不适当的外包也会带来一些问题。其中一个问题就是可能减少企业对业务的控制力，使得企业责任外移，必须监控外部企业的行为并要与之建立更稳定的合作关系。从企业内部来讲，外包也可能影响内部员工的利益，他们可能担心失去工作，失去对企业的信心，从而导致生产率和业绩下降。

企业实行业务外包的原因主要有：①降低和控制运营成本，节约资本资金；②改进公司核心业务；③获得企业不拥有的资源和能力；④加速重构优势；⑤解决管理难题或失控的辅助业务职能；⑥分担风险。而企业不采用外包的原因也可能有多方面考虑，例如，成本不会减少；物流太重要不能外包；企业有足够的专业人员；减小了控制力度；花费在物流上的时间不会减少；服务水平不理想；客户投诉可能增加，如表9-3所示。

表9-3 外包与不采用外包服务的原因调查(马士华等，2010)

业务外包的原因	所占百分比	不采用外包服务的原因	所占百分比
降低和控制成本，节约资本资金	64%	成本不会减少	55%
改进公司核心业务	48%	物流太重要不能外包	39%
获得企业不拥有的资源和能力	43%	企业有足够的专业人员	39%

续表

业务外包的原因	所占百分比	不采用外包服务的原因	所占百分比
内部资源不足	34%	减小了控制力度	36%
加速重构优势，提高重构效益	40%	花费在物流上的时间不会减少	36%
解决管理难题和辅助业务职能	13%	服务水平不理想	33%
分担风险	7%	客户投诉可能增加	27%

外包的业务范围在不断扩大，对一个制造企业来说，过去认为最适宜外包的业务是企业不擅长的非核心业务、非专业性服务，比如信息系统、法律服务、进出口报关、财务审计、运输服务等，而如今很多过去认为是企业核心业务的部分也都出现了外包的趋势，例如订货处理、仓储物流、采购、制造等，适宜外包的业务范围在不断扩大化。然而，企业在实行业务外包时必须确定自己的核心竞争力，不管是外包非核心业务还是核心业务都要有利于维护核心竞争力。其实企业在实行外包策略的时候出发点也是为了增强核心竞争力，因为有些业务由更专业、更擅长、能力更强的供应商来完成效率更高，效果更好，通过供应链方式利用供应商超强的专业能力，实际上能够更好地建立和维护企业的核心竞争力。供应链企业通过强强联合或战略联盟，增强了整体供应链的竞争力，实现了供应链与供应链之间的竞争。

9.2.3 业务外包决策过程

内包决策或外包决策对企业经济成功和竞争力有重要影响，因此需要考虑各种变量因素，从企业能力到具体的成本、质量、配送、反应速度、技术发展以及对持续改善的期望等。一些企业在作出重要的内包决策和外包决策时，通常没有全面理解这些决定中的战略和总成本的含义，这样的决策可能会带来不好的结果，如失去核心竞争力，外包供应商不具有完成预期任务的能力，以及其他意想不到的差错和不良后果。因此，在何种情况下企业才会考虑将某种业务外包给供应商？对于这一问题，可以从技术和经济可行性方面作出回答。专业的采购决策者必须拥有从战略思考到深度成本分析等各方面的知识和技能，才能作出正确的内包决策和外包决策。为了给企业创造收益，采购与供应链经理必须掌握一个合适的决策流程框架，这个流程有效地考虑到战略、总成本以及内包决策和外包决策所包含的现实意义和实施条件。业务外包的决策过程一般包括战略思考、深度成本分析和实施可行性三个步骤(Monczka 等，2008)。

第一步：战略思考。

这一步要详细评估内包决策或外包决策如何与企业战略或长期计划相结合，以及识别企业核心竞争力，并要对产品的加工技术是否成熟作出评估。

(1) 战略联合(Strategic Alignment)：负责内包或外包决策的人员要有效地思考全面战略，必须保证外包战略与企业的主要价值单位或部门的整体战略和长期业务计划本质上具有一致性，例如业务单元的战略计划、制造或运作计划、技术和工程计划、营销广告、战略采购以及其他内部客户的计划等。在这个发展阶段，必须问几个主要问题：供应库如何为战略业务单位或职能部门服务？现在和将来的生产、经营、服务战略是什么？企业的供应链在未来五年将会怎样变化，对此有什么长远看法？企业所追求的长期和短期技术计划是什么？

举例来说，麦格拉(Magna)代工过萨博(Saab)软顶敞篷车，当时萨博的工厂里面没有足够的空间可以容纳一条新的敞篷车生产线，扩建厂房和制作模具至少需要两年时间，新建厂房的投资回报率又不高。于是，制造商就授权麦格拉来生产这款敞篷车。也就是说，在汽车制造商产能达到极限时，投资回报率是首要考虑的因素。除此以外，生产工厂的地理位置以及市场需求也是汽车制造商考虑是否将生产外包的两个因素。例如，克莱斯勒的小型货车是在北美地区生产，但这款车型在欧洲市场的需求却越来越大。那么，有麦格拉的“弹性工厂”，克莱斯勒并不需要在欧洲投资建设新厂，购入更多的设备，只要委托麦格拉在欧洲的工厂就可以进行生产，这样它们的产地就更加接近有需求的市场，加快了出货速度，还节约了大量运输成本。克莱斯勒公司将道奇小型车外包给奇瑞公司，其产量不足以为其另辟新生产线，所以寻求代工是一条行之有效的出路。这种代工方式很难让奇瑞学习到克莱斯勒的核心技术，从利益获取的角度上讲，奇瑞与克莱斯勒签订代工协议，后者仍是当之无愧的赢家。因此，当汽车制造商达到生产极限时，从战略和节约成本角度出发，它们会认真考虑究竟是改建现有工厂，还是新建厂房，或是采取外包等更符合经济原则的生产模式(宁华，2010)。

(2) 核心竞争力(Core Competence)：负责制定内包或外包决策的经理或团队必须了解企业真实的核心竞争力和核心业务，把核心业务和非核心业务区别开来，一项产品或服务如果跟企业核心竞争力有着密切关联，这项产品或服务就应该采取内包(制造)而不是外包(外购)。还以汽车行业为例，目前国际汽车企业的核心能力都在产品设计和营销领域，这些方面的业务一般由企业自己承担，而非核心业务的制造和装配环节则寻求外包。不过，维护核心竞争力并不意味着公司要自己去做这些业务。正如菲亚特汽车公司所认为的那样，公司的核心竞争力是汽车的款式和发动机，尽管如此，菲亚特公司也总是将这些业务的某些工作外包出去。例如，汽车款式由著名的意大利汽车工作室 Pininfarina 和 Bertone 来完成，菲亚特公司了解这些公司的能力，甘愿做一个聪明的、熟悉情况的顾客(保罗·卡曾斯，2009)。

(3) 生产技术成熟度(Technological Maturity)：内包决策或外包决策第一步的最后阶段需要考虑对生产技术的分析，就是要评估影响内包决策或外包决策的市场和技术的主要趋势。决策者要考虑加工能力、加工技术成熟度以及加工技术对竞争优势的重要性。正如前述克莱斯勒公司道奇小型车的例子，由于这些车型相对较老，又同样隶属小型车范畴，技术门槛并不会成为中国厂商被拒之门外的理由。但是，在当今汽车产品制造业的国际分工谱系中，制造/组装过程也是一个复杂的纵向分工序列。一般来说，对于技术密集的高附加值的制造/组装工序，仍是由发达国家的先进企业承担，如精密加工和系统集成技术等；而对于高技术中需要大量用工的产业低端，即劳动密集部分的工序，则由外移的 FDI 企业或者欠发达国家本土企业承担(刘志彪等，2004；宁平，2005)。

韦尔奇和内扬提出了自制或外购战略模型的三相分析法来对加工技术水平进行分析，如图 9-2 所示。三个分析维度分别是：与企业竞争有关的加工能力(弱、可用、强)；加工所处阶段或成熟水平(初兴期、成长期、成熟期)；加工技术对竞争优势的重要性(现在不重要、现在重要、将来重要)。在这个组合框架中，可以产生多种可能的结果。①选择购买决策。加工技术对竞争优势的支持性较弱，企业应该把主要精力放在高附加值的活动中，采取外购或外包策略能够更好地平衡自己的竞争力。②边缘购买或勉强购买。企业拥有成熟的技术，并且技术是重要的竞争优势，然而这些技术在市场上的其他企业发展更好，这种情形下还是倾向于以购买为宜。如果技术许可在经济上自由买卖，企业也有能力吸收外界成熟技术，就应该购买这种技术。③边缘制造或制造。如果当前技术构成竞争优势但是并不成熟，这时候倾向于将技术内部化，才能使其成为核心竞争力。④开发内部能力。如果企业认为生产技术可以作为将来的优势，但现阶段还处于技术初兴或成长期，企业就应该通过内部研究和开发来培育这项技术。⑤开发供应商。如果技术可以作为将来的竞争优势，但现阶段该技术已经十分成熟，那企业最好的选择就是开发供应商，对一项既定的产品和服务采取外包或外购政策(Robert Monczka 等，2008)。

		企业加工技术与竞争对手的比照								
		弱	可守	强	弱	可守	强	弱	可守	强
加工技术的行业成熟水平	初兴	购买			勉强制造	制造				开发内部能力
	成长									
	成熟				勉强购买			开发供应商		
		现在低			现在高			未来高		
		企业加工技术对竞争力优势的重要性								

图 9-2　内包或外包战略模型的三相分析法(Robert.Monczka 等，2008)

第二步：深度成本分析。

对生产外包的所有备选方案的总成本分析和对比，对非成本市场竞争因素也要进行综合分析。首先，企业生产成本不断降低成为业务外包的重要外部条件。先进技术带来的远洋运输、航空运输以及公路运输成本下降；当代信息革命创造的通信领域“零距离”接触，极大地推动了产品内分工和经济全球化进程，也使得企业成本降低(刘清和郑胜利，2007)。其次，低价的劳动力。众所周知，奇瑞并不拥有“Magna 国际”这样的技术实力，它之所以能吸引克莱斯勒公司，正是因为能为外方提供他们所需的低价劳动力。克莱斯勒平均每小时支付给中国员工的工资和福利为 1.5 美元，而如果在美国和德国，这个数字将分别达 36.50 美元和 49.50 美元，人力成本有近 30 倍的差距。纵观全球，中国人力成本低带来的产品价格优势有目共睹，高福利早已成为欧美本土企业的负担。外企将汽车制造代工业务交托给中国企业，看重的不是其技术实力，而是中国企业能为外方提供低价劳动力。而同样是代工企业，自然人力成本低的企业更受它们青睐(陈伟栋，2006)。第三，零部件的配套。广州本田的协同效益无疑是出口工厂在中国获取成本优势的重要来源。当年本田公司在广州设立新工厂，除了特别强调中国的人力资源优势外，主要是因为中国汽车产业的发展速度迅猛，激烈的市场竞争使得中国的汽车制造成本得到了有效的降低，本田要通过这一工厂把中国各种降低成本的优势都充分利用起来。对于任何工业产业来说，装配业并不是非常复杂的，关键是要有高质量高水平和完善的零部件配套，发展汽车产业也是如此。外资巨头愿意在中国建立出口工厂，配套成本低是非常重要的原因。本田公司首批在中国生产的 GAZZ 的国产化率已经达到了约 60%，出口工厂在国内有 80 来家零部件供应商，全部来自广州本田的配套体系。在广州本田的引领下，众多日系零部件企业开始在广州及周边地区集结。此后，随着日产、丰田都先后落户广州，广州及周边地区已经成了日系零部件企业在中国最重要的聚集地，从而也营造出了一个非常适宜日系汽车生产的环境(宁平，2005)。第四，行业规模经济性和其他市场竞争要素。20 世纪 90 年代，跨国公司赖以发展的稳定价格体系和一体化生产销售方式失去了往日的绩效，单纯的规模垄断不可能或不能持久，技术垄断和差别垄断上升到重要的位置。例如，汽车产品的规模经济要求激增，促使汽车产业大量采用代工生产模式。跨国公司采取更广泛的增强竞争力的手段，通过“内部化代工”的外包形式降低生产成本，同时又能够继续扩大生产规模，从而使核心竞争力增强、市场占有率增加。内部化自主生产的规模经济向内部化代工生产转换是跨国公司的一种有效选择。

实行业务外包最重要的原因就是降低成本，决策者需要对外包或内包的所有备选方案进行总成本分析。表 9-4 总结了实施内包或外包决策要考虑的成本因素，将内包总成本和外包总成本进行比较，成本更小或净收益更大的方案是最优决策方案。

表 9-4　内包或外包成本因素工作表(Robert.Monczka 等，2008)

内包的成本项目	具体数据	外包的成本项目	具体数据
运营费用		采购成本	
直接材料		输入运费或交付	
直接人工		空间占用	
输入运费		供应商联络、行政控制成本	
设施		持续投资	
折旧		库存成本	
一般管理费(Overhead)		劳动力资本成本	
直接管理费		外包的总成本(2)	
库存成本		净收入：(1)−(2)	
劳动力资本成本		减去：收益税	
内包的总成本(1)		税后净收益(3)	

然而，考虑外包或内包的总成本要素可能面临更复杂的情况。当考虑外部采购的时候，企业不仅要考虑显性成本，如采购价格、运输费用、直接劳动和包装材料等，还要考虑从内包转向外包时发生的隐性成本，包括设备空闲、潜在的劳动者失业，以及其他难以估计的因素。还要将这些成本与未来的现金流作对比，例如在转向外包的开始阶段使外部供应商花费了 50 万元的初始成本，但是供应商随后每年将有 30 万元盈余，那么转换的最初成本将在不到两年的时间内得到弥补。

内包决策中成本的种类通常很难确定，对成本的考察往往与内包或外包决策的时间长短有关系。内包决策中应该包含什么样的成本类型作为合适的价格基础？表 9-5 展示了实施内包决策所需要考虑的不同成本。一般来讲，从长期看，一个企业要填补所有的成本；然而在短期内，企业只需要弥补其可变成本以及一部分管理费用。因此，如果内包决策是在短期内持续发生的行为，那么可能仅考虑将总可变成本和一部分总工厂成本运用到决策中。如果将内包决策作为长期持续经营的一部分来加以考虑和利用，那么所有可能发生的相关成本都应该包含其中，即全面经营成本加上一部分利润。

表 9-5　内包决策所涉及的成本项目(Robert Monzcka 等，2008)

总可变成本(Total Variable Cost Elements)		
直接物料 可变附加费用 工具制造费用	直接劳动力 可变管理费用 供给物(Supplies)	内向运输费 可变加班费用
总工厂成本(Total Factory Cost Elements)		
总可变成本 费用(Fees) 研发 间接劳动成本及附加福利	固定管理费用 财产税 广告 间接物料成本	租金或建筑物支出 员工薪水 公共事业费(Utilities) 维护费用(Maintenance)
全面经营成本(Full Operating Costs)		
总工厂成本 折旧	行政人员薪水 转移定价	企业管理费用 营业性支出

对非成本因素也要考虑。对一项产品或服务采取内包或外包，决策者不仅考虑成本或价格问题，还必须考虑许多非成本因素并在决策上达成一致。如表 9-6 所示，内包决策和外包决策都具有一定的优势和劣势，这些因素中有许多不能够准确地转换为成本问题，但决策者仍然需要对这些非成本因素进行权衡，才能实现最优决策。

表 9-6　内包和外包的优劣势(Robert Monczka 等，2008)

	内　包	外　包
优势	• 对投入有较高控制水平 • 对流程的清晰度提高 • 产量带来的规模经济 • 产品线带来的范围经济	• 较大的灵活性 • 低投资风险 • 改善现金流 • 较低的潜在劳动力成本
劣势	• 要求大销量 • 需要高投资 • 专用设备限制使用 • 供应链整合问题	• 可能选择错误供应商 • 对整体流程失去控制 • 较长前置期或能力短缺 • 企业“空洞化”

第三步：实施可行性。

成功地实施受到三个关键活动驱动：有效的供应商选择；商务信息系统和信息分享；采购企业的资源配置，以支持外包战略的顺利转变，并在发展过程中解决问题。

首先，有效的供应商选择(Effective Supplier Selection)是实施外包的根本保证。正规的供应商选择必须由专门的跨功能团队来实施，为外包决策选择最优供应商。能够搜寻到有能力的合适供应商也是引起外包决策最有争议的地方，比如发达国家的跨国企业将主要生产任务以更低廉的工资外包给一些发展中国家的供应商，引起本国工人和政府的关注和质疑。比如汽车行业实施合同制造需要选择有效的代工供应商，外包厂商对代工厂商的选择实际上非常苛刻。因此，对于像吉利、奇瑞这样的民族汽车企业，目前真正需要考虑的是，以他们当前的制造技术和管理经验，是否能胜任为跨国企业代工。毕竟，为跨国公司代工生产汽车，仅仅靠低价劳动力还远远不够(陈伟栋，2006)。

其次，信息分享(Information Sharing)。技术信息、商业信息、关键的成功要素信息，都必须与外包供应商共享，才有可能实现有效的工作。在汽车行业，面对种类繁多的款式和型号，汽车代工企业如何通过信息平台进行沟通和监管，这对实施外包策略十分重要。信息和通信技术(ICT)的发展改变了汽车制造业的组织方式和业务流程，电子商务的出现被看成是继 MIS 之后信息系统的重要变革阶段。例如 Magna 使用了 BIS 商务集成平台，这一独特的智能平台整合了集团的数据交换系统，使其分布于四大洲 200 多家工厂中的 20 个制造厂达成了即时、集中的数据管理模式(宁华，2010)。

最后，配置资源和解决问题。采购企业的资源配置(Resource Allocation)必须有充足的可用人力、财力、物质资源，以支持外包战略的顺利实施。同时在实行外包中能够具有动态的例外管理能力，能够实际地解决在发展过程中出现的新问题。

9.3 单源与多源决策

9.3.1 单源、双源或多源供应

确定一个企业供应商的数量是供应源决策的一个基本问题，也是有效的供应商管理的起点。每一个采购项目的供应源或供应商基数可以有一个、两个或者三个以上，这就是关于单源、双源或多源供应问题。而企业全部供应商数量的总和构成了企业的供应库或供应基础(Supply Base)。创造一个易于管理的、优化的供应库是采购管理者的一项艰巨的任务。

对供应源数量和供应库研究主要从四个方面展开：存在性特征、影响因素、效应量化和优化改进，这将是后文要讨论的问题。

单一来源供应指采购方将某种特定类型产品项目的采购业务量全部交给一个供应商的情形。这种方式变得越来越流行，但是单源供应决策并不一定正确，在很多情况下，拥有一个以上的供应商可能更有利。单一供应源的危险是容易成为供应商的傀儡，供应商知道客户依赖自己，可能会随意涨价，从而使质量和交付下降，停止改进计划或放慢改进速度。

双源或多源供应是指采购方将某种物资的采购数量分配给两个或两个以上的供应源。现实中，双源或多源供应通常并不能平均分配业务，而是有一个主导供应商和一个备份或几个辅助性供应商。主导供应商被分配更大的业务量，次要供应商则承担少部分业务。只有主导供应商出现问题的时候，备用供应商才会承担更大的供应任务。总而言之，企业选择单源、双源还是多源供应决策，没有一个简单统一的答案，各种方式都有利有弊，需要对每种情况进行具体分析，如表 9-7 所示。

企业在作出正确的供应源数量决策之前，要考虑多方面的因素。图 9-3 展示了一个供应源决策的因果模型，将决策因素分成“前因”“后果”两类进行权衡。

表 9-7　单源供应和多源供应带来的采购优势

单一采购渠道对采购方的优势	多元采购渠道对采购方的优势
·日常采购工作简化 ·时间更充分使人际关系改善 ·供应商通过低价位改善规模经济效益 ·供应商更努力提高产品质量和送货及时性 ·供应商可以承担采购商产品研发，早期参与产品技术创新	·供应商面临竞争压力而不敢止步不前 ·供应商更有可能对意外或紧急订单作出快速反应 ·降低供应中断的风险 ·供应商不太可能依附某个大客户 ·采购方会有更多新型材料来源

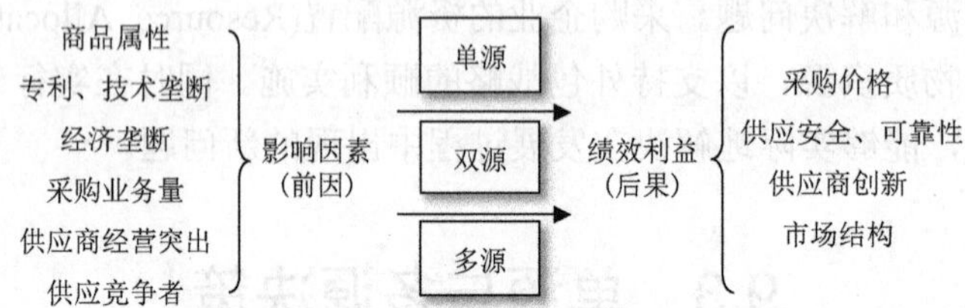

图 9-3　单源供应或多源供应决策因果模型

(1)　产品性质。采购商品的属性具有不同的特征，研究表明，采购人员不愿意变更常规性商品采购的供应源。调查还显示，有时候在市场上有多个提供同类商品的供应源，但采购人员却一直购买同一个供应源的商品，即使实际上这个供应源并不是令人满意的最佳供应源，这种情况可能与商品性质和购买习惯有关。

(2)　技术和专利垄断性。由于供应商在专利权约束或专业技术上存在垄断，只存在一个可利用的供应商，所以只能选择单一供应源。

(3)　经济垄断性。公用资源类商品往往具有经济上的垄断性，如水、电、气的供应，在这种情况下，也没有多项选择的余地。

(4)　采购业务量。如果采购交易量很少，也不值得在多个供应商之间划分。相反，如果业务量很大，采购商可能发现把生意分给几家供应商更有利。

(5)　供应商经营状况。如果一个供应商经营得很突出，没有其他竞争供应商的威胁，这个供应商几乎没有争议会被选择成为供应源。

(6)　供应市场竞争者。供应市场上竞争性供应商很多，将面临实际的单选或多选的情况。采供双方经过讨价还价或正当的争论，是选择单源还是多源则取决于所带来的回报。

(7)　对采购价格的影响。单源或多源供应都会影响到价格，但作用机制不同。把所有的订货交给一个供应商，可能意味着单价会更低。原因在于供应商生产量增大，加工成本、运输成本等降低，供应商愿意把成本节约通过价格折扣等方式让渡或与采购方分享利益。如果把业务量划分给几个供应商，也可能会由于供应商之间的竞争而降低价格。

(8)　对供应安全的影响。供应安全、可靠性与供应风险是相反的概念，单一供应和多源供应都对采购方的供应安全性有影响。一般认为，采取单一供应源，供应风险会比较高。如果遇到天灾人祸或其他意外情况，单一来源会导致完全供应中断；如果有备份的第二个、第三个供应源的话，就会提供更安全的保证。然而从另一方面讲，企业采取单一供应源也有机会提高供应的安全系数。因为单一供货的进度安排更简单，可以实行 JIT 采购或寄售货物存储。慎重选择可靠性高的供应商，把所有业务都委托给供应商，也会激发供应商提供更好的服务，在一定程度上使供应更有保障。

(9) 对供应商创新的影响。单一供应源对供应商履行义务的主动性、参与设计创新的动机等方面都有积极的影响。但也可能有相反的情况，随着单一供应商垄断势力的增强，供应商变得更加自满和傲慢，对创新和变革变得更加冷淡；多元供应之间的合理竞争则有利于打破供应商的垄断地位，激发供应商的变革和进取精神。

(10) 对供应市场结构的影响。供应市场结构体现为供应市场上垄断力量和竞争力量的对比情况。选择单一供应源可能会增加供应市场上的供应商垄断势力，这对采购商是不利的局面；而多源供应则可能强化供应市场的竞争性，这对采购方可能更有利。然而还是回到最初的问题，多源供应商可能会增加对供应商的管理成本，为了节省支出的费用，采购方需要改用更少的供应源，同时要强化与供应商的更紧密合作与伙伴关系。

9.3.2 供应库管理

企业所拥有的供应商队伍构成企业的供应基础或供应库(Supply Base)，供应库反映了供应商的数量、类型和结构等特征。供应商数量、类型和结构是供应源决策的核心问题之一。一般来讲，企业拥有多个供应商的优点在于如果某个供应商出现供货故障，其他供应商能比较容易地弥补供货缺口，显然，供应商数量越多，企业所面临的供应风险就越小。但是企业管理协调的供应商数量越多，需要付出的管理成本也越多，因此企业在进行供应源决策时，必须在供应风险和管理成本之间进行综合平衡(蒋琦玮等，2008)。

20 世纪 90 年代，供应商整合管理的加强推动了供应基础合理化(Supply Base Rationalization/Optimization)或供应库消减(Supply Base Reduction)策略的出现。这种策略的原理相对比较简单，它注重与少数的供应商保持密切联系，将过去的多供应源供货改变为少数供应商供货，甚至每种零部件只有单源或双源供应。这种观念认为，企业的资源数量有限，通过减少供应商的数量可以消减管理费用，把企业的资源集中使用，即巩固与少数主要供应商的业务，而不是把业务分配给大量的竞争性供应商。这种策略可使企业显著地减少花费，实现短期的成本节约，也能够适应 JIT 这样的生产系统的要求。

(1) 消减费用是这种策略的主要动机之一，例如运营成本、管理成本方面，从短期来看，它的确实现了成本减少并扣除了交易费用。但是，供应商减少之后，由于买方变得更加依赖少数供应商，战略风险成本增加，如供应商更强势，投机行为的能力增强，单个供应商的供应保险系数降低，出现故障引起的风险变数增大。此外，尽管企业减少了直接供应商的数量，但在很多情况下，整个供应链中供应商的实际数量却很难改变，因为直接供应商变成了间接供应商。实际上，这种策略带来的是两种效果：第一种效果是通过拥有关键的供应商来减少直接供应商的数量。采购商越来越强调对单个供应商的重视，导致公司减少直接供应商基数这一决策。例如将生产供应商数量由 3000 个减少到 500 个。显然供应商的数量越少，可以花费在每个供应商上的时间越多，但花费在供应商方面的总体管理费可能大幅度减少。第二种效果就是供应商分级，把供应商分成一级供应商、二级供应商等不同的供应商等级。这种策略实质上并没有显著减少供应商的数量，只是对供应商实现了重组和分级控制。

(2) 供应商基数减少是适应 JIT 生产方式和供应链管理发展要求的一种必然趋势。过去，制造企业通常有太多供应商，与供应商之间无法发展十分紧密的关系，供应链的双赢采购模式要求缩减供应基地，供应基地削减应该是某一产品的供应商数目优化的必然结果，而不是主观目的。目前，制造企业的供应商数量倾向于越来越少，某些零部件的采购仅有单一供应商或双供应商。这是随着许多制造行业采取 JIT 生产方式和供应链管理的应用，要求减少每个采购项目的供应商数量，加强与少数供应商的更密切的伙伴关系，在这样的指导思想下，总体供应商基数呈现一种减少的趋势，而对供应商质量要求大大提高。只有少数高效率、高能力的供应商才能与企业建立长期契约关系，建立在长期合作关系基础上的供应链才能维系长久。

(3) 供应库优化也是影响对战略供应商的选择和管理的一个前提。在选择供应商之前，公司必须明确某种商品的采购是采用单一的供应源还是多个供应源。单一供应源保证了供应商有充足的订货需求，供应商也必须为特定的采购方付出更大的投资。采购方减少了管理供应商的负担，但是也增加了供应商出错导致供应中断的风险。减少供应商改变了企业与市场供应之间的依赖关系，企业与供应商由相互独立变成相互依赖，对供应商的评价和关系管理也要相应改变，买方需要考虑如何来管理这种关系，可能像原来管理很多种供应商那样的方法来管理这种关系已经不再合适。因此，采供双方应该建立更加紧密的合作关系，信息交流和沟通也须更加频繁。多源供应对采供双方的效果和要求则相反。要判断一个公司的供应商数量多少最合适，简单直观的方法是看增加或减少一个供应商后所产生的影响。

最近的一项调查显示，近年来几乎有一半的企业将供应库缩减了 20%，超过 15%的企业更是大幅度将供应库缩减了 60%；还有 3/4 的企业表示它们的供应库中前 100 家供应商占据了全部采购金额的 80%，如表 9-8 所示。

表 9-8 美国企业供应商数目减少的趋势

企业名称	过去供应商数目	现在供应商数目	减少百分比
施乐公司	5000	500	−90
摩托罗拉	10 000	3000	−70
通用汽车	10 000	5500	−45
福特汽车	1800	1000	−44
德州仪器	22 000	14 000	−36

缩减供应库必然牵涉供应商选择、合作与开发等供应商管理问题，然而仍然可以着重考察一下公司缩减供应库，即公司寻求减少有业务往来的供应商数量的途径和方法，具体来说，有以下几种方法。

(1) 分类方法。通过对供应商的绩效进行评估，可以把它们归于不同的等级或类别，比如可以把供应库分成三组：最佳供应商、受限制的供应商和无法接受的供应商。①最佳供应商是属于世界级并值得发展更紧密合作关系的供应商，采购商尽量与其发生多业务往来，从而放弃其余供应商。这样做减少了供应商搜寻的成本，可以发展同供应商之间广泛的业务，甚至有更多机会对供应商提供支持和帮助，采供双方的关系也变得更加密切，这种趋势也恰好符合供应链发展的要求。②受限制的供应商能满足基本要求但不属于世界级的供应商，有必要对其提供的数量占企业生产总量的比例加以限制。从单一的供应商处购买，可能存在较大的供应风险。降低风险的办法是保留两家或少数几家后备供应商，作为供应商的替补或应急补货的预防措施。采购方对某个供应商提供的数量占其总产量的比例加以限制，或者按照不同的比例在供应商之间进行重新分配，采用有差别的供应政策。③无法接受的供应商将是被淘汰的供应商，将不被允许进入供给库。供应基础优化是采购者确定需要多少个供应商，以及与哪些供应商合作的过程。这通常包括消除或淘汰那些达不到采购绩效目标的供应商，同时也要慎重吸收和维护高质量和有能力的供应商进入供给库。这是一个持续的过程，不管是剔除边缘供应商，还是吸收更好的供应商，企业必须开发供应商评价和绩效考核系统来识别最佳供应商，并与这些供应商建立长期稳定的合作关系。有些情况下，跨国企业需要在全球范围内寻找最佳供应商。

(2) 能力阶梯法。这种方法要求供应商通过一系列的能力进阶或筛选，最终留在供应库中的是高能力的供应商。这种方法就像登山，供应商要经过一系列考验，每经过一道考验都会使供应商离供给库更近一步。首先，所有供应商必须满足买方质量标准，才有资格成为潜在供应商。其次，考察和检测供应商能力是否达到了采购者的技术要求；然后根据采购的不同要求，考验供应商的生产能力、交付能力、分享信息的意愿、供应商规模，供应商位置是否接近等。最后，通过考验的供应商数量会越来越少，结果就可以得到一个由剩下的最强的供应商构成的供应库。

(3) 供应比例。采购方对某个供应商提供的数量占其总产量的比例加以限制。将采购业务量在不同的供应商之间进行分配，这是采购企业通行的一种做法，不同的供应比例体现了供应商的重要性差异，通常从 20%到最大限度的 50%。超过 50%以上的供应量会使供应商依赖于采购方，同时也限制了采购方作出变动的自由度。一般在大批量的采购情况下，订货量需要在几个供应商之间进行分配，至少两家，且订货量在两家之间不是以一半对一半分配的，目的是促进供应商之间的竞争，提高采购业绩(刘小东等，2004)。

(4) 标准化和减少种类。标准化产品采购和减少采购商品种类，与减少供应商基数相关联，缩小产品购买的范围可能导致有业务往来的供应商减少，例如大众集团在各种汽车点火器中以前使用 26 个不同点火器，现在只使用 5 个；以前规定使用 53 种不同的外视镜，现在只用 7 个，这样做使它的供应库更加集中化。

总体来看，优化供应库意味着确定最佳供应商的数量、质量和结构，双方在有关成本、质量、交付以及信息分享等方面都有所改进。供应库优化后的供应商通常与采购者能保持长期合作关系，促进双方共同努力进一步改善绩效。然而，尽管绝大多数采购者认识到供应库优化的好处，但是依赖小规模的供给库仍然存在潜在的风险，如表 9-9 所示。

表 9-9 优化供应库的优势和消减供应商的风险

优化供应库的优势	拥有少数供应商的潜在风险
• 从世界级供应商处进行采购减少质量和交付问题	• 对供应商的依赖性增加
• 使用全方位服务供应商而获得更多利益	• 供应商之间缺乏竞争性
• 供应库带来的质量、交付、成本等供应风险降低	• 缩减供应库使供应中断风险增加
• 较低的供应库维护成本	• 过度的供给库缩减
• 集中供货规模性和采购折扣使总生产成本降低	• 供应商的势力增强
• 综合采购战略、供应商开发和早期参与能力增强	• 企业对采购的控制力减弱

9.4 国内与国际采购

9.4.1 供应源地点

寻找潜在的有用的供应源或供应商的所在地是采购供应人员的主要职责之一。供应源的地理位置是选择供应商和供应源决策的一个重要影响因素，而且对潜在供应商地点的确定具有相当大的挑战。

对供应商地点选择难以作出决策的主要原因，除了成本因素外，还有其他一些重要原因。①技术提升。采购需求变得越来越复杂，越来越少的供应商愿意或有能力满足采购需求。②供应市场愈加“集中”。在许多行业持续不断地发生合并和兼并，只有极少数大型供应商不需要主动寻找生意，生意就会自动找上门来。③专门化增强。制造企业的专门化更倾向于关注“采购”决策，而不是“生产”决策。这说明，采购需求大部分是从外界供应源获得满足，供应商可能还不了解这些发展中的需求，必须由采购方主动去寻找。④总体权衡，增加供应链的利润。采购决策的目的是增加供应链共享的总利润。采购除了直接影响供应链总利润之外，采购对销售、服务、生产成本、库存成本、运输成本和信息成本的影响也间接影响供应链总利润(彼得·贝利等，2006)。

9.4.2 本地化供应

通常情况下，供应商愿意参与竞争，以满足采购方的需求。然而调查显示，有 3/4 的采购方仍然会首选当地供应商，即使供应商的价格较高或质量较差也会如此。采购商这样做可能也有一些合理的理由，比如本地供应商沟通更方便，交货更迅速，运输成本更低，而且双方互相了解，在出现供应问题或紧急订货时，双方很容易取得联系。另外，希望支持地方或社区经济也是一个合理的理由。很多企业将支持社区经济发展作为自己的一项公共责任，也可能是地方政府要求企业这样做来促进当地的就业率，而且对许多企业来说支持社区发展是做好生意的正确方针。

在实行 JIT 生产方式的制造企业，往往要求供应商在客户附近选址，在靠近客户工厂的位置建设附属工厂或专用仓库已经成为一种普遍做法。这些专门工厂和设施逐渐成为客户生产的配套单位，用于满足特定客户的专门需求，这些工厂和设施被称为供应特定客户的专用性资产。

许多大型跨国零售商在不同的国家开设连锁门店，也普遍采用本地供应源的形式。大量待销售的货物采取在当地采购以适应本地群众的需求，然而本地化供应是相对而言的，跨国企业的本地化策略也是跨国采购的表现之一。比如在沃尔玛，据调查，沃尔玛遍布全球的大型连锁超市销售数万种不同类型的商品，其中大约 70%的商品是共同的货类，但每个商店仍然有大约 30%的货品是在所在国采购的适应当地群众需求的特殊商品，这种适应本土化的策略实际上也是沃尔玛推行全球化采购战略的结果。

9.4.3 全球供应基地

许多跨国公司注意到国外市场有着无限的增长潜力。发展中国家的经济增长速度通常为每年 5%～10%，而大多数发达国家经济增长率仅为 2%～4%。通信和科技的进步使得全球经济联系一天比一天更紧密。政府政策的改变和观念的调整进一步开拓了国际市场。其结果是，全球化涵盖了越来越多的国家、越来越多的行业。为了抓住全球市场带来的机遇，越来越多的跨国企业积极推行国际贸易、国际物流和国际采购业务，企业正以全球视野布局其业务，展开全球市场竞争和对稀缺资源的争夺。

近年来，随着经济全球化和跨国企业的全球化经营的发展，全球供应链管理成为供应链管理研究和实践的重点领域。跨国企业规模大，集团公司内部的分公司、生产基地、分销中心、中心仓库等业务单位，根据业务关联关系连接成供应链，形成了跨国企业集团内部的跨地区、跨国界进行的供应链管理。

跨国企业全球供应链管理集中于两条主线：一是以跨国制造企业为核心企业的供应链管理，主要是由计算机集成制造理论和方法向生产运作供应链管理的延伸发展而来；二是以跨国批发和零售巨头为核心企业的供应链管理，它是商业自动化管理思想向供应链的延伸，通过与制造供应商的密切合作，共享信息和联合计划来提供让顾客满意的服务。

全球化采购正是跨国企业全球供应链管理的一项重要策略。采购职能的根本目标是为了完成企业所需要的资源的搜寻和保证，而如何有效地获取这些资源，很大程度上依赖提供这些资源的供应商。供应商作为供应链的主要成员，在供应链管理中发挥着至关重要的作用，从供应商处挖掘资源和潜力，来为供应链作出贡献，成为供应链管理的一种趋势。

全球供应或供应基地的全球化变得如此重要，以至于很多企业在积极推行跨国采购和经营战略。企业在国外采购原材料有很多原因，也因特定商品的需求不同而动机各异，但是最直接、最根本的原因还是从国外采购原材料能获得更多的利益。虽然国际化采购具有吸引力，却也需要企业有满足战略需要和管理全球性资源的能力，否则国际采购中的风险和可能遭遇的问题也不容低估。表 9-10 概括了一些可能的原因和潜在的困难领域。

表 9-10　全球采购的原因和潜在的问题领域

全球采购的原因	潜在的问题区域
• 某些货物国内无法得到，国际贸易成为必需	• 选择高效的供应商有时比较困难
• 国际采购价格和总成本比国内供应商低	• 采购交货时间更容易延长，催单更困难
• 国外供应商的产品质量比国内供应商的更好	• 质量、物流和运输更多的问题
• 国外供应商更快地交货和供应连续性	• 隐含成本和管理成本更多更高
• 国外厂家更好的专有技术和技术服务	• 汇率波动和付款方式上的差异
• 国外销售商品或开办企业附带采购	• 关税和担保、索赔的法律问题
• 所投资国家的政府压力或企业社会责任	• 供应商所在国政治和劳动力问题
• 对国内供应商产生竞争压力和影响	• 语言沟通和文化社会习俗及商业道德

跨国公司要进行全球范围内的寻源可能源于两种截然不同的战略需要：①本土市场外的供应商可能提供更好的技术以及更低的成本。②进入新市场通常迫使公司在当地建立一

个供应基地。在全球范围内生产或销售产品的企业为了维持其核心竞争力，就需要发展全球采购流程和战略，将全球采购看作是一种新型采购方式，已成为企业管理中不可或缺的部分。

以零售业巨头沃尔玛为例，沃尔玛在以前还没有自己从海外直接采购商品，所有的海外商品都由代理商代为采购。沃尔玛新成立的全球采购办公室经过半年时间的准备，在 2002 年接过了支撑 2000 亿美元营业额的全球采购业务。沃尔玛在全世界成立了 20 多个负责采购的分公司，如期完成了全世界同步作业的任务，而且使全球采购业务在一年之后增长了 20%，超过了整个沃尔玛营业额 12%的增长率。

(1) 全球采购的组织。沃尔玛全球采购是指某个国家的沃尔玛店铺通过全球采购网络从其他国家的供应商进口商品，而从该国供应商进货则由该国沃尔玛公司的采购部门负责采购。例如，沃尔玛在中国的店铺从中国供应商处进货，是沃尔玛中国公司采购部门的工作，这是本地采购；沃尔玛在其他国家的店铺从中国供应商采购货品，就要通过全球采购办公室主导的全球采购网络进行，这是全球采购。这样的全球采购要求在组织形式上作出与之相适应的安排。沃尔玛全球采购网络首先按地理布局设立区域事业部，由大中华及北亚区、东南亚及印度次大陆区、美洲区、欧洲中东及非洲区等四个区域组成。其次在每个区域内按照不同国家设立国别分公司，其下再设立卫星分公司。国别分公司是具体采购操作的中坚单位，拥有工厂认证、质量检验、商品采集、运输以及人事、行政管理等关系采购业务的全面功能。卫星分公司则根据商品采集量的多少来决定拥有其中哪一项或几项功能。

(2) 全球采购的流程。在沃尔玛的全球采购流程中，其全球采购网络就像是一个独立的公司，在沃尔玛的全球店铺买家和全球供应商之间架起买卖之间的桥梁。全球采购办公室并不买任何东西，全球采购网络相当于一个“内部服务公司”，为沃尔玛在各个零售市场上的店铺买家服务，只要买家提出对商品的需求，全球采购网络就尽可能在全球范围内搜索到最好的供应商和最适当的商品。全球采购网络为店铺买家服务还体现在主动向买家推荐新商品。沃尔玛全球采购的流程分为重复采购和新产品采购两种。所谓新产品，就是买家没有进口过的产品。对于这类产品，沃尔玛没有现成的供应商，就需要全球采购网络的业务人员通过参加展会、介绍等途径找到新的供应商和产品。由于沃尔玛的知名度很高，许多厂商也会毛遂自荐，把他们的新产品提供给沃尔玛的全球采购网络。

(3) 供应商伙伴关系。在全球采购中，全球采购网络不仅要服务好国外的买家，还要在供应商的选择和建立伙伴关系上投入。不管是哪个国家的厂商，沃尔玛挑选供应商的标准都一样。第一个标准是物美价廉，产品价格要有竞争力，质量要好，要能够准时交货。第二个要求是供应商要遵纪守法。沃尔玛非常重视社会责任，所以希望供应商能够同样遵守法律，供应商要按照法律的要求向工人提供加班费、福利等应有的保障。第三个要求是供应商要达到一定规模。沃尔玛的一个原则就是采购业务不要超过任何一个供应商 50%的生意。虽然从同一个供应商采购的数量越大，有关价格的谈判能力就越强，但是供应商对采购商过分依赖也不完全是好事。如果供应商在管理和经营上出现波动，那就不仅是采购商货源短缺的问题。一旦采购商终止向该供应商采购，该供应商就会面临倒闭的危险，由此也会产生较大的社会问题(许亚青，2004)。

要点总结

对于任何企业来说，自制和外购都是十分重要的决策。自制和外购决策涉及战略层、战术层和作业层等不同的层面，不同层次的决策对企业和供应链的影响也不同。但是核心在于自制和外购决策体现了不同的供应模式，也导致了对供应商的分层管理。

业务外包决策对企业经济成功非常重要。传统上外包决策都是单纯地基于产品价格、质量、数量等经济问题，而当前，考虑长期的战略愿景、技术评估、总成本视角和一些非价格因素对外包决策的影响越来越大。采购能够提供关于供应商和供应市场的信息，帮助作出更好的外包决策并贯彻执行。

单源或多源供应涉及供应源数量和供应库结构方面的问题。单一供应源和多供应源各有优势和缺点，然而使用更少的供应商，优化和消减供应库是基本趋势。总之，优化供应库的好处真实存在，而潜在的风险也要加以控制。

供应源地点是供应源决策的重要问题之一，它涉及资源供应的地理位置和市场范围。不管是本地供应还是全球供应，都是现代采购中很重要的采购模式，然而，供应基地的全球化，需要企业具有满足战略需要和管理全球性资源的能力。

思考与练习

(1) 什么是自制或外购？它们有什么指导意义？
(2) 为什么自制或外购决策具有战略性影响？
(3) 描述自制和外购决策的几个层次。
(4) 组织为什么从自制转向外购？
(5) 组织为什么会选择内包？请举例说明。
(6) 什么是分包？现实中分包表现在哪些场合？
(7) 什么是业务外包？简述业务外包决策的过程。
(8) 如何理解汽车制造业和电子产品行业流行的合同外包制造和代工生产活动？
(9) 组织为什么要外包某些物流业务、工程设计或营销业务？
(10) 单源和多源供应决策各有什么优缺点？
(11) 同一种材料的供应商到底应该有几个？一个？两个？多个？为什么？
(12) 为什么会存在单源采购的趋势？这种趋势存在哪些优点和不足？
(13) 在一个典型企业的供应库中供应商的总数目将增加还是减少？为什么？
(14) 供应库合理化的优点是什么？
(15) 向分销商或批发商购买为什么比直接向制造商购买更可取？
(16) 向本地小型供应源采购会有什么好处？
(17) 全球供应源为什么会增加？
(18) 企业在什么条件下应发展全球供应基地？
(19) 简述采购与供应源地点变化及趋势。

◆ 第三部分　业务流程与管理 ◆

第三部分阐述采购的业务流程和管理要点。

任何一项完整的采购工作都是由一系列活动和功能环节组成，不管是采购周期概念，还是管理范围角度，采购都包含着很复杂的连续的工作过程。可以相对地把采购业务流程分为供应市场分析、制订采购计划、选择供应商、签订合同和执行订货等几个重点业务，这些功能往往也成为采购组织中职能部门职位设置和人员分工的基础。

本部分包括五章。

- 第 10 章 采购环境与供应市场研究
- 第 11 章 采购计划与预算管理
- 第 12 章 供应商管理
- 第 13 章 采购谈判与合同管理
- 第 14 章 订货流程管理

第 10 章　采购环境与供应市场研究

学习目标

本章关注采购环境和供应市场分析的理论和方法。要求学习理解供应市场结构，掌握供应市场分析的技能和方法。

本章涵盖以下内容和要求。

- 供应市场研究目标、特征和过程。要求理解供应市场、市场结构等概念，理解供应市场研究的目的、特点、层次和基本工作步骤。
- 供应市场研究方法论。要求掌握采购商务环境研究的基本方法，掌握供应市场结构分析基本类型和方法，理解市场测试和供应调查的基本方法。
- 供应市场研究报告撰写内容与规范。要求理解研究报告的重要性，掌握供应市场研究报告基本规范和撰写要领。

引言

供应市场研究是采购管理工作的起点。任何采购活动都会受到国内和国际的政治、经济、法律、技术、产业等诸多环境因素的影响，因此要求采购人员具有战略性的眼光和思维，要考虑到采购环境的方方面面。

采购管理中对供应市场进行调研和分析十分重要，要从每种商品的供应市场特点出发，制定该种商品的采购方案。采购人员要把握原料的质量关、降低成本，做好自己的采购工作，就要深入了解供应市场，必须全面地理解供应市场分析的含义，做到精准分析供应市场。由于供应市场的动态变化和发展，所以采购需要定期或不定期地做供应市场分析，随时把握供应市场现状，为提高采购工作效率奠定基础。

采购人员需要熟练掌握供应市场分析的基本技能和方法。任何企业遇到问题，都需要研究问题和解决问题。企业研究方法论与一般的科学研究方法论没有本质区别，但是企业研究更注重解决实际问题，属于应用研究，这与科学研究更注重基础理论研究存在很大的不同。

10.1　供应市场研究过程

10.1.1　供应市场研究特征

供应市场研究是指为了满足企业目前及未来发展的需要，针对所采购的商品，系统地进行供应商、供应价格、供应量、供应风险等基础数据的搜集、整理和分析，为企业的采购决策提供依据的研究过程。这里是广义的用法，既包括商业环境分析，也包括具体的供应市场分析，还包括对商品、供应商和采购管理流程的分析等内容。

现实中的企业都同时面临两个市场，分别由企业的营销销售部门和采购供应部门这两个对外的部门来负责。①需求市场。需求市场是企业的产品市场，也称为产品销售市场。在需求市场上，企业将面对客户或消费者需求，向他们销售自己的产品。企业的营销或销售部门负责了解市场需求，建立与管理客户关系，做到尽可能多地销售产品，争取收入最大化。②供应市场。供应市场是企业的投入品市场，也称为资源要素市场。在供应市场上，企业将同供应商打交道，从他们那里获取企业想要的物料或资源。企业的采购供应部门负责了解和分析供应市场，建立和管理与供应商的关系，做到尽可能以最小的成本支出获得高质量的生产物资，如图 10-1 所示。

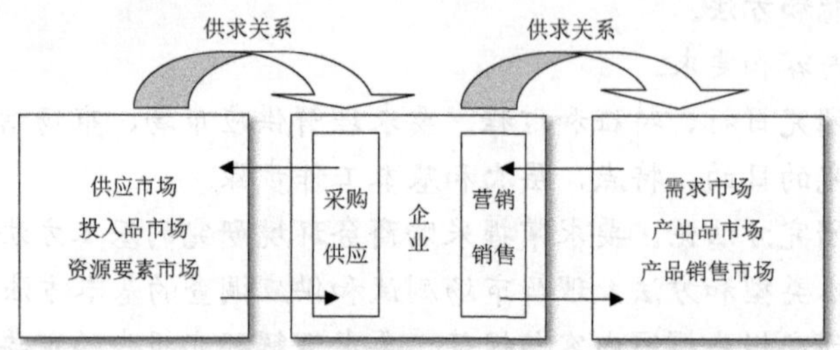

图 10-1　企业面临的两个市场：供应市场和需求市场

企业在两个市场上都构成了供给—需求关系，然而企业在两个市场上的角色和地位完全不同。在需求市场上，企业是供应商角色，其目标是向市场上的客户推销自己的产品；而在供应市场上，同一家企业变成了客户角色，要想办法从供应商那里获取资源或利用供应商的技术能力完成工作任务。以往很多企业重视需求市场，而比较忽视供应市场，显然这样做对企业十分不利。随着供应链管理思想的产生及普遍应用，企业对采购供应职能有了全新的认识，也对供应市场更加重视起来。

为了获得正确的产品和服务，采购人员必须了解供应市场。供应市场研究关系到获得潜在供应商、产品特性、价格和经济预测方面的信息。通过分析信息，并将其结合到情报系统中能够提供对可用市场的知识和理解。采购管理者做好供应市场分析，能有效地降低企业的供应风险，有助于给企业找到最合适的供应商，有助于企业提高产品质量，有助于企业不断创新，实现企业节约成本提高效益的最终目标。

供应市场分析可能是周期性研究，也可能是以项目为基础的研究。周期性研究是按照采购业务工作周期所进行的例行性研究工作。比如每个企业在制订年度计划之前，需要开展市场调查分析活动，以便为制订年度采购计划提供必要的数据和依据。由于市场是动态发展的，所以采购人员需要不定期地做供应市场分析，随时把握供应市场现状，为提高采购工作效率打好基础。以项目为基础的市场研究就是针对某个具体的采购项目展开的不定期的研究活动，要为该项目的采购决策做针对性的市场调研和情报工作。

供应市场分析可以是用于收集关于特定工业部门的趋势及其发展动态的定性分析，也可以是从综合统计和其他公共资源中获得大量数据的定量分析。大多数供应市场分析包括这两个方面，如供应商基准分析就是定性分析和定量分析的结合。

供应市场分析既可以是短期分析，也可以是长期分析。进行短期供应市场分析并没有严格的步骤，有限的时间通常对分析过程会产生一定的影响，并且每个项目都有自己的方法，所以很难提供一种标准的方法。而长期性市场研究要有成熟的工作程序和方案，采用科学的方法和技术，力求得到准确可靠的预测信息和结论。

企业分析供应市场有不同的目的和任务要求，因而市场研究所得到的结果和信息有多方面的用途。比如：①规划企业采购与供应战略；②预测和识别需求，编制和修订采购计划；③挖掘潜在市场及供应商；④确定现有供应商之间的关系，明确市场竞争情况；⑤了解卖方成本模型；⑥准备采购谈判；⑦寻求资源的替代品；⑧确保供应的持续性；⑨改进采购流程；⑩降低成本或增加价值。这些用处也从另一侧面说明，企业在采购决策和管理活动中，无论是战略决策还是制订业务计划，都离不开对供应市场、商品、供应商等各个方面进行事前的调查和研究。

因此，当开展供应市场分析时，应考虑以下一系列问题：本公司采购的产品市场属于哪种类型？市场中有多少供应商？向一个供应商订购产品时，其他供应商的反应会怎样？供应市场中特定产品的差异程度如何？有哪些可用的替代品？某种产品的供应市场中，本公司的市场份额有多少？产品的短期和长期采购中可能发生哪些情况？

此外，企业要做到重视供应市场研究，还应该注意以下几个问题：①应由专业采购人员负责，采购部门或全球资源部门的相关人员共同参与完成。②有别于日常事务性工作，应作为专门业务或独立项目开展。③针对不同物品，供应市场特点不同，供应市场研究的策略方法也各不相同。④预先计划和准备，对要了解的内容制成规范的表格或问卷。⑤应由本公司进行，不委托第三方。然而，针对一些专业性的市场研究，从第三方寻求合作和专业服务也越来越普遍。⑥尽量利用先进的效率工具，如计算机、互联网和数据处理软件。

10.1.2 供应市场分析层次

1. 宏观经济分析

宏观层面涉及一个国家或地区的整体状况，这种大环境和基础条件虽然常常不直接影响企业做生意，但是任何企业做生意都难免会受到这种大背景的影响。在一些政局动荡或常年战争不断的国家，或者一些经济发展水平较低、基础设施建设落后、各方面条件相对不发达的国家，这样的特质也会直接地、显著地影响一个企业开展商业活动。当然不管是发达国家还是发展中国家都可能会面临各种机会和挑战。曾经有一个故事讲到，一个鞋厂的推销员到某国去推销鞋子，发现该国大多数人不穿鞋，因此，他认定鞋子在此地不会有销路，就打道返回。另一鞋厂的推销员也到这一国家发现了同样的情况，但他预测到鞋子在这里将大有销路，建议厂长根据该国人的脚形特点，生产适合的鞋子向该国出口；结果，该厂获利丰厚。这个故事告诉人们，凡事有利就有弊，要善于从坏事中看到好处，从不利中发现机会，遇到问题改变一下思维，可能会有意想不到的收获。

再把问题引申一步来看，对任何企业来说，供应市场都是非常重要的问题。现实中人们经常讲需求驱动生产活动，扩大内需、增加消费被认为是经济发展的重要动力，但另一方面也要看到生产供给活动也同样影响需求。法国经济学家让·萨伊曾论述过一个“市场定律：“某种产品的供给创造对其他产品的需求”，换句话说，就是 X 产品的供给影响对 Y 产品的需求。因为只要维持生产活动，就需要原料供应，就会带动原料供应企业发动生产；同时工人就会有工资，从而能够购买其他生活必需品。所以萨伊说：“刺激生产是好政府的目标，鼓励消费不是好政府的目标。”另一位经济学大师约翰·凯恩斯虽然曲解了萨伊的话，却也得出了一个意料之外的好结论，他说“供给创造它自己的需求。”即 X 产品的供给会导致对 X 产品的需求。这话的意思就是说，供给可以引导需求，好的产品可以引导或创造新需求。所以，管理学大师彼得·德鲁克曾说过一句非常深刻的话：“优秀的公司满足需求，伟大的企业创造需求。”“营销学之父”菲利普·科特勒则以实例佐证了这句至理名言，他说可口可乐每年花费大笔预算，用于维持顾客的忠诚度，以建立现在的品牌价值；相反，星巴克却聪明地创造了市场，找到了独特的定位，轻易地吸引了无数忠诚的顾客。

当今中国，正在大力推行供给侧结构性改革，企业去产能、去库存、去杠杆、降成本、补短板成为国内许多行业解决产能过剩、供给过剩问题的主要方式，宏观经济形势和政策对每个身处其中的企业都会有普遍性影响。因此宏观层面的供应市场研究主要是了解总体商务环境，包括一个国家和地区的政治局势和政策法律、经济基础和经济政策、社会文化传统和消费观念习俗、自然环境条件和科技发展水平。商务环境分析方法很多都是结构化的定性分析方法，如 PEST 模型、SWOT 模型、产业寿命周期分析等，这些方法在实践中应用非常普遍且有效。

2．中观经济分析

中观层面的供应市场研究主要是针对产业、行业和市场层面的研究。

产业部门(Industry Sector)是指行业内组织之间以水平关系、同业竞争关系而形成的一系列单位。这些单位或企业从事类似的工作，生产相同的产品或提供相似的服务，因此，这样的企业或单位被归于一个产业部类。现实中的产业部门处在不同的产业生命周期阶段，有些产业部门正处于初创期，称为朝阳产业或新兴产业；有些产业部门处于发展成熟期，称为主导产业或支柱产业；而有一些产业逐渐进入衰退期，称为夕阳产业或衰退产业。不过，许多产业的生命周期具有“衰而不亡”的特点，有些产业由于市场需求旺盛或经过技术进步改造等原因，可能会延续生命周期，或“起死回生”进入下一个发展周期。对于衰退期的产业一般采取两种振兴措施：一是产业转移，比如转移到发展中国家或相对不够发达的地区，通过开辟新市场使其焕发生机；二是运用高新技术改造，提升技术含量来创造新需求，使其走向持续发展。

产业链(Industry Chain)是指产业内组织之间的连续关系，相互连接的价值链、供应链、企业链和空间链关系。产业链通常在两层意义上使用：狭义的产业链是指从原材料生产一直到最终产品制造的各生产部门的产品生产制造过程链。广义的产业链是指在狭义的产业链基础上尽可能向上下游拓展延伸，产业链向上游延伸进入技术研发和基础产业环节，向下游拓展进入市场分销环节。产业链是一个正式的产业经济学概念，它反映了各个产业部门之间的技术经济关联性，并依据特定的逻辑关系和时空布局关系而形成的经济关联形态和企业群结构。产业链存在两维属性：结构属性和价值属性。即产业链中存在着大量的上下游结构关系和相互价值的交换关系，上游企业向下游企业提供所需要的产品和服务，下游企业向上游企业反馈需求信息，从而形成不同的产业层次和产业关联，而这种产业关联的实质就是各产业内的企业之间的供给—需求关系和资源加工顺序。

行业(Industry)是指从事国民经济中相同性质生产、服务或其他经济活动的经营单位和个体的组织结构系统。行业与产业的区别并不大，在日常运用中，产业更偏向是一个经济学的概念，行业更倾向于社会分工概念。但从严格意义上讲，产业概念比行业范畴更大，一个产业可能跨越和包含几个行业。行业分类管理是按照一定的科学依据和规则对国民经济行业的详细划分，如农业、汽车业、银行业等。行业分类可以解释行业所处的发展阶段及其在国民经济体系中的地位，如表10-1所示。

表10-1 国民经济行业分类与代码(GB/4754—2011)

行业分类	行业代码	行业分类	行业代码
农、林、牧、渔业	A	房地产业	K
采矿业	B	租赁和商务服务业	L
制造业	C	科学研究和技术服务业	M
电力、热力、燃气及水生产和供应业	D	水利、环境和公共设施管理业	N
建筑业	E	居民服务、修理和其他服务业	O
交通运输、物流仓储和邮政业	F	教育	P
信息传播、软件和信息技术服务业	G	卫生和社会工作	Q
批发和零售业	H	文化、体育和娱乐业	R
住宿和餐饮业	I	公共管理、社会保障和社会组织	S
金融业	J	国际组织	T

市场(Market)通常是在行业内划分的不同竞争区域，它是商品供求关系的集合体，也指实际的有形市场，如地理区位或区域范畴的市场。狭义供应市场层面的研究重点在于分析市场竞争结构、组织的策略性行为和市场绩效等内容。

产业经济学表明，一个产业包括产业结构、产业组织、产业政策、产业发展等内容，产业组织主要是由其市场结构(Structure)、市场行为(Conduction)和市场绩效(Performance)，即所谓的SCP范式构成。其中，产业发展不仅体现在产业规模和质量的提高，也体现在产业结构更加合理优化。产业发展是产业政策、行业管理活动和各种经济机制发生作用和反作用、相互协调和调整的结果，如图10-2所示。

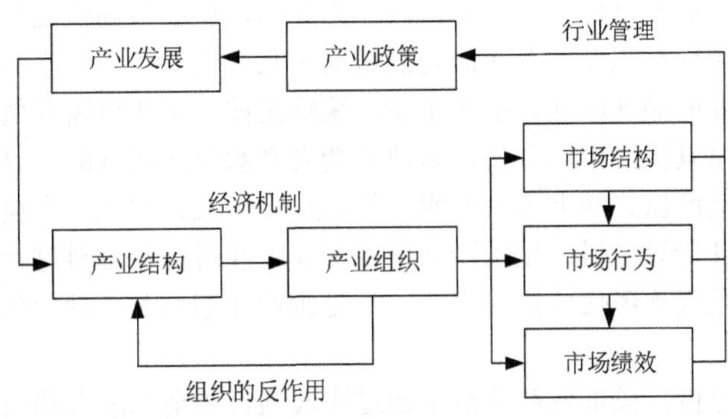

图10-2 产业协调发展关系及其经济学机制

3. 微观经济分析

供应市场分析的微观层面主要包括供应商分析、商品分析、供应过程分析等针对具体对象和具体问题的研究活动。微观层的研究方法主要有市场测试、市场预测、市场调查、供应调查等。表 10-2 展示了供应市场研究的层次、内容和主要方法。

表 10-2 供应市场分析的层次和内容

分析层次	分析内容	考虑因素	研究方法	应用领域
宏观层	采购商务环境	产业范围、生命周期、经济增长率、产业政策、工资水平、税收与税率、关税与进出口限制、政府体制等	PEST、SWOT 产业寿命周期分析法	采购战略 长期规划
中观层	所在行业与市场	行业效率与增长、行业产量与库存、供应市场结构、供求分析、供应商数量与分布等	五种竞争力模型、供应市场结构分析	资源战略 供应源决策
微观层	商品、供应商、采购流程和系统	供应商财务状况、组织架构、质量体系与水平、产品开发能力、工艺水平、生产能力与产量、交货周期及准时率、服务质量、成本结构与价格水平	市场调查、市场测试、采购预测、供应调查等	供应商选择、流程改进、绩效考核

10.1.3 供应市场分析步骤

供应市场研究遵循一般的课题项目研究的程序，大致可分为三个阶段：第一个阶段称为研究计划阶段，或者是项目申请、立项阶段。如果是周期性的市场研究活动，如企业在每个经营年度都要制订采购计划，那么也要相应地进行市场研究，在正式开展研究之前通常要制订研究计划，这样的计划可以复杂也可以简单，但程序上一般不可缺少。如果是项目式的市场研究活动，计划阶段通常要进行立项或项目申请。第二个阶段就是研究实施阶段，也就是根据研究计划正式开展市场调研活动。第三个阶段就是研究报告阶段，主要是研究结果报告和结论建议的反馈。把上面几个阶段进一步展开细化，就是如罗伯特·蒙茨卡等(2010)所提出的供应市场研究过程的主要工作步骤：

(1) 确定目标。研究目标通常以解决问题为导向，供应市场研究首先需要明确解决什么问题，问题解决到什么程度，解决问题的时间多长。例如：一家家具企业，要采购一批新家具，来提高企业的品牌层次，扩大销量。采购之前，采购员需要做一些市场调研，确定的目标是：通过家具供应市场分析，解决消费者喜欢什么风格的家具。采购人员通过在家具网站、家具网上商城、网上家具专卖店等，搜集中式、欧式、古典、现代风格的家具的销售量、消费者评价等资料，采购团队用了两天时间对这些资料进行全面分析，结果发现大多数消费者还是喜欢现代风格的家具，于是企业计划采购一批现代风格的家具作为主打品牌。

(2) 成本效益分析。成本效益分析是通过比较项目的全部成本和效益来评估项目价值的一种方法。这里的成本效益分析指的是做市场研究工作需要付出的成本和收益，并分析获得的效益是否大于所付出的成本。这样做是把花费的人财物和时间等成本控制在合理的范围内，所付出的成本与能获得的效益相匹配，实际上，这是对供应市场研究工作经济可行性的一个评估。当然，也有一些人指出，成本效益分析是分析将要确定的采购项目的成本和收益问题，关键是要评价采购成本占总价的比例，是否有可观的利润，从而判断采购项目的经济可行性。

(3) 可行性分析。这里指的是供应市场研究的技术可行性分析，技术可行性就是要具备分析的技术和技能，最关键的是要能够获得可靠有用的数据、资料和信息。需要多少信息、如何获取信息、如何处理信息等问题，都要事前考虑并要作出简要概括和说明。研究人员要了解公司中的哪些信息可用，从公开出版物和统计资料中可以得到什么信息，是否需要从国际数据库及其专业代理商处获得信息，是否需要从一些专业机构购买研究成果和咨询服务，是否需要请专业人员进行市场调研。在当今社会，供应市场分析的信息来源有很多，比如互联网/在线数据库；公司名录(黄页)和购买者指南；供应商目录/手册；当前及过去的供应商记录；展览会和商业会议；商业杂志和商务指南等。企业也可以通过实地调查去获得第一手数据资料。

(4) 制定研究方案与实施方案。研究计划的内容就是要确定获取信息需要采取的具体行动，包括目标、工作内容、时间进度、负责人、所需资源等。获取信息的途径有平面分析、与供应商面谈、实地研究等。平面分析或案头分析是收集、分析及解释任务的数据，这些数据一般是别人已经收集好的，在采购中这类分析运用最多。供应商访谈和实地研究是收集、分析和解释平面分析无法了解的细节，不仅能弥补平面分析的不足，还能搜寻到新信息。为了做好这些研究，需要制订详细的项目计划。实施方案阶段遵循这些计划是非常重要的，通过实施过程获得数据，得出研究结果。

(5) 撰写总结报告及评估建议。采购人员完成信息收集和供应市场分析后，要对所获得的信息和情报进行归纳和总结，从解决预期问题的效果、所用方法是否合适、解决结果是否满意三个方面来评估分析结果，在此基础上撰写提出研究报告，并就不同的解决方案进行比较提出可供决策者参考的合理化建议。

10.2 采购商务环境分析

采购商务环境分析主要是为战略性决策服务，是战略管理的第一个环节。采购商务环境也主要是针对供应市场研究中的宏观层面的研究，为企业开拓供应市场、制定采购战略提供支持。其主要的分析方法有 PEST 方法、SWOT 模型等。同时把行业分析作为商务环境分析的内容一并叙述，着重讨论行业分析的“五力竞争模型”。

10.2.1 PEST 模型

宏观环境分析的方法之一是 PEST 模型。所谓 PEST，即政治(Politics)、经济(Economy)、社会(Society) 和科技(Technology)，如表 10-3 所示。这些是企业面临的外部环境，一般并不受企业掌握和控制。

表 10-3 PEST 模型分析的内容

政治(包括法律)	经 济	社 会	科技和自然
环保政策、法律	经济增长率	收入水平	政府科研支出
税收政策、税法	利率、货币政策	人口数、人口增长	新科技、新发明

续表

政治(包括法律)	经 济	社 会	科技和自然
国际贸易规定	政府支出	年龄分布	信息科技的变化
合同法	失业率	生活方式变迁	互联网技术
劳动法	汇率	教育水平	科研成果转化率
行业法规	通货膨胀	时尚、社会热点	能源利用技术
竞争法和反垄断法	经济周期所处的阶段	居民健康观念	科研专利
政治稳定性	进出口	社会福利	移动通信技术
安全法规	消费者信心	生活状况	企业对科研的投入

(1) 政治(包括法律)环境：指一个国家或地区的政治制度、体制、方针政策、政府稳定性；垄断法、环境保护法、税法、对外贸易法、劳动法等法律法规。这些因素常常制约、影响着企业的经营行为。

(2) 经济环境：指国民经济发展的总概况，国际和国内经济形势及经济发展趋势，如经济周期、GNP 趋势、利率、货币供给、通货膨胀、失业率、可支配收入、能源供给、成本以及企业所面临的产业环境和竞争环境等。

(3) 社会环境：指一定时期整个社会发展的一般状况，主要包括社会道德风尚、价值观念、社会结构、社会稳定、文化传统、人口统计、人口变动趋势、包括文化教育、收入分配、生活方式的变化、消费等。

(4) 科技和自然环境：指目前社会技术总水平及变化趋势，包括技术变迁，政府对研究的投入、政府和行业对技术的重视、新技术的发明和进展、技术传播的速度、折旧和报废速度，技术突破对企业的影响，以及技术与政治、经济、社会环境之间的相互作用等。

PEST 分析是战略咨询顾问用来帮助企业检阅其外部宏观环境的一种方法。宏观环境又称一般环境，是指影响一切行业和企业的各种宏观力量。对宏观环境因素进行分析，不同行业和企业根据自身特点和经营需要，分析的具体内容会有差异，但一般都要对政治、经济、技术和社会这四大类影响企业的主要外部环境因素进行分析。

10.2.2 SWOT 模型

SWOT 模型是企业结合自身优势(Strength)和劣势(Weakness)及其所处环境的机会(Opportunity)和威胁(Threat)，进行战略构思、战略选择的重要工具。SWOT 模型在西方企业的战略选择中得到了广泛应用，目前多见于定性分析。而当战略期限超出三年甚至更长，影响企业战略决策的内外因素增多且更复杂时，SWOT 模型就存在一定的局限性。

优势及劣势分析主要是着眼于企业自身的实力及其与竞争对手的比较，这显示了企业内在的强点和弱点。而机会与威胁分析将注意力放在外部环境的变化及对企业的可能影响上，这些外部因素实际上就是 PEST 所体现的外部环境条件和挑战，如图 10-3 所示。

外部因素 内部因素	机会（O） 1. 2. 3. ……	威胁（T） 1. 2. 3. ……
优势（S） 1. 2. 3. ……	SO策略 A11，A12，A13 A21，A22，A23 A31，A32，A33 ……	ST策略 B11，B12，B13 B21，B22，B23 B31，B32，B33 ……
弱势（W） 1. 2. 3. ……	WO策略 C11，C12，C13 C21，C22，C23 C31，C32，C33 ……	WT策略 D11，D12，D13 D21，D22，D23 D31，D32，D33 ……

图 10-3　SWOT 分析模型及其策略组合区间

(1) 优势与劣势分析(SW)。当两个企业处在同一市场或者说它们都有能力向同一顾客群体提供产品和服务时，如果其中一个企业有更高的盈利率或盈利潜力，那么，我们就认为这个企业比另外一个企业更具有竞争优势。所谓竞争优势，是指一个企业超越其竞争对手的能力，这种能力有助于实现企业的主要目标——赢利。但是，竞争优势并不一定完全体现在较高的盈利率上，因为有时企业更希望增加市场份额，或者多奖励管理人员或雇员。竞争优势实际上指的是一个企业比其竞争对手有较强的综合优势，但是明确企业究竟在哪一个方面具有优势更有意义，因为只有这样，才可以扬长避短，或者以实击虚。所以企业在做优劣势分析时必须从整个价值链的每个环节上，将企业与竞争对手作详细的对比，衡量一个企业及其产品是否具有竞争优势。

(2) 机会与威胁分析(OT)。企业面临的或将要面临的机会和挑战是针对企业外部环境的分析，主要有三个层面：一是商务环境带来的机会和威胁。商务环境分析的依据就是通过 PEST 模型所作出的一般环境和经营环境的研究资料、数据和信息。二是行业机会和威胁。因为企业面临的主要环境是行业，任何行业都存在生命周期规律，遵循导入期、成长期、成熟期和衰退期的发展过程。企业所进入的行业在生命周期中所处的位置、发展现状和未来前景在很大程度上决定企业将面临怎样的发展机遇和挑战。三是市场机会和威胁。市场影响在行业影响之后，一个行业或产业的生命周期及其产业转移和技术进步，不仅改变了供应市场的分布格局，也给采购的战略制定、策略实施及采购管理提出了新的要求。在市场层面上竞争的企业更需要创新和快速反应，把握市场机会需要企业具有洞察力、创新、技术或技能的变革，以及快速的行动和执行力。

(3) 制定可行性战略。依据 SWOT 四个方面列出相应的优势因素、弱势因素、机会因素和威胁因素。通过内外部因素分析，在制定策略的时候就应该发挥优势，补齐短板，主动利用机会和规避风险，从而得到不同的策略组合和策略选择，如 SO 策略、ST 策略、WO 策略、WT 策略等，可从这些策略组合中选择合适的策略加以应用。因此，SWOT 已成为一项广泛使用的、具有实用价值的全面性分析工具和战略决策模型。

10.2.3 五种竞争力量模型

“五力模型”(Five Forces Model of Competition)是由管理大师迈克尔·波特提出的分析行业环境的结构化方法，也是企业在战略管理中战略分析阶段运用的重要工具。“五力模型”实际上是指行业或市场结构中存在五种主要市场力量关系，这五种力量基本上决定了一个行业或市场的结构和竞争态势。

“五力模型”主要应用于企业产品市场上制定竞争战略的营销工具，把“五力模型”应用于采购企业分析供应市场领域的竞争状态，在思路上需要稍微做一些调整，即应以供应商为中心来分析供应市场上五种力量的竞争态势，如图 10-4 所示。

(1) 产业新进入者的威胁：进入市场的壁垒有哪些？它们阻碍新进入者的作用有多大？本企业怎样确定自己的市场地位，是选择自己进入还是阻止对手进入。

(2) 供货商的议价能力：供货商的品牌或价格特色、供货商的战略中本企业的地位、供货商之间的关系、从供货商之间转移的成本等，都影响企业与供货商的关系及其竞争优势。

(3) 买方的议价能力：本企业的材料或部件产品占买方成本的比例，各买方之间是否有联合的危险、本企业与买方是否具有战略合作关系等。

(4) 替代品的威胁：替代品限定了企业产品的最高价，替代品对企业不仅有威胁，可能也带来机会。企业可以采取什么措施来降低成本或增加附加值来降低消费者购买替代品的风险？

(5) 现有企业的竞争：行业内竞争者的均衡程度、增长速度、固定成本比例、本行业产品或服务的差异化程度、退出壁垒等，决定了一个行业内的竞争激烈程度。对于企业来说，最危险的环境是进入壁垒、存在替代品、由供货商或买方控制、行业内竞争激烈的产业环境。

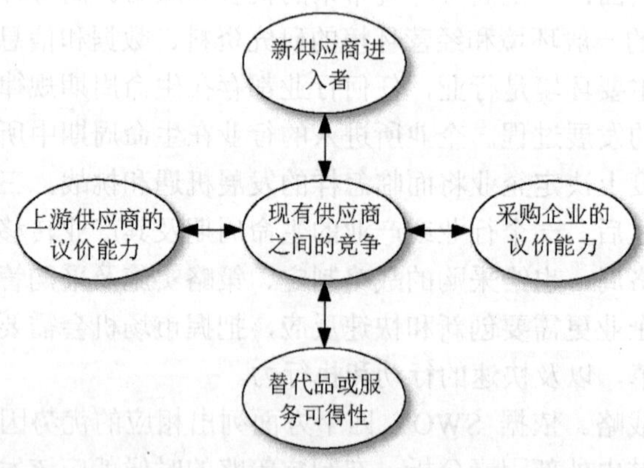

图 10-4 供应市场中的五力模型

根据“五力模型”对供应市场进行分析时，采购人员应考虑以下问题。

- 本公司采购产品的供应市场属于哪种类型？市场中有多少供应商？
- 向一个供应商订购产品时，其他供应商会有怎样的反应？
- 供应市场中特定产品的差异程度如何？有哪些可用的替代品？

- 某产品的供应市场中，本公司的市场份额有多少？
- 产品的短期和长期采购中可能发生哪些情况？

通过“五力模型”对竞争环境进行分析，可了解行业或市场结构的竞争状态。首先要确定面临的供应市场类型，细致了解市场特征；其次要决定采取什么策略，以便在市场上获得高于竞争对手的竞争优势。因此，“五力模型”是分析行业和市场的有力工具，对于制定企业竞争战略和职能战略很有帮助。

10.3 供应市场结构分析

10.3.1 供应市场结构

在产业组织理论中，产业市场结构是指企业市场关系的特征和表现形式，例如“五力模型”所展示的五种势力之间的关系就是最基本的市场关系。但是从根本上讲，市场结构反映了市场竞争和垄断势力之间的对比关系。垄断和竞争是市场活动中相反的概念，二者是此消彼长的关系。在实际中，根据垄断程度的不同，垄断分成以下几种主要形式。

- 卖方垄断(Monopoly)：只有一个主要卖方(专利、专卖、独占、垄断)。
- 卖方寡头垄断(Oligopoly)：几个卖方联合起来操纵市场，称为寡占。
- 买方垄断(Monopsony)：只有唯一的主要买者或独家主顾。

根据竞争和垄断力量的对比关系，可以把市场结构分成很多种类型，如表 10-4 所示。但是供应市场结构研究中最关注的是四种：完全竞争的市场结构、完全垄断的市场结构、寡头垄断的市场结构和垄断竞争的市场结构。此外，评价市场结构的指标主要有：产业集中度高或低、产品同质性或差异性、存不存在进入或退出市场的壁垒、市场信息的完备性、市场需求的价格弹性、市场需求的增长率和短期成本结构等方面，其中前四个是最典型的市场结构评价指标(苏东水，2015)。

表 10-4 供应市场结构类型

买方 卖方	一个(垄断)	很少(寡头)	很多(竞争)
一个(垄断)	双边垄断(备件)	卖方有限垄断(燃油泵)	卖方完全垄断(水、电、天然气)
很少(寡头)	买方有限垄断(电话交换机、火车机车)	双边寡头垄断(化学半成品)	卖方寡头垄断(钢铁、石油) 垄断性竞争(复印机、计算机、电信服务)
很多(竞争)	买方完全垄断(武器系统、军火)	买方寡头垄断(汽车部件、集团采购品)	完全竞争市场(木材、粮油、办公用品、日用品)

10.3.2 不同市场的采购策略

下面重点对四种典型的供应市场结构特征进行分析，这四种市场结构都是不同供应商面对很多竞争性买方的供应市场结构，如表 10-5 所示。

表 10-5 四种典型市场的采购特征

市场类型	完全垄断	寡头垄断	垄断性竞争	完全竞争
特点	只有一个供应商，供应商完全控制价格	供应商数量只有有限的几个，卖方能控制价格	供应商数量不多，采购方可能影响定价	大量的供应商，由市场控制价格
产品类型	专利所有者(如药品)、版权所有者(如软件)	矿石、石油、钢材、铜、胶合板等	汽车、计算机、复印机设备、部分印刷品等	农产品(初级产品交易)、标准件(螺丝、纽扣)
卖方定价策略	使利润最大化，但定价不应导致产生替代品	卖方跟从市场领导者价格	卖方试图使产品价格差异化	按市场价格销售
具有价值的采购活动	发现可能的替代品，重新设计产品等	分析成本结构，争取获得折扣让价	分析供应商成本，了解供应商的流程	期货、期权或其他套期交易

1. 完全垄断市场的特点和采购策略

卖方完全垄断市场是指只有一个供应商的供给市场。与自由竞争性市场比较，垄断市场有以下几个特点：①垄断市场的产品价格较高。垄断厂商可以制定高于市场价格的产品价格，从而以较低的产量获取较高的利润。②消费者福利损失。在垄断市场上，消费者的选择受到限制，付出更多，效用更少，消费者剩余价值较小，因为一部分消费者剩余价值被转给了垄断者，成为垄断者的超额利润。同时垄断还导致较高的成本和整个社会净福利损失。③垄断者倾向于存在惰性，阻碍技术创新。④垄断者产品几乎没有接近的替代品，因而该供应商也是相应产品的价格决定者。垄断性市场包括自然垄断，如飞机发动机、供电水气等；政府垄断如铁路、邮政和其他公共设施等；控制垄断，如拥有专利、专有资源、专有技术等形成的垄断。为了限制垄断厂商有可能对市场和价格的控制力量，政府通常会采取限制垄断的法律或规制政策。

从经济学角度来讲，市场自由竞争、优胜劣汰的结果导致一些企业规模不断扩大，一个大规模化公司会存在规模经济性，从而可以节约成本，从而导致垄断市场并不一定价格更高。大规模生产带来的规模经济性，导致单位产品成本下降，市场占有率不断提高，其结果是导致行业集中度更高，市场结构中的垄断不断增强；而垄断的形成又会阻碍竞争机制在资源配置中发挥作用，从而扼杀了自由竞争，使经济丧失活力。垄断和自由竞争之间的这种矛盾或冲突，在经济学上被称为“马歇尔悖论”。从 20 世纪中期开始，随着生产的日益集中，企业规模不断扩大，垄断、寡头垄断已经成为经济生活中的普遍现象(苏东水，2015)。

既然垄断市场的供应商是唯一的，从产品设计的角度出发，采购企业应尽量避免选择卖方完全垄断市场中的产品，如不得已，就要与供应商结成合作伙伴关系。从消费者和客户的角度来看，一般认为由一个垄断者供应比有完全竞争的多个公司供应更糟糕。然而，现代采购中，减少供应商数量甚至采用单一供应商，正在成为一种流行趋势，这表明采购商认为从一个强有力的供应商处采购商品更有利可图。

2．寡头垄断市场的特点和采购策略

卖方寡头垄断市场是有少数卖方和许多买方的市场，但这类行业存在明显的规模经济，市场准入难、行业领导者控制定价。①寡头垄断市场上各寡头厂商提供的产品无差异，如煤炭、铁矿、石油、铁路、电力、电信市场等资源市场，因此无法进行差异化竞争。②除非厂商拥有较大的成本优势阻止竞争对手打价格战，否则挑衅性降价是一种危险性策略。寡头垄断市场中厂商之间的串谋或合谋很流行。串谋是指厂商签订价格协议或采取其他步调一致的共同协作行为，这种方法使得厂商规避遭受各种相互伤害的风险，减少市场上的不确定性。③寡头市场中的公司通常避免直接价格战，而采取非价格竞争能使企业获得较长时间的竞争优势。例如投资开发新产品、开展广告宣传等，但是技术或需求条件的改变可能会产生价格波动。④寡头垄断市场存在不确定性，每个厂商的定价和产出决策都会受到竞争对手如何反击的影响，价格领导者、博弈论是研究寡头行为的常用方式。

采购商应最大可能地与寡头垄断供应商结成伙伴性的互利合作关系。由于寡头垄断市场上少数寡头供应商控制资源供应，采购商可供选择的供应商有限。但是正如前文所分析的那样，寡头垄断市场的产品大多是大宗资源类交易商品，大宗商品交易很多时候是通过商品交易市场来完成，而且由于产品无差异化导致产品价格受市场上供求关系等因素的影响很大，这给采购商提供了一定的可选择性和灵活度。

3．垄断性竞争市场的特点和采购策略

卖方垄断性竞争市场又称不完全竞争市场，也是有少量卖方和许多买方的市场，但是与寡头垄断市场不同的是，卖方通过产品差异性区别于其他卖方，从而可以带来差异化竞争。垄断竞争市场的特点：①厂商提供的产品相近却又不能完全替代，如耐用消费品、家用电器和工业品市场，很多都属于这样的垄断性竞争市场。②垄断性竞争市场上的厂商竞争的结果将会降低产品价格，并降低厂商利润，但是产品价格和厂商利润仍然高于完全竞争市场，有一些产品差异化特征比较明显的厂商甚至可以制定高于同行业平均价格的高价。比如在电子产品市场，苹果手机的定价长期高于行业其他厂商的价格。③生产规模低于最大规模，厂商通过需求短缺或饥饿营销等手段来获得高额利润。不完全竞争和品牌差异化密切相关，比如在汽车行业，宝马、奥迪等德国汽车品牌的价值始终高于其他许多汽车品牌。

垄断性竞争、不完全竞争的供应市场非常普遍，由于垄断性竞争市场上，供应商的竞争优势来源于价格竞争和改变产品差异化的能力，采购商应尽可能优化已有的供应商关系，优化供应库，并与所选定的供应商发展成合作伙伴供应商。

4．完全竞争市场的特点和采购策略

完全竞争市场是一个高度竞争性的市场，完全竞争市场有以下几个显著特征：①产品同质化。任何销售者所销售的产品都相同，产品之间没有差别，如农副产品、标准化的轻工业品市场。②所有的企业都有相同的成本曲线。任何企业都没有成本优势，不可能获取额外利润。③存在大量的买者和卖者。每个成员所供应或购买的份额相对整个市场规模而言都非常小，因此没有任何人可以影响或控制产品定价。无论是采购商还是供应商都不能单独影响产品的价格，产品的价格是由分享该产品市场的所有采购商和供应商共同影响。④可自由进出该行业或该市场。所有资源都能自由流动，每种资源都能够自由进入或退出该市场，不存在市场进出壁垒。⑤信息完全性。买卖双方对市场价格、产品特性都充分了解，没有不完全信息和不对称信息。

在现实社会中，几乎没有一个行业市场真正满足以上的市场条件和指标，所以完全竞争结构其实是一个纯粹理想化的经济模型。但是大多数农产品市场接近于完全竞争的状态，发达工业经济中的期货市场也近似完全竞争，期货市场交易的都是大宗商品或标准化的商品。在发达的期货市场上，一般有大量的买者和卖者，每天的交易量很大，交易价格随市场起伏波动，且随时出现在交易所的电子屏幕或网络上，单个买者或卖者想要操纵市场很困难。

在高度自由的竞争市场上，产品同质而无差异，市场价格和总市场容量一定，企业不可能通过制定高价来获得高额利润，即使由于竞争的滞后性，某个厂商能够获得短暂的较高利润，也不可能维持长久。竞争性厂商获取更多利润的方法不外乎三种：一是通过营销手段，占有更大的市场份额，也就是增加销售量；二是依靠提高生产效率，降低生产成本来展开竞争，节约的成本可以直接转化为利润；三是进行技术创新，开发新产品，这意味着创造产品的差异性，但是这样做也有可能会面临丧失原有市场的风险。因为创造新产品在某种程度上也意味着创造了新市场。

在完全竞争供应市场条件下，采购商应把供应商看作商业性的供应伙伴和业务上的交易关系。采购商作为众多购买者中的一员，唯一考虑的因素就是价格，采购方可以根据自己的利益来决定接受或不接受市场价格。

10.4　市场测试和供应调查

10.4.1　市场测试

市场测试(Market Testing)又称为“市场研究”“营销研究”“市场调研”等，是指为实现信息目的而进行研究的过程，包括将相应问题所需的信息具体化、设计信息收集的方法、管理并实施数据收集过程、分析研究结果、得出结论并确定其含义等。在分类中，它它包括定量研究、定性研究、零售研究、媒介和广告研究、商业和工业研究、对少数民族和特殊群体的研究、民意调查以及桌面研究等。

市场测试是一个营销学概念，一般是供应商对某种开发上市的新产品或某种将要实施的经营行为的市场效果和顾客反应进行检验或试验的活动。那么从采购商研究供应市场的角度来看，一些营销学的市场测试或市场预测方法可以借鉴使用，如表10-6所示。

为什么供应市场测试如此重要？一旦市场测试程序启动，无论是现有供应商还是潜在供应商，都会采用一些招数来阻止市场测试或贿赂招标决策群体。实施高度专业化的市场测试耗时耗力，很多高层管理人员没有做这项工作的积极性，他们更喜欢与常打交道的供应商开展业务。市场测试的实施频率越来越高，一个原因是企业正在认识到它所产生的效益；另一个原因是企业越来越多地转向电子商务和国际采购。例如：Robert(2010)在从事采购咨询中通过对供应市场进行测试，发现企业的某供应商并不是最佳供应商，高级采购人员实际上并没有对其进行深入了解，对采购并不是很熟悉，而存在大量的低效率、低质量、高成本采购等不良现象。

专门的市场测试研究作为一个行业，在国际上已有百年历史，在中国已有将近 30 多年的历史。2020 年，中国大陆市场研究行业的营业额超过 200 亿元人民币，这个营业额指的是专业从事市场研究的商业公司和有关机构的第一手营业额。

表 10-6　供应市场研究中常见的市场测试方法

测试方法	名词解释
市场测试	在产品上市前，提供一定量的试用品给指定消费者，通过他们的反应来研究此产品未来市场的走向
市场观察	针对特定的产业区域，从经济、科技等角度做有组织的对照性研究
概念测试	针对指定消费者，利用问卷或电话访谈等方式，测试新的产品(如概念车型)或销售创意是否有市场
神秘购物	安排隐藏身份的研究员购买特定物品或消费特定的服务，并完整记录整个购物流程，以此测试产品、服务态度等，又被称作神秘顾客购物
价格弹性测试	用来找出当价格改变时，最先受影响的消费者群体特征
产品调查	针对某一性质的相同产品，研究其发展历史、设计、生产等相关因素
品牌命名测试	研究消费者对新产品命名的感觉
品牌喜好研究	研究消费者对不同品牌的喜好度
促销活动研究	调查所作的销售手法的效果，如广告是否有达到理想的效益，看广告的人是否真的理解其中的信息，他们是否真的因为广告而去购买

10.4.2　市场调查

市场调查(Market Investigation)是通过一定的科学方法对市场的了解和把握，在调查活动中收集、整理、分析市场信息，掌握市场发展变化的规律和趋势，为企业进行市场预测和决策提供可靠的数据和资料，从而帮助企业确立正确的发展战略。

严格地讲，调查是一种研究方法，调查方法应用广泛，在很多领域都普遍使用。其原因在于调查简便、直观，能获得第一手资料，而且调查研究的具体做法也有很多种，如座谈法、个别访谈法、问卷调查法、现场观察法、实地考察法等。从某种意义上讲，试验法、查阅资料、测验法、抽样调查、个案分析也都是调查研究的方法。

在供应市场研究中，也广泛应用调查方法，如表 10-7 所示。

表 10-7　市场调查的范围和内容

调查范围	主要应用领域
市场环境	调查经济环境、政治环境、社会文化环境、科学环境和自然地理环境等。具体的调查内容可以是市场的购买力水平，经济结构，国家的方针、政策和法律法规，风俗习惯，科学发展动态，气候等各种影响市场的因素
市场需求	调查消费者需求量、消费者收入、消费结构、消费者行为等，包括消费者为什么购买、购买什么、购买数量、购买频率、购买时间、购买方式、购买习惯、购买偏好和购买后的评价等

续表

调查范围	主要应用领域
市场供给	调查产品生产能力、产品实体等。具体的内容为某一产品市场可以提供的产品数量、质量、功能、型号、品牌等，生产供应企业的情况等
市场营销	调查产品、价格、渠道和促销活动。产品调查主要有了解市场上新产品开发、设计、消费者使用、消费者的评价、产品生命周期阶段、产品的组合情况等。价格调查主要有了解消费者对价格的接受情况、对价格策略的反应等。渠道调查主要包括了解销售渠道的结构、中间商的情况、消费者对中间商的满意度等。促销调查包括各种促销活动的效果，如广告、人员推销、营业推广和对外宣传的市场反应等
市场竞争	对竞争企业的调查和分析，了解同类企业的产品、价格等方面的情况，它们采取了什么竞争手段和策略，通过调查帮助企业确定竞争策略

10.4.3 供应调查

采购与供应调查(Purchasing/Supply Survey)是为了更好地制定供应决策而进行的系统的收集、记录和分析所采购商品和服务的有关市场数据的过程和方法。

在供应调查的研究中，主要包括商品和服务、供应商、供应流程和供应系统等项目的调查，如表 10-8 所示。

表 10-8 供应调查研究的主要项目

材料、产品及服务	商品或市场交易货物	供应商或供应源	供应流程或供应系统
产品规格 标准化 替代品 包装及工序 更换供应商 投资回收 租借或采购 自制或外包	公司作为采购方现在及未来的状况 生产过程 货物的用途 需求 供应 价格 消减成本或确保供应的战略	财务能力 生产设施 寻找新的供应源 供应商成本 关系分类 所购物料的质量保证 供应商态度调查 供应商营销战略 双边贸易	有效的供应流程 信息技术应用 互联网 自动化程度 采购组织和人员效率 采购工作绩效

在实践中，为了很好地完成供应调查工作，通常采用以下一些调查方式。

(1) 安排专职工作人员全职负责。这些职位通常称为采购调查员、采购分析员、价值分析员或商品专家。其理由：收集分析数据的工作需要大量时间；供应调查的许多领域需要高层次的调查技术知识和技能；调查人员必须对采购决策所产生的结果进行全面分析，并提供建议。

(2) 组织的采购部门或管理人员兼职调查岗位。兼职调查人员是建立在采购商对货物及服务非常熟悉的基础上，并应负责供应调查。

(3) 对调查过程具有广泛知识的跨职能信息团队。如信息小组、商业主管小组或价值分析小组等。其要求：小组成员必须精心挑选，确保每个人都有所贡献；有能力很强的领导者；拟定具体目标和对效果的预测；有完成任务所需的时间和精力；建立绩效评价和激励系统。

(4) 聘请外部采购咨询专家或专业调查机构。在现代社会中，专业从事市场调查和信息服务的公司越来越多，因此利用专业调查机构从事采购调查也越来越普遍。其主要的方式有：直接购买咨询服务公司的数据或研究成果；以委托代理的形式将调研业务委托给专业公司来完成。

10.4.4 采购预测

采购预测或市场预测(Purchasing Predict /Market Forecast)是指对供应市场的未来发展状况和动态进行预判和评估，这也是供应市场研究的重要内容。具体而言，采购预测就是在市场测试和调查所获得的各种数据的基础上，运用科学的预测程序和方法，对未来一定时期的供应市场的发展趋势进行合理的估计和推断。

任何预测都有三个特征：①预测总是面向未来。采购预测是对未来一定时期内的供应市场变化情况和影响因素的推断和估计。②预测以历史数据为基础。任何事情的发展是一个历史过程，不可能割断历史来看待问题。因此，假定未来总是过去的延续，这是对未来的情况能够进行预测的一个前提，以历史数据和资料为基础进行预测是必然的方法。③预测具有不确定性。凡是预测都涉及对未来尚未发生的事情进行事前判断，提前预判必然与将来的实际情况有出入，必然存在不一致性、不确定性。尽管如此，人们仍然需要对未来进行预测，通过掌握预测的客观规律，运用科学的预测方法，努力追求预测的准确性，能够达到降低预测的误差。

采购预测具有多方面的作用：①预测是决策的基础。“凡事预则立，不预则废”，有预见性才能作出正确的决策。②采购预测是制订采购计划的依据。对未来进行规划需要对未来发展趋势进行估计，根据预测来制订计划和行动方案，才能使计划具有可行性。③预测是控制的重要手段。在管理工作过程中，管理人员必须具有很强的预见性，把预测作为一种管理工具，才能做到随机应变，适应供应市场环境的变化。

采购预测是一个科学的系统分析过程，要想达到预测的准确可靠，就必须采取科学的态度，遵循一定的程序。预测的程序一般包括：①明确预测的目标。采购预测首先要弄清楚为什么要预测，预测的对象是什么，要解决什么问题，要达到什么要求。②收集历史数据资料。广泛收集与预测目标和对象相关的各种数据资料是做好预测的基础性工作，包括各种历史的和现状的资料，并要对资料进行整理和分析，保留有用的资料，剔除无法使用的资料或异常资料。③选择预测方法，建立预测模型。选择预测方法虽然带有主观性，但是选择的方法和建立的模型如果不恰当，会直接影响预测的精度和效度。因此，应该根据预测的目的和范围，预测时间的长短、精度要求，以及数据资料的性质和占有情况，选择最合适的方法进行建模，力求做到选用的方法效果好、时间短、误差小、成本低。通常把几种方法进行比较或组合使用，效果会更好。④估计预测误差。预测有误差难以避免，但是通过对误差进行估计，可以判断模型预测的效果是不是符合要求。误差是实际值与预测值之间的差额，通常用平均绝对误差(Mean Absolute Error, MAE 或 Mean Absolute Deviation, MAD)来表示：$\text{MAD} = \sum|\text{实际值} - \text{预测值}|/\text{预测期数}$。如果误差过大，表明预测值的可信度不高，需要对各种因素的变化可能产生的影响进行估计，分析误差产生的原因，并对预测模型或预测值进行必要的修正。⑤提交预测报告。根据预测的过程报告预测

的结果，并对预测的结果作出合理的推断和评估，并根据预测结果提出合理的供决策者参考的对策或建议。

在进行供应市场预测时，可以运用一般的预测方法和技术来完成。这些一般的预测方法包括定性预测和定量预测，定量方法主要有时间序列预测方法、横截面数据预测法、因果回归预测法。另外还要注意，有些方法只能用于单周期预测，如算数平均法、加权平均法、移动平均法、指数平滑法等；有些方法可以用于多周期预测，这样的方法大多数是通过过去一定时期的时间序列数据、面板数据、因果关系数据来拟合得到一个适当的预测函数方程，通过这种函数方程来预测未来一期、二期、多期或任何特征期的供应市场变动状况。当然在实际预测中，通常要把定性预测和定量预测结合起来，综合应用多种组合方法才能得到可靠的结果。

10.5 供应市场研究报告

供应市场研究的最后一个环节是撰写研究报告，并且提出必要的行动方案和建议。研究报告虽然因调研的事项和解决问题的目的不同而有所不同，但是一份完整的高质量的市场调研报告有一些基本的规范和格式化要求：①要明确目标，以解决问题为导向；②具体内容客观，并且有事实根据；③陈述清楚，不会存在歧义和错误解读；④表达简洁，专注于必要的事项的报道和陈述；⑤提供具体的可执行的结论和政策建议。

供应市场分析报告总体上可以分为开头的绪论或前言、主体内容和结论建议几个部分，有时候还要加上一些必要的附件材料。此外，除了提供研究主报告之外，还需要提供摘要报告，摘要报告是主报告的简编版本，重点展示研究的主要目的、过程、方法和内容，特别是研究结果、结论和建议，简报的目的是让决策者快速了解调研报告的最重要信息。

(1) 前言或绪论。前言介绍要简短，一般不超过一页或两页。绪论则可以介绍得稍微详细一些，一般可以把绪论独立作为一章。前言和绪论部分是研究报告的开头章节，着重于介绍市场研究的目的、目标、背景、调查的市场区域、研究方法以及其他方面的基本概况，使人对研究什么、为什么研究和如何进行研究等基本情况有一个大致了解。

(2) 研究报告的主体内容。从不同的角度收集资料，分析数据，陈述事实，从而对供应市场的各方面情况有更清晰的理解。根据研究的不同范围和目的，可以设计适当的研究内容和技术路线，展示每一项研究的具体过程和结果。表 10-9 列示了供应市场研究报告主体内容的一般性叙事逻辑。

表 10-9 研究报告主体内容展开方式及思维导引

报告角度	主要内容
层次维	商务环境、供应市场结构、产业或行业概况、供应商和客户企业
产品维	原材料、产品、替代品、服务
时间维	过去回顾、现实状况和未来趋势
空间维	国内市场(区域市场或全国市场)、国际市场(跨国或全球进出口贸易)
因素维	供给侧、需求侧、主要问题、影响因素
经营维	资产、能力；采购、生产、营销、物流；盈利、增长率

(3) 结论与建议。报告正文的最后一部分是对全面研究的结果进行总结，一般要报告三方面的汇总情况：首先是总结研究的主要结果(Results)。例如针对供应商的研究要展示供应商的基本资料、选择供应商的准则、被确认的供应商的数量，以及供应商所处的不同技术层次等可用表格汇总展示。其次是研究结论(Conclusion)，即全面的对供应市场的看法和观点。研究结论是在直接研究结果的基础上对问题的进一步思考和深层次的认识，这些结论或共识将是下一步提出决策建议和问题解决方案的理性前提或原则性提示。最后是提出建议及行动方案(Solution)。这一部分非常关键，供应市场研究就是要通过调查研究提供合理可行的建议和解决方案供决策者参考，这些建议是基于前面的研究结果和结论的基础上提出的合理化建议。例如，根据供应市场“综合准则分析表”的结果和认识，提出拟推荐选择的简单供应商名单。

此外，有些研究报告还会附带提供一些必要的附件材料，如调查问卷表、访谈及咨询过的供应商名单、供应商的拜访参观报告，以及其他任何值得提交供决策者参考、无法在正文中展示的补充材料，如图 10-5 所示。

(一) 报告前文材料	(二) 报告正文内容	(三) 结尾的附件材料
1. 封面及标题设计 2. 研究团队及成员 3. 授权信和提交信 4. 目录及图表目录 5. 摘要及关键词	1. 前言或绪论 2. 研究目的 3. 研究报告的主要内容 4. 研究方法和数据统计 （1）调研设计 （2）资料收集方法 （3）数据处理 （4）统计分析 5. 研究结果及局限性 6. 研究结论和建议	1. 调研提纲 2. 调查问卷或观察记录表 3. 被访谈人员名单 4. 较复杂的抽样和统计技术说明 5. 关键数据的计算方法和统计表 6. 参考文献或注释

图 10-5　供应市场调研报告撰写基本结构和格式规范

除了上述研究报告的一般规范之外，撰写一份客观、合理、易懂的研究报告，还有以下几方面需要注意：①要了解报告写给谁看。看报告的人希望从报告中得到什么信息，这有助于掌握撰写报告的重点方向和表达方式。②重点讯息以摘要或强调的方式呈现，有助于每项资讯能迅速传达。③报告中涉及数字计算和金额的内容，避免用文字叙述，可以通过表格或图表来呈现，效果会更好一些。④对于专有名词或英文缩写，最好能附带原文全名或解释，以方便阅读理解。⑤句式宜简洁，语义要精确，文意和措辞要注意表达流畅通顺。⑥报告的外观要尽量保持简洁美观，要有一定的设计但应避免过分花哨杂乱，字体字号不宜超过三种以上。⑦报告完成后，要通读几遍，修改文字错误；或者暂时搁置一两天，再回头审核修订，这样可能会发现撰写期间不易发现的问题。

要 点 总 结

采购活动受国内、国际的经济、政治、法律、技术、产业等诸多环境因素的影响，因此要求采购人员具有战略性的眼光和思维，要考虑到采购环境的方方面面。采购中供应市场的调研和分析十分重要，要从每种商品的供应市场特点出发，制定这种商品的采购方案。

供应市场研究分为三个层次，宏观的采购商务环境分析，主要方法有 PEST 模型、SWOT 模型等。中观的行业和供应市场分析，有四种典型供应市场结构：完全垄断市场、完全竞争市场、寡头垄断市场、垄断性竞争市场。微观的供应市场分析，包括商品、供应商和采购流程分析，主要研究方法包括测试、调查、预测等。

供应市场研究报告是对供应市场研究的结果和结论的总结报告，这是提供研究成果和建议的一个重要步骤。采购者和供应市场研究人员应该了解研究报告的一般撰写规则和方法。

思考与练习

(1) 企业的供应市场和需求市场有什么不同？

(2) 简述供应市场分析的类型。

(3) 在作商品调研时会涉及哪些信息？可以从哪些途径获得这些信息？

(4) 简述供应市场信息的作用。

(5) 比较卖方寡头垄断和垄断性竞争两种不完全竞争供应市场结构的异同。

(6) 从采购方的角度研究供应市场状况和商品细分，市场营销学中有哪些方法可供借鉴？

(7) 什么是采购预测？在什么情况下需要进行采购预测？

(8) 采购预测包括哪些内容？预测的常用方法有哪些？

(9) 供应调查有哪些不同的领域？

(10) 公司机构会以哪种方式作采购调查？每一种的优缺点是什么？

第 11 章　采购计划与预算管理

学习目标

本章关注采购计划和预算管理。要求学习了解采购计划和计划管理的有关知识技能；领会物料需求计划、采购业务计划、采购作业计划、预算管理的理论和方法。

本章涵盖以下内容和要求。

- 物料需求计划。要求理解物料需求计划在企业计划中的定位及其对采购的影响。
- 采购业务计划。要求理解采购业务计划的概念及制订业务计划的过程和方法。
- 订货作业计划。理解订货作业计划，掌握 MRP 采购和 JIT 采购模式的联系和区别。
- 采购预算管理。理解采购预算的功能、作用，掌握采购预算编制的程序和方法。

引言

计划是管理的首要职能，可以说没有计划就没有管理！企业商业运作和管理工作千头万绪，如果没有计划，一切工作将变得混乱不堪，根本无法正常开展。在很多企业或组织中，计划管理和计划部门(或企划部)是非常重要的职能或部门，有的组织把计划部门列为首要的战略部门。管理人员最重要的特质也体现为做事情具有计划性，“按计划行事”常常是对一个管理者最基本的专业素质要求。

对一个企业来说，其生产计划或产出计划的对象是企业生产的产品，因此，生产计划系列包括产品需求计划、产品销售计划、主生产计划、生产进度计划等。任何产出计划都需要两方面的配套计划：一是能力计划。能力计划实际上体现了产出计划需要的加工机械设备数量和人工数量，通常用生产系统能提供的工作时间或加工能力来度量，产出计划只有转化为能力计划，计算出对生产能力的需求和计划，才能保证生产计划活动的落实。二是物料计划。生产活动需要物料供应，自然也要对物料的供应进行计划。物料要么来源于库存，要么来源于采购，但归根结底还是来源于采购职能。企业采购计划或投入计划的对象是将要购买的物料。因此采购计划的起点应是物料需求计划，采购计划系列包括物料需求计划、采购业务计划、订货作业计划、采购预算计划等。

从物料需求到采购计划再到采购预算管理是采购管理领域密切相关的几个计划层次。本章依次介绍这四个层面与采购有关的计划工作，并注意厘清几个计划在实践中的关联关系和独立作用。

11.1　物料需求计划

11.1.1　物料需求预测

从满足市场需求的整个供应系统来讲，供应计划流程起始于需求预测。实际的供应计划工作过程开始于每年的销售预测、生产预测、总体经济预测中获得的信息。销售预测提供关于材料、产品和服务的需求总测算量；生产预测提供关于所需材料、产品和服务的具体信息；经济预测提供价格、工资和其他成本的总趋势信息。然后将总的预测分解为特定的计划，包括销售计划、生产计划和物料需求计划等。最后为每一个重要的需求制定有效的价格和供应计划。

企业的物料需求虽然很大程度上是派生需求，但是对企业物料需求进行预测仍然是把握物料需求的基本方法。特别是对一些物料项目，主要依靠预测来把握计划期内的物料需求，比如推出新产品需要设备和相应材料；旧设备故障或报废，需要更新部件或设备；生产需要新材料；现有采购材料不能满足要求，则要转寻其他供应商。在这样一些情况下，物料需求预测对制订物料采购计划起到很关键的作用。

物料需求预测也是采购部门的常规性工作方法，采购人员应该熟练掌握一些基本的预测技术和工具，比如定性预测方法和定量预测方法等，可参考前一章有关市场预测的内容。在这里要强调的是，需求预测作为采购部门和采购人员的一项基本技能，在制定物料需求计划过程中起了很大的作用，是制定物料需求计划的第一个步骤，需求预测在采购工作中有多方面的用处。

11.1.2 物料需求识别

物料需求识别或确认用户需求是采购过程的起点，确定采购需求是采购计划的第一步。采购计划从确定采购需求开始，任何采购都起源于企业中某部门的确切需求。需求部门负责请购的业务人员应该清楚地知道本部门的需求，包括需求什么，需求多少，何时需求，并根据需求编制采购请购单。物资使用部门的请购单是传达需求信息的常用方式，请购单的样式如图 11-1 所示。

申请部门________ 编号________				
预算额________ 日期________				
品名	物资编码	计量单位	数量	规格、技术描述
需求日期： 对送货要求：			请购人： 审批人：	
说明：一式两份，原件送采购部门，申请者保留文件副本				

图 11-1　需求部门的请购单样式

11.1.3 物料需求汇总

对物料需求进行汇总是采购部门非常重要的一个工作环节。企业需要的物料种类很多，而物料需求部门也不止一个，因此当所有的需求部门将不同的物料需求信息传递给采购部门以后，采购部门就要对这些需求进行归类、汇总。即将共性物资进行需求合并，将专用物资进行独立归类。这样做，一方面是为了集中采购，便于谈判、签订合同和下订单；另一方面也是为了采购部门对物资供应能够更好地归类保管和分发使用。

采购部门作为常规性物资供应部门，在长期的采购业务工作中也能够形成自己的工作规范和经验积累。一个企业每年的物资需求通常也是有规律可循的，这就为采购部门开展常规化的物料采购和管理工作提供了便利。采购部门汇总物料不仅通过请购单，还有很多信息源可提供给采购部门来制订科学合理的物资供应计划，如各种表单、物料使用基准、维修工作计划，以及历史记录数据等，如表 11-1 所示。

表 11-1　物料需求汇总数据来源

数据来源	具体方法说明
表单	销售计划表(销售部) 生产计划表、生产订单(生产部) 需求部门的请购单 库存数量(存量卡)
单位用料基准(消耗定额)	原材料单位用量基准 包装材料单位用量基准 保养材料单位用量基准 消耗材料单位用量基准
保养计划	定期检修或大修的时间计划 定期检修或大修的用料计划(项目、数量)
实际用料的历史记录	最近 3～6 个月的实际用料记录 最近 1～2 年的同季度实际用料记录 最近用料的差异变化分析表

11.1.4　制订物料需求计划

物料需求计划是根据主生产计划，结合库存情况、采购周期、供应商最小供货批量及供货质量等因素制定的对物料的需求量。

编制物料需求计划的主要步骤是：决定毛需求、决定净需求、对订单下达日期和订货数量进行计划，如表 11-2 所示。

表 11-2　制造企业 MRP 系统运行产生的物料需求计划表

计划期 / 关联项目	周										
	1	2	3	4	5	6	7	8	9	10	11
总需求(毛)	150	50	70	100	0	150	200	100	0	80	20
预期收到		50									
现有库存(期初)	170	20	20								
净需求			50	100	0	150	200	100	0	80	20
计划发出订货											
期末库存											

在生产运作中，物料需求计划是由生产计划派生的满足生产所需的物料计划，从采购角度来说，也是采购部门满足生产单位需要的物料供应计划。物料需求计划是采购计划的触发器，正是为了物料计划才导致企业需要购进相关的物资以满足生产单位的需求。因此，物料需求计划起到了承上启下、连接生产职能和采购职能的作用。

11.2 采购业务计划

11.2.1 采购业务计划的特点

采购业务计划，通常简称为采购计划，就是为了维持正常的产销活动，对某一特定期间内(如年度)购入材料的品种、数量和时间的一种预先安排。

产品、数量和时间是制订采购计划管理的三要素。

- 产品：原材料、零部件等品种及其匹配关系。
- 数量：物料需求量=现有库存量+采购数量。
- 时间：交货期、订货时间(订货提前期、订货周期等)。

采购业务计划不同于采购战略计划。从时间期限上来看，战略计划是中长期计划，采购业务计划是短期计划，一般以季度或月度为单位计算年度的采购业务工作。采购业务计划也不同于更短期的订货作业计划，例如以 MRP 为基础的订货计划通常是以周或日为单位来制订运作计划，如果是以 JIT 为基础的订货计划通常以日甚至以小时为单位来制订送货计划。采购计划的层次类型如表 11-3 所示。

表 11-3　采购计划的层次类型

计划层次	采购战略计划	采购业务计划	采购作业计划
时间期限	长期计划(3～15 年)	年度计划(短期)	周计划(周为单位)
	中期计划(2～5 年)	季度计划(季为单位)	日计划(日为单位)
	短期计划(1 年内)	月度计划(月为单位)	时计划(小时单位)

采购业务计划通常是以计划年度为单位制订，如果按照物资形态分类，不同的物料采购都需要制订计划，则年度计划包括的种类更多，例如生产用物料计划、维修用物资(MRO)计划、基建用物资计划、技改用物资计划、科研用物资计划以及管理用物资(ORM)计划等。

企业制订采购业务计划要考虑多方面的因素，影响采购计划的主要因素有以下几个。

(1) 采购环境/不确定性。外界环境的变化会对采购计划产生一定的影响，如棉花采购除了要按订单要求满足必要的需求外，还要根据棉花市场的价格波动情况选择恰当的时机、改变采购数量。

(2) 需求预测/销售计划/生产计划。采购计划根源于生产计划，生产计划根源于销售计划。销售计划大于实际销量，造成积压；销售计划小于实际销量，造成缺货。销售人员对市场需求预测不准，将会导致生产计划、采购计划的波动。

(3) 用料清单(BOM)/材料消耗量。物料是指原材料、配套件、协作件、半成品、在制品和低值易耗品等与生产有关的物资的统称，产品 BOM 称为产品结构表，是定义产品结构的技术文件，也是物料的“配方”“消耗定额”。物料采购计划依赖准确的最新的用料清单。

(4) 现有库存数据(存量管制卡)。库存数据有如下计算关系。

物料需求量-现有库存量=采购量

现有库存量=在库量+已定未到订货量

实际中使用存量卡记载库存量，这对查询现有库存数据提供了方便。

(5) 生产效率。生产效率高低将使预计物料需求量与实际物料耗用量产生误差，生产效率高，实际物料消耗速度快；生产效率降低，实际物料消耗速度减慢。制订采购计划应与生产部门保持联系，考虑生产效率的变动情况。

(6) 供应商供货能力及质量状况。制订采购计划要考虑供应商的供货可靠性和质量可靠性等因素，调整采购计划或考虑备选供应商。

(7) 价格预期。市场价格波动也影响采购计划制订，预计价格下降，要控制采购量；预期价格上涨，要建立一定的物资储备。

(8) 采购政策。如果材料供应充足，采购政策可能是将存货减少到经济合理的水平；如果材料供应不足，明智的采购策略将是确保足够的存货和合同，可以考虑提前预订或期货采购的可能性。

企业制订采购计划不仅是采购部门和采购人员的任务，它也涉及其他部门的协作和上级主管领导的审批过程。整个采购计划工作流程如图 11-2 所示。

总经理	采购总监	采购部	其他职能部门
		物资需求汇总 ←	提出采购需求
		检查历史数据	
		①确定采购项目、数量、时间、方式等	
		②编制采购计划草案	
		综合平衡 ←	协助
审批 ←	审核 ←	③编制采购计划	
		④执行采购计划	
		◇有问题？	
审批 ←	审核 ←	是 → 调整方案　否	
		监督计划实施进程	
		相关资料存档(结束)	

图 11-2　采购计划工作流程图

11.2.2　年度采购计划

年度采购业务计划是采购业务计划最常见的一种形式，它是根据需求(销售)计划和生产运作计划来编制的某个计划年度内的采购计划安排。表 11-4 是一个制造企业局部简化的年度采购计划和预算表。

年度采购计划通常有以下特点：①采购项目。年度采购计划中的采购项目是以整体产品概念而不是以具体产品概念在采购计划中呈现的，这和年度生产计划的产品概念类似。

②采购数量。年度和季度采购数量是根据年度生产量、物料清单或消耗定额、现实库存情况等，经过推算得到的。年度采购计划反映一年内各个季度预计需要采购的数量和全年的采购量，并不需要显示订货量，也没有反映下订单的时间，这是年度采购计划与订货计划相区别的地方。③计划时间期限。年度采购计划的期限是一个年度计划期，然而可以分成季度或月度，并且通过季度或月度数据汇总形成年度数据。④价格和预算。预计年度采购计划数量与预计价格数据相乘，就可以得到年度采购预算，年度采购预算将采购数量变成货币价值形式，并且年度采购预算的支出资金时间与采购计划时间相一致。

表 11-4　年度采购计划和预算表

产品	材料名	项　目	一季度	二季度	三季度	四季度	全　年
产品P1	直接材料M1	预计生产量/件	3200	3800	3800	3800	14 600
		材料消耗定额/千克	2	2	2	2	2
		预计材料需要量/千克	6400	7600	7600	7600	29 400
		减：期初存量	0	0	0	0	0
		预计购料量	6400	7600	7600	7600	29 200
		材料单价/元	160	160	160	160	
		预计购料金额	1 024 000	1 216 000	1 216 000	1 216 000	4 672 000
产品P1	直接材料M2	预计生产量/件	3200	3800	3800	3800	14 600
		材料消耗定额/千克	1	1	1	1	
		预计材料需要量/千克	3200	3800	3800	3800	14 600
		减：期初存量/千克	1600	1400	1600	1000	5600
		预计购料量/千克	1600	2400	2200	2800	9000
		材料单价/元	210	210	210	210	
		预计购料金额/元	336 000	504 000	462 000	588 000	1 890 000
半成品M3	直接材料M1	预计生产量/件	3420	3990	3990	3990	15 390
		材料消耗定额/千克	1	1	1	1	
		预计材料需要量/千克	3420	3990	3990	3990	15 390
		减：期初存量/千克	0	0	0	0	
		预计购料量/千克	3420	3990	3990	3990	15 390
		材料单价/元	160	160	160	160	
		预计购料金额/元	547 200	638 400	638 400	638 400	2 462 400
产品P2	直接材料M2	预计生产量/件	0	1044	1044	1044	3132
		材料消耗定额/千克	1	1	1	1	
		预计材料需要量/千克	0	1044	1044	1044	3132
		减：期初存量/千克	0	0	0	0	
		预计购料量/千克	0	1044	1044	1044	3132
		材料单价/元	210	210	210	210	
		预计购料金额/元	0	219 240	219 240	219 240	657 720
汇总	直接材料M1	预计购料量/千克	9820	11 590	11 590	11 590	44 590
		预计购料金额/元	1 571 200	1 854 400	1854400	1 854 400	7 134 400

续表

产品	材料名	项 目	一季度	二季度	三季度	四季度	全 年
汇总	直接材料M2	预计购料量/千克	1600	3444	3244	3844	12 132
		预计购料金额/元	336 000	723 240	681 240	807 240	2 547 720
合计		购料金额合计/元	1 907 200	2 577 640	2 535 640	2 661 640	9 682 120

11.3 订货作业计划

11.3.1 订货计划编制

采购订货计划也称为订单计划，是采购业务计划的具体实施计划。

物料采购计划有两大目标或用途：或者在生产和运作中直接应用，或者为了保持库存以备以后使用。因此，采购供应系统或者属于生产计划和控制的部分功能，或者属于库存计划和控制的部分功能。

在生产计划中，所有用于生产产品所需要的原材料和零部件的采购都由生产的产品需求决定，称为派生需求或相关需求(Independent Inventory)。相关需求是由生产活动派生的需求，而不需要应用需求预测的库存控制技术。根据企业生产方式的不同，决定最适当订货量的方法有两种：一是物料需求计划法，即 MRP/ERP 订货方式；二是准时制订货法，即 JIT 订货方式，也称为批对批订货(Lot for Lot, LFL)。

两种订货模式、订货系统或者说订货体制存在一定的差别，然而，不管是 MRP 订货体制，还是 JIT 订货体制，订单计划的编制一般都包括订单准备、订货量计算、确定采购批量等内容。

(1) 订单计划准备。①了解市场需求。市场需求决定企业的销售计划，进而决定生产计划。②了解生产需求。编制物料需求计划的主要步骤：确定毛需求，确定净需求量，对订单下达日期及订单数量等进行计划。③准备订单环境资料，包括供应商信息，每个供应商分摊的订单比例，从下单到交货的订单周期等。④制定订单说明书。其主要内容有：商品名称、需求数量、到货日期、市场需求计划、生产需求计划，订单环境资料等。

(2) 计算订货量。例如，以月度作为计划期，月度订货量一般考虑四大因素：物料需求计划、安全库存量、现有库存量、已经在途库存量。

订货量=物料需求量+安全库存量-现有库存量-已订在途库存

(3) 确定订货批量。计算订货量之后还要按批次来完成，例如按照周来执行订货，就需要计算每周的订货批量，把月度订货计划细化到周需求计划。根据每次订货的数量或订货次数，可采取经济批量法(EOQ)、固定批量法(Fixed Order Quantity, FOQ)、周期订货批量法(Fixed Period Requirement, FPR)、准时订货法(JIT)等来确定订货批量。

11.3.2 MRP 采购

企业要想出色地完成客户订单交付，需要很好地平衡整个供应链上库存的供应和需求。简言之，最佳客户订单交付是指在最佳状态下完成交付的客户订单的百分比。不能准确、准时履行订单的原因有很多，可能是由于供应商交付问题、库存短缺、生产延迟或在向客户运送过程中出现的在途库存问题、运输或交付延迟等。到达客户的订单也可能因数量不符、质量不合格、运输途中损坏，或者资料不准确或遗漏等无法满足交付要求，所有这些情况都可能导致不能出色地完成订单交付。企业通过不同的计划系统和方法将供应链运作的各部分进行整合来实现最佳客户订单交付。①物料需求计划(MRP)。MRP 系统是一种广泛应用于控制管理非独立需求库存的系统。MRP 主要关注上游的物料采购和 WIP 库存状态。②库存自动跟踪系统。库存自动跟踪系统主要指计算机化的物料和电子数据交换系统，利用新的信息技术的支持，如 EDI、RFID、条形码扫描技术来实现整个供应链的电子化连接，对整个供应链的库存进行跟踪。③配送资源计划(DRP)。DRP 系统试图最有效地利用成品库存，以及处理在客户配送过程中的库存。DRP 系统与供应链上游计划系统和执行系统，如主生产计划(MPS)、物料需求计划(MRP)等相结合，有助于更好地管理供应链上的物料流和信息流。

基于 MRP 系统的采购计划模型是源于福特公司开创的大量生产方式，随着技术发展现已到了 MRPⅡ甚至 ERP 时代。可以将 MRP 或 MRPⅡ、ERP 在采购中的应用称为 MRP 采购或 ERP 采购。

假设在未来的一段时间内对于产品的需求量是相对稳定的，那么降低存货的关键就在于对这个需求(Demand)的准确估计，从而决定适合的生产量，以及原材料、劳务和其他制造成本的投入量，最终决定采购量，这就是 MRP。因此，MRP 是在事先对需求进行估计和预测，制订计划的基础上进行的，是计划推动的供应链方式。

MRP 采购的实施需要以下几个条件：①信息系统支持。在 ERP 平台的支持下，企业中数据的采集是非常完整和便利的，所以根据以前的经营状况做出对未来需求量和品种的估计，制订物料需求计划和产品结构计划并非难事。然后在预计的产量从投料开始层层往下推动(Push)，最后得出估计的需求量，这对于那种市场需求稳定、竞争不激烈的企业而言，MRP 无疑是优化了企业的成本控制和资源配置，使存货发挥出最大效率，即在不影响企业正常的营运和潜力的条件下，接近或达到“最优存货”。②运作计划性。MRP 的最大的好处就在于让企业有备而战，提高企业内部生产的计划性。MRP 采购是 ERP 的一个子系统，根据 BOM 计算出生产所需物料，按需求计划平衡库存后进行原材料和零部件采购。MRP 采购允许企业拥有一定的库存，但采购的每一项物料都是按计划进行的，采购的主要目的是满足企业资源计划。

基于 MRP 的订货计划系统及其采购计划流程如图 11-3 所示。

MRP 可以同时生成订货数量与时间，但计算的基础是所有信息都必须准确，有关数量、提前期、物料清单、产品规格的记录必须完全准确输入。MRP 有三项基本的输入内容。

(1) 主生产计划：根据时间周期所预测的产品需求量，该需求量详细说明了在某一特定周期内需要生产的产品数量。

(2) 结构化的物料清单(BOM)：利用工程或流程记录中的信息列出制造产品所需要的原料或部件用量基准或消耗定额。

(3) 有关库存、未实现订单以及提前期的信息文件：依靠这些信息计算出订货数量和订货时机。如库存信息，主要包括现有库存量、计划收到量、已分配量、订购量、安全库存量等。

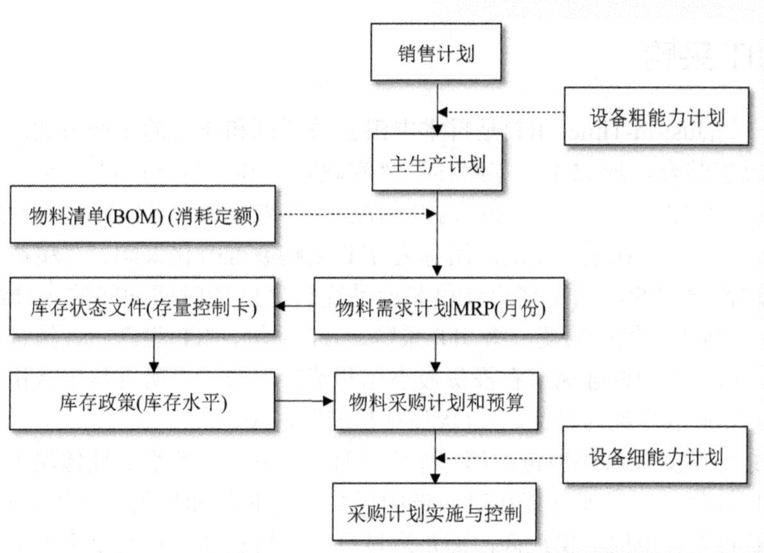

图 11-3 基于 MRP 的订货计划系统及其采购计划流程

MRP 的处理过程及输出结果就是确定某种采购物品的具体计划订货量和订货时间。计划订货量和时间是根据总的需求量，考虑预计到货数和现有库存数，计算出需要下单购买的净需要量，然后根据订货提前期时间确定下订单的时间，如表 11-5 所示。MRP 计划的具体运行可以实现一周或几周时间运行一次，而其持续运行时间跨度的长期性，通常是 1 年，意味着能实现更长期的供应计划。

表 11-5 MRP 的处理过程及其输出数据

产品项	提前期	项 目	周次										
			1	2	3	4	5	6	7	8	9	10	11
A0 层	2 周	总需要量								10			15
		预计到货											
		现有数 0	0	0	0	0	0	0	0	−10	−10	−10	−25
		净需要量								10			15
		计划订货						10			15		
B1 层	1 周	总需要量						10			15		
		预计到货	10										
		现有数.2	12	12	12	12	12	2	2	2	−13		
		净需要量									13		
		计划订货								13			
C2 层	2 周	总需要量						20		26	30		
		预计到货		10									
		现有数 5	5	15	15	15	15	−5	−5	−31	−61		
		净需要量						5		26	30		
		计划订货				5		26	30				

11.3.3 JIT采购

准时生产制(Just-in-Time, JIT)是日本丰田公司开创和执行的生产方式。JIT 生产和全面质量管理思想结合，形成了“零库存”“零缺陷”和“持续改进”等目标理念。可以说，JIT 既是生产控制方法，也是库存控制方法。后来经过学者们的研究和提炼，进一步形成了精益生产方式。在采购中的应用称为 JIT 采购或准时化采购。“精益是一种制造哲学，它是通过消除浪费，缩短客户订单和商品交付之间的时间间隔的一种经营理念。”(约翰·舒克，2003)再经过演变，将 JIT 采购、JIT 运输、JIT 生产三者结合称为“精细供应链”系统，精细供应链强调库存投资最小化和消除浪费。“所有与精益相关的活动，都以流动、拉动和追求卓越为目标。”(沃马克和琼斯，2011)

实施 JIT 采购是精细供应链的第一个主要环节，JIT 采购很好地体现了精益思想：一是库存流动与管理。要求库存能在供应链中以最短的时间和价值活动进行持续流动；JIT 采购并不是要将库存退回给供应商，而是通过合作、协调和信息共享来消减整个供应链的库存。二是客户订单拉动。整个工作流程由客户订单拉动运行，上游工作中心或运营部门的生产活动在下游中心提出对产品的直接需求后才进行。三是持续改进，追求卓越。JIT 采购要求摒弃高库存、不完美质量和任何形式的低效率和不必要的浪费现象；要求企业在开展业务方面进行长期的持续改进。真正的 JIT 采购体系需要采购方和供应商都要作出改变，包括企业文化、员工思维等方面。

JIT 采购是企业内部 JIT 系统的延伸，是实施 JIT 生产经营的必然要求和前提条件。JIT 采购系统通过从供应商那里及时收取物料数据以满足实时需求。所以它是一种直接面向需求的采购模式，采购原料被直接送到需求点上。它的基本思想或原理就是把合适的数量、合适质量的合适品种规格的物品在合适的时间供应到合适的地点，最好地满足用户需要，最大限度地消除库存和浪费，从而降低企业的采购成本和经营成本，提高企业的竞争力。JIT 采购的极限目标是原材料和外购件的零库存、零缺陷、不断改进。

JIT 采购系统用实际需求作为拉动生产的动力。收到订单后，销售部门向生产部门发出信号，生产部门再向原材料采购部门发出信号。于是生产线上的每一个部门都只生产下游部门所急需的产品与半成品，每一个生产活动都受到下游生产活动的逼催。JIT 的这种拉动模式一方面通过货物准时送达，可以消除不必要的存货；另一方面促使各部门之间的移动时间、检验时间大大缩短，从而缩短了制造周期，降低了企业的成本。因此 JIT 采购的实施要求采取一些必要的策略。

(1) 单一供应源。实施 JIT 采购要求精简供应库，甚至更多地采取单源供应。

(2) 长期的合作关系。买卖双方建立更加紧密的合作关系。

(3) 供应商进行全面质量管理。

(4) 可靠的交货。JIT 采购对送货质量提出了更高的要求，买卖双方都承诺零缺陷。

(5) 小批量交付。按照严格的质量和交付标准进行多批次小批量装运，适应小批量生产方式。

(6) 电子数据交换(EDI)与充分的信息共享。向供应商定期提供稳定的生产计划进度安排；供应链成员之间扩大电子信息共享范围；与供应商进行电子数据交换。

按照 JIT 思想构建了准时采购计划模型，提出了准时采购计划方法。图 11-4 显示了 JIT 订货计划系统及采购计划过程。看板系统是有效地辅助 JIT 运作的控制系统，该系统是一个复杂的资源计划和生产进度的统一系统。看板系统与物料需求计划系统十分相似，主要区别在于看板系统要求每月每天理顺产品组合。

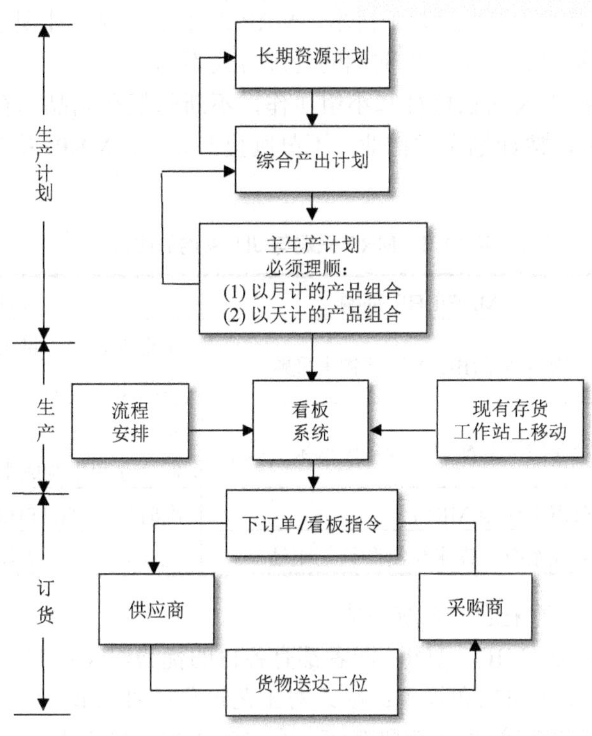

图 11-4　JIT 采购计划过程

11.3.4　MRP 采购和 JIT 采购的比较

1)　MRP 采购与 JIT 采购的联系

在电子商务时代企业对生产管理系统的选择中，MRP 完整的生产计划是理想的规划和控制工具。MRP 更多地代表一种内部的企业资源的控制，因为是基于事先的预计的数量组织生产，它可以使得整个企业的资源配置的效率在很大程度上得到提高。JIT 方法在增加客户满意度、降低存货成本和质量成本控制方面更有效。JIT 的最大特点就是外部拉动内部，外部的企业资源改进的优点就是见效快，这种效果与提高效率不同，它往往更直观，如及时地满足客户，直接增加产生销售量、利润的提高等效果。

MRP 采购与 JIT 采购的目标一致，两者都是以优化制造企业管理为宗旨。MRP 采购就是要保证企业整体经营目标的实现，即通过缩短产品的生产周期来保证交货期，在减少在制品和成品的积压和库存、加速流动资金周转的同时，最大限度地降低成本；JIT 采购是通过不断减少浪费、缩短提前期，使企业不断地降低成本。

2)　MRP 采购与 JIT 采购的区别

(1)　适用于不同的加工环境。JIT 适合高度重复性的产品加工系统，MRP 则灵活一些，大批量、多品种小批量、单件产品都适用；MRP 由计算机系统完成，JIT 可以由人工操控。

(2) 管理范围不同。MRPⅡ集成了生产运作管理的许多功能，既是一个生产控制系统，也是一个经营计划系统；JIT 的功能相对简单一些。

(3) 管理思想的差异。JIT 起源于日本，MRP 产生于美国，体现了两种不同的管理思想和文化，对库存、批量、质量、提前期的处理方式不同。

(4) JIT 强调发挥工人的积极性和小组协作，不断降低在制品库存、缩短生产周期；MRP 强调计划和协调，按计划完成作业，不鼓励提前完工。MRP 采购与 JIT 采购的比较具体如表 11-6 所示。

表 11-6 MRP 采购与 JIT 采购的比较

比 较	MRP/ERP 采购	JIT 采购
基本思想	按照物料清单(BOM)进行物资采购	在正确时间，将正确数量和质量的产品送达正确的地点
目标	使企业的资源配置合理，降低采购成本	减少不必要的浪费，满足客户需求，降低库存和采购成本
运行核心	物料需求计划(MRP)	准时生产制(JIT)和看板管理
系统	推动式系统，需求预测和计划驱动	拉动式系统，实际需求和订单驱动

3) MRP 采购与 JIT 采购的系统集成

不论是 MRP 采购还是 JIT 采购，两者都有各自的优势，又各有不足之处：MRP 采购缺乏对中间品、在制品的控制和管理；缺乏对工艺过程的细致管理。JIT 采购的缺陷在于不做详细的能力计划；JIT 的实行需要有较高水平的管理基础来保证；JIT 采购要比 MRP 采购模式的柔性低一些(刚性)；JIT 系统中要求具备稳定的供应关系，只有这样才能保证准时制采购，一旦供应出现问题，将影响准时生产。

因此，有人提出将 MRP 采购和 JIT 采购进行系统化集成，两种采购管理方法进行互补运用。在 MRP 与 JIT 的系统集成中，可将 MRP 采购作为企业的计划系统，而将 JIT 采购作为采购计划的执行系统。

(1) MRP 采购的集中式的信息管理方法便于与自动化加工中心实现信息集成，因此在计算机集成制造系统(CIMS)中采用 MRP 采购作为生产与物料的供应计划系统是适宜的。而 JIT 在缩短生产时间与制造周期、降低存储与报废率方面的优势则十分可取。

(2) MRP 采购计划系统，具有标准输入模块，诸如需求预测、库存状态、物料清单等，该系统产生物料需求计划；JIT 方式的执行系统，则用来控制供应方何时交货、何时生产产品、何时进行产品的分销。

(3) 从物资采购上讲，MRP 重在计划，JIT 则更适合采购管理。MRP 采购与 JIT 采购结合起来的新管理思想，旨在通过合理统筹、全员参与，提高采购效率，达到使顾客满意的目的。

11.4 采购预算管理

11.4.1 采购预算的功能

预算(Budget)就是用金额来表示的计划，通过预算来合理分配资源是采购计划实施需要做的最基础的工作之一。杰罗尔德·L. 齐默尔曼(Jerold. L. Zimmerman)认为，预算体系是公司会计系统的一部分，也是公司计划的一个组成部分，预算是对某一组织在未来一段时间内有关经营活动制订定量标准，预算要对所有可能发生的交易进行总体的预测。汤谷良认为："预算是公司治理结构下的游戏规则，它是一种与企业发展战略相配合的战略保障体系，是与整个公司业务流、资金流、信息流以及人力资源流的要求相一致的经营指标体系；预算是与日常经营管理过程相渗透的行为规范与标准体系；预算是与期终总结相关的业绩评价与奖惩体系。"

企业的预算是一种传统的商业控制方式，组织通过预算使开支和收入达到平衡，保证支出不会超出收入。通常情况下，预算系统从年度收入额评估开始，如图 11-5 所示。公司目标制定以后，各部门经理首先要提出实现这些预期目标的计划书，这些计划数据是构成预算书的基础。营销部门将对预算期间内可取得的销售量和销售收入进行估计，拟定出销售预算书。接下来，生产部门根据销售预算对生产资源和工厂产能进行审核，制定生产预算。生产预算将评估达到计划的生产水平所需要的原材料数量和成本、零部件数量和成本、劳动力和工资、管理费用。采购部门以及人力资源部门提供的准确信息对这两种预算的制定非常关键。最后，根据销售预算和生产预算拟定采购预算。因为需要采购的原材料数量和需要使用的机器和劳动力数量都取决于销售量、生产量。一般来说，供应部门根据生产预算推算出物料需求量、预测价格，并根据生产进度计划进行订货和安排交货时间，编制采购预算。因此，有些公司的原材料预算书的格式包括几个栏目：采购数量、单位价格、总价格。这样做，如果其中某个变量发生了改变，公司就可以很快作出调整。而采购时间的安排对公司现金流管理至关重要，通过现金管理来控制预算期各阶段所需的现金量，如果需要对预算进行更改，则要与财务管理人员进行讨论决定。

由于商业活动面临很多变化，预算像预测一样很少能做到完全准确，但是，如果预算系统被用来对企业实施控制，就必须强调预算书中使用的数据是客观评估的结果，不准确的预算结果必然会对企业经营活动带来不利影响。例如，如果销售部门或营销经理故意低估预算的销售量，那么将实际绩效与预算数据进行对比，营销部门将会因为很轻易地超额完成任务而得到正面的高度认可。但是，如果销售部门低估销售量，生产计划和生产进度可能会受到阻碍，也可能会使采购部门丧失更大采购量的机会，最终结果是使企业失去更多可能的销售机会。如果采购经理有意高估采购预算的市场价格，同样使他们看起来轻易地完成预算任务。但是如果采购部门夸大了需要支付的价格，该价格会被写进生产预算书和销售预算书，这将会影响企业未来一段时间内确定的产品价格，以这个价格作为未来市场营销组合中的主要变量，肯定会对企业实际销售量和市场份额产生不利影响。

采购预算作为一种有效的管理工具，在计划、控制和评估等过程中都能发挥作用，预算可以被用来比较、评估和控制人们实现计划目标时所做的工作。预算可以协调和控制主要的商业活动，这些活动都用货币来评估。当然，使用预算系统对企业实施控制，要求预算系统尽可能做到客观准确。虽然制定预算书的主要目的是进行控制，但它也可以作为绩效评价的重要依据，如图 11-6 所示。

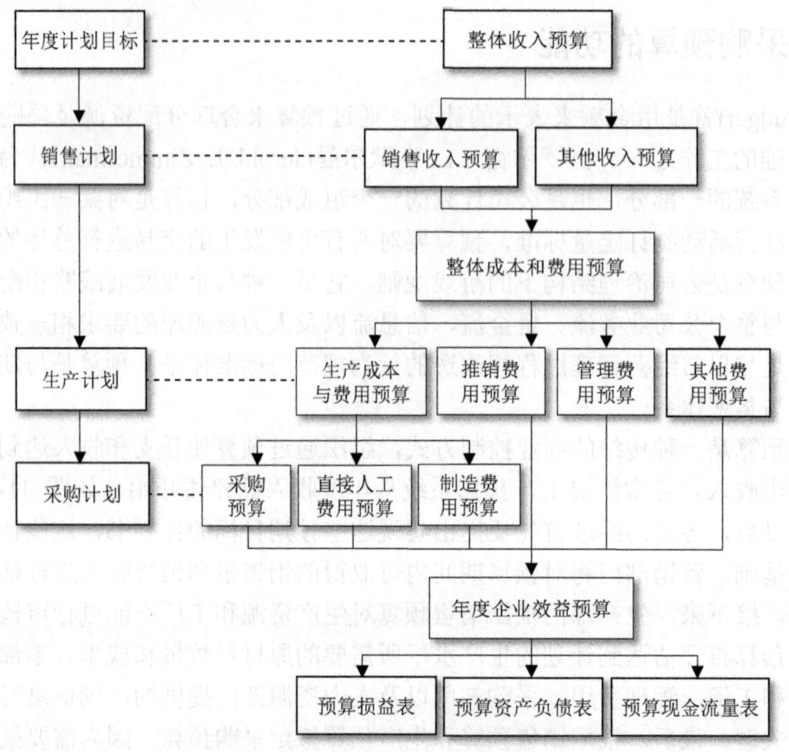

图 11-5　企业的计划和预算系统

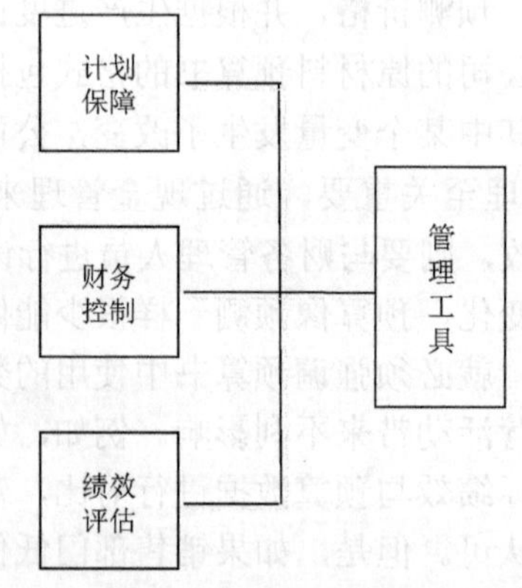

图 11-6　预算的功能

(1) 计划保障功能。采购预算作为采购计划的资金形态，把采购计划变成了可用的资金计划，意味着它是从资金上保证采购计划能够实行。实际上，它是为了协调组织的经营资源，合理安排有限资金，保证战略和计划的执行，确保组织的发展方向。通过合理分配企业的财务、实物及人力等资源，使开支和收入达到平衡，以实现企业既定的战略目标。

(2) 财务控制功能。制定预算书的主要目的是进行财务控制。通过审批和拨款过程以及差异分析控制支出；将目前的收支与预算的收支相比较，对企业的财务状况进行监控。通过预算来监控战略目标的实施进度，有助于控制开支，并预测企业的现金流量与利润。

(3) 绩效评估功能。预算也可以用作绩效测量的依据，通过预算执行情况，合理地评价企业的绩效。但前提是，所有参与预算的有关人员都应该努力使预算更准确，良好的管理不允许虚报的预算，虚假的标准无法用于控制支出，也无法正确地评估绩效。

11.4.2 采购预算的种类

(1) 长期预算和短期预算。长期预算是时间超过一年、固定资产投资规划性质的资本支出预算，受到企业战略计划执行和长期目标影响。短期预算是指年度预算，是对业务计划的执行预算。

(2) 全面预算和分类预算。一个典型的预算系统包括总预算和多个相互关联的分预算。总预算也称全面预算，它又可分为财务预算、决策预算和业务预算。年度总预算通常再细分为分部门预算如销售预算、生产预算、采购预算和业务预算等，或分阶段预算如季度预算、月度预算和周预算。

(3) 生产物料的采购预算。①原材料预算，体现为物料采购的金额；②MRO 项目预算，是指维护、维修和供应物等物料的成本；③固定资产支出预算，涉及资金需求计划和资金预算；④采购业务运作预算，预算采购运作中的全部采购费用。然而，设备更新、基建费应另编预算。

11.4.3 采购预算的编制

预算管理包括编制预算、执行预算和考核评价等环节。制定采购预算时，企业主要考虑如下因素：生产原材料订单及交货周期；相关期间的生产进度表；目前的原材料和零部件库存；确定的库存水平；主要原材料和零部件的长期价格趋势与短期单位价格。

预算书通常在已制订的计划书的基础上进行编制，并根据财务限制进行收支平衡。一个企业在资金额度或现金流有限的情况下，采购预算不能不首先考虑到资金约束。如果从采购计划入手编制采购预算，由于采购计划只包括商品、数量、时间等要素，要将计划变成预算，则还要考虑价格因素。因此，编制预算的依据主要是：计划期所需材料的计划需求量；预计本期库存量；计划期期末库存量；材料计划价格。

在具体操作中可以采取自下而上的思路，也可以采取自上而下的思路。①自下而上的思路。各部门拟定分预算，这些分预算参照公司财务报表中的有关投资回报率、营业额和增长额目标和财务计划制订，将分预算进行汇总制定出总预算。②自上而下的思路。公司或上级部门给出采购预算的总支出额度，各个部门参照额度层层分配和协调，直到预算被分解到最基础的部门。③上下结合的思路。两条线同时预算，经过上下协调、反复平衡，直到总预算和各级分预算达成一致。

此外，还要考虑编制预算的方法。以采购预算中的两个核心变量，即预计采购量和预计采购价格来分析。固定预算法适合于采购数量和价格相对稳定的情况；弹性预算法适合于采购数量或价格变动的情况，把预算数量或价格设定为几个离散值或估算概率分别估计预算结果，实际上是采取了备选的预算方案，以便使预算计划更具有灵活性。定期预算法用于经常性项目的采购预算；滚动预算法用于大规模设备更新的预算场合。增量预算法考虑到采购量或价格比历史数据有一定增长的情况；零基预算法用于没有历史数据作参照、完全是新的采购项目的预算。因此，在采购预算中要根据采购项目的具体情况采用合适的预算方法。预算编制的具体方法如表 11-7 所示。

表 11-7　预算编制的方法

预算方法	基本思想	适用的采购项目
固定预算法	以往年不变的数量和价格编制预算	适用于稳定的采购项目
弹性预算法	基于数量变动或价格变动编制几种灵活的预算方案	采购数量随业务量、市场价格变化的项目
定期预算法	周期性采购可以按照年度、季度或月度编制预算	服务性、经常性采购项目
滚动预算法	长期性项目预算需要适时滚动更新	规模大、时间长的工程类、大型设备类采购项目
增量预算法	以历史为基础并考虑可能的增加量	需要增加采购费用的项目
零基预算法	没有或不适合参考历史数据，只能根据实际预测数据编制预算	适用于各类新项目

据此，确定预算编制的流程步骤如下：①审查企业以及部门的战略目标；②制订明确的工作计划；③确定所需的资源；④提出准确的预算数字；⑤各部门、各单元的预算汇总；⑥提交预算。更详细的步骤如图 11-7 所示。

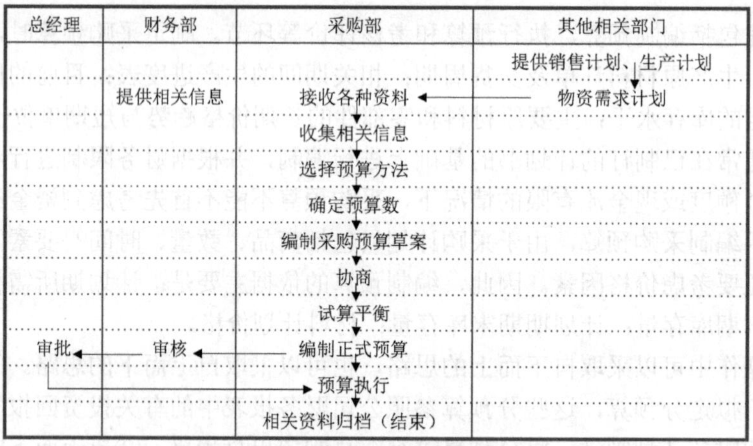

图 11-7　采购预算编制和管理流程

在实践中，零售企业的采购预算一般以销售预算为基础予以制定。例如，某零售商店预计年销售额达到 12 000 万元，假定商店的平均利润率为 15%，那么商店的采购目标就是：12 000×(1−0.15)=10 200(万元)。当然，以上这个公式仅仅是销售成本计算公式，它并没有估计到库存量的实际变化。如果考虑希望库存增加或削减的因素，还要加上或减去这些库存数量，其计算公式应为：采购预算=销售成本预算−期初库存额+期末库存计划额。例如，承前例，如果期末库存计划额为 1 200 万元，期初库存为 1 800 万元，求其全年的采购预算。则计算为：12000×(1−0.15)+1200−1800=9600(万元)，即一年的采购预算为 9600 万元。

采购预算在执行过程中，有时会出现实际情况发生变化，所以有必要进行适当的修订。如商店实行减价或折价后，就需要减少销售额的预算；商店库存临时新增促销商品，就需要从预算中减少新增商品的金额。仍承前例，采购预算在执行过程中，由于情况发生变化，商店预计在 2 月份实行 1400 万元的减价促销活动，对商店采购预算目标应该进行适当修订。在有促销的情形下(不考虑库存)，预算目标为：(12 000−14000)×(1−0.15)=9010(万元)。

最后一个问题，企业采购预算与采购部门的业务预算应该区别开来。采购部门的正常运转需要耗费企业的资源，如办公用品、电话费和邮电费、差旅费、员工工资和福利、计算机费用和必要的管理费用等，采购部门应该经济有效地完成供应目标和任务。采购部门开展业务的直接费用由部门的业务预算来控制，通常由采购部门经理和相关领导对业务费用进行评估，业务费用通常也按年度进行预算，内容包括：①部门的总工资支出。工资是采购部门主要的业务支出。②部门的总行政费用支出。预算期的部门管理费用包括占用的办公场所面积租金，机器设备租金，供水、供电、供气费用，电话、传真和网络通信费用，业务培训、会议差旅和文化娱乐费等。③资本支出。一般公司规定超过一定额度的固定资产购置费算作资本支出。

要 点 总 结

采购计划管理是采购职能的一项重要业务。物料需求计划在生产系统和库存系统中都是十分重要的计划环节，物料需求计划连接生产库存计划和采购业务计划，不仅对生产计划的执行提供物资支持，而且也是采购业务计划的触发器。采购业务计划是对一定时期内的总体采购业务进行计划，它规定了计划期采购部门的工作任务，也为具体的订货计划和采购预算提供基本依据。

MRP 采购模式和 JIT 采购模式是两种不同订货系统或订货制度，它们在实践中得到了广泛应用。MRP 系统更适用于订货计划；而 JIT 更适用于生产控制。把两种订货方式结合起来运用具有可行性，可使两者的优势得到更好的发挥。

预算是一种传统的管理工具。预算报告是在采购目标和采购计划的基础上制订的，采购预算估计了物料获取所需要的开支成本。预算额度被用作参考标准，对实际支出进行对比和评估，必要时可以采取纠正措施。

思考与练习

(1) 物料需求计划有什么作用？如何编制物料需求计划？

(2) 采购部门使用不正确的预测信息会带来什么问题？

(3) 编制采购业务计划的目的是什么？依据有哪些？

(4) 简述编制采购业务计划的基本程序。

(5) JIT 采购和 MRP 采购有什么不同？
(6) 什么是精细供应链？精细系统的三个基本要素是什么？
(7) 简述 JIT 采购的目标和基本思想。
(8) 论述 JIT 采购的优点和缺点。
(9) 论述实施 JIT 采购的主要策略和要求。
(10) 实施 JIT 采购的主要策略有哪些？
(11) JIT 采购系统的主要特征是什么？JIT 采购系统的主要障碍是什么？
(12) 在实行 JIT 采购时，在买卖双方之间的订货和运输系统中会发生哪些典型变化？
(13) 什么是采购预算？为什么要编制采购预算？
(14) 预算的功能有哪些？编制采购预算的要点是什么？
(15) 采购预算包括哪几种类型？不同采购品的预算编制的要点有哪些？
(16) 供应计划和供应预算的区别是什么？哪些领域应准备采购预算？

第 12 章　供应商管理

学习目标

本章关注供应商管理和供应商关系管理的有关理论和方法。要求学习掌握供应商评选标准和方法、质量认证和资格审核、绩效考核的概念和方法；掌握供应商关系分类和管理技能；理解供应商改进、发展和优化。学习招标投标采购模式的基本过程和方法；掌握招标文件和投标文件的内容和编制技能。

本章涵盖以下内容和要求。

- 供应商选择管理。理解供应商评估和选择指标，了解供应商评估的定性和定量方法，理解招标采购过程和方法以及招标文件和投标文件的撰写规范。
- 供应商质量管理。了解供应商质量认证的过程、内容和方法；理解供应商资质审核内容和要求。
- 供应商关系管理。理解供应商关系管理的发展趋势，理解现代供应商关系分类和评级管理的主要特征，理解如何管理供应商关系。
- 供应商绩效管理。了解供应商绩效评价的供应指标、质量指标、经济指标和服务支持指标，理解供应商绩效控制和激励的方法。
- 供应商开发管理。比较潜在供应商开发和现有供应商开发的异同，比较供应商开发模式与供应商选择模式的异同。

引言

很难想象一个现代企业的所有生产活动都是在其内部完成的，大规模协作化的分工生产把很多不同类型的企业联系在一起，形成供应链和产业链。当今流行的供应链管理(SCM)的实质就是把采购与供应商纳入到企业的价值链创造系统中。传统上，供应商管理被视为采购和供应管理的关键部分，随着供应链管理的发展，供应商管理已成为战略采购和供应链管理中的一个重要问题(赵祥宇等，2007)。但供应商管理所涉及的流程和内容仍充满模糊和歧义，这些问题在理论和实践上都会对供应商管理的发展产生不良影响。

在一些文献中，供应商管理的概念定义过于宽泛。例如有学者认为供应商管理是一个复杂的管理过程，它几乎等同于供应源管理，供应商管理过程涉及整个供应管理流程的几乎所有内容，包括：研发、生产、采购战略，自制/采购决策，采购商品战略，供应市场调研和风险分析，供应商评价与选择，供应商质量认证，供应商资质审核，供应商关系分类和管理，供应定价谈判与合同管理，供应商绩效考评，供应商发展与改进，供应商优化等。事实上，尽管采购和供应决策的所有工作都与供应商有关，但“自制或购买”决策、供应市场研究、供应商谈判和合同管理等主题都是采购管理中相对独立的工作，不能简单地置于供应商管理范围。虽然供应商管理库存(VMI)、早期供应商参与(ESI)等是利用供应商在库存管理或产品研发(R&D)方面的能力的一些方法，这些方法毫无疑问属于采购和SCM，但不属于供应商管理。此外，在其他文献中，供应商管理的定义过于狭窄和模棱两可，例如，有人将供应商管理等同于供应商选择、供应商关系或供应来源决策。过于狭义的界定也不利于准确把握供应商管理的范畴，容易造成概念上的混淆。

采购的核心是商品，采购管理的核心是供应商，企业的不同重要供应商应给予不同的管理处理。毫无疑问，整个采购和供应管理的业务流程不能没有与供应商相关的活动。但是，供应商管理作为采购和供应管理的具体业务内容，应有其特定的领域，需要从理论上更明确地界定。Heckman(1999)提出，供应商管理流程可分为六个阶段，即供应商分析与选择、建立沟通和信息共享机制、开展并行工程(CE)和建立合作小组、供应商评估和验证、建立供应商激励机制、形成供应商网络。Wagner 和 Johnson(2004)从供应商关系的角度将供应商管理分为五个阶段，即供应商分类、供应商合格评定、供应商绩效评估、供应商排名和供应商发展。Prahinski 和 Benton(2004)认为，供应商管理流程包括四个阶段：供应商选择、供应商分类、供应商评估、企业与供应商的合作关系管理。

总体来看，供应商管理应该围绕供应商个体本身的有关管理问题来展开。本章提出了一个完整的供应商管理流程框架模型，这个流程可以归为五个内容，即供应商选择管理、供应商质量管理、供应商绩效管理、供应商关系管理和供应商发展管理。其中某些步骤可以在实际的供应商管理流程中缩减或简化，但是也应该涵盖这几个关键步骤和阶段。供应商管理是一个连续的、循环的过程，通常可以从供应商初始选择开始，当然也可以从供应商关系管理、潜在供应商开发开始，如图 12-1 所示。

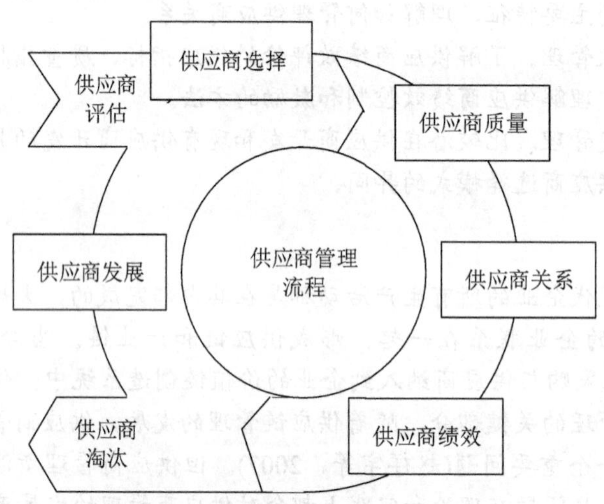

图 12-1　供应商管理的主要内容和循环过程

12.1　供应商选择管理

确定产品规格和采购计划之后，采购质量保证过程的下一个阶段就是选择一个或几个有能力按规格供货的供应商(彼得·贝利等，2006)。

供应商评选是采购与供应管理至关重要的工作内容，因此每个企业都非常重视。除了日常普通物资一次性的交易性购买之外，选择供应商通常不是单独一个采购人员(Buyer Alone)能够决定的事情，而是由多方人员包括领导者和其他管理者构成的团队或委员会的组织责任。为慎重起见，企业往往要建立一套完整的规范的供应商评估筛选程序和准入机制，企业需要的供应商越多，就越需要这样的筛选机制来选择合格的供应商。

不过，为了给供应商团队决策提供可靠的依据，采购部门和采购工程师需要对供应商作出初步评定，并要准备和提供有关供应商的很多评定材料。供应商选择和评价管理的科学过程至少应包括三个要素，即标准、模式和定量方法，以便形成供应商评估和选择过程系统。一个完整的供应商评选系统的主要内容，就是为供应链中的核心企业提供一套综合的、全面的供应商评价方法论。

12.1.1 供应商选择模式

在作出自制/外购决策和采购资源配置战略之后，供应战略决策者们面临的下一个问题就是选择合适的供应商。传统上，在潜在供应商中作出选择的问题并没有提升到公司战略的高度，买方习惯的做法就是对所要采购的零部件发出询价函或招标书，然后从出价最低的供应商中作出选择。这种方法现在仍有很多公司在采用，特别是用于一般性、交易性供应商的选择，但是，供应链环境下的商业模式让这种方法越来越不可靠。随着业务外包、供应基础优化、长期合作关系和供应商参与产品研发等新做法的出现，不仅改善了买方的经营绩效，也提高了买方公司对供应商的依赖。供应商的专业性更强，核心竞争力差异更大，要选择“正确”的供应商来最大化企业价值比以往任何时候都变得更加复杂，而对于战略性供应商的选择事关企业大局，更需要足够的重视。

供应商评估是给供应商评分和评定等级的过程。评价时不应只看供应商提出的价格高低，还要考虑供应商的其他特点，如提前期、可靠性、质量和设计能力等，这些方面也影响与该供应商进行交易的总成本。所以，恰当的供应商评估或评分过程应该基于供应商给买方带来的总成本因素，而不能只看价格。供应商选择就是使用供应商评价的结果对各供应商进行比较，确定合适的供应商的过程。

战略供应商评价和选择过程包括以下四个主要步骤。

(1) 初始供应商的资格审查。这是供应商选择的第一步，这一步的目的就是要从众多供应商中找出那些具有基本资格的供应商。所谓基本资格，就是能达到买方所要求的产品和服务标准，有能力支持买方的采购目标。不同的企业用于资格评估的具体指标会有所不同，但通常都会评估供应商合法经营资质，以及在制造能力和财务可视性方面的基本情况。通过初步的资格认证识别，把潜在的供应商数量减少到一个便于甄别的数目，从而进行更详细的评估和筛选。供应商的资格与供应商的能力紧密相关，也要符合采购方的便利和适宜性标准，供应商必须达到买方所设定的最低标准要求才有资格进入到选择程序。有关资格识别的信息可以通过调查或询问的方式获得，比如通过在线查询供应商资料，或者要求供应商提供报价单、项目建议书或者直接提供资格证书。

(2) 确定评价指标。供应商选择的第二步就是要确立相关且合理的评选标准。这里“相关”是指标准设定要与采购项目的要求相符，企业采购不同商品所使用的评价标准可能不同。“合理”强调指标确定要正确，指标数量要适当。企业在评价和选择供应商时要考虑为什么选择这个指标，它能给企业带来什么样的采购价值；一个好的公司可能采用更少的评价指标，但这些指标能够与评价的内容相关性更强。评选指标的一个变化趋势是从强调采购价格转变为总成本分析，买方需要在指标之间进行权衡。例如，通常将供应商评价指标划分为五个主要竞争性项目：成本、质量、交付、灵活性和其他指标。这些指标还可以进行细分，从而形成一个可量化的多层次指标体系。

(3) 获取相关信息。供应商选择的第三步就是获取用来评价供应商的指标信息，这些信息应该具有可比性、时效性和准确性等特点。获取这些信息的来源有很多：要求供应商提供，对供应商走访，对供应商绩效评估的历史记录，还有其他商业期刊或互联网等。

(4) 作出选择。最终的选择可能需要借助一些评价模型和方法。这些模型具有广泛的选择范围，有非常简单的，也有很复杂的；有高度定性模型，如等级分类方法，也有高度定量化模型，如模糊综合评价法等，定量模型中有评分法，还有成本法。具体选用哪种模型，应该考虑对业务的影响和市场的复杂性，通常将定性模型和定量模型组合运用效果会更好一些。对于组织的战略性采购项目的供应商选择问题，使用比较复杂的多目标综合评价模型乃至更精确的成本效率模型是值得的。

12.1.2 供应商评选标准

对供应商选择研究最早、影响非常大的是 Dinkson(1966)，他通过 170 份对美国采购代理人和采购经理的调查结果，得到了 23 项供应商评价标准，并且认为："质量、成本和历史交付水平是供应商选择最重要的三个标准。"此后，又有很多研究提出了供应商评选的标准或指标，对于不同的供应商，评选标准还是有很大的差异，如图 12-2 所示。

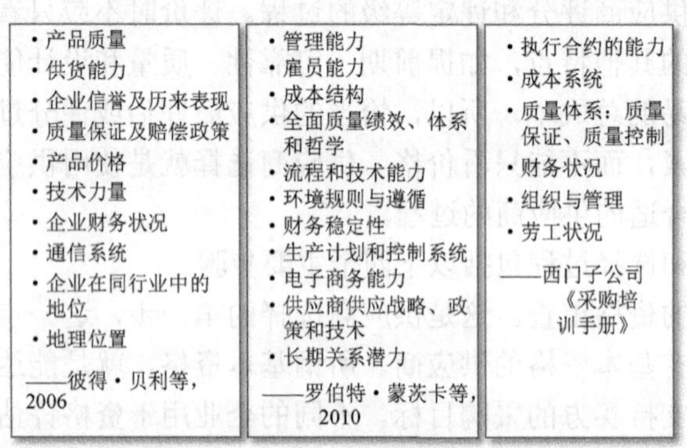

图 12-2 供应商选择评价不同的标准体系

如何确定选择供应商的标准或指标取决于供应商对公司的重要程度。一般来说，标准和指标应满足全面性、可分解、可量化的要求。

传统上，在供应商和买方的契约关系中，买方都注重以短期、货物化的标准来评估供应商，如质量、价格/成本、交货、服务、响应能力和承诺等。随着供应链管理、战略采购和外包的广泛应用，制造商与供应商的关系也从竞争转向合作，选择标准从价格、质量、交货时间、服务等跨行业量化绩效参数转向系统流程参数，如供应商的整个计划执行能力、工艺和技术能力、成本控制系统、质量保证体系、组织管理、劳动状况、环境法规合规以及未来发展等。

1. 指标全面性

确立供应商评价指标是建立供应商评价体系关键一步。总体来看，有两类评价意见：

①对于短期内只关注从供应商处采购商品的企业，在选择供应商时的标准可以仅考虑供应商的“基本条件”，如产品质量(适当)、成本(低)、交货(及时)、服务(良好)、响应(快)、承诺能力等，前四项是最常用的标准，简称 QCDS 模型。②对于长期内需要与供应商建立合作伙伴关系和重复性业务交易的企业，在选择供应商时的标准可以考虑供应商的全面素质或能力，如财务稳定性、组织和管理良好、人员队伍稳定、长期稳定的供应、产能相对扩展、健全的企业体质、正确且一致性的经营理念、产品发展方向符合需求、长期合作的意愿等，这些指标称为“长期性要求”。

2. 指标可分解

供应商评价指标体系的形成是一种结构化评价过程，综合指标要能够进一步分解为更细小的指标，才能形成有层次的指标体系。以西门子公司供应商评价指标为例来说明指标分解和指标体系的形成。每个一级指标都可以分解为多个二级指标，这些二级指标综合起来能够很好地反映一级指标所期望度量的东西，这样的二级指标才是有效的指标分解，如表 12-1 所示。

表 12-1 供应商评价指标分解为二级指标

一级指标	二级指标
履行合同的能力	订货次数和订货数量(是否有兴趣)；供应商处理订单的时间；交货能力(产能是否足够或不足)；符合品质要求的能力；采购项目是否为其核心能力；订单积压状况(缺货状况)；自制与外包的状况；周期/提前期；生产力；柔性，配合度如何(对暴增订单的回应能力)；业界口碑；电子化能力；产品线宽度；产能利用率
财务状况	资产负债表(企业体质)；损益表(经营能力)；各种财务比率；成本控制记录；信用评级(Credit Ratings)；公司年度报告；邓白氏报告(Dun & Bradstreet Reports)；Z 积分(视察公司是否有倒闭危机)
成本系统	根据活动任务来分解成本的能力；对成本项目的处理是否一致；是否符合成本会计原则；是否有降低成本的具体计划
质量保证、质量控制和相关体系	接受/退货记录；测试能力(作业人员/机器设备)；过程控制(统计过程控制、统计质量控制、六个标准差、过程能力指数)；品质体系的管理和组织；品管文件系统与程序；品质系统认证和验证；过程认证(ISO)
组织与管理	高级主管的承诺和参与；公司组织的稳定性；员工的培训和资质；技能素养和技术能力；机器设备和保养状况；供应商在同业之间的评价和口碑；业界的地位；对客户满意度的认识；对其分包商(附属工厂)的管理
劳工状况	员工的平均年龄和技能；工会组织情况；工会合约到期日；员工的流动性；对员工的培训计划；行业相关政策

(资料来源：西门子公司采购手册)

3. 指标可量化

为了对供应商评选做到更精确的数量化分析，供应商评价的一级指标和二级指标都应该可以量化。可量化评价包括两个方面的要求：一是确立权重，即每个指标的重要度评价。为了避免确定权重时的随意性和主观性，需要采取一些相对精确的方法来建立权重，如特尔菲法、回归分析法、层次分析法(AHP)等。二是每个指标的绩效评价，即对每个指标的表现进行评分。为了使评分客观公正，通常采取多专家打分法。以罗伯特·蒙茨卡等(2010)所列的一级指标及部分二级指标为例来说明指标可量化的要求，如表 12-2 所示。

表 12-2 供应商评价指标的权重和量化评分表(罗伯特·蒙茨卡等，2010)

一级指标	一级权重/10	次级权重	评分/10 分制	加权评分	加权总分
质量体系	2.0				17.4
过程控制		0.5	8	4.0	
全面质量		0.8	8	6.4	
百万零件缺陷率		0.7	10	7.0	
组织与管理	1.0				
劳资关系		0.5	8	4.0	8.0
管理能力		0.5	8	4.0	
财务状况	1.0				7.0
负债结构		0.5	6	3.0	
回报率		0.5	8	4.0	
成本系统	1.5				14.0
工业相关成本		0.5	10	5.0	
成本理解		0.5	8	4.0	
成本控制努力		0.5	10	5.0	
交付绩效	1.5				9.0
绩效承诺		0.5	6	3.0	
提前期要求		0.5	6	3.0	
响应性		0.5	6	3.0	
技术和加工能力	1.5				14.0
产品研发		0.5	10	5.0	
产品创新		0.5	8	4.0	
过程创新		0.5	10	5.0	
信息系统能力	0.5				3.0
EDI 能力		0.3	10	3.0	
CAD/CAM		0.2	0	0	
一般性类别	1.0				8.2
少数供应商支持		0.2	6	1.2	
供应基础管理		0.5	8	4.0	
环境要求		0.3	10	3.0	总分 80.6

12.1.3 供应商评价方法

供应商评选过程系统实际上是将上述标准系统和方法系统组合起来建立操作步骤和系统程序的系统。罗伯特·蒙茨卡等(2009)提出了一个全面的供应商评选过程系统，如图 12-3 所示。

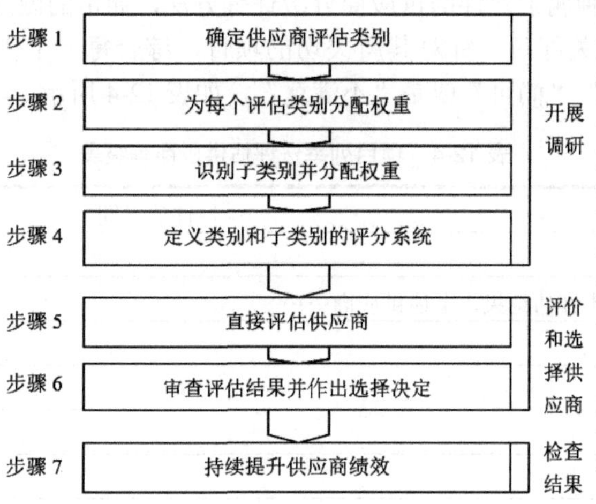

图12-3 供应商评价和选择流程框架

供应商评选或评标的方法有很多，具体评标方法取决于采购单位对采购对象的要求，货物采购和工程采购的评标方法有所不同。评标方法大体上可分为定性方法和定量方法，定性方法如直观的判断方法、分类方法等；定量方法也可以分为两种类型，即评分法和成本法。评分法的特点是得分越高越好，包括简单标记、加权因子、多目标数学规划等；成本法的特点是成本越低越好，包括最低报价法、生命周期成本、成本比率法和基于活动的成本分析，如表12-3所示。

表12-3 供应商评价方法比较(罗伯特·蒙茨卡等，2009)

评价方法	优　点	缺　点	适用者
分级评等	容易实施 需要最少的资料 多数人可参与 适合资料有限的公司 低成本的制度方法	最不可靠 评估次数最少 最主观的评等 通常为人工操作	小公司 开始发展评估制度
加权计分	有弹性的制度 可以当作供应商评等 实施成本适中 结合定性和定量的制度	倾向重视单价 需要电脑帮助	多数公司适用
基于成本	提供总成本的做法 鉴别绩效差的地方 可以做比较客观的评等 早期改善机会最大	成本会计制度配合 最复杂、实施成本最高 需要电脑资源	大公司 有很多供应商的公司

1．定性方法

定性方法是基于管理者的经验和历史知识进行判断，对供应商进行分级评等，来评定供应商的优劣等次。直观判断法、项目列举法(Categorical Method)都属于定性评价方法。

项目列举法是一种属于定性的供应商分级评等方法，通常的做法是由采购、收货、品管、工程、会计等相关部门，针对其所关切的项目，综合每一个供应商过去与现在的表现，评估其为“满意”“尚可”或是“不满意”，如表 12-4 所示。

表 12-4　项目列举法评估供应商等级表

供应商名称		评估日期		
地址				
结论	根据本评估结果，上述供应商……			
推荐意见				
	受审查的产品或过程	满意	尚可	不满意
采购部门				
收货部门				
质量部门				
工程部门				
会计部门				
采购部门	准时递送			
	价格竞争力			
	处理紧急订单			
	不需催货			
	快速响应			
	提供协助的意愿			
	零部件购买能力			
收货部门	运送正确货物			
	物流			
	包装			
质量部门	产品质量			
	ISO 认证			
	追踪能力			
	正确行动			
工程部门	产品可靠性			
	解决工程问题			
	迅速提供技术信息			
会计部门	发票无错			
	按时提供信用记录			
	无其他支付要求			

这种方法非常简单，容易使用，但也可能流于主观判断而无法反映供应商的整体绩效。另外，也无法针对某项较差的项目，提出改善的要求。

2. 评分方法

评分法是通过对供应商进行打分来评定供应商，得分最高的供应商是最佳供应商。简单打分法、综合评分法(Weighted-Point Method)、多目标数学规划法等都是基于评分的评价方法。

综合评分法也称为加权指数法(Weighted-Factor Method)。这是目前供应商定量选择最常使用的方法，其基本原理是给每个选择标准分配一个权重；每个供应商的定量选择结果为该供应商各项准则的总得分和相应准则的权重的乘积的加和；加权指数的综合一般是百分制。

例如，某钢铁公司 CCPP(燃气蒸汽联合循环发电)发电厂一期燃气锅炉技术改造中所需设备通过招标方式采购。招标范围是 2 台套燃煤锅炉设备和相应的备品备件、专用工具、技术资料以及有关的技术服务，共有三个投标人参加投标，分别为供货商 G、供货商 H 和供货商 J。应用加权指数法进行评标，操作步骤如下。

(1) 确定评标指标体系。将商务指标和技术指标作为一级指标，如图 12-4 所示。

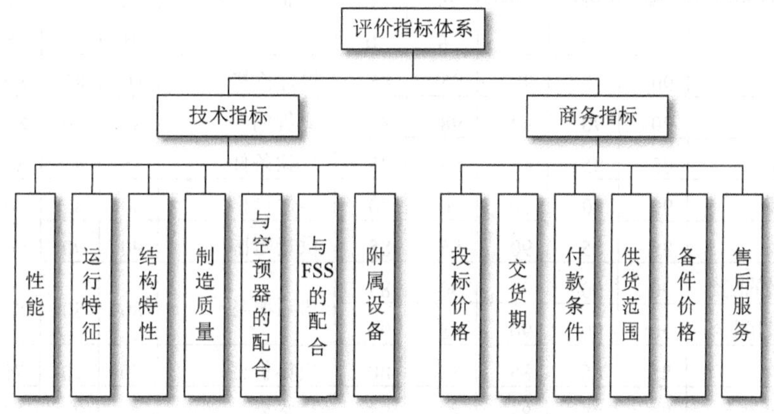

图 12-4 评价指标体系图

(2) 确定指标权重。根据专家评判法或层次分析法确定一级指标和二级指标的权重，如表 12-5 所示。

表 12-5 确定供应商评价指标重要度

一级指标	权 重	二级指标	权 重
技术指标	0.667	性能	0.252
		运行特征	0.252
		结构特征	0.212
		制造质量	0.094
		附属设备	0.094
		与空预器的配合	0.048
		与 FSS 的配合	0.048

续表

一级指标	权　重	二级指标	权　重
商务指标	0.333	投标价格	0.582
		交货期	0.105
		付款条件	0.054
		备件价格	0.054
		供货范围	0.101
		售后服务	0.104

(3) 评价小组专家打分。请两组各五个专家评委根据投标文件对三个投标供货商进行评分，结果如表 12-6 所示。

表 12-6　专家评分表

投标人	技术指标	评委1	评委2	评委3	评委4	评委5	商务指标	评委6	评委7	评委8	评委9	评委10
G	性能	90	90	98	85	85	投标价格	80	85	80	85	85
	运行特征	90	90	90	98	85	交货期	80	80	80	80	88
	结构特征	85	85	80	85	85	付款条件	85	85	85	85	85
	制造质量	90	90	90	90	90	备件价格	80	85	80	80	80
	附属设备	85	85	90	85	85	供货范围	90	90	90	90	90
	与空预器的配合	90	90	90	90	85	售后服务	80	80	85	80	85
	与 FSS 的配合	90	90	90	98	90						
H	性能	85	85	85	80	80	投标价格	70	70	75	75	75
	运行特征	85	85	85	85	85	交货期	75	75	75	75	70
	结构特征	80	80	80	80	80	付款条件	75	80	75	75	75
	制造质量	80	80	80	80	80	备件价格	75	75	70	70	70
	附属设备	85	85	85	85	85	供货范围	88	75	80	80	80
	与空预器的配合	90	95	90	90	90	售后服务	75	75	80	80	70
	与 FSS 的配合	90	90	90	90	90						
J	性能	90	90	90	90	90	投标价格	80	80	80	80	80
	运行特征	90	90	90	90	90	交货期	90	90	90	90	90
	结构特征	95	95	95	95	95	付款条件	90	90	90	90	90
	制造质量	95	90	95	95	90	备件价格	85	85	85	85	85
	附属设备	90	90	90	90	95	供货范围	80	80	80	80	80
	与空预器的配合	100	100	100	100	100	售后服务	90	90	90	90	90
	与 FSS 的配合	100	100	100	100	100						

(4) 结果评定。评标委员会根据权重比例利用算术加权平均法计算出各投标单位的技术得分和商务得分，以及综合得分。可用公式计算：

$$\overline{w_j} = \frac{\sum_{k=1}^{n} \frac{\sum_{i=1}^{u} w_{kji} f_i}{\sum f}}{n}$$

式中：$\overline{w_j}$——第j个投标单位的技术得分；

w_{kji}——第K个专家对第j个投标单位就第i项评比因素得分；

f_i——第i个评比因素所占权重百分比；

u——评比因素的个数；

n——评委总数。

根据加权评分法，分别计算各个投标供应商的商务得分、技术得分和综合得分如下。

备选供应商G：商务得分=83.288；技术得分=88.099；综合得分=86.497。

备选供应商H：商务得分=75.234；技术得分=83.456；综合得分=80.718。

备选供应商J：商务得分=82.900；技术得分=92.496；综合得分=89.300。

根据综合评定的一般规则，综合得分最高者中标，因此备选供应商J为中标供应商。

3. 成本方法

基于成本(Cost-Based)的方法是把供应商的各种财务类指标和非财务类指标都归结为成本，通过计算和比较不同的供应商可能给采购者带来的成本，给采购者带来成本最低的供应商是最好的供应商。成本方法主要有：①最低报价法。即以供应商的报价作为评标基础，这是最简单的成本法。②全寿命周期成本法。以全寿命周期成本为基础的评标方法。③成本比率分析法(Cost-Ratio Methods)。即把所有的评价因素都转换为成本率，通过总成本或单位成本来评判供应商的优劣。④作业成本分析法(Activity-Based Costing, ABC)。通过作业成本法归集和分配供应商的成本，这种方法得到的各供应商的成本更加准确。

成本比率法是将所有与采购、收货有关的成本，与实际支付的采购价格作比较，计算成本比率。其中交货与品质的成本比率计算，以采购实际交货成本和品质成本分别除以采购金额；服务成本根据服务绩效考核换算为成本比率。这样把交货成本、品质成本、服务成本等都与采购价格金额进行比率换算，得到各供应商的总成本比率，然后比较优劣。

例如，假如有两个备选供应商，供应商A的报价单价为5元，供应商B的报价单价为4元，如仅以最低报价来判断，供应商B比供应商A更好。过去一年向供应商A采购的总金额为25万元，向供应商B采购的总金额为28万元。另外，从其他部门如收货、质检、生产、成本会计处得到相关的成本资料，可计算出各项成本比率。经过计算，供应商A的单位产品成本为4.76元，供应商B的单位产品成本为4.79元，因此，从供应商带来的采购成本进行比较，供应商A比供应商B更有优势，如表12-7所示。

表12-7 成本比率法计算过程

评定项目	权　重	供应商A	供应商B
a.采购总金额/元		250 000	280 000
b.采购的交货运送成本/元		10 500	12 000
c.交货成本比率$\left(=\frac{b}{a}\right)$		4.2%	4.3%
d.采购的质量成本/元		15 100	15 000

续表

评定项目	权　重	供应商 A	供应商 B
e.质量成本比率$\left(=\frac{d}{a}\right)$		6.0%	5.4%
f.现场服务的表现	30%	40	30
g.研发能力	25%	30	25
h.供应商地理位置	25%	30	20
i.仓库容量	20%	15	15
j.服务绩效总计(=f+g+h+i)	100%	115%	90%
k.服务成本比率(=服务不足比率)		−15%	10%
l.总成本比率(=c+e+k)		4.2%+6.0%−15%	4.3%+5.4%+10%
m.对报价的影响		−4.8%	19.7%
n.调整后的报价(应用公式)	报价×(1+总成本比率)=调整后的报价		
o.供应商 A	5.00×(1−0.048)=4.76		
p.供应商 B	4.00×(1+0.197)=4.79		

12.1.4 招标采购

企业常常运用现货采购、期货采购、议价采购、询价采购、招标采购、联盟采购等方式来进行货物采购，从本质上讲，这些采购模式都是为了选择合适的供应商的方法。例如，现货采购通常以谈判价格为中心，并用于非经常性项目、正常商品采购和供应商选择，其中供应商的选择相对简单和容易，很少或无意发展与供应商的持续关系。而采购联盟是一种供应链战略采购模式，供应商选择是遵循正式的程序，并要求买方与供应商建立合作伙伴关系。中国《政府采购法》第三章政府采购方式第二十六条规定，政府采购采用以下方式：①公开招标；②邀请招标；③单一来源采购(定点采购)；④询价采购；⑤竞争性谈判(议价采购)。

本节着重讨论招标采购模式，其他采购方式在其他章节进行讨论。

1. 招标采购的概念

招标采购或招投标采购(一般不能称作投标采购)，是指通过招标的方式，邀请所有的或一定范围内潜在的供应商参加投标，采购实体通过某种事先确定并公布的标准从所有投标人中评选出中标供应商，并与之签订合同的一种采购方式。物资招标采购是在签订合同之前，为实现采购而进行的供应源搜寻活动，实质上是确定供应商的过程。

企业选择商品或服务供应商通常是为了降低生产成本、实现高质量、交货期以及财务状况的改善和提高，并且选择供应商时一般通过招标方式挑选，不仅考虑价格、质量，而且还必须考虑厂商资质和信誉。但是，在实际评价过程中，由于存在许多影响招标决策的不确定因素，往往根据一定经验，定性地考评和选择供应商，甚至在某种程度上还存在着部门或个人利益驱动下的外包关系，导致供应商的评价选择不能客观公正，从而导致业务外包风险。

招标(Invitation for Bid)是指招标人(Employer/Purchaser，也就是需求方、发包方或买方)在规定时间、地点发出招标公告或招标单，提出准备买进商品的品种、数量和有关买卖条件，邀请卖方投标的行为。

投标(Submission of Bid)是指投标人(Bidder，也就是供给方、承包方或卖方)应招标人的邀请，根据招标公告或招标单的规定条件，在规定的投标时间内向招标人递盘的行为。通俗地讲，给“钱”的一方是买方或招标方；给“货”的一方是卖方或投标方，如图12-5所示。

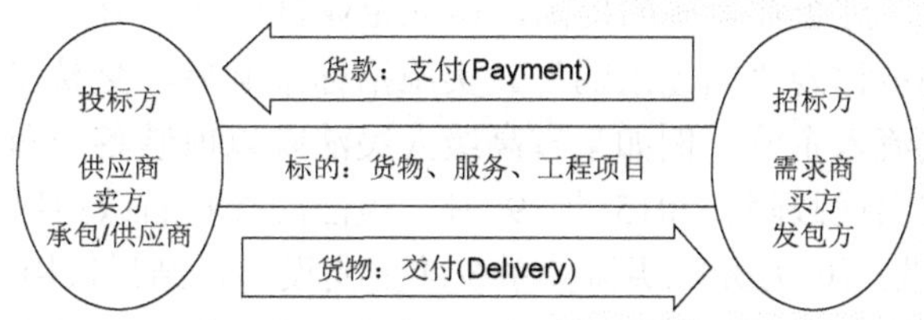

图12-5 招投标过程中的采购方和供应方

现代采购中，招投标方式应用非常广泛，但是有些情况下并不适合进行招标采购。招标采购要求提供准确的订货量，但市场销售是一个动态概念，经常处于瞬息万变的状态之中，采购超前或滞后将会给企业经济的正常运行造成不利影响，甚至使合同形如虚设，这样，招标采购的实际成效和意义也要大打折扣。因此，一次性采购、长期使用则适合采用招投标方式；多次重复采购、连续使用则不适合招投标。例如，生产原材料的采购就不适合采用招标采购方式。

2. 招标采购的方式

(1) 按招标阶段分类。分阶段招标可以有多种分法，如按标的物的技术和经济性特征，可以分成单阶段招标和两阶段招标。单阶段招标是通过一次性招标，让投标商提供价格标和技术标。两阶段招标则是第一次提交不含价格的技术标；第二次技术初审合格的供应商再提交最终的价格标和技术标。有时也可按采购项目的建造过程或空间复杂程度进行分段招标，特别是大型基础设施工程项目的招投标活动，如桥梁建设可分为图纸设计、地质勘测、基坑工程、桥梁建设、路面工程和管网安装工程等多个标段；地铁建设也常常按施工路段分成多个标段进行。分段招标的各个标段一般依据不同的技术领域，由不同的企业按不同技术标段分包完成。当然，有些实力强、技术全面的企业可以以总承包商的形式参加投标，再将部分业务或一些技术特殊的业务向二级供应商(分包商)进行分包。

(2) 按招标范围分类。招标有公开招标、邀请招标、议价招标等类型。公开招标也称竞争性招标，又分为国际竞争性招标和国内竞争性招标。由招标单位通过新闻媒介公开发布招标广告，邀请所有有能力、有兴趣的供应商参加投标。采用公开招标方式进行采购，适用于大宗材料和定型批量生产的中小型设备。

邀请招标亦称选择性招标，又分为国际邀请招标和国内邀请招标。要求供应商首先提供资格文件，通过资格审查后才能参加后续招标。邀请招标使参加投标的企业数量大大减少，从而减少工作量和盲目性投标，但邀请对象的数目一般不少于三家。邀请招标适用于采购非批量生产的大型复杂机组设备、特殊用途的材料及非标准部件。

议价招标也称限制性招标采购，不预先刊登公告程序，直接邀请一家或两家以上的供应商参加投标。在招投标过程中，双方可以就一些具体的价格、质量、技术要求等进行即时的沟通和协商。显然，议价招标适合于技术要求比较特殊的项目，可能只有少数供应商有技术、有能力达到招标方的要求。

3. 招标方式的优点和风险

通过公开招标，供应商开展公平竞争，了解供应来源，集中取得货源。实施招标采购可以降低企业的物资采购成本，提高企业的物资采购质量，实施招标采购可以消除企业滋生腐败的“温床”，促进企业素质的提高，树立企业良好社会形象。

因此，招标采购被称为“阳光采购”。实施招标采购后，交易在“阳光”下进行，质量低劣的商品就无法流入企业。例如某省高级人民法院以前装备一套监控系统耗资 18 万元，所购系统却经常出现故障。2015 年 9 月，该法院委托省政府联合采购中心集中采购一批监控装置，原计划 10 万元购买监控系统的主要设备，结果仅用了 9 万元就买到了整套设备，不仅配套非常齐全，质量高于原预定产品技术水准，而且企业还提供免费安装调试，效果很好。再如某汽车电器厂委托省机电设备招标局购置一条自动化生产线，招标信息及设计图纸向外发布后，不少企业在投标竞标的同时，还纷纷指出设计中存在的不足，并提出了各自的改进方案。最后，该厂在寻标过程中终于找到了一个更优越的设计方案，购置了一条真正先进的生产线。目前，许多企业通过招标采购已收到了明显的效果，增强了采购资金及采购程序的透明度，有效地遏制了以往物资采购活动中的各种腐败现象，促进了廉政建设。因此，物资采购中的招标采购被誉为“阳光”下的交易。

再如国内某钢铁(集团)供应公司通过招标采购降低成本的案例。公司在连续多年潜亏的情况下，仅 2018 年一季度，就有近 500 万元的亏损面。为遏制亏损，下属物资供应公司着手从自身查找亏损漏洞，制定止亏措施。物资供应公司算了一笔账，按目前年采购额近 8 亿元计算(主要为大宗原料、燃料)，若降低 1%，可节约采购资金 800 万元。也就是说，如果供应公司实现年采购费用下降 1%，则当年即可扭转亏损的局面。不比不算不知道，比比算算吓一跳。一比一算坚定了供应公司从节约采购费用入手，挖潜增效的信心。为实现费用下降 1%，2018 年 7 月，该供应公司开始试行对大宗原料、燃料招标采购，当年采购费用下降 7.14%，2019 年又在上年的基础上下降 5.11%。招标采购两年，不仅使公司获得了明显的经济效益，节约费用 9653.12 万元，同时还获得了良好的社会效益：一是原材料和燃料供货质量明显提高，各项质量指标均满足或好于公司生产技术的需求；二是促进了企业的廉政建设，提高了企业知名度；三是密切了供需双方的关系，拓宽了进货渠道；四是强化了企业物资管理；五是增强了职工队伍的凝聚力。

然而，招标采购方式如果组织得不好，在实际运用中也存在一些缺点和风险问题，如可能造成围标；可能造成抢标；手续烦琐；规格不一，衍生其他问题。

高价围标亦称串通投标。凡金额较大的案件，供应厂商可能串通围标，做不实的报价，或串通提高报价，迫使招标人不得不以较高的价格达成交易。如某市地铁建设有限公司在进行一项设备招标时就出现过高价围标的情况。公司内部人员与一厂家暗中商定，由该厂家找了两个同行，报了三份投标书，虽然在考察和议标过程中这种情况露出了一些蛛丝马迹，但因是内外勾结，其结果可想而知。虽然只是个 30 多万元的设备，但在两家较高报价(一个是 60 多万元，一个是 80 多万元)的“赔标”下，该厂以 50 多万元价格的“优势”中标。

低价抢标，即供应商或承包商以不正常的低价投标，谋取采购合同。要知道，没有哪一个厂家愿意赔本赚吆喝，一分价钱一分货，在这种非理性压价的背后，有相当一部分厂家会以质量等级降低或服务质量打折扣为代价。这样会带来偷工减料、交货延误等风险。例如某项目部在招标涂料时，因没有妥善保管样品，在实际供应时出现了质量差异，但厂家声称与样品质量完全一样，项目部也无计可施，最后只好不了了之。某项目部在保温材料招标时也出现过这样的问题。供货厂家因总价最低与项目部签订了供应合同，但在实际使用中，招标时报价较低的一项材料基本没有使用，而另一项报价明显偏高的材料却大量使用，这在一定程度上会给项目部造成了经济损失。

招标采购的各种风险在所难免，然而应该采取必要的措施加强防范。招标采购主要存在四类风险，即质量风险、价格风险、采购渠道风险、金融风险。在质量风险上，物资供应部门是第一道关口，必须按合同标准严格把关；作业层是工程物资的最终使用者，也是质检的最后一关，它有义务对使用物资的质量进行检验，坚决制止不合格物资进入运作流程或工程。在价格风险上，物资供应部门及财务部门均应密切关注市场行情，建立经常性物资价格信息档案体系，通过价差等手段解决物价变动的风险。在采购渠道风险上，决标时对各类物资都应选择一至两家后备供应商，如签约供应商不按合同履行义务，项目部在依法追究对方违约责任的同时，也能保证物资供应的连续性。在金融风险上，项目部实行统一货款结算，既集中了财权，又可以避免支票、现金到处飞，从而有效地降低金融风险。

4. 招标采购的程序

招标采购的一般程序主要包括策划(Planning)、招标(Invitation)、投标(Bid)、开标(Bid Opening)、评标(Evaluation of Bids)、定标(Award)、签约(Contracting)几个环节。①策划。明确招标的目标、内容、标底，对招标方案、步骤、时间和人员进行研究准备，并形成计划方案。②招标。主要是形成招标书，对外发布招标公告。③投标。投标供应商撰写投标书，进行投标。④开标。按招标公告规定的时间和地点举行开标仪式，并邀请投标商参加。⑤评标。依法组建评标委员会，按适当程序和方法对投标文件进行评审和比较，并形成评价意见。⑥定标。根据评标报告和推荐的中标候选人，由决策者确定中标人，并通知中标人。⑦签约。与供应商签订中标合同，落实招投标阶段的协商事项。这些也可大致合并为招标阶段、投标阶段、评标阶段三个阶段，如图12-6所示。

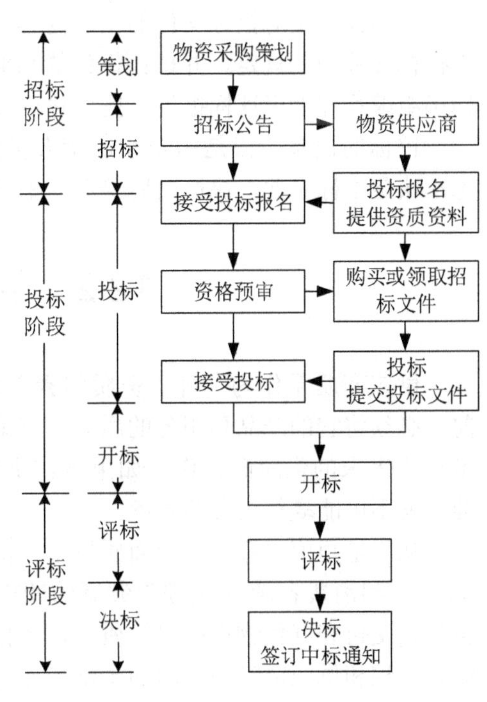

图12-6　物资采购招标投标程序

1)　招标阶段的工作内容

招标阶段的工作内容包括：组织招标小组、选择招标方式、准备招标文件、发布资格预审通告、发布招标广告或邀请书。

招标文件由整套文书构成，一般应包括以下内容：招标通告；招标须知；合同条款；技术规格；投标书的编制要求；供货一览表、报价表等项目。

2) 投标阶段的工作内容

投标阶段的工作内容包括：确定投标人名单、发售招标文件、解答标书疑问、发送补充文件、接收投标文件、公开开标。

投标文件应当对招标文件提出的“实质性要求和条件”(技术要求、投标报价要求和主要合同条款等)进行响应。

投标文件也包括一整套资料文书，主要有以下一些。

- 投标书：投标者对招标书的回应。
- 目标任务的详细解决方案：投标文件的主体文件。
- 投标资格证明文件。
- 制造商提供给投标人的委托代理协议与授权书。
- 公司有关技术资料及客户反馈意见。

3) 评标阶段的工作内容

评标一般要经过以下程序：初评标书、详评标书、评标报告、定标、发中标通知书、商签合同。

初步评标包括供应商资格是否符合要求、投标文件是否完整、是否按规定方式提交投标保证金、投标文件是否符合招标文件的要求、有无计算上的错误等。

详细评标是对投标文件的实质内容和条款进行细致的综合评估。具体的评标方法取决于招标文件中的规定，并按评标价的高低，由低到高，评定出投标的排列次序。然后由评标小组编写并上报评标报告，提出建议供决策者参考。

评标的决策阶段是由企业决策人员作出的，要对投标者进行资格后审，经过综合考虑，决定中标企业。决标之后要签订中标通知发送给中标者，并与之签订采购供货合同。

12.2 供应商质量管理

供应商质量作为一种“资质因素”越来越受到重视，在客户考虑选择一个供应商之前，必须将它的产品和服务的质量很好地展示出来，采购方只会与能够证实自己有能力满足客户需求的供应商合作。如果潜在供应商的产品或服务规格没有达到采购方的需求标准，就不可能赢得买方的生意。

从质量角度来看，供应商质量是指供应商能够始终如一地满足或超越当前和未来客户(即买方和消费者)在关键绩效领域的期望或要求。供应商质量不仅指供应商提供的产品、服务、交付和其他物理产出的质量，还指创建这些产出的系统和流程，甚至指供应商在物流、工程和供应链管理方面的全部专业知识和能力。因此，一个高素质的供应商绝对是一个称职的供应商。简言之，供应商质量管理是一个全面的评估，侧重于供应商提供的产品和服务质量，以及供应商与质量相关的素质和能力(Robert Monczka 等，2010)。对供应商质量之所以特别关注原因就在于供应商对成品质量、采购需求的外包和持续改进要求的影响，因此，采购方应在供应商质量管理中发挥主导作用，这其中最主要的是质量认证和质量审计管理。

供应商质量管理是全面采购质量管理的重要内容之一，但是采购质量管理主要关注采购商品的质量，而供应商质量管理有很大的不同，已经不是一般性地指供应商的产品质量，而是指供应商作为一个企业的供应能力问题，这理应属于供应商管理的范畴。

12.2.1 供应商质量认证

通常一个合格供应商需要满足三个条件：①供应商审核必须合格；②供应商提交的文件通过认证；③价格及其他商务条款符合要求。只有获得采购方审核认可或经过认证的供应商才被允许提供业务。现实中很多企业的做法是，只有在采购认证计划完成之后，订货计划才能够开始实行，如图 12-7 所示。

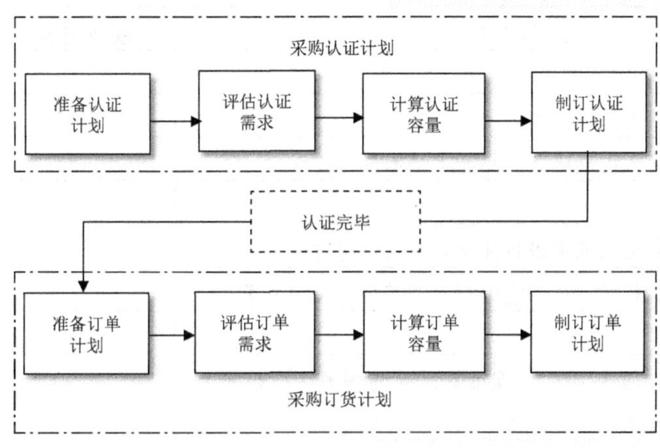

图 12-7 采购认证计划与采购订货计划的关联

供应商资格管理实质上是对供应商的准入管理。供应商的资格范围很广，一般包括法人资格、注册资金大小、生产的能力、社会信誉、售后服务体系等。其中涉及资质要求的，供应商应当提供由有关行政主管部门颁发的资质证书；涉及业绩情况，供应商应当提供以前在相关领域的业绩，包括项目名称、效果及用户意见等(王新军，2009)。

供应商完成认证的过程不仅是采购商或第三方机构对供应商企业的资质和质量进行检查和审核的过程，也是供应商通过认证的契机，建立和完善质量管理制度，从整体上全面提升企业质量管理水平，提升企业素质和能力的过程。目前有两种质量认证模式：一是政府机构、社会组织等第三方机构为供应商企业提供认证，如著名的 ISO 9000 质量认证系统。由于第三方认证具有一定权威性和公平性，因而很多企业在选择供应商时也普遍接受和认可第三方认证。二是客户企业为供应商提供自己的供应商全权认证体系和流程，如福特汽车、海尔电子、联想公司等为供应商提供认证。因此，并非所有的公司都实施 ISO 9000 系列标准，公司结合自身特点制定认证标准及相应程序也是通行的做法。

1. 国际标准化组织 ISO 9000 质量认证

根据 ISO 9000 标准提供的供应商质量认证体系，对供应商质量进行认证一般包括以下几方面认证内容，如表 12-8 所示。

(1) 管理职责，包括总则、顾客需求、法规要求、质量方针、质量目标与计划、质量管理体系、管理评审。

(2) 资源管理，包括总则、人力资源、信息、基础设施、工作环境。

(3) 过程管理，包括总则、与顾客相关的过程、设计与开发、采购、生产与服务运作、不合格品的控制、售后服务。

(4) 监测、分析与改进，包括总则、监测、数据分析、持续改进。

表 12-8 供应商 ISO 9000 质量体系认证评价表

供应商企业名称：

主要区域及供应商参与人员：

认证日期：　　　　　　　　　认证审核员：

1. 管理职责

认证内容	观察记录	等级评分
——总则		
• 供应商企业最高管理层明确本公司需求		0-25-50-75-100
• 供应商企业最高管理层确认其产品能满足本公司要求		0-25-50-75-100
——顾客需求		
• 供应商企业已将本公司的需求具体化并纳入公司目标		0-25-50-75-100
• 供应商企业所有的相关人员都能理解并能满足本公司需求		0-25-50-75-100
——法规要求		
供应商企业建立了有关程序，以保证其产品与服务在质量等方面满足相应的法规要求		0-25-50-75-100
——质量方针		
• 供应商企业最高管理层制定了质量方针		0-25-50-75-100
• 质量方针能满足本公司的质量需求		0-25-50-75-100
• 质量方针传达到位		0-25-50-75-100
——质量目标与计划		
• 有明确的质量目标并分解到位		0-25-50-75-100
• 质量目标与方针一致，体现持续改进的精神		0-25-50-75-100
• 有具体的质量计划		0-25-50-75-100
• 实施质量计划的相应资源到位		0-25-50-75-100
• 质量目标、计划符合本公司的要求		0-25-50-75-100
——质量管理体系		
• 质量管理体系能满足本公司的要求		0-25-50-75-100
• 质量管理体系中责任分明并传达到位		0-25-50-75-100
• 明确了质量管理者代表		0-25-50-75-100
• 内部沟通渠道畅通、层次清晰		0-25-50-75-100
• 质量手册符合有关国际标准		0-25-50-75-100

续表

认证内容	观察记录	等级评分
• 文件控制到位并按程序执行		0-25-50-75-100
• 与本公司有关的文件管理到位		0-25-50-75-100
• 质量记录符合要求		0-25-50-75-100
——管理评审		
• 定期开展管理评审		0-25-50-75-100
• 管理评审考虑顾客反馈		0-25-50-75-100
• 管理评审体现了持续改进的精神		0-25-50-75-100
管理职责总平均得分：		

2．资源管理

认证内容	观察记录	等级评分
——总则		
• 供应商企业及时提供质量管理所需资源		0-25-50-75-100
——人力资源		
• 质量管理体系中相关人员技能等合格		0-25-50-75-100
• 有程序界定培训需求、培训计划、培训评估等		0-25-50-75-100
• 所有人员经培训掌握相应的质量管理体系的要求		0-25-50-75-100
• 所有人员了解相应的质量职责		0-25-50-75-100
——信息		
• 有信息管理程序		0-25-50-75-100
• 与本公司有关的信息资料的维护和保管		0-25-50-75-100
• 信息手段		0-25-50-75-100
——基础设施与工作环境		
• 工作设施、办公场所		0-25-50-75-100
• 办公设施、设备(软硬件)		0-25-50-75-100
• 设施的维护		0-25-50-75-100
• 健康、安全状况		0-25-50-75-100
• 工作场所的空气、照明、噪声情况		0-25-50-75-100
• 工作场所的废物处理		0-25-50-75-100
• 工作时间及班次		0-25-50-75-100
资源管理总平均得分：		

3．过程管理

认证内容	观察记录	等级评分
——总则		
• 供应商确定了实现产品的相应过程		0-25-50-75-100
• 明确各过程之间的关系、考虑质量计划的影响		0-25-50-75-100
• 过程实施控制到位		0-25-50-75-100

续表

认证内容	观察记录	等级评分
·过程实施能满足顾客要求		0-25-50-75-100
·过程实施和检测所需的信息畅通		0-25-50-75-100
·过程控制和检测的结果被作为质量记录		0-25-50-75-100
——与顾客相关的过程		
·本公司需求已明确界定		0-25-50-75-100
·满足本公司需求的过程包括产品质量、供应保障、价格、支持和配合等内容		0-25-50-75-100
·在接受本公司的任何要求前，都经过相应的评估		0-25-50-75-100
·供应商企业能够满足本公司的质量、交货等变化需求		0-25-50-75-100
·供应商企业有完备的程序指导顾客投诉等运作		0-25-50-75-100
·供应商企业主动、积极参与本公司提出的改进项目		0-25-50-75-100
——设计与开发		
·供应商企业有计划并能够控制相应的产品开发		0-25-50-75-100
·供应商企业产品开发过程定义合理、清楚		0-25-50-75-100
·产品开发过程中的各环节、各部门配合得当		0-25-50-75-100
·产品开发考虑了顾客、法规、环境的需求		0-25-50-75-100
·产品开发过程与结果能够满足顾客、法规、环境的需求		0-25-50-75-100
·产品开发过程中信息、文件控制到位		0-25-50-75-100
·产品开发过程中的软硬件设施保障有力，与本公司要求匹配		0-25-50-75-100
·设计与开发过程中有论证阶段		0-25-50-75-100
·设计与开发过程中实施了有效性测试		0-25-50-75-100
·设计与开发过程中设计变更控制到位、记录齐全		0-25-50-75-100
·供应商企业能满足本公司对产品、工艺提出的特殊要求		0-25-50-75-100
——采购		
·采购过程受到有效控制		0-25-50-75-100
·采购过程控制方式取决于所采购的产品和服务		0-25-50-75-100
·供应商企业实行供应商认可评审制度		0-25-50-75-100
·采购文件有程序指导并进行有效控制		0-25-50-75-100
·采购过程有质量、工程等部门协作共同实施		0-25-50-75-100
·采购的产品或服务在接收前经过检验		0-25-50-75-100
·供应商企业的主要供应商能配合开展质量改进		0-25-50-75-100
——生产与运作		
·供应商企业对生产与服务运作有计划、有控制		0-25-50-75-100
·本公司的订单要求被合理地转换成相应的生产计划		0-25-50-75-100
·生产工艺流程布置合理		0-25-50-75-100
·生产工艺文件、作业指导书、生产控制和检验机制到位		0-25-50-75-100

续表

认证内容	观察记录	等级评分
•生产设备、设施合理，维护正常		0-25-50-75-100
•生产环境、工作环境舒适		0-25-50-75-100
•测量、监控设备合理到位		0-25-50-75-100
•生产过程中的产品和在制品等标识明确、可追溯性强		0-25-50-75-100
•对本公司提出的特殊标识要求能在生产过程中实施到位		0-25-50-75-100
•供应商企业能妥善维护本公司提供的检测设备、模具等		0-25-50-75-100
•生产、包装、运输、储存过程的储运手段合理到位		0-25-50-75-100
•产品交货前的认可验收方法、设施到位		0-25-50-75-100
•所有生产设施与过程正式使用前经过认可验收		0-25-50-75-100
•产品、设备、人员、生产过程等认可验收文件齐备		0-25-50-75-100
•生产和交货过程中对本公司提供的相关文件维护使用到位		0-25-50-75-100
•生产及交货过程中所用的加测设备数到有效控制、计量和维护		0-25-50-75-100
•检测设备的使用、维护有效		0-25-50-75-100
•检测与测试软件在使用前经过测试验收，使用时得到合理的维护		0-25-50-75-100
•所有设施、设备的计量符合要求		0-25-50-75-100
过程管理总平均得分：		

4．监测、分析与改进

认证内容	观察记录	等级评分
——总则		
•明确、计划并实施监测、分析和改进过程，确保质量体系、各种过程及产品和服务符合客户和本公司要求		0-25-50-75-100
•监测的方式、时间、地点及频率明确		0-25-50-75-100
•定期评估监测实施的有效性		0-25-50-75-100
•供应商企业明确并使用了有关的统计技术		0-25-50-75-100
•PDCA 循环及相应的质量工具得到有效运用		0-25-50-75-100
•分析数据及改进结果作为管理评审过程的依据		0-25-50-75-100
——监测		
•顾客要求作为建立质量管理体系中监测过程确定的依据		0-25-50-75-100
•供应商企业有效地计划、实施了质量体系内部审核		0-25-50-75-100
•供应商企业用于监测过程的方法得当，能满足本公司及相关顾客的要求		0-25-50-75-100
•监测实施记录的结果理想，能满足本公司及相关顾客的要求		0-25-50-75-100
•不符合要求的产品、服务或过程能得到控制，并能及时有效地纠正		0-25-50-75-100

续表

认证内容	观察记录	等级评分
·不合格产品或项目包括废品的实际处理符合要求		0-25-50-75-100
—数据分析		
·有程序指导质量管理体系中的数据分析		0-25-50-75-100
·数据采集来源于监测及相关的活动		0-25-50-75-100
·数据分析应提供以下信息：质量管理体系的适用性、有效性和足够新；过程运作趋势；顾客满意度；过程与产品的特点和性质		0-25-50-75-100
·对本公司提出的有关产品、服务等数据和信息的分析、报告能及时到位		0-25-50-75-100
—持续改进		
·供应商企业质量管理体系体现了持续改进的要求		0-25-50-75-100
·供应商企业制定了有关程序，明确了质量方针、目标、内审、数据分析、纠正与预防行动及管理评审等用于推动持续改进		0-25-50-75-100
·能配合本公司开展有计划的及临时的改进活动		0-25-50-75-100
·有相应的过程或程序控制指导不合格项目的发生		0-25-50-75-100
·有相应的过程或程序控制指导顾客投诉		0-25-50-75-100
·有相应的过程或程序控制指导潜在不合格项目的发生		0-25-50-75-100
·质量管理体系的记录即数据分析结果、顾客的反馈被作为制定预防措施的依据		0-25-50-75-100
·预防措施和计划实施到位		0-25-50-75-100
·过程质量、产品质量、顾客反馈等呈现良好的改进趋势		0-25-50-75-100
·持续改进在成本、效益等方面的体现		0-25-50-75-100
·持续改进活动由全员参与		0-25-50-75-100
监测、分析与改进总平均得分：		
供应商质量体系认证总平均分：		
认证评价结果和结论：很差(0～30 分)；差(31～50 分)；一般(51～60 分)；良好(61～80 分)；优秀(81～100 分)		

2．客户企业提供的供应商质量认证方式

客户企业对可能的潜在或备选供应商实行质量认证是必要的，这是一个规范的过程，通过认证以确定和评估供应商的质量保证、交付和服务能力。供应商通过认证意味着具备了成为客户企业备选供应商的基本资质。认证内容可根据不同企业特征和对供应商的不同要求而定，一般认证评价的主要内容包括以下几个方面(徐杰等，2014)。

(1) 供应商的基本情况。①基本业务资格，包括供应商经营成果报告、企业营业执照、生产经营许可证、信用评级审核、税务登记证书。②企业经营环境。所在国家的政治、经济、法律环境的稳定性，进出口限制政策，货币可兑换性，近年来的通货膨胀情况，基础设施建设水平，地理限制。③企业在同行业中的信誉和地位。企业产品质量、交货可靠性、交货周期和灵活性、客户服务支持、成本等项目的行业评价。④企业销售情况。近几年企业销售量及趋势、人均销售量、本公司产品产量占行业总产量的比例。⑤企业现有的紧密的合作伙伴关系。这包括与客户、供应商或竞争对手的关系。⑥地理位置。这是指与本公司的距离、海关通关的难易程度。⑦企业员工情况。员工的受教育程度、出勤率、流失率、工作时间、平均工资水平、生产工人占员工总数的比例。

(2) 供应商的企划和组织管理情况。①企业经营战略及目标，以及明确的发展愿景、价值观和企业文化。②企业管理的组织架构。包括各职能部门的功能分配，部门之间的协调情况。③员工的培训及发展情况。④对供应商的管理战略及情况。

(3) 供应商的财务管理情况。①价格评估，包括供应商企业会计报告、财务管理信息、企业产品成本结构；②近几年的财务状况，主要包括各种会计报表、银行报表、企业经营报告等。

(4) 供应商的质量体系及质量保证情况。①质量管理机构设置及功能情况。②质量管理体系及相关制度，主要包括质量保证文件的完整性与正确性、质量管理的目标与计划、质量审核情况、与质量相关的培训情况、通过 ISO 9000 认证情况。③产品质量水平，包括产品质量、过程质量、供应商质量情况和顾客质量投诉的处理。④质量改进情况，包括与顾客的质量协议、与供应商的质量协议、是否参与顾客质量改进、是否参与供应商质量改进、产品质量改进措施、质量成本控制情况、是否愿意接受顾客的质量审核。

(5) 供应商的产品设计、工程和工艺情况。①相关机构的设立和职责，包括供应商科研组织设计。②研发技术和工程人员的能力，包括工程技术人员受专业教育的程度、工作经验、产品研发水平、生产工艺技术水平、工程人员流失情况。③产品技术和研发能力，包括主要人力物力资源投资、新产品开发速度和能力、产品质量提高、新产品和新技术、主要生产设备和检测设备的研究、应用和库存状况。④开发效果和设计情况，包括开发设计的试验情况、与客户共同开发的情况、与供应商共同开发的情况、产品开发周期和工艺开发程序、对客户资料的保密情况。

(6) 供应商的生产情况。①生产机构的职能和设置情况。②生产工艺过程情况，包括工艺布置、设备的可靠性、生产工艺的改进、设备利用率、工艺的柔性、作业指导情况、生产能力等。③生产人员情况，包括职工参与生产管理的程度、生产的现场管理情况、生产报表和信息的控制情况、外协加工情况、生产现场环境情况。

(7) 供应商的物流管理情况。①物流相关机构的设立情况。②物流管理系统的建设情况，包括物流管理、物料的可追溯性、仓储条件和管理、仓储量、MRP 系统、DRP 系统等。③发货交单情况，包括发货交单的可靠性和灵活性、及时供应能力、包装和运输情况、交货的准确程度。④物流服务提供商的情况，包括服务商的选择和审核情况、服务商绩效考评情况、服务商的分类管理情况、服务商的改进和优化情况。

(8) 供应商对市场和客户服务支持的情况。①相关机构的设置情况。②交货周期和条件，包括正常交货的周期、紧急交货的周期、交货与付款的条件、保险与承诺。③价格与沟通情况，主要包括合同的评审、降低价格和成本的态度、电子邮件和联系手段、收单与发货沟通的情况。④顾客投诉与服务情况，包括顾客投诉的处理程序、顾客投诉处理的反应时间、顾客的满意程度、售后服务机构、顾客数量及伙伴顾客的数量。⑤服务质量评价、主要包括交货时间、合同履行状态和售后服务的质量。

(9) 供应商的环境管理情况。①环境管理机构的设置和职能情况。②环境管理体系，包括环境管理的文件系统、环境管理方针和计划。③环境控制的情况，包括环境控制的运作、沟通和培训；环境监测、应急措施；环境管理体系的认证和审核情况。

12.2.2 供应商资质审核

传统的供应商管理，一般有以下两种模式：一种是经验主义型，企业往往没有全面的供应商管理体系和质量认证，单凭采购成本来判断供应商的准入资质，不能保证供应商能够按照企业的要求来供货；另一种是形式主义型，由于大多数供应商都建立并通过了相关质量体系标准认证(如 ISO 9000 系列认证)，但并没有真正持续地按照质量体系标准来执行，这时候企业如果还单凭这种表面化的质量体系来考核和要求供应商，结果往往是供货质量和时间并不能满足企业的需要。这两种倾向都不利于供应商管理(李建东，2007)。

供应商质量审核和管理流程包括这样一些阶段：①初始准入阶段的质量审核，是引入新供应商之前的质量审核，包括初始条件识别、小规模抽样检验和小规模试生产、质量能力检验、评估和确认。例如，初始条件识别主要检查供应商是否拥有营业执照，是否获得质量认证、生产许可证和企业一般信息等资格认证文件。②进货质量控制(Incoming Quality Control, IQC)是供应商质量审核的一个必要且重要的内容。常用的方法是质量检验和验收时验收货物。③年度质量审计，跟踪评估惯例性的和常规商品的质量和供应绩效。

企业通过建立供应商质量审核体系和审核制度，形成供应商质量管理的动态管理系统，这主要包括：要设立供应商准入条件，建立供应商申请准入资料库，建立供应商资质认证和资信档案，实行供应商准入制度；对潜在的和现有的供应商进行定期的质量审核和分析，最终选择最合适的供应商，考评并及时淘汰不合格供应商。对供应商的质量审核可分为四个级别，如图 12-8 所示。

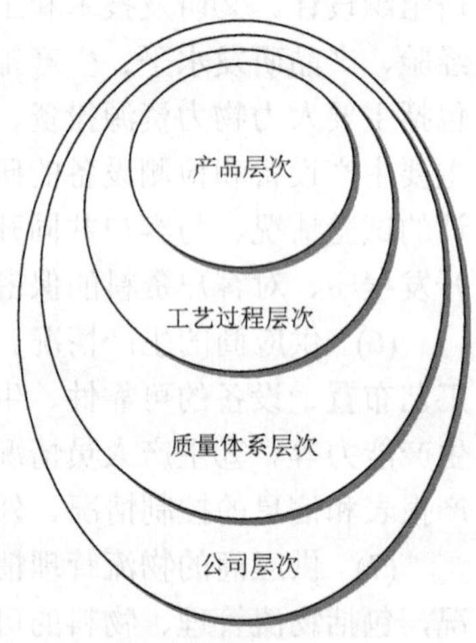

图 12-8 供应商质量审核层次

(1) 产品层次审核。确定、改进和提高供应商的产品质量，审查和批准供应商的产品或原型、样品，并在供应过程中检查进货材料。

(2) 工艺过程层次评审。针对在质量上对生产技术和工艺水平有很强依赖性的商品，着重审查工艺过程，并对生产现场进行验证确认。

(3) 质量保证体系层次审查。参照 ISO 9000 系列标准或其他质量标准对供应商的整个质量管理体系或流程进行检验和验证。根据质量审核结果，提出不合格项目；由供应商提出纠正措施；对效果进行检查评估，如表 12-9 所示。

(4) 公司层次审核。这是指对供应商经营管理水平、财务与成本控制、计划制造系统、工程设计和流程能力，以及整个供应商企业所涉及的其他管理过程的审核。公司层次的质量评审内容如下。①供应商的经营状况：供应商经营的历史、负责人的资历、注册资本金额、员工人数、完工绩效记录、主要客户、财务记录。②供应商生产能力：生产设备先进性、生产能力利用率、厂房、生产作业人员。③技术能力：产品研发技术和开发周期、工艺技术、技术引进和技术合作、技术人员数量。④管理制度：生产流程设计、产出效率、物料控制、生产计划、采购作业。⑤质量管理：质量管理方针政策、质量管理制度的执行和落实、质量管理制度手册、质量保证方案、质量检验目标、政府机构的质量等级鉴定书、ISO 9000 质量认证情况。如福特公司的供应商质量审核体系如表 12-10 所示。

表 12-9　供应商质量体系年度审核纠正措施报告

供应商质量体系年度审核纠正措施报告　　(报告编号：　　　　　)
供应商名称： 审核日期：　　　审核人：　　　　被审核单位代表：
不合格项目描述：(由审核人填写)
纠正措施(由被审核单位填写) 1.短期措施：(如何、谁、何时) 2.长期措施：(如何、谁、何时) 措施提出人签名：
跟进结果(被审核单位填写)
跟进结果(审核人员填写)
结论：该纠正措施已(未)实施到位，下一步行动

表 12-10　福特公司对供应商质量的审核体系

项　目	行动计划(月) 1 2 3 4 5 6 7 8 9	项　目	行动计划(月) 1 2 3 4 5 6 7 8 9
1. 组织机构		11. 过程检验	
2. 计划		12. 最终检验	
3. 文件及工艺变化管理		13. 抽样作业指导	
4. 制造设备控制		14. 不合格项	
5. 生产程序作业指导		15. 质量与检验状态	
6. 检验程序作业指导		16. 物料处理	
7. 标准		17. 人员培训	
8. 检验手段		18. 文件与登记	
9. 采购件的质量保证		19. 纠正措施	
10. 过程参数		20. 对供应商的检验	
分类		要求得分	
A1. 合格		825～855	
A2. 合格，仍有改进余地		755～820	
B1. 可接受		645～750	
B2. 有保留接受		535～640	
C. 不可接受			

12.3 供应商关系管理

在供应链管理背景下，许多公司比以往更加强调供应商关系管理(Supplier Relationship Management, SRM)。供应商关系管理应以采购的货物和供应商的细分为前提，通过对商品和供应商的划分确定重点领域；然后根据不同的供应商类别和等级，在合同签订、支付条款等方面对不同的供应商采取相应的采购政策。换句话说，SRM 的基础是供应商分类和排名，必须将供应商关系分为不同的类别，根据各供应商对本公司经营影响的大小设定优先次序，区别对待，以利于集中精力重点改进、发展最重要的供应商。

供应商关系管理有时候与供应商管理等同看待，比如在有些企业采购信息管理系统中，供应商关系管理模块也就包括了对供应商管理过程的全部内容，包括供应商信息收集、选择供应商、供应商审核体系的建立、供应商谈判、供应商绩效考评等系列工作。可见，供应商关系管理在供应商管理中的地位和重要性。

12.3.1 供应商关系趋势

供应商管理中的“关系”要素是指企业要决定同供应商建立何种关系以及怎样建立这种关系的问题。对于实施战略采购的物品，企业应该同供应商建立深层次的战略伙伴关系。为此，可通过两个阶段来发展战略伙伴关系：初期合作关系和稳定的战略伙伴关系。在初期合作阶段，双方建立信息平台和沟通机制，采购方将采购数量及交货时间等报表提交给供应商，共同分析这些数据，培养合作的默契感和信任度。时机成熟后，再过渡到较高层次的稳定的战略伙伴关系：采购方企业将自身的活动与供应商集成起来，将供应商作为自己的制造部门来控制，或者建立联合小组共同参与产品开发设计，双方相互促进，共享利益和分担风险，达到双赢的目的。

供应商关系管理是一种新的管理思想，目的在于改善企业与供应商之间的关系。它是围绕企业采购业务的相关领域，通过与供应商建立长期的紧密的业务关系，整合双方资源和竞争优势来共同开拓市场，降低产品成本，实现“双赢”的企业管理模式。现代采购中供应商关系管理体现以下特点：SRM 是供应链上企业与上游成员之间的接口；SRM 可以增强企业和供应链的核心竞争力；SRM 的发展创新了企业间的合作模式；新型供应商关系体现了从过去的对立关系向合作关系转变的总体趋势，如图 12-9 所示。

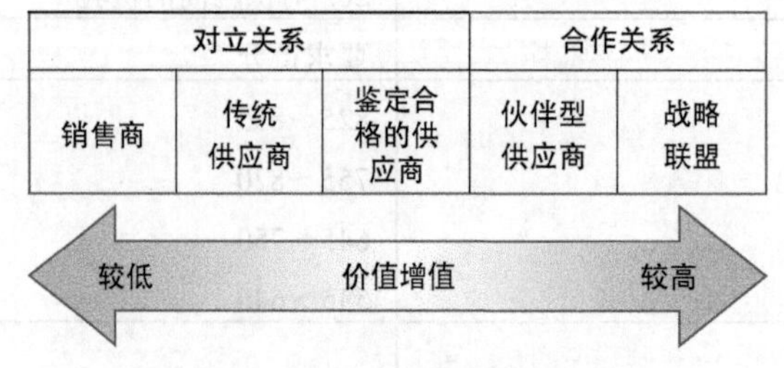

图 12-9 供应商关系发展的基本趋势

供应商作为伙伴和作为对手的对比如表 12-11 所示。有资料显示，日本汽车制造商与供应商企业之间建立交易关系约占 48%，伙伴关系约占 45%，两者都占较大比例。然而，交易性供应商业务在汽车总销售额中的比重只占 18.9%，而伙伴型供应商业务在汽车总销售额中的占比高达 60%。不可转置的资本装备采购，交易性供应商占 13.2%，低于伙伴型供应商的 30.6%，在供应商分享机密信息的程度、供应商分享详细成本数据的程度、汽车制造商帮助供应商降低成本的程度、汽车制造商帮助供应商改进质量的程度等方面，交易供应商也都比伙伴供应商的比例低，这些情况都说明伙伴供应商在供应链中的重要性在增强。

表 12-11　采供关系模式转换和比较

考虑因素	对手关系(传统交易模式)	伙伴关系(供应链模式)
供应商数量	许多，使其相互竞争	一个或几个
关系维系时间 低价格	短暂，市场反应 主要考虑因素，最低价格	长期 重要性适中，采购总成本
可靠性	可能不高	高
公开程度	低	高
质量	买方观点，产品规格导向	确保供应源，供应商认证，最终用户导向
业务量	小，供应商多	大
位置	非常分散	由于生产周期和服务而靠近
柔性	比较低	比较高
风险态度	避免麻烦	机会最大化
责任划分	采购方责任	职能交叉小组，高层管理者参与
决策层次	战术	战略
信息沟通	双方几乎没有信息沟通	双方共享数据，互通长短期计划

12.3.2　供应商分类管理

供应商类别管理是指根据采购商品对公司的重要性、采购商品的数量或采购所花费的金额，将供应商分为不同的群组。供应商类别管理是企业进行供应商管理的前提环节，只有基于供应商细分，企业才能根据供应商的不同情况，包括建立合作关系、在企业之间共享信息、分配采购订单、确定合作程度等情况进行不同的管理。

可根据不同的基准对供应商进行分类，其中，对供应商关系分类至关重要的影响因素有四个：①所采购部件的战略重要性。如独家占有的技术秘密，对竞争差异化至关重要，最好内部生产或者与有能力的供应商建立密切联盟。而大多数维护、修理和运行(MRO)用品几乎没有战略价值，因而极少与 MRO 供应商建立紧密关系。②能够提供部件或服务的供应商的数量。如果只有一个供应商，企业必须与其保持密切关系。③复杂性。复杂性是指采购部件与最终产品之间的界面的复杂性，以及供应商自身的复杂性。④不确定性。如果一种采购关系会造成高度的不确定性，那么就应该发展更密切的关系。

为了简化供应商分类管理，经常使用一些简单的供应商分类方式。例如，最简单的是把供应商分成普通供应商和重点供应商，这种做法比较简单，但可能对供应商不具有很好的区别性。

ABC 分类是一种常用的方法，它按货物花费的采购金额将采购货物分为 A 类、B 类和 C 类三类，相应地，它们的供应商也被分成 A 类、B 类和 C 三类。有些研究根据在一个供应商处的采购金额占整体采购金额的比例间接地将公司的供应商划分为 A、B、C 类别。类似 ABC 分类法，有的公司把供应商分成市场交易型、伙伴型、战略联盟。例如某石化公司对供应商按其交易物料进行分类管理，如按设备、电气、仪表、管配件、材料、备品备件和非标物料等划分供应商；同时，根据供应商与公司的关系把供应商划分为公司内部供应商(一级供应商)、公司关联供应商(二级供应商)和公司外部供应商(临时供应商)。

由 Kraljic(1983)最先提出的采购组合分类，根据供应风险和潜在收益，将采购的商品分为战略、瓶颈、杠杆和正常货物四个类别，相应地，将供应商分为战略、瓶颈、杠杆和一般类别的供应商，如图 12-10 所示。这四类供应商也可以称为商业型、重点商业型、优先型、伙伴型；或者根据供应商的业务规模和经营品种，将供应商分成低量无规模(非关键)、专家级(瓶颈)、量大品种多(杠杆)、行业领袖(战略)。

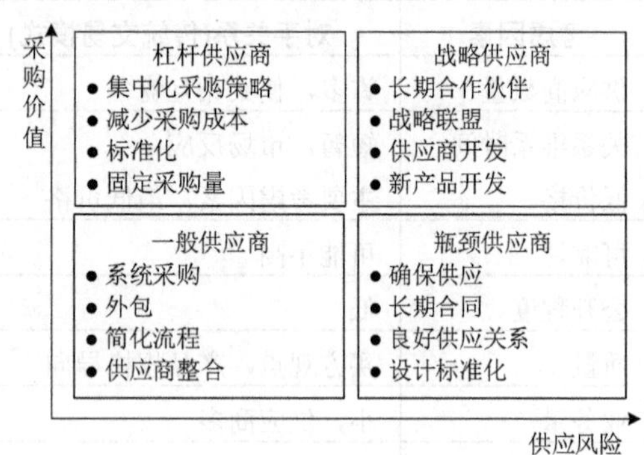

图 12-10　供应商组合分类与管理方法

此外，有些企业对供应商细分得比较复杂，如短期目标型(交易型)、长期目标型(合作伙伴)、渗透型、联盟型、纵向集成型。多分类法还有商业型、重点商业型、优先型、关键优先型、伙伴型、战略联盟型。

供应商关系谱认为供应商关系是一个连续的关系谱系，比如，不可接受的供应商、可考虑的潜在供应商、已认可的供应商、需持续接触的供应商、运作相互联系的供应商、共担风险的供应商、自我发展型的伙伴供应商，它们形成了一个连续的系列。

然而，不管将供应商关系细分成多少种类型，所选择的供应商关系类型应该与所采购部件以及市场的特性相适应。为应对全球化、外包和科技的发展趋势，核心企业已经采取明显不同的方式来管理它们的供应商，一些企业推崇伙伴关系和战略联盟，而其他企业则致力于充满竞争的在线世界，如表 12-12 所示。

表 12-12　供应商关系发展系列

关系类型	市场购买	发展中关系	合作伙伴关系	战略联盟	后向一体化
关系性质	保持距离	中期合约	长期合约	长期合作关系	拥有供应商的产权
信息分享	清楚的零件说明	一定程度的信息共享	广泛的信息共享	信息和计划的完全共享	信息和计划完全共享
竞争关系	与竞争对手有很多业务	与竞争对手有一些业务	限制与竞争对手的业务	严格限制与竞争对手的业务	与竞争对手没有业务
管理方式	可通过计算机交互	良好的关系管理	提高的信任度	广泛的信任和融合的文化	同一种企业文化

1. 市场交易关系

市场采购是指在广泛的市场上通过竞争(如竞标、拍卖)的方式采购所需要的物料和服务。一家生产企业往往需要从数百家供应商处采购数千种原材料或产品，直接从市场上进行采购仍然占据较大的比例，这种采购方式虽然面临许多风险，但仍然是一种广泛应用的有效的采购方法，如表 12-13 所示。

表 12-13 市场交易性采购的利益和风险

采供双方	收 益	风 险
供应商	• 接触到新的业务 • 利用多余的产能 • 获得投标的知识	• 降低利润 • 改进活动的投资降低 • 新软件的启动成本
购买方	• 降低单位成本 • 较少交易和加工成本 • 响应更快	• 降低质量 • 产品规格不准确 • 长期内只有较少的供应商 • 疏远供应商

传统的电话和传真采购转向基于网络的在线采购，市场采购和交易性供应商得到迅猛发展，从用于间接采购的价目表到用于大量物资直接采购的拍卖，都将在未来数年内繁荣兴盛。网上采购已经成为一种典型的市场采购方式，但是人们忽略了进入每一项竞标或竞价活动之前的准备工作及投入的时间，例如编写全面细致的报价请求说明书；事先寻找资质好的供应商，了解其成本结构和能力。

2. 建立双赢的合作伙伴关系

20 世纪 80 年代，日本公司通过与供应商建立密切的合作伙伴关系，实现了优质、快速交付、持续改进等采购目标。20 世纪 90 年代，世界许多大公司追随合作伙伴关系模式，使供求关系逐渐摆脱了传统模式，采购组织与供应商建立紧密的合作伙伴关系开始风靡全球。

采购组织与供应商成功建立合作伙伴关系具有一些明显的指标，如正式的沟通流程；有用的信息共享；共担风险和机会；双方共同盈利；非依靠个人的稳定的关系；总拥有成本基础上的非对抗性谈判；员工道德和商业操守的可靠性；指导供应商的改进，致力于供应商的成功，对供应商绩效给予持续的具体的回馈。

采供双方建立合作伙伴关系的工作方法和条件如下：①减少供应商基数。其合理性在于更少的供应商数量有助于减少成本，以及更高效地管理供应商。②建立互信的交易基础，如公平、公正、合理；尊敬、廉洁、言行一致。③营造无障碍的沟通环境，如诚恳地双向沟通，分享信息；了解彼此的文化差异；从基层员工到高层主管达成共识；从愿景到技术/产品发展广泛的沟通领域；形成主动积极的做法，一起解决问题。④供应商早期参与(ESI)。在规格开发过程的初期，邀请具有伙伴关系的供应商参与买方的产品设计团队协同工作；运用供应商的专业知识和经验来开发设计；降低成本，加速产品上市时间。⑤准时付款是采购应遵循的最基本原则，以金钱与供应商交换货物或服务。从供应商的角度来说，这是对合约履行的承诺，有助于获得供应商的最佳配合。⑥对供应商进行教育和训练，视供应商为外在工厂的延伸；与供应商拥有共同的语言；将帮助供应商视为一种投资。⑦联合进行持续性改善，达成目标共识。这是衡量绩效的最佳方法，供应商认证程序的重要环节。

3. 战略联盟

战略联盟是两个贸易伙伴之间的一种深度合作关系，这种关系包括多个职能领域的交互：从工程设计和市场营销到生产计划、库存决策和质量管理，企业为这种关系设立了许多目标，如降低成本、改进质量、更好的交付绩效或提高引入新产品的柔性。如图 12-11 所示，传统的采供关系呈现蝴蝶图形，其中贸易伙伴之间只有一个交互点，即采购人员与供应商的销售人员；而钻石图形表示战略联盟中所能看到的联系，其中有多个交互点。

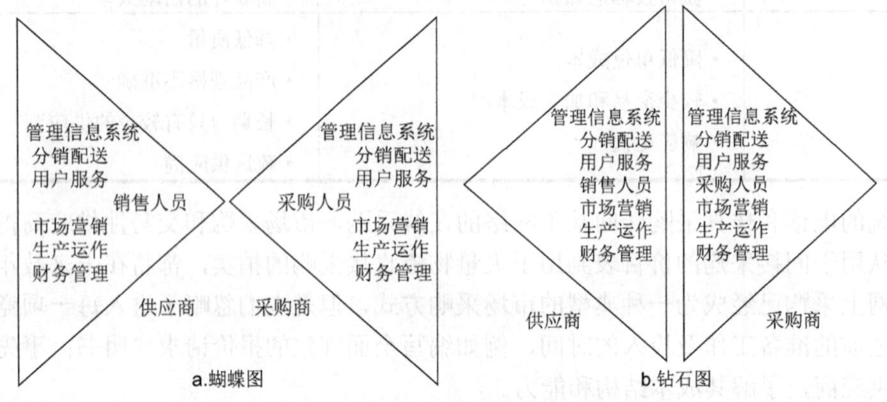

图 12-11　传统供应商关系和战略联盟

Dyer 等(2001)研究发现，到 2001 年全球 500 强企业已经平均各自拥有 60 个主要的战略联盟，一家大型消费品零售巨头的采购主管希望所有主要供应商关系成为战略联盟。维持战略联盟关系，需要建立一个联盟协调管理部门，拥有这种部门的企业在战略联盟上的成功率达 63%，没有这种部门的企业成功率只有 49%。

战略联盟能够给企业带来利益，也可能存在风险，如表 12-14 所示。战略联盟趋向垄断，采购商应该适当引入更多竞争元素，对每种部件应该尽量维持不止一个供应商；通过与供应商密切合作改善效率和成本，促使供应商持续支持联盟。战略联盟中的供应商应该努力维持竞争能力，即使不存在竞争对手威胁，也不应利用其垄断地位。供应商的明智做法是时刻保持竞争性压力，确保与客户之间的互利双赢。

表 12-14　战略联盟的收益和风险

采供双方	收　益	风　险
供应商	• 锁定业务 • 提高技能和能力 • 进行长期投资的计划 • 更高的利润	• 得到新业务的机会受限，尤其是与联盟伙伴的竞争对手的新业务 • 产能被合作伙伴锁定

续表

采供双方	收　益	风　险
购买方	• 降低总体成本 • 提高质量 • 响应更快、交付改善 • 供应商加入新产品开发 • 高度熟练的供应商基础 • 只需管理更少的供应商	• 增加与每个供应商的交易成本 • 供应商成为垄断性的，响应性减低 • 一个供应商的滞后，影响整体竞争力

12.3.3 供应商分级管理

虽然供应商分级(Supplier Ranking)和供应商分类有时没有区别，但它们确实不同。前者是根据采购货物的特点确定所有供应商的关系类别；后者是基于供应商对一类采购商品的绩效对供应商进行等级划分。例如，假设有一些战略供应商与战略货物连接，它们是一类供应商，但它们有不同的业绩，因此这些战略供应商可以被列为优秀、良好、好、一般、差。一般来说，特别出色的供应商会得到奖励，而表现较差的供应商会受到惩罚，甚至被拒绝。

供应商评级可能在实践中的说法不同，但一般可以评定为从无法接受的供应商到卓越的供应商四个等级。①无法接受的供应商。无法接受的供应商不能满足采购方的组织运作和战略需求。正常情况下，组织都会选择终止与无法接受的供应商的合作，并代之以更好的供应商。②可接受的供应商。可接受的供应商能够满足合同约定的当前运作要求。但可接受的供应商不具备更强的额外竞争力，它提供的工作很容易被替代，因为其他供应商也能轻易地做到这些工作。③优先供应商。优先供应商可以满足采购组织的所有运作需求和部分战略需求。采供双方通常共有一套基于电子的整合系统或处理过程，能够加速信息传递，避免不必要的重复工作；双方共同努力改善绩效，消除不增值活动。④卓越的供应商。卓越供应商在采购组织的供应库中具有特殊地位，它们能够预测并超额满足采购方的运作和战略需求。特殊的供应商像特殊顾客一样需要珍惜，采购方与特殊供应商一起尝试各种新的管理方法，为未来供应管理和供应商关系趋势拟定目标，从而形成巨大的竞争优势。

例如，某公司虽然注意到对供应商进行分类管理，但忽视了对供应商进行分级管理的重要性，给企业带来不良后果。该公司对所有供应商均采取一视同仁的管理办法，没有根据供应商的级别有针对性地制定管理策略，没有探索出适合不同级别供应商的管理模式，甚至连对供应商的考核评价体系也是通用的，因此大量占用了企业有限的管理资源。比如，A 级供应商，由于其管理严格、技术实力雄厚、设备充沛先进，很显然，它的投入大、管理成本高，整体成本自然就会高一些，故其在报价上就会显得偏高；B 级供应商，大多是中等规模的供应商，报价可能居中；C 级供应商，规模偏小、管理成本低，报价就偏低。如果这三家供应商同时来竞标，在三家产品都可以满足用户需求的情况下，C 级供应商自然中标的可能性较大，然而，这显然不太合理，选择 C 级供应商可能给企业带来更大损害(王新军，2009)。

12.3.4 管理供应商关系

确定了供应商关系类型之后，就要积极地管理这些关系。供应商关系管理过程包括建立、维持、终止几个阶段，重点是对供应商关系采取控制、改善或淘汰等策略。对那些在质量、交付、周期时间、延迟交货、总成本、服务、安全及环保等方面都没有达到最低绩效标准的供应商，应将其剔除供应库。

从传统上看，商业界和学术界在如何管理供应商方面有两种相反的观点：一种观点是与供应商保持正常交易，即对供应商的依赖程度降到最低，而公司讨价还价的能力上升到最高程度；另一种观点是合作伙伴关系，它建议公司与供应商建立密切的关系。但如今，越来越多的公司和学者已经重新强调，基于对供应商的战略细分，供应商关系应有区别地管理。

国外研究表明，对于建立供应商合作伙伴关系，有支持者，也有怀疑者。建立供应商合作伙伴关系，美国人鼓吹，英国人贬损，日本人据说是实行或落实到行动上做得最好的，而中国企业理念和行动都不甚明朗。利用合作伙伴关系应当慎重，并非所有的采购员都认为合作关系要优于传统的竞争性交易。如果合作伙伴利用其优先关系破坏相互承诺和关系，就会带来比较严重的问题；在技术驱动的环境中，如何让合作伙伴对新技术的知识产权保守秘密也是一个很严重的问题。

在供应链管理背景下，更多的企业主张供应商和制造商之间的关系是合作伙伴，而不是竞争对手，因此，供应商管理应关注如何定位、构建和维持长期、战略性、“双赢”、与供应商分享利润和共担风险的关系。有关战略合作伙伴关系出现了一些新的概念，如供应链协作、战略联盟等，它们不再注重迫使价格下降，而是通过良好的关系给彼此创造更大的优势。

宜家公司和马士基公司的联盟和合作伙伴关系是一个非常典型的案例。全球著名的家具产品供应商宜家公司(IKEA，瑞典)是马士基公司极其看重的一个全球供应链协议伙伴。马士基公司(Maersk，丹麦)承揽宜家公司在全球 29 个国家，2000 多家供应商，164 家专卖店，10000 多种家具材料的物流任务。

两家公司长期的合作以及彼此在生意模式、价值观、商业目的等方面有许多相似之处，使其关系越来越紧密，并且相互感染。双方可以开放地谈判，一起协调成本，制定战略，谁都不愿意破坏这种亲密的关系。

随着宜家公司在中国的快速发展，马士基公司的办事处显然不能满足宜家的物流需求。经过努力，马士基将“有利集运”注册成了独资子公司。该子公司在中国上海等设立分公司和办事处，迅速扩张网络。

有文章评论，马士基公司的物流业务几乎是随着宜家公司的扩张而扩张的。只要宜家公司在新的地区找到了市场，马士基就立即扩张到那里。当然，在马士基物流的跨国发展链条上，不只连接宜家公司一个。因为物流是靠规模来经营的。马士基的全球合作伙伴，还有耐克、米其林轮胎、阿蒂达斯等公司。马士基公司就是靠不断地满足其合作伙伴的市场扩张需求来取得自身发展的。

12.4 供应商绩效管理

供应商考核主要是指供应商签订正式合同以后，在业务运作期间对供应商整个运作服务活动的全面考核。一般企业在选择评价供应商时存在较多的问题，供应商选择的标准不全面，大多只集中在评估要素的某一方面，如产品质量、价格、交货准时性等，没有形成一个全面的供应商评估体系，不能对供应商作出全面、具体、客观的评价。对供应商作出系统全面的评价，就必须有一套完整、科学、全面的综合评价指标体系。只有客观、科学地评估供应商，才能为流通渠道建设提供最大价值的产品和服务。供应商考核体系是企业对供应商进行综合评价的依据和标准，不同行业、不同环境下的供应商评价可能不一样，但基本上都会涉及供应商的业绩、设备管理、人力资源、质量控制、成本控制、技术开发、用户满意度、交货协定等方面。

供应商绩效考核与采购绩效考核不能等同，供应商绩效考核是以供应商为对象的考核，考核结果信息用于对供应商的评价和改进管理，而采购绩效考核是对采购职能或采购部门工作的效率和效果的考核，结果信息用于对采购职能、采购流程、采购部门和采购人员的评估和改进管理。然而，供应商绩效及其考核也应该属于整体采购绩效考核不可或缺的部分，而且是采购绩效考核和管理的核心内容之一。

12.4.1 供应商绩效考评

供应商绩效评估是通过采用特殊标准体系和特定流程，对供应商在一定时期内的有效性、效益业绩和未来发展潜力进行客观、准确、全面的判断和分析，以准确识别运营结果、促进供应商的改进。由于绩效评估是评估向购买者提供产品和服务的供应商的运营结果，因此绩效评估与供应商选择、质量管理和其他方面的评估不同，特别是表现在选择标准方面而不是方法方面。

根据从业者的经验，建立一个完整的供应商绩效评估体系是绩效评估和改进产生实际效果的直接的有效方法之一。这种评估系统可包括如图12-12所示的过程。

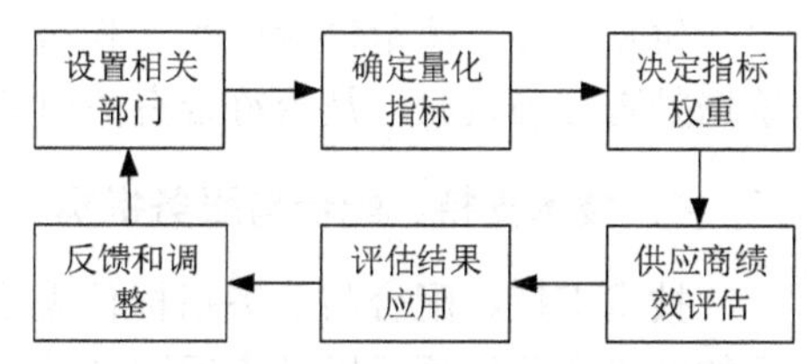

图12-12 供应商绩效评估过程和系统

供应商绩效考评主要是对现有供应商的实际表现进行定期的监测、考核，并将考核结果作为对供应商进行反馈管理的依据。传统的做法是对重点供应商的来货质量进行考评。当前具有国际水准的供应商绩效管理则不仅局限于对质量的要求，还有其他绩效标准。国际通用的供应商考评指标可以分成以下四类(徐杰等，2014)。

1. 质量指标

质量指标是供应商绩效的主要指标，主要考察供应商提供的产品的质量合格率或缺陷率。常用的质量指标如来料批次合格率、来料抽检缺陷率、来料在线报废率、来料免检率等，这些指标的计算方式如下：

来料批次合格率=合格来料批次/来料总批次×100%

来料抽检缺陷率=抽检缺陷总数/抽检样品总数×100%

来料在线报废率=来料总报废数/来料总数×100%

来料免检率=来料免检的种类数/该供应商供应的产品总种类数×100%

2. 供应指标

供应指标是同供应商交货表现以及企业管理水平相关的考核指标，其中最主要的供应指标如准时交货率、交货周期、订单变化接受率等。这些指标的计量方式如下：

准时交货率=按时按量交货的实际批次/订单确认的交货总批次×100%

交货周期=自订单开出之日到收货之时的长度(天)

订单变化接受率=订单增加或减少的交货数量/订单原订的交货数量×100%

3. 经济指标

经济指标是与采购价格、采购成本等相关的经济效益指标。多数企业考核经济绩效比较稳定，一般每季度考核一次。此外经济指标实际上更多的是定性指标，难以量化。具体的经济考核指标如价格水平、报价及时性、成本消减计划和行动、分享降价成果、付款条件等。

价格水平。通常是同本公司所掌握的市场行情比较；或根据供应商提供的成本结构和利润水平加以判断。

报价是否及时，报价单是否客观、具体、透明。报价指标能反映供应商相对应的交付和付款条件。

降低成本的计划及行动。评价供应商是否有意愿和实际行动配合采购商降低采购成本，或主动地开展降低成本的活动，制订成本改进计划，以及定期与采购方检讨价格。

分享降价成果。评价供应商是否将降低成本的好处，通过折扣或优惠等形式让渡给采购方，双方分享利益。

付款条件。衡量供应商是否积极配合采购方提出的付款要求和条件，货物发票和各种单据是否准确及时，是否符合有关财税要求。

4. 技术支持、配合与服务指标

技术支持、配合与服务指标体现了供应商的客户响应性与沟通、合作态度、参与本公司的改进和开发项目以及售后服务等。

响应表现：对订单、交货、质量投诉等反应是否及时迅速，并给予完整答复；对退货、挑选等是否及时处理。

沟通手段：是否有合适的人员与本公司沟通，沟通手段是否符合要求。

合作态度：是否将本公司看成是重要客户。

共同改进：是否积极参与本公司相关的质量、供应、成本等改进项目或活动。

参与开发：是否参与客户企业的产品、业务开发过程和其他相关开发项目。

售后服务：是否主动访问客户企业，征询客户意见，主动解决和预防问题。

其他支持：是否积极接纳客户提出的有关参观访问事宜，是否积极提供客户要求的新产品报价和送样；是否妥善保存与客户相关的文件，不泄露客户商业机密；是否保证不与影响客户切身利益的相关公司或单位进行合作等。

依据上述指标制定供应商绩效考核实施细则，从而使绩效考核评分定量化，如表 12-15 所示。

表 12-15　供应商考评指标评分实施细则

质量：批次合格率(满分 35 分)	得　分	交货：准时交货率(满分 25 分)	得　分
100%	35	99%～100%	25
≥99.5%	30	95%～99%	20
≥98.5%	25	90%～95%	15
≥97.5%	15	80%～90%	10
≥95%	5	70%～80%	5
＜95%	0	＜70%	0
价格(满分 20 分)	得分	服务支持(满分 20 分)	得分
报价合理具体透明	2	反应及时到位	5
价格具有竞争力	12	合作态度良好	3
不断降低成本	2	沟通手段齐备	3
让顾客分享降低成本的利益	2	共同改进积极	5
收款发票合格及时	2	其他	4

例如，国内某家电品牌制造商于 1996 年开始供应商的评价工作，目前该公司已建立了一整套供应商评价体系，供应商评价工作在保证稳定的供需合作关系、保证产品质量、降低生产成本、提高效益等方面发挥了巨大作用。公司对供应商的评价是分为十个大类进行的，包括材料采购类、部件采购类、生产设备采购类、检测设备采购类等。

公司将供应商评价的对象分为两类：一是现有供应商；二是潜在供应商。对现有供应商，公司每月做一次调查，着重就价格、交货期、进货合格率、质量事故、服务支持等进行评价，如表 12-16 所示，并且每 1～2 年做一次现场评价。对新供应商的评价方法要复杂一些，具体的过程是在公司提出对新材料的需求后，就会要求潜在的目标供应商提供其基本的情况，包括供应商概况、生产规模、生产能力、现有客户、贯标情况、安全认证、相关记录、样品分析等。

表 12-16　国内某家电制造公司的供应商综合绩效考评报告

细　则	满分	月　份											
		1	2	3	4	5	6	7	8	9	10	11	12
质量	35	23	24	24	28	30	33	33	32	33	34	33	33
交货	25	24	24	23	22	24	24	24	24	24	24	24	24
价格	20	14	14	14	15	15	15	15	14	15	16	17	17
支持	20	12	12	12	12	12	12	12	12	12	12	14	14
总得分	100	73	74	73	79	81	86	86	84	86	88	90	90

市场的情况是不断变化的，因此公司会不断地修订对供应商的评价标准。目前公司的供应商基本能做到 100%的合格率，因此评价的主要内容是价格。一般情况下要求供应商提供一个详细的成本分析表，即供应商的产品由哪些材料组成，成本构成情况如何。公司形成了一个长期评价的基本思路，即合格的供应商队伍不应该是静态的，而应该是动态的，这样才能引入竞争机制。

12.4.2 供应商控制和激励

对供应商绩效进行考评还是不够的，有必要上升到绩效管理层面。整个绩效管理过程不仅是对绩效进行考评，还包括对供应商服务过程进行控制和激励。

尽管许多组织在供应商管理过程中建立了类似于 ISO 9000 的质量认证体系，但是，一旦供应商成为合适的供应商并获得供货权利，诸如材料质量不稳定、供应能力与供应商在选择阶段所处的良好状态存在差距等一些问题仍可能出现。因此，评估供应商的日常绩效和控制供应商服务流程十分必要。

如果想让供应商保持长期出色的供应成就，给予供应商激励是另一个有用的工具。例如，中国一些家电巨头通常采取以下激励措施，以激励供应商：增加订单和业务机会、良好的供应商认可和奖励、免检产品、延长合作时间等。

企业是一个利益实体，企业之间的利益关系没有处理好，企业之间的合作关系就不容易达成。这种情况即使在很多家族企业身上也看到了例证，所谓“亲兄弟，明算账”，就是这个道理。在商业领域，仅仅依据非正式的人际关系层面来维系会很脆弱，互惠互利、共担责任和风险的利益关系才可以稳固，利益关系的维持需要建立制度和机制。制度是事先规定或协商好的办法、约定、协议、规范等，而机制分三类，就是解决机制、激励机制和约束机制。供应商管理和控制的方式有：竞争控制、合约控制、股权控制、管理输出、激励机制。以上各种方式有不同的优点、缺点和适用条件，如表 12-17 所示。

表 12-17 供应商控制和激励方式

控制机制	优 点	缺 点	适用条件
竞争控制	供应商之间的竞争有利于降低采购价格	有可能损害供应商的利益和供应质量保证	竞争性供应市场，普通采购和大宗商品
合约控制	明确利益、责任和风险分担，法律约束力	难以避免不完全合同，以及执行中的问题	广泛使用于战略性元件和非战略性采购
股权控制	产权控制，类似严格的内部行政体制	限制供应商的业务；增加采购商的投资负担	直接控制的离岸工厂和分支机构
管理输出	提供先进的管理经验和技能技术	企业核心知识有可能外泄，带来损害	支持伙伴供应商开发，提升供应商技能
激励机制	通过增加业务量和其他奖励调动供应商的积极性	激励不足，难以达到提升供应商积极性的目的	对绩效优良的供应商提供激励和奖励

12.5 供应商开发管理

在传统采购方式下，采购活动仅限于“购买商品”和“选择供应商”方面，存在着以下三大缺陷：①没有接触到包括研发、市场、调查等其他环节，缺乏“供应商开发”环节，造成很多时候都是在识别需求后才寻找供应商，增加了供应链系统的时间长度。②在供应商提供产品和服务的过程中，缺乏对供应商生产、管理过程的监督和协助解决问题的能力，往往造成所购产品质量得不到保证，或者不能按时交货。③对于采购回来的物料，仅仅跟踪到付款阶段，如果产生多余库存，往往认为不是采购所负责的内容(李建东，2007)。

随着供应商在供应链中战略地位的提升，有两种供应商管理模式可以解释采购和供应商之间的关系转变：一种是供应商选择模式，即根据客户对价格、质量、交货等方面的要求，挑选供应商；另一种是供应商开发模式，即将客户对价格、质量、交付等方面的要求，传递给供应商，并积极配合供应商一起加以实现。供应商开发(Supplier Development)越来越受到供应链经理的关注，但是，供应商发展的意义还存在不同的理解和解释。很多研究认为可能有两个意思，即潜在的供应商开发和现有的供应商开发。

12.5.1 供应商开发模式

在供应链管理环境下，企业不断地消减供应库，只与少量供应商保持密切关系。这样做的结果是企业对这些战略供应商依赖性增强，这些供应商变得比以往任何时候都更重要，特别是在成本削减、质量、准时配送和新产品开发方面为买方企业带来更大益处，同时供应商也从这种关系中获得好处，比如稳定的业务、长期的合同、产品全寿命周期支持等。建立在这种“双赢”的商务理念基础之上，供应商的发展对双方更有吸引力，买方企业越来越关注其供应商的绩效、能力和响应性，很多买方正积极介入供应商的业务，帮助供应商获得期望的绩效改善。

供应商开发的过程可以简单地描述为：为了满足企业短期或长期的供应需求，买方帮助供应商提高能力和改善绩效所作出的努力。

买方介入供应商的业务可以是直接的参与帮助，也可以是一种从外部对供应商施加影响。直接的帮助包括非正式的供应商评价和绩效改善请求；对供应商人员提供培训；对供应商的运营提供投资。买方利用外部市场增加影响对供应商提供了一种外部竞争压力，帮助其克服组织惯性，建立对供应商的激励机制，建立评价认证系统，这也是有效的供应商开发策略。从供应商开发的目标来看，短期的目标就是改善供应商的运作水平，这种开发方案集中于与供应商共同工作，来直接改善供应商有关成本、质量和交货方面的表现。长期的目标注重提高供应商的能力，从本质上讲，它是买方企图将自己的内部能力跨越组织边界转移给供应商。这种方法实现起来更加困难，但从长期来看这种绩效改善的幅度更大。

Handfield 等(2000)提出了供应商开发的七步流程图。

第一步，识别关键商品。根据 Kriljic 组合矩阵，关键的商品种类通常是战略重要性的、瓶颈性的商品，有很少的可替代物，有很少可供选择的供应商，具有供应风险高且采购价值大的特征，这些产品的供应商就是值得买方投入支持的目标。

第二步，识别关键供应商。不是所有的供应商关系都是合作伙伴，也有一般性交易供应商，同样的准则也适合供应商开发，并不是所有的关系都需要买方开发。供应商开发需要大量的时间、资源和资金的投入，买方必须把选择可开发的供应商作为战略问题，而不是一个反应性策略。企业选择将开发的供应商时需要考虑以下几个因素：企业支付高额采购费用的供应商、战略上非常重要的零部件供应商、具有建立长期合作伙伴关系的供应商、改进最弱的供应商。

第三步，组建跨职能团队。买方应该从公司内部相关领域挑选人员并组建一个跨职能团队，这个团队必须知道自己的供应商策略和采购供应职能的角色，并且以一个统一的整体面对供应商，能向供应商传递出希望供应商做什么、如何做的一致信息。

第四步，约见供应商的高层管理者。高层管理者的支持是成功的组织创新的一个关键因素，得到供应商高层管理者支持的有效方法就是展示供应商开发所能带来的利润增长和质量改善。与供应商高层一起分享经验，一旦供应商的经理们意识到这是个机会，供应商开发的实施就容易推行了。

第五步，识别关键项目。可能有许多需要改进的项目，因此，应对每一个项目进行可行性、风险及回报、资源及时间需求方面的分析。对成功的供应商开发来说，正确理解问题并选择合适的项目非常重要。

第六步，定义合同细节。供应商开发项目的实施常常会带来好的效果，这些价值应该由买卖双方共同分享，双方应该就利润的度量标准在项目开发之前就达成共识，对于改善或创新的成败，双方需要建立相同的评价标准。

第七步，监控状态和修改策略。对供应商开发过程实施控制，必要时需要适时地调整准则和策略。尤其是要使供应商开发的成果得以保持，需要对供应商的操作活动保持监控，使供应商的改进能得以延续。

12.5.2 潜在供应商开发

潜在的供应商开发是在选择供应商之前所做的对供应商调查了解，建立供应商搜寻和选择范围的工作。在正式选择一个供应商作为公司的供应源之前，公司应该做一些工作来确认供应市场和供应商地位，为供应商的选择打下基础。这些工作和流程可视为潜在的供应商开发。无论如何，早期供应商开发的基本目标之一就是建立供应商信息数据库；另一个目的是建立供应商的准入制度和机制。

供应商调查(Supplier Survey)是一种常用的供应商开发方法，是供应商管理的主要任务之一，它指的是识别公司的资源市场和可能的供应商。常用的供应商调查问卷表的格式如表 12-18 所示。

表 2-18　供应商调查问卷表

<table>
<tr><td colspan="8">供应商调查问卷表</td></tr>
<tr><td>公司名称</td><td></td><td>地址</td><td></td><td>电话</td><td colspan="3"></td></tr>
<tr><td>产品类型</td><td></td><td>特殊产品</td><td></td><td>传真</td><td colspan="3"></td></tr>
<tr><td colspan="8">1.历史及所有权</td></tr>
<tr><td>公司成立的年份</td><td></td><td>企业性质</td><td colspan="5">[　]私营　[　]外资</td></tr>
<tr><td>公司运作的年份</td><td></td><td colspan="6">[　]合资　[　]其他性质</td></tr>
<tr><td colspan="8">开发历史：</td></tr>
<tr><td colspan="8">2.财务状况</td></tr>
<tr><td>注册资本</td><td colspan="3"></td><td>年销售额</td><td colspan="3"></td></tr>
<tr><td>净值</td><td></td><td>目前负债</td><td></td><td>目前资产</td><td colspan="3"></td></tr>
<tr><td colspan="4">一般纳税人：[　]是　[　]否</td><td colspan="4">办理转厂：[　]是　[　]否</td></tr>
<tr><td colspan="8">3.基本情况</td></tr>
<tr><td>总人数</td><td colspan="3"></td><td>生产员工人数(下同)</td><td colspan="3"></td></tr>
<tr><td rowspan="2">管理人员</td><td>研发人员</td><td></td><td>品管人员</td><td></td><td>生产人员</td><td colspan="2"></td></tr>
<tr><td>工程人员</td><td></td><td>行政人员</td><td></td><td>其他管理人员</td><td colspan="2"></td></tr>
<tr><td>总裁：</td><td></td><td>董事长：</td><td></td><td>总经理：</td><td></td><td>副总：</td><td></td></tr>
<tr><td>销售经理</td><td></td><td>生产经理</td><td></td><td>质量经理</td><td></td><td>研发经理</td><td></td></tr>
<tr><td colspan="4">生产经理向谁汇报：</td><td colspan="4">质量经理向谁汇报：</td></tr>
<tr><td>工厂总面积</td><td></td><td>生产区总面积</td><td></td><td>检验区总面积</td><td></td><td>行政区总面积</td><td></td></tr>
<tr><td>建筑物座数</td><td></td><td colspan="2">建筑物：[　]租赁　[　]自有</td><td colspan="4">设备：[　]租赁　[　]自有</td></tr>
<tr><td colspan="8">是否有批量生产相同/相似产品的经验(如果有，请提供样品)？ [　]是　[　]否</td></tr>
<tr><td colspan="4">主要产品及所占比例：　(　%)</td><td colspan="4">内销与出口比例：　(　%)</td></tr>
<tr><td colspan="4">主要原材料(如方便提供)：</td><td colspan="4">主要供应商(如方便提供)：</td></tr>
<tr><td colspan="8">是否采用 MRPII 或 ERP 系统，并列出名称及应用范围：[　]是　[　]否</td></tr>
<tr><td colspan="8">4.交付能力</td></tr>
<tr><td colspan="4">接单、排产及交货的流程描述(或附件)</td><td colspan="4"></td></tr>
<tr><td colspan="4">有专门的客户产品跟单员：[　]是　[　]否</td><td colspan="4">在客户附近设立寄存仓库：[　]是　[　]否</td></tr>
<tr><td colspan="4">有自己的送货车：[　]是　[　]否</td><td colspan="4">有协议物流公司：[　]是　[　]否</td></tr>
<tr><td colspan="4">可接受订单变化范围为：(　%)</td><td colspan="4">确认订单所需时间为：(　)小时(天)</td></tr>
<tr><td colspan="8">是否有满足客户订单交付管制系统？ [　]是　[　]否</td></tr>
<tr><td colspan="8">5.生产能力</td></tr>
<tr><td colspan="4">现有主要产品的产能：(　)</td><td colspan="4">现有生产设备利用率：(　)</td></tr>
<tr><td colspan="4">生产正常工作天数(或月)：</td><td colspan="4">班次：[　]正常白班　[　]两班　[　]三班</td></tr>
<tr><td colspan="4">有专门的模具房(车间)：[　]是　[　]否</td><td colspan="4">有专门质量检验室(车间)：[　]是　[　]否</td></tr>
<tr><td colspan="8">请附设备清单(包括生产加工设备、模具制作设备及测量设备)一份</td></tr>
</table>

续表

6.质量保证能力	
质量体系认证：[ ]ISO 9000/2000 [ ]QS9000 [ ]TS16949 [ ]ISO14000 [ ]其他	
取得认证的年份：	提供认证的公司是：
产品认证通过：[ ]CCEE [ ]UL [ ]CSA [ ]VDE [ ]CE [ ]其他	
其他认可的质量奖项：	
质量代表及其职位：	
今年的质量目标：	
企业质量方针：	
过程质量目标：	
有使用百万分比率(PPM)：[ ]是 [ ]否	
有使用统计过程控制(SPC)：[ ]是 [ ]否	
使用测量系统分析(MSA)：[ ]是 [ ]否	
有使用潜在失效模式分析(PMEA)：[ ]是 [ ]否	
有否向客户提交生产零件批准程序(PPAP)：[ ]是 [ ]否	
有无过程流程图？如有，请提供一份复印件。[ ]是 [ ]无	
有无作业指导书？如有，请提供一份复印件。[ ]是 [ ]无	
有无检验指导书？如有，请提供一份复印件。[ ]是 [ ]无	
有无文件控制系统？[ ]是 [ ]无	
是否保存所有检验记录？[ ]是 [ ]否	
客户图纸如何管理？	
每批出货是否都附有产品出厂检验(OQC)报告？[ ]是 [ ]否	
是否向客户提供材料检验报告？[ ]是 [ ]否	
是否检验外购件或原材料？[ ]是 [ ]否	
有无设备测试原材料？如有，请列出主要设备。[ ]是 [ ]否	
如何检验原材料？[ ]自检 [ ]第三方检验 [ ]物料证明	
是否和客户一起确定检验标准？如果是，哪一个客户？[ ]是 [ ]否	
是否和客户一起确定检验标准？如果否，哪一个客户？[ ]是 [ ]否	
供应商是否经过批准？如果是，请描述流程。[ ]是 [ ]否	
量产前是否实行首检？由谁执行？[ ]是 [ ]否；[ ]QC [ ]生产部	
过程检验频度是多少？	
是否有初始过程能力研究？[ ]是 [ ]否	
有无出货检验记录？[ ]是 [ ]无	
出货如何检验？	
测量仪器有无校准计划？如果有请提供一份复印件。[ ]是 [ ]否	
7.研发能力	
是否有自己的研发中心？[ ]是 [ ]否	
是否有专门的研发实验室？[ ]是 [ ]否	

续表

是否有专门的样品制作室(车间)？[ ]是 [ ]否
通常的样品制作周期是多长时间？
是否有样品接单、制作及送样的流程描述(或附件)？[ ]是 [ ]否
8.其他
是否实行批次管理？[ ]是 [ ]否
是否实现先进先出制度？[ ]是 [ ]否
是否有制定环境方针？如果有，请描述。[ ]是 [ ]否
是否有长期发展规划？如果有，请描述。[ ]是 [ ]否

逆向营销(Reverse Marketing)也是一种新的、受欢迎的供应商开发战略。由于供应商的选择必须有一个候选供应商，也就是说，至少存在一个合适的、有意愿的供应商，这时候，采购商要做的决策就是从中选择一个或几个最佳供应商。然而，在很多时候，确实存在没有一个理想的备选供应商的情况，这时候，采购商就要想方设法去搜寻合适的供应商。在传统市场条件下，买方对供应商的营销策略作出反应，不会遇到某种程度的主动采购情形；但在逆向营销中，购买者必须积极行动，主动寻找和联系供应商，并积极地向供应商报出合同价格、条款或条件。因此，在这种情况下，采购方必须说服一个充满希望的供应商接收订单，即实施反向营销或开发供应商的情形(Monczka 和 Markham，2007)。

现实中需要采购方实施反向营销或开发供应商的情况非常广泛，比如采购方知道某些能使采供双方受益而供应商并不了解的机会；或者是在技术、技能、财务、管理制度或质量水平等方面对采供双方影响深远的事情。反向营销作为供应商开发的同义语，表明采购方采取了积极主动的采购行为。采购方主动出击，要求采购方必须在战略和运营两方面充分了解组织的长期和短期需求，并能够理解和评估供应商满足这些需求的能力，以便制定出一个双赢方案。

采购商主动采取反向营销还有一些更深层的原因：①传统的由供应商推动的营销—采购流程可能存在缺陷。比如由于采供双方人员的专业能力局限、缺乏主动性等原因，经常发现不了存在于他们之间的所有商机。②采供关系建立之后仍然存在重大差异，将给双方正常的买卖关系带来问题。例如，供应商由于地理位置、缺乏销售网点、分销或代理商销售不力等原因无法覆盖整个市场；供应商很难始终顺应时代潮流，及时更新产品或更换产品线；采购商发现问题，弥补存在的缺陷存在时间上的滞后，不能有效地改善整个运作流程。③某些尚未引起人们注意到的未来事项是推动反向营销的重要原因。采购职能不仅要满足现有需求，还要顺应未来需求，反向营销有利于采购商未雨绸缪，为企业寻找到可靠的未来供应源。

采购商主动开发供应商或反向营销的外部原因在于：第一，技术原因。新产品、新材料、新工艺的发展，使企业营销变得复杂和开放。第二，国际贸易和跨国经营的发展扩大了供应商的范围，采购方形成了主动开发国际供应源的需求，跨国企业在域外国家的分公司迫切需要发展本地供应商。第三，现代企业管理理念要求采购方主动和供应商联系，根据自己的期望发展供应源，从供应链中获取竞争优势。

12.5.3 现有供应商开发

现有供应商开发也称为供应商改进战略，就是在与供应商合作过程中，有意识地对已经在发生交易或合作关系的现实供应商提供帮助或支持服务，使之获得进一步的培训、改进、完善或优化。由于供应商正从简单的产品和服务提供商转向买方的业务合作伙伴，因此，公司将现有供应商的发展视为一种新的供应商管理战略，即买方希望从“双赢”战略的角度帮助供应商改进流程并降低运营成本。

供应商培训(Supplier Training)是指采购商专为供应商组织的训练或集训计划。为了使供应商了解采购商企业的经营模式和要求，采购商有必要组织供应商进行业务上的培训，通过培训使供应商能够尽快熟悉和适应采购方的工作内容、节奏和方法。企业派专业人员去帮助供应商，买方代表直接参与纠正供应商问题，提高其供应能力，这些工作都被看成是实际训练活动。

供应商改进(Supplier Improvement)是指通过提高供应商的绩效和能力，以满足短期或长期供应需求而开展的所有活动。企业采取一系列活动来提升供应商绩效，包括分享技术、对供应商改进绩效提供激励、向供应商提供奖励、鼓励供应商之间的相互竞争、提供资金或资本、提供人员培训、让员工直接参与供应商的培训活动和为供应商提供其他方面的帮助等。有效的供应商发展需要买卖双方在财政、资金、人力资源、技术员工、及时准确的信息共享等方面的相互合作和支持。

供应商优化(Supplier Optimization)不仅是指买方为战略合作伙伴供应商提供帮助，使其成为最佳供应商，而且是指买方通过减少供应商数量来更好地改善和优化供应库，从而降低供应商管理成本，提高整个 SCM 的能力。通常使用两种手段：一是激励或奖励。比如可以通过增加订单数量鼓励有效改进的供应商，年度颁奖庆典表彰最佳供应商等激励政策来鼓励供应商的自我完善和改进。二是警告或惩罚。对于表现欠佳的供应商或者缺乏改进动力和实效的供应商，应该减少或停止进一步的交易。采购者还可以利用竞争，给无效的供应商以竞争威胁。

要点总结

供应链管理(SCM)思想变革，要求采购方式进行变革，现代企业间的战略联盟与伙伴关系，使得企业的采购活动从关注内部管理向更加关注供应商管理方向转变。供应商管理越来越受到企业的重视，供应商管理作为采购和供应链管理的一个环节和重要内容，对 SCM 的成功起着决定性作用。如何运用 SCM 的思想、技术和方法，加强和改善供应商管理，实现价值增值，已成为企业提高核心竞争力、获得竞争优势的关键战略之一。

供应商管理的流程性管理框架包括五大主要内容，即供应商选择管理、供应商质量管理、供应商关系管理、供应商绩效管理和供应商开发管理等，形成了一个循环过程和动态管理系统。供应商选择是个决策的过程，可以借助科学的决策模型和决策系统来完成。供应商质量审核体系越来越严密，各企业需要根据自己的特点，借鉴先进企业的经验，建立自己的审核指标。供应商关系管理表明企业与供应商的关系正从利益对立的交易关系转向合作伙伴关系，构建适当的供应商关系有助于更好地实现采购管理的目标。供应商绩效评估是对供应商供货表现的综合评估，通过评估绩效以更好地管理和开发供应商。供应商开发管理是现代企业主动采购和逆向营销的表现，通过对潜在供应商的开发和现有供应商的发展，来提升供应商伙伴的合作能力，打造更强实力的供应链。

从目前来看，供应商管理的主体内容和系统尚未达成共识，本章合理思考了现代采购和供应管理中供应商管理的流程和内容，取得了一些创新成果并得出了有价值的结论，有助于更好地建立现代供应商管理制度。

思考与练习

(1) 建立供应商评选指标有什么要求？

(2) 社会、政治和环境因素如何影响采购方的供应商选择决策？

(3) 比较评分法和成本法有什么不同。

(4) 什么是加权评分方法？使用这种方法系统有什么好处？

(5) 什么是招标采购？招标采购的一般程序是什么？

(6) 招标采购的主要阶段是什么？

(7) 开标工作是如何进行的？

(8) 招标采购方式的优点主要有哪些？

(9) 招标方式有哪些缺点？试总结国内的招标采购中存在的主要问题。要解决这些问题，关键应该从哪儿做起？

(10) 如何防止围标？如何防止抢标？有哪些好的建议？

(11) 企业的供应商在事前应如何进行评选？事后应如何进行管理？

(12) 简述供应商绩效考核的指标体系。

(13) 对一个既有供应商的绩效评价应该用哪些指标？

(14) 概括地讲，企业与供应商间的关系有两种：一是竞争型交易关系；二是伙伴型交易关系。在中国的现实条件下，企业应该重点发展竞争型的供应关系，还是伙伴型的供应关系？为什么？

(15) 在采购方—供应方关系的满意度和稳定性之间有什么关系？

(16) 试举例说明应如何保持与供应商的良好关系。

(17) 为什么要创建合作伙伴关系？

(18) 战略联盟具有什么独特性？

(19) 采购企业与供应商间建立“战略联盟”时应注意哪些问题？

(20) 随时测量和监控供应商绩效改善为什么很重要？

(21) 对新供应商和现有供应商进行的评价有什么异同点？

(22) 什么是反向营销？为什么使用这种营销方式？

第 13 章　采购谈判与合同管理

学习目标

本章关注采购谈判和合同管理的有关理论和方法。要求学习领会采购谈判的概念和重要性，理解组织谈判的工作原理和会议程序，掌握采购谈判的策略和技巧；学习采购合同设计、订立和履行的有关知识，掌握合同的一般内容和格式规范，合同执行及问题处理。

本章涵盖以下内容和要求。

- 采购谈判。理解谈判的会议程序和策略。通过有效的谈判，以便和那些有出色的经济绩效且具有共同利益的供应商合作。
- 合同设计与撰写规范。理解合同设计决策，了解合同的内容和形式，以及撰写合同的技术规范。
- 合同执行管理。理解合同履行，处理与合同履行相关的问题。
- 采购相关法律规范。了解采购相关的法律，理解各项法律文件对采购管理的影响。

引言

采购合同管理包括三个阶段，即谈判阶段(Negotiation)、签订阶段(Signing)和履行阶段(Fulfillment)。合同管理是采购和供应链管理中最重要的法律程序，对合同双方具有很强的协调作用和约束力。

谈判流程被确认为正式的沟通过程，目的是就与采购合同有关的问题达成协议。谈判不仅涉及价格谈判，还涉及质量、数量、交货、付款和其他条款和各种条件。哈林顿(2012)指出，合同一般是通过谈判、协商或讨价还价的过程来确定，合同的影响因素有三个：谈判力、谈判程序和缔约环境。假如两个合伙人合作双方得益是[4，6]，不合作得益是[2，2]。正是因为两个人合作得益都得到了极大提升，两个人才有动机进行合作；而两个人得益提升的幅度不同，所以才要进行谈判协商。谈判可以看作是合同管理的一个起始阶段，因为谈判不是随意的交流，而是围绕合同条款进行的协商，其目的正是为了达成协议、签订合同。谈判是采购管理中最具有个性魅力的独立性工作，有效的谈判要求采购人员展现个性特征和说话艺术，也必须遵守采购谈判的自然过程、技术和规律。

签订合同将谈判中所确定的事项纳入正式协议，以明确双方当事人的权利和义务。作为法律文件，合同签订遵循一些必要的程序和规范的格式。采购合同是非常普及的购销合同，也是非常典型的经济合同。采购合同签订要明确两个方面问题：一是要明确合同的功能和类型，这涉及如何恰当地设计一个协调良好的合同机制；二是要掌握合同撰写的内容形式和格式规范，这涉及如何起草撰写一个合乎规范的合同文件。

采购合同履行是合同签订之后的工作环节，可以说后期采购业务都是围绕合同执行来进行的业务。然而除了有关订货业务之外，围绕合同履行仍然有一些法律程序和需要专门处理的法律问题。合同履行也是实现合同管理功能的关键阶段，只有执行合同才能让合同达成的事项得到落实。因为签订合同的内容不管多么完善，都无法保证没有风险，在实际履行过程中可能会出现一些意想不到的情况，如合同变更与裁撤、违约与责任、纠纷与解决机制、索赔与理赔、合同监督、绩效评估等。当然，任何合同都是不完美合同，总会有一些合同无法预料到的情况，有些问题需要在合同协商签订阶段事先提出解决办法和预防措施。

13.1 采购谈判

13.1.1 采购谈判的含义

谈判(Negotiation)，或有些人称之为“协商”或“交涉”，是担任采购工作最吸引人的部分之一，也是采购活动最有魅力的工作。成功的谈判是买卖双方之间经过计划、讨论及分析达成相互接受的一种协议或折中方案。这些协议或折中方案中包含了所有交易的条件，而不只是价格。因此，采购谈判不仅是“讨价还价”，而是双方面对面会谈、协商的过程，“买卖双方经过商谈或讨论以达成协议”。其宗旨：一是在满足自己需要时，要得到对方认可；二是在对自己有利的前提下要考虑对方利益。

1．采购谈判的定义

采购谈判是采购主体作为买方，为了获取采购商品，与卖方就购销业务有关事项进行反复磋商，谋求达成协议，建立双方都满意的购销关系的过程。这些“有关事项”包括：商品品种、规格、技术标准、质量保证、订购数量、价格、包装、交货日期(和地点)、运输方式、付款条件、售后服务等。

2．谈判的替代方式

谈判与球赛或战争的不同之处在于：在球赛或战争中只有一个赢家，另一个是输家；而在成功的谈判里，双方都是赢家，只是一方可能比另一方多赢一些，这是商业中的常事，也是谈判技巧较好的一方理应获得的较多收益。

谈判的替代方式有：①劝说。鼓励另一方接受一种特殊情况的优点，而自己不做让步。②让步。接受另一方所提供的条件。③强迫。坚持要另一方满足自己的需求。④问题解决。消除分歧使得没有谈判的必要。

3．采购谈判的适用条件

(1) 采购结构复杂、技术要求严格的成套机器设备。因为采购价格昂贵，还可能涉及专门设计制造、安装调试等环节，需要进行详细商讨和比较。

(2) 采购金额较大时，为了降低成本，需要协商价格和折扣条件。研究认为，谈判是有效降低采购价格的直接而简便的方式。

(3) 公开招标采购，开标结果在价格、规格、交货条件、付款条件等方面达不到要求时，须经进一步谈判和协商，再作决定。

(4) 某些国际采购。因为涉及更加复杂的采购条件和供货情况，需要通过谈判来取得认同，尽可能减少复杂情况导致的分歧。

4．采购谈判的要素

基本上，谈判是采购双方达成交易的常规工作方式，虽然每一次具体谈判工作内容和过程都有很大的不同，然而谈判仍有一些共性特点和共同要素。谈判的过程就是运用所掌握的情报，行使所具有的权利，以达到自己目标的一个时间过程，所以，谈判过程有以下三要素。

(1) 情报。谈判就是交流情报和沟通信息的过程，如供货方的产销能力、服务水平，产品的市场供求，价格动态等。掌握充足的情报，才能在谈判中占据主动。

(2) 权利。谈判是一项展示自身实力和维护自身利益的过程。双方都有各自的利益和权力，如竞争的权利、冒险的权利、专门技术权利、先例的权利、说服的权利等，合理地运用自身实力以维护自身利益是采购谈判中的正常现象。

(3) 时间。谈判是一个需要花费时间，具有时效性的过程。谈判中遇到的问题会随着时间发生变化，必须保持足够的诚心和耐心。大多数重要的让步和决定，都是在接近谈判截止期限时才发生的，因此要等待最有利的时机；向对方显示自己的最后期限，逼迫对方在最短时间里作出让步。

13.1.2 采购谈判的会议程序

谈判是双方正式的协商过程，这个过程主要体现为会议形式。可以将整个谈判过程分为谈判前的准备工作、会议磋商阶段和谈判后的善后阶段如图 13-1 所示。

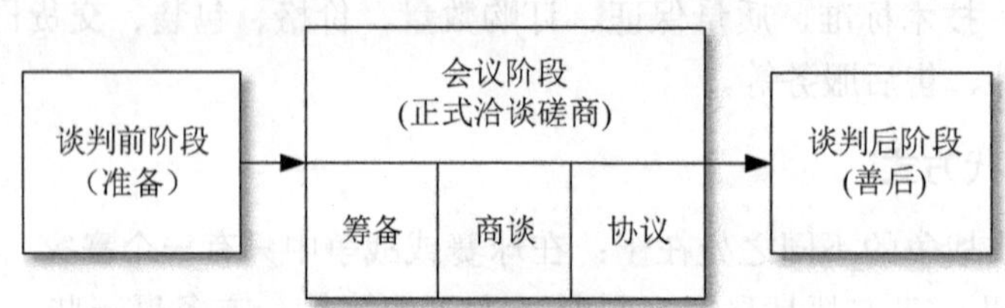

图 13-1 采购谈判的基本阶段

1．谈判准备阶段

制订谈判计划或策划，说白了就是充分准备，不打无准备之仗，凡事事前有准备，把方方面面都想到，即使实施过程中有意料之外的情况发生，也能够从容应对，灵活处理。准备阶段主要思考以下问题，要求事先做好周密的部署和考虑。

(1) 确定谈判达到的目标。谈判想要达成的目标是什么？或者希望解决什么问题？理想目标是谈判的上限；立意目标是谈判的中限；现实目标是谈判的下限或底线。

(2) 识别对方需求，分析各方的优势和劣势。“知己知彼，百战不殆”，了解对方的需求，识别双方各自的利益诉求，才能在合理的范围内使谈判达到成功。

(3) 收集相关的信息。多方收集相关的资料和信息，是准备工作的重要一环，只有掌握充分的材料，才能为谈判做好充分的准备。

(4) 明确谈判的内容。谈判涉及哪些重要问题？是价格、质量、交货，还是更多方面的组合？谈判的重点何在？这些思考准备都是保证谈判围绕正题，不偏离主题，不被次要事情带偏节奏的关键之处。

(5) 制定谈判战略、策略或对策。先谈什么，后谈什么，效果会有很大不同。哪些应该坚持，哪些可以妥协，每一条款对我方有多大的价值，这些都需要预先进行必要的设想和安排。在原则性问题上要保持坚定性，同时又要保持策略上一定的灵活性，将目标和达成目标的道路分开处理。

(6) 整理和预计在谈判中的一些问题，并就每个问题摆明自己的立场。预计谈判中可能出现的难题、可能会触及的棘手问题，并事先想好对策和应变方法，这对于保证谈判中掌握主动权，取得谈判成功绝对是很重要的准备工作。

(7) 识别参与者，当谈判内容较复杂时挑选合适的人员安排，并知会相关者。参与谈判的人员应该来自不同部门，不同的人员结构可以在知识专长上取得互补，同时在谈判中所扮演的角色上取长补短，在任务分工上各有侧重，从而形成一个有力量的合作团队，这样更有利于谈判工作顺利开展。

(8) 谈判演练。对于重要的复杂的采购谈判，事先可以对谈判工作进行一些预演，模拟现实场景进行必要的彩排。通过这样的演练，既可以提前暴露谈判中可能出现的问题，包括控制谈判节奏和估计时间，也可以使参与谈判的成员得到锻炼和体验，使每个人都对自身的角色任务和整体谈判的进程做到心中有数。

2. 正式会议阶段

组织谈判会议是谈判的核心步骤，是双方开始正面交流或者交锋的过程。召开一个正式的会议通常也是一个流程性工作，它包括以下几个阶段。

(1) 会议筹备阶段。为了召开好谈判会议，需要一定时间的专门筹备。准备必要的资料，安排位置，布置会场，提前通知等，这都需要有专人负责。

(2) 开局阶段。会议初始阶段的目标是创造适合谈判的环境气氛，彼此沟通，加深了解；洞察对方，调整策略；刺激兴趣，共商议程；显示诚意，建立初步的合作情感。

(3) 开始洽谈阶段。谈判进入到一些正式的议题，参会的双方都把自己的想法和问题摆到桌面上来，双方对这些议题进行正式沟通，通过充分交流了解各自的观点和立场。

(4) 业务洽谈阶段。经过前面议程的情况摸底，双方对谈判中存在的分歧和比较敏感的问题都充分暴露出来，要解决这些问题则需要进一步磋商，这也是谈判中最艰难的阶段。这些难题如果不解决，谈判将无法达成共识，也就不可能形成一致的协议。

(5) 协议阶段。经过双方磋商，包括对疑难问题都达成一致，接下来就需要就所有涉及的问题达成正式的协议，这标志着谈判的基本目标任务已经完成，已经在总体上取得成功。这些经过协商议定的事项和条件都将在未来签订的协议书或合同书中形成正式的合同条款。

3. 谈判后成交阶段

(1) 处理善后工作，草拟磋商达成的协议初稿。正式会议之后，有一些后续事情需要指定人员来妥善处理，特别是要将协议事项草拟成协议或合同文本，并将拟定的协议书提交双方当事人或主管人员审阅确认。

(2) 进一步修改认可，签订正式协议书。协议文本要经过双方确认是否与会议协商的意思一致，并对协议书中表述有歧义的内容进行修改。只有修改完善，得到双方认可的协议文本才能成为正式的协议书。

(3) 签订合同，谈判结束。谈判会议最后阶段的一项工作就是双方对协议文本进行签字，形成正式的合同书，整个谈判工作才真正宣告结束。

13.1.3 采购谈判策略和技巧

采购和供应部门的重要性不断增强，因此采购部门的管理者和业务人员逐渐形成了一种更加职业化的工作态度。谈判和成本管理技巧是采购部门和采购管理人员职业化进程中的典型体现(利恩德斯等，2009)。

谈判虽然是一项充满个性魅力和展现语言艺术的工作，但是仍然存在可掌握的规律和常规性操作，以及可学习的技术和工作方法，这些规则和技术形成了谈判学的理论基础。采购人员通过有意识的学习训练，不断观察，积累谈判经验，可以不断提高自身的谈判素养和技能技巧。那些谈判高手能够拥有高超的谈判技巧，能够灵活运用策略，掌控谈判的进程，并不都是天赋异禀，而是在实践工作中，经过有意识的学习训练和善于总结经验的结果。

1. 谈判成功的关键因素

(1) 要具有必胜的信念，敢于面对任何困难和挑战。面对谈判和将要面临的困难问题，要树立足够的信心，这是非常重要的心理和精神动力。人们在做任何事情的时候，要学会调整心情，放松心态，给自己打气，鼓舞斗志，勇往直前，这种精神层面的自我调整或鼓励，其实会起到非常大的积极作用。

(2) 谈判者要有耐心，要很好地控制自己的情绪。前面讨论过，谈判是一个需要时间的过程，因此要有足够的耐心，等待时机成熟，很可能会迎来事情的转机。遇到急难事，学会控制自己的情绪，不要让不良情绪影响正确的判断和决策。

(3) 谈判者要有诚意。谈判目的就是要与供应商达成合作，双方要带着诚意而来，才能把事情谈成功。而且要在一开始就展现诚意，在谈判中双方要朝着共同的目标努力，遇到困难和解决困难，可以作出一定的妥协和让步，也是为了双方合作的结果。如果有一方流露出缺乏诚意，另一方也可能很快失去合作的兴趣和意愿。

(4) 善于树立第一印象。良好的第一印象确实能给人留下美好的记忆，也会在今后很长的时间内给人带来好感。在谈判一开始，如果双方都给彼此留下良好的第一印象，就会给谈判建立一个良好的开端，这非常有利于后续工作的顺利开展。

(5) 营造和睦的谈判气氛。谈判双方有利益之争，站在各自的立场，为自己争取更大的好处。但是谈判双方不应是对手而是合作伙伴，只有建立在和睦友好的合作前提下才能把生意谈拢，完成交易。

(6) 表述准确、有效，采用稳健的谈判方式。语言表达是运用在谈判中的最基本的工具，谈判者要掌握一定的语言技巧和表达规则，言语表达能力、演讲能力，以及临场不乱的心理素质训练是提高谈判技艺的基础性训练。谈判者在谈判中体现出稳定的心态、准确的表述、稳健的谈判方式和灵活的策略运用，都是使谈判能够取得成功的强有力的保证。

(7) 正确使用臆测，拒绝方式要正确。在谈判中合理进行推测，揣摩对方意图，审时度势，预计可能的后果都是非常必要的手段。尤其是对于不同意见应清楚坦白地表达出来，把不同的意见摆在明面上，不能模棱两可、含糊其词，否则容易造成误解和误判。但是拒绝对方的不合适要求是一门艺术，如何明确拒绝而又不伤害对方，不损害谈判的进程和目标，需要高超的说话技巧和谈判策略的运用。

2．不同类型谈判的策略

1) 价值型谈判

谈判双方认为都是问题的解决者，双方秉持建设性的合作态度开展和谈，谈判的目的是以友好的关系产生理想的结果或解决方案。价值型谈判有以下几个要点：谈判开始阶段建立双方互相信任的关系；谈判的目标是利益而不是立场；控制谈判进程，使对方容易作出决定；寻找双方都有利可图的方案。

2) 强硬型谈判

强硬型谈判的特点是一方或双方都很强势，向对方展示出极端地位和主动性权力；从一开始就摆出一种咄咄逼人、不会让步的强硬姿态，甚至利用激动情绪作为一种策略，将让步视为软弱，对期限置之不理。所以，对付强硬型谈判通常运用以下几种策略：沉默、软硬兼施、改良、制造僵局等。

(1) 沉默策略。谈判开局，免开尊口，观察对方表演，待以冷遇，造成对方心理恐慌，不知所措，同时耐心等待，佯装记录，当然也掌握了对方一些资料。沉默的真正含义是需要对方推测，而对方又可以任意否定这些推测，因而可以从需要出发，用行为语言搅乱对方的思维。当对方自乱阵脚，失去方寸之际，暴露其弱点，从而达到“此时无声胜有声”的效果。

(2) 软硬兼施策略。谈判小组人员分成两部分：一部分是扮演强硬型角色，称为鹰派；一部分扮演温和型角色，称为鸽派。谈判开始，鹰派即以锐不可当之势，果断提出有利于我方的各种要求，如质量、交货地点，坚持不变，给对方制造压力；鸽派保持沉默，等交锋结果即将出现僵局时，出面缓和局面，劝解伙伴，平静指出对方理亏之处，建议作出让步。

(3) 改良策略。当原有方案无法通过，双方达成不了共识时，需要做一些变通或改良的办法。也就是说，在坚持原有方案的前提下，可在其他方面提供补偿。例如供应商在价格上不让步的情况下，可以在运输、配送、物流等环节提供更好服务，从而补偿买方的损失，这样做有可能让买方能够接受原定的价格。

(4) 制造僵局策略。在对方提出的条件非常苛刻，根本无法接受的情况下，有意制造一种谈判陷于一种僵局的状态，其实是向对方表明自己无法再退让的底线。这种僵持状态经过一定时间的等待和酝酿，随着时间的推移，一方或双方有可能改变思维方式，想到更加灵活的新办法来打破僵局，从而使谈判能够继续进行下去。

3．谈判的势力和常用技巧

在有些采购情境下，买方占据优势或者说在谈判中处于有势力的地位，如采购数量大；标准化、无差异化产品；替代性高；低转换成本；低利润；可能向上整合；充分掌握商机等。在买方占优势情况下的谈判技巧有：借刀杀人、化整为零、压迫降价。

在有些采购情景下，卖方占据优势或者处于谈判中的强势地位，如独家卖方或寡头垄断；对客户而言是重要的原料、零部件；复杂、差异性高的产品；替代性差；高转换成本；可能向下整合。在买方处于劣势的情况下的谈判技巧有：迂回战术、预算不足、釜底抽薪。

然而，不管谁占优势或劣势，一项优质谈判的标准表现为：决策优于替代方案；满足利益需求；没有浪费；优质选择；符合法、理、情；睿智的承诺；过程效率高；良好的沟通互动；过程促进关系的改善。

4．价格谈判和讨价还价

围绕价格的谈判或讨价还价有一定的合理范围。如图 13-2 所示，买卖双方都有保留价、期望价和临界价几种参考价格，但是买方心中的几种价格和卖方心中的几种价格呈现相反的期望方向；买方的保留价和卖方的保留价中间重合的区域是双方可能成交的范围，最终价格谈判或讨价还价的结果只能落在这个区域内的某个位置。

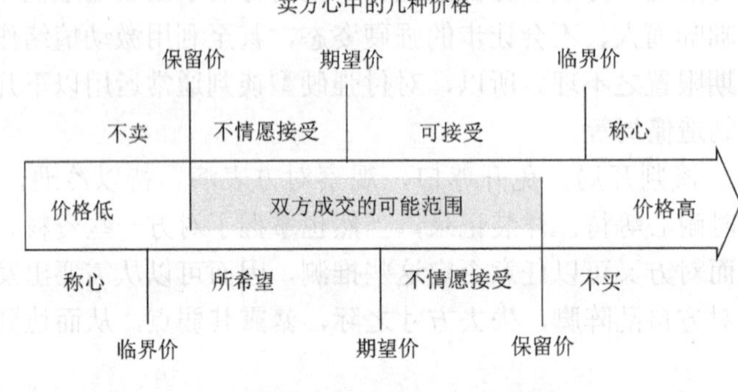

图 13-2 买卖双方讨价还价的范围

最终哪一方会在价格谈判中占据更有利的地位，取决于双方在讨价还价中的技巧和谈判方法的合理运用程度。

(1) 讨价是对报价的一种反应。一方报价后，另一方认为离自己期望的目标太远，而要求报价一方重新报价或改善报价的行为。讨价的注意事项：简单的口头式或草案式报价以后，若买方不满意，可要求重报；对笼统的报价，要求有价格细目；可多次讨价，不必急于还价。

(2) 还价是对报价的另一种反应。还价的准备：计算对方报价虚头的大小，对自己的期望值、保留价格进行调整；寻找还价的突破点，要按问题的重要性次序提出。还价的策略：以理服人；含而不露；针锋相对；吹毛求疵；诱敌就范；积极让步；最后通牒。

13.2 采 购 合 同

13.2.1 采购合同的特点和功能

采购合同或者供应合同、购销合同、供应链合同是经济合同的一种，是供需双方为执行供销任务，明确双方权利和义务而签订的具有法律效力的正式协议。《中华人民共和国民法典》规定，合同是民事主体之间设立、变更、终止民事法律关系的协议；依法成立的合同，受法律保护；当事人订立合同，可以采用书面形式、口头形式或者其他形式。

采购合同是转移标的物所有权和经营权的买卖合同。采购合同的主体比较广泛：生产企业、流通企业、政府机构、社会单位、具有法律资格的自然人等都可以成为合同主体或合法当事人。采购合同与流通过程密切相关，涉及商流和物流。因此，作为正式的协议，采购合同拥有详细内容和具体条款(徐杰等，2014)。

采购合同有两大功能，即管理功能和协调机制。管理功能是通过合同控制各方的交易活动，保持供应链的运作稳定。协调功能是通过风险分担和利益分配机制来改善和优化供应链绩效。过去 20 年，战略采购和外包变得越来越重要和普遍，这意味着采购功能对于原始设备制造商或原始设计制造商(OEM/ODM)继续掌握其命运至关重要。因此，许多 OEM 或 ODM 专注于与其供应商或分包商密切合作。在大多数情况下，这需要有效的采购合同来管理和协调供应链(蒙茨卡等，2010；徐杰等，2014)。许多研究人员研究采购合同设计原则，并比较了一些供应合同对协调供应链与客户需求的影响(Kamrad 等，2006；陈祥锋等，2007；黄河等，2010)。采购合同作为采购管理中一种非常强有力的工具，其用途就是确保充足的货物供应和满足需求，这表明采购合同是供应链管理的一种管理手段，也是供应链管理的一种协调机制。

采购合同作为一份合法的正式书面文件，为当事人协调利益、分配风险、执行条款、解决纠纷提供了独特的法律保障。精心设计和履行合同对于供应链合作伙伴保护自身利益和优化整个供应链绩效非常重要。

合同的协调机制表明，合同是协调双方利益、责任和分担风险的有用工具，合理设计的合同可以有效地协调双方的利益、责任和风险。例如，回购合同、收入分享合同、数量灵活性合同、销售回扣合同等都是这样的合同。通过精心设计和运用这些合同，在供应链合作伙伴之间分配利益和风险，可以实现供应链的整体利益最大化。

合同的管理功能表明，遵守采购合同为双方的利益提供实质性保障。采购供应合同中，采供双方可能就以下方面达成一致：定价和折扣、采购数量、交货提前期、产品或服务质量、退货政策以及其他条款等。采购合同最重要的目的之一就是确保供求双方按照合同条款进行交易，采购合同首先作为采购和供应管理的效率/有效性工具发挥作用。采购合同的管理职能实际上是供应链管理内的一种控制、约束或管理角色。

13.2.2 采购合同的类型与设计

采购合同可以根据其特点和目的分为不同的类别。第一种，几乎所有的采购合同都是以某种特定形式的定价机制为基础，可以归纳为两种基本类型的合同变体：固定价格合同(Fixed Price Contracts)和基于成本的合同(Cost Based Contacts)(蒙茨卡等，2008)。表 13-1 给出了这些主要类型的采购合同。

表 13-1 以价格或成本为标准的采购合同类型(蒙茨卡等，2008)

合同类型	合同描述	风险承担
严格固定价格合同	无论环境发生什么变化，协议价格都不会改变	卖方风险
允许价格上下浮动	根据可识别的材料价格变化，协议基本价格相应提高或降低	更高

续表

合同类型	合同描述	风险承担
根据预期调整价格	基于对材料的估计确立最初的目标价格，在达到特定产量水平后允许重新协商	卖方风险更高
固定价格附加激励	按照最初设定的目标价格采购，但是供应商的成本节约按预先确定的比率分享	
成本加激励酬金	按供应商成本制定基本价格，但允许分享成本节约	买方风险更高
成本共享合同	允许各方按预定百分比分摊实际成本，可能包括成本改进目标	
工时和材料合同	按指定的劳动和材料费率支付供应商成本	
成本加固定费用	供应商成本达到一定水平，按目标成本的一定比例得到额外补偿或固定费用	

第二种，对工业采购合同进行分类的常用方法是基于时间或合同期限的长短为标准(蒙茨卡等，2010)。现货采购(Spot Purchase)买家在公开市场寻找额外的供应，公司可以使用独立的电子市场来选择供应商，通过使用市场平台和强迫竞争来降低产品价格。短期合同的内容通常更具体和明确，在 1 年以内能够交付。由于市场环境的复杂性和变化，采购市场变动较大的商品或生产周期较短的产品和建设工程，适合采用短期商业合同的方式，从而避免市场不确定性所带来的风险和损失。与现货购买和短期合同相反，长期合同涉及长期、更复杂的条件以及更大的承诺风险和收益，必须认真制定。

第三种，以采购数量为标准的采购合同分类。以采购数量为标准的合同是一种结构化(Structured Contracts)或非结构化(Unstructured Contracts)的合同分类，其中，固定量合同是一种闭口合同，数量柔性合同是一种开口合同。将数量与时间标准结合可以形成多种合同形式，例如结构化合同有长期定量合同(Forward Contract)、短期数量合同(Quantity Contract)等；非结构化合同有柔性合同(Flexibility Contract)、期货或期权合同(Future/Option Contract)。此外还有现货市场的现货采购(Spot Market)，如表 13-2 所示。

表 13-2 基于数量结构和时间期限标准的采购合同类型

细分类型	合同描述	风险承担
长期合同	买卖双方同意在未来一定时间按约定价格交易一定数量的商品。连续签订的合约期限相对较长或无限期，通常为一年或超过一年	采购商承担风险
短期合同	买卖双方约定在不远的将来按约定价格交易一定数量的商品。合同期限相对有限，一般为一年或更短	
柔性合同	买方和供应商同意在合同中交易一定数量的商品，但购买者可以根据合同中事先约定的比例调整具体数量	采购商和供应商共担风险
期货合同 期权合同	买方提前支付供应商产品价格的一小部分作为预订价格或期权价格(Reservation Price)，双方同意在将来某个时间以合同预先协商的执行价格(Exercise Price)购买不超过合同约定数量的商品	
现货采购	采购商以当前的市场价格向供应商采购所需要的物品。非经常性采购采用现货采购，很少或无意与供应商发展持续关系	采购商承担风险

设计合同，或者换句话说，作出合同决策，正是确定和建立供应合同协调机制的过程。各种采购合同可以通过设计合同来更好地分担风险和在供应链合作伙伴之间分配利益，导致供应链的协调(辛奇利维等，2009)。

为了说明不同类型的采购合同对供应链绩效的重要性和影响，考虑由买方和供应商组成的典型的两阶段供应链。在营销交易条件下，买方根据需求预测确定从供应商处订购多少个单位，并向供应商下订单，以自己的利润最大化，而供应商对买方的订单作出反应。在这种连续供应链中，双方的决定独立于其他各方，不受对方的影响。显然，在这样的供应链中，买方承担了库存多所带来的风险，而供应商不承担任何风险。虽然供应商希望买方尽可能多地订购，但买方会因为额外的财务风险而限制其订单数量。由于买方限制其订单数量，因此出现缺货的可能性也显著增加。因此，这不是一个有效的供应链，因为供应链绩效未能为整个供应链和合作伙伴带来最佳利益。

如果供应商能够与买方分担一些风险，买方将从供应商订购更多的商品，同时减少库存缺货的可能性，从而可能增加买方和供应商的利润。各种供应链合同的协调机制就是通过合理分担风险、划分责任、相互分配利益来增加整个供应链和供应链成员的利益。

以下是常用的合同类型，它们体现的设计机制存在一定差异。

(1) 回购合同(Buy-back Contract)。通常，回购合同发生在商品采购领域，其中买方始终是零售商或批发商，供应商始终是制造商或装配商。在这种合同中，卖方同意以高于商品残值的一个协议价格从买方回购未售出的货物。由于供应商承担了与未售出单位有关的一定风险，因此买方获得订购更多单位的激励。因此，合同的设计条件是买方增加订单数量，从而减少可能出现的缺货，只要增加的收益超过供应商增加的风险，对双方都有利。

(2) 收入共享合同(Revenue Sharing Contract)。在此类合同中，买方与卖方分享其部分收入，以换取批发价格的折扣，即买方把出售给最终客户的每个单位的收入中的一定比例转让给供应商。如果买方能够说服供应商降低批发价格，那么买方将有动机来订购更多的单位商品，由于批发价格的下降而导致的供应商利润的减少，将通过更多单位的销售和收入分享得到补偿。

(3) 数量柔性合同(Quantity Flexibility Contracts)。与回购合同不同，数量弹性合同允许买方全额退还未售出的物品，只要退货的数目不超过一定数量。换句话说，订单数量在一定的有限范围内可调整。

(4) 销售返利合同(Sales Rebate Contracts)。销售返利合同通过对超过一定数量的任何售出项目由供应商支付返利，直接鼓励零售商增加订货数量和销售量。

上面讨论的几种合同都假定供应商拥有按订单生产(MTO)的供应链，这意味着买方承担所有风险而供应商不承担任何风险，这些合同显示了将部分风险从买方转移到供应商的协调机制。但是，当供应商拥有按库存生产(MTS)的供应链时，这意味着供应商在收到分销商订单之前生产产品，因此供应商承担所有的风险，而买方不承担任何风险。合适的合同设计应支持风险分担，从而减少供应商或制造商的资本成本和财务风险，并激励制造商提高生产能力，同时增加供应商和买方的利益(辛奇利维等，2009)。

(5) 偿还合同(Pay Back Contracts)。除了支付买方订购的单位，如果买方同意对制造商生产但买方未购买的任何单位支付一定的商定价格，制造商将有动力生产更多的单位，因为这降低了与过剩产能相关的风险。因此，补偿合同的设计要使生产数量的增加带来的利益，超过买方增加风险要求的补偿，这样双方都能获益。

(6) 成本分担合同(Cost Sharing Contracts)。如果制造商能够说服经销商分担一些生产成本，那么，制造商将有动力生产更多的产品。在成本分摊合同中，买方分担了制造商的部分生产成本，以换取批发价格的折扣。

(7) 容量预留合同(Capacity Reservation Contracts)。买方支付一定的费用来预订供应商一定的产能水平，预留价格是由供应商设计的价格菜单，以激励买方透露其真实的需求预测。换句话说，通过预订的产能，买方暗示了他的真实需求或预测需求。

(8) 预先购买合同(Advanced Purchase Contracts)。供应商对在建设产能之前下达的公司订单收取预付款，对实现需求时下的任何额外订单收取不同的价格。显然，买方的初始的预购承诺向供应商提供了买方的真实需求信息，因而能从供应商那里获得一定的价格优惠。

对于战略性组件，有效的采购战略要求与供应商发展合作关系，买方和供应商之间需要签订长期合同。然而，除了长期合同之外，一些公司还专注于对非战略性零部件采取更灵活的合同。在这种情况下，产品可以从多个供应源购买，市场条件的灵活性被认为比与供应商的永久关系更重要。因此，有效的采购战略侧重于降低供应成本和风险，并对市场条件更具有响应性和灵活性(辛奇利维，2009)。

(9) 期货或固定承诺合同(Forward or Fixed Commitment Contracts)。这些合同规定了在未来某个时间点交付固定供应量，供应商和买方就要交付给买方的价格和数量达成一致。因为需求不确定性和无法调整订单数量，买方承担巨大的库存风险，但不承担财务风险。

(10) 柔性或期权合同(Flexible or Option Contracts)。在柔性合同中，在签订合同时确定固定供应量，但交付货物量不超过合同签订时确定的数量的一定比例。其中一项柔性合同是期权合同，买方能够根据已实现的需求灵活调整订单数量，从而减少库存风险或将风险从买方转移到供应商。

协调机制可以使整个供应链实现全局优化，一个精心设计的合同也可以达到这样的目标。事实上，供应链优化决策模型的机制和结果为设计最佳合同奠定了基础。此外，作为“公正决策者”的有效采购合同，能激励供应链合作伙伴以全局优化策略取代局部优化策略，从每个合作伙伴自身利益最大化转向整个供应链利润最大化。这正是为什么采购合同如此重要，它们通过允许买家和供应商分享风险和潜在利益，帮助公司实现全局优化，而无须一个根本就不存在的“无偏见决策者”。

此外，从实施的角度来看，供应链合同为供应链成员之间分配供应链利润提供了有效措施，而不仅作为一些最优化信息。此外，有效的供应合同以这样一种方式将利润分配给每个合作伙伴：除了最优化策略之外，任何合作伙伴都无法提高自身利润。

单个合同可以实现优化单个采购项目，但供应链中公司购买的项目数量众多，合同组合策略将可能达到集成供应链中所有项目的最佳结果。在组合合同中，买方签署多个合同，以降低风险并优化预期利润(陈祥锋，2006；辛奇利维等，2009)。

前面描述的这些合同在价格和灵活性水平上有所不同。为了找到有效的合同组合，买方需要确定低价格低灵活性的合同、合理价格但灵活性更好的合同，或未知价格和数量供应无承诺合同，买方必须在不同合同之间作出最佳决策，以便最大限度地提高收益，并将整个供应链的风险降至最低。

13.2.3 采购合同的结构和内容

有效的采购战略要求确保充足的供应和及时交货，通常采购商和供应商需要就采购合同达成一致。合同解决了买方和供应商之间可能出现的问题，其中采购商可能是采购原材料的制造商、采购组件的 OEM 或采购商品的零售商。

规范的合同一般由首部、正文、尾部三部分组成。首部和尾部是有关合同本身的信息、形式性内容，描述合同相关的要求，对合同进行一些必要的说明。正文涉及合同的业务条款、实质性内容，描述与采购交易相关的具体业务条款。一般来讲，实质性条款才是合同中具有法律效力或需要在合同履行中落实的具有法律强制约束力的内容。

采购合同或协议等作为正式契约，应该条款具体、内容详细完整。在一个典型的采购合同中，买方和供应商将协商确定采购价格、数量、产品或材料质量、交货提前期、产品退货政策和其他主要项目和条款，这些项目和条款主要包含在合同正文中。正文文本是采购合同中最重要的操作部分，正文条款准确地反映了双方当事人所达成一致的内容。商业采购合同的操作部分作为采购合同的实质，回答了谁必须做什么的问题，规定了当事人的法律权利和义务。这些合同条款因协议的性质而异。表 13-3 列示了采购合同执行部分的一些常见的基本条款。

表 13-3 采购合同的内容和结构

首部	介绍、合同名称、合同序号、当事人姓名、签订合同的地点和时间
正文	合同的典型内容，如材料名称和规格、质量、数量、价格、包装、运输、交货时间和地点、检验、付款、保险、违约和纠纷解决、不可抗力
尾部	合同份数、生效日期和期限、签名和印章

(1) 首部。首部包括合同名称、编号、签订日期、签订地点、买卖双方的名称、合同序言等，这些都是有关合同基本情况的介绍。

(2) 正文。正文涉及合同的实质性内容和执行条款。其主要包括：商品名称和规格、质量条款、数量、单价和总价、包装和装运、交货时间和地点、商品检验、付款方式、保险、纷争仲裁和不可抗力等。

可以说，这些主要条款是采购合同的必备条款。

① 商品标的：包含商品的名称、品种、型号、规格、技术等级、技术标准等。

② 质量条款：明确双方对产品质量负责的条件、保质期限及检验的期限；约定违反质量条款时的处理规定；供方提供产品合格证和必要的技术资料。

③ 数量和计量单位。考虑双方的履约能力和生产实际需求；计量单位和方法，按国家统一规定；数量准确、清楚；双方严格按合同的数量来供应和接收。

④ 价格和总价。

⑤ 交货期限、地点和方式。

⑥ 装运和包装标准。

⑦ 货物检验和验收方法。包括数量验收和质量验收，数量验收要按国家统一规定的

计量方法执行；质量验收方法必须在合同中具体地规定，包括感观检验、理化检验、抽样检验和破坏性试验。

⑧ 结算和付款方式。

⑨ 保险条款。

⑩ 违约责任和仲裁以及不可抗力规定。

除了必备条款之外，还有一些选择性条款，如保值条款、价格调整条款、误差范围条款、法律适用条款等。

(3) 尾部。尾部包括合同份数、使用语言及效力、附件、合同生效日期、双方签字盖章等附属条款或补充内容。如表 13-4 所示是采购合同涉及的完整表述和术语描述。

表 13-4 采购合同的完整内容和一般要求

合同术语	描述或解释
(1)合同名称(Title)	如生产用原材料采购合同、品质协议书、设备采购合同、知识产权协议、模具设计与加工合同等
(2)总则(General Principle)	交代签约的时间、地点，签约人姓名或单位名称，签约原因或目的等
(3)商品条款(Commodity)	商品的名称、代号、规格说明，商品的原产地等
(4)质量条款(Quality)	确定质量的方法、标准、质量要求等
(5)数量条款(Quantity)	确定买卖商品的数量、单位，交付数量的地点与时间，交付数量超出或不足等
(6)价格与付款(Price & Payment)	价格结构、价格币制、价格计算单位、价格风险、价格税赋、付款条件、付款方式、付款日期、延期付款与拒付等规定
(7)包装(Packing)	内包装方法、包装容量、填塞物、外包装种类、包装尺寸与重量、包装标识与唛头
(8)运输与交货(Shipment & Delivery)	发货要求、交货方式、发运单据与文件、交货时间与地点、运输工具、转运要求等
(9)保险(Insurance)	投保人、险别、保险金额与货币、理赔地点等
(10)检验(Inspection)	检验项目、检验标准、检验机构、检验方法、检验费用、检验报告、检验不合格品处理等
(11)工业产权与专利(Property Right & Patent)	工业产权、专利范畴、时间、费用、违反工业产权与专利责任的规定
(12)保密(Confidential)	保密项目、范畴、措施与保密规定
(13)培训(Training)	培训的项目、日期、地点、人数、批次、费用及考核标准
(14)保证与索赔(Guarantee & Claim)	履约保证、银行保函、保值办法、索赔原则、期限、通知、证明文件、索赔与退货、付款与索赔等
(15)不可抗力(Force Majeure)	不可抗力事件产生的原因，发生不可抗力事件的时间、地点，证明文件，通知，责任，处理办法与善后事项
(16)违约与取消合同(Breach & Cancellation of Contract)	违约原因，毁约条件的规定，违约、毁约的赔偿及债务、债权的责任等
(17)纷争与仲裁(Disputes & Arbitration)	纷争解决原则与办法、仲裁范畴、仲裁地点、仲裁机构、仲裁人的选定、仲裁费用等

续表

合同术语	描述或解释
(18)适用法律(Applicable Laws)	明确适用的法律，以适用法律为解决纷争的准则
(19)其他条款(Miscellaneous)	其他需说明的内容如进出口许可证条款、特殊关税条款、合同修改、合同附件、合同的生效条款等
(20)结尾(Witness)	法人代表签字、盖章，签字人的职称、职务，签字时间，合同份数及分发方式，合同文字等

13.2.4 采购合同的形式和撰写规范

采购合同是一种结构化、格式化的法律文书，一般正式的采购合同在格式规范性上比较严格，除了按条款展示合同内容外，在文字表述和意思表达上必须做到准确无歧义，符合法律文件的严肃性和精确性要求。采购合同在具体形式上有表格式、条文式或表格条文混合式。

(1) 表格式。对于采购信息相对简单的合同，以及主要合同条款可以通过列表来展示的情况下，可以采取表格式合同。例如，可将采购项目的基本信息列成表格，依次显示商品名称、规格、计量单位、采购数量、单价、总价、质量、交货时间以及其他要求。合同的首部说明和尾部的签字盖章信息都可以简洁地展示在表格上，如图 13-3 所示。

<table>
<tr><td colspan="9">采购合同
经......　　　　双方协商，签订本合同，共同信守。
合同编号：EZC-2021-ZX238</td></tr>
<tr><td>商品名称</td><td>规格</td><td>计量单位</td><td>数量</td><td>单价</td><td>总金额</td><td>质量</td><td>交货时间</td><td>备注</td></tr>
<tr><td></td><td></td><td></td><td></td><td></td><td></td><td></td><td></td><td></td></tr>
<tr><td></td><td></td><td></td><td></td><td></td><td></td><td></td><td></td><td></td></tr>
<tr><td></td><td></td><td></td><td></td><td></td><td></td><td></td><td></td><td></td></tr>
<tr><td></td><td></td><td></td><td></td><td></td><td></td><td></td><td></td><td></td></tr>
<tr><td colspan="3">需方单位（盖章）
通信地址：
接货地点：
电话：
开户银行：
账号：
需方代表：</td><td colspan="3">签证机关：（盖章）

签证日期：
____年__月__日</td><td colspan="3">供方单位：（盖章）
通信地址：
交货地点：
电话：
开户银行：
账号：
供方代表：</td></tr>
</table>

图 13-3 表格式合同样本

(2) 条文式。在现实中，条文式合同应用非常普遍，它是将合同主要条款分条列示的一种合同撰写形式。在合同内容条款比较多，需要更详细的文字描述条款细节的情况下，应用条文式撰写合同更加方便、更加清晰，因此，条文式合同更常见，如图 13-4 所示。

(3) 表格条文混合式。在合同中，一部分内容通过表格展示，一部分内容通过条文展示。也就是说，适合用表格表示的合同内容就用表格，不适合用表格表述的条款就采用条文方式来表达。总体来看，合同表现方式并不是拘泥于一种模式，把两种方式结合起来，可使合同表达更清楚、更方便，如图 13-5 所示。

采购合同书

甲方(需方)：______________

乙方(供方)：______________

(以下简称甲乙双方)

甲乙双方本着互惠互利的原则，经友好协商，达成协议如下。

一、甲方从乙方购买如下设备

品名

规格

质保

数量

单价

总价

二、甲方付乙方货款计

小写：￥______，大写：______________元整。

三、付款方式：经甲方验收合格后，甲方即付乙方合同全款金额。

四、交货时间：合同签定之日起______天内交货。交货地点：______________。

五、售后服务条款

1．乙方提供的货物须为正规渠道销售的货物。

2．乙方负责提供的产品在保修期内免费维修及维护，在超出保修范围时提供维修方案。

六、违约条款

货物如发现设备故障应按保修条例执行(包换、包修)，如乙方不履行合同给甲方造成损失，乙方应按照合同金额的______%，以天计算支付违约金。

七、本合同未尽事宜，甲乙双方协商解决。

八、本合同一式贰份，甲乙双方各执一份。

甲方代表签字：______________(盖章)

乙方代表签字：______________(盖章)

图 13-4　条文式采购合同范本

商品采购合同

合同编号：XAN2020-21XBS-0009

经供需双方协商签订本合同，共同遵守

商品名称	规格	计量单位	数量	单价	总金额	质量	备注

1. 结算方式
2. 交货日期和交货地点
3. 运输方式
4. 验收办法
5. 合同有效期
6. 双方必须按合同严肃执行，发生纠纷时，应按经济合同法的规定协商解决或申请仲裁。

供应单位：(盖章)	第三方见证机关：(盖章)	需求单位：(盖章)
通信地址：	通信地址：	通信地址：
电话：	电话：	电话：
传真：	传真：	传真：
开户银行：	见证方代表：(签字)	开户银行：
账号：		账号：
供方代表：(签字)		需方代表：(签字)

图 13-5　表格条文混合式合同样本

采购合同的长度或文字篇幅多长为宜，不能一概而论，完全取决于合同事项和内容。采购事项的复杂程度决定双方协议的条款，但一般来讲，简单的合同一页纸就足够，如果需要详细列出合同事项，合同自然就会长一些，达到几页、几十页都有可能。

13.3 合同履行

合同履行问题除了按照订货要求完成货物订单处理和交付等业务之外，还要注意履行合同中可能出现的问题。签订了一份内容齐备、详尽完善的合同并不代表没有任何风险，在实际履行中也有可能出现恶意履行的情况。虽然有些问题会在合同中预先提出解决和防范的办法，但仍然会有一些意料之外的问题需要有一些合法的解决机制。

13.3.1 合同更改和废除

1. 合同变更

变更合同是一种法律行为，是指签约双方当事人在符合法律规定的条件下，就修改原订合同的内容所达成的协议；或者是合同双方当事人合议同意进行变更合同内实质性内容，从而形成新的合同。《民法典》第五百四十三条规定：当事人协商一致，可以变更合同。法律、行政法规规定变更合同应当办理批准、登记等手续，依照其规定。可变更或撤销的合同，是指合同已经成立，因为存在法定事由，允许当事人申请变更或撤销全部合同或不同条款。

变更合同需要一些条件，通常在下列情形下会发生合同变更：①出现了使合同基础发生变化的客观情况。②订立合同时存在意思表示不真实的情况。③意思表示不真实的一方对合同的变更或撤销有选择权。④经当事人变更符合生效条件的，合同自变更协议达成后生效。⑤合同变更应经当事人各方协商同意，任何一方不得擅自变更合同，擅自变更的合同无法律效力。⑥变更合同应采取书面形式，口头协议变更应有相应的证据。⑦按我国法律、法规规定，由国家批准成立的合同，其内容的重大变更还应经原批准机关批准。⑧在提出变更或撤销前，合同已经成立，但因欠缺某些对社会、对他人无影响的有效要件，如果当事人无异议，则可以正常履行，视为有效合同。⑨如果合同变更前或变更时，可能存在或发生的给当事人一方造成损失的事实，合同变更后，受损害一方仍可要求对方赔偿损失。当事人如果对合同变更的内容约定不明确的，视为未变更。

2. 合同解除

解除合同是一种法律行为，是指签约双方当事人在法律规定的条件下，在原合同的有效期内，就提前终止合同所达成的协议。合同解除则通常是因天灾人祸、不可抗力导致合同无法执行，则协商解除合同，或者事先约定解除条件出现，或者是当事人一方明确表示不再履行主要债务，或者是当事人以行动表示或经催告仍表示不再履行债务。解除合同也是对违约的一种补救方法，目的是使双方已经订立的合同终结。解除合同行为属重大法律行为，必须采取书面协议或通知的形式。许多国家民商法对解除合同都制定了限制性措施。

解除合同同样需要一些条件，我国《民法典》对解除合同的限制十分严格，规定只有出现下列情况，才允许当事人解除合同：①当事人可以在合同中约定解除合同的条件，解除合同的条件成熟时，双方按约定解除合同。②当事人经协商达成一致。③因不可抗力因素致使不能实现合同目的。④在履行期届时之前，当事人一方明确声明或者以自己的行为表明不履行主要债务。⑤当事人一方迟延履行主要债务，经催告后在合理期限内仍未履行。⑥当事人一方迟延履行债务或者有其他违约行为致使不能实现合同目的。⑦法律规定或者当事人约定解除权利行使期限，期限届时当事人不行使的，该权利取消。法律没有规定或者当事人没有约定解除行使期限，经对方催告后在合理期限内不行使的，该权利取消。⑧当事人一方主张解除的，应当通知对方。合同自通知到达对方并无异议时解除。对方有异议的，可以请求人民法院或者仲裁机构确认解除合同的效力。法律、行政法规规定解除合同应当办理批准、登记等手续的，依照其规定。⑨合同解除后，尚未履行的，终止履行；已经履行的，根据履行情况和合同性质，当事人可以要求恢复原状或采取其他补救措施，并有权要求赔偿损失。

3．合同终止

合同终止，是指合同当事人双方在合同关系建立以后，因发生法律规定或当事人约定的情况或特定的法律事实的出现，使合同当事人之间的权利义务关系消灭，使合同的法律效力终止。《民法典》第五百五十七条规定有下列情形之一的，合同的债权债务关系终止：①债务已经按照约定履行，双方履约完毕，则合同自然终止；②合同依法解除，原有合同不再执行；③债务相互抵消，或者是债权人放弃权利等；④债务人依法将标的物提存；⑤债权人免除债务人部分或全部债务，合同的权利义务部分或者全部终止；⑥债权债务同归于一人；⑦法律规定或者当事人约定终止的其他情形。另外，合同的权利义务终止后，当事人应当遵循诚信原则，根据交易习惯履行通知、协助、保密等义务。合同的权利义务终止，不影响合同中结算和清理条款的效力。

13.3.2 违反合同的责任区分

1．违反购货合同的责任

(1) 供方责任：商品品种、规格、数量、质量、包装与合同不符；错发到货地点或接货单位。

(2) 需方责任：中途退货；未按合同规定日期付款或提货；错填或临时变更到货地点等。

2．违反运输合同的责任

(1) 承运方责任，主要有：不按合同规定的时间和要求发运；错运到货地点或接货人；运输中短少、变质、污损、损坏，按损失赔偿；联运中短少、变质、污损、损坏，由终点阶段承运方赔偿，再依次向其他承运方追偿；由于不可抗力，物资自然损耗，自然性质引起，不赔偿。

(2) 托运方的责任，主要有：未按合同规定的时间和要求提供运输；在普通货物中夹带危险物品；因未随车附带规格质量证明或化验报告，造成收货方无法卸车等。

3．投保时保险方的责任

财产保险合同一经生效，即具有法律效力，并受国家法律保护，任何一方违反保险合同的规定都应承担违约责任。

一般来说，保险方应承担的责任有：①在投保方投保时，应及时将有关财产保险规定事项告之投保方，并有义务监督检查投保财产的安全情况，发现事故隐患，及时通知对方采取有效措施予以消除。②由于保险事故的发生，使保险标的或利益受到损失，而引起的责任，保险方必须按规定进行核实、计算、赔偿。③对发生保险责任范围内的损失，应由第三人赔偿的，投保方要求保险方赔偿时，在投保方转让向第三人追偿的权利后，应先予赔偿。④在收到投保方要求赔偿的请求或保险单后，应及时组织人员研究、现场勘察、核算，并决定是否予以赔偿。同时与投保方达成赔偿金额协议，一般于 10 日内偿付，逾期偿付的，应按其银行短期贷款利率承担违约责任。

13.3.3 争议和解决机制

争议是指买卖的一方认为另一方未能全部或部分履行合同规定的责任和义务引起的纠纷。有卖方违约、买方违约和合同规定不明确三种原因。

争端解决机制包括诉讼解决方法，也可以采取非诉讼解决方法，如协商、调解、仲裁、预防等。①诉讼。将案件移交给各级人民法院进行审理。②协商。合同当事人双方通过谈判或商谈解决争端。③调解。由第三方介入，以促成和解、达成妥协或解决方案。④仲裁。让公正的第三方来解决合同争端。⑤预防。事先在合同中商议好，双方出现争端将按谈判、调解、仲裁和诉讼的顺序解决问题。

13.3.4 索赔和理赔规定

索赔是指受损一方在争议发生后，向违约一方提出赔偿的要求。索赔一般有三种情况：买卖双方的贸易索赔；向承运人的运输索赔；向保险人的保险索赔。

理赔是指违约的一方受理遭受损害一方所提出的赔偿要求。关于赔偿额，属于供方不能交货的，需向需方偿付违约金；因质量问题而使采购方蒙受损失时，如违约金能补偿损失，则不再另行赔偿，若不足，则赔偿差额。

索赔和理赔的注意事项：①索赔期限；②索赔证据：有关质量和数量问题，应出具检验的出征机构；③索赔额及赔偿办法。

13.3.5 合同监督和执行评估

合同监督管理有广义和狭义之分。广义的合同监督管理，是与合同行为有关的所有部门对合同进行管理的一系列活动的总称，既包括县级以上工商行政管理部门和其他有关主管部门依照法律、法规的规定对合同进行的管理，也包括公证机关的公证、仲裁机构的仲裁和司法机关对合同争议进行的审理，同时也包括企业对自身合同行为的管理。

国家对合同的监督管理是国家法定机关依照法定权限和程序对合同行为的合法性所进行的监察和督导的职权活动的总和，其实质是国家权力对私人领域的干预和监督。在中国行政体制和管理制度下，县级以上工商行政管理部门和其他有关主管部门在各自的职权范围内，依照法律、行政法规规定的职责，运用指导、协调、监督等行政手段促使合同当事人依法订立、变更、履行、解除、终止合同和承担违约责任，制止和查处利用合同进行的违法行为，调解合同纠纷，维护合同秩序所进行的一系列行政管理活动。

狭义的采购合同监督管理是指采供双方对履行合同过程中，双方依照有关法律规定的权限，对合同执行过程及结果进行监督，确保双方认真遵守合同，严格执行合同规定的事项，保证合同双方的权利和义务得到落实，并且对履行合同过程中存在的问题及时发现，遵照合同规定协商或妥善处理分歧，从而使合同能够得到很好的贯彻落实的管理过程。

合同执行评估是对项目采购合同执行过程情况和执行后的效果进行的综合评价，一般是由采购部门或直接项目公司对合同履行进行经验性评价和等级性评价。执行评价主要评价合同主要条款执行的程度和效果，如合同订立的规范性、项目质量、交货期(工期)、价格成本、合作配合及服务支持性，合同履行的效果情况，以及供应商在执行合同中表现出的管理、技术、经济实力情况。在采购部门或项目公司对合同履行进行直接评价之后，再由财务部门(成本控制中心)和总公司(总司办公室)对合同执行进行最后的审查评估，总公司根据综合评定情况，来确定是否将供应商列入合格承包商数据库。表 13-5 所示是合同执行评估表。

表 13-5 采购合同执行情况评估表

<table>
<tr><th colspan="4">采购合同执行情况评估表</th></tr>
<tr><td colspan="3">项目名称：</td><td>填写日期：　　年　　月　　日</td></tr>
<tr><td colspan="2">合同名称</td><td></td><td>合同编号</td></tr>
<tr><td colspan="2">供应商(承包单位)</td><td></td><td>资质等级</td></tr>
<tr><td>序号</td><td>内　容</td><td colspan="2">经验性评价或总结</td></tr>
<tr><td>1</td><td>合同订立(招投标、合同规范性等)</td><td colspan="2"></td></tr>
<tr><td>2</td><td>项目质量控制</td><td colspan="2"></td></tr>
<tr><td>3</td><td>项目工期控制</td><td colspan="2"></td></tr>
<tr><td>4</td><td>项目成本控制</td><td colspan="2"></td></tr>
<tr><td>5</td><td>双方合作与配合情况</td><td colspan="2"></td></tr>
<tr><td>6</td><td>其他情况</td><td colspan="2"></td></tr>
<tr><td colspan="2">项目公司对供应商的综合评价</td><td colspan="2">□ 优秀　□ 良好　□ 一般　□ 较差</td></tr>
<tr><td>1</td><td>质量控制和保证</td><td colspan="2">□ 优秀　□ 良好　□ 一般　□ 较差</td></tr>
<tr><td>2</td><td>交货期(工期)控制</td><td colspan="2">□ 优秀　□ 良好　□ 一般　□ 较差</td></tr>
<tr><td>3</td><td>报价合理性</td><td colspan="2">□ 优秀　□ 良好　□ 一般　□ 较差</td></tr>
<tr><td>4</td><td>合作与配合</td><td colspan="2">□ 优秀　□ 良好　□ 一般　□ 较差</td></tr>
<tr><td>5</td><td>现场管理</td><td colspan="2">□ 优秀　□ 良好　□ 一般　□ 较差</td></tr>
<tr><td>6</td><td>技术实力</td><td colspan="2">□ 优秀　□ 良好　□ 一般　□ 较差</td></tr>
<tr><td>7</td><td>经济实力</td><td colspan="2">□ 优秀　□ 良好　□ 一般　□ 较差</td></tr>
<tr><td>8</td><td>合同履行结果</td><td colspan="2">□ 优秀　□ 良好　□ 一般　□ 较差</td></tr>
<tr><td colspan="2">成本控制中心的综合评价</td><td colspan="2">□ 优秀　□ 良好　□ 一般　□ 较差</td></tr>
<tr><td colspan="2">总公司(办)的综合评价</td><td colspan="2"></td></tr>
<tr><td colspan="2">对供应商的总体评价意见</td><td colspan="2">是否推荐列入合格供应商数据库：□ 是　□ 否</td></tr>
</table>

13.4 采购适用的法律

1. 中华人民共和国民法典(含合同法)

《中华人民共和国民法典》(以下简称《民法典》)被称为“社会生活百科全书”，是民事权利的宣言书和保障书，如果说《宪法》重在限制公权力，那么《民法典》就重在保护私权利，几乎所有的民事活动，大到合同签订、公司设立，小到缴纳物业费、结婚离婚，都能在《民法典》中找到依据。《民法典》共七编，依次为总则、物权、合同、人格权、婚姻家庭、继承、侵权责任以及附则，共1260条。

《民法典》第三编合同，基本上替代了原有的《合同法》的内容。《合同法》是为了保护合同当事人的合法权益，维护社会经济秩序，促进社会主义现代化建设而制定的法律。在中国，《合同法》是调整平等主体之间的交易关系的法律，它主要规定合同的订立、合同的效力及合同的履行、变更、解除、保全、违约责任等问题。

《民法典》第四百六十四条规定：合同是民事主体之间设立、变更、终止民事法律关系的协议。《民法典》第四百六十九条规定：当事人订立合同，可以采用书面形式、口头形式或者其他形式。书面形式是合同书、信件、电报、电传、传真等可有形地表现所载内容的形式；以电子数据交换、电子邮件等方式能够有形地表现所载内容，并可以随时调取查用的数据电文，视为书面形式。

《民法典》第一千二百六十条规定：《民法典》自2021年1月1日起施行。《中华人民共和国合同法》等同时废止。

2. 中华人民共和国政府采购法

《中华人民共和国政府采购法》共九章88条，主要内容涉及：政府采购当事人、政府采购方式、政府采购程序、政府采购合同、质疑和投诉、监督检查、法律责任等。该法于2002年6月29日第九届全国人民代表大会常务委员会第二十八次会议通过，后根据2014年8月31日第十二届全国人民代表大会常务委员会第十次会议进行了修正。

《中华人民共和国政府采购法》第一条规定：为了规范政府采购行为，提高政府采购资金的使用效益，维护国家利益和社会公共利益，保护政府采购当事人的合法权益，促进廉政建设，制定本法。本法第二条规定：在中华人民共和国境内进行的政府采购适用本法。本法所称政府采购是指各级国家机关、事业单位和团体组织，适用财政性资金采购依法制定的集中采购目录以内的或采购限额标准以上的货物、工程和服务的行为。本法所称采购是指以合同方式有偿取得货物、工程和服务的行为，包括购买、租赁、委托、雇用等。本法所称货物是指各种形态和种类的物品，包括原材料、燃料、设备、产品等。本法所称工程是指建设工程，包括建筑物和构筑物的新建、改建、扩建、装修、拆除、修缮等。本法所称服务是指除货物和工程以外的其他政府采购对象。

3. 中华人民共和国知识产权法典

中华人民共和国知识产权法典是《中华人民共和国专利法》(以下简称《专利法》)、《中华人民共和国著作权法》(以下简称《著作权法》)、《中华人民共和国商标法》(以下简称《商标法》)、《中华人民共和国反不正当竞争法》(以下简称《反不正当竞争法》)四个法律的总和。

四个法律的修订颁布与修改时间为：《专利法》1984 年颁布，现行有效的是 2008 年修订版本。《著作权法》1990 年颁布，现行有效的是 2010 年修订版本。《商标法》1982 年颁布，现行有效的是 2001 年修订版本。《反不正当竞争法》1993 年颁布，现行有效的是 2017 年修订版本。

《中华人民共和国专利法》共八章 75 条，主要内容涉及：专利权的类型，授予专利权的条件，专利的申请，专利申请的审查和批准，专利权的期限、终止和无效，专利实施的强制许可，专利权的保护等。《专利法》第一条规定：为了保护专利权人的合法权益，鼓励发明创造，推动发明创造的应用，提高创新能力，促进科学技术进步和经济社会发展，制定本法。《专利法》第二条规定：本法所称的发明创造是指发明、实用新型和外观设计。发明是指对产品、方法或者其改进所提出的新的技术方案。实用新型是指对产品的形状、构造或者其结合所提出的适于实用的新的技术方案。外观设计是指对产品的形状、图案或者其结合以及色彩与形状、图案的结合所作出的富有美感并适于工业应用的新设计。

《中华人民共和国著作权法》共六章 56 条，主要内容涉及：著作权，著作权许可使用和转让合同，出版、表演、录音录像、播放，法律责任和执法措施等。《著作权法》第一条规定：为保护文学、艺术和科学作品作者的著作权，以及与著作权有关的权益，鼓励有益于社会主义精神文明、物质文明建设的作品的创作和传播，促进社会主义文化和科学事业的发展与繁荣，根据《宪法》制定本法。《著作权法》第二条规定：中国公民、法人或者非法人单位的作品，不论是否发表，依照本法享有著作权。外国人的作品首先在中国境内发表的，依照本法享有著作权。外国人在中国境内发表的作品，根据其所属国同中国签订的协议或者共同参加的国际条约享有的著作权，受本法保护。

《中华人民共和国商标法》共八章 73 条，主要内容涉及：商标注册的申请，商标注册的审查和核准，注册商标的续展、变更、转让和使用许可，注册商标的无效宣告，商标使用的管理，注册商标专用权的保护等。《商标法》第一条规定：为了加强商标管理，保护商标专用权，促使生产、经营者保证商品和服务质量，维护商标信誉，以保障消费者和生产、经营者的利益，促进社会主义市场经济的发展，特制定本法。《商标法》第二条规定：国务院工商行政管理部门商标局主管全国商标注册和管理的工作；国务院工商行政管理部门设立商标评审委员会，负责处理商标争议事宜。

《中华人民共和国反不正当竞争法》共五章 33 条，主要内容涉及：不正当竞争行为、对涉嫌不正当竞争行为的调查、法律责任等。《反不正当竞争法》第一条规定：为了促进社会主义市场经济健康发展，鼓励和保护公平竞争，制止不正当竞争行为，保护经营者和消费者的合法权益，制定本法。《反不正当竞争法》第二条规定：经营者在生产经营活动中，应当遵循自愿、平等、公平、诚信的原则，遵守法律和商业道德。本法所称的不正当竞争行为，是指经营者在生产经营活动中，违反本法规定，扰乱市场竞争秩序，损害其他经营者或者消费者的合法权益的行为。

4. 国际或其他国家有关的采购法律

《美国统一商法典》(Uniform Commercial Code，UCC)是在统一州法全国委员会和美国法学会的共同努力下所取得的最成功和最重要的成果，也是最著名的一部“标准法典”。它分为 11 章，以总则(General Provisions)和各分则的形式，对现实中的商事规则和商事惯例进行了归纳和制度层面的架构。它基本消除了各州商法对州际交易因规定不同而造成的障碍，实现了美国商法在州际交易范围内，关于销售、票据、担保、信贷各领域规定的统一制度(仅路易斯安那州未采纳这部法典)，并为各类商事交易活动提供了优良的模式，被美国国内乃至国际商事社会广泛采用和吸收，实现了商法的国际性。

《联合国国际货物销售合同公约》(The United Nations Convention on Contracts for the International Sale of Goods, CISG)是由联合国国际贸易法委员会主持制定的一部公约，于 1980 年在维也纳举行的外交会议上获得通过。该公约提出了三大原则：建立国际经济新秩序原则、平等互利原则与兼顾不同社会、经济和法律制度原则。该公约内容分为适用范围、合同的成立、货物买卖、最后条款四个部分，共 101 条。该公约各缔约国，铭记联合国大会第六届特别会议通过的关于建立新的国际经济秩序的各项决议的广泛目标，通过在平等互利基础上发展国际贸易促进各国间友好关系，采用照顾到不同的社会、经济和法律制度的国际货物销售合同统一规则，以有助于减少国际贸易的法律障碍，促进国际贸易的发展。

要点总结

采购谈判是采供双方为签订合同而进行的协商活动，因此协商事项要围绕合同内容而展开。谈判是一种正式的会议过程，有固定的程式、技术和一定的规律性，然而谈判也是一种体现采购人员谈判技巧和艺术性的工作，通过有意的训练和实践经验积累能极大地提升采购人员的谈判能力。

采购合同有两个基本功能。协调功能是通过风险分担和利益分配机制来改善和优化供应链效益。管理功能是通过合同控制各方的经营过程，使供应链保持稳定。这两个功能是相辅相成的，合同协调涉及合同设计和决策，一个良好设计的合同能使双方的职责、权利和义务得到合理分配，更好地实现利益和风险之间的权衡，激励各方披露其真实信息，甚至实现集成供应链的全局优化。管理功能体现在合同制定和实施过程，合同撰写具有法律规范性，合同履行则具有法律严肃性。采购合同作为合法强制性管理工具，能够实质性约束双方的履约行为，保证双方的利益得到维护，而在出现违约行为或无法执行合同的情形时，也能够找到合理的裁决渠道和补偿机制。

思考与练习

(1) 什么是采购谈判？它包括哪些基本要素？

(2) 谈判采购主要的适用条件是什么？哪些采购项目适用谈判采购的形式？

(3) 运用谈判的时机、方式以及谈判的内容是什么？

(4) 为什么谈判是采购过程中很重要的部分？

(5) 谈判的会议程序包括哪几个阶段？如何组织好谈判的会议过程？

(6) 买卖双方在谈判中可能具有什么样的优势和劣势？

(7) 在进行谈判之前，采购方应该收集有关供应商哪些方面的信息？

(8) 在谈判期间，为什么妥协让步是重要的？

(9) 谈判双方达成的折中方案(Eclecticism)和结合方案(Combination)有什么不同？

(10) 除了价格外，参与采购谈判的各方还能讨论哪些双方能够达成协议的非价格问题？解释为什么每个问题可能对买方或卖方都很重要。

(11) 简述采购合同的基本功能。

(12) 简述长期采购合同及其优势和风险。

(13) 在什么条件下短期合同要优于长期合同？

(14) 简述采购合同的结构特点。

(15) 采购合同的必备条款有哪些？

(16) 在授予采购合同时，为什么有些企业不再仅仅依靠竞争性投标？

(17) 无效的采购合同指哪些？

(18) 对买方来说，与每个不同类型的合同(固定价格、回购激励、收入共享或成本分担合同) 相关的风险是什么？

(19) 对供应商来说，与每个不同类型的合同(固定价格、回购激励、收入共享或成本分担合同)相关的风险是什么？

(20) 为什么很多企业在解决合同争端时试图避免诉讼？

(21) 什么是商业仲裁？什么时候或怎样使用它？

第 14 章　订货流程管理

学习目标

本章关注采购订货流程管理的内容和方法。要求学习理解订货流程的基本步骤，掌握订货流程中订单处理、供应物流和货款支付等主要环节；了解在线订购和非在线订货的重要意义。

本章涵盖以下内容和要求。

- 订货流程的基本步骤。理解订货流程几个关键步骤。包括：准备并发送采购订单；订单跟踪或催货；货物装配和运输；货物接收及检验；结清发票并支付货款；退货处理、监管及绩效记录。
- 订货流程的关键环节。理解订单处理、物流处理和货款处理等几个关键环节的工作任务和具体方法。
- 订货流程改进。通过在线方法和非在线方法改善订货流程，简化采购程序，提高采购效率。

引言

本章讨论后期采购的几个关键环节，这个过程包括订单处理、货物交付物流和货款支付等几个子过程，统称为订货流程(Order Process)或订单执行流程(Order Fulfillment)。订单执行流程是企业采购中真正实现物流、信息流和资金流同步的过程，订货流程也是合同履行的重要内容，因此，其重要性不言而喻。

在采购业务流程中，订货流程是最后一项业务和实务。它是对前面的供应市场研究、采购业务计划、供应商管理、合同管理等业务的具体落实和任务执行环节。订货业务是采购管理中不可缺少的实务内容，没有订货流程，采购任务完成就不够完整。

在现代采购中特别是战略采购管理出现以后，采购和物流职能分工发生了一些新的变化，许多大公司将订货流程转移给物流部门来负责完成，订货处理成为物流部门的新增业务，从而使采购部门能够专注于企业资源搜寻和前期采购的重要任务。

订货流程是一个相对完整的业务过程，作为一项独立的采购业务，它有具体的工作任务和工作过程，而且在执行订货业务中涉及很多具体的工作细节和工作方法，因此提高采购工作的效率很大程度上就在于订货业务流程的改进，通过采用新的方法、技术、系统和制度，简化采购业务程序和手续，提高订货处理的工作效率。

14.1　订货流程

订货流程或订单处理流程包括：①准备并发送采购订单；②订单跟踪或催货；③货物装配和运输；④货物接收及检验；⑤结清发票并支付货款；⑥退货处理、监管及绩效记录。订货流程可以大致概括为三个关键环节：订单处理、货物交付和货款结算，如图 14-1 所示。

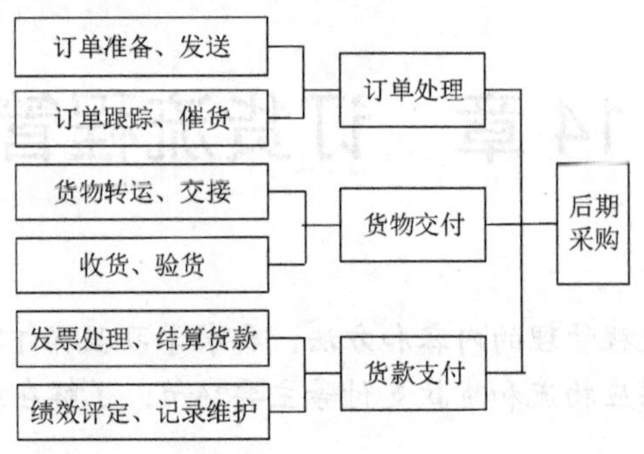

图 14-1 采购订货—交付—付款流程

订货流程中商流、物流、资金流和信息流同步进行。其中，很多步骤体现为信息流过程，因为商流和资金流都可以通过信息流传递来完成，例如，订货信息流包括：库存或生产部门将购货请求发到采购部；采购部向供应商发出采购订单；将采购通知发给收货部门；将采购通知发给应付款处理部门。资金信息流包括：收到发票；收货通知发给付款部门；通知出纳付款；出纳将支票发给供应商。物流活动主要是供应商、承运商将货物发送给收货部门。

1. 准备并发送采购订单

这是一个熟悉采购物品项目、确认价格、确认质量标准、确认需求量的过程，如图 14-2 所示。

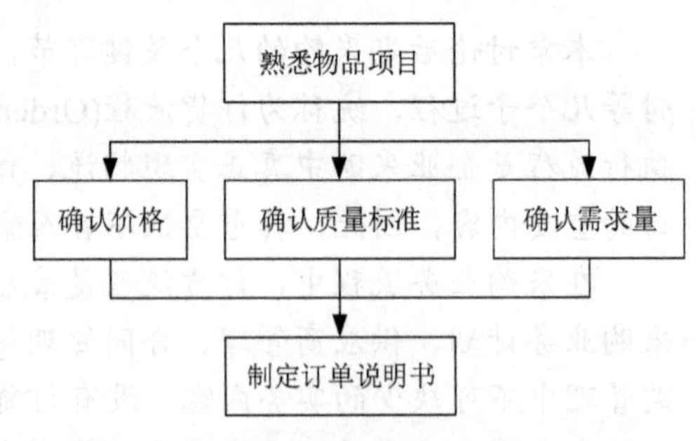

图 14-2 采购订单准备

1) 请购确认

请购活动一般由内部需求部门提出，然后经过主管领导审批和采购部门确认。

审核请购单：请购单编号、申请部门、日期；物品名称、规格型号、数量、估价、用途、需求日期、备注(结算及资金来源)；申请人，申请部门、经理批准人等，要经过审核，确认符合企业物资请购和采购相关责任要求。

确认需求，包括确定买什么、买多少、何时买，谁决定等问题。

制定需求说明书，有关品质、包装、售后服务、运输、检验及退回处理方式等方面的具体要求。

2) 采购订单准备(Placing the Order)

采购部门准备采购订单和下订单包括以下几个步骤。

(1) 制作订单。企业采购订单一般都具有现成的格式和通用的规范性要求，按照格式清楚地填写必要的项目，如商品名称、规格、数量、价格等关键信息，订单制作才算完成。

(2) 订单审批(Approval)。采购部门制作好订单后，一般要经过采购主管和更高层主管的审核批准，做到符合职责权限和审核无误，才可以发送给供应商。

(3) 订单发送。订单制定和审批之后，要传递给供应商。过去以纸质订单居多，通过传真来传递，现在电子订单的填写和传送都更加方便。但一般仍需要配套提供纸质订单，作为存档或备查之用。

3) 供应商签订采购订单

供应商接收订单；签字确认；执行订单。只有采购订单被供应商签字确认后，才正式得到供应商接受和认可，订单才具有与合同一样的法律效力。

2. 订单跟踪与催货

采购订单发给供应商后，采购方会对供应商履行订单的情况进行跟踪，并注意催交、及时催货，一般在订单发出的同时确定合适的跟踪接触日。

跟踪是对订单所作的例行追踪以便确保供应商能够履行其货物发运的承诺，及时了解质量、进度或发运方面的问题，以便采取相应的行动。跟踪方式有走访、电话询问、发送跟踪单、互联网通信、供应商主动报告进度等。

催货是对供应商施加压力以使其履行最初做出的发运承诺、提前准备按时发运货物或加快已经延误的订单的货物发运。

订单发送之后，及时跟催是非常必要的工作。如果不跟踪和催货，供应商可能把订单放入可暂缓交付订货之列，甚至有意无意忽视该企业订货的及时处理和交付。只有及时、用心地跟踪订单进展，积极地“抓落实”，适时地发出催货信息，才能够引起供应商的重视，并可能及时优先处理该笔订货。在互联网时代，线上订单跟催提供了极大便利，通过网络可以实时查看订单处理的进度，供应商也将订单详情和处理状态作为物流服务的一个重要指标，为客户跟踪订货进展提供方便。

3. 组织装配和运输

在采购周期中，本阶段主要包括采购需求的实物转移过程，是采购中的主要物流活动。

(1) 选择承运人。货物承运可以由供应商或采购方自己承担，也可以寻找专业承运人来负责货物运输。

(2) 货物装配。货物转载涉及不同的货物的装载性能、运输量、运输方式和运载工具的特点。应合理选择运输方式，组织装卸搬运，安排货物配载，以提高运输效率和运输的规模经济效益。

(3) 组织运输过程。要考虑是否需要组织多式联运，是否涉及冷链运输和危化品的特殊运输，是否需要选择最佳运输路径，以及在运输途中对货物的保管和质量维护是否管理到位。

(4) 制作和传送相关单据，主要包括以下几种。

- 物料核发单(货单)：由供应商提供给采购方的货物清单，表明物料已经发出的凭证，货单上载明所发运货物的有关信息。
- 物料装箱单(Material Packing Slip)：是由供应商提供给买方，装箱单详细记载了所运输货物的内容，其中包括了运输产品的描述和数量。买方收到货物时装箱单是重要的参考依据，装箱单与核发单的物料数量应该一致。

  实际上，装箱单是商业发票的一种补充单据，通常可以将其有关内容加列在商业发票上，它列明了信用证(或合同)中买卖双方约定的有关商品的不同包装规格条件，不同花色和不同重量逐一分别详细列表说明的一种单据。它是买方收货时核对货物的品种、花色、尺寸、规格和海关验收的主要依据，便于国外买方在货物到达目的港时供海关检查和核对货物。

因出口公司不同，装箱单缮制的内容也大不相同，但一般包括：包装单名称、编号、日期、唛头、货名、规格、包装单位、件数、每件的货量、毛净重以及包装材料、包装方式、包装规格及签章等。①抬头。抬头即收货人，一般注明合同买方的名称和地址。②品名和货物描述。该栏一般注明具体装运的货物的名称、品质、规格及包装状况等。③包装及数量。注明每种货物的包装件数和合计数，以及每个包装件的实际尺寸和体积。在单位包装货量或品种不固定的情况下，需注明每个包装件内的包装情况，因此包装件应编号。在每一个包装件内，一般应尽可能详细地列出有关的包装细节，如规格、型号、色泽、内装量等。④毛重及净重。注明总毛重和总净重，有的也列明货物的单件毛重、净重或皮重；不定量包装货物，通常要逐件列出单件重量。⑤唛头。唛头是出口货物包装上的装运标记和号码(Marks and Numbers)。唛头内容要符合信用证的要求，一般与发票、提单所列一致，有时仅在装箱单中列明，如图 14-3 所示。

装箱单

PACKING LIST

客　户 To Messrs: ________________　　日期 Date: ________

船　名 Shipped by: ________________ 由 From 　至 To 　合同号 Contract No.: ________

箱号 Ctn.No.	货物名称及规格 Description	总箱数 Ge.Crate	总数量 Ge. Quantity	总毛重 G.W.:	总净重 N.W:
合计 Total					

图 14-3　装箱单基本格式规范

- 提单(Bill of Lading, B/L)。提单是指用以证明货物运输合同和货物已经由承运人接收或者装船，以及承运人保证据此交付货物的单证。提单的主要关系人是签订运输合同的双方：托运人和承运人。托运人即货方，承运人即船方。其他关系人有收货人和被通知人等。提单须经承运人(或船方)签字后才能生效，它是承运人在承运货物时签发给发货人(货主或货代)的一种凭证。提单由承运人签发，经发货人转发给收货人，收货人通常是货物买卖合同中的买方，收货人持提单交接提货，被通知人是承运人为了方便货主提货的通知对象，可能是与货权无关的当事人。如果提单发生转让，则会出现受让人、持有人等提单关系人。收货人(或提单持有人)凭提单向货运目的地的运输部门提货。提货单主要表明承运人的责任，承运人利用提货单来记录交到工厂的货物数量。比如，提单上会注明承运人在规定的日期将多少箱或集装箱货物交给买方，这样提单有利于保护承运人避免不合理行为的指控。

提单具有三项主要功能：①货物收据。提单一经承运人签发，即表明承运人已将货物装上船舶或已确认接管。提单作为货物收据，不仅证明收到货物的种类、数量、标志、外表状况，而且还证明收到货物的时间，即货物装船的时间。②物权凭证。提单的合法持有人有权在目的港以提单相交换来提取货物，而承运人凭提单发货，即使持有人不是真正货主，承运人也无责任。提单的合法受让人或提单持有人就是提单上所记载货物的合法持有人。提单所代表的物权可以随提单的转移而转移，提单中所规定的权利和义务也随着提单的转移而转移。③合同成立的证明文件。提单上的条款规定了承运人与托运人之间的权利、义务，而且提单也是法律承认的处理有关货物运输的依据，因而常常被认为提单本身就是运输合同。提单只是运输合同的证明更为合理。如果在提单签发之前，承托双方之间已存在运输合同，则不论提单条款如何规定，双方都应按原先签订的合同约定行事；但如果事先没有任何约定，托运人接受提单时又未提出任何异议，这时提单就被视为合同本身。

4. 货物接收及检验

产品接收及检验(Receipt and Inspection)是对收到的货物办理接收程序和验货手续。

1) 接收流程

接收流程对物料和其他项目的正确接收有重要意义，许多企业货物接收集中于一个部门，收货部门与采购部门关系密切。但在 JIT 库存管理系统中，已经获得认证的供应商的物料免除接收和检验这两道程序，并且直接送往使用部门。

履行货物接收手续的目的在于确认以往发出的订单采购的货物已经到达；检查到达的货物是否完好无损；确保收到所订购的货物数量；确认将货物应该送往狭义目的地(储存、检验或使用)；确保有关手续或文件已经登记或送交有关人员。

完成接收的方式可以通过收货部门在采购单副本中签收，或者使用可传递的专门的收货单。

2) 货物验收

货物验收主要是检查和查验。现代采购中随着供需关系和流程改善，可以减少或消除检验环节。但是对于验收不符合要求的项目要履行退货或修复处理。

检查的重点内容包括辨认厂商和物料名称，查验货物是否短缺(发运数量不足或运输中的丢失)；物料损毁等质量问题(当质量无法确保时，就会进行进货检查)，确定交运日期，通知有关单位验收结果。

减少或消除检查。采购商希望尽可能减少或消除对收货的检查环节，提出在设计阶段的质量保证、供应流程中的质量保证、JIT 生产环境下的质量保证措施。

验收不符与退货处理。即对不符合要求的供应和产品作出处理或退货，包括数量与合约不符；运输耗损的处理；拒收物料的退回；违约罚款的催收；特殊采购或特别认可；收货误差报告。

5. 结清发票和支付货款

货款结算是整个采购业务过程中至关重要的环节，能否按时支付货款是供应商最关心的问题，也是采购方的信誉所在。

供应商在交货验收合格后，随即开具发票，收货方及时履行付款义务。付款时采购方应该核查订单、发票、仓库收料单的一致性，财务部门审核采购核销的单证，审核无误后办理付款手续。

6．更新记录和关系维持

要保存的档案记录有以下几种：采购订单目标；采购定案卷宗。把与订单有关的单据、文件副本进行组织和归档，并把采购部门想保存的信息转化为相关的记录。前者主要是一种例行公事；后者则涉及对保存什么样的记录以及保存多久进行判断。

关系维护记录就是对供应商交付绩效进行总结评定并备册记录在案。这对于以后评选供应商、发展供应商关系和供应商开发都是重要的历史资料。

14.2 采购订单

14.2.1 采购订单的格式

采购订单(Purchasing Order, PO)，描述了采购所需的重要信息，任何使用的采购订单所必备的要素有：订单序列编号、发单日期、接收订单的供应商的名称和地址、所需物品的数量和描述，包括物料数量、规格、质量要求、交货日期、交货方式、运输要求、送达地址、价格(单价和总价)、支付条款、订单到期日及其他对订单有约束的各种条件。

所有的正规公司都有备好的采购订单，但在具体形式和细节上可能会有所不同，如图 14-4 和图 14-5 所示。

[公司名称]采购订单

订单编号：　　　　制单日期：2018年5月8日

供应商		详细地址			
联系人		职务		电话	
货运方式	◎公路运输 ◎铁路运输 ◎航空运输 ◎其他			到货日期	

序号	编码	品名	规格	摘要	订购数量	订购单价	金额
1							
2							
3							
4							
5							
6							
金额合计：（大写）			￥______元				
备注							

业务员	采购部经理	财务部经理	总经理
签字： 日期：	签字： 日期：	签字： 日期：	签字： 日期：

(资料来源：网上模板)

图 14-4　采购订单 1

公 司 名 称							采购订单号：	
							订单时间：	
							参考单号：	
需 方：					供 方：			
办公地址：					地 址：			
联 系 人：		传真：			联系人：		传 真：	
电 话：					电 话：			
送货地址：								
收货联系人：								
序号	零件名称	零件号	单位	数量	单价	总价	要求交货日期	确认交货日期
大写合计：	人民币					TOTAL		
特别说明：								
备 注：	1. 送货单上请注明我司采购订单编号							
	2. 交货方式：供方负责运输到指定地点，包装运输费用由供方承担							
	3. 产品质量符合的相关标准							
	4. 产品价格包含17%增值税							
	5. 其他事项参考双方签署的相关采购合同							
双方确认签字，签字后请回传								
采购负责人：		采购物流部经理：				供应商代表：		
签 字：		签字(盖章)：				签字(盖章)：		
日 期：		日 期：				日 期：		

(资料来源于网络)

图 14-5 采购订单 2

14.2.2 供货合同与采购订单

在选择供应商、签订合同后签发采购订单。采购部门应在采购合同框架内拟定采购订单，采购订单与采购合同有同样的法律效力。

供应商收到采购订单正本和一份副本，供应商在正本中签字，并将其发送给买方，以证明供应商收到采购订单并同意订单内容。从法律角度来讲，采购订单的发出称为合同要约，供应商的签字认可构成了合同承诺，要约和承诺是受法律约束的有效协议的两个要件。

订单中的项目条款类似合同条款，但是如果对方没有表示接受，发出的采购订单并不能构成一项合同。此外，采购订单只有得到供应商的确认，才能表明供应商能够在要求的日期发货，这对采购方来说是很重要的反馈信息。

如果订单形式使用不当可能会带来法律上的争议，而且也可能导致交易记录不够完善，因此采购订单需要制作得尽可能完备。一般来讲，采购订单应以书面的(或者计算机打印)的正式订单为准。不过书面的正式订单不必是“纸质”订单，随着“无纸化”办公趋势的流行，越来越多的公司选择使用计算机化的数据库和电子化订单。很明显，计算机化可以大大简化记录的获取、传送和保存。在紧急情况下，有时可以不经过正常的申请或填写采购单等程序，直接订购和装运所需的物料；或通过电话或其他权宜方式发出订货，但是事后必须补上书面的订单。

采购订单中涉及约束采购方和供应商关系的重要条件，特别情况下会在订单的背面列明详细的约束条款。由于每个公司都会尽可能完善地保护自己的利益，采购订单上的条款倾向于对卖方提出责任要求，或体现对采购方的利益进行保护。例如：①要求卖方必须遵守政府和所在地法律和有关的规章；②要求卖方明确承诺所有供应的货物和服务具有可适销性，符合特定的预期规格和使用目的，无损坏、无留置和专利侵权问题；③明确规定卖方按约定的日期、规格和数量交货；④详细描述质量要求以及质量保证和控制的方法；⑤如果所发货物在订单指定日没有到达，允许取消订货；⑥涉及对公司有特殊利害关系的其他事件和条款。不过，实际中许多采购活动不是按照采购订单上载明的条件进行，真正起作用的还是双方提出的供销协议的条件。

14.2.3 采购订单的形式

采购订单一般有如下几种形式。

(1) 普通订单是企业制定的标准化订单。采购订单中涵盖采购物资和业务流程中的重要信息。一般在采购订单的正面标明采购方公司的名称，地址，采购订单号，订单到期日等基本信息，并以格式化的方式显示采购物料的数量、物料规格、质量要求、价格、交货日期、交货方式、交货地址等一系列条款和说明。采购订单背面列示采购协议的典型条款和说明，这些条款与采购协议一致。

(2) 总括订单(Blanket Purchase Order)与普通订单在内容上大体相似，总括订单一般包括许多项目。大量使用并频繁采购的生产物料可以采用这一方式：所有协商条件都包括在合同或原始订单中，然后按这个总订单再根据特定的数量发出具体的物料订单。因此，总括订单通常与物料核发(Material Release)配合使用，采购方通过物料核发方式来订购总括订单中的产品。采购部门首先制定总括订单，并将其传递给供应商及企业内部相关部门。接下来采购部门会制定物料核发的类型和方式，企业常常会通过物料核发使供应商了解实际的物料需求情况以及对未来一定时期物料需求的预测，这样方便供应商合理地安排供货计划。有时具体的订货可以与生产计划过程结合起来，甚至可以由生产计划部门直接核发给供应商，而不需要每次订货都要发送订单，从而简化手续，降低处理成本。

(3) 开放式订单类似于开口合同，开放式订单允许增加采购项目或对时间进行展期。总括订单或开放式订单使用 1 年以上也很正常，直到产品设计或物料规格发生改变，或者价格或交货条件出现新的情况需要重新协商谈判为止。

(4) 系统订货单是指将订货与库存加以合并的形式，系统合同依靠定期支付程序有效运行，允许非采购人员直接发送订单给供应商，合同中也不具体指明必须购买项目的数量，但采用特殊的项目清单。通常需要供应商保持最低的库存水平，采购单被供应商用于提库、包装、开发票、发运单等，该程序减少采供双方的文书处理，适用于多频次小批量的订单问题。

(5) 第三方代理订货是指公司与第三方(供应商或代理商)签订合同，由其代理或保证提供企业所需要的维护、修理和辅助材料的供应。

14.2.4 采购订单传递与归档

不同的订单制作和处理及其传递路径会有所不同，如图14-6所示。但典型的情况是：正本发往供应商，同时随单附副本一份，供应商签发正本返回作为接受订货合约的证明。副本方面各不相同，一般会有4～9份副本：一份由采购部门留存，一份由供应商保管，会计部门需要一份订单副本以便处理应付账款；运输部门、收货和仓储部门需要副本以便为安排运输和接收货物作准备；需求部门也可能需要相应的副本作为凭证，以备记录。

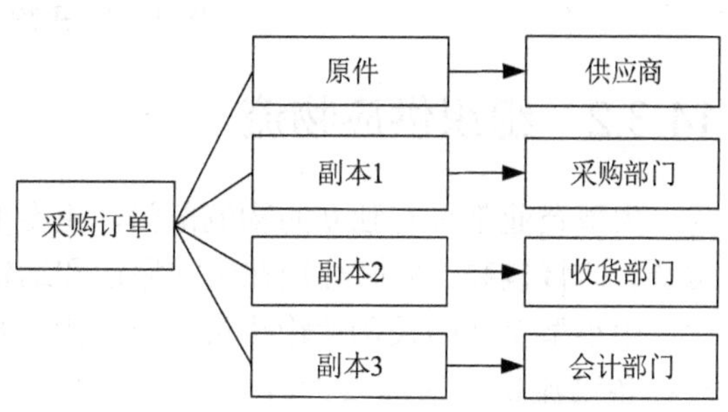

图14-6 采购订单传递路径

14.2.5 紧急订单和小额订单

临时或紧急订单的处理：紧急订单的出现可能有正当的理由，也可能没有正当的理由，但紧急订单的出现是不可避免的。无论原因如何，处理这些紧急订单的成本都是极高的，同时紧急订单也会给供应商带来负担。因此应该改善采购流程，减少紧急订单，尽量降低这一问题带来的不良后果。

小额订单的处理：全部采购中70%的订单只占采购金额的10%，处理小额订单而付出的成本与这些订单金额之间应该配比。小额订单涉及的物料本身的价值很小，但是短缺所造成的损失将是巨大的，因此确保这些物料的供应是首要的目标。解决小额订单问题的方法有很多，通常涉及采购过程简化、自动化，合并采购以便减少采购周期时间，节约工作时间，提高效率和减少管理费用。

14.3 货物交付和供应物流

14.3.1 货物交付

货物交付管理是采购部门和物流库存部门的一项重要工作，主要内容就是处理采购中的物流管理。交付管理包括交付方式(运输方式、包装方式、送货方式)、交货地点、交货时间(交货期)等管理内容，如图14-7所示。

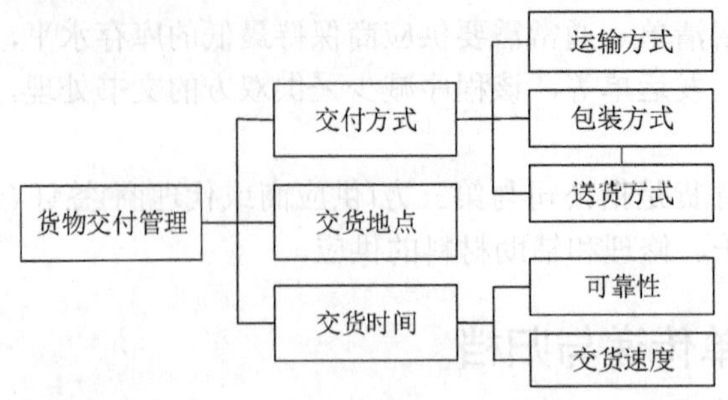

图 14-7　采购交货与物流管理

14.3.2　组织供应物流

大型企业都设有独立的物流部门，由专业人员负责选择承运商、安排运输路线、催促装货、监督包装，同时处理在装卸搬运和运输过程中发生的损毁和灭失的索赔。

中小型企业的采购运输决策一般是由采购员或采购主管制定的，这也就要求采购人员应具备物流决策所需要的各种知识，如离岸价格条款(FOB)、选择承运商和安排运输路线、确定运输费率、准备必要的单据文件、催促和跟踪货物的装运、提出或解决运输过程中对货物损毁和灭失的索赔，以及对所得到的运输服务进行支付等。

运输方式的选择主要有空运、陆运和水运三种，以及多种运输方式组合或多式联运。

(1)　空中运输：时间短，运费高。

(2)　陆上运输：分铁路和公路两种。

(3)　水上运输：时间长，运费低。

例如，从武汉到北京发运一批货物，采用普通邮包需要 8 天时间，采用快件邮包需要 2 天时间，两种运输方式的运费如表 14-1 所示，每年的单位库存费为单位货物价值的 30%，采用哪种运输方式较好？

表 14-1　快件与普通邮包的运费

装运重量/千克	普通邮包/元	快件邮包/元
1	1.91	11.50
2	2.37	12.50
3	2.78	13.50
4	3.20	14.50
5	3.54	15.50
6	3.88	16.50
7	4.28	17.50
8	4.70	18.50
9	5.12	19.50
10	5.53	20.50

(资料来源于网络)

解决这个问题的基本思路：快件邮包的运费增加与其库存费节约的平衡，或普通邮包

运费的节省与其库存费增加的平衡，就是这两种运输方式的平衡点，即

使用普通邮包节省的运费=使用普通邮包增加的库存费

用普通邮包节省运费=货物价值×0.30×(8−2)/365

所以，货物价值=365×用普通邮包节省运费/(0.3×6)

当装运重量为 1 千克，其价值为 365×9.59/1.8=1944.64 元时，用普通邮包运输和快件邮包运输的花费刚好持平。当货物价值超过 1944.64 元时，用快件运输比较有利；当货物价值低于 1944.64 元时，用普通邮件运输比较有利。

用同样的方法，可以计算不同装运重量下的物品价值平衡点，结果如表 14-2 所示。

表 14-2　不同装运重量下物品价值平衡点

装运重量/千克	普通邮包/元	快件邮包/元	用普通邮包节约费用/元	物品价值平衡点/元	单位重量物品价值平衡点/元
1	1.91	11.50	9.59	1944.64	1944.64
2	2.37	12.50	10.13	2054.14	1027.07
3	2.78	13.50	10.72	2173.78	724.59
4	3.20	14.50	11.30	2291.39	572.85
5	3.54	15.50	11.96	2425.22	485.04
6	3.88	16.50	12.62	2559.06	426.51
7	4.28	17.50	13.22	2680.72	382.96
8	4.70	18.50	13.80	2798.33	349.79
9	5.12	19.50	14.38	2915.94	323.99
10	5.53	20.50	14.97	3035.58	303.56

(资料来源于网络)

14.3.3　退货和废弃物处理

实际上不合格品退货和废弃物处理具有重要的管理学意义，它涉及重要的投资与回收再利用问题。现代企业再制造管理非常重视废弃物的回收、循环再利用，并将其上升到节约资源、绿色环保和经济社会可持续发展的战略高度。

在很多情况下，不合格品退货，多余的原材料、废料或废弃物的处理在所难免。不合格品退货处理工作通常由采购部门负责，但也可能把废料回收处理交给物流后勤部门负责。

首先，需要考虑不合格品、多余原材料或废料产生的原因。一般来说，产品过时或生产方式改变、采购的材料和零部件是次品、运输和存储中货物受损等是不合格品和废料产生的主要原因。不合格品处理和废弃物处理会增加额外成本，最好的办法就是避免产生不合格品或废弃物，对已产生的废弃物进行仔细鉴别和管理，变废为宝，进行合理利用，减少经济损失。

其次，预防不合格品或废弃物的出现总比事后处理要好。例如，采购人员通过周期性检查可以从一开始就避免不合格品和废弃物产生，从而节约处理工作量和成本。对一个金

属切割设备每周产生的废料量调查发现，金属原坯切割所留下的金属屑和边角料过多，在加工和物流过程中引入自动监控或机器控制机制后，废料量减少了20%左右。加强采购、生产和销售之间的联系，提高引进新产品、淘汰旧产品的效率，也可以在很大程度上避免不适用产品或废弃物的产生。

最后，要加强对废弃物处理的管理。解决废料处理问题时，需要考虑相关的处理费用、回收再利用价值或残余价值，以及废弃物对环境造成的影响。有一些方法可以考虑，比如对废弃物处理前，是否可以拆卸其中有用的零部件，变废为宝；有些货物可以变卖或在市场中低价出售，而不作为废料处理；采购人员可以与专业废料回收商进行协商，获得有用的处理废料的建议。

14.4 支付货款

14.4.1 采购应知的财务知识

企业财务部门的工作一般有预算、结算和决算几个环节，如图 14-8 所示。预算就是为下一个计划期(如下一年度)制订财务活动计划，预计收入、成本和利润等，形成预算损益表、预算资产负债表和预算现金流量表等，其中包括下一年度采购支出的预算。结算是对预算执行过程中，即实际生产活动过程中发生的每一笔财务事项进行及时的结账计算，对各种单据、票据进行处理和记入账簿，形成各种财务分类账户记录。其中对采购活动所支出的货款事项要结算登记在存货资产账户或应付账款账户。决算是在计划期结束后对该计划期发生的结算事项进行汇总，明确企业计划期实际发生的总收入、总支出和盈利。决算得到的损益表、资产负债表和现金流量表等是计划期内实际发生的财务汇总报表。

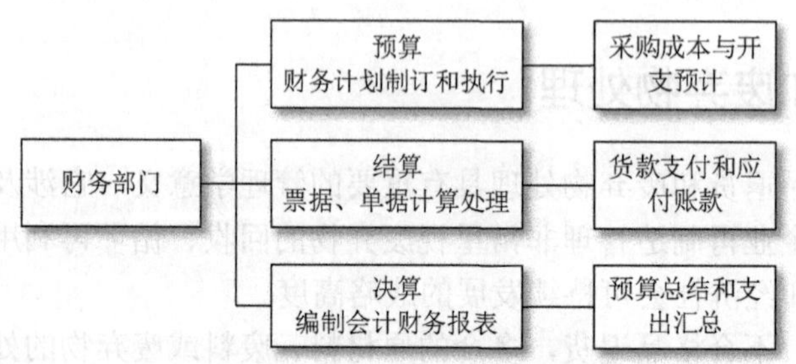

图 14-8 采购应明确的财务知识

采购预算、结算和决算是企业财务活动的一部分，它主要是涉及企业购买支出的预算、结算和决算。采购预算是把采购实物计划转变为采购支出计划，从而使企业采购计划能够在资金上得到预计和落实。采购结算是对每一笔采购支出进行付款结算。在采购活动中，货款结算可以通过不同的途径、工具和方式来完成。采购决算是对企业采购总支出汇总，将实际支出额与预算额进行对照，可以用于评估企业执行支出预算的情况，评价采购支出的合理性和工作绩效。

14.4.2 货款支付和结算流程

企业财务部门在采购的支付环节才真正参与到采购过程。支付货款是一项重要的利益转移行为，企业必须慎重行事，遵循必要的财务程序办理。

(1) 查询和核对物料入库信息。在支付货款之前，应查询和核对采购物料的接受和入库情况。采购部门应将采购业务的单据提交到财务部门，并通知财务部门按合同规定准备付款。财务部门确认已经收到物料的信息之后才开始办理支付事宜。

(2) 准备付款申请单据。支付货款需要财务部门的会计人员审核各种采购单据信息，准备付款申请单据，完成支付各种程序和手续。

(3) 付款审核和审批。货款结算和选择支付方式不是采购经理人员可以单独决定的事项，采购资金审批和授权需要企业相关领导审核批准和财务部门的共同参与，经过与供应商的协商来确定(徐杰等，2014)。有关货款支付的方式和时间问题也是采购合同的协议条款，是履行合同的必要环节。采购资金审批和金额授权表如表 14-3 所示。

表 14-3 采购资金审批和金额授权表

职别 授权金额 采购项目	各单位部长、主任	各单位经理、厂长	采购人员	采购部长	采购经理	副总经理	总经理	董事长	备注及说明

(4) 资金平衡。财务人员要进行资金平衡，填制资金平衡表。资金平衡表(Balance Sheet)是指企业、事业单位或其他经济组织等用以全面地反映某一日期的财务状况的一种会计报表。它分“资金占用”(左方)和“资金来源”(右方)两部分，各设若干项目，项目的记录金额来自各类账户。“资金占用”各项目主要反映资金的分布、使用、存在的状况。“资金占用”和“资金来源”的金额总计应相等。通过查阅资金平衡表，可以了解企业的资金来源和资金运用是否符合国家的有关法令、政策，并作为考核、分析企业经营状况的主要依据。

(5) 向供应商付款。经过资金审批和资金平衡，确认资金支出合理合法，符合企业资金支出的预算标准之后，按要求的支付途径和方式向供应商支付货款。

(6) 供应商收款。供应商企业或商业法人组织在收到货款前一般先开具发票给买方，作为已发货应收款的凭证。供应商的财务部门确认收到货款后，办理相关财务结算手续，并将相关收付单据留存。供应商接收货款基本上意味着一笔采购交易程序全部完成。

14.4.3 支付途径和方式

在采购活动中，货款结算除了与支付工具有关外，还与采用何种支付方式、利用何种信用、何时支付等问题密切相关。

1．支付途径

(1) 企业直接支付。买方企业直接支付是由采购企业直接把货款支付给供应商，这是一种基于商业信用的付款方式。买方在安排付款时，可能会通过银行转账办理，但银行对货款的收付不承担任何责任。买方直接付款可以有不同的安排：①订货付现(Cash with Order)，指买方在订货时即预付全部或部分货款。订货付现对卖方最有利，但在实际货物买卖中，预付订金或部分货款比较常见，预付全款的交易方式并不普遍。②见单付现(Sight Payment)，指卖方发运货物后，将有关单据寄交买方；买方在收到付款单据后按照合同要求将货款支付给卖方。根据支付方式，可通过票汇、信汇和电汇方式完成付款。

(2) 银行中介支付。企业不直接将货款支付给供应商，而是通过银行中介来完成货款支付，银行作为结算中间人负有实际责任。①银行托收。托收是由卖方对买方开立汇票，委托银行向买方收取货款的一种结算方式。托收的操作程序是：卖方根据发票金额开立以买方为付款人的汇票，并向卖方所在地银行提出托收或代收申请，委托卖方所在地银行通过其设在买方所在地的分支银行或代理银行，向买方代收货款。托收是一种商业信用，分为光票托收(Clean Collection)和跟单托收(Documentary Collection)。光票托收是指卖方仅开具汇票委托银行代为收款，而并没有附其他单据。跟单托收是指卖方将汇票连同提单、保险单、发票等装运单据一并交给银行，委托银行向买方收取货款。在国际贸易中，货款支付一般采用跟单托收，它可以分为付款交单(Document Against Payment, D/P)和承兑交单(Document Against Acceptance, D/A)。付款交单是买方在付款时要求卖方交付商业单据，代收行提示收款方交付有关单据，付款人检查单据后决定是否接受，如同意接受即付款赎单。付款交单包括即期付款交单和远期付款交单。承兑交单是指卖方的交单以买方的承兑为条件。即买方承兑汇票后可向代收银行获取货运单据，待汇票到期时再付款。承兑交单方式只适用于远期汇票的托收，因为只有远期汇票才需要办理承兑手续。②银行汇付。汇付即利用商业汇票、银行汇票等工具并通过银行中转或承兑来完成货款支付的一种方式。在国际采购中，付款方式有一些独特性，国际供应商为了降低风险，往往要求买方在订货时或订货前支付货款。国际贸易结算方式一般采用国际汇兑结算、信用证结算和银行托收。国际汇兑结算是一种通行的结算方式，它通过商业承兑汇票、银行承兑汇票将货款转交给收款方。

(3) 网上电子支付。随着互联网和电子化货币的快速发展，电子化支付方式得到了普及应用。电子支付是指消费者、商家和金融机构之间使用安全电子手段把支付信息通过信息网络安全地传送到银行或相应的处理机构，用来实现货币支付或资金流转的行为。网上支付是电子支付的一种形式，它是通过第三方提供的与银行之间的支付接口进行的即时支付方式。这种方式的好处在于可以直接把资金从用户的银行卡中转账到网站账户中，汇款立刻到账，不需要人工确认。客户和商家利用网上银行、网上支付平台，采用信用卡、电子钱包、电子支票和电子现金等多种电子支付方式进行网上支付。采用电子支付方式节省了交易费用，简化了交易手续。

2. 支付工具和手段

(1) 现金支付。现金支付是以现金账户作为支付工具，简称付现。现金资产是企业重要的流动资产，企业现金流动主要在现金流量表中体现出来。现金往往是一个企业非常宝贵而有限的可流动资源，如果全部货款采用现金支付，将给企业现金流带来困难和极大的付现压力。

(2) 票据支付。使用票据作为支付工具在商业活动中是非常通行的做法，如支票、汇票等。①支票。支票是银行提供给存款人的一种可支取凭证。买方支付货款时可以开具支票给供应商，供应商持有支票可以从买方的银行账户中支取货款。程序上需要持票人向开票银行申请办理转账手续，银行收取核对支票后将买方账户中的相应款项转移给持票人或供应商账户。②商业汇票。商业汇票是一种商业信用，商业汇票是出票人签发的、委托付款人在指定日期无条件支付确定的金额给收款人或者持票人的付款票据。商业汇票分为商业承兑汇票和银行承兑汇票。商业承兑汇票由银行以外的付款人承兑(付款人为承兑人)；银行承兑汇票由银行承兑。商业汇票的付款期限，最长不得超过 6 个月(电子商业汇票可延长至 1 年)。③银行汇票。银行汇票是一种银行信用，银行汇票是指由出票银行签发的、由其在见票时按照实际结算金额无条件付给收款人或者持票人的支付票据。银行汇票的出票银行为经中央银行批准可办理银行汇票的商业银行。银行汇票多用于办理异地转账结算和支取现金，有使用灵活、票随人到、兑现性强等特点，适用于先收款后发货或钱货两清的商品交易。

(3) 信用支付。信用证(Letter of Credit, L/C)是开证银行根据买方的请求和指示，向卖方保证承担支付货款责任的一种书面凭证。信用证是一种银行信用，银行承担第一位付款责任。受益人得到银行开具的信用证，即得到了付款的保证。使用信用证是国际贸易中常用的结算方式，信用证是有一定信用额度，在一定期限内凭符合规定的单据付款的书面保证文件。信用卡(Credit Card)也是银行提供给个人或企业的有一定信用额度，在一定期限内可以用于支付的信用工具，实质上也是一种银行担保凭证。

3. 支付方式

从支付货款的时机来看，可将支付方式分为预付、现付和账期支付几种。

(1) 预付账款。预付一般不会付全款，而是先付一部分定金或订金，或者预付一定的项目启动资金，或按总价的一定比例支付部分价款，等到货物交付或完成交货之后再付剩余部分价款。预付订金或定金实际上是采购方向供应商提供了一种订货保证，但两者表述稍有不同，如果供应商违约取消订货，那么事先采购方所付的定金或订金都应该退还；如果是采购方违约取消订货，供应商可以不退还定金，而订金则可以协商退还。

(2) 现买现付。现付是一手交钱一手交货的同步支付方式，强调支付货款的时间没有拖延。现付一般等同于付现，即现金支付，但现付也可以通过票据或信用工具来完成支付。

(3) 账期支付。账期是指货款支付的延迟时间，最典型的账期支付形式有分期付款和延期支付。分期付款是将应付账款分成几个时间段来逐步完成付款。延期支付是将应付账款延期一段时间后支付。由于账期支付要额外计算资金时间价值，账期支付的总价要高于付现金额，但能够减轻一次性付现的压力。同时，账期支付也是采购方的一种资金运作模式，其实质在于占用供应商一段时间的资金及其价值。

企业采购活动中，一般要在收到货物之后才考虑支付货款，因此付现的情况比较少，反而是账期支付方式更常见。账期结算形式主要有：①按销售计算账期。这是普遍采取的结算方法。其优点是公司无经营风险，又能占用对方资金；缺点是对供应商无吸引力，不能取得最好的采购条件。②按商品入库计算账期，这是现在采取的结算方式。其优点是对供应商来说经营风险小，有吸引力，能取得最好的采购条件。一般来讲，账期有 15 天、30 天、45 天、60 天、90 天等，主要由采购方和供应商谈判确定。当然，账期越长对采购方越有利。

在实际采购业务中，交易货款的结算可以只采用一种结算方式，也可以根据需要将多种结算工具、多种支付方式结合使用。常见的组合结算方式有：信用证与汇付结合，信用证与托收结合，汇付与银行保函结合，汇付、托收和信用证三者结合等。具体采用哪种方式，主要取决于贸易伙伴的资信情况、商品的市场行情、交易条件的性质等。在现代国际贸易和国际采购活动中，支付货款的可选择方式越来越灵活多样，采取有利于促成交易，或有利于妥善处理汇付的方式非常重要。货款支付也是贸易双方很重要的资金运作策略，对双方的经济利益将会带来直接影响。

14.5 订货流程改进

简化管理是一种重要的管理思想，大多数公司往往在管理商品和服务的订购上花费太多的时间和资源，当处理订单的时间成本远大于订单本身的价值时，结果往往得不偿失。一般来说，对于低价值物品的采购，应尽可能简化采购程序，通过优化采购程序来创造价值。目前信息网络技术和电子采购方式的普及应用，对采购工作提供了很大的便利，利用网络实现采购电子化，简化采购程序，改善了订货流程，极大地提升了采购工作效率。表 14-4 显示了企业改善低价值物料采购程序的一些途径和方法。

14.5.1 非在线方式

(1) 向用户分发采购卡(Procurement Card)。为了简化采购程序，企业根据内部的采购规则和策略，可以提供给内部用户一定额度的采购信用卡，由用户自行作出采购决定。供应商为了鼓励和便利顾客购买自己的商品，发行购物卡也是采购卡的一种形式。购物卡也是商家扩大销售的一种营销手段，比如商场购物卡、加油卡、会员打折卡等，有利于培育稳定的客户群，增加商品销量。

(2) 签订长期采购协议。长期协议一般为 1～5 年，省去每年重签协议的手续。对于重复性原材料采购、常规性日用品采购，可与供应商长期合作、定点采购，通过与供应商签订长期采购协议，简化采购手续，节约相关费用。供应商可以按照客户的要求定期送货上门，这给双方都带来便利和稳定的交易关系。

(3) 重新设计采购流程。通过绘制流程图、流程再设计、简化子流程，使采购业务流程更精简高效，从而节约管理费用和不必要的支出。

(4) 允许用户与供应商直接取得联系。许多低价值物料采购活动不需要采购部门参与和辅助，允许需求部门直接订货，直接从供应商那里获得低价值产品，如生产部门直接订货、库存物流部门直接订货、行政部门直接采购等。

表 14-4 简化低价值物料采购交易程序的方法

简化采购流程的方法	总样本比例/%	工业企业/%	非工业企业/%
向用户分发采购卡	65.1*	59.7	69.6
签订长期采购协议	54.4	58.4	51.1
重新设计采购流程	53.3	50.7	55.4
允许用户与供应商直接取得联系	49.7	54.5	45.5
从用户到采购部门的在线请购系统	66.3	64.9	67.4
终端用户向供应商的在线订购系统	49.1	51.9	46.7
采购部门向供应商的在线订购系统	53.3	61.0	46.7
网上采购电子商务	60.9	68.8	54.3
供应商在线订货系统	57.7	49.4	66.2
使用电子数据交互(EDI)	52.7	58.4	47.8
使用电子目录的在线订货系统	51.5	49.4	53.3

(资料来源：罗伯特·蒙茨卡等，2010；*数据代表采用此方法的受访者占总样本的比例)

14.5.2 在线方式

(1) 用户请购电子化。从用户到采购部门的在线请购系统是企业内部的一个需求信息传递系统，利用电子化或互联网实现用户需求向采购部门的传递，主要目的是通过快速高效的信息交流节省采购时间。在传统的企业中一般通过纸质请购单、公司邮件或电话的形式接收用户低价值物料的请购信息，而在一些先进的企业中用户依赖高效率的请购系统，采购部门通过内部电子请购系统来接收用户低价值的采购需求。

(2) 终端用户向供应商的在线订购系统。允许用户直接与供应商取得联系的在线订购系统是一种简便的订购系统，它只涉及由多个部分组成的表格，或者由用户发起并填写的限量采购订单。比如在生产物料采购中，总括订单允许用户与供应商直接联系，物料采购变成了一种经常性采购，采购部门完全不参与或只承担有限责任，相关责任从采购部门转移到了用户。

(3) 采购部门订货电子化。利用现代网络和相关的技术，将供应商系统与采购商系统通过电子方式直接联系起来的。在线订购系统使得采购方或用户能够进入供应商的在线订购登录系统，直接下订单。供应商要承担开发系统软件的责任，供应商通过建立在线订购系统，使采购者拥有进入供应商在线订购系统的专有登录权，使供应商与采购企业之间建立更紧密的配合和联系。

(4) 网上电子商务采购系统。电子商务采购系统不是一个简单的在线订货系统，而是包括一系列多样化的活动，如向供应商传送询价表，与供应商协商签订合同，将采购订单传送给供应商，对订单状况进行跟踪，使用电子资金转账进行支付，建立电子数据交换系统，使用网上目录采购等，这是一个多方交易的电子商务平台。

要点总结

订货流程俗称“小采购”“后期采购”，是信息流、物流和商流一体化的具体订单执行流程。在现代采购活动中，订货业务可能由具体的物流部门或用户部门来执行。

订货流程管理包括订单信息流、交付物流和货款支付等主要业务。采购订单具有与合同一样的效力，实践中可以采用多种订单形式，如普通订单、总括订单、系统性订单、第三方订货、紧急订货、小额订货等，订单的制作和传送也通常有固定的模式。货物交付主要是执行供应物流管理，需要处理单据和组织运输，完成货物交接处理。结算货款是完成订货流程的财务过程，涉及各种支付途径、方式和工具的运用以及企业资金流管理。

通过使用电子化和非电子化采购工具，改善采购程序，采购部门不仅能更好地满足用户需求，而且能减少非增值时间，从而集中精力部署采购战略，为企业创造更多价值。

思考与练习

(1) 简述订货流程管理的主要工作步骤。

(2) 跟踪和催货的好处是什么？

(3) 采购订单与总括采购订单之间的区别是什么？使用总括采购订单的优势是什么？

(4) 紧急订单是否合理？应该在什么时候，如何对之进行处理？

(5) 除了标准的采购程序外，还可以采取什么方法减少小额订单问题？

(6) 采购后期不能及时交货的原因是什么？应如何避免不及时交货的问题？

(7) 提单的用途和重要性是什么？

(8) 航空承运人、卡车承运人和铁路承运人的主要优点和缺点是什么？

(9) 什么是闭环运输系统？为什么这样的一个系统要求专用或合同运输承运人？

(10) 在选择承运商时应考虑哪些因素？

(11) 企业如何筹划实现运输职能？

(12) 可能发生的运输损毁有哪些类型？各种类型如何处理？

(13) 在什么情况下，可选择下列承运商：整车承运商、卡车零担承运商、航空承运商、水路承运商、铁路承运商、联合承运商？

(14) 在什么条件下，买方可能愿意由第三方物流提供商安排和控制采购商品运输？

(15) 普通承运人和合同承运人的主要区别是什么？

(16) 在组织内部支付时应该什么时候开具发票？

(17) 对采购方来说，预付、现付和账期支付各有什么优缺点？

(18) 使用以下措施对提高采购部门效率有什么影响：①公司采购卡；②物料单；③系统合同。

◆ 第四部分　结构与支持系统 ◆

第四部分关注采购的组织结构与基础支持系统。

采购与供应管理需要建立三大基础性支持系统，即组织人员系统、信息技术系统和绩效评价系统，这是完成采购管理必不可少的环节和保证条件。如果把采购管理过程分为决策计划和实施控制两个阶段，前面各章侧重于决策计划，而这一部分可看作是采购管理的实施控制过程，实施控制过程包括采购组织系统与人力资源配置、采购信息支持与电子采购和采购绩效衡量和评价系统。

本部分包括三章。

- 第 15 章 采购组织系统与人力资源管理
- 第 16 章 采购信息系统和电子采购
- 第 17 章 采购绩效评价系统与风险管理

第 15 章　采购组织系统与人力资源管理

学习目标

本章关注企业内部采购组织管理系统的理论和方法。要求学习了解集中采购和分散采购、联合采购和协同采购几种采购模式的概念和特点。要求学生理解采购组织和人力资源系统的特点，掌握采购组织和人员管理的技能，通过组织、员工、政策和程序以确保组织既定目标的实现。

本章涵盖以下内容和要求。

- 采购组织的含义和原理。理解采购组织结构、组织行为和组织变革的概念和原理。
- 采购组织结构形式和采购组织的发展。了解集中采购和分散采购的特点和要求；理解联合采购、合并采购、多权分立的特点；理解跨职能采购团队工作方式及其特点；了解在线采购的组织与管理。
- 采购组织机构设置。了解采购经理的责任和授权；了解采购部门设置和规模；理解采购部门的职责分工和人员配置；熟悉采购政策和工作程序。
- 采购人力资源管理。熟悉采购人员选择、培训以及激励管理；理解企业利益相关者对采购经理的要求；理解采购专业人员所面临的道德责任、合同和法律问题。

引言

在传统的“战略—结构—流程—绩效”框架中，组织结构是一个关键环节(Rodrigues等，2004)。为了完成组织的目标和战略需要设计和采取一种合适的组织结构，业务流程和绩效也应与组织结构相匹配，采购人员要在预先设定的结构中履行供应职责。因此，供应职能的组织结构影响着供应部门如何履行其职责、与公司其他部门的配合，以及供应人员所需要的技能和能力要求。

组织行为、群体行为和个体行为是相互关联、相互影响的关系。为了组织能够高效地组织货物和提供服务，就必须进行人员分工和分配任务，因此，需要管理供应人员并明确其职责，选择和培训员工并能够激励个体行为，使供应组织的人员发挥出全部的潜力。采购人力资源是供应组织的基本要素，但人力资源和人员管理也可以从组织问题中独立出来，成为采购管理的一个独立性的支持条件和驱动要素。

采购与供应职能的组织形式可以是企业内部的采购与供应部门，也可以是跨职能的团队机构，还可以是企业之间建立的联合体。本章讨论采购组织的结构和行为、组织结构形式、部门设置和责任划分、采购政策与程序以及采购人力资源管理等问题。

15.1 采购组织原理

15.1.1 组织设计

“组织”这个概念有多种理解和应用，主要可以分为两种情形，一是作为行为动词(Organize)和动名词(Organizing)的组织，指组织活动、功能和责任；二是作为具体名词的组织(Organization)，指组织结构、机构或部门。组织结构关注部门设置及其在组织系统中的定位关系，部门是组织的基本单元，部门内部涉及职位权力、责任分工和人员配置。组织行为主要指组织机构的行为；组织行为还指计划实施的一个环节，即建立组织结构和人员分工的问题，这方面常称为组织实施。

组织单位可以是整个企业、企业的管理机构或经营职能。图 15-1 就是一个以企业为组织单元的组织图解。而企业的管理系统和机构设置通常称为管理组织，管理组织往往体现了企业的权力系列。一个组织单元应该具备一些必要的要素，但是组织不在于有没有具体的硬件和机构，更重要的是有没有明确的组织功能、形式、责任和必要的人员来执行组织的这些任务，比如虚拟组织就是一种有组织功能、没有组织实体的现代企业组织。

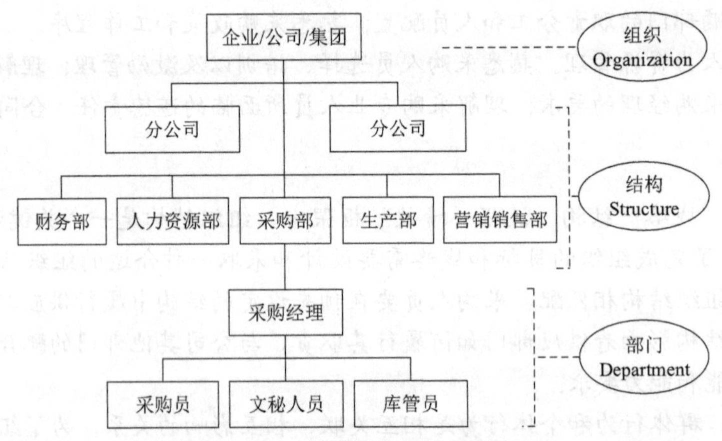

图 15-1 采购组织机构设置原理

采购和供应职能的组织问题是企业经营职能层的组织问题之一。从采购供应职能来说，完成这项职能也需要“组织”，包括执行组织的功能和设置必要的组织机构。首要的是具备采购组织的功能和责任，但不一定有独立的采购供应部门，因此，采购或供应部门的设置并不是采购组织问题的全部内容。

组织设计问题通常需要解决四个方面的问题：决策权力、职位责任、业务活动、组织机构设置等。更细致地说，组织结构包括企业之间的采购组织机构；采购部门与整体组织的关系；采购部门内部的关系，采购供应的组织功能和责任划分、组织结构形式和部门设置、人员配置等许多重要的问题。在一个企业里，采购和供应部门的规模和活动取决于多方面的因素，采购组织设计一般应遵循以下几个原则。

1) 部门设置应同企业的性质相适应

任何一个企业均有相应的采购组织，当然由于企业经营的业务性质不同，企业的采购组织形式也是不一样的。在工业企业中，原材料的采购通常由一个专家组(或称采购委员会)完成，他们直接向董事会汇报。在一些中小企业中，采购可能是总经理独有的责任。因此，采购的组织极大地依赖于公司的特点和所购买的产品特点。

现实中，存在着流行品制造、日用品制造、流程性生产加工、批发零售、非营利组织等不同性质的行业和企业，行业的不同影响供应的职责。在流行品制造行业的企业，如汽车、家电、消费性电子产品、流行服饰、家具生产的企业通常面临与产品相关的变化性压力，包括顾客偏好的改变、产品生命周期缩短、产品创新的压力等，这些变化直接影响供应职能部门的设置。在日用品行业不会有这样的情形发生，日用品是功能性产品，市场需求相对稳定，组织职能运行波动不大。但是在制造型企业中，原材料和服务采购成本在企业销售成本中占很大比例，因此制造企业就有必要设置一个原料采购与供应部门，而这一部门在企业运营从产品设计到生产过程的每个阶段都有重要的作用。在流程性加工行业的企业，供应的作用完全不同，例如炼油、化工、玻璃及钢铁等流程性行业，许多这样的企业有两大供应组织：一个是负责重要原料采购的专业化供应团队或货物贸易部门；另一个是负责采购材料、供应物和支持设备运营服务的供应部门。例如在生产石油的大企业中，一般都是由货物贸易团队来处理原油获取或采购工作，而其他方面的采购活动由供应部门负责。因此，材料和服务采购成本可能在销售成本中占有很大的比重，但加工型企业的供应部门一般不会负责很重要的单一原材料的采购。分销或零售企业采购的目的是为了再销售或转售，采购供应是其供应链运作或成本控制的最重要环节之一，采购和供应部门在降低成本、保证质量和供应链运营中承担了很大的责任。而在不以营利为目的的公共行业或服务领域中，大部分采购是为了组织内部使用，采购部门的角色和地位要弱化一些。

2) 部门设置应同企业的规模相适应

在单一部门的企业中，供应组织涉及将供应工作分派给那些有供应经验的人员或者经过培训而从事供应的人员来做。在很多小企业中，供应部门的员工只有一两个专职人员，而且员工在能力和技术方面都具有柔性。随着企业规模的扩大，需要有专门的人负责供应，这就出现了独立的供应部门。在大中型企业，建立一个专业而有效的供应部门就成为必需的，而且需要专业的供应团队，承担和协作完成不同的供应任务和功能。

3) 部门设置应同企业采购目标、战略相适应

组织设计与企业目标战略之间是相辅相成、相互影响的，一般来讲，组织设计和变革应该服从于组织的目标和战略。供应职能应对实现企业的短期和长期目标、战略作出贡献，为了经济有效地实现供应的作用，需要以不同的方式组织供应流程和职能。比如传统上职能部门化的组织方式导致的科层体制，往往造成部门之间条款分割、相互推诿、职责不清、效率低下，因此被人们所诟病。随着业务流程再造和部门流程化的发展趋势，企业追求以业务流程为导向，减少管理层次，采取各种团队和项目小组工作方式，能取得更好的效果。目前顺应信息技术和互联网发展的大趋势，在线采购方式改变了很多企业的采购流程，形成了新的采购组织形式。

4) 部门设置应同企业的管理水平相适应

从企业成长发展周期来看，初创企业管理水平比较低，企业创始人或团队承担具体的

管理工作，很多事情都是凭个人经验行事，也没有专门的职能部门，管理者承担着多重角色。然而由于企业规模小，事务简单，仅凭领导者个人经验足以应付各种问题。随着企业发展和规模扩张，经营活动变得复杂起来，企业管理应从领导者的经验化管理上升到科学化管理，企业运作需要更加正规和规范化体制，需要建立健全职能部门和依靠各种规章制度推动企业的正常运转。这时候企业经营管理水平提高，各种职能部门分工更加细化，并且由专业人员来担负各种工作。事实证明，将供应任务分配给专业出身的采购人员，或经过职业培训从事供应工作的人员能够更加经济高效地完成职能任务。

总的来看，组织的采购供应职能可以采取各种组织方法：①根据最终产品进行组织。采购供应部门内由一名团队领导负责与某特定最终产品相关的所有原材料的采购。②根据原材料分类进行组织。各个团队负责各类原材料的采购(如原料、资本设备、办公品)。③根据价值分类进行采购。高级采购人员负责高价值产品的采购；初级采购人员负责次要产品的采购。④根据利润中心进行组织。采购部门与下游用户同属一个“事业部”，他们的运营成本被加到用户的原材料成本中进行核算，采购部门自负盈亏，独立进行运营预算和成本控制。

15.1.2 组织行为

组织行为学研究三个层面的心理和行为。第一个层面是个体心理和行为。一个人的心理和行为是相互关联的，有什么样的心理活动和心理状态就会表现出什么样的行为模式。当然心理是隐藏的，行为是外现的，两者有时候可能不一致。其中，领导者个体的心理和行为对组织具有更大的影响，因为领导者是企业的决策者和管理者，拥有更大的指挥权力，承担更大的控制责任，对组织的运作和导向往往起着关键作用。第二个层面是群体心理和行为。正式的群体或非正式的群体，都可能体现出共同的社会心理，或者以一个集体来行动。其中都会有各种复杂的人际关系存在，并对群体心理和行为发挥着很大的影响。第三个层面是组织心理和组织行为。组织也是一个有机体，组织心理体现为组织整体的思想意识、共同的文化和价值观，组织行为是一种组织整体的行动，对企业来说，就体现为一系列战略规划、经营管理、风险处理等活动。

组织行为学研究对采购供应职能中的决策行为和活动具有影响。采购者个体的心理和行为会影响组织群体的行为和绩效，因为群体和组织总是由个体所组成。特别是采购组织中的领导者个体的心理和行为对群体和组织的心理和行为有更重要的影响，比如一个领导者的意志对一个企业具有决定性的影响，一个企业的文化心理总是会深深地打上领导者烙印。同时，个体又总是存在于社会和群体中，个体不是一个单纯的自然人，而是一个复杂的社会人，因此，个体的心理和行为不能不受到群体和社会团体的影响，培育组织的文化和价值观对采购人员有正面的积极作用。

15.1.3 组织变革

组织变革通常在两个层面展开，一是组织重构(Reengineering)；二是组织创新(Innovation)。重构是在原有组织体系基础上进行修订和改善，而创新则是从无到有创立新组织系统的过程。

很多公司特别是大型企业经常对采购组织结构进行一些大的变革。但是，实际调查发现供应结构的变化常常是整个组织结构变化所带来的结果，一般情况下，首席采购官并不能自由地选择供应组织结构。此外，对供应组织结构进行重大的调整，在实际执行过程中需要考虑很多问题，因为变革会影响许多相关者的利益，推行变革会面临挑战和带来巨大的压力。

(1) 集中化的变革趋势。当供应结构趋于集中化时，需要关注供应人员和信息技术两大问题。在组织结构转型过程中，供应部门各个职位层次工作人员的来源是一个重要挑战。因为在分散化的供应组织中，供应人员可能缺少一些必要的培训和经验。因此，公司可能不具备那种有经验的高级供应人员，而这些是集中化供应所需要的。那么，一个非常重要的问题就是以何种方式、从何处开发和获得这些必要的人才。对高层供应人员比如首席采购官，一些公司优先考虑其可靠度，也有些公司更看重首席采购官处理流程变革的管理经验。中低级供应岗位人员也是必要的，在某个领域具有特殊技能的员工，往往更具有优势。供应结构变革也需要调整或建立新的信息系统，以适应组织变化的需要。

(2) 分散化的变革趋势。推行分散化变革的一个特殊问题就是如何有效解散集中化采购单位。有些企业采取完全撤销集中采购部门，有些企业采取转变职能的办法，比如创建一个服务部门，负责公司的协议协调，建立和维护公司的采购政策。不管采取哪种方式，变革的关键目标是要适应公司新结构的要求，同时至少也要保留一些组织的核心供应人员和必要的能力。

(3) 采购组织发展的新趋势。随着战略采购和供应链管理、互联网和电子采购以及全球化采购的发展趋势，采购组织结构形式和组织机构设置也在发生着不断变革。比如根据公司发展状况和业务特性来看，单一采购部门的组织形式适合于生产规模不大，材料在制造成本中所占比率较高的情况。采购部门直接归总经理领导，提升了采购人员的地位和执行能力，主要目的是发挥降低成本的效能，使采购部门真正成为公司利润来源。基于组织结构的新的采购模式出现在供应管理领域，比如联合采购、合并采购、协同采购、多权分立、供应团队和在线管理。

此外，组织变革通常会遇到来自组织内外的阻力和障碍，并不是一帆风顺的。比如有一家运动健身俱乐部，在市域开办了数个健身中心。过去运动器材和消耗物资的采办都是各中心自己负责，然后到总公司报销，这种方式给公司采购管理带来很大的问题，陈旧的分散的采购体系不仅难以获得议价优势，节约采购费用，还造成设备器材使用不当和极大浪费，增加了公司运营的成本。总部决定改变这种状况，将共同物资器材进行集中采购，再向各健身中心分发使用。在新计划实施 1 个月后，俱乐部遭到了一些挫折。有几家健身中心的经理对这一计划加以抵制，最棘手的是有三家健身中心的经理联合起来拒绝接受新的采购体系。而且，为所有的采购申请所设立的 1 个星期的周转期在实际中也不是都能达到。俱乐部管理层认识到，公司集中化采购不仅是采购管理发展的趋势，更是切实降低采购成本的正确举措，但是任何管理新思维引入、管理方式变革，都会受到旧思维和既得利益者的抵制和反对，前进的道路上会有很多困难和挑战。因此，为了取得采购管理体系变革的成功，俱乐部采购管理人员采取了三项措施：进一步取得总经理的坚定支持，为变革的实施提供组织上的保证；建立一个强有力的采购部门，通过采购团队是实施变革的关键；对各健身中心的经理组织培训，帮助他们接受新的管理方式。

15.2 采购组织结构

15.2.1 集中采购与分散采购

1. 概念与特征

按采购的集中程度分，一般来说，采购组织可以是集中式的或分散式的。两种采购模式具有不同的特点，如表15-1所示。

集中采购(Centralisation)，是指企业或企业集团的采购活动由专门采购部门集中进行。除了在当地购买少量低价值物品外，大多数物品都由中央办公室采购。集中采购有下列好处：实现组织范围内的总需求合并；成为与供应市场联系的中心；和供应商议价能力更强；更高效的库存控制和减少订货总量。集中化采购指的是作决策的地点，而不是采购或供应人员所在的地理位置。因此，公司供应部门管理和控制的费用额度可以反映出供应集中化的程度。

分散采购(Decentralisation)，是指企业或企业集团的采购活动由各需求单位分散进行。允许各个单位内部自治，在本地购买一切。分散组织适用于有地方工作单位的授权和代理政策的组织。其好处是与供应商的联系紧密；与内部运作关系紧密；决策迅速；较少干预。

表15-1 集中采购与分散采购的特征比较

	集中采购	分散采购
定义	企业或企业集团的多数物品都由中央采购办公室或专门采购部门集中进行，除了在当地购买少量的低价值物品外	企业或企业集团的采购活动由各需求单位各自分散进行。允许各单位内部自治，在本地购买一切物资
决策权	满足集权化的要求，并向负责采购的副总经理汇报工作	满足分权化的要求
组织结构	集中式结构，独立设置采购部门	分散式结构，采购部门归属生产部门或计划部门，主要职责是协助生产顺利进行
业务	集中化模式适合于企业规模较大，如跨国公司、大型国有企业；或者业务较多、管理复杂的企业	分散化模式适合于生产导向的企业，其采购功能比较单纯，且材料价格比较稳定

2. 组织结构设置

(1) 集中化供应，是指和供应职能相关的大部分权力和责任都由一个集中的组织负责。集中结构是一种集权化的采购结构形式，采购部门独立设置，并向负责采购的副总经理汇报工作；满足集权化的要求，方便公司管理。在许多企业里，高度集中的采购团队控制直接采购。直接采购包括任何直接交付给终端客户的货物，如图15-2所示。

(2) 分散化供应，是指和供应职能相关的大部分权力和责任渗透到组织的每一个部门。分散结构是一种分权化的采购结构形式，采购部门归属生产部门或计划部门，其主要职责是协助生产顺利进行。分散化供应适合于生产导向的企业，其采购功能比较单纯，且材料价格比较稳定，如图 15-3 所示。

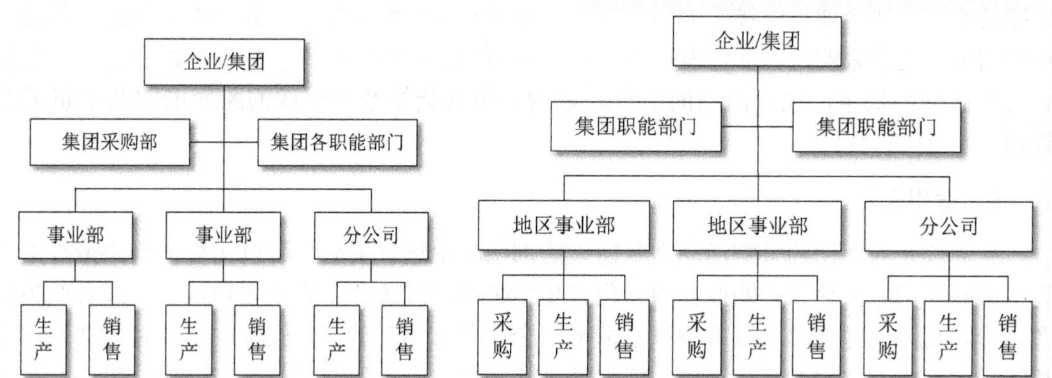

图 15-2 集中式的采购机构设置

图 15-3 分散式的采购机构设置

3. 优点和缺点

集中采购模式有一些明显的优点：①组织范围内的总需求合并。获得规模效益，降低采购成本、物流成本和库存成本；降低整个企业的储备，避免分散的库存，加速资金周转；供应商折扣；外地区批量运输，减少进料费用；集中下料，降低损耗，材料利用率高。②成为与供应市场联系的中心。和供应商议价能力更强，增强主动权和谈判势力，改善与供应商的关系。③管理上的优势。更高效的库存控制和减少订货总量；集中决策制止腐败；减少采购人员，便于人才培养与训练，采购专业化；技术力量强，专业性强，有利于择优选购，保证质量；减少重复劳动。

集中采购的缺点主要表现在：增加环节，流程长，延误时效，不适于紧急情况下的采购；非共同性物料集中采购，并无折扣可言；采购与使用单位分离，不利于规格确认；价格方面容易产生矛盾。

地方分权采购或分散化供应也有一些优点：对利润中心直接负责；对内部用户有更强的顾客导向，对内部顾客较重视，与内部运作关系更紧；较少的官僚采购程序，采购程序较简便，决策迅速；较少需要内部协调，内部协调较低，较少干预；直接与供应商沟通，与供应商联系更紧。

分散化采购的缺点也很明显：采购权力分散，缺乏规模经济性；缺乏对供应商的统一态度；分散的市场调查，市场商情分散各地；在采购和物料方面形成专业技能的可能性有限，不易培养特定采购及材料的专业人员；对不同的经营单位可能存在不同的采购条件，不同单位可能有不同的交易条件。

间接物料采购经常游离于有组织的采购流程之外，由内部的用户掌握采购的权力和责任。间接采购是那些需要组织流转之后的货物和服务，包括专业服务、实用物品、旅行、员工利益和办公设备的采购。例如，需要雇用临时人员的市场部经理可以按照自己的方式引导采购。间接物料采取分散采购的原因是由于这些采购要求一定的专业知识，而一般的采购部门不具有这些技术或技能。

高度分散的趋势会导致增加额外的成本开销，其中包括成倍的供应商、成倍的速度以及各种各样的合同和条款。对战略成本管理的不断加强已经导致高级经理将他们的注意力转移到间接物料的采购上，从而减少或避免成本，实现成本节约。因此，为了更好地管理间接采购，一些企业将间接采购融入整个企业的正式采购流程中，并且能够说服内部的用户相信采用这种采购流程非常有价值。在有些情况下，由供应部门提供分析和建议，预算负责人做采购决策，包含内部的用户、采购人员或货物经理组成的跨职能团队负责采购货物。

4. 适用条件

企业或企业集团的采购活动由专门采购部门集中进行采购，可以实现采购决策权集中化，采购部门专业化、采购业务独立化。集中采购模式适合于企业规模较大，或者业务较多、管理复杂的企业。一般具备以下情形，企业各部门及工厂比较集中，或者虽然地理上相距较远，但有良好的通信设施，能保证采购时效；企业虽有数个生产机构，但是产品大同小异，集中采购可取得批量优惠；全公司只有一个采购部门能够完成采购工作。因此，从采购主体来看，具体形式有集团采购、跨国企业、大型国有企业、连锁经营、特许经营、外包制造(OEM)；从采购客体来看，包括大批量物品、高价值物品、关键原材料零部件、战略性资源、容易出问题的物品，以及定期采购的物品。

分散采购组织适用于有地方工作单位的授权和代理政策的情形。从主体来看，包括二级单位；子公司；分厂车间；远离主厂区或集团供应基地；异国异地供应。从客体来看，包括批量小或单件产品，且价值低，开支小；过程短、手续简，决策层次低；问题反馈快，针对性强，方便灵活；占用资金少，库存空间小，保管简单方便的物品。

5. 集中—分散混合结构

大型组织或集团都会采取结合集中购买和分散购买的结合方法，目的在于平衡实力优势和灵活性优势。混合结构兼取集中、分散制的优点而成：凡属共同性材料，采购金额较大者，或国际采购等，均实行集中采购；小额、因地制宜、临时性的采购，则由各用料单位分散进行采购。混合式采购的机构设置如图 15-4 所示。

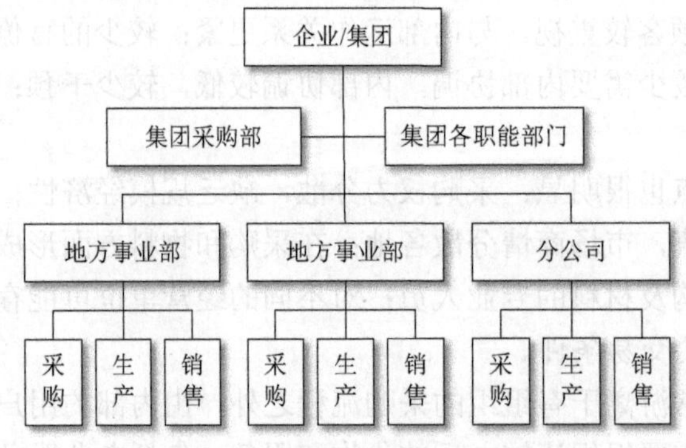

图 15-4　混合式的采购机构设置

在混合型采购与供应结构中，集中化的供应组织和分散化的业务单位、分公司或工厂共同分享权力和职责。混合型的供应结构是集中化供应和分散化供应并存的组织模式，或者说是不完全集中化和不完全分散化的组织结构，但是具体倾向于集中化还是分散化主要取决于决策权的分配。比如，一种类型的混合供应结构称为集中化导向的组织，即战略性的指导实行集中化，而具体的执行是分散化；另一种类型的混合供应组织是差别化导向的组织，即战略物资集中采购，而常规性物资分散采购。

在一个有很多业务单位的大型组织里，不同的业务单位或分公司经常会销售不同的产品或提供不同的服务，这就要求采购不同的原材料和服务。因此以利润为中心的分部经理就会坚持对采购有直接的控制权，这也导致企业采取分散—集中化采购结构。

在混合型供应组织结构中，供应职能一部分集中在公司或首席执行官手里，一部分分散在事业部里。公司的供应组织经常和事业部的供应部门一起工作，有些工作公司层面处理更加有效：①开发公司的供应战略；②制定政策、程序、系统以及控制；③招聘和培训员工；④正常货物的采购协调；⑤审查采购绩效。因此混合型结构可以拥有集中化供应的规模性和分散化供应的灵活性的双重优势，当然，在一定程度上也具有集中化和分散化的双重劣势。

总之，不管是集中化供应、分散化供应还是混合型供应结构，供应部门的重点应该是实现供应结构的优势最大化、劣势最小化，供应决策者制定和执行战略、政策、流程、系统和控制关系，要充分开发采购组织和供应链结构可能带来的赢利机会现实中混合式采购结构占主导，如表 15-2 所示。

表 15-2　中国企业采购组织调查

单位：%

采购组织	1995	2000	2005	2010	2015
集中式采购	26	28	33	30	31
分散式采购	13	10	10	9	8
集中/分散混合结构	61	62	57	61	61

15.2.2　联合采购与多权分立

1．联合采购

联合采购(Combined Purchasing)是指多个企业之间的联盟采购行为。企业在采购过程中的联合已成为企业降低企业群体规模采购成本、提高效益的重要途径，具有多方面的好处，如表 15-3 所示。

表 15-3　联合采购所带来的好处

利益范围	具体途径
采购环节	实现批量优惠，采购数量越大，价格越低
管理环节	同类产品实施联合，归口管理相关工作
仓储环节	降低储备，大幅度减少备用物资的积压和资金占用
运输环节	通过大批量货物的合并运输，降低单位运输费率

采购组织主要指企业内部的采购组织结构、机构或模式，而联合采购是企业之间建立采购联合体的采购方式。建立和维持采购联盟是一项战略活动，因为它将供应商的战略和采购企业的战略整合起来。其具体组织形式体现为采购联合体、合并采购、采购战略联盟、采购协会或其他名称的组织形式。

采购联合体是联合采购的一种形式，通常是由不同的企业或组织为了共同的利益而结成的采购团体。具体执行主要有两种方式：非正式的通过定期召开会议来讨论采购问题的松散团体；为了管理成员的供应活动而正式组建的集中化采购联合体。营利组织和非营利组织都会采取这种形式。非营利组织使用采购联合体的很多，例如政府部门、教育机构和医疗机构等。不过现在盈利企业也越来越关注采购联合体，例如国内首个客车制造业采购联合体，由上海巴士集团牵头，郑州宇通客车股份有限公司、厦门金龙汽车集团股份有限公司、上海申沃客车有限公司和上海万象(大宇)汽车制造有限公司等四家国内大型客车企业以及上海车辆物资采购网(APEP)合作组建的采购联合体，这是国内诞生的首个客车制造企业采购联合体。据有关专家透露，这四家企业占据国内大型客车 60%的销售份额。组建采购联合体的目的是为了降低各企业的零配件采购成本，提升国内零配件供应商的管理水平与产品质量。采购联合体以会员制的形式加入 APEP 网，实行联合招标、网上采购的方式。相对于集中采购强调企业或集团内部的集中化采购管理而言，联合采购则是指多个企业组成的联盟为共同利益而进行的采购活动。因此，可以认为联合采购是集中采购在外延上的进一步拓展。加入联盟中的各企业在采购环节上实行联合可以极大地减少采购以及相关环节的成本，为本企业创造可观的效益。

通过降低价格所带来的成本节约和获取更高的质量、更好的服务是创建采购联合体的基本动因和目的，其他方面的利好还有采购人员可能会减少，产品和服务更标准化，促进供应商提高能力，采购的专业化能够更好地服务顾客，增强采购企业的谈判势力和规模经济性。尽管有这样的优势，但是选择采购联合体时仍然有些问题需要考虑。如商业秘密和敏感信息的暴露，担心竞争对手加入会有不利，供应商的抵制，成员之间的不平等和利益分配困难，采购人员与供应商的关系复杂化导致工作失效，分销渠道的复杂化，成本和服务方面具有不确定性，产品和服务标准化与成员需求的独特性和服务性的矛盾，缺乏控制及回报关系而难以治理，官僚主义滋长导致协调困难，违反国家反垄断法等。成功的采购联合体要进行权衡，并采取必要的措施克服和减少这些困难。

通用材料的合并采购(Pooling Structure)是联合采购的另一种典型形式。同一行业的几家企业拥有共同的通用性材料，可以采取合并采购的形式。合并采购具体有不同的合作模式，例如，①自愿合作(Voluntary Coordination)。如美国施乐公司(Xerox)、斯坦利公司(Stanley Works)和联合技术公司(United Technology)三家组成的钢材采购集团，通过这种联合采购方式获得大规模采购的低价好处。②领导购买(Lead Buyership)。行业领域的领导者主导通用物料的共同采购，再按照内部协商分配物资。③领导设计(Lead Design Concept)。行业中的设计领导者来主导物料采购，采购物料主要满足和适应产品设计的要求。

采购战略联盟也是联合采购的具体形式。两个或两个以上的企业，在产品市场上可能是同行业的竞争对手，但是在原材料供应市场上具有共同的需求和利益诉求，在面对共同的供应商时，出于对整个世界市场的预期目标和企业自身总体经营目标的考虑，可以采取联合采购行动，采取一种长期性联合或合作的采购方式。联盟各方仍保持本公司采购的独立性和自主权，彼此依靠相互间达成的协议联结成松散的整体。具体来说，就是建立联合采购企业、联合采购中心或采购协会等。

只要有商业机会，就存在着竞争。在以往的历史中，无论什么行业，竞争对手之间都是相互提防、不露口风的，甚至有些互为竞争对手的公司职员在长达几十年的职业生涯中从来没有沟通过。但在今天，共同的利益，终将这种死寂般的沉默打破。进入 21 世纪以来，在各个不同的行业，一些互为直接竞争对手的公司开始尝试着以采购领域为起点开展不同层次的合作，也就是逐步实现采购联盟化。

采购联盟的建立，为联盟采购的买家提供了最佳、最有效的供应商资源和渠道，从而进行比较、选择，最终下单采购。企业间的竞争最终是通过销售额和市场占有率来体现的，因此在生产前端的采购合作并不会对自身优势造成任何伤害，相反只会提高各自的成功概率，这就使联盟采购有了存在的基础和前提。

通常，在像世界百货零售巨人沃尔玛、家乐福、麦德隆共同搭建的纵深行业(Vertical Industry)联盟采购平台中，联盟买家多为竞争对手，采购商品种类亦大致相同，在共同的采购中将极大地加大联盟采购量，从而造成采购成本的共同下降，形成若干个联盟买家多赢的局面。

近年来，日本 4 家船舶配电盘生产厂商就联合采购零部件问题达成共识。这 4 家企业是：大洋电机公司、赤崎电气公司、涡潮电气公司和 JRCS(株式会社)。该项合作是日本为增强船舶配套设备的国际竞争力而实施的“日本船用配套工业行动计划”的一项具体措施。该计划是日本船用工业协会于 2002 年制定的，内容包括六个方面。其中关于促进行业内部的交流与合作问题，提出了从促进零部件等物资的联合采购方面入手。目前这项措施已首先在中型发动机(阪神内燃机工业公司、赤阪铁工所)、中速柴油机(洋马柴油机公司、大阪柴油机公司)、配电盘(大洋电机公司、赤崎电气公司、涡潮电气公司和 JRCS)这三种产品上开始实施。此外，经营起重机、泵类、冷冻装置和空调等产品的公司也开始着手为物资联合采购进行前期研究、准备和推广。

据报道，在实施联盟的大框架内，雷诺公司与日产公司于 2001 年 4 月正式建立了一个共同机构——全球联合采购中心，双方各出资 50%。建立联合采购中心的目的是为双方带来更大效益，其任务是完成机械配套、汽车零部件及材料等方面的采购。建立初期的采购量为总采购量的 30%，最终目标是向双方公司提供 70%的采购量。

另外，科龙、美菱在全国各大媒体刊出联合采购全球招标公告，宣布对科龙、美菱的冰箱、空调、冷柜等产品生产用原材料及零配件，以及运输、仓储服务等物流项目，进行全球招标、联合采购，涉及品类超过 500 种，涉及金额超过 100 亿元人民币。两大企业的高层曾在不同场合表示，重组后的美菱，将与科龙在原材料采购、物流、市场、信息等多个平台上进行共享，以充分发挥协同效应和规模经济效益。此次联合采购、全球招标，不仅意味着代表中国冰箱业半壁江山的科龙、美菱的战略联合已进入实质阶段，还是科龙、美菱实施全面战略联合的一个信号。

2. 协同采购

协同采购(Synergetic Purchasing)与联合采购在思想实质和效果上具有一致性，区别在于协同采购是主要供应链伙伴之间的协调和合作模式。

(1) 供应链企业之间的协同采购。供应链上下游企业通过采购协作，既减少成本又防止供应中断。例如，美国汽车行业的企业协同式供应链的运用。该模式通过国际互联网，建立起世界范围的汽车制造商和供应商的虚拟网络。该网络将与汽车制造商相关的供应商用电子网络方式密切连接起来，大幅度降低了制造商和供应商的信息传递和信息处理成本，同时也提高了供应链的总体效率。该计划进一步缩短了产品开发和制造周期，并改善了许多关键业务的流程。

(2) 企业内部部门的协同采购。企业协同采购管理系统是以信息技术为基础，通过计算机网络、数据库、操作系统和 Web 应用，建立数字化采购管理信息系统集成平台，将采购管理与设备管理、财务管理、人力资源、生产制造、质量管理、市场销售等功能协调起来，实现采购信息接收、需求平衡、采购计划、供应商管理、采购合同、产品质量跟踪等方面的信息共享和协同运作，如图 15-5 所示。

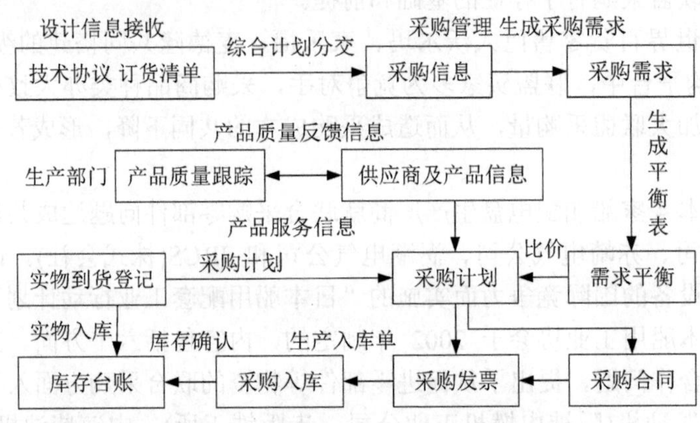

图 15-5　企业协同采购管理系统流程图

3. 多权分立

多权分立模式是与集中化和联合采购相反的情形。目前，许多跨国公司，同时设置多个与采购相关的部门，搞多权分立，分权管理，如设立：①需求计划部门，负责包括采购计划在内的计划管理；②供应商管理部门(战略供应部或战略资源部)，负责供应源搜寻和供应商管理；③采购部门，负责采购谈判、签订合同、订货处理等规范性工作；④供应物流部门，负责具体货物接收、原料库存管理、运输和配送等供应物流业务。这种四权分立的组织模式在外企中很常见，并且国内也有企业开始效仿。

15.2.3　供应团队和在线管理

供应团队就是一种鼓励以流程为导向的供应组织模式，通过共同分享目标，激励不同部门的利益相关者在整个流程中相互协作。许多企业的管理高层已经意识到使用供应团队所带来的重要机会，以及在非传统的原材料和服务采购中运用结构化流程所带来的好处(利恩德斯等，2009)。

企业的组织机构是一个不断调整的动态过程，为了提高采购管理效率，可以采取多种方法，组建采购团队就是一种有效的组织方法。不同职能部门的人员汇集在一起，为某一项共同的任务一起工作，这就是团队工作方式。实际中，可能有另一些称谓如领导小组、工作小组、委员会等，不同的称谓反映了团队的性质和任务有一些差别。由于团队成员的知识、技术和能力的不同，团队能够作出比个人更好的决策。

很多组织因为不同的原因而形成团队，比如改善质量或者运输、控制成本、产品开发、流程设计和技术升级管理等。团队有可能是临时的项目团队，也可能是长期的任务团队。项目团队是指为了某个特定的目标或结果，而在有限的时间内将成员集聚在一起，例如完成一个资产项目或电子商务项目，都不需要很长时间，项目完成后团队即告解散。长期的任务团队是持续性存在的功能实体，例如负责流程管理、供应商关系管理的采购委员会。

采购与供应管理团队经常使用的类型主要有：跨职能团队、供应商参与的团队、顾客参与的团队、供应商委员会、采购委员会、商品管理委员会、在线管理组织等。然而以团队为基础的工作环境要想取得预期的效果，要求各级服从团体目标，管理层和个体成员接受必要的培训，努力将分散化的供应管理、购买权以及集中采购的信息共享结合在一起。

1. 跨职能采购团队

跨职能供应团队(Cross-Functional Sourcing Teams)包括与供应相关的各个职能部门的人员，比如采购部门、生产部门、物流部门、质量部门、财务部门等相关人员。有效的跨职能团队能够更好地完成任务，并给组织带来更多方面的好处，比如更低的成本、更短的时间、利益相关者的更大支持等。例如，如果关键的利益相关者群体参与到从概念到设计、开发到成品这一流程中，那么这一流程就会得到更广泛的认可、更好的开展，实行得更快。通过采用同步方法而不是系列方法，开发时间周期会大大缩短，但是更多的工作集中在流程的开始阶段。

跨职能团队按照执行的任务主要有供应源开发团队、新产品和服务开发团队、商品管理团队等。

(1) 供应源开发团队包括其他相关职能部门的采购人员和代表。这个团队关注的项目范围很广，包括制定缩减成本的战略、制定供应源战略、评估和选择供应商、绩效价值和支出分析、寻找稳定的供应机会。

(2) 新产品和服务开发团队。有效的新产品研发流程可以显著影响一个企业的竞争地位。有采购供应部门人员和其他相关职能部门人员参与的跨职能产品研发团队通过协作和并行工作可以缩短开发周期时间，增强生产可行性，改善产品质量，降低开发成本。

(3) 商品管理团队。当商品开支巨大且商品结构复杂，并对公司的成功经营具有重要意义时，企业会成立商品管理团队。商品管理团队的目标是以最低的总成本采购合适的商品。

2. 有供应商参与的采购团队

供应商参与跨职能采购团队目前变得越来越普遍，企业在很多工作领域允许或邀请供应商积极参加，取得了积极的效果。例如在供应商开发团队中，为了提高供应商的能力或者供应商快速响应性，供应商的参与可以起到很大的作用，当然在评价和选择供应商的团队中，供应商参与可能没有直接帮助，甚至不应让供应商参与。在新产品设计和开发中，采取供应商早期参与(Early Supplier Involvement, ESI)，事实证明也具有很大的潜在好处，这种模式特别是在汽车、家电和消费电子产品等制造行业应用非常普遍。为了寻找专业的有价值的供应商，有些企业让供应商在采购企业内设置同地办公，让关键的供应商进入到采购企业，或者像企业的员工一样从事采购、计划和销售工作，可以有效提高采购者与供应商之间的沟通和业务处理过程，并且可以降低采购管理和销售成本。知识产权和保密性也许是供应商参与中的最大的障碍，有些企业要求与供应商签订保密协议，以使这种障碍对有效的团队工作的影响降到最低程度。

3．有顾客参与的采购团队

相对企业的采购供应职能部门，其顾客有几个层面：内部用户、供应链下游的分销商、最终客户或消费者。顾客参与的团队一般是邀请内部客户、供应链下游顾客、最终用户参与到企业的团队中来，从而更容易把握下游客户的需求。例如供应人员与内部顾客在相同地点共同办公，共同协商解决实际问题是顾客参与团队的一种典型形式。商务客机制造商在设计开发新型客机时，邀请潜在的客户如航空公司参与到设计团队中来也有很多好处，因为航空公司对可能的乘客量、航线规划、维修计划和乘客服务战略更清楚，因此从顾客的角度出发对新型客机应具备的特点能提出更准确可靠的建议。家用电器制造商允许最终顾客参与产品研发团队，按客户要求设计定制化产品，采购供应人员与最终客户直接沟通，准确了解客户需求信息，将对采购供应工作提供最大的价值。

4．委员会制

委员会是一种常见的有针对性的团队工作组织，它一般由少数高层管理者组成，是对采购领域重大问题做出专门性决策的领导机构。

(1) 供应委员会。供应委员会一般由高层供应人员和相关部门高层管理者组成，是企业内部供应管理的最高决策和领导机构。在大型企业中，供应职能具有突出重要的战略地位，有必要建立供应委员会，对企业内部供应问题进行领导和集体决策，审核制定每年的采购目标和计划，并协调供应部门与业务单位、分公司及工厂之间的协作。

(2) 供应商委员会。很多大型企业面临庞大的供应商队伍，而供应商管理业务复杂且重要，因此设立专门的供应商委员会来负责供应商关系管理。供应商委员会通常由企业的高层管理人员、采购经理和主要供应商的高级代表组成，通常人数有 10～15 人，其中采购企业高层管理者 6～8 人，下设办公室或秘书机构，负责日常事务。供应商委员会一般每年召开 2～4 次会议处理采购企业的供应政策和遇到的重大问题。供应商委员会使供应商能提前参与到采购企业的供应管理活动中，建立与供应商之间的沟通和协商机制，提前识别成本、质量及运输等供应问题，维持和改善与供应商的关系。

5．在线管理组织

在线采购对采购流程具有重大影响，同样也对采购组织结构带来重要影响。在线管理组织(Line-Management Organization)是一种随着信息技术和网络采购发展而出现的新型采购组织，它具有以下几个特点：①通过网络实现采购协调；②虚拟组织；③实时性、信息共享；④无纸化办公。

15.3 采购组织机构

15.3.1 职位设置、责任和授权

有权无责或有责无权，都不利于组织更好地履行职责。权责对等，权力、责任和利益匹配是组织设计的基本原则之一。在组织设计中，不管选择什么样的组织结构，都会发生授权。因此，授权和组织计划是组织设计很重要的一部分。下面将讨论供应组织设计中有关授权的几个关键问题，包括供应经理或首席采购官的职位设置、汇报关系和内部关系等。

1. 供应经理或首席采购官的权力和责任

供应管理的变革涉及很多方面，包括执行任务部门的名称和人员的头衔。由于供应部门在企业中的作用、汇报的层级关系以及供应部门在企业组织结构中的位置有差异，大型企业供应部门高管的头衔各不相同，首席采购官(Chief Purchasing Officer, CPO)是一个通用的称谓，而实际中常见的称呼可能有很多种，比如供应副总裁、供应链经理、供应经理、采购经理、采购主管等。

供应经理或首席采购官是公司“最高层级”的采购行政人员，拥有正式的授权和责任来管理公司从外部供应商那里购买货物或服务的职能。供应经理或首席采购官的职位虽然被划分到职能部门或执行人员的角色中，但是应该明确，采购部门的所有责任必须由供应经理或首席采购官承担，它和组织的其他职能部门处于平等的地位。

首席采购官一般管理传统的采购活动，例如需求/采购计划、合同管理、订单处理、质量、可支付货款/文件管理、供应流程的领导关系等，另外，首席采购官也负责供应物流，包括国内外运输、仓储、原材料处理、存货管理、第三方物流管理等。

在公司内部，首席采购官或采购经理通常拥有采购的最终决定权。一些重要的采购事项可能需要跨职能小组或高层经理作出决定，但最终还是得有人来签订合同和具体执行，因而，通常情况下，采购经理都被视为买方公司(委托人)的总代理人。采购决策权、代理权和执行权都是采购经理的法定权力。

全球化和互联网给现代企业带来了颠覆性的革命，使得采购在企业中的作用更加重要，职能更加复杂。企业需要的不仅是一个只会砍价和跟单的“保姆”，还是一个具有综合素质、能为企业在全球搜罗到物美价廉的原材料的“管家”。同时，这位“管家”要保证原料供应不中断。这位“管家”其实就是企业的“首席采购官”。

一般来说，生产型的企业要用销售额的 40%～70%进行原材料、零部件采购。目前国际上许多知名的高科技原始设备制造企业，公司实体只关注于科技研发领域，而具体的产品生产和制造则外包给世界各地的代工生产厂商。因此，产品采购的速度、效率、订单的执行情况，会直接影响到企业是否能够快速灵活地满足下游客户的需求；采购成本的高低会直接影响到企业最终产品的定价情况和整个供应链的最终获利情况；能否采购到优质低价的原料事实上已经关系到企业的竞争力甚至是生死存亡。

在互联网采购、全球搜索、电子目录、战略联盟和整合供应链的时代，首席采购官和

专业采购人员需要具备多方面的素质：必须具备丰富的业务知识和采购经验；要熟悉公司的生产流程，以便购买到合适的产品；还应该具备很强的成本分析能力和沟通能力，能够及时与供应商和生产部门进行沟通，保证原材料供应顺畅、准确；同时，还要具备丰富的税务知识和运输物流知识。总之，如今的采购人员是多面手、战略家、分析家、小组领导以及销售人员。

在这个时代，没有人能够承受原材料供应中断带来的损失。全球化带来成本的大大降低，同时也使彼此之间的依赖性加强，这一依赖性越强，整个系统就越脆弱。再者，将公司各个部门、各个分支机构的采购计划统筹起来也有利于获得大批量折扣，从而降低成本，提升竞争力，在这中间运筹帷幄的指挥者就是供应经理或首席采购官。

当公司雇用个人来从事采购工作时，雇主与被雇人员之间的委托代理关系就建立起来。由于采购经理需要对很大笔的开支负责，因而雇主对采购经理的职责要求和工作描述为用人单位与采购经理之间签订有关权利和义务范围的职责协议提供了基础。从法律角度来讲，采购经理有权要求雇主就日常工作的期望作出说明，如果采购经理按要求认真合理地执行了自己的职责，就可以认为采购经理履行了对雇主承诺的义务。采购经理的基本责任就是，在日常工作时要时刻将雇主的最大利益铭记在心。

尽管采购经理同意为雇主履行采购职责，也不代表着采购经理不会出现任何差错。根据问题的不同性质和错误程度，企业有多种方式可以对采购经理的日常错误行为追究个人责任，这种个人责任的追究形式可能是民事诉讼或刑事诉讼。比如，采购经理在履行采购职责时，超出了雇主授予或指示的采购商品或服务的实际权力，雇主可以对采购经理提出行政处分或法律诉讼；如果采购行为超出了卖方认为采购经理应拥有的明显权力，可能导致严重的后果时，供应商或其他第三方可以要求采购经理承担直接责任。在未经授权的情况下，采购经理对自己的一些损害或违规行为，应承担个人责任。

总之，可能需要采购经理承担个人责任的行为包括：作为公司代理人，以欺骗手段收受贿赂和牟取私利；侵犯其他人对产品的合法权或专利保护权；泄露商业机密或滥用保密信息；违反反垄断法；非法运输危险物品和有毒废物；损害雇主利益或对雇主不忠诚的不道德行为。

2. 汇报关系或内部关系

组织通常运用职权、关系和制度来维持运转。首席采购官向谁汇报工作，这一点很能说明供应部门的地位和企业对供应的重视程度。供应部门在企业中汇报工作的级别越低，供应对公司战略的影响就越小。如果首席采购官已经是企业副总裁，并且直接向首席执行官(Chief Executive Officer, CEO)汇报工作的话，这表明供应被放在组织高层管理的位置。如果供应部门不及其他职能部门的地位高时，它往往被安排在另一个高层部门主管之下，首席采购官与首席执行官之间相隔一两个层级，他有可能直接向副总裁或者财务部、生产运营部、行政部或者工程部的高级主管汇报工作。在很多情况下，采购部门向首席财务官汇报，因为采购决策直接影响企业的现金流、每年的支出规模、库存有关的总成本和实施战略成本管理。供应部门也往往隶属于企业生产运营部门，因为采购需求大部分直接来源于生产部门的物料和设备需求，采购直接为生产和运作服务。在共享服务模式的组织中，采购供应、法律、财务会计、人力资源以及其他行政职能部门一起向行政副总裁汇报工作。而在一个以工程为主的企业中，可能要向工程部门的首席主管汇报工作，便于对产品规格和质量控制进行更详细的直接交流与报告。因此，在决定供应部门向谁汇报工作的问题时，应以最有效、最大化地实现供应部门对组织目标的贡献为原则。随着供应在企业战略管理中的地位提升，供应部门向企业更高层的人员汇报工作成为一种必然趋势。

15.3.2 采购部门

1. 采购部门设置

整个采购供应职能往往是由多个部门共同完成，而不是采购供应部门的单独责任。但是这仍然需要有一个专业的采购部门来主导相关工作。采购部门的独立性仍然是采购职能地位提升的一个重要标志。

根据组织的不同规模和生产性质，采购或供应部门的设置也会有一些差异。

(1) 单一产品的小型组织。采购供应部门人员的工资和地位较低；采购供应人员对企业战略没有发言权；采购供应活动没有专业化，采购决策被分割，采购人员附属于财务或生产部门。

(2) 单一部门的采购组织。适合于生产规模不大，材料在制造成本中所占比率较高的情况。采购部门直接归总经理督导，提升了采购人员的地位和执行能力，主要目的是发挥降低成本的效能，使采购部门真正成为公司“利润源”和利润增长点。

(3) 流水线生产型组织(如汽车工业)。采购部门在企业战略中有很大的发言权；生产活动有很高的专业性，如开支、原材料控制、仓储和库存控制等；采购活动也有很高的专业性，如原材料采购人员、电器采购人员等；采购供应主管可能是职能部门主管；采购供应人员的工资和地位较高。

(4) 大型跨国性组织。许多国际性企业如福特、通用汽车、壳牌、索尼以及零售巨头沃尔玛、家乐福等，花费巨资采购原料和供应品；采购供应部门通常得到很好的发展，有很重要的地位。

2. 供应部门的职责任务

供应管理是组织为了给最终顾客传递最优价值而必须进行有效管理的一系列活动。供应的责任主要划分为三类：采购商品、供应链活动、参与组织的其他活动。

1) 采购商品

每家企业的供应部门要采购的货物种类各有不同，货物种类的增加或减少取决于采购企业的购买环境。采购的内容包括原材料、标准化或特殊化的直接采购、MRO、资产、服务以及再销售物资。在一些企业，传统采购活动受制于与生产相关的原材料和服务采购的制约和影响，非生产或间接原材料和服务采购则由用户或需求部门自己承担责任，包括大量的资本设备、常用设备、保险、电脑和软件、差旅、固定资产以及建设服务。非传统采购是采购和供应管理流程之外的管理，每年花费在管理或控制供应之外的总额从 2%～40%不等。

2) 供应链活动

现在的企业都期望通过供应部门来努力实现利润最大化和赢得竞争能力。因此和以前传统的职能部门的采购活动相比，现在的供应管理组织要承担更大的责任。每家企业的供应部门所处理的业务可能不一样，但大部分供应组织的供应活动很相似，如表 15-4 所示。

表 15-4　供应链活动

责任范围	供应活动
采购调研	识别市场中长期的变化，并且开发能够满足未来需求的合适的采购战略；寻找采购管理更好的技术和方法，包括比较基准流程和体系
预测和计划	预测中短期以及长期需求，制订生产计划；评估潜在的供应商，并就合同条款进行谈判；支持从内部生产向外部采购的转换
采购/购买	签订有关购买原材料、服务和资产物品的合同和采购协议；设计和管理流程，包括供应商选择、评估、谈判和合同管理流程
运输	管理国内外的运输业务，包括承运商的选择
存货控制	管理存货，加快物料周转；建立和控制存货管理系统
环境和投资复苏/处理	确保供应活动符合法律、法规以及企业环境政策的要求；管理多余的原材料和设备
供应链管理	执行和管理与关键供应商的关系，包括供应商开发、加入跨职能部门和跨组织团队；开发采购供应网战略，为终端客户提供价值和实现企业目标
非生产或非传统采购	对非生产采购的成本进行有效管理，如办公设备、安全设备、广告和保险

任何企业的供应活动都可以分为内部和外部这两类。强调内部的活动包括采购合作、生产计划、质量、物流、原材料管理、成本管理、应付账款、采购预算以及财务管理。强调外部的活动包括供应商开发、原材料采购、供应商评估、业务外包或分包、国内物流和电子采购等。外部活动还包括顾客关注的活动如境外物流、新业务开发、新产品开发、项目和服务支持。

3)　参与组织的其他活动

在供应或供应链管理中，供应部门的活动按照参与企业活动的情形可以体现为记录者、供应专家和有意义的战略参与者几种身份。记录工作要求供应部门只是一个录音机、一份采购订单的发送者或者一份合约的接收和执行者，但是供应部门并不作重要的决定，供应部门没有参与决策，甚至完全被排除在决策之外。供应专家的参与意味着在采购的重要流程阶段，供应专家有机会应用和发挥自己的专业知识，为企业提供专业性咨询、顾问和建议，参与公司层面的战略活动和其他活动，比如兼并和收购、规划建立新工厂、新产品开发、业务外包决策、技术创新计划、准备采用电子商务、增加收入、成本节约等。有意义的战略参与者意味着其他部门的人员在管理本职工作的时候，愿意并且能够考虑到采购，要求供应部门人员积极地投入和给予帮助；反之，以前认为只有供应部门才有权作出供应决定，现在也需要其他部门参与进来。衡量供应者参与是否有意义、意义的大小的标准之一就是看供应部门参与公司主要活动和战略决策的程度。

3. 采购部门的工作说明书

采购部门的工作说明书提供了对采购部门有关工作是什么、为什么做、怎样做以及在哪里做的清晰描述，涵盖了很全面的工作内容说明，如表 15-5 所示。

表 15-5　采购部门工作说明书

××公司采购部门工作说明书
1. 内容简介
工作说明书作为组织重要的文件之一，是指用书面形式对组织中各类岗位(职位)的工作性质、工作任务、责任、权限、工作内容和方法、工作环境和条件，以及本职务任职人资格条件所作的统一要求(书面记录)。它应该说明任职者应做些什么、如何去做和在什么样的条件下履行其职责。一个名副其实的工作说明书必须包括该项工作区别于其他工作的信息
2. 主要内容
(1)基本资料。主要包括岗位名称、岗位等级、岗位编码、定员标准、直接上下级、分析日期。 (2)岗位职责。主要包括职责概述和职责范围。 (3)监督与岗位关系。说明本岗位与其他岗位之间横向与纵向的联系。 (4)工作内容和要求。是岗位职责的具体化，即对本岗位所要从事的主要工作事项作出说明。 (5)工作权限。为了确保工作的正常开展，必须赋予每个岗位不同的权限，但权限必须与工作责任相协调、相一致。 (6)劳动条件和环境。指在一定时间空间范围内工作所涉及的各种物质条件。 (7)工作时间。包含工作时间长度的规定和工作轮班制的设计等两方面内容。 (8)资历。由工作经验和学历条件两个方面构成。 (9)身体条件。结合岗位的性质、任务对员工的身体条件作出规定，包括体格和体力两项具体的要求。 (10)心理品质要求。岗位心理品质及能力等方面的要求，应紧密结合本岗位的性质和特点深入进行分析，并作出具体的规定。 (11)专业知识与技能要求。 (12)绩效考评。从品质、行为和绩效等多个方面对员工进行全面的考核和评价
3. 主要功能
(1)让员工了解工作概要。 (2)建立工作程序和工作标准。 (3)阐明工作任务、责任与职权。 (4)为员工聘用、考核、培训等提供依据
4. 说明信息
(1)业务需求。 一个组织的业务需求可能基于需求的培训、市场需要、技术的进步、法律的要求和政府的标准。 (2)产品范围描述。 技术项目所要创建的产品的需求以及产品或服务的特性。通常产品需求在项目的启动过程中并不是很详细，在后续的过程中随着产品特性的明晰会逐渐细化。这些需求也要记述项目所创造的产品或服务与业务要求或其他因其产品要求的刺激因素之间的关系。虽然产品需求文档的形式和实质内容各不相同，但它应该总是保持足够详细以支持后续的项目规划。 (3)战略计划。 所有项目支持组织的战略目标(执行组织的战略计划作为项目选择的一个要素来考虑)。 工作计划还可以包括：以书面叙述的方式来说明工作中需要从事的活动，以及工作中所使用的设备和工作条件的信息，并且说明承担这次工作的员工所必须具备的特定技能、工作知识、能力以及其他身体和个人特征的最低要求

续表

5. 说明样本
工作说明书(SOW)模板。 工作说明书主要包括以下内容：前言、服务范围、方法、假定、服务期限和工作量估计、双方角色和责任、交付资料、完成标准、顾问组人员、收费和付款方式、变更管理等。 (1)前言。 对项目背景等信息作简单描述。 (2)服务工作范围。 详细描述项目的服务范围，包括业务领域、流程覆盖、系统范围及其他等。 (3)服务工作方法。 项目拟使用的主要方法。 (4)假定条件。 项目进行的假定条件，具体内容需双方达成。 (5)服务期限和工作量估计。 项目的时间跨度和服务期限，对按“人天”计算费用的项目，需评估服务工作的人数和天数，并估算项目预算。 (6)双方角色和责任。 分为供应商的职责和公司的职责，并对关键角色的工作职责进行描述。 (7)交付资料。 列出项目的主要交付资料，并对交付件的内容与质量要求进行描述。 (8)完成以及验收标准。 列出项目的完成标准和阶段完成标准，完成标准作为项目验收的依据内容。 (9)顾问组人员。 列出供应商的人员名单，以及顾问资格信息。供应商人员的变更：描述在什么情况下可进行供应商人员的变更。 (10)聘用条款。 对聘用供应商人员的级别要求、经验要求及其他相关条款。 (11)收费和付款方式。 项目的付款方式、费用范围、涉税条款等。 (12)变更管理。 项目变更的管理过程、相关规定与约束条件等。 (13)承诺。 双方承诺均已阅读，理解并同意遵行上述协议书及其条款的约束。而且双方同意，所提到的服务条款及其附件(包括工作说明书和变更授权以及任何为双方协议中独立完整的陈述)，取代所有的建议书或其他在此之前的书面或口头协议以及有关的其他交流。 (14)保密。 遵守保密协议(保密条款另行签署)。 (15)签署接受。 ××××××××××公司(供应商)　　　　××××××××××公司(发包商) 授权签名：　　　　　　　　　　　　授权签名： 姓名：____ 日期：____　　　　　姓名：____ 日期：____ 职位：____　　　　　　　　　　　职位：____

续表

6. 编制要点 (1)对职位的描述，不是任职者现在的工作。 (2)不局限于现状，着眼于组织设定岗位需要。 (3)针对岗位而不是人。 (4)归纳而非罗列。 职位说明书一般用表单形式编制，通常分七大部分设计表单。 (1)基本信息：职位名称、部门、直接上级、所属下级、职位发展方向、职责分析日期、编写日期等。 (2)职位目的：即对为什么设置该职位的原因进行概述。 (3)职责和权限：即对任职者应该完成的工作、承担的责任以及其完成工作、承担责任而被赋予的权力、可以调动的资源进行概述。 (4)考核指标：即对工作完成情况的衡量标准的概述。 (5)工作关系：分内部关系和外部关系，包括联系部门、人员。 (6)任职资格：即对任职者完成工作所需具备的学历水平、知识内容、工作经验、工作技能、个性和品质等概述。 (7)工作环境及条件：即对工作的环境及完成工作所需的工具设备的概述
7. 制作构成 工作说明书是比较重要的工作分析成果工具。它由以下内容构成。 (1)编写的时间。 (2)工作状况，要注明其中是全日工作还是兼职工作，工作的薪水与工资标准、数额。 (3)职位的名称。 (4)工作概要。 (5)工作职责与所要承担责任的详细列表。 (6)工作承担者向谁报告工作，组织工作关系。 (7)监督与被监督关系。 (8)组织内外的主要联系。 (9)要参加的有关会议。 (10)要归档的有关书面报告。 (11)工作能力与职位要求。 (12)工作所需的教育与经验。 (13)职业在组织范围内可流动性

15.3.3 采购部门人员配置

按照组织目标和战略规划分配工作和执行任务是组织设计首要的问题。采购部门的人员配置涉及采购部门的人员构成、人员分工和活动任务分配。不同规模的采购部门人员构成不一样，同时采购部门的人员配置体现采购部门的不同规模。

采购部门内部人员是按照权力等级、职责分工等要求分成各种职能专业化小组。小型采购部门职位低、规模小，内部职位和人员构成相对简单，如图 15-6 所示。

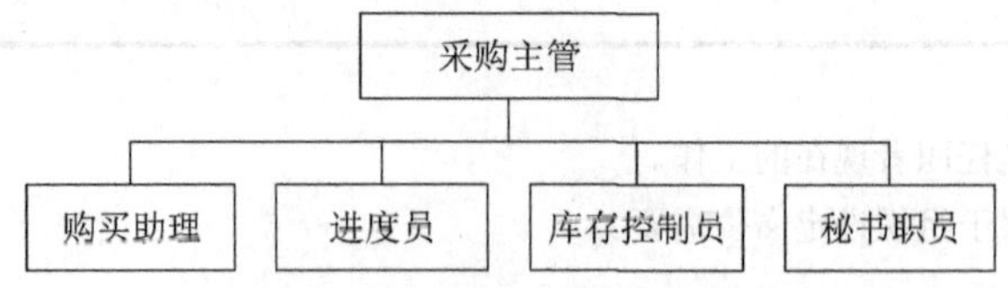

图 15-6　小型采购部门人员构成

随着采购部门职位地位提升，采购部门在人员构成规模上有所扩大。中型采购部门内部职能和人员构成相对于小型采购部门要复杂一些，分工更细，如图 15-7 所示。

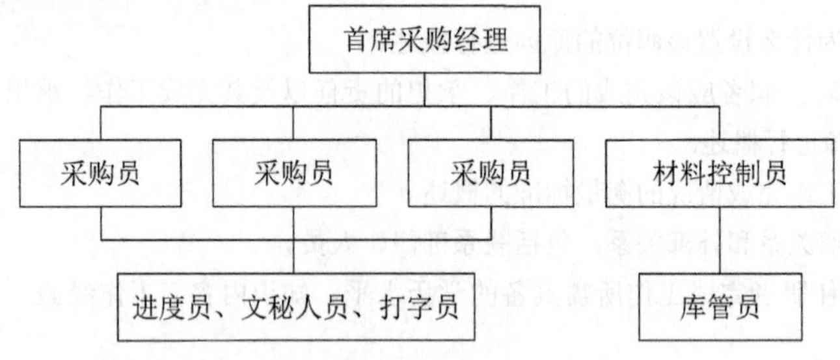

图 15-7　中型采购部门人员构成

大型采购部门地位重要，规模大，内部职位设置和人员配置更复杂，专业分工也更细一些，大致可分成商品采购、行政事务、物料处理等工作模块，如图 15-8 所示。

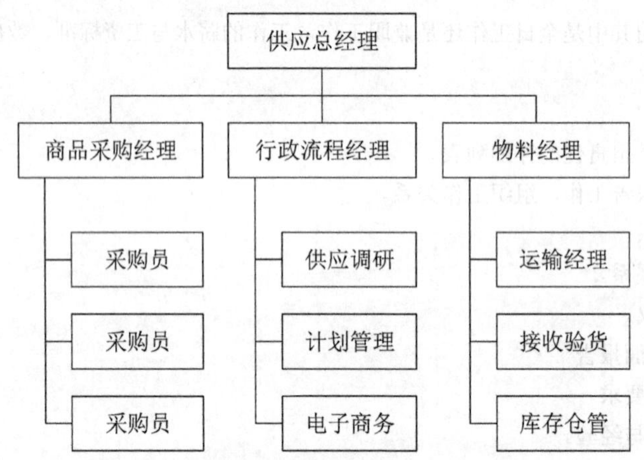

图 15-8　大型采购部门的人员配置

为了完成供应组织的目标，需要配置专业的人员来负责供应工作。负责供应工作的员工需要在采购相关领域具有一定专长，有时可能要求在供应组织内部建立不同的工作小组、团队或分支机构。例如，在一个大型企业的供应组织中需要完成至少四个方面的特殊任务，每个专职岗位都要制定“岗位职责说明书”或进行职位描述。

1)　供应市场调研

供应市场分析人员或采购调研的专业人员主要是收集和分析与特定采购项目相关的数据，为采购决策提供必要的信息依据。正如第 10 章所讨论过的，采购调研人员、小组或部门的主要工作包括长期需求预测、价格预测，分析某种商品或服务的供应市场潜力、有效供应商的生产和运送成本及能力，研究替代材料的使用可行性，研究企业自身的采购流程和系统基准从而寻求能够改善自己供应系统的机会等。大型采购部门的采购调查往往作为相对独立的工作项目，由专职人员负责完成。

2) 商品采购管理

这些员工称为商品专家或采购工程师，他们要负责前期采购的相关工作，包括制定商品战略，识别潜在的供应商，评估和选择供应商，价格谈判和决策，对供货合同的条款和条件作出决定，同供货商签订合同，处理采购订单等。在战略采购管理中，具体的订单处理和订货过程都交由物流或物料管理部门负责，专职采购供应人员仅负责资源管理，维系与供应商的关系，建立商务合同。表 15-6 描述了采购业务员的岗位职责和工作任务。

表 15-6 供应部门采购业务人员的岗位职责和工作任务

工作职位：采购业务员或采购工程师 所属部门：采购/供应管理部门 直接上级岗位：商品采购经理或采购部经理 工作职责核心价值：负责公司的产品采购、供应和供应商管理 具体责任和任务如下。 (1)职责一：协助供应管理部商品采购经理制订部门发展规划和年度供应计划。 工作任务：协助商品采购经理制订部门发展规划和年度供应计划；收集供应产品相关行业技术信息、市场供应信息，为部门或公司供应决策提供建议。 (2)职责二：负责控制和监督供应合同签订和履行。 工作任务：根据公司年度供应计划，协助供应部经理组织产品供应；参与供应商谈判，拟定供应合同，负责供应合同履行和产品供应实施。 (3)职责三：负责对供应商进行管理。 工作任务：协助部门经理，组织对新、老供应商资质认证和综合能力考评；对供应商的技术、生产过程质量进行现场指导和监督，参与供应商生产制造质量控制过程，确保供应商品质量标准；负责执行供应商库存管理标准，协助供应商降低库存管理成本；负责建立供应商管理档案，提供供应商管理改进方案，优化企业供应库。 (4)职责四：完成供应管理部经理交办的其他工作。 职业岗位禁止行为：严禁收受供应商的贿赂、回扣，违者将受到警告、开除等处分；数额巨大的将追究法律责任。 核心权限：部门供应计划的建议权；企业所需商品的采购权；对供应商生产质量的考核、监督权；对供应商相关信息的反馈权；对供应商库存管理和费用控制的建议权。 任职资格要求如下。 (1)教育水平：专科及以上学历。 (2)专业：采购管理、企业管理、公司产品技术相关专业。 (3)培训经历：公司内部职业培训，采购与供应管理岗位、法律知识培训。 (4)经验：2 年以上采购与供应岗位经验。 (5)知识：具备采购供应、企业管理、法律等方面的基础知识，熟悉公司产品技术相关专业知识。 (6)技能技巧：熟练掌握 Word、Excel 等办公软件的应用；具备基本的网络通信技能。

续表

(7)个人素质：具有较强的判断和决策能力、人际交往和沟通能力、计划和执行力。 工作条件如下。 (1)使用工具设备。计算机、一般办公设备(电话、传真、打印)、网络。 (2)工作环境。采购部设立固定办公室；生产现场。 (3)工作时间。正常工作时间，偶尔需加班。 工作协作关系如下。 (1)内部协作：生产运作部、品管部、技术开发部等。 (2)外部协作：供应商、行业协会、政府有关部门等

3) 行政管理

这个团队管理本部门的采购计划和预算，准备和处理正式的采购文件和工作日程安排，保存本部门运营所需要的必备数据，并且负责供应部门高层管理者所需的报告和报表；也可能要负责管理和维护采购信息系统，包括电子采购系统和数据库。表 15-7 描述了采购计划员的岗位职责和工作任务。

表 15-7 供应部门采购计划员的岗位职责和工作任务

工作职位：供应管理计划员 所属部门：采购/供应管理部门 直接上级岗位：采购部行政经理或采购部经理 工作职责核心价值：负责制订公司的采购计划，保证采购计划合理可行。 具体责任和任务如下。 (1)职责一：负责收集公司所需物料的市场动态信息。 工作任务：收集公司所需物料的市场动态信息，为物料采购决策提供依据；定期准确地向采购部经理和计划财务部提供物料市场动态信息。 (2)职责二：负责制订公司的采购计划。 工作任务：根据公司年度销售计划和预算，协助采购部经理制定公司年度采购计划和预算；根据工程部物料需求计划和库存状况和管理方案，负责制订公司的采购计划。 (3)职责三：协助部门经理制定公司库存方案。 工作任务：协助采购部物料经理制定公司库存产品种类和最佳库存量方案。 (4)职责四：协助部门经理建立供应管理方案。 工作任务：负责建立供应管理档案，制定供应管理的改进方案。 职业岗位禁止行为：严禁收受供应商的贿赂、回扣，违者将受到警告、开除等处分；数额巨大的将追究法律责任。 核心权限：供应数据库的管理权；采购计划制订权。 任职资格要求如下。 (1)准入学历：大专及以上学历。 (2)专业：采购管理、物资管理、企业管理、公司产品生产相关专业。 (3)经验：2 年以上工作经验；或 1 年以上同类岗位工作经验。

续表

(4)技能：具备采购供应、计划统计分析、法律、物料特性等方面的基础知识；掌握 Word、Excel 等办公软件的使用技能，具备基本的网络通信知识。
(5)素质特征：通用素质包括诚信、敬业、客户价值；专业素质包括责任心、原则性、沟通能力。
工作条件如下。
(1)工作场所的固定性：采购部门设有固定工作场所。
(2)职业危险性：无。
(3)预防职业危险性的知识和防护措施：无。
协作要求如下。
(1)内部协作：计划财务部、生产部、技术部、工程部、质量部、仓库。
(2)外部协作：供应商

4) 物料管理

物料经理和物管员构成的团队主要是对已经签订的合同进行管理，即合同履行、后期采购、物流管理。其主要任务是指导供应商提供物料和服务的供应过程，与供应商保持常规性沟通，跟踪供应商送货，监督订货数量和交货日期，负责货物接收和检查质量完成情况。如果发生供货问题，物料管理人员要及时采取补救措施或帮助供应商解决问题，直至不合格物品的退货处理。

15.3.4 采购政策和程序

1. 采购政策

采购政策(Policy)是组织在一定时期内制定的行动策略或行政命令，制定和执行政策是组织行为和运行的基本方式。如果说组织机构是企业组织的硬件系统，那么采购政策和工作程序就是企业组织的软件系统。

采购经理制定政策来为专业采购人员和助理人员提供指导和支持(蒙茨卡等，2010)。采购政策的种类很多，主要分为以下五类。

1) 界定采购部门角色

这类政策用来定义采购部门的权力，包括陈述采购部门的目标，明确采购部门对不同购买层次所应承担的责任。这类政策规定了采购部门代表企业利益从事商业活动的权力，也规定了采购部门分配某些任务给其他部门的权力。尤其是这类政策明确了采购部门有权管理的领域和无权管理的领域。

采购部门的主要目标和责任有：①选择符合采购要求的供应商；②采购符合质量和工程标准的物料和服务；③促进买卖双方的合作关系，鼓励供应商履行自己的职责；④公平公正地对待所有的供应商；⑤支持公司的所有目标和政策；⑥与其他部门紧密合作；⑦拥有合格的采购人员，并努力提升采购人员的素质。

2) 规定采购人员行为

这类政策规定采购人员必须严格遵守相关行政政策和法律法规，遵守伦理道德，诚实守信，执行合法的商业行为。①道德政策。大多数企业都阐明了采购人员对采购道德行为所作的承诺。②反互惠政策。互惠情况是指要求供应商购买买方的产品或服务，作为与供应商签订采购合同的条件。反互惠政策阐明了管理者对互惠行为的反对，并列出所有应避免的互惠行为，只有制定明确的政策，才能对互惠行为进行管理。例如：采购人员不能因为供应商从买方企业购买了产品或服务，就给供应商提供额外优惠；采购人员不能迫使供应商从买方购买产品，并以此作为签订合同的条件；在竞争性投标中，采购方不能偏向从采购方购买产品的供应商。③访问供应商。采购人员对供应商或潜在供应商进行直接访问或联系交流，往往是必要的正常沟通活动。但是采购部门希望控制对供应商进行非授权的或过度的联系或访问，以减轻供应商的负担。采购部门也希望避免非采购人员访问或联系未经许可的供应商，因为这可能会削弱采购部门的权威，给企业采购工作带来不必要的麻烦。④前任员工回避政策。公司员工离开现在的单位转而受雇于供应商公司，需要制定对前任雇员的规避政策。例如制定相应政策禁止与雇用了解买方内部商业机密信息的买方前任员工的供应商进行合作和交易；或者在员工的最初雇用合同中增加相应条款，禁止员工在离职后的一定时期内与公司的竞争者或供应商建立新的雇佣关系。⑤报告非正常交易。要求采购人员或其他员工如实汇报与供应商的非正常交易情况，包括接受供应商提供的佣金或贿赂、私自接收延迟投标、持有供应商公司的股份或其他非正常商业内容的行为。

3) 明确买卖双方关系

这方面的政策主要涉及选择供应商和供应库管理的问题。①供应商资格和选择。管理层希望采购部门对供应商进行全面的资格审核后，再作出供应商选择。因此，公司需要制定供应商评选标准的方针政策，以指导评估潜在供应商或现有供应商的绩效。这类政策也帮助管理层在采用单源或多源供应，或使用长期采购协议等方面的决策提供参考准则。②供应商关系。这类政策描述了一系列方针、原则或规定，以指导和促进买卖双方达成积极的合作关系，包括：采供双方应以相互信任和尊重为基础；公正诚实地对待供应商；支持供应商改进产品质量、成本、交货及其他绩效标准；鼓励供应商进行创新和分享利益；开展开放式的交流渠道；制定授予采购合同的公平程序，告知供应商没有获得合同的真实原因；及时支付供应商货款。③授予采购合同的政策。这类政策规定了选择和授予采购合同应遵循的原则、指导方针和程序。例如，在某限定金额范围内，买方具有授予采购合同的权力；使用竞争性投标的流程和条件；接受或不接受竞争性投标的条件；不依据供应商最低竞标价采购商品的条件；通过谈判方式达成长期采购合同的方针和操作程序。④与买卖双方关系有关的其他政策。例如当供应商出现劳工或其他劳动问题时，管理层对供应或劳动中断的看法提供政策指导，具体的解决办法包括：买方能够合法地转移供应商；买方可以暂时停止履行任何采购合同或未完成的订单；在供应合同中明确规定相关的应对措施。企业必须谨慎对待和使用供应商提供的建议所应承担的责任和义务，政策规定：只有在公开的基础上，供应商签署弃权证书，以保证采购方不对供应商承担任何责任和义务时，才能接受有合作意向的供应商所提供的合理建议。对于早期参与新产品开发的供应商，也需要政策阐明采购方对这些供应商应承担的财务责任限度。该政策还具体阐明了开发新产品的步骤，规定供应商参与的时机和方式，以及所涉及的保密协议、共享专利权和其他合作准则。

4) 解决运营问题

运营问题涉及的范围很广泛，狭义的运营问题主要指日常经营活动中履行采购职责时遇到的特殊问题。①不合格物料的处理和责任划分。不合格物料会带来损失和各种成本，如物料返修成本、运回货物的再包装费、货物返运成本、生产延误成本等，由供应商导致的不合格物料问题或不履行行为，供应商应承担责任。企业应制定政策明确对供应商的惩罚规定，在合同谈判时也要明确规定对供应商提出索赔等权利。②对已购物料和供应商的再评估。政策要求管理者对所购产品进行持续评估，定期检查所购产品和服务，包括比较成本、质量、交付情况、技术等，判断现有供应商是否仍能保持市场领先地位。③采购部门在运营中的履职政策。例如，需遵守的法律法规，妥善处理物料资产的规定，采购部门终止采购合同和撤销采购订单的合法权利，对非采购部门选择供应源的限制，要求供应商承担额外成本，要求供应商就合同条款适当变动，要求供应商使用商标或明确的标志等，这些政策为采购部门提供指导，还阐明了管理层应该扮演的角色。

5) 支持社会目标

长期来看，支持社会目标符合采购方的最大利益，采购方的这些行为有利于塑造良好的企业形象。为了实现相关的社会目标，需要制定一系列相关政策。①有关环境问题。随着环境问题越来越严峻，政府开始立法要求企业制定环境政策，许多企业也从自身利益出发在经营活动中充分考虑环境因素，并制定应对环境问题的政策。例如制定节约资源和能源消耗的措施，再利用可回收材料，妥善处理废弃物和危化物料，减少环境污染和碳排放，选择绿色产品和供应商，遵守政府的环境保护规制。②照顾社区利益和弱势群体。例如参与社区发展项目，支持和反哺农业和农产品项目，从妇女或残疾人开办的企业采购物资，选择具有少数民族背景的供应商伙伴。

2. 采购程序

采购程序(Procedure)是一系列的操作指示或规程，其中详细规定了采购部门各岗位和人员如何履行职责和义务。程序手册实际上就是一个“如何操作”的手册和工作表格。程序手册比政策手册更深入、更具体，有利于提高运作效率。与政策相统一，管理者必须审查和评估采购程序，注重制定一套标准简洁、准确高效、程序完整的操作指示。每个企业会根据自己的具体需要制定适合自己的一套操作规程，一个大型采购部门可能有上百种操作程序，用来阐述开展每一项活动所应采取的合理做法(蒙茨卡等，2010)。

使用程序手册可以达到很多重要的目的。首先，采购人员将手册作为参考指南。对于新员工，可以作为完成不同工作任务的入门指导书；对于经验丰富的老员工，手册可以加强对不同领域运营知识的记忆和理解，进一步确定和完善运营程序。其次，将所需要的工作步骤列入正式的文件，保证执行过程中的一致性和有序性。最后，程序手册可能吸收了行业最佳实践做法，这些都是先进公司从实践中得出的基准化、简化程序。标准化和简化是任何情况下企业都应该追求的作业程序目标，要确保其条理性、规范性、及时性和准确性，努力提高工作绩效水平。

采购程序也是业务流程细分化的结果，从采购业务流程到工作程序分成多个层次。采购周期展示了采购工作的主要流程，而供应市场研究、制订采购业务计划、供应商管理、制定合法的合同以及订货作业等都是采购的具体流程，这些业务又可以分成更具体的系列活动和运营程序。运营程序为各个方面提供更细致的指示说明和详细规定，采购程序涉及的领域很广，任何遵循一系列步骤的运营问题或工作任务都可以制定一套相关程序，运营过程中许多不同的问题都要求使用有文件记录的标准程序。

15.4 采购人力资源管理

15.4.1 采购人员评聘和选拔任用

1. 采购人员的职责划分

企业中采购人员分工不同，承担的职责和任务也不同。图 15-9 表明了处于战略、策略和操作层面的采购人员的业务职责活动。

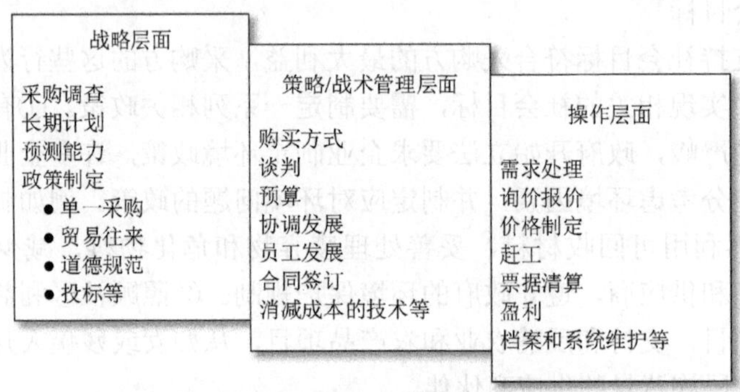

图 15-9 采购职能的业务层次(彼得 · 贝利等，2006)

在选拔不同岗位的采购人员时，需要考虑对采购人员履行职责所需要的知识和能力要求，如表 15-8 所示。

表 15-8 采购者的知识能力和职责要求

考查领域		集团采购总经理	分部采购经理	工厂采购经理	战略采购人员	前期采购员	品质工程师	专业采购员	后期采购员
知识要求	采购管理	高	高	高	高	高	高	高	低
	采购物品相关知识	低	高	高	高	高	高	高	低
	财务管理	高	高	高	一般	一般	低	一般	低
	相关法律	高	高	高	一般	一般	低	一般	低
	信息系统	一般	一般	一般	一般	一般	高	高	一般
能力要求	逻辑思维	高	高	一般	一般	一般	高	一般	低
	决策能力	高	高	高	一般	一般	一般	低	低
	个人魅力	高	高	一般	一般	一般	一般	低	低
	灵活性	一般	一般	高	一般	一般	低	低	低
	团队精神	一般	一般	高	一般	一般	一般	低	低
	沟通交流	高	高	一般	一般	一般	一般	一般	低
	市场能力	高	高	低	一般	一般	低	低	低
	供应商关系处理	高	高	一般	一般	一般	高	一般	一般

2. 采购人员的评估

对采购人员进行评估是决定对采购人员进行选择、任用和职位晋升的重要依据。对采购人员的评价项目通常从三个方面考虑：①采购成果。其主要指标有：以商品计算或以账面金额计算的采购总额；以产品单位或以账面金额计算所完成的采购定额；采购费用；采购利润；各类产品(或产品组合)的采购分析。②采购活动。采购公关活动；采购训练；采购库存检查；采购价格检查；工作时间相对空闲时间；采购活动所占时间相对于其他活动所占时间；出差费。③采购人员素质、工作态度和发展前途。

采购人员评价方法：①采购量、费用、利润分析。采购量分析包括某时期按产品计算的绝对单位或采购金额数；计算总的采购量或在总的采购量中较重要的产品类所占的比重；将计算的标准同其他采购员的执行情况作比较。例如计算出某时期采购计量的绝对单位数量，与其他采购员的业绩或与采购员本人过去的业绩相比较；将某时期实际的采购成果与预先决定的同一时期的采购额相比较，并把所得的相对比值同其他采购人员作比较。费用分析可通过决定某时期的采购费用；计算直接费用与采购总额的比例；将目前计算的采购费用标准与其他采购员的执行情况或与采购员本人以往执行的情况作比较。利润分析包括确定某时期采购总利润、相对利润贡献，以及按采购产品的类别分配的利润量；将目前计算的利润标准与其他采购人员执行的情况或与采购员本人过去执行的结果相比较。②采购时间费用分析。在某时期规定的活动中所需的时间和费用；将计算的标准与其他采购员的执行情况或与其本人过去的执行情况相比较。③通过上级或其他观察者对采购人员进行考核。

15.4.2 采购职业培训与资格认证

1. 采购人员培训

采购职业培训是公司旨在提高采购人员职业能力和职业道德所开展的专门教育训练活动。职业教育和专业培训是使员工在知识能力和道德观念上从无到有的过程，员工如果不具备职业所要求的各方面能力素养，即使再怎么采取物质激励或精神激励都是没有用的，所以培训是培养员工的工作技能，激励是激发员工将自己的聪明才智最大限度地发挥出来，二者在人力资源管理中具有不同的任务和作用机理。

针对不同的采购人员培训内容和方法存在一定差异。

(1) 新员工的入职培训。主要是帮助新员工了解企业基本情况，如了解企业发展历史和重要事件，学习企业的组织架构和各部门层级关系；学习企业制度、相关规定和员工手册。熟悉了解工作岗位职责和任务要求，通过工作说明书了解工作岗位的工作内容和强度要求，尽快适应新的工作环境。了解公司的工资福利待遇情况和奖惩制度，学习企业文化和精神，尽快融入新的企业集体。

(2) 采购人员的职业技能培训。对采购人员的职业培训，不外乎三个目的：第一，灌输知识；第二，提高工作技巧；第三，改变观念和行为。不同的培训内容所采取的方法也有所不同，如表15-9所示。

表 15-9　采购人员的培训方法应用

培训主要方法	灌输知识	培养技巧	改变态度
授课	√		
程式化学习	√		
会议	√		
在职培训	√		
管理竞赛		√	
角色扮演		√	√
敏感训练			√
方格训练		√	√

其中，对员工的技能训练最关键，技能水平高低将直接关系到员工完成岗位任务的能力水平和工作业绩。很多技能和能力都是需要在实际岗位上经过不断训练和积累经验，而通过针对性技能训练能有效地促进员工提升技术水平和工作技巧，将一个新员工变成熟练工和岗位能手，因此，需要有计划地制定、实行对员工的多方面的技能培训和专门的学习活动，如表 15-10 所示。

表 15-10　采购人员的能力训练

能力训练 / 角色任务	国际贸易运输	基本采购训练	物流能力训练	自制外购决策	谈判技巧训练	法务合同签约	个性能力训练	供应商关系	ISO 9000 认证	汇率波动影响	销售技巧训练	一般管理训练
谈判者						√						
最佳供应商选择		√						√	√			
与工程人员共事					√							√
人际关系处理												√
法律专家	√					√						
生意人	√		√	√						√	√	√
具有远见				√								
了解企业需求							√					
了解顾客需求							√					
整体成本考察				√								
后勤运输专家	√		√									

2．采购职业资质认证

越来越多的岗位要求从业者持证上岗，许多行业实行执业资格审查制度。对于金融、商业中介服务行业，没有执业资格证根本就不能上岗。会计师、律师、建筑师、教师、医生、项目管理等职业都需要职业资格证书。目前，采购从业人员虽无此担忧，但是拿一本权威采购协会颁发的资格认可证书对就业来讲其优势是不言而喻的。

20 世纪以来，西方发达国家相继成立了各种采购协会，如美国的国家采购管理协会(National Association of Purchasing Management, NAPM)、加拿大采购管理协会(Purchasing Management Association of Canada, PMAC)、英国皇家采购与供应学会(Chartered Institute of Purchasing and Supply, CIPS)等已有数十年的历史，是世界著名的采购协会。还有国际性的采购协会，如采购与物料管理国际联盟(International Federation of Purchasing and Materials Management, IFPMM)。这些协会的主要目的是从事采购教育与培训，它们在对采购从业人员进行适当的考试后，给合格者颁发证书。

中国物流与采购联合会(China Federation of Logistics & Purchasing，CFLP)是经国务院批准设立的中国唯一一家物流与采购行业综合性社团组织。联合会的主要任务是推动中国物流业的发展，推动政府与企业采购事业的发展，推动生产资料流通领域的改革与发展，完成政府委托交办的其他事项。政府授予联合会外事、科技、行业统计和标准制定/修订等项职能，联合会与许多国家的同行有着广泛的联系与合作。

中国物流与采购联合会拥有三个采购职业资格认证：高级 CPSM 与 CPM 证书、中级的 ITC 认证、基础级的采购师资格证书。CPSM(Certified Professional in Supply Management)的认证要求最高，必须同时满足以下三个条件：①拥有 3 年供应管理经验；②获得教育部认可学院或大学的学士学位；③拥有 CPM 证书并成功通过 CPSM 三科考试。CPM(Certified Purchasing Manager)认证要求是同时满足下面两点：①通过全部四个模块的考试。②具有 5 年以上全职采购、供应管理工作(非辅助性、非文书性)的经验；或拥有全日制四年大学本科学位，全职从事采购、供应管理工作(非辅助性、非文书性)3 年以上。ITC(International Trade Center)采购从业人员职业能力等级认证与采购师资格认证，没有门槛要求。

15.4.3 采购人员激励和职业道德

1. 采购人员激励

学习和掌握激励的原理和方法对管理者来说十分重要。让采购人员感受到工作带给他们的成就感，同时通过物质上的奖励激发工作热情是激励采购队伍的两个重要方面。激励是管理的支持，有效激励的前提是明确的目标和标杆：建立监控体系和激励机制使采购团队在面对大量现金流和物质诱惑时摆正自己与公司的关系，有效的管理方法能提高工作效率。然而，如何将管理制度与管理方法有机结合，在提高工作效率的同时，使采购人员能从公司利益出发仍是一个有待继续探索的问题。

激励是激发组织成员的内在动力和要求，激发他们发奋努力工作，把他们的聪明才智、技术专长更好地发挥出来，去实现组织目标和任务的过程。西方激励理论和我国的思想政治工作是激励的两种主要理论和方式，二者有很多相同点，也有很多不同之处。西方激励理论以西方心理学理论为基础，认为需要是人的一切动机和行为的出发点，因而通过满足人性的不同需要达到对人的动机和行为的激励效果。我国思想政治工作以马克思主义理论为指导，认为人的思想是人的行为的内在动因，主张通过提高人的思想觉悟来达到激发人的内在动力。西方激励理论既包括物质激励也包括精神激励，而我国的思想政治工作主要是一种精神鼓励，同时我国思想政治工作不仅强调正面教育，提高思想觉悟，要求调动一切积极因素，而且强调要纠正错误认识，解决员工的思想问题，消除一切消极因素，从而达到教育人、鼓舞人的目的。

1) 西方激励理论

西方心理学家、管理学家认为，人们的行为是由动机支配，而动机又是由人的需要引起。当人们产生某种需要暂时又不能得到满足时，心理上会产生一种不安和紧张状态，希望消除这种不安和紧张感就会成为一种内在动机，人们有了动机之后就要选择和寻找满足需要的目标，进而产生满足需要的行为。在人们的需要得到满足后，紧张和不安会消除，但接着又会产生新的需要，并导致新的行为。因此激励就是在分析人们需要的基础上，通过满足人们的需要，不断地激发引导员工沿着组织所希望的方向去行动，以取得预期效果。

许多管理学家都认识到对员工进行激励的重要性，但由于对人的需要、人的特性认识不同，因而激励的方法也有所不同。

古典学派的代表人物泰罗曾对职工的动机进行了深入的研究，他认为工人进行工作的最主要动机目标是经济上的收入，因此他提出了刺激工资制。他认为，职工只要能得到合理的经济报酬，他们就会不计较工作性质和工作条件而努力工作。

行为科学学派则认为，职工不但有经济上的需求，还有社会方面的需求。他们认为，对工人来说，社会需求的满足比经济因素具有更大的激励作用。因此，这种学派强调工作中的社会关系、工效学方面。

美国心理学家马斯洛提出的需要层次论是最具代表性的激励理论。马斯洛认为人的需要有五个层次：生理需要、安全需要、社交需要、尊重需要和自我实现需要。人们一般都是按照这个层次从低级到高级去追求和满足自己的需要，并且在某一特定的时期内，总有某一层次的需要在起着主导的激励作用。比如人类首先是追求最基本的生理上的衣、食、住等方面的需要，处于这一层次需要的人们，衣、食、住是激励他们的主要因素；一旦他们满足了这一层次的需要，这一层次的需要就不再成为他工作的主要动力和激励因素了，他会追求更高一级的需要。管理者如果能根据员工各自的需求层次，善于抓住有利时机来激励他们，就会取得较好的激励效果。马斯洛需求层次论的主要贡献是对人类的需求层次进行了分类，并对各种需求之间的关系作了表述，这对管理者进行激励具有很好的启发意义。

美国心理学家赫茨伯格的双因素论也很有影响。赫茨伯格认为影响人的动机和行为的因素主要有两个方面：一是外在因素，如企业政策、管理制度、工资福利、工作条件、人群关系等。这些因素不能直接起激励职工的作用，但能预防他们不满，使他们安心工作，维持现状，因此这些因素也称为保健因素。二是内在因素，如工作表现的机会、工作成就感、得到奖励、对未来的期望、职务上的责任感等。这些因素能够激发人们作出最好的表现，提高职工的生产效率，因此这些因素称为激励因素。

对人性的不同认识也影响着对动机的引导和激励。美国管理学家麦格雷戈认为对人性的看法有两种理论：一是 X 理论，这种理论把人看成是厌恶工作、怕负责任、没有抱负、宁愿服从、缺乏主见的人，因此，在管理上必须进行严格的监督、控制，甚至惩罚，把金钱当作主要的激励工具，把惩罚视为重要的管理手段。二是 Y 理论，这种理论认为人不是天生厌恶工作，而是在工作中能自我控制，希望取得成就和成功，有丰富的智慧、想象力和创造性。因此管理者在工作中应创造条件，满足职工的自尊需要、自我实现需要，让职工担负更多的责任，使他们发挥潜力、自我控制，以达到个人和组织目标的一致。

2) 思想政治工作

激励是通过科学的方法激发人的内在潜力，开发人的能力，充分调动人的积极性和创造性，使每个组织成员为实现组织目标而努力工作。从这个意义上说，无论在资本主义社会还是社会主义社会，激励对一个组织的发展来说都必不可少。

思想政治工作是我国进行管理的一条重要经验和优良传统。中国人民在长期的革命斗争中积累了丰富的思想政治工作经验，并曾取得了巨大的成果。毛泽东同志曾指出："掌握思想教育是团结全党进行伟大政治斗争的中心环节。如果这个任务不解决，党的一切政治任务是不能完成的。""企图用行政命令的方法，用强制的方法解决思想问题，是非问题，不但没效力，而且是有害的……。凡属思想性质的问题，凡属人民内部争论的问题，只能用民主的方法去解决，只能用讨论的方法、批评的方法、说服教育的方法去解决，而不能用强制的、压服的方法去解决。"

然而，曾经在一定的历史时期，思想政治工作遭到了很大的破坏，"假、大、空"几乎成了思想政治工作的代名词，人们对思想政治工作颇有微词；在改革开放过程中，由于市场机制和经济利益的驱动，人们对思想政治工作的认识又发生了一些偏差，思想政治工作被削弱。其实这并不是思想政治工作本身的错误，也并不能因此否认思想政治工作的作用。

当前要做好思想政治工作，应注意以下三点经验教训：一是摆正思想政治工作与物质利益原则的关系。要把思想政治工作和保护正当的物质利益，把精神鼓励和物质鼓励很好地结合起来。二是提高思想政治工作的科学性和艺术性。思想政治工作作为一门学问，有着自身的客观规律和基本的方法艺术，对我们丰富的思想政治工作经验要加以概括和总结，使之上升为理论，并结合社会学、人类学、心理学和行为学的原理和方法，探索各种情况下思想活动的规律，才能作好思想工作。三是摆正管理者与被管理者的关系，对作好思想政治工作也很重要。对于管理者，要有正确的政治立场、思想观点，而且言行一致、以身作则，这是最有效的思想政治工作；对于被管理者，要把他们放在主人翁的地位，尊重他们，相信他们，才能把思想政治工作做好。

2. 职业道德问题

职业道德是指导商业行为的一套准则和价值观，职业道德准则或声明往往构成道德标准。在商业环境里，道德行为就是在商业关系中形成的涉及公平、公正的社会准则。一个有道德的采购方在与供应商进行交易时，会以公正、公平、合理、诚实和讲信用的方式进行合作。通常认为，采购人员的道德行为包含两条原则。一是采购人员必须忠诚地以公司利益为上，不能以公司利益为代价来换取个人利益。如有道德的买方不会接受来自外部的礼物或恩惠，或受到卖方不道德行为的影响或诱惑，与供应商建立个人财务关系，损害公司利益，这些做法都是违反公司道德政策的寻租或腐败行为。二是采购人员必须以道德的方式对待卖方或潜在的卖方。这就意味着专业地对待供应商，尊重每一位供应商(蒙茨卡等，2009)。

早在 1959 年，美国供应管理协会(ISM)正式通过了采购行为准则。行为准则提出了采购行为需遵循的三条指导原则：①对公司忠诚；②与合作对象进行公平交易；③遵守采购领域的工作信条。基于这些原则，ISM 制定了采购行为的道德标准，比如：①忠诚、信用、商业机密；②遵守合同、法律和交易规则；③反对贪污、贿赂等腐败行为；④公平、公正、公利心；⑤敬业爱岗、责任心。

公司采购人员应以道德的方式开展业务，加强职业道德意识和行为。为此，公司通常有必要采取有效的方式和做法，支持采购人员加强和改善职业道德行为素养。

(1) 制定道德声明。制定正式的采购政策和职业规定有利于界定和制止潜在的不道德行为。研究表明，没有正式的道德规定和政策的公司，采购人员更有可能将投标的机密信息透露给竞争性供应商。

(2) 高层管理者承诺。高层管理人员虽然实际上不会参与和制定公司的采购或营销的道德行为准则，但高层管理者对不道德行为的态度和处理方式，往往能够发出对不道德行为的容忍度的强烈信息。

(3) 买卖双方更密切的关系。随着产品供应库的减小或越来越多实行唯一供应商，采购领域可能更易滋生不道德行为。加强采购与供应商之间的关系、利用采购团队来评估和考察潜在的供应商，可以减少采购中不道德行为发生的可能性，不道德的供应商也更难影响专业采购团队的决策。

(4) 职业道德培训。开展职业道德教育和培训是员工培训项目的重要内容，这样的培训为采购人员提供了了解公司职业规范、道德规定的机会，增强了采购人员强化职业道德标准的责任感，也帮助采购者学会识别、面对和处理不同类型的不道德行为的情况。

(5) 公司内道德行为一致性。当一家公司内部存在相同的道德行为标准时，各个部门或人员会容易识别判断出不道德的行为。否则，有关道德准则和行为上就会产生混淆。例如如果禁止采购人员接受供应商的回扣或礼物，而允许营销部门向客户分送礼物和回扣，这在公司内部道德标准上就存在不一致。

(6) 预防措施。有很多措施可以防止公司内不道德行为的发生。一种是采取轮岗或人员流动制度，让采购者变换采购不同的产品和服务，可以避免与特定供应商之间的关系过于密切。另一种防范措施是限制采购者的采购权力。采购人员通常有一定的采购金额权限，高于权限需要更高层经理的审批签字，这种审批制度一定程度上限制了采购者选择不道德供应商或与供应商发生不道德交易的可能性。还有的公司鼓励互相监督和检举揭发制度，在公司内部创造一种支持监督和检举揭发不道德行为的氛围，鼓励供应商告发公司采购人员所作出的不道德行为。

(6) 宣誓。研究和实验表明，宣誓遵守职业道德和职业操守，绝不是一个形式主义的简单仪式，而是确实对采购人员的职业道德素养有提升、提醒和警示作用。

要点总结

建立合理和强有力的组织结构和机构是采购职能得以完美履行的重要保证，将组织设计、组织行为、组织变革的基本原理应用于采购管理领域，探讨采购与供应组织的结构形式、采购部门机构的设置和采购人员的职业素质，从而形成组织集中化、职能独立化、人员专业化的现代采购和供应组织系统是采购与供应链管理的一个重要的基础性问题。

然而没有一个完美的组织结构，建立什么样的组织结构取决于整个企业的文化。不管是集中化、分散化还是混合结构，供应人员面临的挑战是实现组织结构的利益最大化。供应组织的发展趋势体现为整合供应职能，并让供应商更好地介入组织目标和战略方面。不管供应部门在组织结构中处于何种地位，供应组织的每个独立的成员都有机会改善与顾客和供应商的关系，为实现组织的目标做出实质性贡献。

近年来，国内企业采购管理得到快速发展，新的采购方法得到应用，采购在企业中的战略地位提升。然而国企采购中仍然存在一些普遍问题：采购机构重叠，多头对外，分散采购，采购成本居高不下；各企业自备库存，造成各企业的库存量增大；采购环节的质量控制和管理工作重复进行，管理费用居高不下。面对这种情势，业内人士认为，降低企业成本，高效的供应链管理及国际化的采购管理是中国企业走向国际的关键之一。由于目前采购专门人才教育和培训相对滞后，采购专才的稀缺问题日益凸显，中国急需专业的采购经理人，未来采购人才的市场价值将存在较大上升空间。

思考与练习

(1) 简述采购组织机构的设置原则。

(2) 简述集中采购方式与分散采购方式的适用条件？

(3) 在高度集中化的组织结构中，供应决策者所面对的挑战有哪些？

(4) 简述联合采购及其好处。

(5) 联合采购与协同采购的区别在哪里？

(6) 与供应商达成联合采购协议前必须考虑哪些因素？

(7) 供应组织结构从分散化转型到集中化，需要考虑哪些因素？

(8) 采购供应团队主要有哪几种形式？

(9) 采购供应团队将会对采购/供应部门产生什么影响？

(10) 为什么产品竞争对手之间在原料采购上可以建立采购联盟？

(11) 针对汽车、燃油、家具、办公用品采购设立采购联合体的原因是什么？

(12) 假定按照本章所描述的趋势，未来的采购组织发展趋势是什么形式？

(13) 在大型企业和小型企业中供应组织机构有什么不同？

(14) 为什么要给首席采购官的头衔和汇报关系与市场部、工程部或其他关键部门一样？

(15) 在扩张首席采购官的权力时会遇到哪些挑战？

(16) 写一个简要的政策陈述，对不合常规的花费提出一个定位？你的政策叙述应该具有的特征或特点是什么？

(17) 为什么管理层应该定期回顾其采购政策和程序？如果管理者没有这样做潜在的后果是什么？

(18) 与一个综合采购政策和程序手册有关的利益是什么？

(19) 如何激励采购人员发挥出自己最大的潜能？

(20) 采购道德的职业守则的目的是什么？

第 16 章 采购信息系统和电子采购

学习目标

本章关注现代采购信息系统和电子采购模式有关的知识和技能。要求学习了解采购信息、技术系统的特点和内容；了解现代电子采购的概念和特征，掌握电子采购的基本技术和业务模式。

本章涵盖以下内容和要求。

- 采购信息资源和信息价值。识别采购与供应链所需的关键数据、信息和知识资源；了解在采购管理中运用信息和信息技术的作用和影响。
- 采购信息技术和信息系统。了解有关采购管理应用中不同类型的信息技术，确定哪些技术工具最适合组织的采购管理；理解采购数据库、企业资源计划和买卖双方电子交流的主要工具。
- 电子采购。理解网上采购技术的优势和未来电子采购系统的新要求，理解使用电子采购工具完成交易的基本模式。

引言

任何组织的有效运行都需要及时提供必要的信息和服务，确保同其他部门牢固的合作沟通和通信联系。在采购与供应链中有四种基本的信息流：①企业内部传向供应部门的信息流，包括使用部门的需求信息及对需要采购的原材料和服务的描述。②企业内供应部门流向其他职能部门的信息流，主要是采购预测信息，包括供应商的定价以及现金流预算信息。③从企业外部流向供应部门的信息流。比如来自供应商有关价格和交付的信息，来自其他的信息来源的有关市场条件和进出口关税等信息。④从供应部门流向外部供应源的信息流。例如传送给供应商的关于原材料和服务要求的信息。简言之，就是以采购与供应部门作为内外部的联系纽带，同内部客户和外部供应商之间的双向信息流动。

互联网和商品化 Web 应用系统的发展为企业提供了前所未有的节省成本的手段。20 世纪 90 年代，管理信息技术在欧美的不断发展终于结出丰硕成果。企业内部的管理信息系统(MIS)变成联络网(Intranet and Extranet)，企业间的电子数据交换(EDI)为代表的专线连接系统发展成为符合互联网(Internet)标准的企业外部信息系统和通信系统。这样整个企业的一切管理都变成了以互联网方式为模型，并与公共网络相连接的新型商务网络。

电子交易市场是一种将顾客与众多供应商联系在一起的网络交易平台。现在，电子化采购、CRM、在线销售、供应链管理等电子商务概念下的应用已经被很多企业所接受。而作为买方的制造商更是在过去几年里通过大力发展 B to B 市场，将其变成了手中的战略采购工具。信息技术引导的电子商务使买卖双方的交易过程变得更为简便，新兴技术也为买卖双方的关系提供了新的选择。

本章介绍信息系统在企业采购管理中的作用，讨论信息技术和电子商务对采购管理的启示，以及信息技术和网络的应用对采购流程的效率和效益做贡献的方式。

16.1 信息资源和信息价值

16.1.1 信息资源

信息资源是一种战略资源，信息已经逐步取代资本的作用。信息与物质和能量的消耗不同，信息是自增值的积累，信息价值在于越用越多(Wu 等，2016)。

虽然数据可以被视为反映事件或实体特征的“原始事实”，但信息可被视为支持决策的“有意义的数据”。信息管理的目标始终是帮助组织创建、访问、处理和使用信息，以便能够更高效地完成业务和任务。同时，信息延迟、稀缺或扭曲，可能会给供应链带来严重问题。长期以来，研究人员一直主张信息对 SCM 的成功至关重要，在涉及不确定性和中断的动态环境中，信息更重要。以往企业中的信息流动侧重于沿着供应链的需求(或订单)信息流管理。需求信息可见性可以缩短提前期、降低相关成本、提高响应能力并增强决策制定。目前的 SCM 非常注重考察需求信息流动及其各自的协调，由于所有供应链本质上都是需求驱动的，最终客户需求信息被广泛认为是供应链系统中最重要的信息。商业世界中的信息可以通过多种方式进行分类，例如专有或公共信息、战术信息(如采购订单、生产计划、物流数据)或战略性信息(如设施容量、供应网络)。生成的其他典型信息还可能包括库存、成本、定价、运输、位置、容量、质量和技术信息(Pedroso 和 Nakano，2009)。

在广义上，每家公司都既是信息的生产者，也是信息的使用者。除了从合作伙伴那里收到的信息外，公司还需要生成和分析它们在内部使用的主要信息，并与各自的合作伙伴进行外部共享。虽然一些信息项目，如批量大小和交货期，已经进行了广泛的单独研究，但很明显，目前缺乏更广泛范围的全面研究，例如，如何集中管理制造商需要的所有全面信息项目。需要从不同的角度系统地评估不同信息项目的经济价值和可及性，为智能供应链中全面的信息管理提供见解。为了开发智能供应链的信息系统，人们或许应该首先询问公司和其他供应链合作伙伴需要哪些信息，并回答关于它们可以提供哪些信息来造福自己和其他合作伙伴。如果不定义要生成哪些信息，则很难跨供应链阶段共享数据，因为合作伙伴可能没有正确的信息类型。因此，即使公司想要沟通，也不会有任何沟通。

由于互联网的供应链网络将来自客户、产品、公司资产和运营环境的数据联系起来，因此可以快速生成更多高质量的信息。由机器生成的传感器数据将成为大数据世界中的主要部分，在全部数据中的占比已从 2005 年的 11%达到 2020 年的 42%。智能供应链旨在产生具有以下特性的更好信息(Pedroso 和 Nakano，2009)：正确的信息(如创造更多价值)；高质量信息(如实际需求数量的准确性、订单到达时间精度)；更好的时机(如比前早得多)；速度(如网络实时传输)；方便获取所需信息；信息共享和隐私保护的可控性。然而，在实践中，出于经济、政治或实际竞争原因，良好的信息通常无法获得或传递给其他供应链合作伙伴。因此，这可能在职能决策和风险缓解方面损害特定企业。为了带来变革性机会，公司将越来越需要整合来自不同来源的信息。由于信息价值是面对需求不确定性时的重要课题，因此，大量的研究都支持信息共享是供应链绩效的重要驱动因素。通过利用现有信息，与供应链中的其他各方共享这些信息，公司可以改进协调，实现高效的材料和信息流动。虽然信息共享很重要，但其对供应链绩效的影响的重要性取决于共享哪些信息、何时共享和如何共享信息以及与谁共享信息。研究发现，信息共享和信息质量都受到供应链合作伙伴所建立的信任的积极影响，但也受到供应商不确定性的负面影响。虽然低运营成本等有利的成本结构可能促进更多的信息共享，但共享“项目级”数据存在许多风险，缺乏信任仍然是一般信息共享，特别是敏感信息的主要障碍之一。值得注意的是，在某些情况下，共享大量信息可能造成人们无法在需要时拥有正确的信息。因此，在创建供应链可见性时确定应共享哪些信息非常重要。现代 IT 使信息共享成为可能，并且非常方便。由于信息流日益复杂的成本和复杂性，因此，只能在由机器和设备生成和管理信息的智能供应链中实现全面的信息共享和协作应用。

总而言之，以前关于供应链信息管理侧重于需求信息的向上游流动及其对材料流的影响。在传统供应链中缺乏可见性和协作显然是智能供应链需要解决的根本问题之一。为了帮助缓解这一问题，需要以正确的方式收集、分析、共享和使用全面的高质量信息，以创造更多价值，从而有可能促进供应链伙伴关系，建立多边双赢局面。

16.1.2 信息技术

信息技术(IT)显然在促进供应链中的信息流动方面发挥了骨干作用。事实上，在大数据时代，大量的高速、复杂和可变数据确实需要先进技术来捕获、存储、分发和分析信息。然而，信息管理与其说是技术管理，不如说是流程管理，特别是信息的创建、获取、组织、存储、分发和使用。

20 世纪 90 年代以来，企业组织所面临的竞争类型和激烈程度发生了根本的变化，驱动这些变化的核心因素之一就是信息技术和通信技术(IT&CT)的发展。电子商务(包括电子采购、电子供应等)的出现被看成是继 MIS 之后信息系统的重要变革阶段。电子商务采购或者说采购电子化被称为现代采购中的技术革命，这主要体现在：IT 应用，如 EDI、Internet、Intranet、Extranet；更高效的电子化订货与网络交易过程；与供应链中其他伙伴的有效的信息共享；支持战略性和全球性供应源搜寻。最近几年，影响采购与供应管理的最令人振奋的发展之一就是 B to B 电子商务技术。新技术运用已经极大地改变了供应管理的效率和效益，然而，技术的迅速变化本身也是一种巨大的挑战。

最早应用于供应管理的信息技术仅仅是使数据以基本编码的形式用于交换。电子数据交换(Electronic Data Interchange, EDI)是大部分企业与各自的供应商和客户进行电子互动的最初形式，是 20 世纪 80 年代西方国家掀起的“无纸化办公”运动的产物。EDI 主要是计算机以电子信号的形式进行信息的发送、接收、处理、存储和显示等操作。两台计算机可直接通过一条电话线进行电子信号的“一对一”的直接交换，从而绕开中间人/媒介的转换过程。虽然这些想法现在看起来很简单，但在当时几乎是革命性的传递方式。

因特网(Internet)起源于 20 世纪 70 年代美国军事领域，其实比大多数人想象得要早。它主要是由通信技术基础设施连接起来的内部通信网络，主要服务于西方国防部门、学术界和商务领域。20 世纪 90 年代初，通信网络以根本性变革的姿态，迅速扩张成为世界性网络，开始用于企业经营和服务客户。因特网依靠其强大的、低成本的硬件和软件支持，逐渐成为最广泛的电子通信方式。

物联网(Internet of Things, IoT)是一个包括硬件、软件、设备、数据库、对象、传感器的系统网络。物联网是一场计算和通信技术革命，它引领着“随时随地、任何媒体、任何通信”的愿景。因此，IoT 允许链接数字实体和物理实体，以启用全新的应用程序和服务类别。基于广泛的互联网，IoT 允许轻松访问广泛的信息源，支持更全面的智能服务。IoT 基础架构有很大的希望，但在广泛接受这些系统之前，必须应对业务、政策和技术挑战。为了具有商业意义，必须根据在整个供应链环境中创造的价值来调查物联网应用成绩。目前，在大多数情况下，现有的互联网是一个静态的未构建数据存储库，只能通过人工干预访问。在构建智能供应链的 IT 基础设施时，主要技术问题仍然存在，例如，如何实现各种互联设备之间的完全互操作性。

无线射频识别技术(RFID)是实现物联网应用的一个关键技术。近年来，RFID 通过将短距离移动收发器嵌入到一系列附加项目中，该技术可提高可靠性、可用性和生产率。通过这样做，IoT 将为信息和通信领域增加一个新的维度，并给所有供应链利益相关者创造独特的价值。例如，智能设备和传感器(如 RFID 标签)能够有效减少库存波动，防止库存不足，避免库存过剩和提高数据准确性。此外，通过携带产品识别和其他信息的无线电信号，RFID 技术可以为供应链提供前所未有的可视性，提高制造效率和有效性，并减少盗窃和恐怖的负面影响。经验证据表明，使用 RFID 的主要影响是自动化对操作过程的影响，其次是对管理过程的信息效应。借助物联网智能设备，供应链公司将能够降低信息获取成本。但是，如果 RFID 的好处没有对称分布，就可能发生冲突，因此需要协调机制。智能供应链的广泛采用需要时间，但由于基础技术的改进，如无线网络技术的进步，时间正在迅速推进。例如，具有新功能的移动设备提高了运营效率，在各种供应链中越来越多地以缓慢而稳定的速度被采用。

16.1.3 信息价值

在确定需要哪些信息后，下一个问题将是如何访问和使用这些信息，以更好地发挥信息资源和信息技术的价值(Wu 等，2016)。

1．过程自动化

现在，将目光转向处理供应链流程的业务流程。工业革命使机械力取代人力，大大提高了生产率和效率。随着计算机技术和其他技术的兴起，在采用基于更好信息的自动化流程方面，生产率的进一步提高似乎很有希望。流程自动化是指大数据的自动化分析或物理产品的自动化处理。将网络基础设施与物理基础设施结合，不仅带来智能基础设施，还为基础设施系统、行业和与其经济相关的资产提供附带利益。但是，如果不进行流程更改，显然在用新的 RFID 系统替换条形码系统时不会获得任何好处。事实上，自动化通常因为两个相互关联的原因而被引入业务流程管理：优化订单履行等流程以及控制成本的愿望。为了充分理解自动化潜力，必须考虑全球供应链系统的规模。现在，全世界有数百万家工厂，从拥有几台机器的小商店到高度先进的炼油厂，不一而足。此外，还有数千个复杂的网络，从电网到铁路系统，这些网络将工厂、车队和零售设施连接在一起。通过将机器和其他资产通过软件连接到 IT 系统，可以生成数据并获得洞察，这些机器现在是一个内聚的智能网络的一部分，通过智能网络可以自动交付关键信息，甚至物理产品。研究表明，电子市场供应链的应用使大多数公司能够自动执行基于交易的活动和采购相关流程，而不是战略供应链活动。现在，在大量可用信息和新的基础设施的协助下，过程自动化实施的步伐只会加快。在数据分析、制造、采购、仓库、分销和零售等领域有丰富的供应链自动化应用。既然供应链对象既能够感知环境，又可以进行沟通，它们将有可能成为理解复杂性和快速应对情况的工具。这一切的革命性是，这些物理信息系统现在可以在没有人工干预的情况下独立工作。例如，建议零售商转向零人工或无人干预运营。公司可以开发智能应用程序，无须人工干预即可完成工作。在这一领域的研究可以带来一些巨大的机会，包括物流管理和现代材料处理。技术进步正在推动过程自动化革命，这是可以理解的。然而，单靠技术发展并会自动带来总体成本节约或增加收入。因此，对于开发具有商业意义的更好的技术应用，尤其需要进行更多的企业管理研究，例如某一应用的经济分析和自动化系统设计。

2．高级分析

高级业务分析是将数学技术和功能知识结合起来产生可操作见解的过程。因为在扩展企业中收集的数据量不断增大，组织要更快和更好地决策，就需要越来越多地使用分析技术。低成本数据存储、计算能力和工具的可用性，则为高级分析提供了便利(Khan，2013)。

人们普遍认为，大数据有可能为世界经济创造重大价值，提高公司和公共部门的生产力，并给消费者创造可观的经济盈余。调查显示，表现最好的组织使用分析比表现不佳的组织多 5 倍。高级分析可能成为一项决定性的竞争资产，也是提高供应链绩效的核心要素。然而，假设获得正确的大数据才是最重要的话，事实上，有效的信息管理必须与流程变化集成，以促进价值创造。因此，关键是使用业务分析来创建更好的信息，并作出更好的决策来提高性能。也就是说，使用数据、IT、定量建模、优化和计算机编程来帮助管理者获得有关的操作改进见解，并做出更好的基于事实的决策。此外，智能设备和传感器正在获取我们从未有过的数据。“大数据”软件工具和分析技术的进步为处理众多智能设备生成的海量数据提供了可能的手段。数学模型在处理供应链中经常遇到的复杂情况时特别有用，例如，为观察到的事件(如意外的库存积累)提供解释。为了利用大数据，公司需要获得正确的数据，构建预测和优化业务成果的模型，并转变组织流程。数据挖掘是高级分析中发现和解释数据模式的重要方法。行业应专注于不同组织中应用程序的可扩展集成系统实现，而学术界则需要继续推进分析中的关键技术。新兴的分析研究机会可分为五个关键技术领域：(大)数据分析、文本分析、Web 分析、网络分析和移动分析(Chen 等，2012)。

据报道，广泛采用分析的主要障碍是缺乏对如何使用分析来改善业务的理解。事实上，各组织面临的大多数收集障碍是管理和文化障碍，而不是与数据和技术相关的阻碍。首先，配备大量传感器和设备的智能供应链可能会为公司检索预先需求信息提供前所未有的机会。众所周知，如果供应链阶段之间共享预测需求信息可以提高库存绩效。早期订单可显著改善按订单方式制造特征的行业的需求规划。第二个相关领域是处理易腐货物的供应链。据报道，易腐供应链应在早期供应链阶段反应更迅速，然后在后期阶段提高效率。新的智能信息和自动化功能可以有效改变易腐供应链的性能，如减少收获后新鲜产品浪费。最后，供应商选择是供应链管理研究的另一个重要问题，高级分析可能提供帮助。例如，Koul 和 Verma(2011)提供了一个数学系统，用于捕获与人类认知过程相关的不确定性，以便更好地选择供应商。因此，如何整合现有的大量分析研究成果，以利于智能供应链的发展，将是一项非常复杂但极其关键的任务。

3. 系统整合与信息可视化

目前，ERP 系统与电子采购系统、配送计划系统、电子商务系统的整合还没有达到完全的程度。ERP 倾向于整合企业内部资源，而采购、物流、营销相关的涉外系统都是相对独立运行的系统，供应链层面的资源计划系统整合在技术和应用层面仍然面临许多挑战。

在实体企业中，企业间的活动大都是建立在既有的深厚关系基础上，而公开的电子市场上要面对陌生的厂商就会有如何确认对方的身份、如何取得有关厂商的基本资料以及如何确认对方的承诺等与风险控制有关的问题。电子采购风险管理如认证中心、网上保险、信用中介、品质控制等业务随之兴起，形成了新兴产业共生体——商业服务提供商(Business Service Provider, BSP)。

促进电子供应链应用程序成功的关键因素之一是“信息可视化”。供应链中的信息可视化是指供应链伙伴共享关键数据，这些数据能够实时地对供应商和客户之间的产品、服务和信息流动进行管理。供应链上各参与方提高信息可视化有助于实现整体目标，通过信息可视化系统实现业务流程可视化和供应链网络可视化，从而消减成本、提高生产率，为最终用户和公司股东创造更高的价值。

4. 智能供应链整合与创新

供应链管理包括用于采购、制造、物流和分销的集成流程。必须协调所有供应链组件，以提高系统效率。随着 IT 的不断发展，各个公司将有效的供应链实践与跨供应链阶段的信息共享相结合，成为提高供应链绩效的关键点。例如，供应商整合和逆向物流整合被认为是需要改进的关键管理战略。同时，IT 需要与其他技术、人力和组织能力相结合，才能在价值创造过程中获得竞争优势。

在智能供应链中，集成 IT、高级分析和流程自动化可以为供应链盈余最大化提供前所未有的机会。只有公司有能力使这些数据在改进流程中可访问和使用，它们才能实现大数据收益。换句话说，就是收集、存储和管理大量数据集，然后将它们转化为实时、明智的决策，并实施决策，最终实现更好的运营性能。

首先，如果没有适当的系统集成，上述任务很难完成。整合是一个多层面的概念，涵盖公司的不同组织层面。所谓的第三次工业革命，实质上是将高级分析、自适应服务和数字制造整合到供应链环境中。同时，供应链整合是一项艰巨的任务，因为它涉及“硬”和“软”信息交流机制的许多管理方面，以支持物流一体化活动。IT 和过程自动化可以极大地促进组织间和组织内流程集成。供应链整合的广度与绩效的提高有显著关联，但在实践中，大多数供应链的整合性并不高。

其次，智能供应链肯定要求在智能产品(服务)和流程方面进行更多创新。例如，智能服务创新与过去完全不同，因为操作是基于硬件领域的智能化。基于这种连接，未来的零售商将需要通过整合数字渠道和物理渠道的全渠道零售成功吸引客户。研究表明，供应链绩效和供应链稳定性对创新数量和质量产生积极影响。

此外，在 IT 基础设施和流程的推动下，供应链信任度提升是协作创新的催化剂。当客户与供应商合作时，可以建立信任、减轻压力并增加与创新相关的活动。智能供应链是已经进行的创新成果，其中一些是技术创新，而另一些可能是系统、网络或流程创新。很显然，它们共同代表了一系列重要的催化剂和推动因素。许多高管认为商业模式创新将变得比产品或服务创新更重要，智能供应链拥有巨大的潜力。随着智能供应链的兴起，将进一步推动数字和原子的融合，推动下一波创新浪潮，引领世界进入创新和变革的新时代。

16.2 采购管理信息系统

供应链信息流(及包含这些信息流的信息系统)主要有六项职能：记录和检索关键数据；管理和控制实物流和资金流；自动作出常规性决策；支持计划活动；支持高层次战术和战略决策制定；在企业和用户间传递和共享信息。这些信息流动覆盖了从低功能水平(记录交易和恢复数据)到先进功能(为更高级的规划和决策提供辅助)在内的所有领域。

信息流动的基本功能包括记录交易和检索、恢复关键数据、执行和控制实物和资金流动，这些功能称为交易流程化。例如，条形码系统是一个交易流程化的实例，条形码系统用来追踪分销网络中包装货物的实际位置和相关参数。信息系统也用来支持交易和常规性决策制定，除少量人工操作之外，大多数情况下这些决策可以自动完成。例如，管理有上万个产品的零售店，需要进行需求预测、计算正确的订单数、为所有项目建立再订货点、在需要的时候及时下单，制定这些决策企业通常会借助自动化库存管理系统来实现。信息系统在采购与供应链计划和战术对策中，也越来越起着至关重要的作用。例如，当公司在决定新产品和服务开发时，需要识别所涉及的新技术，识别来自供应基地、需求预测、生产决策、计划现金流的要求。采购计划信息系统可以提供相应的重要信息，并且能够综合考虑市场部、生产部、采购部和财务部的利益诉求，以一种有意义的方式提出对策。在支持战略决策时，先进的分析工具常常被用来研究数据的形式和数据之间的联系，如客户细分、产品生命周期预测、长期的产品或产能决策有关的“what-if”分析。在处理战略问题时，在如何操作和呈现数据方面，这些信息系统必须具有高度的灵活性，能够实现快速切换。这样的信息系统通常被称为决策支持系统(Decision Support System, DSS)，事实上，这些系统强调了只是辅助支持决策而非制定决策。

此外，要深刻理解采购与供应链信息流的作用，不仅要考虑功能水平，还要考虑信息流动的连接方向。例如，信息流动将企业与客户连接起来，称为客户关系管理系统(Customer Relationship Management, CRM)；将企业与供应商连接起来的系统称为供应商关系管理系统(Supplier Rrelationship Management, SRM)；同时，将公司内部高水平的决策制定、计划和低水平活动连接起来的信息流动，称为内部供应链管理系统(Internal Supply Chain Management, ISCM)。企业先前开发的系统如物料需求计划(Material Requirement Planning, MRP)、配送需求计划(Distribution Requirement Planning, DRP)，以及后来扩张形成的企业资源计划(Enterprise Resource Planning, ERP)，都可以视为内部供应链管理不同阶段、不同层次的信息系统。在一个整合的电子供应链系统中，高水平的决策处理战略性问题，低水平的决策涉及具体的交易。高水平决策跨越 SRM、决策支持、网络设计和 CRM 系统，并提供所需要的数据来实现对供应链的战略支持和规划。而低水平系统作为实施日常供应链运营的关键功能系统，会收集各类层面的交易数据，并被集合和输入到更高水平的订单系统中去，将支持与供应链整体结构相关的高级管理决策，如图 16-1 所示。

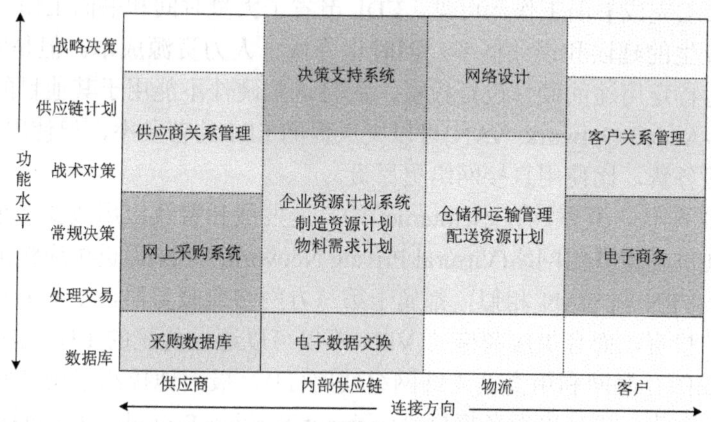

图 16-1　采购与供应链管理信息系统的形式与层次(蒙茨卡等，2010)

16.2.1　采购数据库和数据仓库

任何类型的信息系统在处理数据前都要建立一个可靠的数据库。数据库就是计算机文件的集合，而这些计算机文件就是存储那些部门管理所必需的运营数据。计算机文件之间几乎很少出现信息重复的情况，文件间冗余信息的减少使得不同系统可以相互参照，并有效地利用所有文件中的数据，因此，利用数据库可以高效地存储、检索和提取数据。

许多企业都有许多数据库，通常难免包括许多重复数据。数据仓库则从不同来源收集信息，并确保最终用户能够持续稳定地获得信息。因此，数据仓库是一个独立于企业生产系统信息数据库的整合数据库。从理论上讲，数据仓库是以信息主题为核心，而不是围绕具体业务流程来组织。也就是说，数据仓库并不是试图去开发一个单一系统，或依据流程来把所有系统连接起来，而是提供了一种整合数据，并将其传输到整个系统的方法。数据仓库用最终用户都可获得信息的方法将来自多个生产数据库的数据存储起来。这样一来，数据仓库就变成一种支持决策的有用工具。比如，采购过程需要来自不同数据库的多重信息，这就使得数据仓库变得非常有用。采购系统必须能在主数据文件中提取和存储信息，有了数据仓库对这些信息的整合就可以很容易地收集、存储和提取这些信息。

一个基本的采购系统需要相当数量的数据库和文件，比如零件文件、供应商名单和地址文件、历史使用记录文件、未结订单和过期订单文件、物料清单文件、工程要求文件、需求预测文件。这些数据库能够支持基本的和复杂的采购和物料信息系统的开发。虽然采购部门并不需要负责对这些文件中的所有数据进行直接维护，但采购部门必须能够获得支持采购运作所需要的数据信息。

16.2.2　电子数据交换系统

早期的电子化交易是依赖于电子数据交换(EDI)的协助。EDI 是一种通信标准，为企业间共同业务单据和信息的电子交换提供支持。20 世纪 80 年代，为了简化通信流程，消除传统信息流动中所包含的许多步骤，买卖双方一起努力提升了通信标准化。在利用 EDI 完成通信和订货过程中，只有 2～3 个场合需要手工录入。而传统的电报、传真方式，每个步骤都需要人工完成书面工作。可见，EDI 节省了大量时间和书面工作，减小了由于邮递或事物传送发生的延误和误差概率，同时也降低了人力资源成本。但是实施 EDI 技术仍然需要企业对特定用途的硬件进行投资，而且这些硬件不能用于其他目的；使用第二方增值网络(Value-Added Network, VAN)可以大大提高 EDI 的普及率，但使用 VAN 网络会带来相关的额外服务费，比使用直接网络更昂贵。

20 世纪 90 年代，互联网技术(Internet)的高速发展和普及应用改变了企业之间的通信系统，因特网通过虚拟专用网络(Virtural Private Network, VPN)促进供应链上企业之间的信息交流与合作。VPN 与 VAN 相似，都属于第三方网络或服务器，不需要买方或供应商进行任何大规模的投资，而且供应商借助 VPN 不仅可以通过传统的 EDI 方式与大客户进行联系，而且现在的互联网利用高速光纤网络线路(TI)，极大地提高了用户网络的大数据传输和反应速度。首先，因特网服务提供商(Internet Service Provider, ISP)创建一个虚拟专用通道 VPN，并且不同的网络用户都遵循共同的网络协议。通过使用协议，数据通过因特网 VPN 由客户总部传送到供应商，该供应商路由器滤除隧道协议，被恢复的数据被传送到局域网或个人计算机。然后供应商遵循相反的过程，将送货信息传递到客户总部直至个人。可见因特网 EDI 传递方式比传统的专用硬件和软件标准的 EDI 系统要方便高效得多，而且使用的通道协议有效地防范了用户通过因特网传递数据时的安全问题。但是，它一般也要求通信两端具备共同的平台，如相同的 ERP 系统或其他 MIS 系统。

16.2.3 采购业务计划系统

采购业务计划系统从早期的物料需求计划系统(MRP)到制造资源计划系统(MRP II)，直到后来的企业资源计划系统(ERP)，标志着企业内部资源计划系统达到比较完善的程度。采购管理职能被很好地集成到 ERP 系统中，实现了对采购业务的计划和处理。图 16-2 显示了集成在 ERP 系统中的采购管理信息系统的业务处理流程，并且采购业务计划系统与供应商管理系统、内部采购决策支持系统以及电子采购系统也实现了衔接和集成。

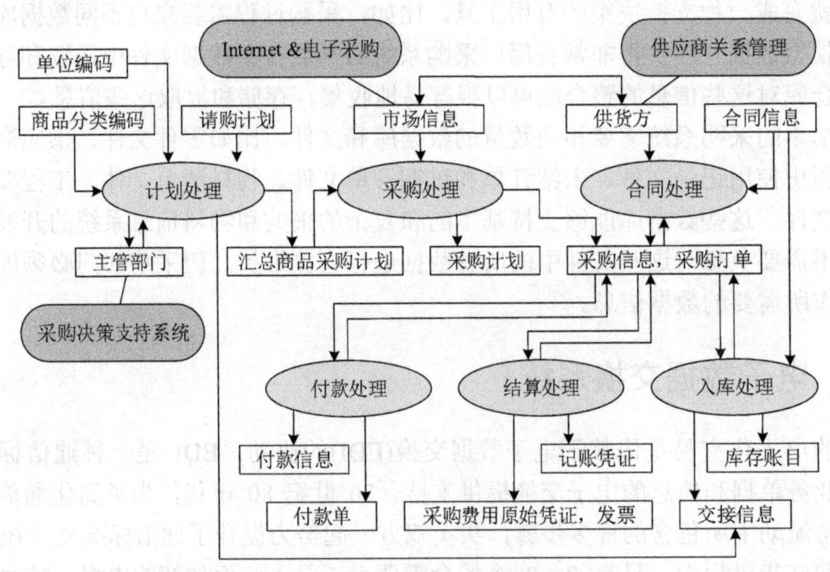

图 16-2 采购业务计算机管理数据流程图

采购业务计划系统(MRP/ERP)的主要功能包括计划处理、采购处理、合同处理、付款处理、结算处理和入库管理等基本业务功能模块，如图16-3所示。

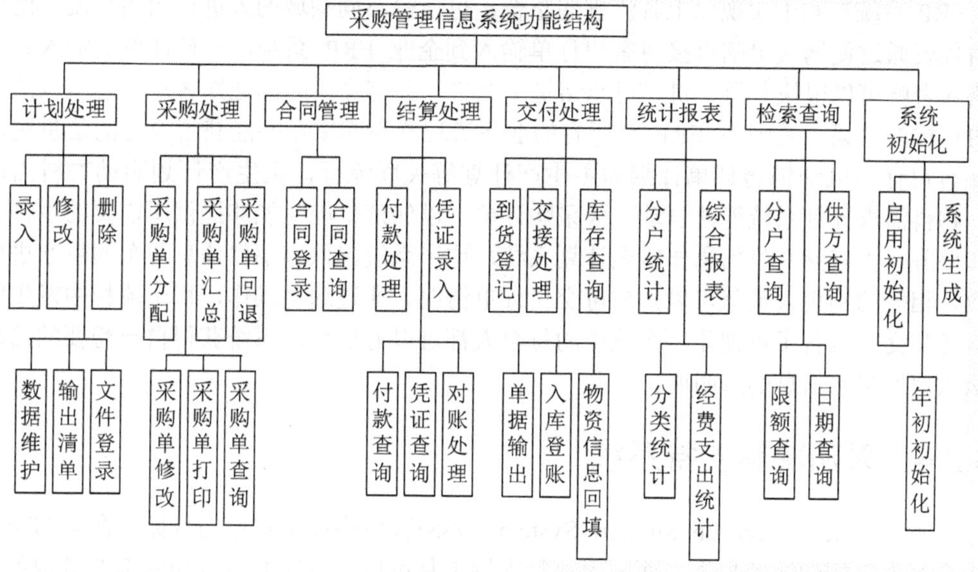

图16-3　采购管理信息系统功能结构模块

企业资源计划系统(Enterprise Resources Planning, ERP)是一个大规模的、整合的商业交易处理和报告系统。ERP系统将财务、会计、销售、运营、采购等所有典型业务部门及其功能整合到一起，合并使用单一的、紧凑的套装软件。这样就改变了各个领域的应用软件分离运行的状况，实现了系统之间的信息共享，避免了相同信息在不同系统以不同方式重复出现的现象。ERP系统的优势集中体现在常规决策制定和交易处理方面，这些系统更趋向于关注内部运营。ERP系统对于高水平计划和决策制定的支持程度较低，但可以获得辅助高水平决策支持系统的原始数据。从目前的情况来看，ERP与物流软件的兼容性也不是很强。这意味着，很多供应链决策常常没有考虑对物流的影响。

整体来看，ERP系统提供了跟踪员工、流程和技术等企业资源的方法。过去，各部门独立的单一的信息系统都只能单独实现销售、生产、运输、仓储和采购等信息要求，彼此之间没有建立任何联系。特别是，这些不同的系统没有与核算或财务报告系统建立连接，这就使得提取成本数据，在不同业务部门之间分配开支变得很困难。因此，一个整合的ERP系统就相当于企业的“中枢”，能够为企业决策和业务流程重组提供所需要的信息和支持。

ERP系统还在组织信息系统中加入了“流程逻辑”，并对业务流程设定了基本要求，从而迫使公司员工和管理人员在同一个系统中开展工作，并遵守规定的流程。一个典型的ERP系统围绕四个主要业务流程来设计。①客户订单管理流程。负责产品或服务的销售过程，包括客户联系、销售订单处理、产品库存管理、交付、客户账单、客户支付等。②生产计划和执行流程。负责产品生产制造，包括销售计划、主生产计划、MRP、生产计划、生产进度、生产车间控制等。③物料采购流程。负责物资购买，包括采购申请、供应商选择、采购订单、货物接收、发票校验、货款支付等。④财务核算管理与报告流程。负责成本核算、账单支付、单据收集。财务流程是 ERP 中资源控制的核心。这些业务流程也包含了运输和仓储，然而 ERP 并没有很好地关注物流决策问题。

ERP 系统有利于实现以上各流程的整合，也使得不同领域的人进行沟通交流。比如，销售代表通过便携式电脑直接将客户订单输入到企业 ERP 系统，一旦订单被输入系统，销售代表就可以很快获得一份“可承诺量”报告，并将交付时间通知客户。之所以能及时获得这样的结果，是因为 ERP 将所有的业务流程联系起来，并能获得及时的信息更新。比如客户订单触动销售订单计划和主生产计划等关联流程，主生产计划驱动物料需求系统，物料需求计划系统能够自动生成采购订单，以保证供应商能够提供所需要的零件、部件和服务。供应商交付信息传输至计划系统，这个系统确保零部件信息与车间生产进度相一致，相关的销售人员就可以知道可交付订单情况。通过这些操作，每个流程中发生的具体业务和交易具备了可视化；企业中的每个人都可以通过信息系统获得自己想要的信息，这极大地增强了信息的透明度。

16.2.4 采购决策支持系统

决策支持系统(Decision Support System, DSS)以战略决策制定为目标。在采购交易系统中会产生常规的绩效报告，而利用决策支持工具可以对供应商绩效和关键变量相关的绩效进行评估。例如，通过推测现有绩效水平的变动情况，并在假设供应基地规模缩小、将合同授予不同的供应商组合等条件下，采购方可以预测供应商未来一定时期的成本结构、价格和绩效变动。决策支持系统代表了一种计算机技术的扩展。它在过去基本上侧重于处理结构化任务和信息流程化，以电子数据流程化和管理信息系统为特征，使用数据和结构化模型为决策制定流程提供辅助，能够为采购经理对标准化问题作出有效决策提供支持。

当前的决策支持系统，是一个以计算机为基础的、辅助管理人员利用数据和模型求解半结构化决策问题的人机交互式信息系统。决策支持系统至少应当包括数据库及其管理系统、模型库及其管理系统和人机接口机构等几个部分。在决策支持系统中，数据库是系统求解问题的主要数据源，它与传统的数据库相比，内容更加丰富。为了提高决策效率，通常还需设置逻辑上相对独立的专用数据库。数据库管理系统负责维护与管理各类数据，实现与模型库及人机接口的联结。模型库用来存储辅助决策所需的各种数学模型，如线性规划模型、投入产出模型等，用于优化、预测和评价分析，它们通常以子程序的形式保存在系统中。模型库及其管理系统是决策支持系统的核心，这也是它与传统管理信息系统的重要区别。虽然传统管理信息系统和决策支持系统都是以计算机为基础的信息系统，但两者却有不同的目的：前者是完成结构化的任务，即用户日常的信息处理工作，设计时强调符合用户现状，所追求的是提高信息处理效率：后者主要对半结构化问题进行辅助决策，追求的是所提供信息的有效性。在企业管理中，人事管理和财务管理等都属于结构化的管理问题，而原料需求预测、企业发展规划制订、投资效益分析等则属于半结构化或非结构化问题，用决策支持系统解决这一问题时，需通过大量人机交互，借助于管理人员的经验和判断能力，才能辅助作出决策。因此，决策支持系统的重点是支持管理人员的决策，而不是代替管理人员实现所谓的决策自动化。

将采购管理事件通过计算机支持系统来完成将大大提高决策的效率。具有决策支持功能的采购管理系统的基本处理逻辑如图 16-4 所示。

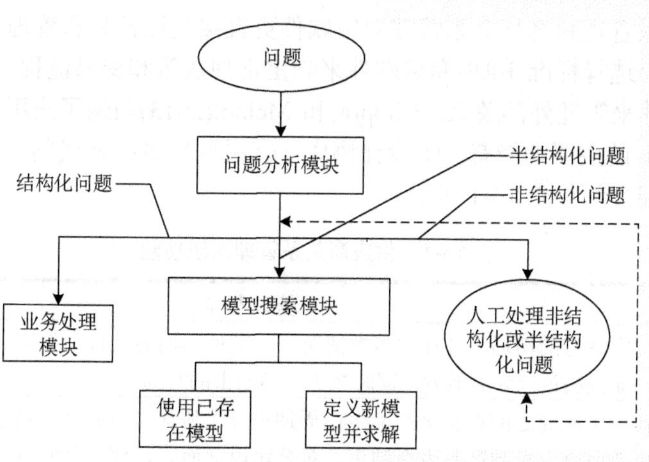

图 16-4　具有决策支持功能的采购管理信息系统处理逻辑

具有决策支持功能的采购管理信息系统结构如图 16-5 所示。它主要是依赖数据库、模型库、方法库和知识库来解决不同的问题，提供有针对性的决策参考结果。与普通的计算机管理系统相比，决策支持系统所需的后台支持数据较多，除数据库外，还有文档数据库、模型库、方法库和知识库等。各库的功能如下：①通用数据库，用于存储与采购有关的定量数据。②文档数据库，用于存储与采购有关的文档型数据，支持全文搜索和统计功能。③模型库，用于存储有关的决策模型。④方法库，用于较为固定的问题解决算法，解模型需要选择性调用算法。⑤知识库，用于存储提高决策智能化程度的知识，主要用于模型的自动构建。

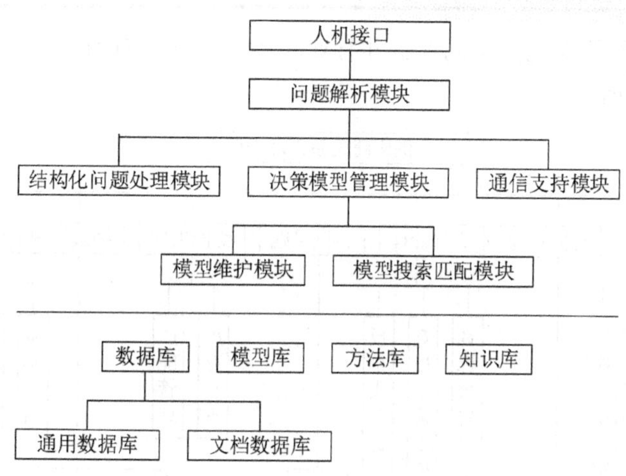

图 16-5　具有决策支持功能的采购管理信息系统结构

16.2.5　供应商关系管理系统

供应商关系管理(SRM)是用来改善企业与供应链上游供应商的关系的新型管理机制，它是一种致力于实现与供应商建立和维持长久紧密伙伴关系的管理思想和软件技术解决方案。供应商关系管理系统解决方案和关键技术主要包括：数据仓库(Data Warehousing)、数据挖掘(Data Mining)、数据分析(Analytical Processing)、数据交换(E-data Interchanging, EDI)等。

供应商管关系管理和客户关系管理应用软件更直接关注计划和管理企业的外部联系。于是，许多企业会选择标准 ERP 套装软件来制定常规决策和交易流程，而联合使用 SRM 和 CRM 应用软件来管理外部关系。Chopra 和 Meindl(2013)归纳了应用这些软件提供的功能类型，如 SRM 的主要功能有：①设计协作；②采购决策；③谈判；④购买流程和供应协作。详细的功能分解如表 16-1 所示。

表 16-1　供应商关系管理系统功能

功　能	基本内容
沟通	增进买卖双方的沟通，并在大多数情况下自动处理沟通过程。把恰当的信息传递给恰当的人，加强决策行为的能力，同时减少产品面市的时间
设计协作	使企业和供应商之间在整个产品生命周期里分工协作，及时共享信息——从产品设计到工艺更改命令，直到产品生命结束。对公司内部而言，使产品开发与全球外包战略保持同步
计划	当选择供应基地时，计划应包含所有购买功能，同时考虑购买价格、所需要的整体成本、供应商风险、供应商行为的规律以及购买能带来的盈利
寻找资源	使用户基于对以往和当前项目个性化和整体化的理解，提供对供应商进行选择、谈判、管理等方面的功能
采购作业	实时化、电子化管理询价/报价过程，以便迅速比较各个供应商的反馈，并提供快速的响应
数据挖掘	提供关于供应商更多的不同细节层次的信息。有助于公司分析供应商趋势，评估供应商所提供的产品和服务质量，或者寻找有可能节省的区域，以此来给供应商打分
记分卡	确定在一个部门、分支机构或者组织内部，外包过程进展得好坏。有些解决方案也提供用于监管供应商协调和合同更新的集中统一的合同数据库

供应商关系管理的功能因不同理解和行业应用的差异而有所不同，业界公认的基本框架和功能如图 16-6 所示。

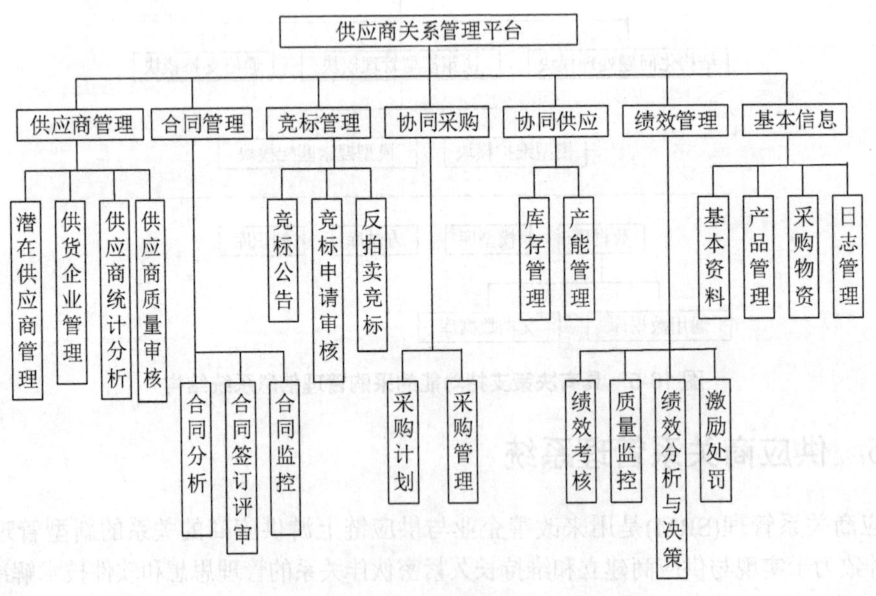

图 16-6　供应商关系管理平台功能结构模块

16.3 电子采购

16.3.1 电子采购概述

电子商务(E-Business，E-Commerce)，也称电子商业、电子交易，强调在 Internet 上进行商品交易活动。IBM 认为电子商业“通过互联网络连接企业，连接事业伙伴，连接顾客，连接消费者”。根据 IDC(International Data Corp)的预估显示，企业对企业的电子商务(Business to Business，B to B)约占电子商务总额的 75%，企业对消费者(Business to Consumer，B to C)的部分则占 25%。

加里・P. 施耐德(2019)总结了电子商务的五种主要类型，除了消费者间的电子商务(C to C)、企业与政府间电子商务(B to G)之外，最常见的三种是：①企业与消费者间电子商务(B to C)，即企业在网上销售它的产品，消费者在网上购物。②企业间电子商务(B to B)，企业之间在网上完成交易，企业通过网络从其他公司采购用于生产的原材料。企业往往会设立专门的部门负责同供应商进行谈判和交易，这些部门就是供应管理部或采购部，因此，企业间电子商务通常称为电子采购。③企业业务流程。除了采购和销售活动之外，公司还需要完成将原材料转化为产品的许多活动，以及招聘和管理工人、租赁或购买用于生产或库存的场地、运输、会计记账、购买保险、开展广告活动以及设计新产品等，这些交易或业务流程大部分可以在网上进行。所有这些信息沟通、生产过程控制和商业交易的相关活动都是电子商务的重要组成部分，这三个要素基本上构成了一个企业电子商务的整体规模。

电子采购(E-Purchasing、E-Procurement)也称网上采购，是指在网络平台基础上直接进行的采购活动，即利用数字化技术将企业、海关、运输、金融、商检和税务等有关部门有机连接起来，实现从商品浏览、洽谈、签约、交货到付款等全部或部分采购业务电子化处理。电子采购可以看作是电子商务的一个子系统，描述了利用因特网进行的电子订货和购买活动。也就是说，从某个企业的角度看，一个企业利用网络销售产品给客户或消费者的行为称为电子商务，而这个企业利用网络从供应商处购买物料或商品的行为称为电子采购。但是，电子商务和电子采购都是利用电子化的方式完成买卖交易活动，二者并没有交易本质上的差别。从某种意义上讲，“电子采购就是电子商务的全部”，如图 16-7 所示。

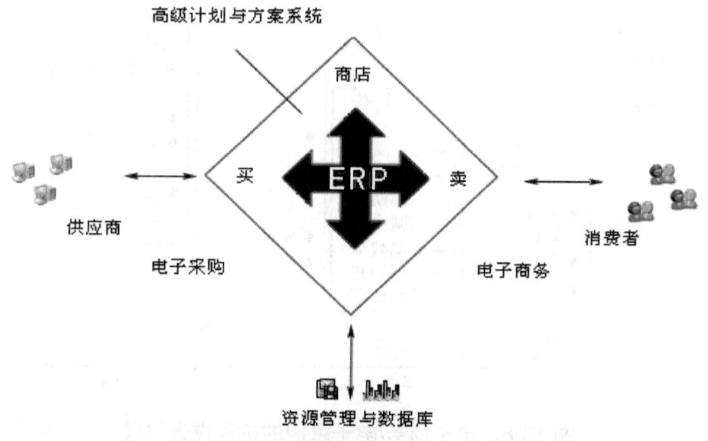

图 16-7 电子商务与电子采购

随着信息技术和网络技术的快速发展，今天电子采购的应用越来越普及，其发挥的优势和价值更加凸显，如表 16-2 所示。特别是 B2B 电子采购是建立外延型管理信息系统的核心。基于网络技术的 B2B 电子采购从根本上重新构架企业的采购模式，彻底改变生产企业的供应链，在采购企业与供应商之间形成无缝的订单履行信息流，从而能够提高效率、降低成本、增进企业间的合作，使交易双方均能获得长期的收益。

表 16-2　传统采购模式与电子采购模式的对比

传统采购模式的问题	电子采购的优势
• 低效的商品选择过程 • 费时的手工订货操作 • 昂贵的存货成本和采购成本 • 生产成本很低，而交易(贸易)成本较高 • 冗长的采购周期 • 以电话、传真、直接见面的方式来进行信息交流 • 难以实现采购的战略性管理 • 中间商过多的问题	• 采购成本显著降低 • 节省采购时间，缩短采购周期，提高采购效率 • 优化了采购管理流程 • 加强了对供应商的评价管理 • 增强了服务意识，提高了服务质量 • 增加交易的透明度，减少"暗箱操作" • 共享采购信息 • 改善采购管理

电子商务或电子采购的价值是明显的，并且随着商业复杂性的上升，企业电子采购的发展和应用更加成熟，电子采购带来的价值更大。在初级阶段，企业运用电子采购手段主要替代纸张，实现无纸化办公，电子采购的效率和准确性得到极大提高。进一步发展来看，电子采购提高了运营效率，比如减少库存，减少制造和递送的周期时间，减少了劳动力，减少应收账款平均周转天数(Account Receivable Turnover，A/R 周转天数)。更重要的是电子商务的深度应用将会带来企业业务模式的改变，比如营销渠道变得更短、更高速有效，通过价值工程分析来设计更好的质量，而且维护更好的现金流，将使企业变得更加健康。最重要的是电子商务模式的成熟应用，将会彻底改变战略和创新能力，比如新的分销渠道扩大市场面，新的产品和服务扩大企业产品和服务供应，而且创造大量基于信息技术的新产品，如图 16-8 所示。

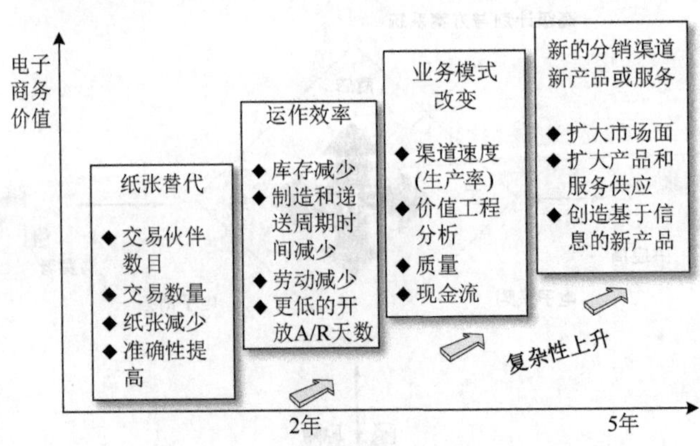

图 16-8　电子商务/电子采购的价值提升阶段

美国波士顿著名的 Mercer 管理顾问咨询公司，分别就施乐、通用汽车、万事达信用卡三个行业代表性的企业，进行了详尽的电子化采购调查，比较了三大公司运用互联网技术前后的采购流程成本控制：施乐下降 83%；通用汽车下降 90%；万事达信用卡下降 68%，如图 16-9 所示。

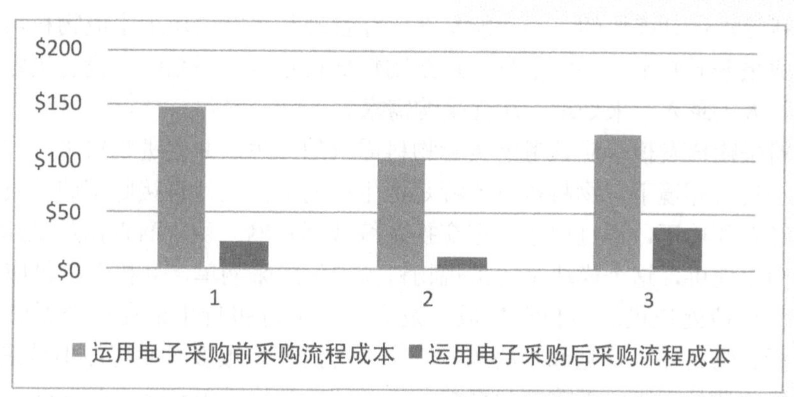

图 16-9　电子采购应用对采购流程成本的影响

对于采购企业，电子采购可以优化采购流程，降低采购管理成本，降低采购产品价格，提高工作效率，缩短采购周期，减少过量的安全库存，降低采购风险，实现前瞻性采购和战略采购。

对于供应商，电子采购可以更及时地掌握市场需求，降低销售成本，增进与采购商之间的关系，获得更多的贸易机会。如果说，单纯地降低采购产品的价格只是买卖双方利益的转换，但是工作效率的提高，却能够给采购、供应双方带来长期的利益和战略合作的竞争优势。

人们通常会很容易地意识到在采购领域中运用互联网技术后，产品成本方面会得到非常有效的控制和节省，却很少留意到电子化采购对采购自身流程所带来的巨大利益。通过上述例子可以看到，通用汽车取得了令人难以想象的非产品成本的成本节约，再加上产品成本的节省，足以保证其与同业对手竞争的强劲优势。

16.3.2　电子采购系统

1．电子采购系统整体解决方案

电子采购系统是实现电子采购的一个整体解决方案，这个系统包括数据采购层、安全服务层、基础服务层和应用服务层等多功能层和各种具体构成模块，这些模块与采购数据库、电子数据交换、企业资源系统的各种要素相结合。其中，通过外部 EDI 或基于因特网与供应商、客户进行沟通交流获得各种整合数据；ERP 系统管理内部交易，内部交易主要发生在发票和采购订单处理过程；而电子采购系统能为更大范围的特有的交易流程提供决策支持，可见，决策支持工具在采购环境中也有广泛应用。

电子采购系统具有一些典型特征，企业中所有职能部门可能都会使用电子采购系统。电子采购或供应系统的主要形式包括：库存支出分析；物料需求计划；物料采购核发；报价申请处理；供应商选择辅助；采购订单发布；供应商绩效考核；接受与检验；总成本报告。

(1) 库存支出分析模块的主要功能是保持库存记录的准确性，其关键作用就是对库存中的所有产品状况进行控制并提供产品信息，将各种类似的产品归类于相似的物料库或SKU 号。这样，采购部门就可以更好地识别资金支出方向、合作供应商以及哪种产品可以进行杠杆采购以实现成本节约。

(2) 物料需求计划模块的主要功能是在库存管理和控制模块中生成物料需求计划。该模块自动生成采购通知单，并将信息传递至物料交付系统。当系统中没有确定需求时，模块还允许进行人工录入，来处理一次性采购需求。

(3) 物料采购核发模块应该考虑实际物料需求的产生，并促进物料采购向供应商的转移。在非电子运营环境下，物料核发流程是把生成的书面文件直接邮寄或传真给供应商；而在电子化经营环境下，通过电子数据交换系统或因特网，供应商直接从采购方收到电子核发报告。简单地讲，这个模块是对常规物料需求生成采购单，并核发给供应商。

(4) 报价申请处理模块会自动生成、发布，并追踪报价申请在整个系统中的传递情况。库存分析、物料需求计划和物料核发三个业务流程在很多时候可能不是采购部门的直接责任，报价申请处理则由采购部门直接负责。征求报价书(Request for Quataton, RFQ)是根据采购方提供的一系列规定所提交的报价申请。报价申请处理流程可以通过电子方式或手工完成，这取决于企业系统开发的成熟度和采购人员应用系统的熟练度。

(5) 供应商选择辅助模块运用一套基本的数理法则或决策模型来帮助采购方对不同的供应商或成本方案进行评估。供应商选择是采购部门的一项重要任务，设计这一模块有助于采购部门更好地完成这项任务。

(6) 采购订单发布模块支持采购订单的生成和发送。这涉及为选定的产品自动分配订单序号，将采购订单信息传递到相应的数据库，使采购部门对当前文件中的采购订单信息有直接的把握。

(7) 供应商绩效考核模块可以使产品的采购状态透明化，并且能够考核和分析供应商绩效。其主要功能包括产品状态的自动查询；计划接收日和订单到期日监控；到期未付产品的相关信息和可能过期产品做标记；以及依据事先制定的绩效标准，生成有关供应商绩效分析的总结报告。事先制定的标准可能包括按期交货、质量等级、价格变动、数量差异和总运输费用等。

(8) 接收和检验模块在接收到产品后就会更新系统相关记录。这个处理过程包括物料检验、转移入库和库存保管。所接收到的产品在完成入库之前都处于保护状态，即不可使用状态。大多数系统可以通过条形码读取器来完成货物接收操作，所有必要信息被读取后将自动传送至数据库。当存在潜在的断货或出现可能的短缺时，系统也可以向主要关联方及时发送警报。

(9) 总成本报告模块通过建立模型来预测价格，帮助采购人员估计总拥有成本，并能够及时创建总成本管理报告。设计完善的系统还能够利用可获得数据和数据库数据生成管理报告，实现系统中所有数据文件都能够得到实时、自动更新或生成新的报告。

2. 电子采购系统类型

现实中，电子采购系统可能是独立系统，也可能是 ERP 系统的组成部分，这就产生了两类值得关注的电子采购系统。一类是制造业利用 MRP 或 ERP 对生产物料进行的电子采购系统；一类是流通企业依赖第三方平台建立的电子订货系统。

制造企业 ERP 采购系统如图 16-10 所示。ERP 采购系统基本流程包括：①登录局域网或公司内部采购网站。企业内部采购人员通过设置用户名和登录密码获取登录权限。②在线目录，供应商在线发布商品目录，并维护更新商品信息。采购方线上查阅供应商及其商品目录。③电子表格。以 EDI 电子数据表格方式完成信息传递。④在线核准。这主要是核查企业采购预算，将相似请购单集中汇总。⑤采购单线上核准。电子采购订单通过线上制作、审核批准，并传递给合同供应商及其供货、财务部门。⑥供应商发货。合同供应商审核采购单，发送提前发货通知(ASN)，采购方收到货物之后凭票支付货款，可通过电子资金转账(EFT)方式支付货款。当然制造企业采购大致分两类业务，一类是生产需求物料的一般性采购。这种采购与供应商之间是长期合作关系，由于供应商都在采购企业供应商认可名册上，与供应商之间共享生产计划等方面的信息，采购作业流程和操作都更加简化。因此，利用电子采购模式的各个步骤更具有标准化、自动化特点。另一类是非生产性需求物料的特殊性采购。这种采购需要从市场上搜寻供应商或商品目录，与供应商的沟通协商、采购单核准和传送、货款支付计算都可以以在线方式来完成，但是与供应商的交易都具有临时性关系，因此这种电子采购模式更多需要人工操控来完成。

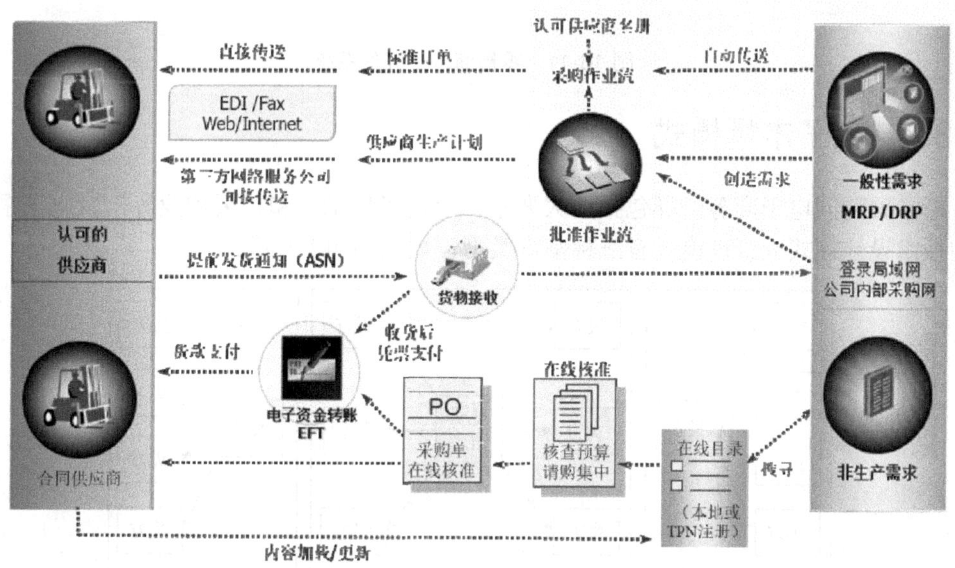

图 16-10 制造企业 ERP 采购系统

批发和零售企业电子订货系统与生产制造企业相比还是有一定的差别。一是流通企业没有制造活动，采购商品的目的是满足销售，这就决定了批零企业采购活动更多地具有独立需求而不是相关需求的特点，对于重复采购和连续补货问题就需要双方很好地协商，建立必要的机制和系统处理。二是在信息传递上，批零企业采购信息传递更多的是利用第三方网络服务提供的间接传递方式，中间网络服务商不仅充当买卖双方的中间担保人角色，更重要的是它还提供了各种商业性增值服务。这大大地方便了买卖双方的交易开展，提高了购销交易的效率和安全性，如图 16-11 所示。

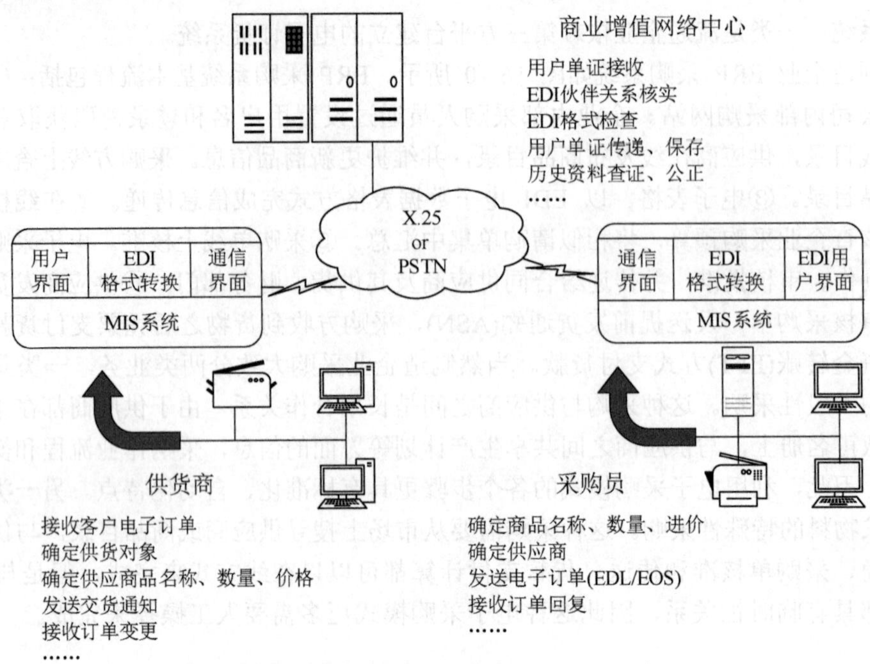

图 16-11　零售商电子订货系统

16.3.3　电子市场模式

电子采购同电子商务一样包括两大要素："电子技术"和"采购业务"。电子采购系统的技术设计模式或管理模式有三种基本类型，如图 16-12 所示。

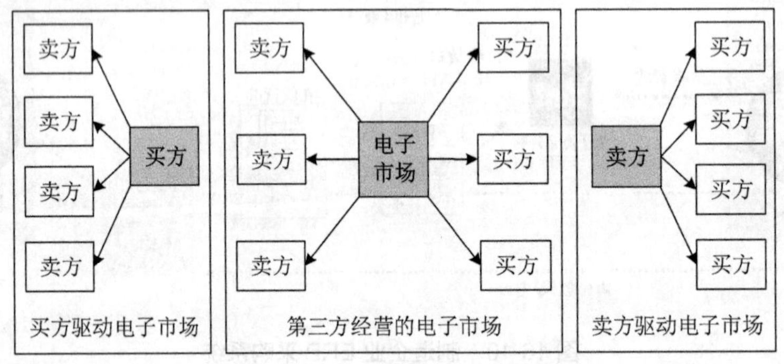

图 16-12　电子市场按服务对象分类

1．买方系统

买方系统(Buy-side System)的特点是买方一对多模式。采购企业自己建立网站，发布产品需求信息，供应商登录并提供产品供给信息，经过采购方评估选择和信息沟通，完成交易过程。

买方驱动的系统需要买方承担建立、维护和更新产品目录工作，对买方来说，需投入大量的资金和维护成本。但是采购方可以更好地对采购流程进行控制和跟踪，并且与内部信息系统无缝连接。这一系统的好处是快速的客户响应、节省采购时间。这种模式适合大企业的直接物料采购。

企业自己控制的电子商务系统，它通常连接到企业的内部网络(Intranet)，或企业与其贸易伙伴形成的外部网络(Extranet)。这一系统通常由一个或多个企业联合建立，目的是把市场的权力和价值转向买方。如通用电器公司(GE)建立的塑料全球供应商网络；美国三大汽车公司的全球汽车零配件供应商网络。

买方构建的企业应用系统集成(Enterprise Application Integration, EAI)解决方案，简称EAI 买方系统解决方案，是为企业提供与内部计算机管理系统无缝连接的电子采购应用系统，其功能主要包括产品目录维护、计划制订、协议流转、合同/订单管理、行业商务标准接口服务、询价(Request for Quotation, RFQ)、统计分析等功能。

2. 卖方系统

卖方系统(Sell-side System)的特点是卖方一对多模式。卖方系统是供应商为增加市场份额，将计算机网络作为销售渠道而实施的电子商务系统，它包括一个或多个供应商的产品或服务。供应商通过开发自己的商业网站，在网上发布产品目录，买方可登录浏览、查询企业产品信息和在线采购所需的产品。登录卖方的系统通常是开放性的、免费登录，而在协商和交易阶段可能需要简单的注册。

对买方而言，使用这一系统的好处是访问容易，能接触更多的供应商，买方无须任何投资。使用这种模式的例子如企业网上商城、零售商店或购物中心等。

卖方控制的企业应用系统集成解决方案，简称 EAI 卖方系统解决方案，主要包括产品目录维护、协议流转、合同/订单履行管理、行业商务标准接口服务、统计分析等功能。

3. 第三方系统

第三方系统(Third-party System)，又称电子集市(E-Marketplace)、门户(Portals)，是描述在 Internet 上形成的各种专门的电子交易市场的术语。这样的电子市场一般是由第三方建立、控制和维护的独立网络平台。独立门户网站是通过一个单一的整合平台，给多个买方和卖方提供交汇点，并进行多种商业交易的专门站点。

独立电子交易门户网的系统功能模块，主要包括：商务会员管理、产品目录汇总服务、企业商务 XML 标准接口服务、订单处理、监管审核服务、信息资源服务、统计分析等功能。

电子市场的产生给供求双方带来了极大便利，有效地提高了买卖交易的效率和成功率，电子市场提供了多方面的能够促成交易和便利交易的功能优势，如图 16-13 所示。

(1) 聚集功能。电子市场同实体市场一样，提供了一个买卖双方聚集的场所，供求双方通过这个虚拟市场或网络平台实现相互接触、沟通、交流，增进理解，了解彼此供求信息，这为进一步达成商业交易提供了机会。

(2) 撮合功能。网络平台通过提供供求信息，以高效的产品信息识别技术，实现买方和卖方之间的精准对接，促进交易更便利地达成。

(3) 交易支持功能。网络平台作为买卖双方的中间人和应用服务提供商(Application Service Provider, ASP)的角色，能够为双方达成交易提供各种便利性、控制性、保障性商务服务，包括能够提供物流、支付和信用等支持服务。

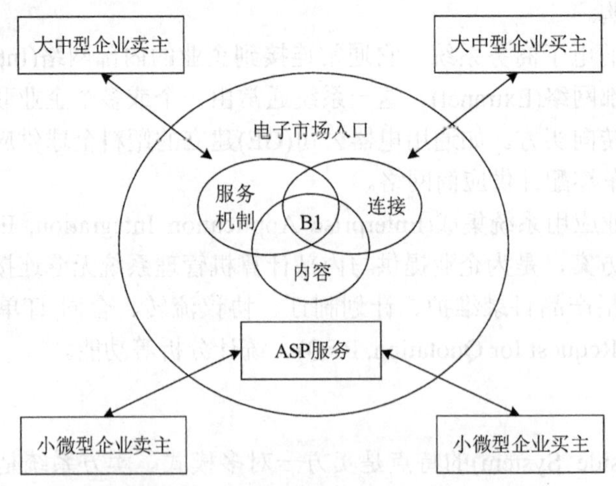

图 16-13　电子市场买卖双方聚合机制

当前是一个全新的互联网时代，互联网的普及应用给人们的生活带来了极大便利，互联网可以解决买卖交易中的大多数问题，而且效率是实体店的成百上千倍。各种层出不穷的电子采购或购物网站，成为各个行业的网络门户，但是基本门户网站大致有两类，如图 16-14 所示。

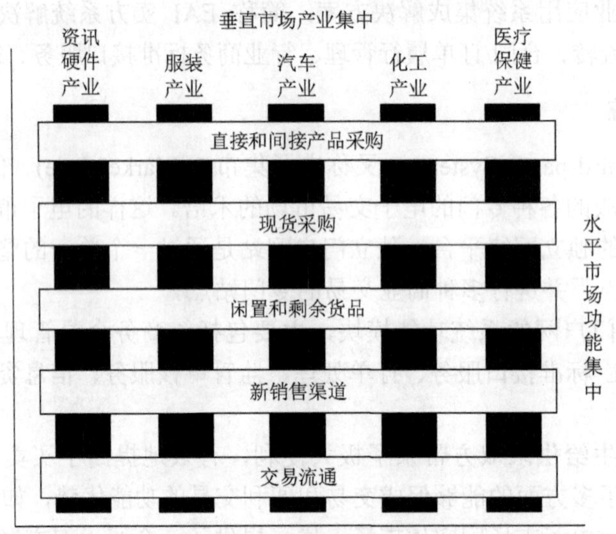

图 16-14　电子市场以产品行业或服务功能分类

(1) 垂直门户(Vertical Portals)是经营专业/行业产品市场，目前各个行业都有开发的专业门户网，例如钢材行业、化工行业、能源行业、粮食行业、汽车行业、旅游行业、IT 行业等，如 MetalSite 是专门买卖金属的垂直门户；而 CheMatch 是专门经营石油化工和塑料制品的垂直门户。还有一些企业专门经营某一类产品，也可以看作是垂直门户网，例如，宜家(IKEA)是一个专业设计和销售自行组装家具、家电和家居饰品的跨国集团，它是目前世界上最大的家具零售商。NetFlix 是一家美国流媒体点播在线供应商，专门为欧美市场提供 DVD 邮寄业务。新蛋网(Newegg)是一个在线计算机硬件和软件零售商，包括销售计算机硬件、软件、外设、游戏、电子产品、家用器皿、家具和办公用品等，2005年，被评为互联网10大零售商之一。

(2) 水平门户(Horizontal Portals)是集中了种类繁多的产品的商业门户网。如亚马逊公司(Amazon)是一家美国跨国电子商务公司，是世界上最大的在线零售商。易趣网(eBay)也是世界著名的网购零售平台。易趣网主要业务跨越C2C。现在易趣网是一个多元化公司，在这个网站，可以在线订购或购买各种物品。沃尔玛公司(Walmart)是一家经营连锁折扣店和仓储式商店的美国跨国零售公司，多年蝉联全球500强企业榜首，是世界最大连锁零售企业。在中国国内，比较著名的水平门户购物网有阿里巴巴淘宝、京东商城、拼多多商城等。阿里巴巴旗下天猫(Tmall，原名淘宝商城)是中国线上购物的地标网站。阿里巴巴旗下淘宝网购物平台则是国内领先的个人交易(C to C)网上平台。京东(JD)商城是国内著名综合性B2C购物平台。拼多多是近年来崛起的购物网站，通过拼团来购买商品的网上购物模式。

16.3.4 线上业务模式

近几年，影响采购与供应管理的最令人振奋的发展之一就是B to B电子商务技术。新技术运用已经极大地改变了供应管理的效率和效益，然而，技术的迅速变化本身也是一个巨大的挑战。电子采购的巨大功能就是高效率地处理信息和传递信息，与供应链中其他伙伴实时有效地共享信息，进而对采购流程带来革命性改变，实现更高效的订货与交易过程，支持战略性采购和全球性供应源搜寻。

从业务模式来看，通过电子商务和网络平台可以完成大多数采购任务，除了实体物流之外，一般的信息共享和通信业务，几乎全部的商务信息流、物流信息流、资金信息流都可以通过网络平台来完成。从采购的交易模式来看，比较适合网络的采购业务模式有网上目录采购、网上议价采购、网上竞价采购、网上招标采购以及电子化寻源等。

1. 网上目录采购

供应商在网上展示商品目录，采购者通过上网查询商品目录，选择商品完成商品采购的过程。从商品定价来说，目录采购的商品价格一般是固定价格，没有协商或讨价还价的余地。从市场来讲，目录采购商品以普通商品、日用品、标准零件商品居多，有多个卖方能够提供该商品，也有多个买方需要购买该商品，总体上属于完全竞争或竞争性市场。因此，商品定价取决于市场供求关系，商品价格接近于市场竞争价格。

网上目录采购的流程相对简单，如图16-15所示。采购方选择产品和供应商后，通过网络与供应商取得业务联系或达成交易契约。接下来采购方即可办理相关采购申请审批手续，通过网络向供应商提交订单或传递供货合同，经过供应商确认合同或订货信息即可向采购方发货，后续的物流控制和结算信息都可以通过网络来完成。由于互联网平台信息容量大，可以展示的产品种类多，产品信息详细，因此，给采购方提供了多样化的选择。

2. 网上议价采购

议价采购(Negotiated Price)又称为竞争性谈判。网上议价采购是通过网络系统直接与供应商进行谈判、协商价格和其他事宜，完成从供应商处采购所需要的物资。网上议价采购流程如图16-16所示。

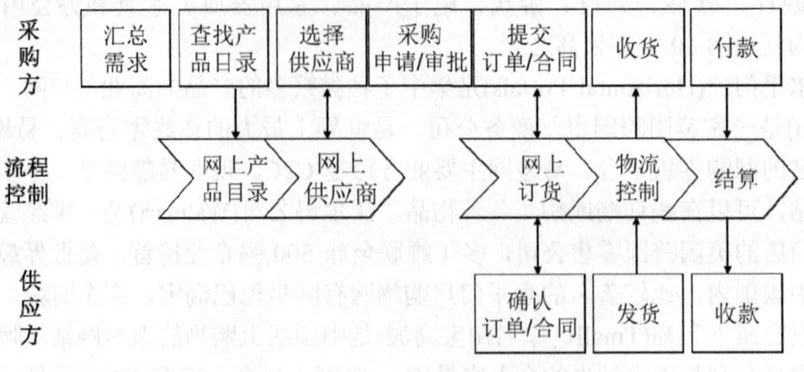

图 16-15　网上目录采购流程

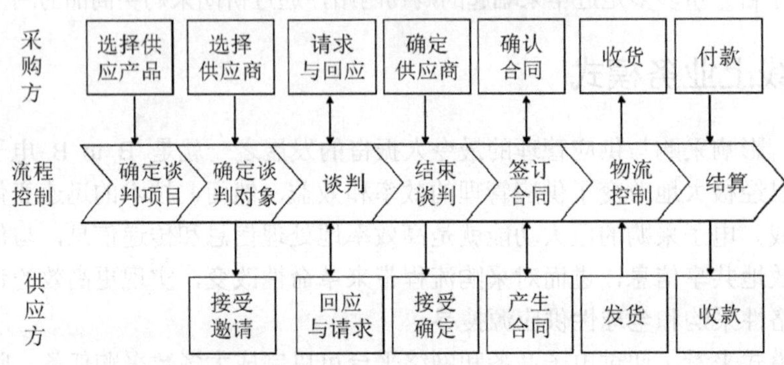

图 16-16　网上议价采购流程

议价采购适用于对物品的需求具有连续性的采购项目，必须选择特定的厂商供货；由于同类厂商数目较少，不适于相互竞争，且产品性能有所差异。通过与特定的供应商进行议价，可以节省费用，节省时间；减少失误，增加弹性；适当的时候可发展与供应商的互惠关系，保证稳定的供货。

3. 网上竞价采购

网上竞价采购又称为网上询价、逆向拍卖(Reverse Auction)，是采购组织可以得到的具有竞争力的最新工具。询价采购是对几个供货商的报价进行比较以确保价格具有竞争性的一种采购方式。在逆向拍卖中，多个卖家为了与一个买家进行交易而展开角逐，主要结果就是价格被迫下降。供应商的报价持续下降，直到报价达到预先设定的界限，或没有卖家报出更低的价格为止。通常情况下，在线逆向拍卖流程由如图 16-17 所示的几个步骤构成。

很多买家为了寻求最低价都会进行在线逆向拍卖，供应商设法通过比其竞争对手更低的价格来赢得交易。传统的拍卖是供应商通过公开询价的形式完成商品的销售，多个供商通过竞价，其中叫价最高者最后赢得所拍卖的商品。而逆向拍卖是采购商为了寻求最低采购价，将要购买的货物通过在线或线下询价的形式来寻找卖家，卖家通过竞价的形式参与竞争，其中叫价最低的供应商将赢得交易。在线逆向拍卖也要建立出价规则，确认供应商的出价资格，明确规定每次出价的减量是多少以及竞价过程的期限等问题。有很多组织提供专业的竞投业务和专门场所，特别是电子化拍卖市场提供了买卖双方可以互动和交易的专业平台，起到了与传统拍卖人相同的作用。

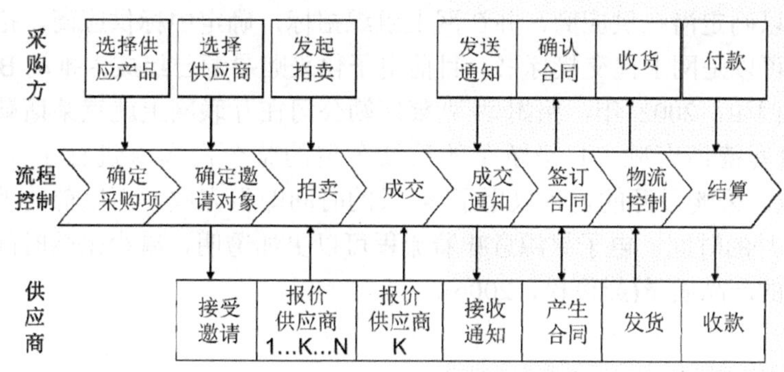

图 16-17　网上竞价采购流程

4. 网上招标采购

网上招标采购就是将招投标过程通过网络来完成。网上招投标采购主要适合非重复性物料采购，通过网络发布招标邀请信息，供应商提供投标文件参与应标，从而完成供应商选择，因而通过招投标来选定中标供应商的过程。通过网上招投标方式选择产品供应商或业务分包商通常是为了降低物流成本，实现产品质量、交货期以及财务状况的改善和提高，并且选择供应商时不仅考虑价格、质量，而且还必须考虑资质和信誉。网上招标过程与现实招投标方式的操作流程没有很大差别，但是互联网强大的信息传递能力可以大大提高招投标的效率。网络信息平台的建立为招投标过程提供了便利性和高效率。网上招标采购流程如图 16-18 所示。

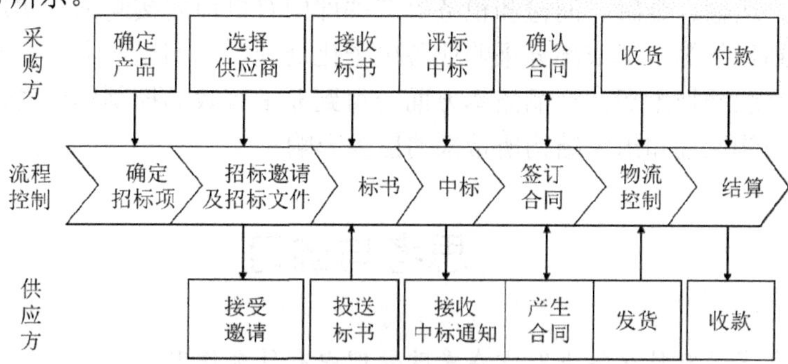

图 16-18　网上招标采购流程

5. 电子化寻源

20 世纪 90 年代，信息技术在欧美的不断发展终于结出了硕果。在经历了物料需求计划(MRP)、计算机集成制造系统(CIMS)、企业内部的管理信息系统(MIS)和企业之间的电子数据交换(EDI)等阶段之后，企业运作管理进入互联网和供应链管理时代。以美国福特公司为例，1999 年 11 月，福特公司完成了向供应链时代和电子商务的初步转型，正式将其庞大的采购业务部门转移到互联网上，并吸引了克莱斯勒等大公司参与。福特公司每年通过网上进行的交易金额达到 800 亿美元，每年为福特公司节约成本达到 20%；福特公司的零部件供应商多达 3 万多家，每年的销售总额在 3000 亿美元，这些公司通过福特公司建立的网站可以互通有无，建立广泛的业务联系，由此带来无法估量的新商机。

在电子市场的基础上进行电子化的采购寻源(E-Sourcing)已经开始成为一种趋势。制造商在网上可以确定潜在供应商，并在网上组织招标，确定中标供应商。招标方式可以是网上拍卖，也可以是网上提交投标书。目前电子化采购寻源已经成为推动 B to B 电子商务的重要力量。例如，2002 年，戴姆勒-克莱斯勒公司在互联网上就克莱斯勒的航行者小型载货汽车和梅赛德斯奔驰 M 级轿车的后续车型的整个白车身进行了在线拍卖。通过 Convisint 系统，采购寻源的过程只用了 4 天的时间即告完成，而以前的手工操作方式，至少需要 3 个月的时间。电子寻源意味着流程可以更加透明，减少采购时间周期，降低库存和获得更好的产品质量(彭俊松，2006)。

要点总结

在现代采购活动中，掌握信息资源和理解信息价值对高效完成采购业务非常重要。信息技术包括计算机基础软硬件技术、网络技术、识别技术、传输技术和通信技术、商务技术、系统集成技术。通过运用信息技术的主要工具，实现对信息资源的处理和利用，创造无法估量的信息价值。

采购管理信息系统是企业 ERP 集成系统中处理采购信息的一部分。在采购与供应链管理中所采用的主要信息系统形式包括：数据仓库和采购数据库、电子数据交换系统、企业资源计划、决策支持系统、网上采购应用软件等。

电子采购也称网上采购，是指在网络平台基础上直接进行的采购，利用数字化技术将企业、海关、运输、金融、商检和税务等有关部门有机地连接起来，实现从浏览、洽谈、签约、交货到付款等全部或部分采购业务电子化处理。人们通常会很容易地意识到在采购领域中运用互联网技术后，产品成本方面会得到非常有效的控制和节省，却很少留意到电子化采购对采购流程和组织结构所带来的巨大影响。

思考与练习

(1) 信息资源有什么特点？它在采购管理中有什么作用？

(2) 什么是 EDI？在从 EDI 系统转换到网络系统之前应考虑什么？

(3) 在采购供应链中条形码是怎样应用的？

(4) 为什么一些公司要求供应商使用 RFID 技术？推行 RFID 的潜在好处和成本是什么？

(5) 互联网在支持采购与供应链管理活动中的作用是什么？可能提供的改善是什么？

(6) 在过去 20 年里为什么如此强调在采购交易中的信息系统？

(7) 企业在追求应用 ERP 系统时所遇到的主要障碍有哪些？

(8) 信息可视化系统有关的主要利益是什么？应用这些系统有关的主要障碍是什么？

(9) 电子采购有哪些优点？存在哪些主要问题？

(10) 采用电子方式传递和接收买卖双方之间的采购文件，应用电子采购工具的有关挑战是什么？

(11) 简述在供应链管理中加速应用电子商务的一些主要障碍。能做些什么来克服这些障碍？

(12) 使用电子采购系统如何改变对采购管理人事部门的技术和知识要求？

(13) 电子采购系统有哪几种形式？

(14) 电子采购有哪几种具体的业务模式？

(15) 所讨论的电子采购工具(E-Procurement)和电子寻源工具(E-Sourcing)有什么不同？每个系统类型的目标是什么？

(16) 电子商务将如何影响供应经理在其企业中所起的作用？

(17) 讨论工业品的网上采购与消费品的网上采购在未来的发展状况，包括发展速度、发展潜力、面临的主要问题等。

第 17 章　采购绩效评价系统与风险管理

学习目标

本章关注采购绩效评价和采购风险管理的有关知识和技能，建立采购绩效衡量系统和管理制度。要求学习理解采购绩效评价在采购管理中的重要性和存在问题，理解采购绩效评价系统开发的主要步骤和内容，理解采购与供应链风险管理工具。

本章涵盖以下内容和要求。

- 采购绩效测评的含义。理解采购绩效的概念、采购绩效测评的原因和目的，以及采购绩效评价中存在的问题。
- 采购绩效测评系统与制度。建立和开发一个完整的采购绩效评价框架，明确采购绩效评价的领域、评价指标的种类和评价标准，掌握采购绩效评价控制的过程方法和制度方法。
- 采购与供应链风险管理。理解采购与供应链风险，有效管理和规避供应链风险。

引言

绩效检查和评定是管理的重要环节，计划、执行和评价构成了管理工作的完整过程。任何管理活动仅有计划，没有执行力，计划就会落空。同样对计划和执行结果不进行评价，整个管理工作就是虎头蛇尾，无法对管理工作的好坏作出判断。同时，绩效评价也是任何控制过程的必要步骤。对管理绩效的衡量和评价工作可以获得必要的信息，通过反馈机制，为下一个计划环节提供一定的输入信息和改进方向，从而使管理工作形成一个连续的管理闭环链，因此，绩效评价是上一个管理阶段的结束，也是下一个管理阶段的开端，在整个管理循环链条中是不可缺少的环节。从系统管理的思想出发，任何绩效评价都是过程评价，因为任何一个子系统的绩效评价都是更大系统的过程评价的一部分。

采购绩效测评也是把目标与结果联系起来的关键环节。为了使企业有效地完成战略目标，如质量、创新或时间等，企业的战略、组织行动和绩效考核必须存在关联，不仅要靠行动计划来支持所追求的战略目标，而且绩效测量系统对于确保行动一致来达成目标具有重要作用。因此，绩效测量系统提供了一种沟通目标和成果之间的方法，从而有利于企业维持高效率地使用企业资源。

本章围绕以下几个问题展开：为什么要测量采购绩效？怎样进行采购绩效评价？如何处理采购绩效管理中的风险问题？

17.1　采购绩效与衡量

17.1.1　采购绩效考核目的和原因

采购管理是一个由战略、战术和运作三个层面组成的管理职能，所有企业和业务部门都需要一定的测评系统来指导活动、追踪和评估绩效。然而，采购绩效评估取决于管理层如何看待采购职能的重要性。在初级阶段，采购部门处于很低的地位，管理者认为采购是一个被动的事务性活动，因此把评估的重点放在交易活动本身，采购部门的效率如何，根据采购部门处理交易的能力来判断。然而，高效处理交易活动固然重要，但实现战略性采购目标常常有助于简化或减少交易。很多先进的公司都提出，采购员应该把时间用在谈判、供应商开发、降低成本和发展内部协作等战略性目标上，而不要把过多的时间花费在日常管理活动上。

在世界级供应组织中，有两个必要的绩效评估领域：采购管理绩效评估和供应商绩效评估。这两者紧密相连，也可以把供应商绩效看作是采购绩效的一个重要内容，因为现代采购的重点就是抓住供应商对企业的贡献。

供应管理绩效衡量必须强调三个关键的问题：设定目标；建立有效的衡量指标；实现内部有效性。第一个挑战就是建立明确的目标。采购部门有责任确定部门的总目标，并且与公司的战略目标协调一致。总的目标一旦制定出来就被传达给下级，采购主管可以据此制定在一定时期内指导其行动的总的指导方针，每个人的目标可以作为工作的直接动力和以后评价绩效的基础。例如，很多企业所使用的一个主要评估工具是预算流程，在预算中，可以制定成本节约方案和目标，并与内部业务伙伴一起努力来优化流程和实现预算目标。也有很多企业使用标准成本来评估供应部门定价的绩效，这个成本标准要结合历史成本会计标准，并考虑未来市场价格走势来制定，才能做到具有一定的现实性和实用性。其次，衡量指标也有两大类：效率和效益。供应绩效衡量的传统方式是效率体系，它强调成本和部门经营效率，绩效衡量包括采购材料成本的降低、经营成本和订单处理时间等，通常是利用这些指标数据来计算平均数或百分比来反映采购流程的效率程度。实效导向型衡量体系试图评价事情进展的效益和有效性。效益可以来自降低材料成本或经营成本、提高材料质量和顾客满意度绩效、缩短提前期、提高消费者满意度增加销售额。因此有效性指标包括衡量最终顾客满意度、供应商关系、内部业务伙伴满意度水平、增加收入和利润或者资产管理的贡献。最后，还要把评价结果在公司内部形成有效力的认同，增强可信度。内部的业务伙伴只有确认评价结果，才能够共同承担责任，大家一起讨论解决目标和结果之间出现的任何偏差。

为什么要对采购活动和绩效进行考核和评估？有以下几个理由和用处。

(1) 支持决策。绩效考核能够使绩效或成果具有可见性，明确究竟是哪些具体领域的绩效比较好，哪些领域的绩效比较差，并且为一段时间内的采购绩效提供追踪记录，为管理层更好地作出决策、制订新的计划提供直接支持，从而确保采购目标管理真正发挥作用。

(2) 传递信息。采购绩效考核活动可以使供应链成员之间增强业务的透明度，促进采购部门内部以及采购部门与其他部门之间、与行政管理层之间、与供应商之间达到更有效的沟通和交流。例如，绩效指标和目标的选择能够向采购人员表明企业所关注的重点领域和正确行为；将供应商绩效进行量化的考核指标反映了采购方的期望，采购人员必须向供应商清楚传达其所期望的绩效水平。调查认为，由于不能对绩效进行有效测评，75%的管理者对采购的认识受到障碍。

(3) 反馈控制。绩效考核提供了绩效反馈的机会，把实际绩效与某种标准进行对比有利于提高绩效，从而防止出现失误和及时纠正采购过程中发现的问题。通过反馈可以深入考察采购人员、部门、团队，以及供应商在不同的时间内是否达到了期望的绩效目标，这些信息提供了改进绩效的依据。

(4) 激励和引导行为。通过绩效测量确定评估采购人员的基本规则，可以协助人员甄选与训练。绩效评估的各种数据有利于组织管理改进，能够激励和引导企业活动向所期望的目标方向发展。将绩效目标的完成与公司的奖励机制挂钩，如工资增长、奖金、晋升等，作为个人或部门的奖惩参考。管理层可以激励和影响员工的行为，如果采购人员的努力得到认可，工作动力更大，团队士气更高，将产生良好的激励效果。

17.1.2 采购绩效评估中存在的问题

采购管理的难点之一在于很难制定出能够指导员工按预期目标履行职责的考核方法，一些企业依赖的考核指标不是支持，甚至还会破坏长期绩效目标。例如从供应商那里获取较低的价格仍然是一些成本绩效考核指标的重要目标，但是这样的考核目标使采购商致力于持续地通过各种方法来获得短期的价格消减，而供应商也逐渐失去财政来源或意愿和动力来对长期绩效改善进行投资。

采购绩效考核和评估一直存在一些问题和局限性。实际上，每家企业的考核系统都存在某种类型的问题，无法做到，既科学客观又合情合理。

(1) 目标设置的错误。目标和指标设置不当，将导致错误的绩效考核和绩效行为。组织中基于智力的工作事实上往往很难准确考核，设置指标来量化或测量脑力劳动和创新性工作，难免以偏概全，无法做到客观公正，这是一个长久以来被人们诟病的问题。比如以采购订单的数量来考核采购人员的工作绩效，采购人员可能会将发给供应商的采购订单分割开来从而增加处理的订单数，这显然是不合理的绩效行为，但却是员工为应付检查或考核常用的办法，从某种程度上讲，这种不好的行为是由不好的考核所导致的结果。

(2) 指标选择的错误。根据经验或直觉可能会认为所选择的考核指标与所期望的成功相关，而实际上可能根本不是这样。越来越普遍使用的行为考核指标，无法保证该行为一定能实现所期望的结果。例如，对采购总量进行追踪是行为考核，而总成本节约是更好的结果考核指标；商品团队每个季度召开的会议次数是行为考核指标，更好的考核指标是考察由团队行为所带来的成果。因此，尽管存在很多行为考核指标，但能取得最终成果的考核指标更重要。很多中小企业常常关注短期的考核指标和数据，比如短期的财务或运营数据，这意味着关注短期工作量或采购活动，可能忽视了长期的、战略性的考核指标。

(3) 数据和方法错误。绩效考核中一些常见的问题是数据过多或数据错误。事实上，没有员工能同时监控或满足 10 种以上的考核指标。由于组织机构存在差异，采购专业人员所起到的作用各不相同，这意味着没有一种普遍适用的绩效测量方法。所采用的测量方法是否合适取决于各组织的特点和实际需要。还需要认识到：大多数测量体系是定量测量，但也存在一些重要的定性方法。此外还有一些管理者不采用正式的测评系统，而是依靠直觉去评估。不可否认，在所有与人有关的系统中，直觉有很重要的作用，不过，很少有人会完全依靠直觉来做事，多数情况下需要依靠系统化的大量数据收集及数据分析技能，并依据这些数据采取相应的管理措施。

(4) 考核结果利用的错误。测评报告过于简单、缺少细节，以至于绩效信息变得毫无用处。然而，尽管绩效考核存在这样或那样的问题，仍然不能否认绩效测评的重要性，毕竟有胜于无，用数据、事实说话比经验主义、凭主观印象要强很多。需要做到的是尽可能建立科学的基准、完善的指标，得到客观公正的结果，并不断地完善测评体系，努力测量我们想要测量的东西。

17.2 评价系统与制度

17.2.1 采购绩效测评领域

采购主要是一种商业活动，采购部门所进行的商业活动是评估采购绩效的重要方面。从战略上看，要求采购部门要全面地参与到保证组织生存的战略制定过程；要求采购部门紧跟市场发展的步伐，不仅了解当前市场的情况，还要关注世界其他地方的市场情况。

采购绩效考核的范围和类型通常包括下面一些领域(彼得·贝利等，2006)。

(1) 采购业务。对采购业务活动的测量无疑是绩效评估必须关注的重要方面，大多数企业将采购评估的重点放在采购业务活动。事实上，采购业务活动的测量对绩效的提高有重要作用。采购业务评估领域经常使用的测量指标主要是：①质量。采购商业活动的质量是评估采购效益的一个重要指标。采购中常见的质量测量指标有：收到货物中不合格品的比例；生产中不合格原材料的比例；生产中不合格零部件的比例。②数量。数量指标包括在一定时间内未流通库存量的比例；生产中出现库存短缺的次数；紧急订购次数等。③时间；时间指标比如处理请购单所花费的时间；对供应商实际交货时间与所承诺交货时间的比较；采购纠正措施所花费的时间等。④价格。衡量价格的方式通常有：对支付价格和标准价格进行比较；对主要货物的支付价格和市场指数进行比较；对支付的价格和预算进行比较；对货物使用时的价格与购买时的价格进行对比。⑤业务成本和效率。其主要考虑：处理订单所需要的成本；目前成本占总成本的比率；电话费、通信费等业务成本。

(2) 与其他部门的协作关系。采购部门与其他部门的协作关系对采购部门的整体绩效非常重要，但却很难准确地进行测量。有些公司采用的办法是：对各部门定期进行意见调查，对主要业务会议和会议记录进行查阅或抽查。通过这些方式来了解内部顾客满意度，从而测量双方之间的协作关系如何。常用的指标有：其他部门对采购部门的抱怨次数；采购部门的领导对其他部门经理抱怨的次数；供应商对采购部门抱怨的次数；应急采购的次数。

(3) 采购系统和采购程序。采购系统和程序测评是检查采购流程及其效率。测评的目的主要是检查采购系统和程序是否存在下面问题：采购部门内部设置不合理或缺乏控制；采购部门与公司各部门之间缺乏联系或沟通不畅；采购系统或采购人员的工作效率低下；采购组织对周围环境的适应程度以及采购人员对工作环境的适应情况，或是否缺乏管理。

(4) 预算的执行情况。采购支出是企业最主要的开支领域，通过预算来管理采购支出是很多企业通行的财务做法。在评价采购绩效的时候，评估预算的执行情况便成为一项常规性绩效评估业务。比如企业通过年度预算进行总体资本支出平衡；通过季度的滚动预算来考察阶段性的支出总费用，并通过对比以前各期的预算执行情况，结合本季度工作计划，重新调整当期或该季度预算。通过预算控制表，控制日常的预算执行行为，每月一次，将工作计划与预算中存在的差异，以追加、调减、推迟、提前等方式给予调整，根据相应权限审核确认。通过月度预算执行情况表，及时反馈预算执行状况，根据制定的预算考核指标考核月度预算差异，计算季度预算数据，汇总年终总账信息。

(5) 创造性业绩。很难对创造性活动的绩效进行准确评估，但是评估创造力绩效却是很重要的一个领域。通常着重考虑以下几个方面问题：采购部门是否参与了新产品从构思到生产的开发工作，是否积极促进和引入供应商参与产品开发工程？通过价值分析，取得了哪些成果？通过供应商价格分析和成本结构分析，取得了哪些成果？采购部门的供应商开发情况，是否成功地找到了其他供应源？是否提高了现有供应商的效率？采购部门与供应商的配合工作，是否提高了公司的整体生产力和生产线效率？采购部门的积极工作，为用户部门提供了哪些增值服务和供应柔性？是否提高了用户部门的效率？

(6) 政策的制定。采购政策是一个很重要的方面，但是很少有组织对自己的采购政策进行过分析，对它也很难进行定量化评估。有关政策制定的问题从下面几个方面来分析可能会带来很多好处：自制与外购；集中采购的程度；与供应商的互利互惠；公司内部的交易或转移定价；单源供应或多源供应；与供应商合作执行准时制采购；有关与供应商协同制造的合约。对这些政策问题进行评估通常采用下面这些指标，来判断采购部门在制定政策时的工作量和业绩：①政策阐述。各项政策阐述是否明确？②政策理解和执行。相关人员是否准确理解和执行了政策？③政策变化。政策是否随着条件的改变进行了更新？

(7) 预测和计划。预测和决策在采购工作中的作用越来越重要。它所涉及的基本问题包括：①参与制订计划的程度。采购部门是否参与了公司长期计划和短期计划的制定？如果是，参与的程度如何？②建议的质量。采购部门提出的建议和意见的质量如何？有没有被采纳并被纳入到计划中？③预测的精度。预测在采购部门提出的意见中起到了怎样的作用？在什么时间范围内预测支持了这些建议？预测结果不必完全准确，但随着时间的推移，预测的准确性以及相应的各种分析的质量都应该有适当的提高。预测的内容可能包括：行业关系、供应和需求、价格、技术发展、法律和社会变化对供应市场的影响等。

(8) 管理信息系统。①信息技术的使用；②信息系统开发和应用；③电子化程度。另外，采购部门的测评系统本身也是重要的测评指标。例如是否对主要供应商的绩效进行了评估？评估数据是否对供应源决策有影响？评估信息是否被用于管理和控制？

(9) 供应商绩效评价。在供应链伙伴关系中，为了确定供应商所完成的工作是否令人满意，常常要收集和分析一些数据来定期评价供应商的绩效，从而为再次采购作出明智的选择，并为供应商的持续改进提供建议。供应商绩效可能包含很多个衡量标准，例如，价格和消减成本；改进质量和服务；减少时间周期，努力改进生产进程。对供应商的常规绩效评价通常是当工作完成的时候，直接衡量或量化供应商的绩效。评价的指标包括：准时交付；拒收的次数；营销引起的销售额的增加；开发一种特殊产品或服务在开发阶段的周期。直接衡量需要实时数据的自动化，这将有助于减少花费在数据收集和处理衡量结果上的时间。对供应商综合绩效进行评价可以运用供应商记分卡，对供应商的绩效进行综合陈述，其中包括价格、供应商成本、质量、当前绩效、满意度调查汇总、实时数据、发票数额变异度，以及其他与合同条款相关的问题。

评估采购部门绩效的一个替代方案是考察采购部门是否是一个“明智客户”。明智客户这个概念所传达的理念是：组织机构及其开支是否是在专业化的基础上开展工作。采购部门作为一个明智客户“内行专家”，至少应该了解：①产品知识。产品知识是用来测评采购部门在商业活动中的参与程度的一种指标，它包括对竞争对手的产品及产品部件或原材料的了解情况；对供应市场的了解程度；企业自身产品的生命周期，产品在市场竞争中的优势和劣势，以及企业加快产品创新的步伐；在供应市场中现有采购产品的范围；市场中替代品的相对缺点；将要出现在市场上的新产品及产品成本的可能趋势。②供应商。大多数组织需要和主要供应商合作，采取协作生产或协同工作的方式，并对供应商进行激励和管理。采购部门应了解供应链中能供应产品或服务的所有供应源；潜在供应商的专业信誉；关于潜在供应商运营环境的市场情报；对潜在供应商的组织和经营文化的掌握。③组织要求。能够识别内部客户的要求，并将这些要求融入采购规格中以便供应商能提供有效的解决方案；能够说服和要求最终用户修正他们的不合适要求。④采购专业化。在有效率和有效性进行采购方面成为采购流程的专家。如果发现样品有缺陷，那么组织可能会寻求外部帮助，或者推迟采购，直到获得产品、市场和组织要求等方面的进一步信息后才进行采购。

17.2.2 采购绩效考核指标

采购绩效指采购工作和管理的效率和有效性。现代采购绩效考核和评估系统基本上有两类指标：效率指标(Efficiency)和有效性指标(Effectiveness)。效率是指实现预定的计划目标与实际成本之间的关系，效率评估通常将资源投入和绩效产出联系起来。有效性是指企业通过实施一系列活动流程，能满足先前预定的标准或目标的程度。简单来讲，效率指标就是采购订单处理和反映当前采购工作状态的指标，多以比例、比率等指标形式呈现；有效性指标指那些反映采购部门战略贡献的方法，体现为具体的特性、数量、效力或效果。效率评估指采购业务活动及绩效评估的战术问题，有效性评估指采购目标及绩效评估的战略问题，前者关注“做事的方法是否正确”，后者关注“所做的事情是否正确”(彼得·贝利等，2006)。

采购部门使用许多关键绩效指标来监督和控制采购活动，包括价格有效性、成本节省、工作量、管理与控制、效率、卖方质量管理、支付、物料流控制、库存和运输、社会和环境指标等，各项指标实现的好坏直接关系到采购部门的业绩。因此，对于采购商而言，运用先进的管理方法，减少采购环节中的错误，尽可能提高用户的满意度，有助于采购活动顺畅高效地开展。

现实中采购绩效指标可能有成百上千种，可以根据相关性把这些绩效指标进行分类，每一类别中都可以分解出很多相关的考核指标。以采购业务为例，采购绩效评估的效果指标和效率指标如下。

1. 价格绩效指标

价格有关的绩效指标用来评估采购经费的有效利用程度。确定价格指标可以运用价格差异分析法和目标价格分析法。常见的价格差异指标包括实际价格与计划价格的对比、支付价格与预算价格相比较、使用时的价格与采购时的价格相比较、实际价格与当期市场物价指数(公开市场价格)相比较、实际价格与公司单个产品价格或总产品价格的对比分析。

目标价格是一种重要的价格绩效指标。确定目标定价的过程是：首先根据客户对产品或服务的支付意愿确定目标价格，然后评估企业的利润目标，最后推算制定获取零部件、产品组装和服务系统的目标成本。目标成本就是企业可允许成本，将目标成本分解到最终产品或服务的各个组成部分，从而实现对企业的目标成本管理。

实际采购价格与计划采购价格的差异分析可用于不同组织层次的绩效考核，如采购物品、商品、系列产品、终端产品、项目、采购部门、供应商、管理团队等。考察价格差异的不同指标如采购价格差异、价格差异百分比、总的采购价格差异等。用公式表示为：采购价格差异=实际价格-计划价格；采购价格百分比=实际价格/计划价格×100%；总的采购价格差异=(实际价格-计划价格)×采购数量或预计年采购量。

实际采购价格与市场采购价格的差异比较适用于由市场供求关系决定价格的产品，如资源产品、标准化产品和易获得产品。以一定时间内公开市场价格为基点，考察不同时点实际采购价格相对于基点的价格增长指数。

生产相似产品的不同工厂或企业单位之间的实际成本差异比较，可以识别企业内采购价格的差异。这种比较有助于识别各个部门间采购产品的最优采购价格，以便进行统一采购。企业之间实际采购价格的比较则被很多企业用来判断实际价格的竞争性。

虽然企业日益关注成本绩效指标，但价格绩效指标考核仍然很适用，特别是对那些以价格为主导或缺乏详细成本数据的企业。在采购物料资源、零部件和标准化产品、系统和合同服务时经常使用价格绩效指标。

2．成本效率指标

成本管理被广泛地认为是采购绩效的一个关键领域。成本指标主要关注为降低采购成本所作的努力。消减成本的方法至关重要，但必须谨慎，相互合作带来的成本下降与向供应商施加压力带来的成本下降，从账面结果来看是一样的，即都实现了成本的下降，但达到这一结果的过程却能产生长期的影响和不同的效果。比如与供应商合作可以通过技术进步和流程改善来降低成本，而向供应商施加压力可能会迫使其偷工减料，因而造成产品质量下降。

成本考核指标主要有三类：采购成本规避指标、采购成本变动指标和采购成本控制指标。

采购成本规避指标指的是用可能支付的潜在高成本减去实际支付的成本数。有些采购成本是不必要的、可以避免的，但是如果不经过特别的努力或行动，这时就会出现潜在的更高成本，而无法获得较低的采购成本。尽管成本避免带来的节约很少出现在公司的利润表中，且易于被操纵，容易被夸大或缩小，但是合理计算成本规避指标和数据也有实际意义。

采购成本变动指标指的是由于采购战略和采购实践的变化导致一段时间内一种产品或一系列产品的实际成本的增减变动情况。企业所关注的最主要的考核指标是其所实现的成本降低程度，采购部门要想大幅度降低成本，就应更多地关注成本变动方法，成本变动代表了实际的成本变化，这能够影响公司的整体盈利性。

采购成本控制指标指的是考察实际成本偏离事先设定的成本基准的情况。标准成本指标和目标成本指标通过设置成本控制基准来实现对采购成本的约束、考核与管理。

3．品质绩效指标

采购商品或服务的质量指标历来是绩效考核的一个重点领域。常用的质量指标有以下几个。

(1) 合格率或次品率。通常用任何特定产品、组件或服务可允许出现的次品的最大数目或水平(绝对数或百分比)，或用工厂或设备失败的平均时间来考核，比如收到货物中不合格品的比例；生产中不合格原材料或部件的比例。百万分比率(Parts of Per Million, PPM)是用来考察产品、部件、组件或系统出现次品或不符合规定部件的发生率，PPM 指标需要一个参考基准点，如生产、接收、入库检验或装运等情况。随着质量管理改进和制造商对规格要求的提高，PPM 指标也在不断提高。

(2) 每个供应商提供给客户的次品数量。这个指标考核每个供应商缺陷产品数量，可用来比较竞争性供应商之间的质量绩效，也可以作为供应商要达到或超越的绝对目标，常常作为供应商评估、资格认证和奖励考核的指标之一。具体来说，可用检验或抽样调查供应商交付产品中可接受部分所占的比例来表达，如进料验收合格率指标=合格(或拒收)数量/检验数量；在制品验收指标=可用(或拒收)数量/使用数量；也可以用供应商所供应的所有产品总数的考核来得到该供应商次品的平均数目来表达，如供应商平均合格率=次品数量/供应商品总数。

(3) 现场故障率。供应商提供的部件、组件、系统或服务组成最终产品提供给外部客户时所出现的故障率，由计算故障数目占总数的比例得到。该指标反映了售后故障率，通常作为评价客户满意度的关键指标。它又能够与监控售后产品绩效，管理售后支持成本，并通过追踪故障率和出现故障的根源，为改善供应商绩效、改进产品设计和寻求新设计提供支持。

4．时间、交付和响应性绩效指标

(1) 新产品或服务开发及上市时间。这个指标指产品或服务从概念形成到首次送达或提供给外部客户的时间。持续地缩短产品上市时间是企业参与和赢得市场竞争的新要求，尽快上市成为客户的首家供应商可以赢得市场，并可以实现投资平衡时间的缩短，实际上加快了企业资金流的周转速度。

(2) 及时交付或响应客户。这些指标表明供应商满足客户计划需求的程度，比如计划或承诺的到期日、交货时间、对实际交货和承诺交货进行比较、处理请购单所花费的时间、采取纠正措施所花费的时间、准时递送或响应、提前或延迟到达的可接受时间。提前或延迟可接受性指标通常用单个产品货运、服务中准时交付或延迟交付所占的百分比来表示，也可以通过计算企业总的准时交付占全部交付的比率得到。

(3) 缩短供应链周期时间。这些指标用来识别供应链的总周期时间及其构成，包括供应商制造周期、物料采购、订单输入、内部生产运作、物流和配送时间等。这些指标通过消除延迟、持续改进交付来缩短周期，以减少周期时间，实现时间目标。

(4) 对订单计划、产品组合和设计改变的反应。这些指标考核供应商对需求变化或使用变化的反应速度。比如将交付计划中 50%的订货由 3 周调整为 2 周、实现设计变化符合允许的目标时间，这些指标考核供应商的灵活性。

5．技术和创新考核指标

(1) 供应商的新技术。企业在与所选的关键技术供应商进行合作时，可能需要关注与供应商共享新技术。具体的指标可能是与关键供应商就重要技术分享达成的协议数量。

(2) 标准化技术和行业标准应用。这些指标关注零部件、产品、系统和服务的标准化，将采购产品当前所采用的标准与行业标准或特殊标准进行比较。具体的考核指标包括应用标准化减少所使用的产品种类、新产品中的标准零件和特殊部件所占的百分比或绝对数，这些指标有利于企业制定具体的产品或服务设计准则。

6．库存资产管理与整合供应链管理指标

库存通常被作为企业的运营资产来考核和管理。总的库存考核指标有很多经典方式，比如库存投资的总价值、库存周转率、库存供应时间、安全库存量、库存数据记录的准确度、在特定时间内未流通库存的比例、生产中库存短缺的次数或紧急订货的次数。这些指标用于考核公司的供应链不同阶段的库存，也用于考核公司之间的总体供应链库存。这些指标是为了追踪库存在供应链中的流动速度，或者考核原材料、在制品和产成品的库存周转，目的是提高库存周转率以降低库存成本。

库存指标也用来追踪和考核企业库存投资的不同情况。例如常见的指标有：流动存货对非流动存货的比例、零部件系列的总库存量、营运资金储备、不同采购品(生产产品、维修品、包装材料等)的库存投资；储存费用指标考察现有存货利息及保管费用与正常存货水准利息及保管费用之差额；呆料、废料处理损失指标是处理呆料、废料的收入与其取得成本的差额。这些指标都反映了库存资金占用和使用的效率。

运输指标包括运输承运商质量、交付绩效水平、运输提前期和运输成本等。比如实际运输成本与预先设定的目标运输成本之间的对比，运输成本消减关注所开展的业务在计划阶段所产生的总运输成本的消减、逾期滞留费用消减、使用标准运输方法来满足内外部客户需求时所产生的额外运输成本消减。通常的衡量指标包括总的运输成本占商品销售成本的百分比、运输成本占销售收入的百分比、运输额外开支占总的运输成本的比例。

客户订单指标考核企业如何满足下游客户的需求。订货指标有很多，比如及时交付比例、从客户订货至交货的总时间跨度、被退还的订单，以及商品质量保证声明等。采购部门主要关注供应链的上游活动，而随着供应链管理的日益加强，采购和物料计划人员也开始关注供应链下游活动。

电子交易指标表明企业之间的信息沟通和联系性。可以通过利用电子数据交换或以网络为基础的通信系统的使用情况来考核，比如网络交易供应商的数量或百分比、网络交易订单的价值或百分比、网络订单的数量或百分比、提前货运通知的百分比、电子付款或电子发票、客户需求的满足程度等。

供应链整合指标考核供应链运作整合与协调程度。比如推动式系统中供应商的数量、推动式环境下共享生产计划表的供应商所占百分比、实际共享计划表的供应商占应当共享计划表的供应商的比例、运用供应商管理库存的供应商数量和库存情况。

7．物理环境和社会性指标

企业对资源环境和安全问题越来越重视，相应的一些环境相关的考核指标也被纳入到企业采购绩效考核的范畴。环境绩效指标有资源消耗、环境污染指数、环境成本等负向指标，也有环境改善、安全性提升等正向指标；有些是企业自愿承诺的指标，也有法定强制性指标。跟踪和改善这些环境指标，目的是实现自愿达成或规定的目标。

企业社会责任对采购战略制定和绩效评判也提出了新的要求。比如国家和政府要求企业必须与小规模企业、少数民族企业以及下岗再就业、妇女和残疾人开办的企业有一定的业务往来，这些方面的采购开支要达到一定的绩效水平，政府和企业将对这些开支进行追踪和报告。具体的评估指标可能包括：采购目录中小微型企业和特殊供应商数目、从小微企业和特殊供应商处采购金额占企业全年采购支出的百分比、从小微企业和特殊支出采购支出的增长率等。

8．行政管理和效率指标

管理层通过组织、行政管理和效率方法来规划和规范采购活动。管理效率体现为管理费用支出及控制，比如运用预算管理控制采购费用，两种最常用的预算管理方法是当前预算加调整和控制比率。当前预算加调整就是以当前的管理预算为起点，管理部门向上或向下调整下阶段的预算，调整方式以预期的企业经营状况和其他部门对采购工作的要求而定，反映了管理层对采购工作量和公司赢利情况的看法。控制比率法是另一种能够反映采购部门工作量的考核指标。一般来讲采购工作量与生产物料的计划开支成比例，因此采购管理预算就变为：采购预算=生产物料的预计开支×控制比率。控制比率百分比的确定一般是采购部门与更高管理层之间协商谈判的结果，也要依据历史数据、对下一阶段生产物料采购需求的预测来确定和计算。

预算开支项目一般还包括行政管理费用，如工资、生活福利费用、差旅费、培训费、办公用品开支和其他各项费用，但是，有些企业并不把行政开支计算在采购预算中来考核。

此外，考核采购工作量和采购效率还常用其他方法，如采购订单的处理量、单项产品处理量、采购金额；采购金额占销售收入的比例；订购单的件数；采购人员人数；采购部门费用；新供应商开发；采购完成率；错误采购次数；订单处理时间、采购人员人数和结构等。

9．内部客户满意度

企业还常常采用一些指标来考核采购部门为增值所作的贡献，一般通过内部客户满意度调查来衡量，让企业内部部门回答一系列问题来得到它们对采购部门的满意程度，同时也通过供应商满意度调查和考核指标来对采购部门的业绩进行衡量。

10．供应商绩效指标

很多企业在供应商绩效考核方面取得了很大进步。采购方常常追踪考察供应商质量、成本、交货情况、反应能力、技术贡献以及环境等领域的绩效水平，供应商记分卡或供应商绩效评估模型通常包括了这些考核指标。供应商绩效评估对于供应商选择、激励和开发起着日益重要的作用。

11. 战略绩效考核指标

采购部门需要对那些为整个公司或业务目标提供支持的领域进行考核，这意味着减少纯粹的效率考核指标，更重视有效性考核指标。在大多数行业中，采购部门的自身定位已经从提供管理支持的职能部门转向为企业提供战略价值贡献的部门。为了完成采购部门从运营角色向战略角色的转变，采购考核和评估系统也必须随之相应改变。表 17-1 列举了战略采购考核指标的实例，这些方法都是以行动和结果相结合为导向的考核指标，它们关注的重点也从严格的人员绩效和效率指标转向采购职能是否很好地为战略性管理目标和以供应为基础的任务提供支持。总之，这些指标更具有战略化和外部化，关注更广泛的采购目标，而不是具体的采购活动。

表 17-1 战略性采购考核指标

内部性战略指标	外部性战略指标
· 收到免检货物和无缺陷物料占采购物料的比例 · 采购部门对资产回报、投资回报和经济增加值的贡献 · 采购投入金额中长期合同金额所占的百分比 · 通过使用全公司协议所实现的节约 · 采购部门对缩短产品开发周期所作的贡献 · 从单一供应源采购商品的金额所占全部采购金额的比例 · 从最佳绩效供应商处采购商品的金额占全部采购金额的比例 · 通过电子数据交换和网络系统完成电子采购交易占全部采购金额的比例 · 以 JIT 采购方式获取和接受货物占全部采购金额的比例 · 由采购和供应链管理实现的周转资金节约 · 由资源外包战略作用实现的投资回报和资产回报 · 零部件数据减少带来的节约 · 零部件标准化带来的节约	· 采购部门运营和行政管理预算中用于供应商现场拜访支出的百分比 · 通过质量认证的供应商占全体供应商的比例 · 供应商总数量 · 参与早期产品设计和其他增值活动的供应商所占比例 · 由供应商提供技术导致客户产品差异化所带来的收益 · 采购部门运营预算中用于供应商开发和培训所占的比例 · 供应商选择中运用总成本评估所占的比例 · 供应商提前期考核 · 采购部门与二级供应商、三级供应商合作所实现的成本降低 · 供应商质量、成本和交付绩效水平与世界级绩效目标的对比情况 · 用于供应商开发的成本和收益 · 供应商绩效持续改善考核指标

17.2.3 采购绩效评价标准

所有的评估方法都包括有关评估绩效结果或成果的标准或目标。例如用“物料免检率”指标来追踪、考核采购物料质量，这个指标反映了供应商质量改进的实际情况，但是只有这个指标是不全面的，因为无法对这个指标作出好坏或高低的判断，还需要将实际改进情况与事先设定的标准或目标进行比较。因此，每一种绩效考核指标都应该包括实际绩效水平和目标绩效水平。

采购发展的不同阶段，绩效评价的标准和工作重点不一样。表 17-2 说明对采购绩效进行测评的标准和方法随着采购活动重心的改变而改变。在初级阶段，采购职能是分散的，由其他职能部门完成，测评主要针对行政办公效率。随着采购职能的发展，测评标准越来越具有战略性，评估范围也在不断扩大。测评标准是动态的，随着组织的发展而发展，办公效率让位于成本有效性，并最终被战略有效性所取代。

表 17-2　采购不同阶段的绩效测评标准和工作重点

采购阶段	采购职能状态	工作重点	绩效测评标准
初级职能阶段	职能分散，业务上从属被动；采购部门很小、地位低，处理行政事务	按要求或批准的预算购进货物	几乎没有明确的绩效指标和测评活动
独立职能阶段	采购职能集中，其他部门依然参与采购工作，建立了独立的采购部门，地位低，主要处理行政工作	按其他部门的要求或预算购进货物	评估部门人员的办公效率、未处理的订单数等
商业采购阶段	采购部门负责全部采购工作，采购部门的地位得到承认，采购经理向财务处长或直接向总经理、董事长汇报	节省费用、降低成本，提高谈判效率等，增加了供应商开发和发展组织内部关系	开始对长期采购有效性进行评估
战略采购阶段	采购职能成为战略性商业活动，采购经理直接向总经理、董事长或董事会报告	关注谈判、供应商开发、降低成本和发展内部关系等战略性采购活动，对“供应总成本”进行评估	战略有效性

标准或目标是作为与目前的实际绩效比较的基础。所有的绩效考核方法都会包含绩效评价结果的标准或目标。需要将实际的绩效水平、实际改进情况，与之前制定的标准或目标绩效水平进行比较。企业在制定绩效考核目标或标准时通常会采用以下三种方式。

(1)　以往的绩效。选择公司以往的绩效作为评估目前绩效的基础是有效的方法，这种方法将某一活动的历史数据作为制定正式绩效目标的基础。一般是利用绩效修正因子对历史绩效进行修正从而得到现实的目标。历史方法通常用于与效率相关的考核指标，其好处就是企业的考核标准有明显的提高幅度，又能保持连续性。依靠历史数据可能产生的问题就是可能过去的绩效并不是最理想、最优状态，那么在这种情况下制定考核目标，尽管设计有修正因子，企业仍然可能承受着次优目标的风险。同时历史数据仅在企业内部具有延续可比性，却无法提供竞争者和行业领先企业的绩效能力状况。

(2)　内部制定或衍生的目标或标准。历史绩效是以过去的数据为参照，而企业也可以面向现实或未来的预测来提出评价标准。一种思路是由企业现行管理制度衍生而来的标准。比如战略计划提出的最终目标和具体目标可以转变为考核标准。预算标准是根据预算方案计算出的数据作为要落实的目标和绩效评价标准。定额标准也是依据正常生产状态下企业物资消耗数量和比例而制定的控制参考标准，也适合作为绩效考核依据。另一种思路是根据企业现实和未来预测的发展情况制定评价标准。比如企业可以在部门之间或业务单位之间进行内部比较，用最好的内部绩效水平为基础制定整个企业范围内的绩效目标或理想标准；用内部平均绩效水平为基础提出整个企业的基本标准、固定标准或可达成的标准。这种方法相比历史数据法具有一定的优势，也存在一定的劣势。优势就是有多个业务单位的企业通常可以跨部门进行内部绩效的比较和等级评定。但是企业在强调内部部门之间相互比较时，也可能会忽略外部竞争，内部衍生的目标即使是最佳绩效水平也不能保证一定可以赶上竞争对手的最优绩效。而且，企业内部部门或业务单位之间也可能产生不良竞争，破坏内部和谐与公平。

(3) 外部分析。这种方法需要审视竞争对手或行业领先企业的实践和绩效目标。参照直接竞争对手的绩效目标提出自身的绩效目标或标准，显然有利于在市场竞争中获得优势。如果以整个行业平均绩效或行业最佳水平作为绩效目标或参照标准，则可以明确企业在行业中的地位。标杆法(Benchmarking)就是一种与先进企业进行比较制定绩效目标和计划的流程。例如，以世界级采购绩效水平为基础来制定采购管理目标和评价标准，那么这样的标杆管理的实现，将大大提升企业采购管理水平。

17.2.4 采购绩效评价系统

采购与供应链绩效评价系统代表了一种正式的采购绩效监控和评估的系统方法。一个完整的评价系统就是要建立一整套绩效衡量的结构框架、流程框架、制度或技术，包括指标、程序和方法体系以及信息技术、财务资源和管理支持系统。

采购绩效衡量体系强调三个基本问题：①采购职能部门如何对企业的目标和战略起到有效的作用；②组织目标和战略如何恰当地反映出采购领域所提供的机会和所做出的贡献；③如何准确认可和沟通传达采购部门对组织目标和战略的贡献。图 17-1 显示了将公司目标管理、绩效管理、贡献管理连接起来的整合逻辑，遵循这一逻辑可将公司目标管理和绩效评价要素整合成一体。

在测量采购绩效时，会面临的一个问题是：有时候很难将责任划分清楚。许多部门都或多或少地参与了采购流程，这些部门的活动会对采购与供应商的绩效产生各种各样的影响，它们之间的联系非常复杂，所以很难分清它们的影响和应承担的责任。这就是为什么组织要采用目标管理的原因之一。在目标管理制度中，公司的总目标由一系列相互联系的子目标组成，目标被分层、被分解为各个部门或人员的责任。同时这也是促使企业推行“集体式”决策和管理方法的一个主要动因。所谓集体式管理方法，旨在对权责进行归类，以便能够对它们进行有效的控制和评估。

采购绩效是考察供应活动的效率和有效性，对采购与供应的绩效进行准确衡量是非常必要的，其好处在于能够评估各种采购和供应方式的优缺点，为高层管理者提供有关供应贡献大小的信息。没有一套衡量方式适合所有的供应组织，因此，在特定的组织环境下要找到最合适的衡量方式。

这种绩效对公司的作用和增加的影响体现为对公司成功的贡献。供应贡献的衡量需要从整个组织成功的角度来考虑。比如在第一章讨论过的运营和战略方面的贡献，直接和间接的贡献，正面、中性或负面的影响等。为了抓住采购的贡献，就要在三个方面作出努力：成本管理、增加收入以及资产管理。采购经理、财务部门以及内部业务伙伴一起实现供应的贡献。

企业采购与供应链考核方式应该采用一种系统流程来最大化成果和实现整合。图 17-1 阐明了这种流程系统，企业目标促进了企业具体战略的制定，这些企业战略促进制定合适的和优先的采购与供应链具体目标和具体战略。战略、考核指标和行为的整合将促进目标的制定和实现，并作出积极的贡献。整合的采购与供应链管理能够提高效率和降低管理成本，给单个的企业和整个供应链带来竞争优势。

绩效评价系统的核心内容由三方面构成：绩效指标(Criteria)、绩效标准(Standards)、绩效测量(Measures)。绩效指标是用来评估绩效的有关要素，如废品率、及时交付率等。在特定的时间框架内，绩效指标的实际价值就是绩效测量。绩效标准是每个绩效指标的可接受水平。企业的绩效评价系统要求，企业每个战略目标通过监控过程达到实现。

有效的衡量系统开发遵循一般的程序，包括建立标准、确定指标和具体细节、系统应用与完善(罗伯特·蒙茨卡等，2010)。如图 17-1 所示，开发一个有效的绩效考核和评估系统伴随着一系列活动，其中最关键的是确定需要考核的范围和绩效类型，开发具体的绩效考核指标体系，为每一种考核指标制定绩效基准，评估方案及实施和审核改善。

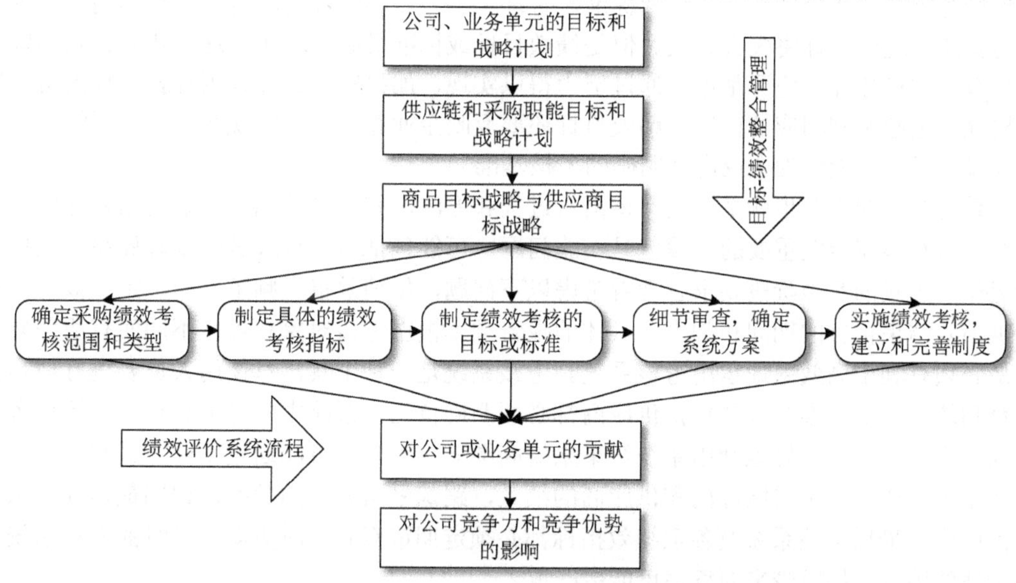

图 17-1 采购绩效评价系统的整合框架和基本流程

开发过程的第一步是确定公司需要考核的绩效范围和类型，并赋予绩效考核分类不同的重要程度。考核范围和类型虽然不关注具体的绩效考核指标，但选择的绩效考核类型必须与公司、供应链、采购的最终目标和具体目标有着广泛的联系。图 17-1 表明，公司层、业务单元和其他部门的目标和战略对采购职能目标和战略有直接影响。为了实现公司整体目标和战略，制造、物流、采购等职能目标和战略必须与公司目标和战略相匹配，保持一致。同时，采购目标和战略影响采购绩效考核指标，考核指标对战略流程和直接的行动进行跟踪；管理者根据采购目标和战略计划所需要的行动，制定采购过程和产出绩效的考核指标。

系统开发的第二步是制定具体的绩效考核指标。管理层确定了所需侧重的考核类型后，就需要制定具体的绩效考核指标。成功的绩效考核系统的指标具有一些明显的特点和要求。比如每个考核指标都应尽可能客观，主观评价会使评价人与被评价的个人或团体产生冲突。每一种绩效考核指标的含义必须清晰，员工必须明白指标的要求，认同指标考核的内容，并懂得如何达到这种考核指标。每个指标能够使用准确并可获得的数据，生成和收集数据的成本不应超过使用该方法所获得的收益，如果所要求的数据很难生成或不可靠，收益率将会下降。考核指标具有不可操作性，意味着员工不能操纵考核数据，不能随意影响考核结果，考核指标的结果应该是对实际活动或绩效水平的真实反映。此外考核指标要实时变化和适应创新性。考核指标要适应组织发展和目标变动呈现一定程度的动态性，要实时更新考核指标。而且考核系统不宜控制过紧，抑制个人创新力的发挥，因此成功的系统只考核最重要的指标，而不会关注过多的模糊指标，以鼓励个人发挥主动性和创造力。

系统开发的第三步是为每一种考核指标制定绩效目标或标准。绩效目标或标准必须明确，一般来讲，目标是较高绩效水平，而标准是正常绩效水平。当然很多时候没有对标准或目标严格区分，可能有一些不同的习惯性应用场合，比如在制订战略计划中一般称目标，而在绩效评估中称为标准比较合适。标准也可以有低标准和高标准之分。太容易完成的目标可能在企业内部被称为绩效标准，管理层不应该制定容易的目标，因为通过最少的努力就能实现的目标将失去意义。但是绩效目标或标准又必须现实，这意味着达到绩效目标具有一定挑战性，但又是可以通过努力得以实现，如果实现目标太困难就会打击员工的积极性，也起不到相应的作用。绩效目标还要反映企业竞争环境的现实状况，不能反映竞争环境的目标不能作为企业内部明确的考核基准。

系统开发的第四步就是开发具体衡量过程和方法，完善系统细节，确定绩效评价实施方案。所有系统至关重要的步骤就是实施问题，可能包括试运行或试验以确保系统能按要求运作。正式的实施阶段要求管理者考虑以下问题，如绩效报告频率，即确定绩效考核和提供绩效结果报告的期间和频率，具体的报告频率根据考核对象和指标不同而有所差异，但是必须有利于高效率地运用考核系统。考核系统是一种工具，对使用人员要进行适当的教育和培训，每个参与人员包括供应商都必须明确自己在系统中的义务和责任。管理者还必须认真考虑如何更好地利用系统结果来提高绩效，管理者可能通过不同方式来利用考核评估结果，比如评价采购部门和供应商的绩效，跟踪采购人员的效率，识别最佳绩效水平的供应商。最后考核系统及各项绩效指标都必须定期审查和实时更新，过时的考核系统或不合适的绩效指标所带来的危害可能更严重。

系统开发的第五步是系统应用与改进及制度化阶段。考核系统在应用中要实时更新。领导者要检查，需要行政管理层提供领导、支持和承诺，并提供系统开发所必需的财务资源。管理层也必须要求所有的采购单位使用统一的评价系统结构，以减少重复性开发和维护工作，节约开发和培训成本。当然，这只是说系统的基本设计是统一的或相似的，并不意味着每个采购点都必须使用相同的绩效目标或标准。执行管理层的支持本身也传递出追踪和改善绩效非常重要这样一种积极信号。

17.2.5 采购绩效评价制度

1. 采购绩效评价与管理制度化

采购绩效评价和管理不仅要系统化，还需要制度化。为了使采购绩效评价系统能够有一定的相对稳定性，并能发挥长期效用，有必要建立和完善采购绩效评价制度。制度化的过程是绩效评价系统完善、规范化和相对固定化的过程，一旦评价系统建立相对完善，就有必要在一定时期内保持相对稳定，成为企业管理的规范、规则，这是形成和建立企业制度和企业文化的重要内容。

采购绩效评价制度是更加长期性的采购绩效评价系统和规范。它有以下几个特点。一是系统性。陈鹰(2015)研究认为，绩效评价有三个发展阶段：①单一指标评价和建议阶段；②绩效评价框架发展阶段，包括结构性框架和程序性框架两种类型；③绩效评价系统发展阶段，将结构框架和程序框架结合起来形成完整的评价系统，有代表性的如平衡记分卡方法、标杆评价法、供应链运作参考模型(SCOR)等。二是规范性。如果说系统性体现绩效评价的完整性的话，规范性则体现了绩效评价的稳定性。规范性是评价系统转变为评价制度的关键一步，评价制度意味着组织的采购绩效评价方案、软硬件系统、评价体制机制、计划实施和监控审核都形成了一个相对稳定完整的阶段。三是管理性。绩效评价是绩效管理的一个前提条件和必要步骤，但它不是目的，也不是终点，而利用绩效评价结果来对企业绩效进行管理，并促进企业其他方面的管理才是真正的目的。因此，企业有必要推动绩效评价上升到绩效管理。从绩效评价发展到绩效管理是一次质变，绩效管理作为一门学科和企业实践活动，是企业绩效评价实践和制度化向深度发展的结果。

2．标杆法与最佳实践绩效

标杆管理法(Benchmarking Management)是一种日益流行的，用于制定绩效评价目标、标准、流程和考核的综合方法，很好地体现了目标管理、流程管理和绩效管理的综合一体化。20 世纪 70 年代末，在美国企业界掀起的学习日本的运动中，施乐公司率先发起标杆管理方法，开展向一流企业的最佳实践学习活动。在制定采购和供应链管理绩效目标和行动计划时，标杆管理法也得到了明确而有效的应用。

标杆管理就是将企业的产品、服务、流程和实践活动，同企业最大的竞争对手、行业公认的龙头企业或其他行业最优秀的企业进行连续的比较管理研究。通俗地说，标杆管理过程就是要对一流企业的最佳实践进行比较，判断这些最好的企业是如何达到它们的绩效水平，并且把这些信息作为公司制定绩效目标、战略和行动计划的基础。可见，标杆管理并不是总要和竞争对手相比，从合作的非竞争对手那里更容易获得标杆管理的数据和信息。比如采购与供应链管理，从优秀的跨行业企业、世界级的跨国企业更容易获得流程和部门活动的标杆信息资源。

标杆管理一般有三种类型或者说“对标”层次。第一种是战略标杆管理，要求将公司的市场竞争战略与其他优秀公司进行对比。战略标杆管理通常和领先的竞争对手相比，在深刻理解领先的市场竞争者的战略的基础上，企业制定战略和行动计划，加强竞争能力并在市场竞争中占据主动地位。第二种是运营标杆管理，关注企业职能活动的不同方面，以及识别获得最佳绩效的方法。企业应该将那些能创造高收益的职能活动作为标杆，因此采购部门在进行运营标杆管理比较时关键是在部门内选择关键的职能、流程和活动，对标先进企业的标杆做法，这是取得成功的关键。第三种是标杆管理支持活动，企业内部的支持部门通过与企业外部提供相同支持服务活动的优秀企业进行对比，来检验自己的成本绩效水平。越来越多的企业开始将标杆管理支持活动作为控制内部管理开支和成本开支的方法。

标杆法是通过设置标杆作为绩效评价的标准的一种评价方法，利用标杆法进行采购绩效评估和管理的步骤一般包括：确定领域；确定标杆；获得信息；分析信息；利用信息。标杆法重点考虑的是衡量和评估，但目的不是为了衡量评估本身。标杆法的目的是发现可能存在的“最佳实践”，了解最佳实践所取得的成就，并试图确定和找出最佳实践中的构成变量和那些标识组织取得成功的关键要素。在完成以上步骤后，这些变量就可以被用作主要指标，然后将这些指标作为标杆传递给研究机构，由研究者来研究出赶上或超过这些绩效指标的做法，以便在自己的组织中学习应用这些绩效。

罗伯特·坎普(Robert Camp)提出了标杆管理流程的五个步骤。①计划。企业需要考虑以下问题，如哪些产品、流程或职能部门需要实施标杆管理，选择什么样的企业作为标杆企业，以及如何识别和获取数据、信息资源。②分析。成功的标杆管理流程依赖详细而准确的标杆管理数据和信息。这个阶段主要是进行数据和信息的收集和分析，清楚解释和理解标杆企业的流程、方法和活动。因此，要能思考和回答以下问题：标杆企业哪些产品或职能领域做得好？为什么标杆企业能做得好？本公司与标杆企业的差距有多大？能否在公司中直接运用标杆企业的最佳做法？能否设计出更好的绩效水平？③整合。这是让标杆管理结果在整个企业范围得到认可的沟通交流过程，要向相关人员传达对标杆企业考察的发现。在这个阶段，管理层要根据标杆管理发现制定运营目标和职能部门目标。④实施。即将标杆管理的各项预计结果落实到具体的实施计划。本阶段的关键问题有：让直接负责计划实施的人员参与计划制订过程，制定时间表及时更新各个时期的目标和计划，建立报告系统实时反映标杆管理进展情况。⑤成熟。运用标杆管理制定目标和计划的流程得到广泛接受，在企业各个层次持续运用标杆管理；由于绩效标杆管理而实现了持续的绩效改善，则说明公司达到了标杆管理成熟阶段。

标杆管理法已经成为企业制定绩效目标和行动计划的正式流程和管理制度，管理者必须把标杆管理看作是向外部企业学习的途径，也是持续改善内部运营水平的方法。采购部门和供应链管理者在制定绩效考核目标、指标和计划时都必须认可这样的做法。员工个人也要把标杆管理看作是企业制定目标和竞争性战略系统的一个长期管理工具，这些对标杆管理方法的成功应用非常重要。

3．绩效报告系统和制度

无论使用什么系统对采购工作进行评估，都需要制定报告书，对采购部门工作的范围、采购目标以及采购绩效向管理者进行说明和报告(彼得·贝利等，2006)。报告书包括了当前和预测的市场条件，以及对高层管理者有用的信息，如有关新产品和新流程的数据、有关供应源开发的信息、主要原材料的市场信息，以及对公司采购政策和战略的建议。这些采购绩效报告也是高层管理者评估采购部门业绩的主要依据。

报告书的信息质量和表达方式很重要。报告书应该包括哪些内容？多长时间撰写一次报告，报告应该采取什么样的表达方式？这些问题只能视具体情况而定。有些公司要求部门经理定期进行报告，包括周报、月报、季报和年报；有些公司要求对具体采购事项提供针对性报告，如市场动荡，或某种产品的原材料含量太高，就需要提供专门报告。另外，撰写报告时，应该站在管理者的角度去报告，报告目的符合管理者的需求，并且只有非常专业的报告书才能引起高层管理者的注意。

报告的内容必须简明扼要。报告首页一般是内容概要，可以使用图表来说明支持论据的数据资料。报告正文部分应该提供统计汇总信息，并对汇总信息进行说明，如有必要，可把详细的统计数据列作附录。报告的结尾部分通常总结评价的结果，提出必要的结论和管理建议，这是供领导者决策的重要依据。

采购部门通常按月度、季度、半年或年度等固定期限准备和提供运行报告或供应经营报告。可以按下面的标题和内容来完成(利恩德斯等，2009)。

(1) 价格水平、市场和经济状况。所购商品和主要材料的价格变化和趋势；所购主要货物的需求、供应情况变化；主要货物期望的采购提前期。

(2) 存货投资变化。应按主要商品和材料组对存货的投资进行细分；主要商品或材料组每天或每月的订购或供应；存货投资与销售的比率；主要货物的存货周转率。

(3) 供应行为和效率。由于供应调查和价值分析引起的成本减少；由于质量问题引起的主要商品的拒收率；及时交货的比率；引起生产中断的缺货数量；按原因分类订单改变的数量；所收到的或处理的必需品的数量；采购订单的数量；雇员的工作负荷和生产率；运输成本。

(4) 影响财务和管理活动的行为。将部门的实际管理成本与预算值比较；得到和失去的现金折扣；按正式合同类型及采购订单期望的交付日期对采购任务进行分类；供应商允许的现金折扣改变。

(5) 其他很重要的问题。供应商绩效衡量不仅包括传统的质量、交付和成本方面，而且包括沟通和合作等更本质的供应商关系方面；最终消费者满意度是衡量供应实效的重要指标，但很难操作；供应部门和供应商所作的更有价值的一些贡献很难衡量，如采购对进入市场速度的贡献、资产和资源使用、避免成本发生、流程改进、服务水平改进、产生的收入，以及新产品和服务的价值工程；供应部门对组织的竞争力的战略贡献，如质量、成本、顾客服务、循环期以及具有竞争力的供应基地。

17.3 采购风险与管理

17.3.1 采购与供应链风险

采购与供应绩效管理也会涉及风险问题。风险是指具有不确定性或风险性的损失或结果，不确定性可以用风险发生的概率来描述。经济学上，风险就是风险性、不确定性引起的结果，它具有两面性：危害和机会。风险性事件有好的结果，也可能有坏的结果，风险性决策就是考虑期望收益最大化。而管理学上的风险就只强调风险可能带来的危害，所以风险管理就是控制风险，减小危害或消除风险损失。

供应链系统是一个复杂的网络系统，国内外学者沿用风险的概念来定义供应链风险，主要有两种观点：一种观点认为，供应链风险是供应链相关企业由于环境不确定因素或意外事件的影响，导致供应链预期目标失败或有遭受损失的可能性；另一种观点认为，供应链风险是由于供应系统本身的脆弱性，对供应链系统造成破坏或损失的潜在威胁。总而言之，供应链风险是由于供应链外部不确定性、内部不确定性和供应链结构复杂性的共同作用下产生的结果，并且风险影响会沿着供应链传递或扩散至整个供应链网络(王长琼等，2017)。

采购风险侧重关注采购方将要受到的风险危害，而供应链领域的风险不只是采购企业面临的风险，可以从两个方面来看：一是采购方的风险；二是供应商的风险。无论这种风险是在供应方，还是在客户方，风险的存在都会影响组织自身目标和战略的执行力，因此，必须对采购与供应链风险进行有效管理。

米歇尔·利恩德斯等(2009)提出采购与供应链中的风险主要表现为三种类型：①商品或服务的供应中断或延误；②商品或服务的采购价格大幅度变化；③企业或供应商的信用和商誉受损。

1) 供应中断和延误

任何企业都要意识到，在持续经营过程和长期发展计划中，随时都可能发生供应中断或延误。很明显，供应中断将会增加采购方的成本。员工和机器闲置、客户交付延误、给正常作业秩序造成的混乱都会引起成本的增加。如果必须临时替换原料或服务，寻求新的供应源，其代价往往还会更高。

造成供应中断或延误的原因可以分为两种，一种是超出采购方或供应商控制范围的不可抗力因素。如地震、海啸、洪水、飓风等自然灾害，火灾、战争等灾难性事故都可能毁灭一家重要的供应商。一些突发性的恶劣天气、经常性交通路线拥堵等可能会造成运输故障、短期供应中断或延误，但这也会影响采购方对客户的优质服务和承诺能力。另一种造成供应中断的原因可能来自以下几方面：①供应商内部管理和能力；②买方提出新的要求；③第三方服务提供商故障；④市场变化或其他原因。这两种因素之间存在明显差异，风险管理应该从这些方面查找原因，采取相应的策略和措施。对于第一种因素造成的供应中断应该建立必要的预案和危机管理机制，尽可能降低灾害造成的损失。采购之前详细的供应商评估可以有效防止第二种因素造成的供应中断；在已确定的供应关系和供货过程中，保持与关键供应商的有效沟通可以提前预防和应对供应问题。

2) 采购价格的变化

有些风险并不在于造成供应中断或延误，而是与采购商品或服务的价格变化直接相关。例如，油价上涨将会影响以石油作为主要成分的燃料、能源等商品的销售价格；世界石油能源价格上涨也会影响以燃料作为动力的运输服务价格上升。此外，汇率变动和各种税费如关税、税率、通行费、服务费等都会影响供应价格和采购总成本。有些价格变化是供应商有目的的决策行为，如供应商经常采用多变的定价策略。除了价格上涨之外，同样存在采购价格下降的风险。比如某种物资价格普遍下降了，已经签订定价合同的采购人员可能发现另一家更具价格竞争力的供应商。采购价格的变化将影响企业的采购总成本，进而影响企业的盈利，因此，价格和成本变动始终是采购方关注的重要风险领域。

3) 信誉风险

商业信用、诚信、声誉和良好形象对企业至关重要，有些企业把信誉看成是企业经营之本、生存之魂，因为声誉受损对企业来说可能是毁灭性的。然而，机会主义、有限理性和信息不对称造成的道德风险、法律纠纷或供应方面的各种问题也时常充斥在商业领域，如贿赂、回扣、劣质、事故处理不当、公关失败、负面宣传、环境污染问题等对企业信誉具有极强的破坏性。在供应链中，企业内部与外部的沟通决策以及采购人员的行为对企业具有积极或消极的影响，供应链成员的信誉也会影响核心企业自身的形象。

17.3.2 采购与供应链风险管理

风险管理同战略管理、经营管理一样重要，是构成企业管理的三大重要领域之一。国外学术界一般将 1990 年以前的风险管理称为传统风险管理阶段，而将此后的发展阶段称为现代风险管理阶段(王长琼等，2017)。传统风险管理强调风险是一种损失的结果或不确定性，且具有一定程度的被动性和事后响应，主要依赖保险等手段来减少或弥补风险的损失。保险是基于这样的事实：从统计上可以预测，在面对风险的人群当中，只有少部分人会在给定的时期内实际上遭受损失，因此对他们的补偿可以通过某种保险基金来解决。这种基金就是从所有投保人那里收集并按风险程度所缴纳的保险费。企业因火灾、失窃或洪涝灾害而遭受的风险，可以通过购买保险来加以预防或弥补，但是当市场变化影响到在市场上交易的所有人而不是只影响少数人的时候，就不能利用正常的保险来解决，只能采用另一些可以减少风险的技巧来解决(彼得·贝利等，2006)。现代风险管理出现了整合风险管理(Integrated Risk Management, IRM)、全面风险管理(Enterprise-wide/Total Risk Management, ERM/TRM)等新理念，更强调主动性防范和协同性响应，即从事后风险处理到事前风险预防、从风险规避转向全方位风险控制(米歇尔·科罗赫，2006)。

风险管理是在识别和评估风险的基础上对风险进行决策和控制的过程。一般将风险管理分为风险分析和风险控制两个阶段：风险分析包括风险识别、风险评估；风险控制包括风险决策和风险处理等步骤。

1) 风险识别

风险识别是指了解风险的影响因素或原因，确认风险的性质和类型，属于风险的定性分析阶段。首先要找出可能影响采购风险的因素。掌握每个风险事件的特征，确定风险来源及其相关关系，比如任何风险都可能是经济、技术、社会、政治和环境等多因素相互影响的结果。然后是确定风险的性质和类型。前面将采购风险分为供应中断、价格变化和信誉风险等，是一种相对简单的直观分类。更一般的做法是使用定性技术，将可能发生的各种风险事件列成清单，比如运用专家头脑风暴法、情景分析法、鱼刺图、检查表法，甚至模型法来帮助识别风险的种类和来源。在此基础上，还要区分哪些是可控风险，哪些是不可控风险，从而便于针对不同的风险类型和性质找到合适的控制策略。

2) 风险评估

风险评估是对风险性质和风险影响大小的量化分析和测评，属于风险的定量分析阶段。风险影响取决于风险水平(发生概率)和风险后果(如质量缺陷、时间延误、失效损失、成本增加等危害)，风险大小的度量可以用公式表示为：风险=风险发生的概率×风险危害程度。这就是说，风险度量取决于风险危害程度和风险发生的可能性。在实际工作中，不管是测量评估风险可能造成的不利影响或损害程度，还是准确估计风险发生的概率都非容易事。对于经常发生的风险事件，如货损、货差事故等，可以通过日常积累的统计数据，得到统计概率和损失数据。而对于突发性事件，很难估计出一个恰当的概率和损失，但人们仍然可以根据直观或经验得到主观估计的概率和损失。总之，风险分析和评估要根据具体情况，运用多种方法，将定性分析与定量分析相结合，尽可能客观地反映风险等级的基本状况和趋势。比如，已确定的风险的潜在影响可以评定为低、中、高三个等级，把潜在影响评估和实践发生概率结合起来，就可以形成和制定出一个风险评估表，其中一端是低影响、低概率的状况，另一端是高影响、高概率的情形。很显然，对高概率和高影响的风险应该高度重视，并尽量避免发生此类风险。

3) 风险决策

风险决策就是确定控制目标、选择控制方案、制定实施措施及执行评估。在采购与供应链管理中，任何一项决策都不可能是百分之百的确定性决策，绝大多数情况是风险性决策，只不过风险或大或小，有所不同。管理者比较某几种风险性方案的危害性程度，选择风险危害较小的方案；或者分析某一种风险事件的危害程度，按照某种合理的目标确定风险危害的控制水平和选择合适的风险控制措施，这些都是风险决策行为。决策者的风险偏好在选择风险方案时起着很大的作用(利恩德斯等，2009)。比如，供应经理由于担心供应中断问题，决定不向政局不稳的国家采购原料，这样做可能会失去低价采购的机会。经过对其他供应源的高价采购和供应中断风险之间的比较权衡，企业可能会倾向于选择高风险低价格的采购。组织在作出兼并或收购、内包或外包决策的时候都充满了机遇和风险。管理者愿意承担的风险水平(风险偏好)，在解决风险上的供应投入，倾向于选择内部承担(自保)或外部承担(第三方保护)等，都会影响管理者的风险决策。总而言之，风险决策已成为供应经理们必须面对的现实任务。

4) 风险处理

风险控制是狭义的风险管理，是指采取一定的风险管理方法对风险进行预防或处理。在进行风险分析和作出决策之后，就可以着手制定风险策略和相应的风险预防、应变和控制损失的行动计划，也叫风险应对计划。

以前，财务风险只是财务部门的责任，比如财产保险是财务管理的重要工作内容。供应风险管理也主要在供应层次上开展，比如大多数采购员按照自己的意愿，会把所有的库存风险都转移给供应商。不过，承担风险也具有代价标签，由供应商来承担相关风险，采购方和供应商需要协调好利益。然而，对重大的风险问题有必要上升到整个供应链层次来处理。随着风险经理的地位提升或由风险总监领导的风险管理小组的成立，组织能够在整体上评估面临的风险事件，并寻找管理和规避这些风险的最佳策略。比如在供应领域，避免高风险的供应商、慎选高风险的地理位置、实行双源或多源采购、持有安全库存、利用套期保值、签订长期的固定价格或变动价格合同、采用保护性合同条款等，都是相对简单而又长期适用的规避风险的采购策略(利恩德斯等，2009)。

华莱士(Wallace，2008)提出应对供应链风险有四项策略。①缓冲(Buffering)。保持过剩的资源(库存、产能、时间)，以弥补供应或需求的波动。②合并(Pooling)。即建立共享的缓冲区，以共担风险或涵盖多种变异源，例如，覆盖不同市场的需求或不同流程的生产需求。一些具体的风险合并做法是集中、标准化、延期、工作共享、链接和对冲。③应急计划(Contingency Planning)。为预期情况制定当前行动方案。这可视为“虚拟缓冲”，因为它只涉及根据需要保持缓冲区，而不是提前连续持有缓冲区。总之，就是加强风险监控、设置预警机制和建立应急预案。④危机管理(Crisis Management)。对缓冲区(单个或合并池)和应急计划不足的事件生成响应。这是最后一条防线，因此构成默认选项。如果采用上述主动战略不起作用，就需要被动或被迫采取危机管理。挑战在于做好危机管理并不容易，很多危机管理的效果并不理想。

王长琼等(2017)提出供应链风险响应与控制处理的措施包括事前的风险防范措施和事

后的风险化解措施。此外，强化安全工程和供应链能力建设也是应对供应链风险的有效措施。①风险防范。防范风险就是防止风险的发生，其关注点首先是规避风险或降低风险发生的概率；其次是采取预防措施，以防万一发生风险，可以迅速采取风险化解行动。例如，对堆存易燃易爆危险品物资仓库的管理，一是要防止发生火灾事故，要检查电线电路，严禁明火进入；二是要做好消防措施，包括配备必要的消防器材，疏通消防通道，维护好消防栓，进行必要的隔离等；三是强化供应链系统，如选择多个供应商、设置缓冲库存、购买商业保险等。②风险化解。要防范所有的风险既不可能也不经济，正确的风险管理应该做到预防为主、化解得当。化解风险主要集中在减少风险损失，一旦发生供应链风险，要迅速地确定策略和行动，以降低风险的蔓延速度、降低风险损失和尽快恢复供应链。通常的方法有：寻找替代供应商、启用备用能力、调整库存目标、开辟新的作业地点等。③安全工程(Safety/Security Engineering)。供应链安全与供应链风险是相对的概念，是同一矛盾的两个方面。安全工程或安全管理倾向于从改变供应链的脆弱性，加强供应链系统鲁棒性(韧性)、灵活性、可靠性角度防范和应对供应链风险问题，主要通过制定供应链协同计划、加强信息交流和共享、构建合作伙伴关系、重视供应链鲁棒性和柔性设计、实施可靠性工程、打造敏捷性供应链等措施来提升供应链的抗风险能力。

要 点 总 结

采购和供应链绩效考核能够为企业目标和任务的完成提供直接支持，完善的绩效考核和评价系统可以帮助管理者作出正确的判断和决策。企业需要制定能够对变化作出反应的绩效考核系统，这样的考核系统和管理制度要求将关注的焦点从具体的行动转移到最终的结果，考核指标的侧重点从效率指标转向效果指标。

采购部门和供应链管理者必须具备辨别采购风险和规避风险损失的能力。采购风险使企业活动偏离正常的目标和任务，降低生产率，并可能导致出现的负面结果大于带来的好处，影响组织的生存、竞争力和经营利润，而且各种风险可能会“祸不单行”，同时发生连锁效应。因此，采取必要措施预防、规避风险事件发生，控制、处理风险危害是采购部门的一项重要任务。

思考与练习

(1) 什么是采购绩效？为什么一个企业要测量采购绩效？

(2) 效率和有效性测量之间的区别是什么？什么时候企业应集中于采购效率测量，什么时候企业集中于采购有效性测量？

(3) 什么是采购绩效衡量和评估系统？如何开发一个有效的采购绩效评价系统？

(4) 采购管理绩效评价的指标有哪些？你认为应如何评价采购管理的水平？

(5) 为什么组织想对其供应职能“制定标准”？评价供应绩效的关键标准是什么？

(6) 什么是采购绩效标杆？为什么在确定采购绩效目标和标准时常常使用标杆法？

(7) 有效的绩效测量系统有一定特征，选择三个特征并且讨论为什么一个测量系统应该有这些特点。

(8) 对照关注价格，从采购成本角度来开发绩效测量的利益是什么？

(9) 企业如何建立和完善采购绩效评价制度？

(10) 考虑以下状况：一些企业仍然依赖测量损害而不是支持采购的长期绩效目标。这意味着什么？

(11) 讨论下面每个陈述意味着什么。a.采购衡量不是免费的。b.没有最好的方法来测量采购绩效现状。c.很多行业需要从买方活动的运作测量转向所期望的最终结果的战略测量。d.采购测量和评估系统不是固定管理的替代品。

(12) 假如你负责开发一个标杆规划，描述你将怎样进行标杆过程的建立，讨论你必须设法解决的关键问题。

(13) 供应经理如何评估具体的采购物品或供应商的风险？

(14) 如何在海外承包工程中注重风险管理？中国企业应从中吸取什么教训？

参 考 文 献

[1] Alexandre M Rodrigues, Theodore P Stank, Daniel F Lynch. Linking strategy, structure, process, and performance in integrated logistics[J]. Journal of Business Logistics，2004，25(2)：65-94.

[2] 刘东. 资源、能力与企业战略——构建后 WTO 时代的企业竞争优势[M]. 北京：经济管理出版社，2006.

[3] Peter Kraljic. Purchasing must become supply management[J]. Harvard Business Review, 1983(9-10)：109-117.

[4] 翟光明. 采购与供应商管理[M]. 北京：中国物资出版社，2009.

[5] 徐杰，鞠颂东. 采购管理[M]. 3 版. 北京：机械工业出版社，2014.

[6] 米歇尔 R. 利恩德斯，P. 弗雷德・约翰逊，安娜・E. 弗林. 采购与供应管理[M]. 张杰，等译. 北京：机械工业出版社，2009.

[7] 贝利，法摩尔，杰塞. 采购原理与管理[M]. 王增东，李锐，译. 北京：电子工业出版社，2006.

[8] 张旭凤. 企业采购中供应源战略决策的影响因素分析[J]. 中国流通经济，2005，19(3)：13-16.

[9] Ulric J. Gelinas, Steve G. Sutton, Jane Fedorowicz. 业务流程与信息技术[M]. 毛晓飞，施英，译. 北京：清华大学出版社，2006.

[10] 马士华，林勇. 供应链管理[M]. 北京：高等教育出版社，2006.

[11] 罗伯特・蒙茨卡，罗伯特・特伦特，罗伯特・汉德菲尔德. 采购与供应链管理[M]. 3 版. 王晓东，刘旭敏，熊哲，译. 北京：电子工业出版社，2010.

[12] 西尼尔・乔普拉，彼得・迈因德尔. 供应链管理[M]. 5 版. 陈荣秋，等译. 北京：中国人民大学出版社，2013.

[13] Craig R Carter. Purchasing and social responsibility: A replication and extension[J]. Journal of Supply Chain Management, 2004，40(3)：4-16.

[14] 张曙红. 可持续供应链管理理论方法与应用——基于绿色供应链与再制造供应链的研究[M]. 武汉：武汉大学出版社，2012.

[15] Srinivas Talluri, Ram Narasimhan. A methodology for strategic sourcing[J]. European Journal of Operational Research，2004(154)：236-250.

[16] 鲍盛祥. 基于合作供应链的采购管理[J]. 交通企业管理，2006，216(8)：25-26.

[17] Tony C T. Chan and Kwai-Sang Chin. Key success factors of strategic sourcing: An empirical study of the Hong Kong toy industry[J]. Industrial Management & Data Systems, 2007, 107(9)：1391-1416.

[18] 保罗・卡曾斯，理查德・拉明，等. 战略供应管理原则、理论与实践[M]. 李玉民，刘会新，译. 北京：电子工业出版社，2009.

[19] Amelia S Carr, Larry R Smeltzer. An empirically based operational definition of strategic purchasing[J]. European Journal of Purchasing & Supply Management, 1997, 3(4):199-207.

[20] Amelia S Carr, Larry R Smeltzer. The relationship of strategic purchasing to supply chain management[J]. European Journal of Purchasing & Supply Management, 1999(5): 43-51.

[21] P Stannack and M Jones. The death of purchasing?[C]. IPSERA Conference, Eindhoven University of Technology, 1996.

[22] Geoge A Zsidisin, Lisa M Ellram. Activities related to purchasing and supply management involvement in supplier alliances[J]. International Journal of Physical Distribution & Logistics Management, 2001, 31(9/10): 629-646.

[23] Injazz J Chen, Antony Paulraj. Towards a theory of supply chain management: the constructs and measurements[J]. Journal of Operations Management, 2004(22): 119-150.

[24] Srinivas Talluri, Ram Narasimhan. A methodology for strategic sourcing[J]. European Journal of Operational Research, 2004(154): 236-250.

[25] Reham A Eltantawy, Larry Giunipero. An empirical examination of strategic sourcing dominant logic: Strategic sourcing centricity[J]. Journal of Purchasing & Supply Management, 2013(19): 215-226.

[26] Sathit Parniangtong.Supply Management, Strategic Sourcing[M]. Springer Science & Business Media Singapore, 2016.

[27] 宋华. 供应链管理环境下的战略采购[J]. 中国工业经济，2003(6)：84-90.

[28] Wallace J Hopp. Supply chain science[M]. McGraw Hill Irwin, 2008.

[29] James Brian Quinn. Strategies for Change: the Strategy Process[M]. Prentice Hall, 1995.

[30] 理查德・林奇. 公司战略[M]. 4 版. 文红，等译. 北京：中国市场出版社，2007.

[31] Lars Eric Gadde and Hakan Hakansson. Supply Network Straleqies[M]. John Wiley and Sons Ltd., 2001.

[32] Geoff Crouch and Ken Feasey. Developing Supply strategies[R]. ITC, 2002: 1-6.

[33] Dong Myung Lee and Paul R Drake. A portfolio model for component purchasing strategy and the case study of two South Korean elevator manufacturers[J]. International Journal of Production Research, 2010, 22(15): 6651-6682.

[34] 马士华，申文. 企业物流能力的影响因素及交叉作用研究[J]. 物流技术，2005(4)：5-8，21.

[35] 宋玉卿. 需求管理：提升采购竞争力之源[J]. 中国流通经济，2008(3)：23-25.

[36] 理查德・科克. 80/20 法则[M]. 冯斌，译. 北京：中信出版社，2008.

[37] Chen Siyun, Shen Wen and Zheng Lanbo. The Conceptions, Principles and Systems for Automotive Materials Purchasing Quality Decision and Management Based on Total Quality Management Theory[C]. 2013 6th International Conference on Information Management, Innovation Management and Industrial Engineering(ICIII 2013)，2013(1)：117-121.

[38] C Sanchez-Rodriguez, D Hemsworth. A structural analysis of the impact of quality management practices in purchasing on purchasing and business performance[J]. Total qualtiy management & business excellence, 2005, 16(2): 215-230.

[39] David Hemswortha, Cristobal Sanchez-Rodriguezb and Bruce Bidgood. A structural model of the impact of quality management practices and purchasing related information systems on purchasing performance: A TQM perspective[J]. Total Quality Management, 2008, 19(1-2): 149-162.

[40] Charles A Perkins, James H Perry Jr. Quality management systems: alternative approaches to integrating quality factors in purchasing and material management decision-making[J]. Production & Inventory Management Journal, 1992, 33(3): 58-62.

[41] 麻书城，唐晓青. 供应链质量管理特点及策略[J]. 计算机集成制造系统——CIMS，2001，7(9)：32-35.

[42] 孙红梅. 复杂产品系统可靠性的若干方法及应用[D]. 青岛大学，2007.

[43] 陈宁宁. 机电产品可靠性管理的现状和发展趋势[J]. 机械制造，2006(5)：56-59.

[44] 大卫・尼尔森，里克・马尤，帕特里西・E 穆迪. 汽车帝国 本田 BP 管理方略[M]. 孟祥成，译. 北京：中国建材工业出版社，2002.

[45] 刘书庆，白静涛. 基于 PDCA 循环的采购与外包过程质量控制模型研究[J]. 科技管理研究，2007，27(1)：227-231，235.

[46] 刘东才，雒征，张文华. 最佳质量成本模型的研究[J]. 武汉理工大学学报，2007，29(5)：160-162，164.

[47] 赵建华，杨昌明，董庆英.最优质量水平——质量经济学的主要命题[J]. 科技进步与对策，2005(8)：186-187.

[48] 申文，杨松，李梦影. 汽车行业供应链库存观及其管理问题研究[J]. 物流技术，2017，36(5)：115-120，142.

[49] 保罗・齐普金. 库存管理基础[M]. 北京：中国财政经济出版社，2013.

[50] 张庆英. 物流系统工程：理论、方法与案例分析[M]. 北京：电子工业出版社，2011.

[51] Joel D Wisner, Keah-Choon Tan, G Keong Leong. Principles of supply chain management: A balanced approach (second edition)[M]. 北京：清华大学出版社，2010.

[52] David F. Rogers Shigeru Tsubakitani. Inventory Positioning / Partitioning for Backorders Optimization for a Class of Multi-Echelon Inventory Problems[J]. Decision sciences, 1991(22): 536-558.

[53] Philip Kaminsky, Onur Kaya. Inventory positioning, scheduling and lead-time quotation in supply chains[J]. International journal of production economics, 2008(114): 276-293.

[54] 弗雷德里克・S 希利尔，马克・S 希利尔，杰拉尔德・S 利伯曼. 数据、模型与决策[M]. 任建标，等译. 北京：中国财政经济出版社，2003.

[55] 大卫・辛奇利维，菲利普・卡明斯基，伊迪斯・辛奇利维. 供应链设计与管理：概念、战略与案例研究[M]. 季建华，邵晓峰，译. 北京：中国人民大学出版社，2010.

[56] 罗纳德・H. 巴罗，等. 企业物流管理——物流的规划、组织与控制[M]. 2 版. 王晓东，等译. 北京：机械工业出版社，2006.

[57] D Clay Whybark, Shitao Yang. Positioning inventory in distribution systems[J]. International journal of production economics, 1996(45): 271-278.

[58] Herbert E Scarf. Inventory Theory[J]. Operations Research, 2002, 50(1)：186-191.

[59] 康阅春. 供应商管理库存环境下汽车零部件采购物流研究[D]. 上海海事大学，2006.

[60] Shen Wen, Chen Jiaqing, Xiao Hanbin. Total Cost Modeling and Systemic, Strategic Methods for Purchasing Cost Decision and Management[C]. 2011 fifth IEEE International Conference of Industry Engineering and Management (ICIEM 2011), 2011(2): 130-133.

[61] George A Zsidisin, Lisa M Ellram, Jeffrey A Ogden. The relationship between purchasing and supply management's perceived value and participation in strategic supplier cost management activities[J]. Journal of Business Logistics, 2003, 24(2): 129-154.

[62] John A Kuprenas, Elhami B. Cost performance comparison of two public sector project[J]. Journal of Management in Engineering, 2007, 23(3): 114-121.

[63] Okan Orsan Ozener, Ozlem Ergun. Allocating costs in a collaborative transportation procurement network[J]. Transportation Journal, 2008, 42(2): 146-165.

[64] Marc Goetschakckx. Supply chain engineering[M]. Springer Science & Business Media, 2011.

[65] Lisa M Ellram, Sue Perrott Sifferd. Purhcasing: the cornerstone of the total cost of ownership concept[J]. Journal of Business Lotistics, 1993, 14(1): 163-184.

[66] Shen Wen, Wu Yanfang, Xiao Hanbin. Intergrated management and coordinative decision for purchasing and supply chain delivery time[C]. Proceedings of 2011 2nd IEEE International Conference on Software Engineering and Service Sciences (ICSESS 2011), 2011(2): 757-760.

[67] Ananth V Iyer, Mark E Bergen. Quick response in manufacturer/ retailer channels[J]. Management Science, 1997, 43(4): 559-571.

[68] Karthik N S Iyer, Richard Germain, Gary L Frankwick. Supply chain B2B e-commerce and time-based delivery performance[J]. International Journal of Physical Distribution and Logistics Management, 2004, 34(7/8): 645-661.

[69] 刘永胜，赵瑞芬. 供应链中提前期压缩问题研究[J]. 中国流通经济，2005，19(1)：11-14.

[70] 刘蕾. 供应链模式下的供应商交货期策略研究[D]. 西南交通大学，2006.

[71] Li L. The role of inventory in delivery time competition[J]. Management Science, 1992, 38(2): 182-197.

[72] Gerchak Y, Mossman D. The effect of demand randomness on inventories and costs[J]. Operations Research, 1992, (40):804-807.

[73] Song J S, Zipkin P. The joint effect of lead time variance and lot size in parallel processing environment[J]. Management Science, 1996, 42(9): 1352-1363.

[74] Song J S, Yao D. Performance analysis and optimization of assemble to order systems with random lead time. Operations Research, 2002, 5(5): 889-903.

[75] Cindy Claycomb, Cornelia Droge, Richard Germain. The effect of just-in-time with customers on organizational design and performance[J]. International Journal of Logistics Management, 1999, 10(1): 37-58.

[76] Alberto De Toni, Antonella Meneghetti. Traditional and innovative paths towards time-based competition[J]. International Journal of Production Economics,2000(66)：255-268.

[77] 陈云萍.企业物流战略与物流绩效关系的实证研究[D]. 河海大学，2007.

[78] 龚国华，汪卉. 物流速度与物流时间管理[J]. 物流技术，2006(3)：14-16.

[79] Peter Horscroft and Alan Braith waite. Enhancing Supply Chain Efficiency—The Strategic Lead Time Approach[J]. International Journal of Logistics Management, 1990, 1(2): 47-52.

[80] 艾伦·哈理森，雷姆科·范赫克. 物流管理与战略——通过供应链竞争[M]. 3 版. 任建标，杜鹃，译. 北京：中国人民大学出版社，2010.

[81] Rema Hariharan, Paul Zipkin. Customer order information, leadtimes, and inventories[J]. Management Science, 1995, 41(10): 1599-1607.

[82] 林勇，马士华. 基于缩短多阶响应周期的 Push/Pull 结合的库存管理体系[J]. 工业工程与管理，2003(4)：1-5.

[83] David J Ketchen Jr, G Tomas, M Hult. Bridging organization theory and supply chain management: The case of best value supply chains[J]. Journal of Operations Management，2007(25)：573-580。

[84] 宁华. BIS 助推汽车代工企业高效管理[J]. 中国制造业信息化，2010(4)：70-71.

[85] 刘志彪. 中国沿海地区制造业发展：国际代工模式与创新[J]. 南开经济研究，2005(5)：37-58.

[86] 宁平. 中国汽车业走不走“代工”之路？[N]. 中国经营报(A3 版)，2005-7-11.

[87] 刘清，郑胜利. 代工生产与跨国公司生产方式变化趋势[J]. 经济管理，2007(15)：6-11.

[88] 蒋琦玮，秦进，史峰. 考虑风险控制的最优供应商数量确定方法[J]. 系统工程，2008，26(2)：108-111.

[89] 刘小东，崔建昆. 采购成本控制[J]. 机械管理开发，2004(5)：113-114，116.

[90] Prahalad C K, Hamel G. The Core Competence of the Corporation[J]. Harvard Business Review，1990(68)：79-91.

[91] 彭俊松. 汽车行业供应链战略、管理与信息系统[M]. 北京：电子工业出版社，2006.

[92] 杨桂菊. 本土代工企业自创国际品牌的演进路径与能力构建[J]. 管理科学，2009(12)：38-45.

[93] 苏东水. 产业经济学[M]. 4 版. 北京：高等教育出版社，2015.

[94] 詹姆斯 P.沃麦克，丹尼尔 T.琼斯. 精益思想[M]. 沈希瑾，张文杰，李京生，译. 北京：机械工业出版社，2011.

[95] Shen Wen, Li Menglan, Xiao Hanbin. Principal Contents of Supplier Management within Modern Purchasing and Supply Chain Management[C]. 2011 the 6th International Conference of Product Innovation Management, 2011(2): 622-626.

[96] 赵祥宇，赵淼，赵鑫. 供应商管理过程中的知识管理[J]. 科学学研究，2007，25(2)：287-291。

[97] Heckman R. Organizing and managing supplier relationships in information technology procurement[J]. International Journal of Information Management, 1999, 19(2): 141-155.

[98] Prahinski C, Benton W C. Supplier evaluations: communication strategies to improve supplier performance[J]. Journal of Operations Management, 2004, 22(1): 39-62.

[99] Wagner S M, Johnson J L. Configuring and managing strategic supplier portfolios[J]. Industrial Marketing Management, 2004, 33(8): 717-730.

[100] 李建东. IBM 采购(中国)有限公司采购及供应商管理新模式研究[D]. 西南交通大学，2007.

[101] 王新军. GQ 公司供应商管理问题研究[D]，复旦大学，2009.

[102] Jeffrey H Dyer, Prashant Kale and Harbir Singh. How to Make Strategic Alliances Work[J]. MIT Sloan Management Review, 2001, 42(4): 37-43.

[103] Rebort M Monczka, William J Markham. The future of supply management: category strategies and suplier management[J]. Supply Chain Management Review, 2007(9): 25-30.

[104] Shen Wen, Chen Jiaqing, Xiao Hanbin. Managerial Function and Coordinative Mechanism of Purchasing Contract in Supply Chain Management[C]. 2011 fifth IEEE International Conference of Industry Engineering and Management (ICIEM 2011), 2011(2): 134-137.

[105] 陈祥锋，朱晨波. 供应链采购管理中的期权合同价值研究[J]. 系统工程学报，2007，22(4)：401-406.

[106] 黄河，陈剑. 拍卖采购合同及议价谈判机制设计[J]. 管理科学学报，2010，13(3)：1-7.

[107] 陈祥锋. 供应链采购合同组合管理策略研究[J]. 科技导报，2006，24(2)：78-81.

[108] Lifang Wu, Xiaohang Yue, Alan Jin, David C. Yen. Smart supply chain management: a review and implications for future research[J]. The International Journal of Logistics Management, 2016, 27(2):395-417.

[109] M. C. Pedroso and D. Nakano Knowledge and information flows in supply chains: a study on pharmaceutical companies[J]. International Journal of Production Economics, 2009(122): 376-384.

[110] Khan, K. The transformative power of advanced analytics[J]. Supply Chain Management Review, 2013(516): 48-49.

[111] H. Chen, R. H. L. Chiang and V. C. Storey、Business intelligence and analytics: from big data to big impact. MIS Quarterly, 2012, 36(4): 1165-1188.

[112] S. Koul and R. Verma. Dynamic vendor selection based on fuzzy AHP[J]. Journal of Manufacturing Technology Management, 2011, 22(8): 963-971.

[113] 加里·P.施耐德. 电子商务[M]. 张俊梅，袁勤俭，等译. 北京：机械工业出版社，2019.

[114] 陈鹰. 基于系统动力学的供应链绩效动态评价模型研究[M]. 大连：东北财经大学出版社，2015.

[115] Shen Wen, Wang Guoxian. Operational Risk Control Mechanism and Decision-making Model for Third Party Logistics[C]. 2009 Second International Conference on Intelligent Computation Technology and Automation, IEEE, 2009(3):950-953.

[116] Shen Wen, Wang Guoxian. Comprehensive Risk Management for Third Party Logistics[C]. 2009 Conference on Systems Science, Management Science and System Dynamics, 2009(5): 229-232.

[117] 王长琼，黄花叶，陈建华. 供应链管理[M]. 北京：清华大学出版社，2017.

[118] 米歇尔·科罗赫，丹·加莱，罗伯特·马克. 风险管理[M]. 曾刚，罗晓军，卢爽，译. 北京：中国财政经济出版社，2006.